中国财政现代化研究

崔　潮/著

中国财政经济出版社

图书在版编目（CIP）数据

中国财政现代化研究/崔潮著．—北京：中国财政经济出版社，2012. 1
ISBN 978－7－5095－3291－1

Ⅰ. ①中…　Ⅱ. ①崔…　Ⅲ. ①财政工作－研究－中国　Ⅳ. ①F812

中国版本图书馆 CIP 数据核字(2011)第 258713 号

责任编辑：刘五书　　责任校对：胡永立
封面设计：李芳芳　　版式设计：汤广才

中国财政经济出版社出版

URL：http：//www. cfeph. cn

E－mail：cfeph @ cfeph. cn

社址：北京市海淀区阜成路甲 28 号　邮政编码：100142

营销中心电话：88190406　北京财经书店电话：64033436　84041336

北京财经印刷厂印刷　　各地新华书店经销

787×960 毫米　16 开　32 印张　518 000 字

2012 年 6 月第 1 版　2012 年 6 月北京第 1 次印刷

定价：56. 00 元

ISBN 978－7－5095－3291－1/F·2786

（图书出现印装问题，本社负责调换）

本社质量投诉电话：010－88190744

比较借鉴　求索创新
（代序）

现代财政的起点，学界每有争论，观点和结论亦不尽相同。一般认为，以政府公共预算制度为核心的现代财政，起源于资本主义生产方式产生以后的英国。1760年起，英国财政大臣必须于每个财政年度开始之前，向国会提交国家预算，然后由国会对财政大臣的预算报告进行立法审议。只有在国会立法之后，赋税才可以征缴，预算拨款才成为来年开支的限界。18世纪的英国采取年度预算的形式来管理国家财政，既是制约国王向臣民征税的权力，也是为了更有效地控制政府官员对资金的使用。恩格斯曾指出，亚当·斯密"在1776年发表了自己关于国民财富的本质和成因的著作，从而创立了财政学"。亚当·斯密将"廉价政府"作为财政追求目标，提出了税收"公平、确定、简便和征收费用最小"四项原则。可以说，构建廉价政府、实行量入为出、政府只当"守夜人"，是斯密关于财政学的基本构架。

西方财政制度的逻辑起点，就是界定政府的角色及其行为规范。20世纪30年代经济危机，促使凯恩斯主义抛弃政府只当"守夜人"的教条，认为财政支出可以直接引导社会需求，强调政府调节经济运行的角色设定，并突破政府"量入为出"的行为原则，支持"财政赤字"政策。到20世纪70年代，货币主义、供给学派、理性预期学派开始责难凯恩斯主义的政府干预政策，认为其窒息了市场经济的活力，导致经济滞胀，主张恢复斯密"经济自由主义"的传统。20世纪80年代，美国以减税为核心的财政货币政策以失败告终，以萨缪尔森为代表的新凯恩斯主义重拾政府干预主义，但主张加强宏观经济学的微观基础，认为政府与市场是互补关系，政府调控应深入经济运行的内部，强调研究开发等创新性投资；而以布坎南、图洛克为代表的公共选择学派，则集中研究社会的公共需要及满足这一需要的公共物品问题，分析生产和提供公共物品的国家的组织和机构，认为政府不过是个无意识、无偏好的“稻草人”，应把市场经济的竞争机制引入政治市场，以提高政府效率。

梳理考察西方现代财政理论与实践的渊源及流变，主要想说明两个问题。一是财政理论的核心基点，就是研究论证政府在不同经济发展阶段的角色设定及行为管理，这是财政理论研究必须首先回答的问题，也是设计安排财政制度的重要基础。二是财政理论的发展演变与经济现实密切相关，并不断发展完善。现实经济运行的波动和变化，推动理论研究的拓展和突破。没有永恒不变的理论，因此我国的财政理论研究与实践发展，应在广泛借鉴甄研国际经验的基础上，紧扣中国经济发展的现实，不断完成创新命题。

改革开放以来，我国财政体制从高度集中的计划经济体制中挣脱而来，探索前行。1994 年实施的分税制改革，突破了传统体制框架，在吸收借鉴国际通行体制经验的基础上，构建了符合市场经济原则和我国国情实际的分级分税财政体制。基本规范了中央与地方分配关系，初步明确了中央和地方政府财权、事权划分，为我国社会主义市场经济体制建设奠定了重要的制度基础。此后，渐次建立的所得税收入分享、出口退税分担、缓解县乡财政困难激励约束机制等，推动财政体制不断完善，改革成效有目共睹。当然，中国在不断加快推进的现代化进程中，对财政制度的改革创新也会不断提出更高的要求。随着经济社会发展和运行环境变化，客观上也需要对现行体制进行不断改进和完善。为此，我们要按照党的十七大提出的“实行有利于实现科学发展、推动科技进步、节约能源资源、保护生态环境和促进和谐社会建设的财税制度”的要求，将财税改革引向深入。

他山之石，可以攻玉。世界典型国家现代化进程中财政制度的变迁路径、经验教训，无疑可以为我国财税改革提供启迪和借鉴。崔潮同学的博士论文《中国现代化进程中的财政制度变迁》，以英国、法国、美国、德国、日本、俄罗斯等国家现代化过程中财政史为镜鉴，研究现代化进程中财政制度设计的一般规律及国际经验；系统梳理清末、民国及新中国成立以来我国现代化进程中财政制度变迁路径及历史规律；运用马克思主义基本原理，吸收西方经济学理论的优秀成果，对中西财政制度历史变迁进行比较研究；结合当前中国经济社会发展变革现实，对我国现代财政制度的创新与发展，提出了自己的观点和思路。论文资料翔实，一些研究观点颇有新意，论证比较严谨，提出的政策建议对实际工作有明显的参考价值，现已成书出版。尽管有些观点尚需斟酌推敲，但瑕不掩瑜，相信会对读者有所助益。

作为崔潮博士的指导老师，很高兴看到新一代学子身上所显露的踏实勤勉的研究精神和锐意创新的理论勇气。希望崔潮同学在以后的科研与实际工作中再接再厉，进一步深化研究本书的一些观点和体系，在理论创新方面取得更大的成绩。

财政部副部长 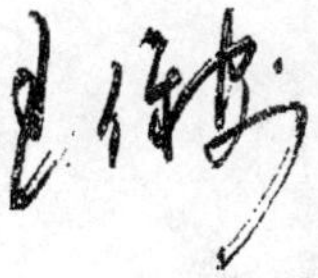

2011 年 11 月

前　言

历史长河，浩浩荡荡。财政活动承载的物资流、货币流引导着社会利益的导向，昭示着社会激励的方向。财政形态的演变，牵动着社会经济政治运行的神经，关系着民族与国家的兴衰。财政活动是丰富社会生活的数朵浪花，甚至仅仅是几支潜流，然而就是这几朵几支，却不可等闲视之，惊心动魄的历史事件的成因往往蕴涵其中。正如温家宝总理所说："一个国家的财政史是惊心动魄的。如果你读它，会从中看到不仅是经济的发展，而且是社会的结构和公平正义的程度。"财政理论的发展，既反映了财政演化的结果，又对财政实践产生着积极或消极的影响。在中国大地上蓬勃开展的社会主义现代化建设事业，赋予财政工作光荣的使命。财政改革的不断深化，呼唤财政理论的持续创新。

财政现代化，是发达国家财政形态与其他领域现代化相适应的状态，也是发展中国家为获得发达工业社会财政特点而进行调整的过程。现代国家在不断克服财政压力甚至财政危机的过程中，对财政技术加以更新，对财政制度进行调整，开展财政文化创新，以适应经济、政治、社会及文化现代化发展的新需求。财政现代化反映在财政技术、财政制度和财政文化三个层次。这三个层次相辅相成，变化的速度依次更慢，但稳定性依次更强，产生的影响依次更加深远。在工业化进程中，金融、会计、交通、通讯及计量技术的现代化大大提高了财政技术现代化水平，为财政制度现代化提供了工具性支持，并逐渐渗透积淀到财政文化之中。

现代化的核心是经济现代化与政治现代化。经济现代化包括市场化与工业化，市场化是对经济运行中动力机制的优选过程，工业化是对经济运行中技术应用的优选过程。政治现代化表现为民主化与法治化过程，通过民主与法治的成长建立有限与高效政府，保护个人的基本人权，激发公众的创新精神，提高社会福利。财政现代化既是经济现代化的重要保障与支撑，又是政治现代化的关键内容。先发现代化国家的财政现代化，更多体现出财政技术、财政制度和财政文化三个层次依次自然演化的特征。后发现代化国家的财政现代化，三个层次的变化次序呈现出复杂性。由于财政制度居三个层次的核心枢纽地位，财政制度现代化能够反映出另外两个层次的重要特征。中国财政现代化，既是一个适应中国现代化发展要求的财政形态变化的过程，也是一个吸收发达国家财政现代化创新成果的过程。鉴于财政现代化涉及内容浩繁，本书以财政制度现代化为主线，探讨中国财政现代化规律。

在我国财政现代化进程中，外部冲击是重要的推动因素。地理大发现后，在来自发达国家的贸易或战争冲击下，全球各个角落的人们或早或迟、或主动或被动地卷入现代化进程之中。各个国家财政形态的变化，越来越多地渗入全球化因素。发达国家由近及远对临近的落后国家的财政形态的变化产生影响，既导致后者出现前所未有的财政危机，其财政创新又对后者产生示范效应。中国作为一个历史文化底蕴深厚、地大人多的悠久国度，如同一个有着自己运行轨迹的巨大航船，从晚清开始在外部冲击下被迫转轨走上现代化路径，财政形态变化也成为现代化的重要内容。

在中国财政现代化进程中，可以看到发达国家的财政理论与实践对我国的深刻影响。在西欧现代化进程中，财政现代化与其他领域的现代化进程相适应，并成为确保市场经济与现代政治发展的重要保障。与财政实践的发展相适应，以欧美为实践基础的西方现代财政理论也日臻完善。在财政活动中，现代技术的应用日益广泛，现代货币金融技术、通讯技术、会计计量技术等不断创新；现代税收、预算制度、公债等领域的制度创新成为先发现代化国家提升竞争力的重要支撑；政府与社会间公平交易以及保障基本人权和提高社会福利的财政文化也不断发展。我国从晚清开始，经济、政治（军事）与社会危机交互作用，通过财政危机集中体现出来，激发仁人志士向西方寻求解决危机的方法，将西方现代财政理论引进中国。西方财政理论的广泛传播以及与我国财政实践结合的对策研究，对中国的财政形态演化产生了巨大影响，不仅影响了清末新政时期的财政变革尝试，而且对民国时期现代财政体系的创建产生了指导作用。民国时期的财政学研究者在谈到财政理论研究对实践的影响时指出："我国财政学方面之著作……众多，则其对于我国财政方面改进之影响必甚巨，曰，事实俱在，岂容否认。例如征收所得税与遗产税，业已开始，逐渐奠定创办直接税之基础。又最近公库法之施行，中央与地方预算之举办，亦可视为我国财务之行政之日趋正规。"[①] 这种评价有其依据。

民国时期一些主持或参与财政改革的官员及学者对西方财政理论与实践都相当熟悉，曾对中西财政制度进行过比较研究。如著名的经济学家马寅初曾作为南京国民政府前期的官员参与了当时的财政改革，他在国民政府后期变成了当时财政制度的有力批判者。新中国财经制度创建中，他作为中央财经委员会副主任，成为新中国成立初期财政制度的重要谋划者。他1914年毕业于美国哥伦比亚大学时的博士论文就是关于纽约市财政的研究。1948年，马寅初对凯恩斯理论在中国的适应性进行了分析，指出当时"所施行的财政政策，采取积极的干涉主义，用财政的力量推动金融发展；再用金融力量，扶助经济建设；再基于经济建设之推进，充裕财政，奠定财政之基础，不啻将财政、金融、经济打成一片。""中国的财政，是赤字财政；而这个赤字财政，一部分可归因于外国学说原封不动地移植于中国的结果。"[②] 可见，从国民政府后期财政走向崩溃的过程中，能够看到西方财政理论的不适当运用。

新中国成立后，我国走上建设社会主义现代化的道路，为了同时实现经济高速增长与社会高度公平的目标，实行否定市场经济的国家工业化发展道路，采用了当时苏联的全能财政模式，与市场经济相对应的财政理论遭到抛弃。当时聘请了苏联财政专家作为我国财政制度建设的顾问，引进了苏联的会计制度，经济统计中采用了苏联的物质产品平衡表体系，受到苏联财政理论与实践的深刻影响。20世纪50年代我国创立的国家分配论，是在接受苏联社会形态发展"五阶段"学说的基础上建立的。由于国家分配论的财政本质观对历史具有很强的解释力，很快发展成为我国财政学的主流学说。改革开放后重新引进市场经济体制，财政形态也逐步演化，在财政改革实践中大量借鉴发达国家的税收制度、财政支出制度、预算制度、分级分税制度，并配套引进了西方的会计技术与国民账户体系等。在财政实践变革的推动下，西方市场经济背景下产生的现代财政理论20世纪末开始在我国流行，并被命名为公共财政理论。外国财政技术、财政制度和财政文化的引进与传播，有力地推动了中国的财政现代化进程。

---

① 朱通久："近代我国经济学进展之趋势"，《财政评论》1941年第3期。

② 马寅初：《财政学与中国财政——理论与现实》，商务印书馆2006年版，第18、20—21页。

坚持历史与逻辑的统一，是马克思主义认识论的基本方法。任何事物都有它的过去、现在和将来，事物的本质与规律，正是通过它的历史体现出来的。历史是逻辑的基础与内容，逻辑是历史的理论再现。正如恩格斯所说的："历史从哪里开始，思想进程也从哪里开始，而思想进程的进一步发展不过是历史过程在抽象的、理论上前后一贯的形式上的反映；这种反映是经过修正的，然而是按照现实的历史过程本身的规律修正的。"① 财政理论的发展，虽然其科学性日益被强调，但却永远无法具备自然科学的试验条件，历史是它能够使用的唯一实验室，财政理论需要拿到历史的实验室中去检验并修正。需要立足于财政历史演进的基础上，才能保证其生命力与阐释力。离开了丰富的财政史实，财政理论的发展就成了无源之水、无本之木。如果一个人不掌握历史事实，不具备适当的历史感，就不可能理解任何时代以及当前的财政现象。与历史不相关的财政理论，即使其具有逻辑上的严密性，其对真实世界的解释力仍然令人怀疑。

100 多年来，中国要走过发达国家几百年的现代化历程，其间充斥着太多的内外战争、社会动乱与经济变迁，内忧外患激发了一次又一次急促的新政、革命或改革，经历了复杂激烈的经济、政治与社会转型。如民国建立共和，与以前的皇权专制显得截然不同；新中国建立社会主义制度，与旧社会对比天翻地覆；改革开放与计划经济时代对比，又是一次新的革命。由于自然演化不充分，变革的频繁与变革前后的巨大差异，使不同阶段的财政形态似乎少了一些"联系"，多了一些"对比"，前一时期的制度似乎"天然"是作为后一时期的对立面而存在的。作为后发外生的现代化国家，我国财政现代化进程充满曲折与坎坷，注定不会一帆风顺。

现代预算制度在清末引入我国，是对帝国专权财政制度的否定；南京国民政府时期建立现代流转税（如统税、关税）制度，是对弊端丛生的厘金制度及主权缺失的关税制度的否定；现代公债制度的引入具有创新价值，但过度运用却是导致国民党政权崩溃的重要原因之一。新中国成立后，对国民政府时期的财政制度推倒重建，否定了财政制度产权私有的基础，在 1953 年税制改革中也否定了对经济主体的一视同仁原则。改革开放后，"利改税"和税收制度的重建，由"建设型财政"走向"民生财政"，都包含着对原来财政制度的否定。在我国的财政形态变化中，在比较短的

① 《马克思恩格斯选集》第 2 卷，人民出版社 1995 年版，第 43 页。

时间内财政制度发生了反差巨大的转变，自然演化的特征不明显。在进行新的财政制度创建中，易于使人重“建构理性”而轻“演进理性”，容易关注旧制度“弃”的部分而忽略“扬”的方面，甚至为彰显新制度的合理性而简单地对旧制度一概否定，疏于挖掘旧制度的历史合理性因素。久而久之，对我国近代财政史乃至财政理论的研究中，建构理性总是占上风，演进理性没有得到应有的重视。

从19世纪晚期开始，我国对发达国家现代财政理论的学习与创新一直是财政形态变迁的巨大推动力。财政实践要取得卓著的成效，不仅需要从前行者的历史经验和理论总结中提取力量，还需要从自身的历史演化中汲取经验教训，进行有效的理论创新。“建构理性”的优势在于利用外部知识打破不利的“制度锁入”，“演进理性”的优势在于运用有利的“路径依赖”减少创新阻力。过分强调其中的一个方面，作为学术探讨倘无大碍，如果指导实践就可能差之毫厘，谬以千里。新中国成立后，国家分配论是我国学术界对财政理论的重大创新，其建立在阶级斗争理论与再生产理论基础上的财政类型论，将新中国的财政归入“社会主义财政”类型。在“非税论”、“建设性支出论”、“四大平衡论”和“国家预算论”四个支柱上，建立起“社会主义财政”理论，实施包揽一切的“全能财政”。国家分配论在解释社会处于临界点的“非常时期”的财政状态时富有说服力，但忽视不同阶级间在一定条件下存在“共容利益”的事实，难以阐释稳定社会的财政状态。于是，“社会主义财政”理论在实践中的推行，势必将“非常时期”常态化，在继续革命论盛行的氛围下，贴着“社会主义财政”标签的“全能财政”无法走上法治化道路。“全能财政”曾经在推动国家工业化进程中发挥了积极作用，但由于其建立在财政决策者、执行者是完全“理性人”和“利他人”基础上的假设在现实中并不成立，在财政运行中出现财政制度效率和国民经济效率递减现象，导致财政危机。为解决“全能财政”的危机，财政不得不“甩包袱”从一些领域退出，同时产生了对财政理论创新的需求。

1978年以来，财政既是我国改革开放的重要领域，又是其他领域改革开放的支撑和保障。在财政改革与理论创新的互相推动中，1998年公共财政被中央确立为中国财政发展的方向，确立了公共财政理论在我国的主流地位。公共财政理论在西方现代化进程中形成，与市场制度、宪政制度和现代财政制度相适应，是西方财政实践与财政理论长期演化的结果。它建立在新古典主流经济学基础上，以完全竞争均衡下市场有效为逻辑起点，而后转入对市场失效和财政职能的分析。这一分析框架本质上是一种视制度为既定的分析框架，立足于欧美自然演进中的财政实践，将产权、制度、国家视为外生因素，使公共财政论难以满足中国财政转型在理论指导上的需要。公共财政理论立足于个人产权在先的法治基础，其三大支柱是市场失灵理论、公共产品理论和公共选择理论。市场失灵理论解释了在市场经济体制下财政存在的必要性，反映了财政决定于经济的特征；公共产品理论解决了财政活动的领域，为财政运行划定了范围；公共选择理论对财政决策的方式进行研究，反映出财政与政治的密切关系。

作为一种从外部引进的财政理论，公共财政理论被运用于指导我国财政实践时会产生排异反应，存在着明显的局限性。首先，市场失灵理论难以指导我国经济社会转型时期的财政职能定位。我国由计划体制向市场体制转轨，同时由非工业化向工业化转型，存在着市场割裂、二元经济等问题，“市场残缺”相对于“市场失效”问题更为突出，导致公共财政理论下单纯“弥补市场失效”的国家职能观与财政职能观应用于中国存在局限性。市场残缺决定了政府不仅要弥补市场失效，同时更要承担培育市场及制度供给的角色，特别体现在排他性产权界定上，对我国财政职能的演化提出了阶段性要求。

其次，在我国现实生活中应用公共产品理论时，片面强调公共产品的技术属性而忽视其程序性属性。近年来我国对“公共品”的解读偏重于其物理属性或技术属性，即非排他性、非竞争性及不可分割性，而对提供公共品的程序性问题不够重视。在建设公共财政过程中以提供公共品为财政活动的依据，但对公共品的客观标准由谁制定、由谁执行、由谁监督却没有得到重视。于是，现实中并不能增进社会福利的形象工程、强拆乱建，却可能以提供“公共品”的名义混迹于财政活动中。

再次，公共选择理论建立在个体理性本位基础上，通过公众参与决策形成群体理性，与我国集体理性本位的文化传统存在巨大差异甚至冲突，因而公共选择理论在我国财政改革中被着墨不多，更谈不上对财政决策执行过程产生多大的指导作用。

虽然公共财政理论具有以上不足，但不妨碍该理论在我国财政改革中发挥积极作用。改革开放以来，“公共财政”概念的提出与广泛传播，明确了我国财政改革的方向和目标。宣传财政的公共性理念，加快了我国财政转型的进程。近年来，一方面，公共财政与“全能财政”形态相区别，成为标识财政改革方向的旗帜；另一方面，公共财政又并非一个经过严谨论证的纯学术概念。于是，在不同人的心中，“公共财政”包含不同的含义。有人将公共财政解释为不同于以往的新范畴，有人把以往使用“财政”二字的地方统统置换为“公共财政”，有人把公共财政等同于民生财政，把当前带有“补偿性”色彩的改善民生举动误读为公共财政的全部内容。①

来自西方的公共财政理论之所以能够在我国财政改革实践中发挥指导作用，是由于我国财政现代化进程具有与世界财政现代化进程共同的规律。公共财政理论在我国当前的财政改革中之所以具有不适应性，是由于在应用该理论的过程中带有更多建构理性的特征，没有从中国财政现代化演化过程中汲取更多养分。有人将公共财政理论当作改革开放后才在我国出现的新事物，而实际上相关理念在清末就开始传入我国，并曾在民国时期的现代财政制度创建中进行过试验。如果不能对财政形态的演化过程以及中外财政理论与实践的联系有清晰的认识，就有可能不断“重新发现”着前人早已探究甚至实践过的问题②。

中国财政现代化是一个利益格局重新界定与调整的动态过程，对历史规律的认识有助于提高财政改革的设计与实现能力。善于从现代化先行者的探索中汲取智慧，同时从本国的历史教训和试验中寻找到正确的路径，才能更顺畅地走好中国的财政现代化之路。要找到更适合我国财政现代化的方案，需要持续的理论创新。立足本国财政形态演化的传统基础，从中外比较中，探究财政现代化的一般规律及我国财政形态历史演化的特殊性，有利于对财政发展的现实和趋向得出更科学的认识。

本书运用马克思主义和新制度经济学原理，从理论与历史角度分析了发达国家现代化与财政形态演化的互动关系，检视在西方冲击下中国财政现代化的成长轨迹，努力从别人和我们自己走过的历史中发现继续前进的路标。本书第一部分是缘起与准备（第一、二章），对选题原由、现代化理论、财政制度变迁理论等进行回顾性综述，为论文分析提供文献性基础。第二部分是理论分析（第三章），提出了财政主体结构理论、财政类

① 高培勇：“公共财政：概念界说与演变脉络——兼论中国财政改革30年的基本轨迹”，《经济研究》2008年第12期，第4—16页。

② 邹进文：《民国财政思想史研究》，武汉大学出版社2008年版，第17页。

型演化理论、财政过程产权转化假说、财政制度变迁过程理论，作为分析中外财政演进规律的理论基石。第三部分是理论应用比较分析，由第四章至第九章组成，首先对曾经深刻影响我国历史进程的现代化国家英国、法国、美国、德国、日本、俄罗斯（苏联）发展进程中财政形态变迁的历程、作用及得失进行剖析，为分析中国财政现代化进程提供了一个历史比较的参照系，然后对中国财政现代化进程进行了历史分析。第四部分是结论，即第十章，对中国财政现代化过程的特点与趋向进行概括性论述。

本书运用个人主义与集体主义相结合的方法分析财政形态变化，对中西财政进行历史制度比较分析，试图就中外财政形态演化提出一个贯通的解读架构。由于作者学识不足，所取得的数据与史料有限，对有关问题的分析一定存在诸多待完善的地方。希望读者能不吝赐教，作者将不胜感激。

INTRODUCTION

Research on China's Public Financial Modernization

Modernization is the mainstream of Chinese history in modern times.

The core of modernization is economic modernization and political modernization. Economic modernization includes marketization and industrialization – the former is the dynamic mechanism, while the latter is the external performance. The manifestation of political modernization is constitutionalization, that is, to establish limited and effective government and to protect individuals' creation and the basic human rights by the growth of democracy and the rule of law. Public finance is the pivot of politics and economy, solving economic problems through political process. Financial modernization, is constantly to overcome the financial pressure and financial crisis, the original financial system to dynamically adjust to meet the social needs of modernization. China's financial modernization, is a modern development to adapt to the requirements of the process of institutional innovation, but also developed countries to absorb the latest achievements in the process of fiscal reform.

Modern Chinese history is a process to explore a modern road. After foreign countries asked for the ceded lands and indemnity, and with the importing of a large number of manufactured goods, the disintegration of China's traditional economy raised extreme social injustice and poverty, while the collapse of the imperial system brought about the evil warlord politics. Under foreign aggression and the civil strife, China tried urgently to find out the road to prosperity. It started from saving the nation through military and then industries, through constitutional reform and then a number of revolutions, until the founding of New China the road for rapid modernizating was paved. But China preferred industrialization to marketization on the road of economic modernization, and preferred democratization to the rule of law on the road of political modernization, which was unsustainable. After the Reform and Opening – up which brought order out of chaos, China has been boldly learning from all the advanced civilizations, stepping on the rejuvenation road.

In the last 100 years, China has been in the process of rapid changes. It experienced ups and downs, the rise of new regimes resulted in the corruption of old regimes. Such as "great revolution", "great leap forward" have frequently become the strong pursuit in the process of modernization in China. The old road is unmistakably dead; it was inevitable to try to go through the new road without old path dependence. Sometimes China was obsessed with a long history of ancient civilization, while sometimes it wanted self – reliance and destroying the old and establishing the new. However, it eventually had to adopt the way of opening up and innovation. 100 years later after the collapse of monarchy which had lasted for 2000 years, China has embarked on the broad road of modernization. Marketization, industrialization, democratization, and rule of law… all aspects are remarkable. Under this background, it is good chance for this article to comprehensively summarize the positive interaction between China's modernization and the transformation of financial systems.

This book uses the principles of Marxism and the New Institutional Economics, and analyzes the interaction between modernization and the formation of public financial systems in developed countries from a theoretical and historical point of view, and examines the changes of public financial systems in the process of China's modernization under the impact of the West , and clarify the growth trajectory of modernization of China's public financial systems, trying to find out the signs to continue moving forward from others' and our own history.

The first part of this book is the Cause and Preparation including Chapters One to Two, which retrospectively reviews the reason of selecting this topic, modernization theory, theory of public financial institutional changes etc. and provides the literature basis of this paper. The second part, Chapter Three alone included, is the theoretical analysis, which puts forward the theory of the structure of public finance subject, theory of the types of public finance, the hypothesis of transformating of property rights in public financial process, and the theory of changes process of public financial system, as a theoretical foundation of analyzing the rules of public financial evolution both at home and abroad. The third part is a comparative analysis of application of theories, including Chapters Four to Nine. It firstly discusses the process, roles and results of public financial system formations in the development of those modernized countries which had a strong impact on China's history, such as Britain, France, America, Germany, Japan and Russia (USSR) to provide a reference for historical comparison to analyze the changes of public financial system in China's modernization, and then makes a historical analysis of the changes of public financial system in this process. The fourth part, the Chapter tenth alone included, is the conclusion, which summarizes the features and trends of China's modernization and the formation of its public financial system, and points out that the constitutionalization of public financial process is the right way for China's public financial modernization.

The book illustrates the theory of public financial modernization from four aspects——public financial subject, public financial types, the hypothesis transformation of property rights of financial process and the process of changes in public financial system, which provides a theoretical framework for historical institutional analysis. Public financial subject is divided into different levels. From the level of its nature, the subject is the center of public power, which is the state within its duration. From the level of its operation, government represents the public financial subject. Different social forces together constitute the main structure of the public financial subject, which influences the government, determines the direction of fiscal policy and its implementation and effectiveness. In a different time and space, because of the differences in social power structures and organizational structures within the government, the structure of the public financial entities have different characteristics, which could be the decisive factor of the differences in public financial system in different countries and times.

The hypothesis of financial process transformation of property rights, which illustrates the public financial phenomenon from the perspective of the transformation of property rights, believes that public financial process is a process of property rights transformation, and that the public financial system confirms the process and reflects the competition or cooperation among different public financial bodies, and furthermore stimulates or restrain the long – term development of the society. The changes in public financial system intensively reflect financial subject's adjustment to treaties of financial process transformation of property rights in order to release pressure. Public financial system is a mechanism including both competition and cooperation in the development of the society, which could achieve returns to scale, provide property rights guarantee for market mechanism and decrease the transaction costs. Public financial function changes with the transformation of social economy development and social structure. Changes in public financial system are the process of adjustment to public financial function, and generally go through three phases as stagnation, innovation and equilibrium.

China's modernization started from seeking for efficiency, but was limited to government's seeking for military technology efficiency. The low efficiency of application of fiscal resources and excessive regulation over folk economy caused the failure of improving military efficiency. The startup of modernization had brought more corruption opportunities, which, together with the ceding of territory and the indemnity for wars against the Powers and the collapse of traditional industries under the impact of external industrial products, caused more serious social equity problems, even survival crisis. Thus survival right and social equity became an important goal for the transformation of public financial system in the later times. The victory of the Communist Party depended on its support for the innovation of fiscal system paying high attention to social equity, and the promotion of industrialization since the founding of New China also depended on the adjustments to fiscal system. Much innovation of fiscal system has been carried out since the Reform and Open up.

Entering into modernization process in the 19th century, in the effect of wars and commerce, China began to break up the traditional economy and society, and developed towards abnormal industrialization and marketization. Under foreign nations' invading and foreign capitals' exploitation and influenced by civil wars, the empire's fiscal system fell into warlord public finance and became wartime public finance during wars. After the founding of New China, the new government strongly promoted industrialization with universal public finance, and obtained the most outstanding modernization achievement and economic growth speed in Chinese history. However, compared with other better modernized countries or areas (such as the Four Asian Tigers), China's modernization obviously fell behind and was unsustainable. Under this background, China began to implement the Reform and Opening – up policy. At the beginning the Soviet model's fiscal system was adjusted. As time went forth, fiscal system reform absorbed into more and more western countries' innovations. From tax shunt, fair tax, fiscal federalism, modern budget to fiscal transparency, the fiscal reform in China actively merged into the river of public financial modernization. The active innovation of fiscal systems cultivated market players, market system and market mechanisms and stimulated the fundamental power of modernization. The reform of fiscal system itself is a part of political modernization, and promoted the advancement of other fields, such as the protection of human rights and the same protection of private property and public property. The operation of China's government is increasingly limited to the track of public and steps towards improving efficiency.

Specifically, the transformation of fiscal systems in China's modernization process has undergone the following four phases:

First, the collapse period of the Empire Financial. Even under the external pressures, the empire financial system was still based on the fact that the emperor had the ultimate ownership of all properties. Although the empire tried to maintain the exploitation of the fiscal revenue system, the consumption nature of the fiscal expenditure system and the autocratic of the fiscal management system, the fiscal power was shifted "outward" and "downward" due to the passiveness of the empire's response of its fiscal difficulties. Thus the exploitation of the fiscal revenue system became graver, the consumption nature of the fiscal expenditure system became more outrageous and the autocratic of the fiscal management system became more decadent, bringing both the imperial fiscal system and the Qing Empire to ruin. This phase of China's modernization process did not introduce improvement of efficiency, yet brought about the crisis of equity and survival of the empire.

The second phase is the wartime financial period or the warlord financial period (1912 - 1949). The objective forms do not differ much between wartime financial and warlord financial, yet from the view of lawfulness or legality, there can be quite different interpretations. With the warlord finance, the property right was insecure, the fiscal revenue system was overly greedy, the fiscal expenditure system was destructive to the society and economy, and the fiscal management system was filled with abusive power. With a lawful fiscal subject during the wartime period, the property right system made public ownership first priority, the fiscal revenue system was characterized with limitless demand, the fiscal expenditure system was characterized with efforts to seek survival, and the fiscal management system was characterized with autocratic. Looking from the evolution paths of these two fiscal forms, the warlord finance is the remnants of imperial finance which is crueler than the latter, while the military autocratic of wartime finance descends from the autocratic of imperial finance. Even so, against the modernization background, the financial systems in this period still contained elements that were favorable to the country's modernization, such as industrial and commercial tax, income tax, national treasury system, the use of national debt, the attempt of graded finance, the use of tariff, industrialization - oriented fiscal expenditure, constitutional politics and modern budget system, all of which had a modern color and laid the foundation for future transformation of the fiscal system.

The third phase is the all - round financial period (1949 - 1978). The New China built its regime on its concern of public livelihood and the pursuit of equitable aspiration, and forced a radical change of its property right system, fiscal system, seeking improvement of economic efficiency on an equitable basis. This was a quite different path of modernization compared with old regimes, and made fiscal system its major support. Universal finance was based on the monopoly of public property, while the fiscal revenue system was self - supportive, the fiscal expenditure system was constructive and the management system was centralized. As the nation replaced the society, social resources were allocated through the fiscal system; the momentum of property was replaced with urges of power and ideology. Thus it was not possible to keep the efficiency of economy. Centralization guaranteed the implementation efficiency of the fiscal system yet failed to achieve its decision - making effectiveness. Overall democratic maneuver - like surveillance over public finance could keep the relative societal equity, but could not realize the legalization and regularization of fiscal system.

The fourth is the fiscal constitutionalizating period (from 1979 to now). China is now on the road to Public Finance. Private property rights will gradually gain equal footing with public property rights. The fiscal revenue system show more of the transaction attribute, the fiscal expenditure system become more responsive to the public, and the fiscal management system is of more constitutional characteristics. China's modernization of public finance is converging with other modernized countries, yet with just preliminary success. The adaptability of the finance system with modernization, its synchronization with other systems, and the predictability of its transformation path and so on, all call for continuous concern and maintenance. The improvement of economic efficiency raises the problem of the durability of environment and resources, while the deteriorating of equality brings about the problem of social stability. Thus China's modernization is still faced with huge challenges.

The developing trend of China's public financial modernization should be based on respect for individual freedom and property rights, playing the effect of economies of government's scale through fiscal reform, focusing on the performance of the financial activities of the value at the same time, more attention to its procedural value. Public finance in the pursuit of goals in the process of long - term need for sustained autocratic empire - era filtered toxins, improve the adaptability of the financial system and modernization, interoperability with other systems, the path of institutional change can be expected and can solve the economic efficiency enhance the environmental capacity issues associated resources, the deterioration of equity issues associated with social stability. Gradually establish a trading property features outstanding tax - based revenue system, to achieve tax - based revenue system; created as a service to achieve a public purpose expenditure system, through a rigorous process to protect citizens' right to express preferences, financial activities, the right to know, right to participate in decision - making and supervision, implementation of system of public expenditure; fiscal policy should be based on the adjustment of economic structure and maintain cyclical fiscal balance, overcome the tendency of expansionary fiscal control, financial control systems to achieve functional; establish a sound financial behavior of public choice mechanism, promote the unity of the budget, complete with monitor and improve the budget process control, and promote all levels of financial powers and financial resources to match the funds used to improve performance and achieve the constitutional of financial management.

Key words: public finance, modernization, marketization, constitutionalization, transformation of financial systems

目 录

第一章　导　论

工业较发达的国家向工业的不发达国家所显示的，只是后者未来的景象①。

——马克思

第一节　问题的提出

中国近现代史，是一部现代化道路的探索史。

自16世纪进入世界史时代以来，人类文明发生着日新月异的变化。发源于西欧，崇尚市场竞争和技术创新的现代文明新形式，不断演化、拓展、聚变、裂变，像病毒一样不断伺机进入各个民族的肌体。分布在地球不同区域的人类群体，原来的文明演化进程受到前所未有的冲击，或主动应变、或被裹胁、或屈辱地进入了现代化进程。在互相冲突、抗争、学习中，人类文明的列车更新换代，加速前进，爆发了一场场无与伦比、残酷血腥的战争，演出了一幕幕异彩纷呈、精妙绝伦的活剧。

在大西洋沿岸的远洋航海日盛一日，工业革命的机器轰鸣之时，悠久博大的中华文明，徜徉在专制帝国迟暮的余晖里，在周边蕞尔小国的来朝中盲目享受着“天朝上国”的尊荣。依托工业革命带来的高效率，西方先发现代化国家通过贸易和战争对全球产生巨大冲击，将各个民族或早或迟卷入现代文明进程。鸦片战争的坚船利炮，如闪电雷鸣般划破了东方夜空

① 马克思：“《资本论》第一卷序言”，《马克思恩格斯选集》（第2卷），人民出版社1995年版，第100页。

的寂静。帝国统治者不得不将厚厚的大门开了一条缝，从此，现代化便像幽灵一样在中华大地左冲右撞，中华民族由被迫继而主动地融入现代化的滚滚洪流中……

中国近现代史，是一部现代化道路的探索史。从“师夷长技以制夷”、“中学为体，西学为用”，到实业兴国、教育救国，从君主立宪、五权分立，到“以俄为师”、“以苏为鉴”……中国现代化一路走来，历经苦难和艰辛。在列强炮舰的恫吓与铁蹄的蹂躏下，中国遭到割地赔款的频繁勒索，灾荒战乱纷至沓来。在潮涌般外来工业品的冲击下，中国传统经济解体衍生出极度的贫困与社会不公，帝国体制瓦解散落出残渣余孽般的军阀政治。外患内乱下的中国迫切地向外寻求富强之道，从军事救国到实业救国，从维新立宪到一次次革命，直到新中国成立才走上了快速现代化道路。但在经济现代化道路上一度重视工业化而摒弃市场化，在政治现代化道路上曾经重视民主化而摒弃法治化，结果无以为继。20 世纪 70 年代末，经过艰难地学习、比较、创新，终于踏上改革开放的崭新道路。

100 多年来，中国一直处于快速变化中，风向多变，时好时坏，旧政权的腐朽成就了新政权的崛起。“一万年太久，只争朝夕”，“大革命”、“大跨越”多次成为我国现代化进程中的时代性追求。几千年的老路是明确无误走不通了，极力要走新路却难摆脱对过去的路径依赖；时而醉心于源远流长的古老文明，时而要自力更生废旧立新，却终究要立足现实走开放式的学习创新之路。在延续 2000 多年的帝制崩溃 100 年后，中国已走上了现代化的康庄大道，市场化、工业化、民主化、法治化……各个方面均可圈可点。

现代化之所以发端于西欧，与文艺复兴时期的人文精神和理性化精神密不可分。个人独立思考，挣脱了神学的思想束缚，在知识的积累与探索中不断接触新的未知世界。商业革命的竞争，刺激了知识的自由传播，成为催生现代工业的助产婆。而中国长期专制制度下的“以吏为师”，不断强化知识对权威的依附；“独尊儒术”与文字狱盛行，禁锢了思想自由；科举制度对科技探索的反向激励，形成中国文明前行的重轭。中国早期现代化在缺乏思想文化自由的背景下进行，难免将注意力首先放在器物文明层次上，从洋务做起已属不易①。甲午战争失败后，现代化的关注点转向

① 有的学者认为，“洋务运动”从规模与性质上看，称为“洋务活动”更切合实际情况。见赵德馨：《中国近现代经济史（1842—1949）》，河南人民出版社 2006 年版，第 173 页。

制度层次，但由于专制势力的顽固与腐朽，不得不通过革命方式推动现代化进程，整个民族付出了沉重的代价。曾几何时，我国将计划经济运行体制奉为金科玉律，工业化一度被看做是现代化的典型标志。经过新中国成立后30年的试错，我们逐渐认识到市场化是保持现代化动力的根本所在。市场化背后，是明晰产权和建立法治秩序。改革开放以来，国内外市场的开辟，成为改革的催化剂与工业化的推动力，取得了不俗的经济业绩。市场导向的确立、保护人权与私产入宪，标志着中国终于和先发内生现代化国家发展模式殊途同归。

人类的进步，建立在知识积累的基础上。知识的可言传部分易于学习和交流，大量的非可言传知识依托于特定的时空，只有实践加上悟性（边干边学）才能恰当地获得，这无疑增加了学习先发现代化国家经验的困难。西方文明经过文艺复兴和宗教改革的洗礼，在商业革命的基础上，创造出工业革命的奇迹，在先进技术的武装下对其他民族进行屠杀、掠夺和实施殖民统治。中国数千年繁盛的中华文明培养出的文化优越感，沁入中华民族的骨髓。在被迫向西方文明学习的过程中，国内时而妄自尊大，划出“国情不同不必学”的禁区；时而盲人摸象，学得一鳞半爪，便犯教条主义。在先发现代化国家的挤压与侵略下，在与西方文明异质的基础上，中国不断积累内生现代化因素。

在帝制消亡百年的今天，现代化对于中国而言，依旧任重而道远。改革开放30多年来取得巨大成就，政府主导的渐进式改革赢得一片喝彩。但是，从历史长河来看，30年的成功仅是一小步。想当初计划经济体制也曾光芒四射，20世纪30年代初西方世界陷入大危机的时刻，苏联的经济成长让全世界惊羡不已，后来被许多新独立国家模仿，新中国第一个五年计划的成功曾经坚定了当年走计划经济道路的信心。几十年后，相关国家却不得不纷纷走上转型之路。20世纪70年代末以来，中国现代化刚刚驶入快车道。现代化是一个持续的过程，我们与发达世界的差距，不仅在器物层次，更在制度层次和文化层次。承认差距不是妄自菲薄，而是为了保持清醒。在刚刚取得一点点成绩之后，可怕的是“好了疮疤忘了痛”。人类文明过程中的兴衰更替，应成为在我们耳旁敲起的警钟。保持忧患意识，从先发现代化国家和我们自己走过的历史中汲取力量，发现前进的路标，是我们应该做好的事情。

在中华文明中，浸透着浓浓的国家意识。中华文明的博大精深，中华文化的悠远绵长，万国来朝的历史盛况，时时滋养着国民的荣耀感。家国同构，家国一体，家是小的国，国是大的家，时时将国民与国家紧紧联系在一起。现代化过程中，在列强一次次的欺凌下，我们的国家在哪里？国家干了些什么？要建设什么样的国家？等等问题，曾长期困扰着先辈们。在21世纪的现代化新局中，这些依然是热门话题。2008年以来的世界金融危机，预示着一个巨大变动时代的到来，使这些问题在当今依然重要。

诺斯提出了影响深远的“国家悖论”：“国家的存在是经济增长的关键，然而国家又是人为经济衰退的根源”①。国家作为一种具有暴力潜能的超大垄断组织，涉及利益关系的复杂性往往使其运转难以掌控，在人类史上的作用也扑朔迷离。中国现代化进程也印证了国家行为的复杂性。当“戊戌变法”中的改良派认为在光绪皇帝的支持下就可加快现代化进程时，慈禧太后的一个“急刹车”顿时使他们的希望成为泡影，甚至人头落地；当没多少人对清王朝再抱希望时，清末新政却不适时地拉开了大幕②；辛亥年几名武昌新军的一次弹药操作失误，成为中国进入共和时代的前奏曲；大跃进运动中要早日实现“赶英超美”，却带来一场浩劫。有时候国家“背抄手”，无为而治，反带来一片繁荣；有时需要国家伸出“扶助之手”，却迎来一只“掠夺之手”。国家在人类社会中的重要性和复杂性，促使千百年来无数人探究其中的奥妙，而不可缺少的一个角度和线索，就是财政。

财政作为经济和政治的枢纽，在人类发展史上具有独特的地位。

亚当·斯密说：“财政乃庶政之母”。霍姆斯大法官说：“税收是文明的对价”。马歇尔大法官说：“征税的权力事关毁灭的权力”。温家宝总理说：“一个国家的财政史是惊心动魄的。如果你读它，会从中看到不仅是经济的发展，而且是社会的结构和公平正义”。回溯历史，财政是维系文明社会的纽带，社会转折总是和财政问题密切联系在一起。英国1215年订立《大宪章》和1689年爆发“光荣革命”，只是缘于对征税权的争夺；美

① 道格拉斯·C. 诺斯：《经济史中的结构与变迁》，上海三联书店1992年版，第20页。

② 刘晔认为，传统中国的科举制度，衔接文化与政权、社会与国家、知识与权力。1905年清朝废除科举制度，兴办新学，导致传统国家、社会与文化体系的崩溃，也许是理性化权力在近代中国发生的恰当前提。见《理性国家的成长——中国公共权力理性化研究》，重庆出版社2005年版，第1—14页。

国 1775 年爆发独立战争，导火线即为英国殖民者未经北美殖民地人民同意而任意向他们征收茶叶税、印花税；法国 1789 年的大革命也是由筹划税收方案和解决财政问题所致。熊彼特强调，研究财政史使得人们能够“洞悉社会存在和社会发展的规律，洞悉国家命运的推动力量”，“从国家财政入手的这种研究方法，在用于研究社会发展的转折点时，效果尤为显著……在社会的转折时期，现存的形式相继陨灭，转变为新的形式。社会的转折总是包含着原有的财政政策的危机”①。

财政现代化的历史，是一个从实践到理论，再从理论到实践，循环往复，螺旋式上升的过程。从 16 世纪开始，欧美国家的财政实践和理论渐次演变，经历了从重商主义、自由主义、保护主义，到凯恩斯主义、福利主义、新古典主义的发展过程。时至今日，西方发达国家形成的现代财政制度，与市场经济、宪政国家制度相辅相成，呈现“三位一体”的状态。立足个人产权在先的法治基础，西方财政理论形成了成熟的三大部分：市场失灵理论、公共产品理论和公共选择理论。在财政现代化进程中，从先发现代化国家财政实践与财政理论对于其他国家的影响和冲击，也能看到后发现代化国家对于发达国家的借鉴与创新。

在中国 100 多年来的现代化进程中，中西经济、政治、文化冲突激烈，过程跌宕起伏。中国财政现代化过程中，财政主体、财政职能、收入方式、支出范围、财政决策及运行方式，都发生过数次剧烈变动。朝是而夕非，昨兴而今替，层出不穷。从植根于小农经济的帝国财政走向崩溃，到战时（军阀）财政、全能财政以及最近向财政宪政化的转型，中国财政制度变迁频繁且表现出跳跃性。在财政理论方面，我国 20 世纪前期曾引入弥补市场不足论、凯恩斯主义政府干预论，解放后一度流行国家分配论，至今盛行公共财政论。财政实践与理论的演变，从一个侧面反映了我国经济政治发展的复杂性。

发达国家的现代化从 16 世纪肇始，工业革命以来发生深刻变化，体现为一个自然演化过程，更多地具有演进理性的特征；发展中国家的现代化，是在不同领域追赶世界先进水平的发展过程，体现为一个目标和路径更为明确的选择过程，建构理性的特征更为突出。各个国家或地区所处的

---

① Joseph Schumpeter, “The Crisis of the Tax State”, in *The Economic and Sociology of Capitalism*, edited by Richard Swedberg, Princeton University Press, 1991.

文化阶段与地理位置，是其进入现代化时段与模式的决定性前置条件。现代化在世界的扩展过程，是先发现代化国家对其他国家产生冲击的过程，也是后发现代化国家抗争与追赶的过程。在孕育或应对现代化冲击时，各国内部社会结构所形成的合力及选择，决定其现代化的方向和进度。从全球化视角分析现代化进程与财政形态变迁的相互影响，能够为认识我国财政现代化提供重要的时空坐标。

时至今日，我国社会主义现代化建设已取得举世瞩目的成就。一方面，国民经济已具备巨大规模，政府保持很强的经济干预能力，财政规模持续扩大，国有资本的垄断程度很高。另一方面，又存在着国民收入分配失衡，城乡和地区差距过大，行政成本过高，基层财政困难等需要克服的难题。林毅夫认为，在一个国家的现代化进程中，要素优势禀赋发展战略的实施，可以快速提升微观主体的经济力量，进而推动依法治界定政府和各经济主体的权利和义务，最终建立宪政体制①。改革开放以来的经济改革和财政改革，都服务于提高经济效率这一优先目标。市场化过程促进了要素优势禀赋作用的发挥。30 多年来的财政改革，如税制改革、分级财政改革、国库集中支付改革、部门预算改革、政府采购改革等，主要从经济与技术角度路径入手，促进了多元化市场主体的发育和市场机制的形成，提高了资源的配置效率，并推动了社会的法治化。

但随着时间的推移，从效率优先这一路径可能挖掘的潜在收益正走向边际递减，几近枯竭。杨小凯担心，现代化过程中，在政治垄断下实现经济转轨，可能被内含的国家机会主义所劫持。不进行宪政改革来限制政府权力，非政府部门创造的收益会被国家机会主义剥夺，使社会进入制度化的腐败。后发现代化国家可以通过模仿发达国家的技术和管理取得短期快速的经济增长，但无法保证长期发展，社会甚至会由于增长停滞、腐败、收入分配恶化而陷入危机②。深层次财政领域的改革，涉及政府与社会关系等敏感的利益调整，影响到社会结构的变革，是决定现代化成败的重要因素。从更宽阔的视野着眼，从中外财政形态的演化中总结经验教训，有助于寻找到长期稳定发展之策。

---

① 林毅夫："后发优势与后发劣势——与杨小凯教授商榷"，《经济学》（季刊）第二卷，2003年第4期。

② 杨小凯等："经济改革和宪政转轨"，《经济学》（季刊）第二卷，2003年第4期。

第二节 基本概念与研究方法

一、基本概念

（一）财政

财政概念采用贾康先生的看法：以社会权力中心（在国家存续期间的社会就是国家）为主体的“以政控财，以财行政”的分配关系。财政在实体经济和社会生活中的表现，是政府的一系列收入分配活动[①]。

（二）现代化

由于现代化内容浩繁，关于现代化的概念也众说纷纭。罗荣渠总结认为，现代化一是指经济落后国家在经济和技术上赶上世界先进水平的历史过程；二是指人类社会从传统的农业社会向现代工业社会转变的历史过程，实质上就是工业化；三是指自科学革命以来人类急剧变动的过程的统称；四是主要指一种心理态度、价值观和生活方式的改变过程[②]。但在各种关于现代化的看法中，都非常重视人类从农业社会向工业社会的革命性飞跃，强调工业化在现代化进程中的突出作用。现代化的静态概念指大约16世纪以来，特别是18世纪中期工业革命以来出现的新特点和新变化，表示先进水平的状态；动态概念指发展中的国家为了获得发达的工业社会所具有的一些特点，而经历的文化与社会变迁的，包容一切的全球性过程。

本书使用的现代化概念，主要指工业革命后发达国家的新特点和新变化，以及发展中的国家为了获得发达工业社会的一些特点的过程。着重论述现代化制度层次的关键内容，即经济现代化与政治现代化。经济现代化

---

① 这里运用的是广义的财政概念，比现实社会中财政部门的收入分配活动范围要宽，是运用政府公共权力从事收入分配的公共经济部门的活动，主要包括政府的财政、金融、公共资本（或资源）经营等活动。参阅贾康等：“财政理论发展识踪——结合‘公共财政’的点评”，《财政研究》2005年第6期；蒋洪：《公共经济学》，上海财经大学出版社2006年版。

② 罗荣渠：《现代化新论——世界与中国的现代化进程》，商务印书馆2004年版，第9—18页。

主要包括市场化和工业化两个组成部分，政治现代化主要包括民主化与法治化两个组成部分，而民主化与法治化的集中体现形式是宪政化。其主要内容间的关系如图 1 – 1 所示。

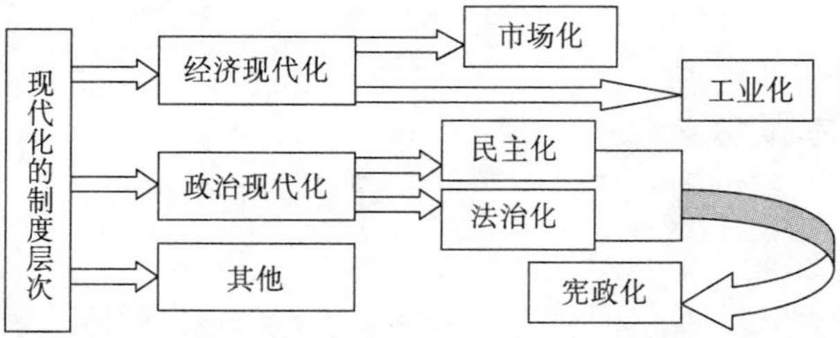

图 1 – 1　现代化制度层次下不同内容间关系图

（三）财政现代化

财政现代化，是发达国家财政制度适应经济与政治等领域现代化的状态，也是发展中国家为获得发达工业社会财政形态特征而自然演化和学习创新的过程，反映在财政技术、财政制度和财政文化三个层次。三个层次相辅相成，变化的速度依次更慢，但稳定性依次更强，产生的影响依次更加深远。在工业化进程中，金融、会计、交通、通讯及计量技术的现代化大大提高了财政技术现代化水平，为财政制度现代化提供了工具性支持，并逐渐渗透积淀到财政文化之中。

（四）宪政

宪政是一种以法治为形式、司法为屏障，以民主为基础、分权制衡为手段，以规范权力和保障人权为目标的政法体制。宪政是民主制度的基础和保障，同时也是对民主政治的制衡。宪政是法治化的高级民主形式，是在民主基础上的法治化形态，在“限政”的同时保障政府的运作能够提升社会福利，提高政府的效率，实现私人产权的效率与公共产权效率基本一致。在宪政国家，政府是有限政府，政府和公民的行为边界不能互相僭越。宪政的根本作用在于防止政府权力的滥用，维护公民普遍的自由和权利。

（五）财政制度

财政制度是从事财政活动的正式规则、非正式规则及其实施机制，在内容结构上包括财政收入、财政支出、财政调控和财政管理制度等[①]。

（六）财政制度变迁

财政制度变迁是财政制度调整与变动的过程，是财政制度利益相关方博弈的结果。突出体现为正式财政制度的演化，一般是自上而下的强制性制度变迁，但自下而上的偏好表达甚至制度改革试验也是促进财政制度变迁的重要力量。

（七）财政改革

财政改革或称为财政制度创新，是财政制度变迁的主要方式，是在新政权控制下对财政制度的改良，是财政主体应对形势变化对财政制度的主动调整。与财政改革相比，原政权的财政制度瓦解、新政权财政制度的创建是财政制度变迁的激进方式。

二、研究方法

（一）国家与政府的经济人假设

财政制度的供求与变化，取决于不同利益集团合力的大小与方向。个人对所需财政制度的理性算计，形成合力推动着财政制度由一个均衡走向另一个均衡。本书从新古典的经济人假设出发，运用一般均衡的方法分析财政制度确立、运行和变迁的历史。作为财政主体，国家是一个集合性概念，是共同体对外的组织形态，在对外关系中具有经济人特征。国家是由居民（Nation）、政权（State）和领土（Country）构成的有机整体，是一种在特定地区内对合法使用强制性手段具有垄断权的制度安排，具有对外和对内职能，对外维护国家利益，对内同时具有阶级职能和社会职能。

政府是国家的代表，政府（Government）是社会管理者，代表和体现国家的意志，其行为特征决定于社会力量的结构及其变化。国家能否实现共同体的公共利益，并不是由于政府天然具有“利他性”的政治人特征，

① 近代的财政管理制度又可分为预算制度、分级财政制度、国库运行制度、财政机构设置制度、财政信息传播与控制制度等。本书对财政管理制度的阐述以预算制度、分级财政制度为主。对国库运行制度、财政机构设置制度、财政信息传播与控制制度等的论述一般从略。

而是取决于政府的权力能否在社会力量结构中得到制衡并建立导向公共利益的激励机制。国家是“超级企业”型的经济人，通过政府进行治理，政府本身也是经济人。“广义上的政府”包括立法、行政、司法等在内的国家决策和执行机构；行政机构是“狭义上的政府”，是国家执行机构的核心。政府常以国民利益代表的身份对外行使国家职能，对内以提供公共服务换取财政收入。政府对外是追求国家利益的经济人；对内而言，具有经济人特征的不同利益集团之间的博弈对政府运行产生影响，形成政府行为的最终特征。

（二）个人主义与集体主义相结合的方法

个体本位还是集体本位，是方法论中长期争论的核心问题。方法论的个人主义，坚持自由个体对价值的判断，是某一行为成本与收益的判断基础。方法论的集体主义，坚持在个人基础上的价值判断具有通约性，是可以认知的。古典经济学和新古典经济学都强调个人理性与集体理性的一致性。只有坚持两者的统一，才能在制度变迁过程中，有效地探寻使各个群体对制度的个体理性，转化为符合社会所有群体成员的集体理性的方法。尤其是作为国家这一重要组织形式的管理者政府，其本身也作为一种组织形式，更是要不断地超越个体利益，从社会整体利益着眼，优化社会基础制度框架的设计，通过合理的正式制度和非正式制度的整合，使得在这种制度下的社会成员的活动能够维护集体理性的原则，在不违背个体理性的前提下，使社会尽可能地达到集体理性。

国家、政府、财政制度、产权结构、经济增长等通常以整体的形式出现，很难对应到具体的个人。如果片面强调个人价值判断的主观性差异，可能陷入对社会现象无法判断的不可知论。反之，如果片面强调集体价值，又可能陷入以集体利益抑制个体诉求，使集体价值最终失去个体基础。而立足个体价值判断的基础，努力把握个体价值与集体价值之间的纽带——规模效益与交易费用的消长关系，辨析个体价值合成集体价值过程中可能出现的变异，避免“合成谬误”[①]，是正确的研究方法。

① 合成谬误即个体行为的加总与个体行为目标背离的现象。如通过十字路口的人群中，每一个人都想早些穿越路口而不愿等待，但大家争相抢道的结果是谁也无法早早通过，与每个人起初的愿望恰恰背离。

（三）比较历史制度分析方法

新制度经济学至今已形成交易费用经济学、产权经济学、委托—代理理论、公共选择理论、新经济史学等分支。它为经济分析提供了一种更为真实可行、更为敏锐的视角。它融入了经济史，但却提供了比传统的方法更为有效的微观分析推理方式。对现代化进程中财政制度变迁的研究，是从它的相对静止中去把握它的理论特征，在动态的财政过程中深入领悟客观的运动规律，在经济学原理尤其是在国家分配论、公共财政论、发展经济学、演化经济学理论基础上，将历史事实与理论逻辑有机结合，对近代以来的现代化与财政实践进行考察。运用新制度经济学和进化博弈论等现代经济学的方法，研究财政制度的深层次结构，将对财政制度的比较分析从现实制度层面拓展到历史制度和其他历史因素的层面，力图揭示历史在财政制度确立和变迁中的作用。在适应环境和社会变化的过程中，财政制度的新结构不断被发现，更为理想的结构不断被保存，造就了财政制度的确立和调整过程。

如同其他制度一样，财政制度变迁的轨迹具有路径依赖的特性。过去的制度影响了人们对当前和未来制度的预期，也决定着引进新组织的激励，“经济制度的改变能力是其历史的函数”①。历史渗透在经济理论中，并成为其不可分割的组成部分，每个国家的历史和演化路径都是独特的，无法通过简单地模仿复制他国的制度而发展。从新古典经济史理论到比较历史制度分析，经济史的研究由静态的均衡分析转向了动态的演化分析。财政制度不仅有理性构建的影子，由财政制度供给者提供，并服从于供需均衡，而且是一个演化的过程，是社会、政治、经济、文化等因素相互作用的结果。尽管建构和演化被普遍认为是对立的，前者强调行动者的理性算计，后者则强调行动者的无意识或无目的性以及互动结果的不可预知性，但引入认知进化的因素后，两者间的不和谐可能消失。在演化分析中，个人认知在与环境的互动中，处于不断地进化之中，通过不断试错、调整来获得提高。在进化中积累下来的理性，影响着个体的预期和行为选择，并最终影响财政制度的演化路径，个体与组织、制度间的互动最终构

① Grief, Avner, 1994, Cultural Beliefs and the Organization of Society: A Historical and Theoretical Reflection on Collec - tivist and Individualist Societies, *The Journal of Political Economy*, vol. 102, No. 5 (October): pp. 912 - 950.

成了历史演进的基本线索。

（四）逻辑与历史相统一的方法

在引入新经济史方法进行经济史的研究中，往往会引发“逻辑先行”还是“史料先行”的争论。经济学的经济史，出于理论构建的需要而关注历史事实，注重运用演绎逻辑。跨期不同的案例或历史数据资料都是用来提炼或者验证理论，归纳和描述都是在一种预制的逻辑体系下进行的，即逻辑先于历史。这种“粗略地使用历史资料、先入为主地提出理论假说”的“恶习”①，使历史降为经济学的附庸，招致史学家的批评。而历史学的经济史，遵循“历史先于逻辑”的原则，所有的经济理论都是方法论，注重在描述基础上的归纳，“是研究过去的、我们还不认识或认识不清的经济实践，因而它只能以历史资料为依据”②。史学家一再强调“历史真实性”，但实际上他们笔下的历史仍然不能免于理论的重构。“历史”总是“人心中的历史”，任何人在回首审视历史事实时，总是带着一定的思想观点。于是，从同样的史料中，不同人会看到不同的“史实”。史学家呈现出来的历史，不仅取决于他们从史料挖掘、考据中获得的历史事实，也取决于以什么样的理论来处理这些事实③。应将逻辑与历史相统一的原则，运用于对客观事物及其规律的认识中。正如恩格斯所说：“历史从哪里开始，思想进程也应当从哪里开始，而思想进程的进一步发展不过是历史过程在抽象的、理论上前后一贯的形式上的反映；这种反映是经过修正的，然而是按照现实的历史过程本身的规律修正的。”④ 从一定意义上看，历史与理论不可分，两者是相通的。

---

① 于尔根·科卡：《社会史：理论与实践》，上海人民出版社2006年版，第36页。

② 吴承明：“经济学理论与经济史研究”，《经济研究》1995年第4期。

③ 新经济史学引入中国后，引发了中国经济史研究中的史学范式与经济学范式的冲突。经济学家批评传统经济史研究墨守陈规、缺乏理论洞察力，而史学家则认为经济学家对历史的研究使历史偏离了对历史事实的描述，变成了理论的附庸。这种冲突与两个学科叙事方式的不同有关，更与新经济史学与传统史学所惯用的理论工具在方法论上的区别有关。参见郭艳茹等：“经济学家和史学家应该互相学习什么——论新经济史学与中国传统经济史学的范式冲突与协调”，《学术月刊》2008年第3期，第77—82页。

④ 《马克思恩格斯选集》第2卷，人民出版社1972年版，第122页。

第二章　中国财政现代化：一个富有时代内涵的问题

一个民族的精神风貌、文明程度、社会结构以及政策可能酿成的行为方式，所有这些甚至更多，都记录在它的财政史上。那些明白怎样读懂这个历史所蕴涵的信息的人们，比从其他任何地方都能更清醒地预感到震撼世界的惊雷。[①]

——熊彼特

“现代化”一词从英文 modern 即“现代”演化而来，在英文中是 modernization，是个动态名词，意为 to make modern，即“使成为现代的”。Modern 不仅是一个时间尺度，而且是一个价值尺度，是指区别于中世纪的新的时代精神[②]。现代化又是一个全球化的过程，国际间的影响越来越显著。理论是对现实的反映，理论的进步会成为社会进步的力量，思想的禁锢使历史前进披枷带锁。中国现代化在外来冲击下较晚发生的特点，使在对中国财政制度的研究中，不仅有必要关照中国自身财政制度的演化，而且需要重视先发现代化国家财政制度的演化规律及对我国的影响。

① 转引自萨缪尔森、诺德豪斯著，萧琛主译：《经济学》（第十七版），人民邮电出版社 2004 年版，第 262 页。

② Modern 最早被文艺复兴时代的人文主义者使用，用来区别于中世纪 medieval，将文艺复兴看做一个与中世纪对立的新时代。参见罗荣渠：《现代化新论——世界与中国的现代化进程》，商务印书馆 2004 年版，第 3—6 页。

第一节 中国现代化：三千年未有的变局

任何一个国家的历史，都是一部生存竞争的历史。竞争过程的顺逆成败，决定于这个国家对于环境的适应能力。首先对于环境与时代须有一个正确的认识，否则一个国家要阔步前进无从谈起。中国的历史一向并不孤立，在古代形成了以中国为中心的“天下”观。但现代化的冲击一波强似一波，使中国终于放弃了“天朝上国”的尊崇，成为全球现代化竞争中的一名后来者。

一、外来现代化因素的冲击

在中国传统社会的农业经济形态下，人地关系成为周期性矛盾，一次次成为灾荒与战争的经济根源。动乱后产生的政府，将加强中央集权作为国家走向繁荣昌盛的主旋律。秦皇汉武、唐宗宋祖……一个个帝王将相以其巨大的社会资源动员能力和骇世功业，在历史中被反复地浓墨重彩，以至于中国古代史几乎成了“帝王将相史”，暴力支撑下的朝廷威权成为衡量个人价值的关键标准。中华民族知识的积累以社会知识为中心，生产知识的积累在社会上缺乏吸引力，一旦经济增长不能承受缺乏约束的专制政权的重压，经济崩溃与政治动乱就会周而复始。

在中国沿着自身文明的轨迹蹒跚前行时，西方演化出对人类发展产生巨大影响的异质文明——技术领域的工业革命迸发出空前的生产力，经济增长率第一次如同人口那样呈几何级数增长，为人类跳出“马尔萨斯陷阱”① 创造了条件。西方工业文明，在主要通过战争与贸易向全球扩散其影响力过程中势不可挡，人类社会真正进入世界史时代。地球上的不同地区与民族，因其与工业文明中心的远近而先后开始现代化进程，因其应对能力和方式的不同而走入现代化的不同序列。

现代化进程中，先进的工业技术首先引起落后国家由惊诧进而效仿，

① 英国经济学家和人口学家马尔萨斯（1766—1834）提出，人口呈几何级数增长，生活资料呈算术级数增长，两者的矛盾导致人类社会周期性陷入崩溃的困境，被称为“马尔萨斯陷阱”。

后来现代化冲击逐渐扩展到制度层次与文化领域，形成在器物、制度与文化层次上本地文明与外来文明的频繁交互影响。由于工业文明的中心和诞生地——英国在地缘上与中国相距遥远，决定了西方工业文明对中国形成冲击的时间靠后；中国是一个源远流长、幅员辽阔的中央集权大国，决定了没有巨大的冲击不足以对中国产生根本性影响。遗憾的是，工业文明开始对中国产生冲击的时代，清朝正惬意地徜徉在老大帝国的末世余晖中，愚昧腐朽、妄自尊大、不思进取，缺乏应对强大挑战的能力，错失了面向现代化的发展机遇。

鸦片战争前，中国曾在1793年错失第一次工业革命扩散的机遇。1763年前后英国发生工业革命，1825年英国议会解除机械出口限制，工业革命向欧洲大陆扩散。1793年，英国国王乔治派使者访华，请求建立外交关系。当时的清朝皇帝乾隆盲目自大，拒绝与英国建立外交关系，使中国工业现代化起步晚了约70年。

从鸦片战争开始，列强的坚船利炮打开了中国闭关锁国的大门，并一次次扩展中国的市场范围，带来中国传统经济的破产和社会矛盾的激化。内外战争与割地赔款等内忧外患加重了中国人的忧患意识。我国最早涉足现代化问题研究的，当推鸦片战争时期率先了解与传播西方文明的林则徐、魏源等人。其后清朝洋务派和外交官、出国留学生黄遵宪、严复等的研究提升了对现代化的认识。随着甲午战争等引发的国难危机，中国人对现代化的研究从技术层次向制度、文化层次不断扩展和深化，汇成推动中国社会变迁的巨大力量。从洋务运动开始，工业技术的引进在中国一直不曾停止；从戊戌变法开始，针对政治经济制度的改良、改革或革命行动形成浩浩荡荡的洪流；与此同时，中外文化的交流与交融的规模与深度也不断扩展。

“现代化”一词，在“五四”以后偶尔出现，当时很多人认为现代化就是“西化”或“欧化”。1933年7月《申报》月刊为纪念创刊一周年刊出的“中国现代化问题号”特辑，认为“现代化”就是生产力的发展，就是工业化，反映出中国人对现代化的理解经历了一个从西化到工业化的过程。内忧外患导致中国传统社会在一次次冲击下走向崩溃，不得不伴随着一次次革命和战争走上现代化的道路。直到新中国成立后，才开始走向全面工业化，更在改革开放后走向了经济、政治、社会、文化等全方位的现代化进程。

二、现代化理论的发展

现代文明的重要标志是技术应用水平。对现代技术的运用与创造程度，是一个国家现代化顺畅与否的外在标志。但现代化的技术领域，属于器物层次；现代化发展的关键在于制度层次，要通过制度创新为社会提供有效的激励机制促进效率，并提供一个保障机制促进社会公平；文化层次是人类文明长期积淀的结果，是促进制度有效及变迁的重要支柱。保持文化形态与技术发展变化、制度演进的协调性，有利于降低一个国家发展中的交易费用，对于加快现代化步伐有重要意义。经济制度、政治制度以及兼有两者特征的财政制度，是现代化动力机制的重要组成部分，对于现代化的顺畅程度举足轻重。

现代化作为一门学科第二次世界大战以后才从美国兴起，并逐渐成为在文献中出现频率不断升高的主题词。1951 年 6 月，由美国《文化变迁》杂志编辑部举办的学术讨论会上，与会者使用“现代化”一词来说明从农业社会向工业社会的转变。20 世纪 60 年代，西方陆续出版了一批有影响的现代化研究专著，现代化理论基本形成。例如，1960 年罗斯托的《经济成长的阶段：非共产主义宣言》，1966 年列维的《现代化和社会结构》，布莱克的《现代化的动力：比较历史研究》，维纳的《现代化：增长的动力》、1968 年亨廷顿的《变化社会中的政治秩序》等。国外学者对中国现代化问题也进行了广泛的研究，比较重要的成果有：美国普林斯顿大学社会学教授吉尔伯特·罗兹曼主编的《中国的现代化》、美国学者费正清写的《伟大的中国革命》（1800—1985）等著作。

20 世纪 70—80 年代，形成了经典现代化理论，认为现代化就是从农业经济向工业经济、农业社会向工业社会、农业文明向工业文明转变的历史过程。根据研究领域进行分类，经典现代化理论又可分为政治现代化、经济现代化、社会现代化、人文现代化和制度现代化理论等。以罗斯托等为代表的现代化研究的经济学方向，主要从物质层面对现代化进行历史的考察，认为现代化的核心内容是经济现代化，经济现代化的主体是工业化与城市化，保证经济持续增长是实现现代化的关键[①]。以亨廷顿等为代表

① 罗斯托：《经济发展阶段：非共产党宣言》，中国社会科学出版社 2001 年版。

的政治学研究方向认为，政治现代化是国家现代化的核心，现代化最显著的特征是国家政治制度的现代化，政治体制、民主制度演化与变迁是该研究方向的支撑点，提出政治现代化的过程是一个同质化、革命化、进步化、全球化和不可逆化的过程，主张政治民主化、自由化、分权化和秩序化，强调政府权威的合理性与政府能力的有效性①。20世纪80年代后，涌现出一批新的现代化理论。如美国密歇根大学教授殷格哈特把1970年以来先进工业国家发生的变化称为后现代化。后现代化的核心社会目标，不是加快经济增长，而是增加人类幸福，提高生活质量。

国内的现代化研究在20世纪80年代后期启动，在宏观的整体性研究方面已经出版了罗荣渠的《现代化新论》、《现代化新论续编》和《各国现代化比较研究》等书，还有章开沅、罗福惠主编的《比较中的审视：中国早期现代化研究》，许纪霖、陈达凯主编的《中国现代化史》，吴承明的《中国的现代化：市场与社会》、《中国资本主义与国内市场》、《市场·近代化·经济史论》，周积明的《最初的纪元——中国早期现代化研究》，路日亮的《现代化理论与中国现代化》等。北京大学成立的中国现代化战略研究课题组、中国科学院中国现代化研究中心从2001年开始，每年出版一个主题不同的《中国现代化报告》，涵盖了经济、社会、生态现代化等多方面。

罗荣渠认为，广义的现代化主要指自工业革命以来，以现代工业、科技革命为推动力，实现传统的农业社会向现代工业社会的大转变，并引起社会组织和社会行为深刻变革的过程；狭义的现代化是指把现代先进技术广泛应用于国民经济各个领域，以迅速赶上先进工业国与适应现代世界环境的过程②。现代化应该是以市场化为原则，以工业化和信息化为主要内容，是以生产力变革为核心，以促进经济发展和推动经济转型为主要目标，不断以新的生产力和生产关系取代旧有生产力和生产关系的过程。经济现代化是现代化过程的基础与核心，保证经济持续增长是实现现代化的关键。张宪文强调，现代化是一个全面发展的大系统，“社会现代化所蕴含的全部意义就在于：社会现代化是一个以经济发展为基础，以工业化为动力，以科学技术发展为先导和纽带，以人的全面发展为主题，涉及政治

① 亨廷顿：《变化社会中的政治秩序》，上海三联书店1989年版。

② 路日亮：《现代化理论与中国现代化》，宁夏人民出版社2007年版，第3页。

制度、社会结构、组织管理、生活方式、人类活动空间等诸多领域的革命性、全球性、长期性和整体性的发展与变迁过程。"①

20世纪70年代以后，世界现代化运动出现信息化现象，被认为这是从"工业社会"进入"后工业化社会"或"信息社会"的转变。何传启等提出了"第二次现代化"理论，认为第一次现代化是指从农业经济向工业经济、农业社会向工业社会、农业文明向工业文明的转化过程（即经典现代化）。第二次现代化是指从工业时代向知识时代、工业经济向知识经济、工业社会向知识社会、工业文明向知识文明的转化过程。第二次现代化的主要特点是知识化、分散化、网络化、全球化、创新化、个性化、多样化、生态化、信息化和普及高等教育等②。在第一次现代化中经济增长居于中心地位，在第二次现代化中生活质量居于中心地位。

全球各个国家的现代化进程具有紧密的相关性。从传统农业社会向现代工业社会过渡的经济现代化模式，主要有以下几种类型：一是内源型现代化模式，主要是英国、法国和美国。内源型现代化的典型是英国模式，法国模式以政治革命为加速器，美国模式是在具备充分而独特条件下的殖民地发展起来的。二是继发型现代化模式，成功的典型代表是德国和日本。德国模式是内源诱发型现代化模式，日本模式是外源催化型现代化模式。三是外源型现代化模式，突出的代表是前苏联和中国。

从现代化发生的政治形态及影响来看，最早出现的资产阶级革命，产生了以英、法为代表的资本主义与议会民主结合的发展模式；其次是半截子的资产阶级革命，也就是来自上层的保守革命，即以德国和日本为代表的资本主义与法西斯主义结合的发展模式；再次是自下而上以发动农民革命为主的道路，也就是以俄罗斯和中国为代表的社会主义发展模式。这三种模式出现在前后相继的历史阶段。它们本身就显示出相互间的一定联系。一个国家所选择的现代化方式，会改变下一阶段另一些国家按同一方式处理问题的程序，……没有英国先行的民主方式的现代化，就不大可能出现德国与日本采用的反动方式；没有资本主义的经验与反动的经验，共产主义方式纵然出现，也会全然不同③。

---

① 张宪文："序言"，转引自陈勤等：《中国现代化史纲》，广西人民出版社1998年版，第2页。

② 何传启："眺望第二次现代化"，《企业研究》2000年第9期。

③ 巴林顿·摩尔：《民主和专制的社会起源》，华夏出版社1987年版，第335页。

总之，现代化是从16世纪以来，伴随着工业化所发生的一种深刻的、全面的、总体性的社会变革：

第一，从人与自然关系的角度看，现代化是人类征服自然能力快速提高的长期历史过程，是从传统农业社会向现代工业社会转变的过程，科学技术成为经济社会发展的先导和关键。

第二，从人与人关系的角度看，现代化是充分发掘个人潜能，促进竞争与合作，并使个人成本与个人收益趋于一致的深刻全面的社会变革过程。

第三，从时间维度看，现代化是人类知识积累并集中释放的过程，是人类可持续发展能力提高并得到重视的过程。

第四，从空间维度看，现代化是一个全球化过程，也是发展中国家追赶甚至超越发达国家的过程。

中国现代化作为现代化的一部分，从几千年古老文明中走出，从最初的强烈排斥到后来的积极融入现代化进程，取得了巨大的成就。在对现代化的研究方面，经历了一个从不屑、不解到片面探索、全面探索的过程。

三、中国现代化阶段的划分

学者对我国现代化进程的研究，以经济现代化为中心，拓展到政治、社会、文化等领域，出版了大量著作。如罗荣渠的《中国现代化历程的探索》、《现代化新论——世界与中国的现代化进程》，段治文等的《中国现代化进程》，施雪华的《政治现代化比较研究》，赵德馨的《中国近现代经济史》，杜艳华等的《中国特色社会主义现代化模式研究》，丁文锋的《经济现代化模式研究》等。

关于我国现代化开始的时间，有几种不同的看法。一种观点认为起始于1842年清朝在鸦片战争的失败，第二种观点认为起始于1860年的洋务运动，第三种观点认为起始于1949年中华人民共和国成立后。前两种观点属于经济论，第一种强调市场化在现代化进程中的作用，第二种观点强调工业化的重要意义。第三种是政治论，强调统一国家政权对于大规模开展现代化的重要性。赵德馨认为，市场化程度在现代化进程中具有非凡的地位，从市场化入手能更清晰地透视现代化进程。我国现代化从1842年开始。“鸦片战争之所以成为中国历史的转折点，并不在于战争本身，就双方而言，战争规模不大，过程也简单，问题在于鸦片战争代表了中、英两国不同文明之间的冲突和较量。”[①] 在鸦片战争之前，大清朝从社会底层到中央政府，都不知现代社会为何物，没有认识到西方文明是一种异质性的、全新的现代文明。

作为一个具有独特的历史连续性和文化传统同一性的大国，中国现代化的启动必须打破几千年来小农经济与皇权专制统治的稳定。旧秩序的完全解体，政治稳定的大破坏，剧烈的社会大震荡，引起社会的完全失序，又加大了向现代社会过渡的阻力。一百多年来，中国现代化的客观目标的方式方法在不断的变动与探索之中。鸦片战争打开了中国的门户之后，中国在 19 世纪下半叶力图效法日本与俄国，试图走君主制的自上而下的保守现代化道路。由于自强运动与维新运动都相继失败，转而采取自下而上的资产阶级革命道路，以推翻帝制和建立议会民主制。孙中山曾乐观地估计革命后经过十年建设可以与西方“并驾齐驱”，后来辛亥革命也失败了，又再次试探新的变革模式。

20 世纪 30 年代，中国以城市为基础的仿效德国模式的发展趋向，与以农村为基础的仿效俄国模式的发展趋向，形成保守的资本主义发展道路与激进的土地革命的道路的对立。这两条道路的斗争结局是后一种发展趋向对前一种发展趋向的胜利。外国侵略的危机加深，旧制度解体的危机也加深，通过自下而上的“冲决罗网”的彻底解决方式上升为主导的变革方式。通向现代化的道路实际上是在传统失序的情况下被动应付各种外来浪潮的冲击[②]。一百多年来，国家主权与统一的破损，社会秩序的混乱，大量资源的破坏，使中国现代化延误了过多的时间。一连串的失败、屈辱、灾难，激发了中国人现代民族主义的觉醒，推动了涣散的中国走向团结、统一和进步。1949 年新中国的建立，成为现代化的新起点。

总体上看，中国现代化可以分为三个阶段，第一个阶段是清朝末年的现代化起步期（1842—1911 年）；第二个阶段是民国时期的现代化探索期（1912—1949 年）；第三个阶段是新中国的现代化推进期（1949 年至今）（见表 2－1）。

---

① 许纪霖、陈达凯：《中国现代化史》（第 1 卷），三联书店 1995 年版，第 70、57 页。
② 罗荣渠：“国情国际环境与中国现代化道路的探索”，《天津社会科学》1994 年第 1 期。

表 2－1　　　　　　　　中国现代化的发展阶段

阶段	经济现代化（市场化与工业化）	政治现代化	大致时间	重大历史事件	经济发展的新特点
现代化的起步	自然经济走向瓦解；工业化起步	农业帝国走向瓦解	1842—1860 年准备	鸦片战争、太平天国运动	外资银行
			1860—1894 年启动	洋务运动、甲午战争	外资工业官办工业
			1895—1911 年调整	维新立宪辛亥革命	民办工业化
现代化的探索	市场经济与统制经济并行；局部工业化	建立民族独立国家	1912—1927 年探索	军阀混战	
			1927—1936 年探索	国民政府时期	官办工业化
			1937—1949 年调整	中日战争、国共战争	战时工业化
现代化的推进	从逆市场化走向全面市场化；全面工业化	宪政化	1949—1978 年探索	一化三改、文化大革命	工业化与计划经济
			1978—2001 年市场化	改革开放加入 WTO	工业化与市场化
			2002 年至今全球化		新工业化和全球化

参考资料：罗荣渠：《现代化新论》，北京大学出版社 1993 年版；周积明：《最初的纪元：中国早期现代化研究》，高等教育出版社 1996 年版；虞和平：《中国现代化历程》，江苏人民出版社 2002 年版；赵德馨：《中国近现代经济史》，河南人民出版社 2003 年版；中国现代化战略研究课题组等：《中国现代化报告 2005——经济现代化研究》，北京大学出版社 2005 年版。

第一阶段是清末的现代化起步阶段（1842—1911 年）。大致分为三个时期，第一个时期是现代化准备（1842—1860 年），中国成为世界市场的组成部分，外国商品、资本和工业进入。第二个时期是现代化正式起步（1860—1894 年），洋务派主导的官僚资本和官办工业发展。第三个时期是现代化调整（1895—1911 年），试图通过政治现代化导向的改革推动经济现代化。

中国现代化的起步不是自发自愿的，是对民族生存危机的一种反应，这就决定了工业化起步阶段 70 年的经济进步非常有限。1842 年前后，一批中国人开始编写介绍西方和世界的书籍，如《海国图志》等，为中国人打开了观察世界的窗口。1845 年英国人在广州建立船舶修造厂，英国丽如银行在香港和广州设立分行，为中国人认识现代产业提供了实例。但 1842—1860 年中国又错失第二次工业革命起步的机遇。1842 年鸦片战争失败后，清政府没有及时调整经济政策，拒绝主动开放和改变旧制。当时的欧美国家正在酝酿 1870—1913 年以电气化为主要特征的第二次工业革命，美国、德国等国家抓住机遇并获得成功。尽管 1860—1894 年洋务运动中中国工业化起步了，但这种工业化是被迫的和被动的，也是不成功的。

第二次鸦片战争以后，洋务运动成为中国工业化的起点，经济进步主要集中在军事工业、船舶工业、运输工业和纺织等轻工业领域。但这一时期的经济增长总体上十分缓慢。所追求的现代化逐渐从物质层面的现代化到政治制度的现代化。19 世纪 60 年代开展的洋务运动，以“自强”、“求富”为目标，开始了以工业化为主要内容的中国早期现代化运动。1895 年甲午战争失败后，现代化的核心是以宪政、共和为目标，经历了维新、新政到革命的过程。1898 年的百日维新，标志着在中国现代化进程上开始了政治制度的变革。1911 年的辛亥革命，以共和政治的形式，将政治制度现代化推向了一个新的高度。

第二阶段是民国时期（1912—1949 年）的 38 年，是现代化的探索阶段。也可以大致分为三个时期。第一个时期是北洋政府的市场化与工业化探索（1912—1927 年），民间现代化力量活跃。第二个时期是国民政府的现代化探索（1927—1936 年），国民政府早期的统制经济有所发展，官办工业化得到推进。第三个时期是战争时期的工业化调整（1937—1949 年），战争时期的经济统制和工业化得到强化，国家公共经济扭曲为权贵经济，并以失败告终。这一时期，世界上发生了两次世界大战，中国国内战争不断，给中国经济现代化增添了许多困难。1912—1936 年出现了工业生产的快速增长[①]；1937 年后的战争导致了经济大倒退。这一时期，工业化主要集中在沿海沿江城市，重工业很少，现代交通网络开始形成，农业经济开始向商业化过渡，外资工业和民族工业都取得较大进步，国民经济的主体仍然是农业经济，中国的 GDP 和人均 GDP 都是负增长。这一阶段以民主和科学为目标，追求思想和文化的现代化，以新文化运动为起点，以马克思主义在中国的胜利为终结。[②]

第三阶段是新中国成立以来（1949 年至今）的现代化推进阶段，也可以分为三个时期。第一个时期是现代化逆市场化探索阶段（1949—1978 年），实行计划经济。第二个时期是市场化模式的确立阶段（1978—2001 年），从实行改革开放政策、推进市场经济到加入世界贸易组织。第三个时期是全球化的新型工业化阶段（2001 年至今），包括知识经济、信息化、新工业化和绿色经济等。1949 年通过的《中国人民政治协商会议共同纲领》中指出，要“稳步地变农业国为工业国”。1954 年第一届全国人民代

---

① 罗荣渠：《现代化新论》，北京大学出版社 1993 年版，第 317—330 页。

② 姚琦：“近代中国百年现代化历程及其历史启示”，《宁夏大学学报》1999 年第 4 期。

表大会上，提出了工业、农业、交通运输业和国防现代化的目标。1964 年第三届全国人民代表大会上，又提出建设工业、农业、国防和科学技术的现代化的目标。党的十三大提出建设富强、民主、文明的社会主义现代化国家的目标。党的十七大的报告中，新时期的奋斗目标被确定为“建设富强民主文明和谐的社会主义现代化国家”。对社会主义现代化模式的探索，先是主要从工业化角度来理解的，后来用“四个现代化”代替工业化，进而认为现代化应同时包含物质技术层次现代化、社会制度层次现代化和意识层次现代化这样三个由浅至深的方面，这一过程表明中国共产党对现代化的认识不断深化。

第二节　新制度经济学视角下的财政制度：社会激励的重要架构

作为现代化成果的表现，物质资料生产的经济领域是核心所在，人均经济增长处于最根本的地位，其外在表现是工业化以及信息化程度。现代化进程依赖于人类知识的积累——征服自然的知识及协调人际关系的知识积累。征服自然的知识体现为自然科学技术水平的提高，如种种机械的发明、化石燃料的大量使用、航海技术、军事技术等等。财政制度在协调人际关系的知识中处于重要地位，引领社会激励的导向。

一、新制度经济学的国家理论

以诺斯[①]为代表的新制度经济史学派把产权研究拓展到宏观领域，进而被用于对国家行为，包括财政行为的分析。诺斯、托马斯、奥尔森等在研究中已经将财政制度变迁作为高度关注对象。如诺斯、托马斯的《西方世界的兴起》，诺斯的《经济史中的结构与变迁》、《制度、制度变迁与经济绩效》、《自由、市场与国家——80 年代的政治经济学》，奥尔森的《国家的兴衰——经济增长、滞胀和社会僵化》、《权力与繁荣》等。近年来对

① 即道格拉斯·C. 诺斯，美国著名新制度经济学家，新经济史学的代表人物，有的地方译为诺思，下同。

我国政府行为或财政的研究中，财政制度变迁问题也渐渐受到关注，部分学者运用新制度经济学方法开展对财政制度的研究。如冯俏彬的《私人产权与公共财政》，郭艳茹的《经济史中的国家组织结构变迁：以明清王朝为例》，刘云龙的《民主机制与民主财政》等等。

新制度经济学中的新经济史学派，主要从对西方发达国家现代化过程的历史研究中，深化了对政府包括财政在现代国家构建中地位和作用的认识。奥尔森关于国家起源的常驻匪帮论更接近掠夺论，强调了国家以税收的方式掠夺财富时赋予被掠夺者的收益。奥尔森从其长期研究的集体行动的悖论出发，认为由于存在着搭便车现象，一个社会中成员以契约的形式来组织国家是不可能的，国家源于流窜匪帮向常驻匪帮的演变。当一个流窜匪帮驻扎下来，以税收代替抢劫，并提供产权保护时，国家便代替了无政府状态。奥尔森将人类社会文明的产生和进步归因于统治者和臣民在权力使用上的利益共容，认为它和亚当·斯密的“看不见的手”同样重要，国家的产生是这支无形之手的“初次恩惠”[①]。奥尔森同诺斯一样，将国家视作以保护来换取税收的组织，强调国家对私人产权的保护对经济增长的重要意义。不同的是，奥尔森基本上没有关注国家内部的组织结构及交易费用，而主要着眼于公共财政和线性税收，将国家产权结构的变化同税收紧密联系在一起。他认为国王由于任期有限及继承权的内在不确定的原因，可能会采取短期行为，像一个流窜匪帮一样掠夺财富、征收重税而不是保护产权和契约，因此“国王万岁”具有重要的经济意义。国王的生命如果能够无限延长，就会注重长期契约，保护私人产权，有利于经济增长。民主的意义在于：它以一种非人格化的机制来代替有限生命的统治者，从而避免了流窜匪帮的短期行为；同时，民主政治中多数人控制了征税权，税率通常比独裁者追求的税率要低，因为统治者与社会具有更大的共容利益，以减少国民收入来转移财富的重税对他们不利。

在诺斯的“暴力潜能论”提出之前，契约论与剥削论是关于国家性质的主要理论。契约论拓展了交换的逻辑，强调了国家在使社会福利最大化方面的作用，但忽视了国家内部的各集团为自身利益最大化而产生的外部性。马克思主义经济学为代表的剥削论或掠夺论，强调作为统治阶级代表

---

① 奥尔森：“独裁、民主与发展”，载于盛洪：《现代制度经济学》，北京大学出版社 2003 年版。

人的国家对其他阶级的掠夺和榨取，但忽视了掠夺者处于长期掠夺的考虑而对被掠夺资源予以的保护。诺斯提出的“暴力潜能”理论将契约论与掠夺论整合在一个框架内。如果“暴力潜能”在国民中分配均匀，国家接近于契约国家；如果“暴力潜能”在国民中分配不均匀，则国家接近于掠夺国家。在诺斯的新古典国家理论中，国家是一个以保护公共品来换取税收和租金的特殊企业，在暴力的使用上拥有比较优势，由于“在使统治者（和他的集团）的租金最大化的所有权结构和降低交易费用以促进经济增长的有效率体制之间，存在着持久的冲突”，国家经常会为了自身的收益来选择无效率的产权制度，最终破坏经济增长①。

与诺斯和奥尔森不同，巴泽尔将整个理论体系的逻辑起点建立在一种假定的霍布森的“自然状态”下。在这种状态下，社会中的每个个体都从事生产、保护和偷窃，保护是一种自我执行机制，取决于个体暴力的实际拥有量，个体对暴力的投资决定于投资暴力的边际成本恰巧等于边际收益。在暴力上具有比较优势的个体会分离出来专门从事保护。这种依托于暴力的第三方执行机制提高了保护的效率和偷窃的成本，其他个体专门从事生产，提高了社会产出，这个提供保护和保证合同执行的第三方执行机制就是国家。② 在巴泽尔的国家理论中，作为第三方执行机制的国家的出现是个体集体行动的结果，是个体出于自身利益最大化的考虑而作出的理性选择。民主在巴泽尔的国家中是先验存在的。他将公众作为委托人限制国家权力的民主制度视作国家的常态，而将专制视作一种特殊形式，将其出现归因为自然灾害、意外事故的冲击所导致的对国家强权的需求。诺斯、奥尔森则将国家为了税收目的而破坏经济增长的专制状态视作经济史中的常态，将民主和保护产权的制度的出现视作一种满足特定条件时的特殊解。如诺斯认为，民主在英国的产生，是财政压力下议会限制王权制度的偶然确立；奥尔森更直接地指出，民主产生的关键就是不具备专制建立的条件，当在一个范围较小的领土内，各个集团谁也不能战胜谁，最后不得不选择权利分割和制衡的和平共处秩序时，民主才会产生。

诺斯以竞争约束和交易费用约束所构建出来的国家分析框架是清晰而明朗的，在分析长期历史中的国家组织结构变迁时，它是无可替代的。巴

---

① 诺斯：《经济史中的结构与变迁》，上海三联书店、上海人民出版社 1994 年版。

② Bazel, Yoram, 2001, *A Theory of the States: Economic Rights, Legal Rights, and the Scope of the States*, New York: Cambridge University Press.

泽尔擅长的产权分析方法，在分析产权结构调整中的细节，包括原因、发生的过程、产生的绩效方面无与伦比。诺斯将产权结构的调整归因于国家在使统治者收入最大化和降低交易费用两个目的方面的权衡，而调整的过程是怎样发生的没有论及，甚至最终不得不引入意识形态理论，来解释个体如何克服搭便车实现制度变迁。而巴泽尔凭借着“公共领域”这一概念，刻画出了个体出于自身利益最大化的行为如何最终影响了整体制度的变迁①。奥尔森提供的公共财政和税收的角度，是研究国家组织结构变迁的一个最方便、直接的切入点。柏克在《法国革命反思录》中曾断言“国家的税收就是国家”，在一定程度上，财政税收制度可被看成国家所供给的产权制度的基础和先决条件。一个国家的产权状态，在根本上取决于国家与个人间所形成的税收关系。

二、财政制度的产权意义

诺斯认为，“制度是为约束在追求财富或本人效用最大化中个人行为而制定的一组规章、依循程序和伦理道德规范”②。制度有三个基本构成部分，即正式规则、非正式约束以及两者的实施特征。正式规则包括政治（和司法）规则、经济规则和契约。这些不同层次的规则——从宪法到成文法、普通法，到具体的内部章程，再到个人契约——界定了约束，从一般性规则直到特别的界定③。一般而言，政治规则决定经济规则，产权以及由此产生的个人契约一般是由政治决策过程所界定并实施的。

财政制度是经济与政治统治的天然结合，是国家的“神经中枢”。“财政是政治，是一般意义上的政治体制的经济基础，也是市场经济条件下政治体制与政府体制的核心。”因为“无论我们怎样定义政治和政治学，有一点是明确的，政治活动始终都是围绕着预算资金的分配而进行的。各种政治冲突最后都会反映到预算过程中，也就是说，预算过程中的各种冲突实质上都是政治冲突。在政治和政策过程中，无论自己的目标是什么，预算过程都是一个政治工具。在很大程度上，预算过程可以看成是政治过程

① 巴泽尔：《产权的经济分析》，上海三联书店、上海人民出版社 1997 年版。

② 道格拉斯·C. 诺斯：《经济史中的结构与变迁》，商务印书馆 1992 年版，第 195—196 页。

③ 道格拉斯·C. 诺斯：《制度、制度变迁与经济绩效》，格致出版社、上海三联书店、上海人民出版社 2008 年版，第 65 页。

的核心。”① 刘志广认为，财政制度是关于国家（或政府）经济行为的规范体系，是国家为了实现财政收入最大化并保持其合法性，通过确定收入来源、支出结构等，对产权在政府与社会、中央政府与地方政府之间进行界定和配置的基本制度安排。财政制度通过对产权的界定和配置，决定了不同社会主体的经济权利，实现了对不同主体基本地位、权利、责任和义务的规定和认可。财政制度通过收支手段深深“嵌入”社会经济生活之中，是产权的“制度性调配”载体②。

（一）产权的界定和初始配置是财政制度的主要功能之一

产权的初始配置决定“谁有权做什么”。科斯定理认为，当权利被界定为私有、交易费用为零和交易充分自由三个前提满足的情况下，市场就会以交易的方法实现社会资源的最优配置。该定理强调，产权的界定是市场交易的前提，但界定给谁并不影响最终的结果。科斯第二定理认为，在交易成本大于零的世界里，产权的初始界定将会对资源配置的效率产生影响。而在科斯第二定理中，不仅对权利本身的初始界定仍是重要的，而且界定给谁也变得十分重要，它们都影响到资源配置的效率。两个定理改变的只是交易费用为零的假设，而交易被假定为充分自由的，产权被假定界定为私有。如果这两个假设也被放宽，即交易可能是不充分的也可能是不自由的，而权利也可能未被界定为私有或界定得不完全，则权利的初始配置对于效率的影响就更是具有决定意义了。国家最初是以所有者国家出现的，一切财产权利都是属于国家的，国家通过对产权的界定和配置来实现财政收入或纯剩余最大化，这凸显了财政制度在经济发展中的地位。诺斯、托马斯指出，“这种所有权的创立和实施证明是最有利的岁入来源，那么它就将被创立。”国家通过控制产权也就控制了交换及交换的方式。在有效所有权制度的形成中，国家财政制度，尤其是国家财政收入制度扮演了关键角色。

（二）财政制度是产权转移及产权保障的游戏规则

从行为经济学角度，在私人产权与公共产权分离后，财政过程大体上

① 樊刚：“序言”，转引自刘云龙：《民主机制与民主财政》，中国城市出版社 2001 年版。

② 刘志广：“财政制度、分工与经济增长——兼论中国财政制度变迁与经济绩效”，复旦大学 2006 年博士论文，第 49—52 页。

可以被看做私人产权→公共产权→私人产权的转移过程。在一定意义上，产权转移的过程，是财政合约订立与执行的过程，合约因处于不同的历史阶段而呈现出隐性合约、不完全合约直至完全合约的形态。在相当长的历史时期，财政合约具有不完全合约的特征，表现为合约主体的不对等、权利与义务不能完全一一对应、信息不对称等方面。经济主体间地位的对等性、信息对称性的程度，决定财政制度符合完全合约的程度①。在专制时代，合约往往比较强调私人产权向公共产权转移，公共产权转化为私人产权的方面则比较简略。在财政收入筹集到政府手中形成公共产权后，产权在政府内部的分配与转移也是财政制度的重要内容。产权的转移、分配建立在产权保障的基础上，财政制度是承认、界定、配置与保障产权的重要凭借。对私人产权保障程度的提高可以增加合约的完整性，将民众与政府之间的关系以规范的形式界定下来，减少预期的不确定性，有助于经济增长和社会福利的提高。

（三）国家与产权的关系凝聚于财政制度之中，决定着一个国家的长期经济绩效

财政制度是确立和界定财产权利的制度，也是保护契约交易的制度，保障了市场交易过程及其结果的安全，使资产拥有者责权明晰，从根本上提高了资产流动性，导致了资产潜能的发挥和充分利用。产权决定资产的经济潜能，分散信息整合为一整套正式的保护私有财产的法律制度，使得市场比较透明，资产的潜能变得容易评估，通过交换被充分利用，从而资本的产出被提高。狄索托认为：

“正式的财产制度的作用不仅仅在于保护所有权，而且在于确保交易的安全，从而鼓励发达国家的公民去尊重他人的权利，恪守合约，并遵从法律。……正式财产制度不仅让人们看到了资产的经济与社会潜能，也改变了发达社会中人们对资产的认识，即利用资产不仅仅可能会有报酬，而且也会有危险。财产的法律制度引致信守承诺。”②

---

① 崔潮：“论财政的公共性及其演进”，《西安财经学院学报》2009 年第 3 期，第 29—33 页。

② De Soto, Fernando, 2000, The Mystery of Capital, *Why Capitalism triumphs in the West and Fails Everywhere Else*, New York: Basic Book. pp. 55 - 56. 转引自韦森：“从哈耶克‘自发—扩展秩序’理论看经济增长的‘斯密动力’与‘布罗代尔钟罩’”，《东岳论丛》2006 年第 4 期，第 5—21 页。

财政制度对私人产权的侵夺或保护，内生于产权排他性对强制性力量的需求。国家既可能是产权的侵犯者，也可能取代私人、私人组织作为产权的维护者和强制执行者。产权保护是一种公共品，由国家提供具有规模效益，还可以将个人用于保护产权的资源转换成生产性资本，进而扩大社会资本积累的规模。国家垄断产权的强制执行职能又是国家谋求租金最大化的结果。“在向市场经济转型的过程中，积聚了暴力能力的统治者逐渐变成这种服务的（准）垄断供给者，以换取向公众征税的权力。给定使用暴力的规模经济特征，垄断不失为一种有效率的方法。每当君王或现代政府的实施能力不足时，私人组织的竞争性服务将起而代之。”“当统治者、王权或政府强大到有效运用暴力保护私有产权的时候，它也同时可以通过任意惩罚和税收对私有产权进行侵犯。”① 一旦国家接管了产权保护职能并成为惟一合法使用暴力的组织，它就有可能凭借其独一无二的地位，索取高于其提供服务所需的租金，甚至有可能剥夺个人产权。起初，维护产权排他性的力量是通过各种社会机制提供的，但产权的演进最终将这种力量安排由国家来提供。但是，国家成为强制力量的合法垄断者以后，它可能维护产权，推进经济发展；也可能侵害产权，引起经济衰退。因此，对国家进行有效约束是保证经济持续增长的一个基本条件。但产权对国家的有效约束依赖于社会结构的转型。②

三、新制度经济学视角下的财政制度变迁

财政制度变迁，是不同利益群体或集团在冲突与合作中相互作用，以释放各种挑战形成的财政压力，对产权转化秩序的调整。现代化在物质生产领域体现为长期人均产出率的提高，是制度创新激励人们从事私人收益率与社会收益率相等的活动的结果。财政制度通过对经济主体的产权进行确认、界定和配置，在宏观上为产权利益保护提供了一套激励机制。财政资源的筹集和运用过程，是不同产权形式的转化过程，是财政合约订立与执行的过程。在这一转化过程中，是否有利于私人收益率与社会收益率相近或相等，关乎一个国家进入现代化社会的顺畅程度。在很多情况下，由于主体地位不对

① 青木昌彦：《比较制度分析》，上海远东出版社 2001 年版，第 86 页。

② 陈国富：“国家与产权：一个悖论？”，《南开学报（哲学社会科学版）》2004 年第 6 期，第 76—84 页。

等、权利与义务不能完全一一对应、信息不对称等原因，财政合约多具有不完全合约的特征，私人收益率与社会收益率不一致，强势利益集团取得垄断租金，形成寻租激励机制，对长期经济增长产生不利影响。

从国家执政者的角度而言，扩大国家在收入汲取中的讨价还价权力的一个非常有吸引力的方式，就是扩大国家对于社会资源的所有权，将越来越多的社会资源转变成国有。因为国家拥有垄断的暴力，它更倾向于使用暴力，可以通过强制性取消私有产权的方式来达到这一点。在竞争约束比较小的地方，国家就可以有效地通过扩大国有产权的比重来扩大自己的讨价还价权力，节约收入生产中的讨价还价的交易费用。交易费用是协商一个收入政策和实施该政策的成本。当国家能够通过建立大规模的国家所有权来获得财政收入时，国家就转变成为一个“自产国家”。虽然从短期来看，建立“自产国家”是一个实现收入最大化的最佳策略，但是从长期来看，运用国有经营的方式来生产财政收入不是一种可持续的选择，而税收国家的生产财政收入方式是一种最佳的选择。

从对历史的洞悉中，可以将政府的角色和政治经济制度的形成重新认识：“就是不再把政府当做万能的制度设计者或资源分配的统制者，或慈善的分配裁定者，期待其发挥合理的和中立的作用，而是尝试将政府明确地作为一个拥有独特的激励结构的博弈参加者。由此，可以把各种各样的政治经济制度看做是政治经济博弈的均衡。”① 但是，“在一个政体框架内形成的产权结构将反映各方的相对谈判力量。……最终出现的一般是‘无效率’的产权。这些无效率性的出现是因为，在一个最大化世界中，所形成的规则集一般必须考虑到交易成本和交易各方的竞争约束。”② 我国古代文明源远流长，农业经济长期领先世界，宋代商业经济也曾高度发达，但周期性的兴衰伴随着王朝的更迭，以至于到近代被远远地甩到西方现代化国家的后面。其中的一个重要原因，就在于暴力潜能垄断集团“一股独大”，独霸政权与产权，热衷于没收和重新分配产权，实行专制统治，对经济实行高度管制，限制社会自由，钳制了经济长期发展的动力。但其自我膨胀的结果，早晚要超过社会的承载能力，造成周期性的兴衰轮回。

国家在追求财政收入最大化时会受到来自产权的约束，这种约束可能

---

① 青木昌彦等：《市场的作用，国家的作用》，中国发展出版社 2002 年版，第 4 页。

② 诺斯：《对政治和经济的历史发展的交易成本分析》，引自埃瑞克·G. 菲吕博顿、鲁道夫·瑞切特编，孙经纬译：《新制度经济学》，上海财经大学出版社 1998 年版，第 305 页。

来自外部的竞争，也可能来自国内的产权。诺斯指出："在与更有效率的邻邦相处的情形下，相对无效率的产权将威胁到一个国家的生存，统治者面临着或者灭亡或者修改基本的所有权结构以便社会降低交易费用和提高增长率的选择。"① 产权在不同保护条件下具有不同的生产效率，对于以社会产出作为收入来源的产权保护者而言，这种关联性本身就构成一种约束。国家统治者之间的竞争是约束国家侵权的一个重要机制。只要产权足够强大，使国家追求最大化租金的目标服务于产权追求交易费用最小和促进经济增长的目标，长期的经济增长就可以实现。但是，这一约束效果需要一种历史形成的社会结构，来保证维护产权的利益与国家之间的互惠性质。在英国，市民社会和国家之间维持了一种力量的均衡，国家只能在对产权提供有效保护的基础上追求租金的最大化，而产权则在国家设定的秩序下追求剩余的最大化。产权制度的形成，又归因于由商人和土地贵族组成的代议制议会，成功地限制了国王的权力②。

综之，在任何国家，财政制度一般都是影响广泛的制度规则，是社会激励架构的关键要件，不仅是政治运作的核心规则之一，也是经济运行中至关重要的制约因素。财政制度有着深刻的产权意义：财政制度界定产权的范围和初始配置，确定产权保障及转移的游戏规则，是国家存在的基础，是国家与社会演进的核心激励机制。

第三节　中国财政现代化：一个值得探索的领域

财政现代化，是在不断克服财政压力与财政危机中，对原来的财政制度进行动态调整，以适应社会现代化发展的需要。由于社会环境的变化导致财政危机，原有的财政制度和产权结构失效，不得不通过重新界定产权结构来建立新的财政制度，实现财政制度变迁，使人们在社会分工中的地位和权利发生了变化，从而以改变社会分工利益的配置为途径改变人们合作与交往的方式，实现社会经济转型。财政现代化的过程，是通过追求不同财政主体间地位对等、权利与义务对应、信息对称，使财政制度更符合

① 诺斯：《经济史中的结构和变迁》，上海三联书店、上海人民出版社1994年版，第29页。
② 诺斯：《经济史中的结构和变迁》，上海三联书店、上海人民出版社1994年版，第176页。

完全合约要求的过程。财政主体结构的形态也就是社会结构形态，决定财政现代化的方向与成败，进而影响一个国家的兴衰。中国财政现代化，是中国财政制度越来越多地吸收发达现代化国家财政改革最新成果的过程，也是一个适应中国现代化发展要求进行财政制度创新的过程。中国财政现代化成败的判断标准，是其是否促进了中国的现代化进程。

近年来，一些学者对现代化进程中的财政制度变迁开展研究，取得了令人注目的研究成果。如马金华运用公共财政理论，从历史学角度对民国财政进行整理研究，出版了《民国财政研究——中国财政现代化的雏形》；张志超等发表了“中国财政现代化模式的历程——民国时期（1912—1937）财税改革问题对话”①，提出了中国财政现代化模式问题；刘志广的“财政制度、分工与经济增长——兼论中国财政制度变迁与经济绩效”②，尝试运用新制度经济理论剖析财政制度与经济增长的关系；刘守刚出版了《国家成长的逻辑——近现代中国财政转型与政治发展》。王绍光的《美国进步时代的启示》、宋丙涛的“财政制度变迁与现代经济发展——英国之谜的财政效率解释”③、焦建国的《英国公共财政制度变迁分析》等，对发达现代化国家的财政制度演变进行研究，为中国财政制度现代化提供了参照的对象。

改革开放以来，我国广泛借鉴发达现代化国家的文明成果，被认为在30多年中同时经历了西方几百年的四个发展阶段，以至于人们从不同角度看到的是不同的中国。美国人说中国正在走“重商主义道路”，日本人说“中国相信自由竞争神话”，德国人说“中国实行国家资本主义”④。中国现代化的复杂性，必然反映为对财政制度建设与政策调整的多重要求。在深厚传统的基础上，中国现代化进程汇聚了先发现代化国家几百年的经济政治社会问题，使中国的财政制度变迁呈现出更多的复杂性。社会革命带来的财政制度变迁的跳跃性，似乎割裂了前后财政制度之间的联系。但是，似乎被割裂的历史依然保持着其内在的联系，路径依赖的存在与意识形态影响的持久性，使历史上不同时期的财政制度在演化中具有诸多的相关性。

---

①　张志超等：“中国财政现代化模式的历程——民国时期（1912—1937）财税改革问题对话”，《华北水利水电学院学报》2007年第3期。

②　刘志广：“财政制度、分工与经济增长”，复旦大学2006年博士学位论文。

③　宋丙涛：“财政制度变迁与现代经济发展——英国之谜的财政效率解释”，河南大学2007年博士学位论文。

④　参见陈东琪：“300年经济学与30年中国经济发展”，载于何正斌：《经济学300年》，湖南科学技术出版社2010年版。

一、财政收入制度现代化

在财政现代化过程中，财政收入方式有其演化的一般规律。中国的财政收入制度，在100多年来发生了多次变化。时至今日，中国的财政收入制度变迁取得了哪些成果，还有哪些与现代化不相适应的地方？从人类历史上财政收入形式的演化过程，尤其是先发现代化国家的制度演化比较中，可以得到有益的启示。

从财政收入制度变迁的角度看，不同的国家收入来源对于解释国家形态的演化以及政府与国民间关系的变化十分关键。历史上财政收入的主要形式可区分为贡赋、自产收入（租金、利润）和税收[①]，各个国家的财政收入在特定时期往往是这些形式的综合。在不同时期，各种财政收入所占的比重不同，从而使财政制度各有不同。如果某一种财政收入形式在整个收入中居主导地位，则可依其特征对财政制度相应分为贡赋型、自产（租金、利润）型、税收型财政制度。

贡赋型财政制度是历史上较早的财政制度。在贡赋型财政制度下，君主虽然是产权的最初界定者，并依靠暴力或暴力威胁直接索取财政收入，但产权的实际控制权却在各级领主手中，特别是诸侯手中。诸侯国是实际的国家单元，但由于层层受封，每一层领主都不能拥有完全的产权。我国西周时期和古希腊的雅典采取的是这种财政制度[②]。

在自产型财政制度下，国家首先依靠暴力或暴力威胁将大量的资源或特权加以垄断，然后依托对资源或特权的直接控制取得财政收入，以租金或利润作为主要财政收入形式。租金是指政府通过垄断性权力的出租而获得的使用权转让收入，或者说是特许收入。在中央集权或绝对王权的基础上，国家主要依托垄断财产性和非财产性特权取得财政收入。租金型财政

---

① 从取得收入依托于产权或政权的角度，公债可以看做兼有两种来源或仅具其中一种来源的特点。如果政权以普通经济主体的身份举债，则公债收入是以产权掉期交易的方式取得收入，这时公债收入是依托于国家名义下的产权取得的；如果公债收入是强制性的，而偿还没有保障，是象征性和不足额的，那么这种依托于政权强制力从社会收入中征集的财政收入与赋税无异。更多的时候，公债收入兼有上述两种财政收入来源的特征。公债在特定时期可能会成为一个国家的主要财政收入形式，但最终要依靠税收或资产收入偿还，因而并不能作为一种独立的财政制度类型。

② 参见刘志广：“财政社会学视野下的财政制度变迁与社会经济转型——兼论20世纪末社会经济转型的实质及其发展趋势”，《经济与管理研究》2007年第2期。

制度对应的产权结构的基础是特权，其特征是特权与非特权的对立。各个王朝建立初期，以暴力垄断天下财产的最终所有权，并将大量田产收归国有，然后分配一部分给农民耕种，以赋税或地租的名义取得财政收入，其实质与租金无异。我国东汉时期曾将卖官鬻爵作为增加财政收入的重要手段。17 世纪，卖官鬻爵收入是法国中央政府的重要财源，甚至占其财政收入的一半以上。现在各个石油输出国的财政收入都主要来自于国家的石油贸易形成的租金收入。由于租金“不是挣来的收入”，租金国家就不需要像领地国家、税收国家那样在政治上或者组织上付出多大的努力就能获得充足的财政收入。丰裕的资源性租金大大地降低了政府对公民或者社会的依赖，提高了政府的自主性。由于财政收入主要不是来自于直接影响个人财富的直接税，租金国家的人民也不可能形成政治参与的动机。由于租金收入来源比较集中并且完全在政府的控制之下，其收支相对于税收而言就比较容易隐藏起来逃避议会监督①。

第二次世界大战前后大量产生的计划经济国家，直接占有生产资本，通过控制和垄断产品的生产和销售，操纵价格，对工商业实行垄断经营，以利润为财政收入的主要手段，从而实现财政收入最大化。虽然存在流转税等税收形式，但其实质上相当于对国有商业企业的利润征收方式。在自产型财政制度下，产权主要归国家直接支配，私人产权是微不足道的，产权配置在法理上呈现政府所有或拥有最终所有权的格局。为了组织或控制生产经营，压低成本，国家也会限制甚至侵犯人们的自由择业权、工资谈判权等。从产权的直接控制角度来看，产权结构表现为复杂的层层委托—代理关系结构，不同级次的政府、不同级别的官僚拥有不同程度的产权控制权，任何一级可能都不具有完全的权能，也不能完全受益。由于产权的模糊性，导致了大量潜规则及寻租现象的产生。

现代意义上的税收建立在私人财产权利体系上，私人产权是充分自主和平等的，绝大部分产权被明晰界定，得到法律的有效保障。在现代税收型财政制度下，国家的权力越来越受到有效的制约，国家的掠夺性得到一定的遏制，国家的公共性逐渐增加。市场经济国家多采用税收型财政制度。产权的配置主要通过市场机制完成，公共产权的配置通过公共选择机

---

① Moore, Mick. Revenues, state formation, and the quality of governance in developing countries, *International Political Science Review*, 2004, 25 (3): 297 – 319.

制进行。税收型财政制度的建立意味着传统等级特权时代的终结，对征税权的限制也导致了绝对王权或帝国专制的瓦解和现代民族民主国家的出现，与现代市场经济体制的资源配置方式相辅相成。

在欧洲的领地国家时期，统治者依赖自己的领地收入而生存，政府对社会的依赖比较少，对社会的影响有限。随着欧洲国家的财政收入在近现代时期转向税收，政府和社会的互动开始变得非常密集而且深入，税收实质上成为政府和社会互动最重要的纽结，政府为了获取私人部门缴纳的税收，不得不与私人部门讨价还价并在政治上做出让步，迫使国家重新构造财政制度和政治制度，最终建立起现代宪政民主制度①。

从财政收入的主要来源角度，历史上财政收入制度经历了从贡赋型到自产（租金、利润）型再到税收型财政制度的转型（见图 2－1）。从产权角度看，财政制度从直接依托暴力或暴力威胁，逐步向依托于控制资源、资本或特权，再向依托于政府与社会之间的契约性交易过渡。在贡赋型财政制度下，国家的财政收入主要来自于其他政治实体的贡赋；在自产型财政制度下，由于国家控制了社会中的绝大部分财产或专营权，国家的财政收入主要来自于国家自有财产或特权经营产生的租金或利润；在税收型财政制度国家的财政收入主要来自于非国有部门缴纳的税收。现代国家是税收国家，意味着国家财政收入的基础从属于私人产权，国家主要依托于政治权力从个人收入中筹集财政收入。

图 2－1　财政收入制度的变迁脉络

二、财政支出制度现代化

财政支出结构比较直接地反映着财政目标或职能的变化。现代化进程中，原来用于皇室或王室的财政支出逐渐式微甚至消失，而用于满足社会职能的财政支出比重得到提高，通过财政支出结构调整推进现代化进程也成为财政支出的重要目标之一。根据财政支出主要目标的演化顺序，人类

① Schumpeter, Joseph A. The crisis of tax state. In Richard Swedberg. Eds. 1991. Joseph A. Schumpeter: *The Economics and Sociology of Capitalism*, Princeton: Princeton University Press, 1918.

历史上大体经历了特权消费型、生产建设型与公共型财政支出制度等三个阶段（见图2-2）。

图2-2　财政支出制度的变迁脉络

在早期国家，军事统治是维系国家存在的关键条件，社会被划分为不同的等级。在封建制国家，财政支出表现为分散地满足王室与领主家族目标的特征，其财政制度建立在暴力威慑的前提上，不同级次的领主履行习惯性义务，并得到安全保障。财政制度反映的产权背景，是国王与领主分级拥有国家的所有权。在君主制国家，财政支出首先要满足皇室或王室的家族目标，其财政制度在暴力依托下的掠夺性、奢靡消费性昭然若揭。财政制度反映的产权背景，是君主拥有国家的最终所有权。

19世纪以来，随着现代化的发展，全球经历了几次从君主国家向民主国家转型的浪潮[①]，财政支出的决策方式也发生变化，财政决策参与人范围逐渐扩大，财政支出的主要使用方向也发生了转变。威权制国家是从君主制国家向民主制国家的过渡形式，是在民主的外壳下，以威权的手段取得政权、治理国家的一种形式。它不但出现在欧洲，也出现在亚洲、非洲和拉丁美洲，通过强制性的政治整合维持秩序和稳定，以达到发展经济、促进社会进步的目的。威权国家根据不同时空的差异而呈现不同的君主国家与民主国家的光谱，在财政支出方面具有重视生产性支出的特征。从事经济建设活动，提高经济现代化水平是威权制国家提高合法性的重要手段。

在民主制国家，财政以履行社会职能提供公共品为己任，以宪政体制下的公共选择为决策方式。其背后的产权背景是公民享有民族国家的主权，公民的产权受法律保护。公民在市场交换中取得分工受益，并将市场平等交换原则和履行契约扩展到公民与政府的关系中。在财政支出过程中，公民偏好得到比较充分的表达和尊重，财政支出的公共性导向得到发

① 亨廷顿认为，19—20世纪经历了三次比较大的民主化浪潮和二次民主回潮。第一次民主化浪潮起始于19世纪早期，1926年结束；第二次民主化浪潮起始于1943年，1962年结束；第三次民主化浪潮起始于20世纪末。发展中国家的民主化进程在全球第二次民主化浪潮中开始，20世纪70年代达到高潮。参阅肖德甫：《二十世纪的政治遗产》，中央文献出版社2011年版，第282—283页。

展。重视为市场主体创造公平的竞争环境，保障社会公平，提升公共福利，以税收作为得到公共品和公共服务的补偿。

在我国现代化进程中，社会制度发生了翻天覆地的巨变，国家（政府）的职能与财政职能也随之改变，决定了财政支出的方向与结构也发生变化。在当前建设社会主义和谐社会的进程中，财政支出制度变迁反映了现代化的要求，如退出竞争性领域、增加公共人力资本投资性支出等。但由于历史惯性的作用，一些特权消费性支出项目难以根除，如部分“三公”财政支出变相转化为个人特权消费性支出等，需要在财政改革中加以解决。

三、财政调控制度现代化

财政调控实践在历史上很早就已出现，而财政宏观调控的理论化是从凯恩斯革命开始的。中国汉代的平准制度，可以看做是早期的财政调控；重商主义时期的先发现代化国家利用财政手段干预对外贸易，是国家干预经济的重要尝试。英国现代化进程中利用公债手段筹集军费和资本，也可以看做赤字财政政策的早期实践。人类利用财政手段调节、控制经济运行，从早期的零星使用、结合实物控制的管制性运用，到现代化过程中的日常化、间接化运用，主要经历了三个阶段（见图 2 – 3）。

图 2 – 3　财政调控制度的演化脉络

在财政调控的早期阶段，由于经济运行的市场化程度低，货币使用不广泛，信息化水平不高，财政调控受到实物使用价值的约束，资源的通约性差，财政筹集资源往往与实物管理相结合，以追求量入为出为重要的调控原则，对财政资源的管制是其突出的特征。

在现代化进程中，财政调控制度发生了从重商主义、自由竞争、政府干预到完善混合体制的演进过程。先发现代化国家在盛行重商主义的时期，财政调控多侧重于微观方面，体现为对新兴产业采取优惠税率等财政支持政策，为现代经济发展进行公共资本投资，扩大国际间的竞争优势。在取得现代产业的优势地位后，开始鼓吹自由竞争，认为政府应该不干预经济运行，只实现其保证社会秩序、公平交易和基本公共设施投资等基本职能，成为“夜警政府”，这时财政调控制度似乎可以放弃。但是，对于后发现代化国家而言，财政微观调控始终得到重视，成为产业政策、地区政策和社会政策的重要组成部分，也成为财政宏观调控的基础性手段。

在20世纪世界经济大危机发生后，凯恩斯的宏观经济理论与开出的政策药方，开辟了财政宏观调控的新思路。随后，财政宏观调控大行其道。直到20世纪70年代出现滞涨后，经济理论界才开始对凯恩斯的财政宏观调控理论进行深刻反思，但政府主动进行财政干预仍然被各国决策层在实践中广泛应用。在早期的财政宏观调控中，追求“量入为出”是各国信奉的基本原则，但在不得已的情形下，往往采取“量出为入”的政策。在凯恩斯革命以后，追求稳定增长的功能性财政调控政策成为许多国家的主动选择。公债成为现代国家在处理长期财政平衡过程中的重要手段。

在我国财政现代化过程中，财政调控从着重应用管制和微观手段，逐步吸收发达国家的财政政策理论成果与实践经验，走向以间接宏观财政调控为主，辅之以直接的微观财政调节手段，积累了丰富的经验。但由于我国进入市场经济体制的时间短暂，与其配套的制度建设、文化建设还有诸多不完善的地方，因而财政调控制度存在政府干预过度与缺位并存的问题。

四、财政管理制度现代化

财政管理制度分为两个层次，横向的财政管理制度是一级政府的财政管理规则，以是否施行预算管理方式为重要标志；纵向的财政管理制度，是在多级政府体制下处理分级政府财政关系的规则，以集权或分权程度及财政关系的规范化程度为重要特征。在现代化进程中，税收型财政制度逐渐取代自产型财政制度，特权化的产权结构被市场化、平等性产权结构所代替，社会分工利益打破依据特权配置的规则，使人们的合作与交往越来越建立在平等的基础上，推动国家的掠夺性逐渐被公共性所取代。在消除了旧的特权结构后，产生了利益集团的特权，损害人们在平等基础上的合作与交往。于是，公共选择学派主张财政立宪，为个人或集团在财政管理制度中处于平等地位提供保障。

从横向财政管理制度的角度看，财政管理可分为前预算阶段、预算阶段和超级预算阶段（参见图2－4）。预算是在一特定时期政府提供财政支持的计划，由一个负责任的政府编制，向民意代表机构呈递，并获得后者的授权和通过之后才能执行。预算首先是一个关于未来财政支出的计划，而不是事后的报账；是一个统一的计划，包括政府所有部门的开支；是一个详尽的计划，要列举所有项目的开支，并对它们进行分类；对计划中的每项开支都要说明其理由，以便对开支的轻重缓急加以区别；这个计划必须对政府的行为有约束力：没有列支项目不能开销，列支的钱不得挪作他用；这个计划必须得到权力机构（议会）的批准，并接受其监督；为了便于民众监督，预算内容和预算过程必须透明。超级预算是社会经济诸领域、与物资流动相配套、影响广泛深入的国家预算，在计划经济体制下的国家（如前苏联、改革开放前的中国）实行。

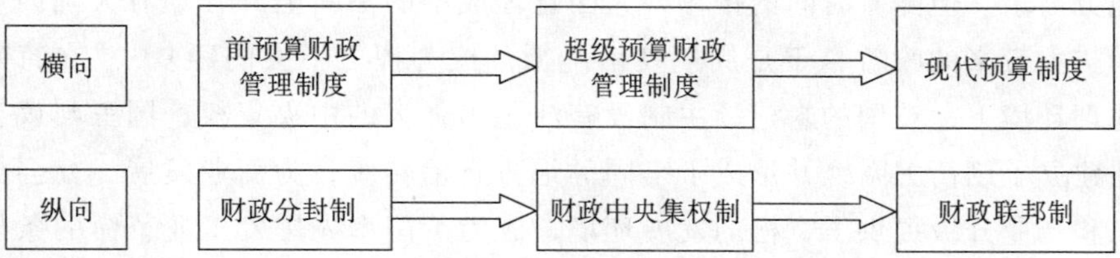

图 2－4　财政管理制度的演化脉络

在君主专制时期，国家财政处于前预算时代。这时国家财政的特征：一是具有连续性，没有年度预算的概念，政府根据资金流量和指令的可获得性来进行预算。二是分权，即没有集中的财政控制，收入由各种不同的收入获得者和支付者进行收支。三是私有化，大部分政府财政管理由许多私人商人承担，私人账户和国家账户经常是混淆在一起的。四是权宜性，即由于政府经常限于资金短缺，加上民众对于政府的收入汲取行为常常不合作，所以各种各样的权宜手段经常被用来筹集收入，例如短期债务、卖官等。五是各种各样的腐败盛行于前预算模式中，而且在某种程度上，前预算模式就是依靠国家对于腐败的默许才能够维持下来的，没有这些我们现在看来是腐败的机制，前预算模式是无法运作的。私有化的财政管理方式和权宜性是前预算模式的两大重要特征，然而两者都是滋生腐败的温床。

进入现代预算时代后，政府财政收支通过预算安排。必须每年做一次预算，所有的预算必须放在一起，所有的资源集中在一起，预算是经过议会同意的，是公正的和公开的，政府部门的支出必须受到审计部门的监督。预算应该具有全面性、一致性、严格性、年度性和准确性。对财政收支进行年度性、计划性、法治性及统一性的管理，是一个理性的政府长期追求的目标。一个国家要实现预算管理，必须经过财政统一和预算监督两个过程。第一种是财政上先统一，后来才出现预算监督；第二种是先预算监督，后财政统一；第三种是齐头并进，慢慢地一边推进财政统一，一边推进预算监督。法、英、美是上述三种途径的不同代表。

从纵向财政管理制度的角度看，对于一个国家尤其是大国来说，不同级次的政府间财政关系是财政管理中的重大问题。在测算技术、通讯技术、运输技术低下的条件下，对广大区域的财政管理只好在分封制下进行。为获得大国的规模效益，建立安全和平的社会秩序，在建立强大国家的过程中强化中央专制，实行重农抑商政策，加强社会管制，牺牲差别化地方需求。但随着时间的推移，大国管理成本的不断上升吞噬着大国因规模扩大带来的收益，于是周期性治乱循环成为挥之不去的噩梦①。在特殊地理环境下，英国的封建领主制没有演化出强大的中央集权，国王与议会间建立了制衡关系，并形成了牢固的地方自治传统，为商业发展、社会分工和产业升级提供了宽松的发展环境，成为英国率先爆发工业革命的条件之一。英国的地方自治传统在作为殖民地的美国生根，为美国建国后确立财政联邦制度打下了基础。美国的财政联邦制，为大国现代化进程中处理政府间财政关系建立了一个模板，不仅有利了国家的统一与稳定，而且促进了地方间的竞争，成为美国充满活力与走向强大的重要制度支柱。以美国为代表的财政联邦制，受到现代化进程中大国的青睐。

中国从清末开始筹划引入西方的现代预算制度及分级财政管理制度。从1930年开始，南京国民政府决定实行超然主计、联综控制的财政制度，虽然有一定的合理性，但要见成效需要相关制度的配合，特别是要对官员的行为进行规范，但当时的国民政府不可能做到这一点。谋求权益的官员不愿严于执法，只做表面文章，成为国民党政府垮台的原因之一②。新中国成立后，在计划经济下建立了超级预算制度，按计划的要求编制预算，预算内容广泛，与价格、物资调配等计划配套安排各种财政活动，但很难落实到位。改革开放后，预算制度改革不断深化，实行了复式预算和部门预算制度，从技术角度出发的预算改革取得了显著成效，但我国的预算制

---

①　参阅郭艳茹：《经济史中的国家组织结构变迁：以明清王朝为例》，中国财政经济出版社2008年版。

②　陈光焱："中国预算制度的历史变迁与现今改革"，《地方财政研究》2008年第5期。

度的程序性建设仍然有很大的改善空间。从清末开始，我国筹划废除中央集权制的财政管理体制，实行法治化下的分级财政体制。从1928年起，南京国民政府实行中央、省、县三级财政管理体制。新中国成立后，实行统一领导、分级管理的政府间财政体制，20世纪80—90年代实行“包干制”与分税制改革，逐步走向财政联邦制，至今仍在深化改革中。

第三章 财政现代化相关理论探索

理论是灰色的，生活之树常青。

——歌德

本章从财政主体、财政类型、财政过程产权转化假说、财政制度变迁过程四个方面对财政现代化的相关理论进行阐述，为进行历史比较分析提供理论框架。

第一节 财政主体论

财政主体是财政理论的四大关键要件（主体、客体、目的、方式）之一，也是财政本质论的立论基础。“国家分配论”强调“国家”是财政主体，“社会公共需要论”认为财政主体是“公共权力中心”。但是，总体上财政理论界却多将财政主体看作经济学以外的问题，很少对财政主体进行结构分析。而不对财政主体进行结构分析，就难以认清财政形态变化的动力所在，对财政制度的性质难免只进行简单的图谱化处理，难以真正理清财政制度变迁过程的头绪。事实上，财政主体可分为不同层次，从本质层次看，财政的主体是公共权力中心，在国家存续期间表现为国家；从运行层次看，政府是财政主体的代表，不同的社会力量一起构成财政主体结构，对政府施加影响，左右着财政决策与执行的方向和效果。在不同时空下，由于社会力量结构存在差异，政府内部的组织结构不同，财政主体结构呈现出不同的特点，成为不同国度和时期财政制度差异的决定性原因。

一、财政主体本质

“暴力工具论”国家观基础上的财政主体，就是单一的统治阶级；“社会契约论”国家观基础上的财政主体，就是利益一致的全社会。这两种观点都认为政府本身的利益没有独立性，财政主体的特征反映了财政活动要么维护一部分人的利益，要么维护全民利益。“暴力潜能论”国家观基础上的财政主体，则兼具两者的整合，认为上述两者均有可能外，还存在大量的“中间地带”。

（一）“暴力工具论”国家观基础上的财政主体

以马克思为代表的“暴力工具论”强调阶级对立与阶级斗争，人在物质世界面前是不自由和不平等的，掌握生产资料的阶级才具有相对的自由，不掌握生产资料的阶级面对着生存的压力，不同阶级的地位是不平等的。国家是统治阶级剥削压迫被统治阶级的暴力工具，是统治阶级利益的代表。人类进入阶级社会的历史，是阶级压迫和阶级斗争的历史，社会结构可以被高度抽象为统治阶级与被统治阶级。在经济上拥有生产资料的统治阶级，剥削压迫仅作为劳动力存在的被统治阶级。作为财政主体的国家将财政作为统治阶级剥削压迫被统治阶级的经济工具。“政府”依附于“生产资料所有者”，并可一起被抽象为“统治阶级”。于是，“暴力工具”国家观基础上的财政主体结构，财政主体等同于经济上的统治阶级或者其政治上的代表，可以抽象为“财政主体 = 国家 = 统治阶级 = 生产资料所有者”。马克思主义国家理论将“政府”依附于“生产资料所有者”并抽象为“统治阶级”，将“政治统治”与“经济统治”合而为一，具有高度的哲学抽象性。在不同历史阶段财政主体就是奴隶主阶级、地主阶级、资产阶级，统治阶级与被统治阶级似乎不存在“共容利益”①，国家仅仅是一个“虚幻”的社会共同体。但以此分析具体财政问题时，对“政府”与“生产资料所有者”之间的利益独立性甚至对立性注意不够，对财政过程维护

① 曼瑟·奥尔森将共容利益定义为：某位理性地追求自身利益的个人或某个拥有相当凝聚力和纪律的组织，如果能够获得稳定社会总产出中相当大的部分，同时会因该社会产出的减少而遭受极大的损失，则他们在此社会中便拥有了共容利益。见曼瑟·奥尔森，苏长和等译：《权力与繁荣》，上海世纪出版集团、上海人民出版社 2005 年版，第 1—2 页。

社会利益的属性难以充分揭示。

（二）“社会契约论”国家观基础上的财政主体

以洛克、卢梭等为代表的“社会契约论”将社会建立在人是自由和平等的前提上，认为国家是在公众将一部分权利集中委托于公共权力中心行使的社会契约基础上建立起来的。公众与国家是委托—代理关系，国家的权力来源于公众的授权，国家是公共利益的代表，通过“政府”行使公共权力。以此为基础，社会结构被区分为“政府”与“社会”，进一步具体化为“领袖＋官僚”与“资产者＋劳工”。“政府”与“社会”之间存在广泛的共同利益，不是对立关系。以此推理，“社会契约”国家观基础上的财政主体结构中，公众是基础或根本主体，公众授权下的政府是运行主体。如果把国家看作一条船，公众是船东，政府领袖是船长，官员是水手。“社会契约论”为政府披上了“维护公共利益”的道德外衣，使政府具有“利他人”的特征，成了统治者掩盖财政“假公济私”行为的辩护工具。而公共选择理论对官僚集团行为的分析，揭示了“政府”的利益集团属性，将其拉下了“代表公共利益”的神坛。

（三）“暴力潜能论”国家观基础上的财政主体

以诺思为代表的“暴力潜能论”认为，国家是拥有暴力潜能的组织。暴力在社会中的分布情况，决定了国家的性质。如果暴力集中于个人手中，就是专制国家；如果暴力平均分布于社会，则是民主国家。循此思路，财政主体结构可由政府、资产者、劳工组成。其中政府人员可分为领袖与官僚，或决策者与代理者。不同时空条件下，由于不同财政主体在财政活动中的地位不同，财政活动具有不同的性质，呈现出不同的特点。

从上述观点的比较中可以看出，在接受财政主体在阶级社会是国家的同时，“暴力工具论”重视社会结构内部的对立状态，强调财政主体对资产者的代表性，国家与政府与资产者的一致性，没有注意或重视国家或政府的相对独立性或超然性，也没有注意或重视政府机构在财政过程中的本位利益。“社会契约论”强调社会利益的一致性，不同群体的平等互利性，但忽视不同群体政治地位、经济地位差异对财政过程产生的影响。“暴力潜能论”国家观，可以将“暴力国家”与“契约国家”整合进同一个框架，其对历史与现实的解释力也更强。在新制度经济学“暴力潜能论”框架下，能够从财政主体的结构性差异入手，探悉不同历史阶段和国家的财政制度差异及变迁原因。

财政主体的结构性特征决定了财政过程的功能形态，反映了财政权力来源及经济社会基础条件对财政的需求。在封建国家与君主专制国家时期，国王或皇帝是国家主权的最终所有者，领主或官僚是国王与皇帝的代理人。封建国家时期，国王与领主分级决策并执行；在君主专制时期，君主是决策者，官僚是执行者，并受委托进行次级决策。在民主国家时期，公民是国家主权的最终拥有者，选举出的领袖是公民社会的代理人，官僚是领袖的代理人。公民社会、领袖、官僚就不同事项决策和委托决策，代理人执行委托人的决策。在作为狭义的执行机构的政府内部，又有部门分工与协调。到了西欧现代化发展早期，政府成为资产阶级在政治上的代表，维护资产阶级利益，在社会结构中形成“官”“商”（生产商、贸易商）互为依托的局面。在财政主体结构中，“国家”与“资产阶级”浑然一体。马克思主义阶级国家理论反映的正是这一时期的状况，国家与统治阶级似乎可以不分彼此。实际上政治上的统治集团与经济上的统治阶级在利益与行为上均有区别。在中国历史上，政治（暴力）统治集团处于强势地位源远流长，经济上的统治阶级很多时候处于依附地位，对我国经济社会文化（包括财政活动）产生深远影响。如果简单地将政治（暴力）统治集团与经济上的统治阶级等同，不注意它们的差异对财政主体结构的影响，分析我国历史与现实财政现象时难免缺乏解释力。

（四）财政主体的本质——公共权力中心

财政主体在本质上是“公共权力中心”，在阶级社会体现为“国家”。在论及财政主体时，贾康先生以“社会集中分配论”[①] 扩展了财政主体的范围，用“社会公共权力中心”[②] 替代了国家分配论的“国家”。他认为，即使在人类早期社会甚至共产主义社会依然有财政活动，这一点与国家分配论相比既拓展了视野，又吸取了公共需要论关于财政具有“公共性”的主张，认为财政兼有公共性和阶级性特征。事实上，阶级社会中，在经济

① 贾康：“从‘国家分配论’到‘社会集中分配论’”（上，下），《财政研究》1998 年第 4、5 期。

② 参阅贾康：“财政的本质及在新时期的职能作用”，《财政研究》1994 年第 10 期；“财政理论发展识踪——结合‘公共财政’的点评”，《财政研究》2005 年第 6 期。

上的统治阶级与被统治阶级之外，存在一个政治上的“公共权力中心”即代表国家的政府。这个“公共权力中心”具有公共性，并不一定仅仅是经济上的统治阶级（资产者）的代言人，也可能是经济上的被统治阶级（劳工）利益的代表者，还可能是各个阶级（群体）利益的协调者。但在特定时期，由于社会不同阶级或阶层在暴力潜能分配上的不平衡，国家这个“公共权力中心”的“公共性”得不到充分实现，甚至偏离了“公共性”方向，成为部分势力实现狭隘利益的工具。但只有能实现共容利益的政权才能持久。在特权者成为“独夫民贼”的情况下，他离末日也就不远了。

在遥远的原始社会，人类活动范围很小，人与人的联系主要限于氏族或部落内部，私人事物与公共事物混淆不清，分工很少，没有产生私人产权观念，但在与其他部落的竞争中率先产生了公共产权。在出现不需要每个人都参加的行动时，群体内公共决策的特征明显。由于人群范围小，利益和文化具有高度的同一性，朝夕相处，人际关系具有重复博弈特征，氏族成员以忽略不计的成本即可监督公共财物的运用。财政活动是零星的非日常性活动，财政主体是公众推举形成的、临时的、非专业化的公共权力中心。

人类内部的分工促进经济发展，经济发展到一定阶段，国家产生了。财政活动成为日常性的，“国家”成为名义上的公共权力中心，履行了部分社会公共职能，即所谓“公家”，但主要代表统治阶级利益。“国家财政与国家政权的职能及其集中代表的阶级利益有不解之缘，财政即是以政控财，以财行政，毫不含糊地为统治阶级的利益服务。”① 马克思的社会再生产理论认为，在将社会总产品对社会成员分配时，“从它里面应该扣除：第一，用来补偿消费掉的生产资料的部分。第二，用来扩大生产的追加部分。第三，用来应付不幸事故、自然灾害等的后备基金或保险基金。……剩下的其他部分是用来作为消费资料的。在把这部分进行个人分配之前，还得从里面扣除：第一，和生产没有直接关系的一般管理费用。和现代社会比起来，这一部分将会立即极为显著地缩减，并将随着新社会的发展而日益减少。第二，用来满足共同需要的部分，如学校、保健设施等。和现代社会比起来，这一部分将会立即显著地增加，并将随着新社会的发展而日益增加。第三，为丧失劳动能力的人等等设立的基金，总之，就是现在

① 贾康：《财政本质与财政调控》，经济科学出版社1998年版，第20—21页。

属于所谓官办济贫事业的部分。”① 这里的“扣除”，就是要兼顾“公共需要”的一定程度的满足。在《反杜林论》中，恩格斯论及国家权力的萌芽与发展时指出：“政治统治到处都是以执行某种社会职能为基础，而且政治统治只有在它执行了它的这种社会职能时才能持续下去。不管在波斯和印度兴起或衰落的专制政府有多少，它们中间每一个都十分清楚地知道自己首先是河谷灌溉的总的经营者，在那里，如果没有灌溉，农业是不可能进行的”②。可见，按照马克思和恩格斯的观点，更强调财政在实现特殊统治职能的方面，但并不否认具有一般社会职能。

履行公共职能、提供公共品是国家与财政存在的原因，但有时国家更多地代表当时统治阶级的利益，被统治阶级的利益只是被动地、间接地、捎带地得到体现，财政成了“国家”实施阶级压迫的重要工具之一。历史上林林总总的国家兴衰演变，则反映了各个时期的国家统治者在处理“一般社会职能与特殊统治职能”时，能否做到了“长期理性与即期理性的统一”，是否维护了整个社会的“共容利益”。但随着生产力的发展，国家在实现一般社会职能方面，能力得到逐渐提升。被统治阶级的自由度、对公共事物的参与度、受益程度都得到了提高，提高了财政的公共性，财政主体——公共权力中心的特点得到更充分的体现。财政的存在与发展是以实现社会职能为共同特征的，公共权力中心是财政主体的本质特征。

二、财政主体结构

作为财政主体的公共权力中心，在阶级社会的表现形式——国家——是一个共同体概念。共同体内部的社会力量构成及其对这个公共权力中心（国家）的作用情况，决定了财政制度的性质、财政活动的方向与力度。按照拥有政治资源、经济资源的差异，可将财政主体分为三个组成部分：拥有政治资源优势的政府、拥有经济资源优势的资产者以及在政治经济上均处于弱势地位的劳工。

（一）政府——财政过程组织者

作为以暴力为后盾的垄断集团，政府以国家（公共权力中心）的名义

① 《马克思恩格斯选集》第3卷，人民出版社1972年版，第9—10页。
② 《马克思恩格斯全集》第20卷，人民出版社1971年版，第195页。

在财政主体结构中处于中心地位。斯考切波将国家定义为“以行政权威为首的并由该行政权威在某种程度上妥善协调的一套行政、治安和军事组织。任何国家都是首先和主要从社会索取资源，利用这些资源来创立和维持的强制组织和行政组织”[①]。在人类社会发展过程中，经济权力决定生存与发展的基础，政治权力决定生存和发展的条件。经济权力的凭借是产权，尤其是对生产资料的所有权与支配权；政治权力的凭借是暴力支持或暴力威胁，其终极体现形式是军队、警察、监狱机构和设施等。在无政府的情况下，会陷入“所有人与所有人的战争”的“霍布斯丛林”竞争状态。人要生存，需要在自我组织生产、替人打工、掠夺偷窃等几种方式中获取生存物品；通过交换、合作生产提高效用或产出；通过安全保护防止劳动成果流失。自暴力竞争进入垄断状态，形成国家后，政府以“公共权力中心”的名义集中提供安全保护，防止被掠夺偷窃，开展公共管理。政府在垄断性暴力基础上衍生，首先是作为一个产权保护与界定的组织存在，在一定条件下也具有生产性功能。虽然政府以捐税等方式增加了社会负担，但其提供保护过程中的规模效应，使它具有提升社会福利的可能，从而在客观上存在经济合理性。人类历史上对国家组织的需求与选择，正反映了以强制力为基础的政府存在的价值。

公元前1030年，犹太部落长期以来一直在没有中央政府的状态下生活。《圣经》里有这样的记载，人们要求先知塞缪尔（Samuel）“像所有的国家一样，给我们一个能统治我们的君主吧”。塞缪尔描述了在君主统治下的生活情况，试图以此打消犹太人的念头：在国王统治你们的时候，事态就会这样：他会夺走你们的儿子，安排在他的身边，做他战车的马车夫，跑在战车的前面。……他会夺走你们的女儿，替他喷香水、做厨娘、烤面包。他会夺走你们的土地、你们的葡萄园和你们的橄榄园，甚至夺走你们最好的园地，去赏赐给他的仆人……他会强征你们十分之一的羊群：你们将沦为他的奴仆。那时，你们将为自己有了国王而痛哭不已。

然而，犹太人没有被这令人沮丧的言语所震慑，“人们拒绝倾听塞缪尔的劝告，他们说：‘不，我们应该有一个国王，那样我们才能像其他国家一样，国王会统治我们，走在我们前面，带我们去战斗’”。

① 斯考切波：《国家与社会革命》，（台北）桂冠图书股份有限公司2003年版，第33页。

这个出自《圣经》的插曲，说明了人们对政府的一个古老的矛盾心理。政府是必需的——毕竟，“所有国家”都有，但同时他也有令人不快的一面。对政府的这种混合的感情是不可避免地与政府的收支活动纠缠在一起的。国王会提供人民需要的东西（在上面的例子中是军队），但是要有代价。从根本上说，政府全部开支的财源最终要来自私人部门。正如塞缪尔生动解释的那样，税收会成为负担。

多少世纪过去了，人们对政府的混合感情依然如故，不同的是今天政府的活动范围远远超越了过去，政府财政活动的影响已经渗透到了人们生活的方方面面。①

政府是政治上的统治者，是运行中的财政活动的组织者，以国家（公共权力中心）代表者的身份在财政过程中举足轻重，是具体财政活动的主导者。政府集团包含君主或领袖及官僚，是政治上的统治阶级。在政府内部，有委托者与代理者的不同、决策者与执行者的差别，他们之间存在着合作与冲突。但是，从更广泛的意义上说，政府只是财政主体的一个重要组成部分，并不能永久处于财政过程的中心位置。政府的行为取向具有复杂性——既是公共权力的代表，又是独立的利益集团。

在政府的暴力垄断程度不足以控制整个社会的情况下，会选择与经济上的统治阶级妥协和互为依托。在自然经济条件下体现为政府与封建主（或地主）联合，在现代市场经济条件下体现为官商结合，政策呈现出经济导向特征。政府为经济上的统治阶级（资产者）提供安全、秩序和公共资本品投资，资产者成为向政府直接输入财政收入的主要对象。这时政府是资产者在政治上的代表，国家内部统治阶级与被统治阶级的矛盾斗争成为社会典型性特征。政府还可能与资产者联合对外侵略和扩张市场，在此过程中既可能增加劳工负担，也可能为劳工带来“渗漏”利益。

在政府的暴力垄断程度足以控制整个社会的情况下，会依靠政治权力追求经济上的特权垄断利益，遏制和打击潜在的经济上实力集团的崛起，进一步强化君主专制，依靠官僚攫取财政利益。君主成为政治与经济一体化利益的总代表，也是政府利益集团的总代表。不受制约的权力会带来对资产者与劳工的无限制掠夺，在社会无法忍受的情况下官逼民反。

---

① 哈维·S. 罗森：《财政学》（第六版），中国人民大学出版社 2003 年，第 3—4 页。

（二）资产者

“资产者”（或“生产资料所有者”）凭借其经济实力成为财政主体结构中的关键角色。在不同的时代，“资产者”分别以奴隶主、地主、资本家等身份[①]，对核心经济资源（即最稀缺的经济资源）[②]拥有局部性甚至全局性垄断优势，对经济生活产生支配性影响，是经济上的统治阶级。由于“资产者”能够控制生产成果，聚集社会财富，从而使国家通过他们容易筹集到较多的财政资源，降低单位财政收入组织成本，因而作为暴力垄断者的政府一般会选择与他们结盟，从而减少财源筹集及社会控制过程中的交易成本。事实上，政府成员有相当大的比例就是从“资产者”中产生出来的。在很多情况下，国家既将他们作为政治统治的经济基础，反过来又维护他们在经济上的统治。

如果政府与“资产者”能够在社会财富分配上达致均衡，实现共同统治，国家内部的安定局面就有望出现。这时，“资产者”专门组织生产，相对安定的环境也有利于技术革新和人力资本积累，会促进社会总财富的增加，并在增加的财富中产生更多的财政收入提供给政府，实现与政府的“共容利益”。政府则提供公共品，如公共安全、社会秩序、公共设施、意识形态等公共资本，同时实现政府作为利益集团本身的利益。作为全国暴力垄断者，政府甚至通过对外战争取得掠夺性利益、拓展民族生存发展空间、开展战略投资等。政治统治与经济统治的分工与共存，可能为盛世局面打下坚实的基础。历史上农业帝国初期实现“休养生息”政策，资本主义国家实行“重商主义”殖民扩张政策，从而出现“盛世”或“国家富强”的局面，都可以看做政府与“资产者”（生产组织者）共治共享的结果。

但是，政府与“资产者”分工共治的局面不是常态。在君主专制时代，政府与“资产者”（地主、商人）之间更多的是竞争关系。作为“暴力垄断者”的巨大利益，对众多的“资产者”产生极大的诱惑，对“皇位”、“王位”的“窥伺”不仅存在于暴力垄断集团内部，而且存在于

① 同时，社会阶层中还有平民、自耕农、小业主等小生产者，因其影响较小，可经过抽象归入资产者或劳工范畴。

② 如劳动力稀缺下的奴隶、土地稀缺下的土地、资本稀缺下的资本、技术稀缺下的技术、管理技能稀缺下的管理技能等等。

"资产者"之中。君主为了防止"资产者"坐大，在打击经济上实力集团的同时，加强对经济的直接控制。我国农业专制帝国[①]之所以能够延续2000多年，与皇帝一手打击政治军事上竞争者，防止政治军事上潜在竞争者的出现，不断加强专制程度；另一手打击地主豪强与富商巨贾，强化对经济的直接控制，使政治暴力集团控制在皇帝手中，并在与经济实力集团的博弈中占上风密切相关。如我国汉武帝时期实行的"告缗"制度[②]、"推恩令"均分继承制度、盐铁专营制度等，都是政治（暴力）集团打击压制经济实力集团壮大的做法。俄罗斯历史上，沙皇奴役贵族地主也不是个例。在1861年实行的俄罗斯农奴制度改革中，沙皇强制把农奴从贵族地主手中剥夺出来，成为其直接的税源和兵源。[③]

在经济体制发生重大变革的时期，"资产者"往往产生分化。一部分"资产者"维系原来的生产方式，如奴隶社会末期的奴隶主、封建社会末期的土地贵族；一部分"资产者"代表新的生产方式，如奴隶社会末期的地主、封建社会末期的资本家，他们的资产由于采用了新的配置及运用方式，具有更高的效率。在"资产者"的分化与竞争中，采用新生产方式的"资产者"不断壮大。政府为了取得更多的财政资源，可能选择与新"资产者"联合，打击瓦解旧的生产体系。倘若政府为维护传统特权利益，与不采用先进生产方式的旧"资产者"联合阻遏社会发展，则会在陷入财政危机后走向崩溃。

（三）劳工

在阶级社会的大部分时间，"劳工"在财政主体结构中处于弱势地位，参与财政活动的机会与程度都受到较大限制。"劳工"（无资产者）在不同历史时代以"奴隶"、"农奴"、"雇农"、"租地农民"、"雇工"等身份

---

① 在这里不采用"封建社会"的说法。有一种观点认为，具有和西方"封土建国"相似特征的封建社会，在我国存在于战国以前，西汉前期虽有复辟，但时间很短。从秦至清亡，中国社会经济上呈现地主经济特征，政治上实行帝国专制统治方式，采用"农业帝国"的说法比较合适。

② "缗"的原义是穿铜钱的绳子，引申义为成串的铜钱。汉武帝时，为解决财政困难，向商人征收缗钱税或算缗钱，也就是对商人手中积存的缗钱及货物征税。为揭发隐匿不报财产或少报者，颁布《告缗令》，奖励人们告发商人偷漏税的财产，以被告人财产的一半赏告者。结果中产以上之家多破产。参阅孙文学等：《中国财政史》，东北财经大学出版社2008年版，第59—61页。

③ 参阅琳达·维斯、约翰·M. 霍布森，黄兆辉等译：《国家与经济发展——一个比较及历史性的分析》，吉林出版集团有限责任公司2009年版，116页；Emmons, Terrence1968: *The Russia Landed Gentry and the Peasant Emancipation of* 1861, *Cambridge University Press.*

存在。由于他们既无政治或暴力优势，也无资产优势或人力资本优势，甚至连人身自由都没有，经济自由受到很大限制。与官僚或资产者相比，作为个体的他们实在是太渺小和微不足道了，他们既是无产者（无资产者），又是无权者（无参与政权的资格或能力）和无势者（无法对政权产生影响）。虽然他们的总人数在全社会占绝对多数，但由于其“原子化”状态，形成共同行动的交易成本几乎无限大，在组织化程度低下的情况下，维护自身权益的能力并不强，往往处于“局部性”弱势状态，于是陷入“被统治阶级”的境地。即使如此，他们依然应该被看作财政主体结构的一个组成部分。一旦“劳工”克服了形成共同行动交易成本过大的劣势，人多优势得以发挥，将对财政活动产生间接甚至直接影响，在特殊情况下甚至决定着财政制度变迁的方向。

“劳工”与政治（暴力）上处于优势的政府、经济上处于优势的“资产者”之间存在尖锐矛盾，尤其在天灾人祸夹击下更显突出。在自然经济时代，人口增长往往引发“马尔萨斯危机”，人口过剩与资源退化、环境恶化并存，灾荒引发的动乱与内外战争在世界历史上反复重演。处于弱势地位的“劳工”往往成为最早的受害者，甚至可能失去生存机会，在绝境下继续遭受压迫剥削将激发他们的革命斗志，对包括财政制度的现存秩序发起挑战。这时，如果作为暴力垄断者的政府与“劳工”结盟，可能通过财政制度削弱经济上的统治阶级。明初的财政制度选择了增加地主富户负担①、迫使“资产者”大量破产，形成朝廷面对千千万万小农征税的局面，反映了明朝开国者身上的农民“革命”理想。西方国家在工业革命后，技术进步引起机器“排挤”人的现象，劳动力尤其是低端劳力过剩，不仅对失业者带来生存危机，也给在岗工人带来生存威胁。一旦“劳工”失去生存条件，社会动乱或社会革命难以避免，可能出现整个社会的“共损”局面。

“被统治阶级”与“统治阶级”矛盾引发的阶级斗争，被革命学说认为是阶级社会进步的动力。在鼓吹“革命”的时代，“被统治阶级”的先进性经常被过分“拔高”，通过“意识形态化”减少形成革命共同行动的交易成本，并屡屡见效。但革命并非社会发展的常态，正像我国20世纪经过“资产阶级革命”、“新民主主义革命”、“社会主义革命”后继续开展

---

①　参见黄仁宇：《十六世纪明代之财政与税收》，三联书店2001年版。

“文化大革命”无法为继所证明的：革命并非永远美好，革命也并非永远处于道德制高点，也无法成为“家常便饭”。现代宪政体制下，在保持社会稳定基础上不懈改良，用渐进向善累积社会成功以推进社会发展，得到更多政治家的认同。革命即意味着暴力，通过革命推翻旧秩序后，如果能建立稳定向善的新制度带来更大的长期社会福利，革命的代价才算得到了补偿。一旦革命在推翻了一个暴政而又代之以又一个暴政的话，将是革命的最大悲哀。毛泽东也曾认为：“我看俄国式的革命，是无可奈何的山穷水尽诸路皆走不通的一个变计，并不是有更好的方法弃而不采，单要采这个恐怖的方法”。孙中山告诫人们：“革命是万不得已的事情，而且不能一直走下去”。①

历史上“劳工”与统治者和平共存时间更长的事实显示，“被统治阶级”与“统治阶级”之间并非永远剑拔弩张，而是在一定条件下存在“共容利益”。在共同应对来自自然的压力、外部的侵略，甚至对外扩张利益时，“被统治阶级”与“统治阶级”在很多情况下“同在一条船上”，甚至“在一条战壕里”。危难关头，打出“有钱出钱、有力出力”、“同舟共济、同仇敌忾”的人道主义与民族主义旗帜往往屡试不爽。历史上，侵略者的暴行之后，随后出现的会有大量低端劳工的殖民或移民。剔除其中的道德因素，可见“劳工”与政府及“资产者”之间，在一定条件下经济利益存在一致性，在财政上体现为“劳工”对财政活动的支持以及政府对“劳工”的有限保护。

进入现代化阶段后，工厂制度与市场体制加强了劳工的组织性，减少了集体行动的交易成本，增强了劳工参与财政活动的力量，劳工的斗争推动了救济福利制度的发展②。为转移一国内部的阶级矛盾压力，政府也可能通过发动战争对外掠夺或扩大优势贸易增加社会财富。20 世纪后半叶，西方发达国家在总体经济发展的基础上，扩大了实行社会福利制度的范围，制定了一系列限制贫富差距和有利于工人阶级的政策，缓解了社会矛盾。同时，西方国家的民主制度日益完善，民主范围逐步扩大到所有成年公民，“劳工”在财政活动中的参与程度提高，其作为财政主体的地位得

---

① 总政治部：《著名学者与中央高层讨论文化历史问题》，解放军出版社 2005 年版，第 59 页、第 203 页。

② 参见王云龙等：《福利国家——欧洲再现代化的经历与经验》，北京大学出版社 2010 年版。

到更多体现。

（四）财政主体结构的演化

不同历史发展阶段，财政主体结构呈现出不同的特征。进入阶级社会后，本质层次的财政主体“国家”是社会利益的抽象代表，运行层次的财政主体的代表是“政府”。政府一旦垄断了暴力，必然在产权界定、产权保护中处于主导地位，成为财政主体结构的核心，但资产者、劳工也能对财政活动的性质及财政制度的功能产生影响。

按照西欧国家的演进特征，现代国家是从传统国家基础上发展起来的，其间经历了一个绝对主义国家阶段。吉登斯将西欧的历史区分为三种国家形态阶段：传统国家、16—18 世纪的绝对主义国家以及 19 世纪初形成的民族国家。传统国家中，国家与社会是疏离的；在绝对主义时期，行政力量集中和扩张，国家权力开始具有“金字塔”的特征；民族国家是在绝对主义国家的基础上于 19 世纪初发展而成的，由于通讯与信息存储，内部绥靖的因素，国家行政力量得到空前的扩张，深刻地改变了以往国家与社会之间疏离的关系，民族国家成为了“现时代最为杰出的权力集装器”①。

在西欧现代化早期阶段，封建领主制是主要的国家组织形式，以国王为代表的政府与新“资产者”——贸易商和生产商之间呈现出一种合作关系。西欧由于地理支离破碎，缺乏自然环境的“鸟笼”效应，政治实体众多，无法束缚经济实力集团的发展，国王在与封建贵族的斗争中，选择了与商人结盟的策略，客观上促进了资产阶级的壮大，走向了“资产者”控制政府的道路。由于“资产者”拥有经济资源优势，如果能采用先进的生产方式，通过竞争促进技术更新，其从事经营管理的人力资本优势（企业家才能）对于经济繁荣具有重大意义。如果掌握了政府的暴力潜能，市场开拓与军事扩张并用，对于扩大国家的生产可能性边界无疑会产生巨大推动作用。西方现代化国家在资本主义扩张阶段，“资产者”或者说资产阶级掌控政府，成为政府的“金主”，提供财政资金扩充国家军事实力，成为财政主体中的主导者，利用国家军事力量开疆拓土，建立开发殖民地，输出低端劳动力，缓解了技术升级过程中劳动力过剩的压力，实现了“政

① 参见吉登斯著，胡宗泽等译：《民族—国家与暴力》，三联书店 1998 年版。

府”、“资产者”及“劳工”的多方共赢，使国家走向富强。

在绝对主义国家阶段，实行君主专制，建立官僚统治体系，政府的总代表是皇帝或国王。君主集立法、执法、司法权力于一身，独裁成为财政决策、执行的突出特征。在奴隶社会和封建领主社会阶段，财政决策是奴隶主、农奴主阶级内部的事情，严格按照等级划分权力，在同一等级可能采取民主方式，君主往往是最后的裁夺者。在中国秦至清亡漫长的皇帝专制时期，随着专制程度的不断加深，财政主体的执行代表——政府的主持人宰相，由开始时皇帝权力的制衡者，地位每况愈下，直至明清遭到废除。皇帝集国家财政最终代表权、决策权和执行权于一身。不仅被统治阶级，在统治阶级内部，对财政决策的参与、对财政执行的代理权都极其有限。资产者和劳工的产权甚至基本人权均得不到保障，处于弱势地位。君主及官僚不容“资产者”发展成经济实力集团，社会成为小农和小业主的汪洋大海，生产的规模效应得不到充分发挥，工商业严重依附于官府。皇族及官僚体系势力受不到制约，成为经济社会的“寄生者”。国家对社会的予取予夺，导致社会不堪重负（参见表 3－1）。

表 3－1　　中国与西欧国家发展阶段特征比较

<table>
<tr><td></td><td>阶段</td><td>传统国家</td><td>绝对主义国家</td><td>民族（民主）国家</td></tr>
<tr><td>西欧</td><td>特征</td><td rowspan="2">社会权力分散，国家与社会疏离，国家内部实行分封制，不同分封等级之间互有权利义务</td><td>实行中央集权制，但时间短，专制程度弱，发展出议会制度</td><td>实行宪政制度，国家享有主权，政权人权互相制约</td></tr>
<tr><td rowspan="2">中国</td><td>特征</td><td>实行中央集权制，时间早又长，专制程度高</td><td>争取现代主权与人权起步晚，历史包袱重</td></tr>
<tr><td>阶段</td><td>封建国家</td><td>帝王专制国家</td><td>民族（民主）国家</td></tr>
</table>

进入现代化阶段后期，宪政体制下财政主体结构中“劳工”作为公民群体的重要性得到提升。由于政府与市场的分界趋于明晰，政府在财政活动中受到市场力量的制度化约束。财政活动参与者范围扩大，原来仅贵族和有产者有资格参与财政决策，但随着时代变迁，从有产者到无产者，从单一种族到多种族，从男性到女性，财政活动参与者逐步扩大了范围。财政参与方式可能是通过公开表达意见的方式，也可能采取代议制选举政府的形式，甚至直选政府首脑或直接投票表决财政方案方式。政府组成人员身份的等级制特征逐步淡化直至消除，社会阶层的等级固化现象减弱，不同阶层之间垂直流动比以前更加容易。财政活动层次化、

分权化特征更加明显，越向社会基层，公民对具体财政事项的参与决策越直接。在中高级次政府，多采用代议制民主形式管理财政事物。对财政运行过程及结果的监督更为广泛，约束力更强。“政府不是那种独立于其公民而行动的有机的或整体的事物，而是一种通过它私人公民集体地作出决策的工具”，人们“牺牲自己享用的货物和服务以获得公共提供的货物与服务”[①]。政府依据贫富差异实行递进税制等差别化财政收入筹集方式，提供公共品服务，投资形成公共资本，促进“资产者”组织扩大生产，为劳工提供生存和发展保障。国强民富，经济繁荣，发展动力足，贫富差距小，社会公平。政府、资产者和劳工的财政诉求得到表达和兼顾越来越充分。

与西欧社会国家形态及演进对比看，我国春秋战国时期的封建时代[②]与西欧的传统国家时代相类似，西欧的绝对主义国家时代与中国秦制时代相类似，民族国家时代与中华民国以来的特征相类似。相比较而言，中国早早地进入了绝对主义国家时代或者说是帝制时代，是一个早熟的社会。在这个早熟的帝制社会里，中央集权制度与大一统观念一起，产生庞大国家统一的规模效益，也产生了巨大的管制成本，两者的消长创造了中华文明的辉煌，也带来了周期性的破坏。长期帝制时代固化的制度束缚了社会创新的活力，为进入现代社会制造了障碍，并产生深远的影响（参见图 3－1）。

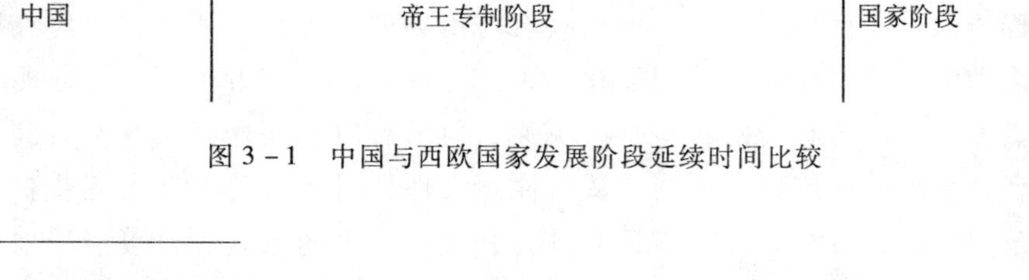

图 3－1　中国与西欧国家发展阶段延续时间比较

① 詹姆斯·布坎南：《公共财政》，中国财政经济出版社 1991 年版，第 7 页。

② 封建的本意是“分封建国”，封建时代实际上是说西欧的封建领主制时代，相当于我国战国时代前的封建邦国时代。20 世纪初在引入西方名词时发生误用，导致“封建”一词具体使用时的混沌不清，如“封建势力”、“封建余毒”究竟指什么简直莫衷一是。

三、不同财政主体的共容利益与财政的公共性

财政的阶级性与公共性问题，曾在20世纪末引起我国财政理论界的激烈争论，是财政基础理论中的一个“坎”。它实际上是对财政主体的认识问题及财政主体内部是否存在共容利益的问题，或者说是影响财政主体的代表——政府的不同社会力量之间是否存在共容利益的问题。

国家分配论立足于暴力工具国家观，在阶级关系中强调斗争而不是合作，主要将阶级之间的斗争看作一种零和博弈关系。于是，不认为被统治阶级能够从财政活动取得利益，财政活动对他们来说只是被剥削的工具，被压迫的依托，财政活动只有阶级性而缺乏公共性。被统治阶级只有通过斗争而“翻身”，变为压迫者。但是，一旦被统治阶级将原来的统治阶级消灭以后，整个社会的统治阶级与被统治阶级的差别消失了，却又没有进入理想中的共产主义社会，这时怎么办就陷入一个两难困境①。这时财政既没法继续成为剥削的工具，又无法让民众“各取所需”，而财政又是实实在在的财富转移活动，无法仅仅以批判剥削阶级思想的方式保持其革命阶级的“本色”，于是，财政在现实中就只好依赖“建设”，将满足“各取所需”的希望寄托到未来，但这与现实中公众对劳动成果消费提升的要求相冲突，于是所谓“建设性财政”就失去了可持续性。

公共需要论立足于社会契约论，强调不同阶级（利益集团）存在共同利益，认为财政活动是社会公众与政府之间的交易活动，财政活动与市场活动一样，是一种在自由契约基础上的利益交换活动，社会与政府双方通过竞争中实现合作。公共需要论强调财政具有公共性，财政活动中相关方是一种正和博弈关系。但是，公共需要论是建立在政府、社会各个阶层（阶级）都是处于同样的竞争地位、具有同样的竞争能力的前提假设基础之上的。但这样的假设在现实中并不存在：政府不仅具有暴力潜能优势，而且具有政府管理的信息和技术优势，还处于供应公共品的垄断地位。于是，政府并不能

---

① “文化大革命”可以被理解为阶级斗争思维模式在现实中演化的必然结果。当阶级斗争取得胜利并消灭原来的统治阶级后，为了继续通过阶级斗争推动社会前进，只好将国有资产或政权的管理者“创造”成新的统治阶级，或者去斗争剥削阶级思想，“抓革命，促生产”。原来坚持的生产力决定论恰恰走向了反面，变成生产关系决定生产力（所谓的“阶级斗争挂帅”，批“唯生产力论”）。

天然地成为“利他人”，使政府高效地“为人民服务”一直是个难题。而政府以外的不同社会阶层或阶级，由于自然禀赋的差异和财产的多寡、在生产中地位的悬殊，他们并不能处于财政供求上的同等地位。

政府作为一个相对自主的行动主体，如果它具有独立于社会各阶级的自主性，有可能努力实现不同财政主体的共容利益，使国家体现出“泛利性”，财政就会体现出更多的公共性。政府在采取相对自主性行动的同时，既可以维护统治阶级的统治利益，也可能违背统治阶级的过分利益诉求，满足被统治阶级的某些利益要求。私人性、阶级性与公共性①，都是相对的。私人性意味着一种经济行为的成本或收益均由当事者承担，没有外部性。一种行为只要具有外部性，就意味着产生了公共性，只是这种公共性并不等于平均承担成本或享受收益。阶级性在阶级内部体现为公共性，对于其他阶级体现出一种“私人性”。绝对的公共性，应该是共同体内部成员自由平等地承担经济行为的成本，或分享经济行为的收益，没有成本或收益的外溢，每个人的私人成本或收益与社会成本或收益是一致的。但公共性建立在私人性基础上，没有私人性就不可能有公共性。绝对的公共性只是一种“理想状态”，如同“绝对真空”、“完全竞争市场”一样，是一种便于分析问题的假定。国家与财政的公共性也是如此。国家与财政的发展过程，是一个同时体现私人性与公共性及其关系演变的过程。

国家一般被看作公共权力的化身，而政府一般被作为国家在现实社会的代表。“包含着特殊利益的普遍利益本身就是国家的目的”，而“没有这一目的，国家就不是现实的同家。”② 这种内在矛盾决定了公共权力不可避免地具有双重性质，即公共性与特殊性。公共性指公共权力以社会整体代表的名义，执行社会公共管理的职能，主要表现在两个方面：一是处理各

① 私人性与公共性作为一组概念，采用了个人主义的分析方法；阶级性与公共性作为一组概念，采用了整体主义的分析方法。由于我国经济学分析方法经历了一个以整体主义分析向个人主义分析为主的演变过程，三个概念时时交叉出现。为了澄清相关争论中的问题，这里放在一起讨论。由于整体主义的分析方法虽然实现了高度抽象化，但最终无法脱离个人基础。整体主义的分析有时忽略了集体行动的困境，事实上对个人行为的分析并不能简单导出集体行为的特征，集体谬误的存在增加了人类认识问题的困扰。而割裂个体行为与集体行为的联系又会陷入不可知论的尴尬境地。这里坚持经济学个人主义分析方法为主，兼用整体主义的抽象方法，并注意两者之间的联系。参阅沈湘平：“马克思对方法论个人主义与整体主义的超越”，《浙江社会科学》2008年第1期；林岗、刘元春：“制度整体主义与制度个体主义——马克思与新制度经济学的制度分析方法比较”，《中国人民大学学报》2001年第2期，第51—60页。

② 《马克思恩格斯全集》第1卷，人民出版社1956年版，第260页。

种涉及全局性的社会事务，执行为保持人类社会的基本秩序和生存条件所必须采取的一些最低限度的措施。如为人类社会赖以生存的资源的开发和利用建立某种保障机制；组织社会各不同领域的协作；保障人们相互关系的共同生活准则得到遵守等等。二是公共权力作为“整个社会的正式代表，是社会在一个有形的组织中的集中表现”①。公共权力之所以成为整个社会的正式代表，是由于社会利益的分化及社会公共利益形成的结果。

公共权力以社会公共利益主体的身份，成为整个社会的人格代表，使它在处理各种社会事务时具有如下特点：第一，普遍性。公共权力并不是制约社会中的部分成员，而是对全社会所有成员具有普遍约束力。第二，至上性。在社会各种类型的权力中，公共权力的效用最高。第三，排他性。公共权力是整个社会的唯一正式代表，在全社会范围和层次上，排斥其他同等权力的存在。第四，超然性。公共权力以社会整体代表的身份，是社会秩序的维护者和解决各种纠纷和冲突的最终仲裁者，在形式上表现为一种超然性，仿佛整个社会被置于“第三种力量的统治下”，“这第三种力量似乎站在相互斗争着的各阶级之上，压制它们的公开的冲突，顶多容许阶级斗争在经济领域内以所谓合法形式进行。”②

公共权力的“公共性”，并不是说它在现实的运行中实际上真正代表社会整体的利益，也不意味着它必然排斥公共权力的持有者利用其推行有利于自己的政策的行为。公共权力至少在形式上是站在社会之上来处理各种问题的，因此表现出某种“公共性”的特征。这种公共性的特征，成为公共权力与其他各种形式的权力区分开来的基本标志。行使公共权力的主体，由社会中一部分人组成，他们所代表的集团或阶级也有着特殊的利益。这就决定了他们在制定和执行公共政策时，具有他们自己的、不同于社会的价值判断与价值偏好，从而使公共权力在实际的运行中必然表现出一定的利益倾向和偏好，甚至变成一部分人实现其利益的特权和工具，社会权力异化为私有权力。

在现实中，公共权力的公共性和特殊性是对立统一和不可分割的，公共性寓于特殊性之中，并通过具有各种特殊利益的人的活动来实现。而具有特殊利益的个人、集团总是希望通过对公共权力的占有，从而获得对全

---

① 《马克思恩格斯选集》第 3 卷，人民出版社 1972 年版，第 320 页。

② 《马克思恩格斯选集》第 4 卷，人民出版社 1972 年版，第 165 页。

社会的管理权，进而使自身的利益和要求得以实现[1]。如果看不到公共权力所具有的公共性的一面，那么就否认了历史发展是一个连续性的过程。在一定意义上讲，人类历史一直在努力克服公共权力被异化的状态，使之完全复归于社会。人类社会的政治进步，从“人治”到“法治”，从“专制”到“民主”的历史过程都展示了这一运动规律，即公共权力的特殊性不断弱化、被限制，公共性不断强化、扩大和发展[2]。

早期的国家形态实行世袭的君主制，国家具有人格化象征，国家主权属于君主，是“家天下”，国家与财政首先体现出君主（及家族）的私人性。虽然在一定程度上体现了阶级性，但实际上以暴力为依托的政治统治集团与生产资料所有者的经济统治集团之间，利益并不总是一致的，有时候矛盾还十分激烈。即使在政治统治集团内部，君主与官僚之间，也存在着委托—代理矛盾与斗争。虽然如此，我们并不能否认君主制国家和财政在一定程度和一定时期，依然具有公共性。我国历史上皇室财政与国家财政机构的分设与收支的分离，就是帝国财政兼具私人性（或家计性）与公共性的标志。在今天实现君主立宪制的英国，财政的公共性比较发达，但依然保留着王室财政的“残余”。

国家进入民主共和制阶段后，确立了人民主权的至上地位，公民是名义上的国家主权所有者，国家与财政本应体现出充分的公共性。但集体行动困境使作为大集团的劳工群体在与小集团的资产阶级博弈中处于劣势，官僚集团利用其信息优势攫取管制租金，政商结合的统治阶级成为主要受益者，国家与财政体现出阶级性特征，公共财政外表下包裹的更多是统治阶级的“私人性”。可见，君主主权下的国家，在财政私人性的外表下，包含有公共性；在人民主权的国家，在公共财政外表下，依然存在私人性的成分。但总体而言，在早期君主制国家，由于管理技术和汲取能力限制，体现君主私人性（或家计性）的财政资源，在社会总财富中占较小的比例。到民主共和国家时代，体现公共性的财政资源，在社会总财富中的比例呈上升趋势，公民在财政过程中的参与程度也呈提高趋势。

---

① 《马克思恩格斯选集》第 4 卷，人民出版社 1972 年版，第 396 页。

② 周光辉：《论公共权力的合法性》，吉林出版集团有限公司 2007 年版，第 4—7 页。

四、政府的自主性与财政公共性的实现

从上述分析可以看出，财政的公共性是客观存在的，但财政公共性异化为私人性、阶级性也屡见不鲜。那么，如何实现财政的公共性而避免其异化呢？这需要不同财政主体对政府财政活动的影响力实行结构性均衡，进行政府的自主性建设，使政府真正成为“人民政府”，成为实现各阶层共容利益的工具。

国家一旦形成，“为了使国家意志得到表达和执行，必须建立、维持，并发展一个非常复杂的政府组织”①。政府组织的超脱性与广泛性，可能使国家拥有自主性。国家自主性程度决定于两个因素：一是政府机构的能力，即采取行动并达到行动目标的能力，包括实现完整独立的主权和稳固的行政—军事控制、忠诚干练的国家官员和充足的财政资源。二是政府独立于社会中各利益群体的自主性程度。政府具有较强的自主性，就能较少受到各种利益集团的左右，政府对于经济活动的干预更有利于社会整体福利的提升，也有利于社会福利的共享。政府作为国家职能的实施机构，其自主性程度对财政公共性的实现具有重要影响。

马克思、恩格斯的国家理论本身并没完成，也存在着矛盾与冲突②。从他们的著作中，可以辨别和归纳出四种理论模式：一是“经济基础—上层建筑”的解释模式；二是工具主义解释模式；三是国家作为粘合因素解释模式；四是国家作为制度整体解释模式③。

“经济基础—上层建筑”的解释模式认为，国家（实际的代表者是政府）是上层建筑的一部分，是经济基础的反映，被其决定并受其制约。这种解释模式造成了后来马克思主义国家理论的经济决定论。但恩格斯后来指出，“根据唯物史观，历史过程中的决定性因素归根到底是现实生活的生产和再生产。无论马克思或我都从来没有肯定过比这更多的东西。如果

① 古德诺著，王元译：《政治与行政》，华夏出版社1987年版，第43页。

② 杰索普认为，马克思、恩格斯相对成熟的国家学说体现在《政治经济学批判大纲》、《英国工人阶级的状况》、《德意志意识形态》、《共产党宣言》、《〈政治经济学批判〉序言》、《资本论》、《路易·波拿巴的雾月十八日》、《法兰西内战》、《哥达纲领批判》、《反杜林论》、《家庭、私有制和国家的起源》等著作中，但包含着不同的主题和方法，存在相互矛盾的观点，却又互证式的接合在一起。参见何子英：《杰索普国家理论研究》，浙江大学出版社2010年版，第36页。

③ 何子英：《杰索普国家理论研究》，浙江大学出版社2010年版，第33—38页。

有人在这里加以歪曲，说经济因素是唯一决定性的因素，那么他就是把这个命题变成毫无内容、抽象的、荒诞无稽的空话”。“总的说来，经济运动会为自己开辟道路，但它也必定要经受它自己所确立的并且具有相对独立性的政治运动的反作用，即国家权力的以及和它同时产生的反对派的运动的反作用”[①]。“经济基础—上层建筑”的解释模式常常被看作马克思主义的本质主义的根源。波普尔认为，这种本质主义把观念和准则领域解释为一种经济实体面前的纯粹外观。这个国家理论的结果是所有的政治、法律和政治制度以及全部的政治斗争从来都不可能具有原初的重要性[②]。经济基础与上层建筑的概念很容易将政治解释为完全是“被决定的”和“有条件的”活动，甚至把政治解释为主要地具有派生的、从属的和“副现象”的性质，“把这一点推到极端，这就使马克思主义变成‘经济决定主义’。从而使政治失去任何实质上的自主性”[③]。

工具主义解释模式认为，政府是统治阶级进行政治统治的工具。“这是对国家的一种最著名的、也是最普及的概括。恩格斯在关于国家的起源中，用最简明扼要的语言作了概括：国家是最强大阶级的国家，‘在经济方面占统治地位的阶级，必然会在政治方面获得统治地位，这样它就获得了剥削被压迫阶级的新的手段。’因此，国家是一种机器，是根据主要的生产和交换资料方面变为宽松的阶级的需要而改组历史的结果，而国家又能使这个阶级由经济上的优势变成为在政治上拥有领导权，甚至可以实行专政。这种国家权力还能保证这个阶级在经济方面和社会方面（生产资料和生产关系方面）的再生产。”[④] 这种观点认为国家是统治阶级的工具，“现代的国家政权不过是管理整个资产阶级的共同事务的委员会罢了”[⑤]。“经济基础—上层建筑”模式与“工具主义模式”相结合的“国家垄断资本主义国家理论”，就是经济决定论与简单工具论相结合的产物。

在政府作为粘合因素解释模式下，政府被视为独立于或站立于社会各阶级之上的公共权力机构，拥有相对的政府自主性，是一个“仲裁人”，是维护社会结构整体相对统一的黏合剂。如恩格斯所说：“国家是社会在

---

① 《马克思恩格斯选集》第3卷，人民出版社1995年版，第695—696、701页。

② 戴维·米勒：《开放的思想和社会——波普尔思想精粹》，江苏人民出版社2007年版，第358—360页。

③ 密里本德：《马克思主义与政治学》，商务印书馆1984年版，第7—8页。

④ 列菲弗尔：《论国家》，重庆出版社1988年版，第125页。

⑤ 马克思、恩格斯：《共产党宣言》，人民出版社1997年版，第29页。

一定发展阶段上的产物；国家是承认：这个社会陷入了不可解决的自我矛盾，分裂为不可调和的对立面而又无力摆脱这些对立面。而为了使这些对立面，这些经济利益互相冲突的阶级，不致在无谓的斗争中把自己和社会消灭，就需要有一种表面上凌驾于社会之上的力量，这种力量应当缓和冲突，把冲突保持在'秩序'的范围之内；这种从社会中产生但又自居于社会之上并且日益同社会相异化的力量，就是国家"[①]。

这种解释模式强调国家（实际的代表者是政府）作为一种粘合因素发挥着维护社会秩序的作用，"国家必须缓和敌对阶级间的冲突并且把它们维系在社会秩序内。这是一种复杂的功能需求。因为，当国家必须表现为站立于社会之上并且抑制阶级敌对时，它正常的是最有权力、经济上占统治地位的国家。作为一种统治，它的阶级功能支配着它的社会必需功能，但是在异常或例外时期，敌对阶级力量相对平衡，国家机器作为一个显然的调停者，需要摆脱这些阶级的直接地（或者，事实上，间接地）控制而获取一定的独立性。"[②]

政府的自主性[③]有助于实现国家内部的统一协调，避免国家在矛盾斗争中灭亡。政府的一般职能在于调和一种社会形态内部各个方面的不平衡与错乱，即国家是一种社会形态的"秩序"或"组织原则"。一切国家相对于所有阶级（包括统治阶级）都具有一定的自主性和独立性。强制力是国家自主性的基础前提，国家自主性的根源还在于国家自身的特殊利益，即保障自己的统治秩序。国家从社会中汲取资源增强自身的实力，但国家权力的增强却不一定维护支配阶级的利益，甚至还会因国家自身利益而威胁到支配阶级的利益。政府超越于各种社会势力集团的程度，直接关系到这个国家或政府能否制定出一种稳定的、长远的、符合国家利益的现代化计划与政策，并将其付诸实施[④]。

政府的自主性程度越高，财政的公共性程度也越高。国家的自主性，

---

① 恩格斯：《家庭、私有制和国家的起源》，人民出版社 1999 年版，第 176—177 页。

② B. Jessop, The Capitalist State: Marxist Throries and Methods. Oxford: Blackwell, 1982. p. 18. 转引自何子英：《杰索普国家理论研究》，浙江大学出版社 2010 年版，第 39 页。

③ "政府的自主性"是 20 世纪 80 年代以来社会科学研究中流行的一个概念。马克思在提出国家的工具主义性质和规律的同时，也指出了国家自主性现象。新马克思主义者普朗查斯和密利本德系统地论证并发展了国家自主性理论，认为国家自主性是一种普遍而非特殊的现象。深受马克斯·韦伯国家观影响的"回归国家学派"认为，政府作为一个组织系统，本身就具有自主性。参阅张勇、杨光斌："国家自主性理论的发展脉络"，《教学与研究》2010 年第 5 期，第 46—52 页。

④ 孙立平："向市场经济过渡过程中的国家自主性可能"，《战略与管理》1996 年第 4 期。

通过政府行动来实现。政府成员来源的广泛性、对社会各群体的代表性、社会对政府成员的选择与制约，都决定着政府的公共性，并最后表现为国家的自主性。领袖对国家整体利益的追求，精英对社会公共利益的先知先觉，对国家的自主性与财政的公共性不可低估。即使在专制时代，也有仁人志士寻求通过财政制度创新，增加社会公共利益，并取得局部成功。在后发现代化国家的许多政治领袖——特别是那些通过长期革命或奋斗使自己的国家实现经济和政治独立的第一代领袖，其动机往往是对于国家现代化的内在渴求，而非个人的既得利益①，使政府具有较强的自主性，提升了财政的公共性。但是，仅仅依靠具有牺牲精神和个人魅力的领袖来保持政府的自主性是不可持续的。人类历史探索的经验证明，稳定而与时俱进的、不同社会力量影响力制衡的宪政体制是保持政府自主性的有力保证，也是实现财政公共性的制度基础。

第二节　财政类型论

关于财政类型的划分，主要有阶级社会财政类型论和目标导向财政类型论。下面在对这两种财政类型理论评析的基础上，从社会权力结构的角度，提出政权结构财政类型划分理论，并对当前使用广泛的公共财政概念进行梳理。

一、对阶级社会财政类型论的评述

阶级社会财政类型论，是财政理论中“国家分配论”的组成部分。其在20世纪50—80年代，在我国发展、壮大和占主流地位的。“国家分配论”认为，财政是以国家为主体，以社会剩余产品为对象，为满足统治阶级利益为目的的社会集中性分配活动；财政是国家存续时期的现象，随国

① 20世纪50年代和60年代，发展中国家在追求现代化的过程中，为了实现目标，很多发展中国家的政治领袖们处于民族国家利益，推行由一系列干预和管制政策组成的特定战略，表现出强烈的牺牲精神。一个很好的例证是，在中国及很多其他国家的社会主义革命中，大多数革命领袖都出身于中产阶级家庭。参阅林毅夫：《经济发展与转型——思潮、战略与自生能力》，北京大学出版社2008年版，第17页。

家的产生而产生，随国家的消亡而消亡[①]；财政是特定阶级统治的国家为了维护加强其上层建筑，巩固发展其特定的生产方式而参与社会产品的分配和再分配关系。[②] 财政主体是建立在“暴力工具论”基础上的国家，国家是统治阶级剥削压迫被统治阶级的暴力工具，这个暴力工具掌握在生产资料所有者手中的，国家（政府）只是生产资料所有者阶级的代理人。生产资料所有状态延伸出的阶级斗争，如奴隶与奴隶主、农民与地主、无产阶级与资产阶级、人民与剥削阶级残余势力的矛盾斗争，成为奴隶社会、封建社会、资本主义社会、社会主义社会发展的决定性因素。根据财政主体的差异，国家分配论的主张者将历史上的财政现象可划分为奴隶社会财政、封建社会财政、资本主义财政、社会主义社会财政四种类型，并将原始社会作为财政的萌芽阶段，共产主义社会作为财政的消亡阶段。这种划分实际上建立在如下假设之上：经济上的统治阶级即生产资料所有者与政治上的统治阶级是同一的、重合的，是一体两面；社会结构可依据是否拥有生产资料实行二分法；政权是生产资料所有权在政治上的代表，生产资料所有权则是政权在经济上的体现。但是，这种建立在阶级斗争学说基础上的财政类型理论，在分析人类历史上出现过的财政类型时，并不能得心应手。

（一）政权控制者与生产资料所有者的利益并不总是具有同一性

政权控制者与生产资料所有者并不是重合的，利益也完全不一致，一定时期还存在剧烈冲突。如皇帝与地主利益就存在冲突，而这种冲突的性质并不是土地（农业社会的主要生产资料）所有者之间的内部冲突，而是政治权力与经济权利的冲突，或者说是政权与产权的博弈。政权控制者在不同形势下可能会联合资产者或劳工中的一方，打击与制约另一方。中国历代皇帝在巩固政权过程中，往往会有打击制裁豪门大族的措施。如汉武帝与朱元璋都曾强制大地主迁离富庶地区和大本营，对其进行严厉控制。1861 年实行的俄国农奴解放改中，沙皇强制剥夺了贵族对农奴的所有权与支配权等等。政权控制者对社会资源和财富的控制，不是以生产资料的所有为基础的，而是以暴力垄断为前提。政府也不简单地仅仅代表着生产资

① 参见邓子基：“为‘国家分配论’答疑”，《厦门大学学报》（哲学社会科学版）1983 年第 4 期，第 51—53 页。

② 许毅、陈宝森等：《财政学》，中国财政经济出版社 1984 年版，第 37 页。

料所有者的利益，政府作为暴力垄断者，与资产者是不同的两类经济主体。它们之间存在着共生关系，也存在着博弈关系，而不仅仅是资产者在政治上的代表以及对劳工进行经济剥削和压榨过程中的帮凶。

（二）建立在生产资料拥有状况基础上的社会矛盾，不一定在各个时期和地区都是社会的主要矛盾

将社会结构依据生产资料拥有情况实行二分法，未必概括了各个历史时期社会结构的基本特性。如在自然经济阶段，小农家庭与宗族共同体是主要的生产组织形式，呈现共同体经济状态，自耕农在较长时期、在一些地区是主要的生产方式。奴隶社会奴隶主监督奴隶生产，或封建社会地主出租给农民土地的生产方式，并不一定是主要经济形态。在中国的一些朝代初期，政府“授田”、“均田”政策往往造就如一盘散沙般的自耕农社会。从具体的生产组织过程，在这种情况下看不到地主与农民的划分。如果说存在地主与农民关系的话，那也是官府与农民的关系，这种关系主要是以官府对暴力的垄断为前提的，土地所有权关系是暴力垄断下衍生出来的，在这里不是决定因素。在我国漫长的农耕文明时期，土地占有关系主要存在的两种模式，即“关中模式”与“苏州模式”。而“关中模式”就是分散的自耕农为主要生产组织方式的土地占有模式，这种模式下地主与农民的划分不能反映社会结构的基本特性。因而，以主要生产资料的所有权为前提的财政类型划分，难以准确反映各历史时期的财政运行特征。有专家指出，中国历史上为反抗地主压迫而举行农民起义的说法只是误读①，其实往往是“官逼民反”下维护生存人权的抗争。

总之，国家分配论强调财政的一般性就是“阶级性”，公共需要论强调财政的“公共性”。国家分配论的理论基础是“暴力工具论”和“社会再生产理论”，认为国家的性质等同于生产资料所有制的性质。这种观点将经济上与政治上的统治阶级混同化，强调政治上的统治阶级依附于经济上的统治阶级，而不是相反，特别强调了经济上的统治阶级与被统治阶级的矛盾与斗争，但忽略了它们间的统一与合作。建立在国家分配论基础上的阶级社会财政类型论，强调财政的“阶级性”，是在一定政治形势下产生的阶级斗争理论的延伸，未必概括财政类型的关键特征。

① 见李炜光：《李炜光说财税》，河北大学出版社2010年版。

二、对目标导向财政类型论的评述

20 世纪末，张馨先生以公共需要论为理论基础，建立了公共财政论，并将历史上的财政类型分为家计财政、国家财政和公共财政三种类型，认为西方现代化国家由家计财政直接演化为公共财政。而我国实行计划经济以前的财政是家计财政，实行计划经济体制时期的财政是“国家财政”，现在正向公共财政转型。这种以财政目标为导向的分类方法，是将“公共财政”建立在“市场失灵论”、“公共产品论”及“公共选择论”的基础上，然后用“公共财政”的“范围”、“对象”及“运行方式”与实行市场经济以外的财政形态进行比较，进而提出的财政分类方法。

这种分类方法，在概念理解上就使人困惑，这三种财政类型中的财政的一般属性是什么？财政如果以“家计”、“国家”及“公共”作为前置定语组词，这里的“财政”是不是就成为“财务”的同义语？为了剖析家计财政、国家财政和公共财政这种分类办法的不足，需要首先从财政的本质入手。关于财政本质，“国家分配论”与“公共需要论”有不同的看法。“国家分配论”以暴力工具论为基础，认为财政的本质是阶级性。在阶级社会里，国家是统治阶级压迫剥削被统治阶级的工具，财政是阶级压迫和剥削的工具之一。统治阶级控制着国家的权力，与被统治阶级处于不平等的地位，国家是统治阶级意志的抽象物，政府是执行国家意志的载体。国家开展财政活动时，总是以统治阶级的根本利益为中心，容易而且努力摆脱社会力量的制约。即使受到制约，制约的力量也只是来自于统治阶级内部，来自社会大众的制约力量往往是被动的、间接的、滞后的。

“公共需要论”建立在社会契约论基础上，认为财政的本质是公共性，是为了满足社会公共需要的目的，由社会成员经协商将一部分财富交给公共权力，以交换公共权力组织提供的公共品。与阶级社会财政类型论相似的是，“家计—国家—公共”财政分类法实质上也是从财政主体角度对财政分类，从家计财政类型中，可以看到财政“阶级性”的影子，认为财政是为君主服务的，是“君主”而不是其他人的“家计财政”。这种概括反映了西欧封建领主制国家时期财政的主要特征，即国王主要依靠自己的封地收入满足财政需求，不能自由随意地征税和安排支出。从公共财政类型中，可以看到财政的“公共性”，财政主体是代表公众利益的政府，财政为公众服务，集大家之财，办大家之事，实行公共选择，在代议制决策机制下财政活动接受公众监督。

但是，这种分类方法在解释下列问题时遇到了困难：在国家财政类型中，财政主体不同于“家计财政”下的君主，也不同于“公共财政”下的公民，那么，“国家财政”中“国家”有什么特点呢？“公共财政”体现出“公共性”，“家计财政”体现出“私人性”，“国家财政”又有什么不同于“公共性”与“私人性”的性质呢？为什么能用“家计财政”专指皇（王）族的财务活动，各家各户的财务活动不能用“家计财政”来概括呢？

关于财政本质，主张建设公共财政的学者也认同“国家分配论”的观点，认为财政是国家的分配活动①。但从“家计—国家—公共”财政的分类办法看，“家计财政”的财政主体“国家”成了皇（王）家，“公共财政”中的财政主体“国家”成了大家。而“国家财政”中的财政主体“国家”，与“家计财政”、“公共财政”时期的国家，从财政类型的划分看，自然有所不同，但究竟怎样不同，却没有明确的指向。这里的“国家”究竟是君主和公众的总和，还是君主与公众之外的另外一种财政主体呢？如果是君主和公众的总和，“国家财政”不也成了“公共财政”了吗？如果是君主与公众之外的另外一种财政主体，和君主与公众又有什么联系呢？从见到的资料看，对这些问题均语焉不详。由于上述财政类型的划分方式未能明晰上述问题，有论者将计划经济体制下的财政归入“家财型财政”②。这样，“国家财政”的财政主体“国”与“家财型财政”的财政主体“家”竟然指向了同一个对象。这种分类将“公共性”作为“公共财政”类型才有的财政属性，而“家计财政”反映了皇（王）室的“私人性”特征。那么，“国家财政”不同于“公共财政”的“公共性”和“家计财政”的“私人性”的，又会是什么性呢？这时，似乎陷入了将“国家财政”归入“公共性”或“私人性”均不可的两难状态，从而无法同时将三种财政类型用同一个阐释框架来解析。可见，这种分类方法难以体现出财政本质的统一性。

邓子基指出，国家财政与财政是一致的，财政就是国家财政，而公共

① 张馨认为，国家分配论是本质论，公共财政是现象论，两者并不冲突。参见张馨：《公共财政论纲》，经济科学出版社 1999 年版，第 395—408 页。

② 参见刘守刚：《国家成长的财政逻辑——近现代财政转型与政治发展》，天津人民出版社 2009 年版，第 98—99 页。

财政特指市场型的财政，因此，国家财政包含公共财政，公共财政是财政或国家财政的从属概念或者说是子概念，而用“国家财政”来概括计划型财政是欠妥的。财政与国家之间存在密不可分的这一观念已经深入人心，再用古今中外皆有的“国家财政”这样一个带有“财政一般”意义的范畴来界定带有特定含义的计划型财政，很容易导致概念使用上的混乱和人们的误解。比如，人们在否定计划型财政时，就会把“国家财政”这个“财政一般”也一并否定掉了。拘泥于从财政目的的角度划分财政类型，会产生以下逻辑矛盾：既然家计财政服从于领主或君主的（私人）需要，公共财政服从于公共需要，而国家财政服从于国家需要，那么国家是公共性质的还是私人性质的？如果说国家需要是公共需要，那么国家财政与公共财政又有什么区别：如果说国家需要是私人需要，那么是国家财政好像与家计财政又没什么两样。而如果这两种说法都不成立，那么国家就该是公共性与私人性的混合体了。依据马克思主义的国家观，国家财政的确兼有公共性和私人性的成分，但是，按照同样的逻辑，那么公共财政、家计财政又何尝不同时具有公共性和私人性呢？而无论答案如何，都将有违按照同一标准对财政模式（类型）进行划分的初衷①。

三、对社会发展形态“五阶段论”的质疑

对社会历史发展规律的认识，左右着对财政制度历史分期、当前所处阶段及发展方向的看法，并反映到财政实践之中。马克思社会形态理论是唯物史观的重要组成部分，是认识财政本质的重要理论基础。长期以来，《联共（布）党史简明教程》所划定的“五形态说”，即人类社会发展依次经历原始社会、奴隶社会、封建社会、资本主义社会和（社会）共产主义社会形态，被认为是马克思社会形态理论的基本观点，被看做是认识人类社会历史演化发展进程的金科玉律，成为国家分配论的理论基础之一。事实上，这种看法值得进一步推敲。

马克思创立了唯物史观，指出人类历史的发展规律是生产力决定生产关系，经济基础决定上层建筑。恩格斯指出：“正如达尔文发现生物界的发展规律一样，马克思发现了人类历史的发展规律，即发现了直到最近还

① 邓子基：“关于公共财政的几点认识”，《财政研究》2001 年第 7 期。

被思想体系的积淀所掩盖的一个简单的事实：人们首先必须吃、喝、住、穿，而后能从事政治、科学、艺术、宗教等等，所以，直接物质资料的生产，从而一个民族或一个时代所达到的经济发展的一定程度，形成一个基础，人们的国家组织，法律观点，艺术以至宗教观念便是从这个基础上发展起来，因此也就必须由这一基础来加以说明，而不是像先前那样作得相反”①。生产力决定生产关系、经济基础决定上层建筑的人类历史发展规律，具有重复有效性和普遍适应性，世界所有民族的历史发展都受着它的制约，体现了一般规律的特征。依据这一规律，马克思在《1857—1858 年经济学手稿》中将整个人类历史划分为“人的依赖关系”、“物的依赖关系”和“个人全面发展”三个阶段，人的依赖关系（起初完全是自然发生的），是最初的社会形态；以物的依赖性为基础的人的独立性，是第二大形态；建立在个人全面发展和他们共同的社会生产能力成为他们的社会财富这一基础上的自由个性，是第三个阶段的社会形态。在经济上表现为自然经济社会、商品经济社会和产品经济社会。马克思认为生产力是一切社会因素中最活跃的因素，是社会变革的根本动因，衡量社会发展水平的主轴是生产力。人类社会中人的本质发展规律是从“原始丰富性”走向“片面性、畸形化”，再到“自由而全面的发展”②。这个否定之否定的发展过程，反映了人类社会发展的普遍规律和总体趋势。

然而，人类社会却是具体的、现实的。1858 年，马克思依据特定社会生产方式的不同指出：“大体说来，亚细亚的、古代的、封建的和现代资产阶级的生产方式可以看作是社会经济形态演进的几个时代。”1875 年，马克思把代替资本主义社会的未来共产主义社会分为两大阶段，即共产主义社会的“第一阶段”和“高级阶段”③，加上上述提到的社会形态，一共提出了六种人类社会形态。但是，马克思并没有将这些社会形态作为人

① 恩格斯：“在马克思墓前的讲话”，《马克思恩格斯选集》第 3 卷，人民出版社 1991 年版，第 574 页。

② 《马克思恩格斯全集》第 46 卷（上），人民出版社 1979 年版，第 104 页。

③ 马克思概述的亚细亚生产方式的特点是：不存在土地私有，君主是土地的惟一所有者——实际上已经是君主专制的国家形式。1917 年，列宁在《国家与革命》中，认为马克思称为共产主义社会的第一阶段的社会制度，“通常叫做社会主义”。参见《马克思恩格斯选集》第 2 卷，人民出版社 1995 年版，第 33 页；《马克思恩格斯选集》第 3 卷，人民出版社 1995 年版，第 305 页；《马克思恩格斯全集》第 28 卷，人民出版社 1973 年版，第 256 页；《马克思恩格斯全集》第 46 卷（上），人民出版社 1979 年版，第 473 页；《列宁选集》第 3 卷，人民出版社 1995 年版，第 194 页。

类历史发展必经的循序递进的普遍规律，无意将其作为世界发展的惟一图式，而只将其看做基于对现有资料的分析得出的大概认识。1877 年马克思在《给祖国纪事杂志社的信》中，曾针对米海洛夫斯基对他的历史发展理论的曲解，有过这样的表述："他一定要把我关于西欧资本主义起源的历史概述彻底变成一般发展道路的历史哲学理论，一切民族，不管他们所处的历史环境如何，都注定要走这条道路……以便最后都达到在保证社会劳动生产力极高度发展的同时又保证人类最全面的发展的这样一种经济形态。但是我要请他原谅。他这样做，会给我过多的荣誉，同时也会给我过多的侮辱。"而在 1881 年给查苏利奇的复信中指出："我明确地把这一运动的'历史必然性'限于西欧各国。"[①] 可见，马克思在探索人类社会发展一般规律的过程中，他接触到的资料更多来自对欧洲历史发展状况的描述，他对这一点可能带来的局限性有清醒的认识。

1919 年，列宁将人类社会发展脉络概括为原始社会、奴隶制社会、农奴制社会和资本主义社会，再加上当时苏联已经处于社会主义社会，共五种社会形态[②]。1938 年，斯大林在《论辩证唯物主义和历史唯物主义》一文中将这五种社会形态及其相互间的关系进一步明确化："历史上生产关系有五大类型：原始公社制的、奴隶占有制的、封建制的、资本主义的、社会主义的"，并指出"原始公有制度恰恰被奴隶占有制度所代替，奴隶占有制度被封建制度所代替，封建制度被资本主义制度所代替，而不是被其他某种制度所代替。"[③]《联共（布）党史简明教程》划定的世界历史发展图式认为，人类史相继经过原始社会、奴隶制社会、封建制社会、资本主义社会、共产主义社会五个阶段。这样，通过斯大林和苏联史学界对马克思人类社会形态的阐释，将人类社会形态归结为社会发展五形态说，后来被所有的社会主义国家普遍采用，写进了教科书，认为世界历史是按原始社会、奴隶社会、封建社会、资本主义社会、（社会）共产主义社会这一单线发展的。以至于许多人认为，马克思主义的人类社会发展理论，即学术界通称的"五形态说"。这种单线划分法实际上主要是对西欧社会形态发展的概括。然而西欧的历史发展过程并不能代表世界其他地区历史发展的过程。

由于历史的原因，马克思主义传入中国带有浓重的苏俄色彩。1941

① 《马克思恩格斯全集》第 19 卷，人民出版社 1995 年版，第 130、430 页。
② 《列宁选集》第 4 卷，人民出版社 1995 年版，第 24—40 页。
③ 《斯大林选集》（下），人民出版社 1979 年版，第 446、441 页。

年，毛泽东在《改造我们的学习》中认为，以《论辩证唯物主义和历史唯物主义》为理论基础的《联共（布）党史简明教程》“是一百年来全世界共产主义运动的最高的综合和总结，是理论和实际结合的典型”①。伴随着中国社会主义革命与建设对苏联路径的依赖，“五形态说”论断在中国确立了下来。以此为先导，中国历史被框架在“五形态”之中，成为马克思主义“放之四海而皆准”的证明，在具备学术权威的同时，也在意识形态领域占有统治地位。今天的许多《马克思主义哲学概论》等教材中仍然坚持这一观点。但是，世界历史发展事实以及我国社会主义实践的现实使得一些学者对“五形态说”提出了质疑。罗荣渠针对社会发展的“五形态”序列指出：“马克思从来没说过这个序列是各种生产方式演进的‘逻辑公式’，它们之间具有‘一个产生一个’的历史必然性；更没有说每个民族都按这个演进序列循序上升。”②

对“五形态说”的质疑并不等于对其全盘否定。历史演化有其阶段性特征，先后具有相继性是无疑的，问题在于不能用一种简单的图式去机械地到处套用，不能简单地运用从某个地方总结出的“规律”去“匡正”其他地区的历史事实，而应进行认真的对比分析，充实和深化对已经发现“规律”的认识，否则就会出现削足适履的情况。在马克思的历史观中，“极为相似的事情，但在不同的历史环境中出现就引起了完全不同的结果。如果把这些发展过程中的每一个都分别加以研究，然后再把它们加以比较，我们就会很容易地找到理解这种现象的钥匙；但是，使用一般历史哲学理论这一把万能钥匙，那是永远达不到这种目的的，这种历史哲学理论的最大长处就在于它是超历史的。”③ 社会历史的发展决不会沿袭着任何固定的单一模式而行进，由于各个国家和民族存在着不同的内部结构、文化传统，具有不同的地理环境、外部联系，处于不同的历史环境之中，他们的社会进程必然呈现出复杂多样的发展图式。

过去对于社会形态的划分，阶级斗争学说影响深远。以是否占有生产资料为标准，将社会划分为统治阶级与被统治阶级，抹杀了政权的独立性。在马克思的阶级斗争学说中，政权只是统治阶级的影子。这是由于阶级斗争学说产生在资本主义社会早期，这时政权与资本家同气相求，几乎

---

① 《毛泽东选集》第3卷，人民出版社1991年版，第803页。

② 罗荣渠：《现代化新论》，北京大学出版社1993年版，第57页。

③ 《马克思恩格斯全集》第19卷，人民出版社1963年版，第131页。

浑然一体，于是将社会二分为资产阶级与无产阶级似乎未尝不可。但以此时政权独立性不彰的状态，归纳出以生产资料占有状况为标准的二分法去分析各个时期的社会状态，就不一定适宜了。如在解释中国历史上王朝周期性循环的原因时，其主因究竟来自于“地主与农民”之间的矛盾，还是“官民”矛盾，就产生了争议。中国历史上专制政权与地主并不是同一体，地主屡屡成为专制政权打击的对象。甚至在许多地方，地主几乎不存在，到处充斥着小自耕农，也即所谓的关于土地占有的“关中模式”。在这种经济状态下，以政权为基础的财政分配方式远远重要于以土地占有为前提的地租分配方式，社会崩溃的关键原因也往往决定于前者而不是后者。这时勉强用以生产资料占有状况为标准的二分法套在社会结构分析中，就显得以偏盖全和主次倒置。因而，在扬弃上述社会结构“二分法”的基础上，有必要将“政权”作为一个相对对立的因素引入对社会结构的分析中，使社会中的统治阶级不仅以经济权力参与经济活动，还以政治权力参与经济活动，而且有时后者地位还更为显赫。

引入政权因素后，从社会权力分布状况的角度分析人类史，可以看出西欧近代社会从封建领主制社会向宪政社会过渡的脉络比较清晰，也就是所谓“五形态说”中封建社会与资本主义社会的区别比较明显。正是在此基础上“嫁接”了传说中的原始社会、奴隶社会以及当时苏联的社会主义社会，就成了人类社会发展过程中存在递进关系的“五形态说”。从掌握的历史资料看，“五形态说”中的各个社会形态之间的递进关系未免牵强。反观中国社会形态的演化可以看到，在诸侯分封时代之后，专制帝国的周期性建立与崩溃长期延续，东方专制主义在中华文化之中深深扎根，直到西方工业文明强烈冲击后才走向凤凰涅槃，在引入宪政后走向新生。由于我国建立宪政制度缺乏历史文化的支撑，因而走向宪政之路充满曲折。但从中西对比可以看出，都曾经历了一个封建制阶段，都将经由宪政作为实现公平效率兼顾的人类大同理想的路径，但走向宪政的进程存在突出的差异。

仔细回顾西欧的历史可以发现，西欧近代社会从封建领主制社会向宪政社会过渡的中间，还曾走过一个向中央政府集权的阶段，吉登斯称这样一个阶段为“绝对主义国家”时代①。在法国绝对主义国家时代的特征更

① 吉登斯将西欧国家的演化分为传统国家、绝对主义国家、民族（民主）国家三个阶段。参阅安东尼·吉登斯《民族—国家与暴力》，三联书店1998年版，第15页。

为典型，路易十四自称“太阳王”可为明证。英国在都铎王朝时代，也经历了一个权力向中央政府集中的过程。由于西欧试图走向专制很快被遏制，专制政体不曾得到比较充分的演化，因而容易被忽视。但从与中国历史的比较中，可以发现西欧从封建领主制社会向宪政社会过渡中，事实上也存在一个相对专制的短暂时期。因而，从政权结构演化的角度，中西社会形态演变仍然可以看到近似性，但应在封建制与资本主义制度（早期的宪政制度）中间，加入一个建立在自然经济基础上的专制社会阶段，这样更符合历史演化的事实。

马克思主义认为，事物的发展是内因和外因综合作用的结果，社会形态的更替也是如此。不同民族或国家具有不同性质、结构，但随着交往的普遍化，尤其是全球市场的开拓，在世界现代化背景中形成相互影响、相互渗透的整体运动。正是由于生产力和生产关系矛盾运动的民族性和世界性的相互作用，使得社会形态的更替更凸现特殊性与多样性特征。当人类交往步入区域性甚至世界性之后，过去那种地方的和民族的自给自足和闭关自守状态，被各民族之间的互相往来和互相依赖所代替，一个民族“本身的整个内部结构也取决于自己的生产以及自己的内部和外部的交往的发展程度”①。

分析中国的财政制度变迁，必须认清中国社会形态历史演化的显著特征。只有认清人们惯称的“封建社会”及财政制度特征，才能明确中国财政现代化的起点所在。秦至清代，地主及自耕农经济占主导地位，专制主义的君主集权专制覆盖全社会，建立在自然经济基础上的专制帝国是其突出的社会特征，与古称“封建”的殷周领主经济和封邦政治大不相同。与西欧中世纪庄园采邑制经济、封君封臣、主权分裂的政制也差异巨大。因此无论从“封建”的古义还是西义论之，秦至清的两千余年以“封建社会”相称是一个历史性误读，并不符合中国历史上的封建的本义，以及从feudal翻译过来的封建主义的本义，也不符合马克思、恩格斯所说的封建主义的本义，是中国近代政治中为宣传方便而无限扩大使用的一个政治术语②，并不能准确把握中国古代社会的本质特征。中国近代在民族危亡之际急切地从西方引进救国理论，大量西方名词经由日本被囫囵吞枣地引

① 《马克思恩格斯选集》第1卷，人民出版社1995年版，第68页。

② 冯天瑜：“历史分期命名标准刍议”，《文史哲》2006年第4期。

入，后又套上当时苏联传来的理论外衣，以“封建社会”一词笼统地概括中国长期的古代史堪成一例。

中国与西欧的社会形态演化，都经由封建社会与专制社会走向宪政社会，但存在明显的差异。西欧多中心、小规模、延续时间长的封建领主时代，成为封建领主制向宪政社会自然演化的重要基础；中国向宪政社会的过渡是在强大外因作用下艰难起步的，延续两千多年的大一统专制帝国时代积累的历史残余，成为走向宪政社会的阻碍因素。中国财政制度的现代化，从帝国时代的废墟上起步，演进过程具有特殊性，在建设社会主义公共财政进程中，需要持续滤去专制时代遗留的毒素，也需汲取清末建设宪政以来的经验教训。中国财政现代化在全球化的背景下前行，具有借鉴发达国家财政理论与历史经验的有利条件，但不能简单地用西方财政理论指导中国的财政改革，需要重视对其“脱敏”以提高适应性。

四、政权结构财政类型论

对历史和现实中出现过的财政现象进行分类，就是在归纳出财政的一般性的同时，总结出不同财政现象的差异性。对于财政类型的划分，归根结底要从探讨财政主体的特征入手。财政主体的本质是公共权力中心，在阶级社会表现为国家，因而对国家性质与不同时期特征的认识，是财政类型划分的起点。关于国家的性质，诺思的“暴力潜能论”比“暴力工具论”、“社会契约论”提供了更为广阔的视角，能够将“暴力工具论”、“社会契约论”纳入同一个框架。以诺思为代表的新制度经济学派认为，国家的存在依托于暴力潜能而不仅仅是暴力本身。国家不一定像“暴力工具论”认为的被经济上的统治阶级所垄断，是其在政治上的代表；也不一定如“社会契约论”所主张的，是社会全体成员共同利益的代表，无差异地体现了社会全体成员的要求和利益。

国家对社会不同阶级、阶层或成员利益的代表或反映程度，决定于“暴力潜能”在社会上的分布结构。“暴力潜能”直接决定于社会强制性力量，如军队、警察及附属的武器装备、监狱等，社会强制性力量在国家的产生与维系过程中最具爆发性与威慑性；间接决定于政治力量，如特定政体运行机制下形成的社会力量的组合结构与组织化程度等；根本的决定力量对经济或财富的分布与掌控，这也是马克思主义阶级斗争学说所强调的。这些力量在社会中的分布状况，决定了国家的性质与特征。“政府自主性”反映的是国家作为“公共权力中心”时政府所扮演的角色问题。至于这个“公共权力中心”具体扮演什么角色，则决定于特定的社会结构和政治传统，并通过政体架构体现出来。

国家是一个经济上的统治阶级与被统治阶级的矛盾统一体，矛盾的激化是暂时的、短期的，而矛盾的维系是持续的、长期的。经济上的统治阶级与被统治阶级之间，在大部分时间存在“共容利益”是无可否认的事实。维系经济上的统治阶级与被统治阶级之间的“共容利益”，需要一个“第三方实施机制”，也就是“公共权力中心”，这是一种可以提高社会福利的客观需要，并在人类的反复试错后被选择和优化。这个“公共权力中心”在阶级社会的存在形式就是“国家”。正如恩格斯所说：“社会陷入了不可解决的自我矛盾，分裂为不可调和的对立面而又无力摆脱这些对立面。而为了使这些对立面，这些经济利益互相冲突的阶级，不致在无谓的斗争中把自己和社会消灭，就需要有一种表面上凌驾于社会之上的力量，……这种从社会中产生但又自居于社会之上并且日益同社会相异化的力量，就是国家”①。

但是，国家作为以暴力垄断为基本特征的组织，以政府为其代表和实施机构，并不能一直反映经济上统治阶级的利益，也不会稳定的充当社会秩序的保护神或“资产者”与“劳工”之间公正的调停人，政府本身可能成为一个拥有巨大特权的利益集团。这个利益集团并不会甘于做其他集团的“工具”，一旦有机会，将毫无疑问成为其自身的“代表者”，为其自身的利益而行动。专制或独裁政权在这方面表现得淋漓尽致。

从人类进入文明时代开始，从政权结构特征的演变角度，财政大致经历了以下演化阶段。

（一）封建财政

在人类进入文明时代后，由于技术与知识水平的低下，人类的群体组织能力不强，形成群体行动的交易成本过高，因而早期出现了封建制国家。在群体开展军事行动后，将土地、劳动力等进行层层“分封建国”，领主或诸侯分别领有主权。国家的财政收入主要来自国王自有封地的收

---

①《马克思恩格斯选集》第4卷，人民出版社1995年版，第170页。

入，其次是不稳定的掠夺品。领主的贡赋主要用于共同的军事目的，或发挥象征臣服的礼仪性功能，不具有固定性。这时的政权相当于国王与领主之间脆弱的军事联盟，财政权力分散，占社会产品的比例较低。这时的财政是封建财政，与君主的家计财务混为一体，但从中仍可看到公共性的一面。用于共同的军事目的的收支显现了财政的“公共性”。

（二）帝国财政

随着军事技术、组织技术、生产技术能力的提升，大规模的军事行动和加强社会组织化程度成为可能，大规模的军事侵略收益更大，用于抵御侵略可保护的利益也更多，用于公共秩序维护、公共设施建设可以取得更多的规模效益。种种公共需求的增加，客观上要求提高财政汲取能力。政权的权力集中成为趋势，一旦有合适的机缘，社会暴力及暴力潜能的垄断程度就会得到提高。在一个社会面临的外部侵略或公共灾害威胁越突出，公共权力中心的形成越容易形成社会共识，越容易减少阻力。如果一个社会的暴力垄断程度很高，就有可能通过垄断暴力控制政治过程、经济与财富、意识形态，即所谓军政财经教合一，并通过对社会资源的控制使社会强制性力量更为强大，在不断正向强化下的路径依赖下，形成高度专制的社会。这样的社会规模越大，其专制政权对外部的进攻或防御力量越强。专制国家管理领域繁多，规模越大其管理中的交易成本会越高。当上升的交易成本超过国家的规模收益时，国家的力量会削弱。

专制政权在西方政治术语中成为绝对主义国家政权，其原初起源一般依托于暴力，即使和平转移政权的政变或所谓的“禅让”也以暴力潜能为后盾。在专制政权的统治下，国家的性质由政治上的统治阶级，而不是经济上的统治阶级——生产资料所有者（资产者）决定，资产者的财富并不能自然地得到保护。资产者在对拥有的财富随时可能被抄没的情况下，他们要么隐藏财富，要么投靠官府，或自己变成政权体系的一部分。专制政权掌控者（暴力潜能拥有者）在自己变成资产者的过程中，不是依靠交易或协商，而是依靠暴力或暴力威胁支配社会财富。因此，专制国家的性质并不由资产者决定，而由暴力垄断者决定，暴力垄断者如果实行开明专制，可能在专制下追求共容利益，联合资产者剥削压榨劳工，实行“官”、“商”联合专政，但这时政府是主动者，资产者处于被动状态。暴力垄断者也可能联合劳工剥夺甚至消灭资产者，以掠夺财富或打击经济上潜在的挑战者，或者对资产者与劳工一同剥削压迫。总之，君主专制社会的性质决定于政治上的统治阶级，而不是经济上的统治阶级，这时的财政是帝国财政。

（三）全能财政

帝国制度与宪政制度在竞争中的失败，最终迫使帝国专制制度向宪政制度的转型。在转型的过渡阶段，一些国家会出现一种国家体制的过渡形式，即威权政治，在现代化导向的精英的领导下，为实现长远的民族国家利益，实现有计划的赶超战略，利用后发优势加快发展。在过渡过程中，建立中央集权政府与民主代议制的进度可能不一致，就会出现中央集权下的专政，这时的财政类型是全能财政。这时财政的公共性急剧扩张，但由于缺乏完善的财政决策机制保障，运行效率不稳定。既有可能滑向帝国财政的轨道，也可能走向宪政财政的轨道。

（四）宪政财政

在一个相对阻隔、不易向外部流动、频发公共风险而又有利于大规模军事行动的环境中，专制政权容易形成。反之，专制政权则不容易形成且易于瓦解。在一个环境与产品多元化、人们容易流动、商业贸易得到充分发展的社会，暴力潜能垄断者难以控制财富所有者，政治上的统治者难以通过军事暴力控制资产者。君主如果得不到资产者的财政支持，军事实力将无法壮大，强制剥夺资产者财产，将引起资产者及财产流往境外，从而资助敌国，在对外战争和经济竞争中处于更不利的地位。因此，在一个开放和商业发达的国家，军事垄断者不得不选择与资产者结盟，从事政治与经济间的交易，组成政商联合政府，实现“共和”。这时，资产者通过提供财政资金一点点从暴力潜能垄断者手中赎买到权力，从而控制了政府。这时，政权才成为资产者的代理人，产权或者说生产资料所有权的性质才真正反映了国家的性质，财政为资产者服务，政权机构成为资产者的“受雇佣者”。这时的财政类型成为资产者财政。与君主财政相比较，这种财政扩大了财政权力的参与者和决策者范围，带有更多的公共性，即资产者主导、官僚参与，共同剥削压迫的财政。在这种资产者产权得到保障的财政类型下，有利于促进技术进步、产业升级和财富创造，在与外部竞争中扩大优势，最后通过利益的渗漏可能使劳工阶层受益。这时，财政的公共性得到更多地扩展。各国的现代化过程，经历了一个市场扩大和财政公共化的过程。由于人口众多，代议制下的集权行政体制——宪政体制能够兼顾公共偏好表达与整合、决策与执行高效率、公共监督和交易成本小，因而在国家组织形式竞争中最终获胜，成为先发现代化国家强盛的基础，并受到后来者的模仿和借鉴。在社会进入大生产时代，周期性经济危机使失业等成为社会公共风险，劳工的组织化抗争促使享有议会选举权的人员范围扩大，为更多的机会参与公共决策，对财政活动施加影响。在工党成为合法组织以后，工党成长壮大后甚至成为执政党，体现了“公共权力中心”及财政公共性的进一步提高。这时的财政类型是宪政财政，体现出更多的公共性。

五、对公共财政的追求应从理想走向现实

20 世纪末开始，“公共财政”成为财政理论与实务部门最热的关键词。1998 年 12 月，最高决策层提出构建中国的公共财政基本框架的目标，以公共财政为财政改革的旗帜，似乎给出了未来财政发展目标的明确定位。2003 年 10 月，党的十六届三中全会通过了《关于完善社会主义市场经济体制若干问题的决定》，提出了进一步健全和完善公共财政体制的战略目标。党的十七大指出，“围绕推进基本公共服务均等化和主体功能区建设，完善公共财政体系”。“公共财政”成为中国财政学发展的主线，承载了人们对财政改革发展前景的期望。关于公共财政的讨论尽管已有数年，但是，对财政理论界或实际工作部门来说，迄今公共财政还是一个尚未达成广泛共识并得到明晰论证的概念[①]。对公共财政的具体定义与内容，仍未形成一个无争议的表述，客观上迄今也不存在一个关于公共财政框架的严丝合缝的全面设计蓝图[②]。因此，要认清中国财政制度变迁或财政改革的诸多问题，不能不从理清“公共财政”的概念入手。

20 世纪 90 年代以来，关于“公共财政”这一概念可归纳为三种态度：

第一种为主张派。以张馨、叶振鹏为代表的“公共财政论”认为，公共财政指的是国家或政府为市场提供公共服务的分配活动或经济活动，它是与市场经济相适应的一种财政类型和模式。它是弥补市场失效的财政，

① 高培勇：“公共财政：概念界说与演变脉络——兼论中国财政改革 30 年的基本轨迹”，《经济研究》2008 年第 12 期。

② 贾康等：“财政理论发展识踪——结合公共财政的点评”，《财政研究》2005 年第 6 期。

必须为市场活动提供一视同仁的服务，具有非市场赢利的性质，是法治化的财政①。他认同强调国家主体性的“国家分配论”，认为“国家财政”反映了财政的本质属性，而“公共财政”是一种财政类型，即与市场经济体制匹配的财政类型，而把计划经济时代的财政视作“非公共性”的典型，从计划体制下与市场体制下财政体制的差异来揭示公共财政建设的意义，直至把公共财政等同于西方财政。邓子基支持“公共财政”这一提法②，认为张馨的《公共财政论纲》等专著和文章，在财政本质与财政模式（类型）的关系问题上有了新的突破，对国家分配论的继承与发展作出了突出的贡献。叶振鹏、张馨等对公共财政的研究思路与基本特征等问题进行归纳、总结与梳理的努力，加速了公共财政学说在我国的传播与流行，对我国的财经改革进程起到了十分积极的推进作用。在我国财政改革与财政理论发展的现实情况下，提出“公共财政”一词，并将其作为国家财政在社会主义市场经济条件下的一种模式（类型），有助于标识我国财政职能转化的方向，有利于财政定位，有着特殊的现实和理论意义。他针对反对者认为将“Public Finance”译为“公共财政”存在语义重复的质疑指出，如果把“Public Finance”和“Government Finance”放在一起进行比较，那么将“Public Finance”译为“公共财政（学）”，用以特指市场型的财政，以突出市场经济条件下的国家（或政府）财政活动的公共性，不失为一个贴切的译法③。

第二种是反对派。以陈共、郭庆旺为代表的观点反对使用“公共财政”的提法。陈共认为，将 Public Finance 译为“公共财政”，“公共”二字是多余的。不同国家及不同时期的财政之间的区别，主要体现在其内容上，而不在于名词。坚持译为“公共财政”的实质，是认为“公共财政”和财政原本的含义就是不同的。如果说“公共财政”一词还有什么可取之处，那就是它可以表示亚当·斯密时代的财政的内涵。然而作为财政学目前已经被公共经济学所代替，作为财政类型早已是过时的概念了。他分析了西方财政的发展历程，认为自由竞争时期的财政与垄断阶段的财政是不同的。“公共财政论”者的“公共财政”是自由竞争时期的财政类型，用来代表中国当前财政改革的方向是不适当的。亚当·斯密在《国民财富的

① 张馨：《公共财政论纲》，经济科学出版社 1999 年版，第 5—11 页。
② 邓子基：“我所理解的‘公共财政’”，《中国财经报》，1999 年 3 月 6 日。
③ 邓子基：“关于公共财政的几点认识”，《财政研究》2001 年第 7 期。

性质和原因的研究》第五篇“论君主或国家的收入”中专门研究财政问题，主要内容是研究税收理论和国债理论，关于国家的费用列出了国防费、司法经费、公共机关费用和公共工程费用。凯恩斯革命中产生的公共经济学实际上是名曰“公共财政”的财政学的深化和发展。不论发展财政理论还是推进财政改革，当前值得我们吸收和借鉴的不是“公共财政”，而应是公共经济学或公共部门经济学的内容。提倡在中国实行“公共财政”的本意是让财政退出竞争性资源领域，从发展方向来说是对的，但只要明确社会主义市场经济下的财政职能就可以了，也不必将已经约定俗成为大家所熟悉的财政概念改为“公共财政”。按他的看法，如果改为“公共财政”，不仅是使财政退出竞争性投资领域，同时也否定了发行国债的必要性，否定了国家干预经济的必要性，否定了实行积极财政政策的必要性。“公共财政”作为一种财政类型，是自由竞争的市场经济时代的写照而已，与我国当前的财政改革导向不靠边①。郭庆旺认为，“公共性”并不是“公共财政”所独有的。不仅市场经济条件下所谓的“公共财政”有“公共性”，公共财政论者所分出的其他财政类型“家计财政”或“国家财政”都有“公共性”，公共性是财政范畴的本质特征，只是不同时期、不同经济形态下公共性程度不一而已②。

第三种是部分认同派。贾康、高培勇等在使用“公共财政”提法的同时，对其进行了新的阐释。贾康认为，应把公共财政看做经济社会转轨中财政转型的一种导向，一个政府和财政职能调整的基本思路，财政要按照公共财政导向来运行，才能最好地适应建立社会主义市场经济这个战略目标的要求③。公共财政有四个基本特征：以满足社会公共需要作为主要目标和工作重心（核心问题是正确处理公共性与阶级性的关系）；以提供公共产品和服务作为满足公共需要的基本方式（实质是正确地处理好政府和市场的关系）；以公民权利平等、政治权力制衡前提下的规范的公共选择作为决策机制；在管理运行上以现代意义的具有公开性、透明度、完整性、事前确定、严格执行、追求绩效和可问责的预算作为基本管理制度。在人类历史中，真正意义的公共财政初始动态出现于原始社会，而阶级国家的出现使财政的阶级性出现并上升为主导，资产阶级革命以“社会契约

① 参阅陈共：“关于‘公共财政’的商榷”，《财贸经济》1999年第3期。

② 郭庆旺等：《财政理论与政策》（第二版），经济科学出版社2003年版，第87页。

③ 贾康：“关于公共财政基本特征的认识”，《中国财经信息资料》2003年第32期。

论”为思想武器和以“自由、平等、博爱”为旗帜的社会变革，使财政的公共性在权力制衡、宪政民主框架下，在形式上和分量上开始复归，进入社会主义初级阶段后，财政的公共性走向更为实质、更为全面的复归，最终完成“否定之否定”①。

高培勇认为，立足于中国特定的体制转轨背景，跳出纯学术思维的局限而放眼中国财政改革30年的历史进程，可以发现公共财政作为中国体制转轨的特定历史背景中一面标识改革方向的旗帜，本来就是为了解决中国自身问题的需要而提出的一个富有中国特色的概念。从英文译名的改变到被“借用”于财税改革的实践，公共财政所走出的基本轨迹告诉我们，它并非一个经过严谨论证的纯学术概念，而更多的是改革实践催生的产物。把市场经济财政等同于公共财政，将非市场经济财政一概归之于“非”公共财政，不仅不能说明前市场经济下的财政制度及其运行格局，不能说明计划经济体制下的公共性支出，也难以厘清作为社会管理者的政府部门同其他行为主体的行为动机和行为模式的异同。以纯学术的眼光看待公共财政，它与源远流长、一般意义上的“财政”范畴并无不同。从实践层面看待公共财政，它与计划经济年代的“财政”又有实质区别：变局部覆盖为全面覆盖，变差别待遇为一视同仁。中国的公共财政建设之路，实质是一个让中国财政体制机制回归“公共性”轨道的过程，是在特殊历史背景下的应有选择。②

从上述关于“公共财政”概念的争议中可以看出，公共性是财政的一般特征，各个时期、各种历史形态下的财政均具有财政公共性的特征，只是程度不同而已，而走向纯粹的公共财政是一个长期的历史过程。“公共财政”并不是一个经过严谨论证的纯学术概念，而更多的是改革实践中为与原来计划体制下的财政形态相区别而催生的产物，是为促进财政转型而产生的关于财政改革目标的新提法。由于不严谨的“公共财政”这一概念的广泛传播，不同人心中的“公共财政”包含不同的含义。有人试图将公共财政解释为不同于以往的新范畴，有人把以往使用“财政”二字的地方统统置换为“公共财政”，有人把公共财政等同于民生财政，甚至用财政是否专注于民生事项作为区分“公共性”与“非公共性”的标尺，把当前

---

① 贾康等：“财政理论发展识踪——结合公共财政的点评”，《财政研究》2005年第6期。

② 高培勇：“公共财政：概念界说与演变脉络——兼论中国财政改革30年的基本轨迹”，《经济研究》2008年第12期。

带有“补偿性”色彩的改善民生举动误读为公共财政的全部内容①。“公共财政”不仅是一个理论问题，更是与财政转型密切相关的实践问题，但在众人“各说各话”的情况下，又将如何完善“公共财政体制”呢？

公共财政理论有三大支柱，即市场失效理论、公共品理论与公共选择理论。在近年来的讨论中，更多地把注意力放在了提供“公共品”问题，而对“公共品”的解读又偏重于物理属性或技术属性，或者说是客观属性，强调其“非排他性”、“非竞争性”以及“不可分割性”。于是，提供“公共品”成了建设公共财政的理由，强调“公共品”是客观的，而客观的标准由谁制定、由谁执行、由谁监督呢？这成为公共财政理论没有深入讨论的“暗箱”，理论的朦胧在实践中必然会反映出来。现实中的形象工程、首长工程、强拆乱建都可以用提供“公共品”的理由与财政挂钩。

对于实践中关于建设公共财政出现的误区，一些学者注意到有关财政的政治方面的重要性。贾康在归纳公共财政四大特征时，强调了“公共选择机制”与“现代预算制度”的重要性。马珺也认识到，公共财政的公共性和民主性两大特征不可或缺。公共财政绝不是一个僵化的概念，而是一个发展中的、包含着丰富内容的体系。综观当今先进国家的财政安排，都或多或少地体现了公共财政的这两大本质特征。在逻辑上要求一个民主的政治制度与之对应②。齐守印也指出，完全意义上的公共财政至少应当包括四点本质规定：“（1）以增进绝大多数社会成员的公共利益为宗旨；（2）以提供公共产品、公共服务，满足社会公共需要为目标；（3）最大限度地实行民主决策；（4）充分接受民主监督。”③ 张馨2008年12月谈到，公共财政是为市场提供公共服务的财政，也是人民群众决定、规范、约束和监督的财政。至今为止，人们仅停留在“公共服务”涵义上去理解公共财政问题，并且也是按照这一思路去安排和推进财政制度改革的。但没能从“人民群众的财政”角度去思考公共财政问题，有很大欠缺。首先，它决定了政府提供的服务是否为市场所需要。人民群众是市场活动主体，人民群众掌握了财政的直接决定权，就意味着市场直接决定了财政活动，市

① 高培勇：“公共财政：概念界说与演变脉络——兼论中国财政改革30年的基本轨迹”，《经济研究》2008年第12期。

② 马珺：“公共财政：理想与现实”，《财政研究》2001年第4期。

③ 齐守印：“论公共财政及其经济职能”，第14次全国财政理论研讨会论文。

场决定和约束了政府活动，从而提供的才是真正的“公共”服务。然而，目前我国财政活动仍然是由政府直接决定的，这种不是由需求者自己决定的服务，是难以保证符合市场需要的。其次，它决定了能否建立起真正的公共财政制度。人民群众拥有财政活动的直接决定权，还是将财政改革进程直接置于市场的约束和控制之下，确保形成的是真正的公共财政制度的根本条件。财政改革直接触动各级政府利益，财政制度的变革与构建直接关系到各级政府及其部门、机构和官员的利益，如果不是由市场决定而是由政府决定，是不可能建立起真正的公共财政制度的。这点，30 年的改革实践已经充分证明了。如果不能尽快改变这一状况，今后的改革将更为艰难，最终将是难以为继的①。

通过以上分析可以看出，无论从财政实践还是理论描述的角度来看，“公共财政”既不是历史也不是现实，而应该将其看作指向未来的理想模式或理论上的分析范式。

“公共财政”是一种财政类型，是财政的理想状态，是在个人自由平等基础上，充分实现了公共性的财政，是结果与过程均导向“公共利益”的财政制度，是财政改革追求的终极目标。这种财政类型，是一种完全实现了通过公共决策、公共监督的公共选择过程，用公共收入提供公共品满足公共需要的高效运行的财政制度。

“公共财政”也可看做一种分析范式，是市场充分发挥作用的自由竞争状态下的“市场型财政”，也是个人自由平等选择得到充分实现基础上的财政。实际上，作为分析范式的“公共财政”也是一种理想状态的财政。这是因为完全自由竞争的市场经济本来就是一种理想状态，是一种假想的分析模型，在现实中只可能有近似状态，而没有绝对符合的情形。既然完全自由竞争的市场机制是一种理论假设，那么作为“市场型财政”的“公共财政”也可看做一种分析模型。

综合本节对财政类型的阐述，从政体结构的角度看，财政类型的演化过程可以概括为：封建财政——帝国财政——全能财政——宪政财政——公共财政。对于不同国家，财政类型的演化有几个阶段、在各个阶段的演化出现早晚、延续时间及具体表现也会出现差异。人类财政制度演化的过

---

① 张馨：“从‘人民群众的财政’角度来思考”，引自“财税改革三十年——艰辛历程与辉煌成就”，《中国财经报》，2008 年 12 月 16 日。

程，总体上是一个财政公共化的过程，也是个人自由得到更大发展的过程。虽然各个国家财政公共性的实现程度不同，但尚未有任何一个国家建立起纯粹的公共财政制度。

追求实现“公共财政”这一目标的过程，就是公共性越来越得到充分体现的财政公共化过程。公共性是财政的根本属性，以个人的自由、平等、人权得到充分保证为前提。财政公共性不仅体现在满足公共需要分享公共品的结果中，而且也体现在这个过程中。财政的公共化进程，取决于两个因素：一是市场化程度，二是宪政化程度。在经济方面，财政的公共化过程与市场化相伴随。这是因为在市场化过程中，个人从共同体中分离出来，个人自由与创造力可能得到更充分发展，同时私人需要、公共需要出现了协调问题，需要财政在提高总福利的可能性基础上进行调节。在政治方面与民主化相伴随，因为民主是个人偏好得以表达的条件，偏好不仅是客观的，也是主观的。如同绝大多数人需要穿鞋，“穿鞋”的偏好具有客观性，但“鞋子是否夹脚，只有自己知道”，鞋子是否合适也带有主观性。在现阶段，宪政是民主的高级组织形式，是民主的法治化，是将行之有效的民主形式稳定化，是大共同体兼顾个人自由选择权利与节约交易成本的高效政治运作方式。公共财政内容的“公共性”体现为公共需要、公共品供给以民意为依归，在形式上体现为以宪政程序来保证。既要避免官僚主义滥用公共权力，确保财政的公平，又要避免民粹主义以个人自由损害公共福利，提高财政制度的效率。

10多年来，“公共财政”概念的提出与广泛传播，对于明确财政改革的方向和目标，宣传财政的公共性理念，促进财政转型发挥了巨大作用。近年来推进我国建设公共财政的做法，实质上是财政公共化的体现。在公共财政建设中，强调界定财政范围与政府间的财政分工、提供公共品、弥补民生“短板”、提高透明度、加强监督等，都扩大了财政的公共性。但是，重视民生仅是财政公共化的局部性内容，要继续推进财政改革，需要区分公共财政的理想状态与财政公共化的现实之间的差距，深化对现阶段财政现状的理解，从财政现代化历史的演进中启迪改革智慧，继续从“他山之石”的比对中节省中国的财政制度创新成本，在强调公共品客观属性的同时推动财政宪政程序性建设，找出有利于促进改革和提高财政制度效率的措施。

第三节　财政过程产权转化假说

财政过程，指财政主体在公共权力名义下取得和运用经济资源的全部活动，主要包括财政决策制定与执行等功能活动以及所反映的不同财政主体的权利结构变化。财政过程是与财政主体结构相联系的一个概念，是由一系列财政活动所构成的连续的变化。对财政过程的研究，是把财政活动看成动态的，是一连串与政府决策相关的行动和运作。这里的“过程”，不是指历史过程，而是对财政行为进行分析的一种方法与视角。虽然含有时间顺序的含义，但财政过程的研究对象是一定的历史横断面上的财政活动的运作程序及其意义。

财政过程产权转化假说，从产权转化视角对财政现象进行阐释，认为财政过程是一个产权转化的过程，财政制度是对财政过程产权转化秩序的确认，反映着不同财政主体间的竞争或合作关系的消长，进而对社会的长期发展产生激励或抑制作用。财政制度变迁是财政主体为释放财政压力，对财政过程产权转化合约进行调整的集中体现。

一、产权与人权、政权及主权的关系

（一）产权

产权是财产权、财产所有权或财产权利的简称，是选择一种经济品使用的权利。菲吕博腾、配杰威齐认为：“产权不是指人与物之间的关系，而是指由物的存在及关于它们的使用所引起的人们之间相互认可的行为关系，……产权安排确定了每个人相应于物时的行为规范，每个人都必须遵守他与其他人之间的相互关系，或承担不遵守这种关系的成本”①。这种关于产权的定义，把人与物的关系视为产权发生的现象，把人与人的关系视为产权的本质所在；把产权看做一种行为权，而不仅是一种静态的所有权归属关系；把产权视为一种人们在使用资产过程中发生的经济关系。

---

①　菲吕博腾、配杰威齐：“产权与经济理论：近期文献的一个综述”，《财产权利与制度变迁》，上海三联书店 1994 年版，第 204 页。

巴泽尔认为，产权不仅仅是法律赋予的权利，“个人对资产的产权由消费这些资产、从这些资产中取得的收入和让渡这些资产的权利或权力构成。……一般来说，法律权利会增强经济权利，但是，对于后者的存在来说，前者既非必要条件，也非充分条件，人们对资产的权利（包括他们自己的和他人的）不是永久不变的，它们是他们自己直接努力加以保护、他人企图夺取和政府予以保护程度的函数”①。德姆塞茨认为：“产权是一种社会工具，其重要性在于事实上它能帮助一个人形成他与其他人进行交易的合理预期……产权包括一个人或者他人受益或受损的权利……产权的一个主要功能是引导人们实现将外部性较大的内在化的激励。”② 德姆塞茨和巴泽尔把产权首先理解为人与人之间的社会关系，而不是简单的对物品的关系，是协调人们之间关系的社会工具。产权是一种权利关系，是一种抽象的社会资源。政府的管制和对经济的干预，本质上并不是对资产本身的管制，从本质上说是对产权，也就是附着在资产上的权利的限制。

（二）私人产权与公共产权

产权是一种排他性的权利，是可以平等交易的法律权利；产权是规定人们相互行为关系的一种规则，并且是社会基础性的规则；产权是一种权利束，可以分解为多种权利并统一呈现一种结构状态。产权最根本的内容，包括狭义所有权、占有权、支配权和使用权。③ 根据产权的归属主体不同，可以将产权分为私人产权和公共产权。产权结构可以采取各种不同的形式，私人产权是一个极端，公共产权是另一个极端。

1. 私人产权。私人产权是将资源的使用、转让以及收入的享用权等权利界定给特定的个人。所有者可以将这些权利同附着在其他物品上的类似权利交换，也可以通过自由契约将这些权利转让出去，或决定资源如何使用。没有经过所有者许可，或没有给其相应的补偿，任何人都不能合法地使用或影响产权归所有者所有的物品的物质性状。私人产权是对必然发生的不相容的使用权进行选择的权利的分配。私人产权的强度由实施它的可能性与成本来衡量，这些又依赖于政府、非正规的社会行动以及通行的伦

---

① 巴泽尔：《产权的经济分析》，上海三联书店 1997 年版，第 12 页。

② 德姆塞茨：“关于产权的理论”，《财产权利与制度变迁》，上海三联书店 1994 年版，第 97—98 页。

③ 李明义等：《现代产权经济学》，知识产权出版社 2008 年版，第 29—30 页。

理和道德规范。

私人产权可以由两个或多个主体拥有，并不一定所有与资源有关的权利都掌握在一个人手里。同样是一种有形资产，不同的人可以拥有不同的权利。“A 可以拥有在这块土地上种小麦的权利。B 可以拥有在它上面走路的权利。C 可以拥有在它上面倒炉灰、冒烟的权利。D 可以拥有在其上空驾机飞行的权利。E 可以拥有开动临近设备而使之承受振动的权利。并且每一种权利都是可以转换的。总之，这块土地各种被分割的私人产权被不同的人所拥有。”[①] 只要每个人拥有互不重合的不同的权利，多个人同时对某一资源或资产行使的权利仍是私人产权。私人产权的关键在于对所有权利的行使的决策及其承担的后果完全是私人做出的。现代合作性的生产过程，高度依赖私人产权各组成部分的分割与专业化。

2. 公共（共有）产权。公共（共有）产权是指共同体的每一个成员都有权分享资源的诸项权利。某个人对一种资源行使权利时，并不排斥他人对该资源行使同样的权利，但排除了共同体之外的其他人员对共同体内的任何成员行使这些权利的干扰。公共产权在共同体成员之间是完全不可分的，公共产权在一定社会范围内有确定的产权主体，对这一“范围之外”的行为主体则具有排斥性；在公共产权的社会范围内，能够排斥任何个人对产权的独占和垄断，排斥个人对具体财产的侵占。在这样的产权条件下，每个社会成员都能享用资源所带来的好处。由于建立排他装置的代价高昂，或者排他的政策和规则执行起来十分困难和复杂，结果可能出现对资源的过度使用，产生极大的外部性，导致社会效率的损失。

公共产权的存在大致可以归结为两个方面的原因：一是建立和执行资源的排他性权利时出现了与其价值相比过高的交易成本；二是在特定区域内由政府颁布法律或由政府强制执行契约的交易成本很高[②]。一个公共组织的成员，只有取得其他成员或他们的代理人的许可，才能将其公共组织的权益转让给其他人。如果共有组织的规模被约束在一个适当的界限内，通过收费等管理措施，公共产权也可部分内部化外部性，从而具有一定的效率。

产权的私有和共有程度，归根到底是由生产的社会化程度决定的。纯

---

① 阿尔钦：“产权经济学”，《现代制度经济学》，北京大学出版社 2003 年版，第 71 页。

② 埃格特森：《新制度经济学》，商务印书馆 1996 年版，第 37 页。

粹的私人产权应当是财产个人所有和个人占有相结合的，是没有实现分解的财产权利关系。在完全的私人产权与完全的公共产权之间，存在着众多中间形式的产权，如家庭产权、集体产权等。“共有制与完全私有制之间有一个巨大的范围。”[①] 私人产权和公共产权存在着动态的转化过程，以混合交织的状态并存。原始社会，几乎所有的物品和资产都属于公共产权。随着人类社会的发展，越来越多的物品与资产具有了私人产权属性。股份制等联合生产方式，又使越来越多私人产权转变成公共产权——法人资产。

（三）产权与人权、政权及主权的关系

人权是指每一个个人作为人与生俱来的、不可剥夺的、不可转让的天赋权利，是人类社会发展的永恒价值目标。广义的人权包括生命权、自由权、平等权、财产权、发展权等权利。生存权、发展权是最基本的人权，是享受其他人权的前提，可看做是狭义人权。在人权体系中，“生存权是中国人民的首要人权”[②]。2004 年，我国将“尊重和保障人权”条款正式载入宪法，标志对人权的重视进入一个新的阶段。

产权是人对物的权利以及衍生的人与人的关系，是人权的一个组成部分，是生命权的延伸。一个人要生存下去，选择他喜欢的方式改善生存方式，一定要有物质作为支持。对自我劳动所得进行排他性的占有，是生存权与发展权必不可少的保障。对劳动成果的自由平等交易，是促进分工、提高效率，提升人类福利的必要手段。

政权是国家实施统治和管理的权力。政权则是一种管辖的权力、一种控制的权力，是通过革命、军事政变或民主选举产生的，是夺取的（革命或政变）或人民赋予的（选举）。这种权力是主动的，是靠国家强制力来实现的。主权即国家主权，指国家固有的独立处理对内对外事务的权力，表现为对内的最高权、对外的独立权和防止侵略的自卫权。主权对外独立的属性派生于主权对内最高的属性。国家根据主权对属于它的全部领土行使管辖权。主权的权利主体主要指国家，但体现的实际利益还是相应国家的人民的权利。主权对内实质上就是指国家政权，政权是主权的载体。作为主权主体的国家应该是保障人权的最基本的行为主体。主权是为人权而

---

① 德姆塞茨：“一个研究所有制的框架”，《财产权利与制度变迁》，上海三联书店 1994 年版，第 193 页。

② 国务院新闻办公室：《中国的人权状况》，1991 年 11 月。

存在的，国家主权的终极归属是尊重和保障人权。

美国《独立宣言》为“政权”与“人权”的关系设定了宪法保障。宣言指出：

“我们认为下面这些真理是不言而喻的：人人生而平等，造物主赋予他们若干不可剥夺的权利，其中包括生命权、自由权和追求幸福的权利。为了保障这些权利，人类才在他们之间建立政府，而政府之正当权力，是经被治理者的同意而产生的。当任何形式的政府对这些目标具破坏性时，人民便有权利改变或废除它，以建立一个新的政府。”①

社会契约论指出，政权承担保障产权的义务，“政权”与“产权”间存在着交换关系。政权是“一大群人相互订立信约”，“按约建立”的国家的一切行为，包括征税——侵占产权，都来自于人民的授权；人民纳税——献出产权，乃是因为要使国家得以有力量在需要时能够“御敌制胜”。“人们联合成为国家和置身于政府之下的重大的和主要的目的，是保护他们的财产……主权者向人民征收的税不过是国家给予保卫平民各安生业的带甲者的薪饷。”② “政府没有巨大的经费就不能维持，凡享受保护的人都应该从他的产业中支出他的一份来维持政府。但是这仍须得到他自己的同意，即由他们自己或他们所选出的代表所表示的大多数的同意。因为如果任何人凭着自己的权势，主张有权向人民征课赋税而无须取得人民的那种同意，他就侵犯了有关财产权的基本规定，破坏了政府的目的。”③

国家主权一旦脱离了人民主权这一初始的起点，就异化成了国家的最高权力，人民实际上只能作为一个整体仅仅享有名义上的主权，任何一个个体在强大的国家机器面前实际上都没有主权可言。当国家主权的行使者——某个政权背离了人权目标践踏公民产权甚至基本人权的时候，将出现合法性危机。

（四）产权与人权、政权及主权关系的演化

人权、产权和政权及主权的行为主体具有重叠性甚至同一性，又有明显的区别。人权的主体是所有人，这些人又是产权主体；如果主权体现了

---

① 赵一凡：《美国的历史文献》，三联书店1989年版，第17页。

② 霍布斯著，黎思夏、黎廷弼译：《利维坦》，商务印书馆1985年版，第128—142、269页。

③ 洛克著，叶启芳、瞿菊农译：《政府论》（下篇），商务印书馆1964年版，第77、88页。

"人民主权"特征，政权是"人民政府"，人权、产权、主权与政权的主体便体现出重合的特征。但是，历史发展阶段决定了人权、产权、主权与政权的主体存在差异，且具有历史演进性。在等级社会，人权"按等定分"，高等级的人群拥有广泛的人权、产权、政权与主权，甚至拥有下等人群的生命权，可以肆意的"生杀掳掠"；与此同时，下等人群拥有的人权分等级而不同，拥有的生存权、择业权、产权、主权及政权也有差异①。

如果把社会人群分为三个部分："暴力潜能垄断者"（军事、政治权力拥有者即"权贵"）、"生产资料拥有者"（资产者或"富豪"）与劳工（底层生产者），那么他们对几类权利的拥有情况是："权贵"拥有从人权、产权到主权与政权的诸种权利，"富豪"拥有人权与产权，"劳工"仅拥有可怜的少量的基本人权。从"权贵"、"富豪"到劳工，拥有权利的品种逐级减少，拥有权利的强度也逐级弱化。在君主社会，"权贵"是"主权与政权"的代表，并凭借这一垄断地位享有大量"产权"与"人权"；"富豪"占有有限的"产权"和"人权"；劳工仅获得有限的"基本人权"。进入民主社会后，"主权与政权"为公民分享，"政权"受到限制，"基本人权"得以扩大，"产权"获得独立地位。

图3－3反映了人权、产权和政权及主权社会分布的变化情况。左侧的倒三角形，反映在君主社会的权利分布情况。君主作为政权控制者同时拥有政权（主权）、产权和基本人权，并拥有其他群体的产权甚至基本人权；资产者拥有产权与基本人权；劳工仅拥有有限的基本人权。右侧的正三角形，反映在民主社会的权利分布情况。政权控制者虽然是政权（主权）的象征，拥有产权和基本人权，但不能拥有和控制其他群体的产权和基本人权，只能在保护产权和保证基本人权基础上行使公权力；资产者拥有产权与基本人权；劳工的基本人权得到扩展。

民族国家是一切权力或权利的集装箱。在"主权"对外成功扩张的情况下，从"权贵"、"富豪"到劳工都可能取得分享利益，"共容利益"这

---

① 对于下层民众是否拥有国家主权的主体资格，古代文献中就存在着"天下"是"皇家天下"还是"天下之天下"的长期争论。如出自《左传·庄公十年》的《曹刿论战》中，在关系国家存亡的战争之际，有人认为战争仅是权贵的事情，"肉食者谋之，又何间焉？"而顾炎武在《日知录·正始》中指出："保天下者，匹夫之贱，与有责焉耳矣"。从历史演进的角度看，下层民众即使不能直接影响政权的运作，但一直是其长期性的决定因素，且往往通过革命或迫使当政者改革产生其影响力。进入现代社会后，下层民众逐步获得普选权，对政权的影响力比较直接地体现出来。因而从长期来看，下层民众拥有国家主权的主体资格，即使其有时似乎显得微不足道。

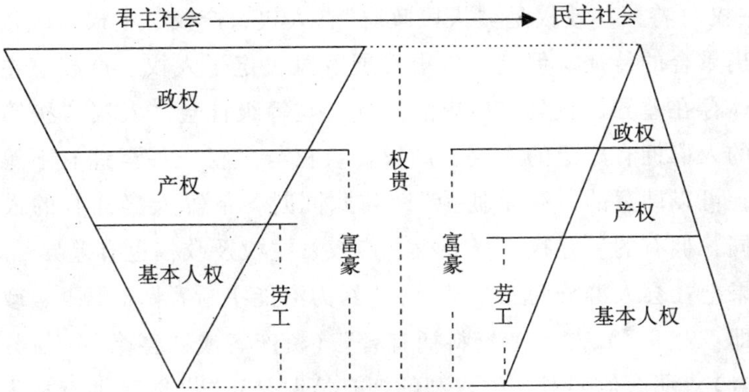

图 3－3　政权、产权、基本人权社会分布的变化

时候以民族利益或国家利益的形式表现出来，使他们在民族主义的旗帜下成为同盟军。一旦“主权”受到外来侵犯，“权贵”、“富豪”到劳工的各项权利都会受到挤压甚至全面掠夺，各群体全面联合的局面也有望形成。国家的形成以及政权的强大，往往与公共安全或公共生存危机有密切关系。在“主权”环境稳定的形势下，“主权”的内部属性以“政权”的方式，在“权贵”主导下与“富豪”的“产权”、劳工的“人权”进行博弈，它们之间的力量对比及博弈格局，决定了社会经济的发展和国家的兴衰。

劳工等社会弱势群体，由于缺乏政治根基、财富、人力资本，享受的产权、政权及主权十分有限，抵御风险以及捕捉机会的能力都很低。如果能在保障生存权的基础上，得到一定的发展权，具有在社会阶层中向上流动的希望，一般能够接受社会现实，成为劳动力的供应者。因为即使他们不接受社会现有的制度规则，由于其“权利”的稀薄而“输不起”，人数众多但由于交易费用大形不成集体行动能力，反抗现状的胜利机会渺茫，预期收益有限，预期成本可怕，因而很难为争取更多的人权向强大的“政权”与“产权”发起挑战。只有在其最基本的人权——生存权遇到莫大危机的情况下，“失去的只有锁链，得到的却可能是整个世界”，机会成本无限小，潜在收益无限大，这时一旦有“星星之火”，劳工会如“干柴野草”般很容易成为燎原烽火的一部分，其爆发力及对原有秩序的冲击力将无比强大。他们可能会以基本人权的诉求为起点，没收原有的产权，摧毁原有的政权，建立新的国家主权，开创一个新的时代。如恩格斯所说：

“迄今所发生的一切革命，都是为了保护一种所有制以反对另一种所有制的革命。它们如果不侵犯另一种所有制，便不能保护这一种所有制。

在法国大革命时期，是牺牲封建的所有制以拯救资产阶级的所有制……的确，一切所谓政治革命，从头一个起到末一个止，都是为了保护一种财产而实行的，都是通过没收（或者也叫做盗窃）另一种财产而进行的。”①

基于基本“人权”——生存权诉求建立的国家，虽然可以采用没收“产权”这种战时财政手段凝聚推翻原有“政权”的力量，但却不能一直采取掠夺性的财政手段来维持“主权”，不得不在维持基本“人权”——生存权的前提下，建立其认为最有利的产权制度以及相辅相成的财政制度。

在西欧古代社会，地理环境的破碎及“囚笼”效应的缺乏，限制了大一统专制局面的发展；低技术条件下巨大的政府治理交易费用，限制了中央集权和官僚制的发展，形成众多互相牵制的封建小国家。国家间以及国内封建领主“权贵”力量的分散化，意味着“主权与政权”的薄弱，从而为“富豪”在夹缝中成长壮大提供了条件。16世纪以后，随着“富豪”产权力量的壮大，产生了借助“主权与政权”力量扩大贸易的需求。“富豪”庞大的财富及其流动性，在激发国王或领主（“权贵”）贪欲的同时，“权贵”不得不采取遵守与“富豪”之间形成的“政权”换“产权”合约，从而出现了政治统治与经济统治一体化的局面，“富”“贵”合流，并伴随着主权的对外扩张扩大共同利益。“主权”在“富豪”提供的财政收入的支持下，军事力量和中央政府权力得到加强。由于议会与宪政制度的发展分解制衡了“权贵”对“政权”的控制力，“风能进、雨能进、国王不能进”的私有土地和房屋——神圣不可侵犯的“私人产权”得以保全，形成“政权”与“产权”共治共享的共和局面。劳工群体的人权结构在“富”、“贵”的合作与竞争中发生变化，自由权扩大，生存权一度恶化。

但总体上来说，在西方率先现代化过程中，由于“富”“贵”合流强化了产权激励，刺激了企业家创新动力，打开了工业革命的技术创新之门，市场向全球扩张带来了规模效应，发现和拓展殖民地扩大了生存空间，生产力极大发展。劳工群体也在经济技术进步中提高了与“统治阶级”集体博弈的能力，不仅生存权改善，而且其他权利得到发展，产权增加，对政权的参与扩大，并分享了部分主权对外扩张的利益。

在东方专制社会，君主是主权者，“权贵”凭借政治权力（暴力潜能）主宰“主权与政权”，欺压“富豪”与劳工，肆意剥夺“富豪”的“产

① 《马克思恩格斯选集》第4卷，人民出版社1995年版，第113页。

权”与劳工的最基本“人权”——生存权，形成“权贵”与“老百姓”的两重社会结构，“产权”激励弱化，“升官”→“发财”激励盛行，出现“一人得道，鸡犬升天”的局面。生产创新激励不足导致经济增长落后于人口增长，反复出现严重的人权——生存危机，遭遇“马尔萨斯”陷阱成为不可避免的现象。我国长期大一统专制帝国的文明史，反映的正是这种状况，产生了深厚的文化积淀，并形成沉重的历史包袱。鸦片战争后，在列强欺凌下中国“主权”被撕裂，领土被割占，“政权”挤压“产权”，“产权”挤压“人权”，民众的生存权遭遇严重危机。在这种背景下，近代以来我国掀起了生存权反抗“产权”，推翻原“政权”，重建“主权”的波澜壮阔的斗争。

从孙中山的“平均地权”、“节制资本”到新中国的“土地改革”与国有化，从推翻清王朝到建立新中国，体现了对劳苦大众生存权的关注与重视，对“产权”的警惕和对新政权的期望。在这个过程中，我国接受了对人权的生存权本位[①]观念，并成为政策的指导思想。但对自由资本主义时期形成的人权自由权本位思想精华的吸收未得到充分重视，造成“产权”激励不足的缺失。在改革开放后，重视“产权”激励产生了巨大的成效，但劳工发展权问题成为“人权”发展的软肋，知识“产权”的激励效应尚未充分激发，成为财政制度创新迫切需要解决的问题。

（五）产权制度的“有效性”

产权的界定、实施或变更，是与效率联系在一起的。产权制度的“有效性”体现在产权状态带来的长期社会收益大于长期社会成本，产权正激励有利于社会财富的长期增长。有效的产权是一种完备的社会契约，有利

① 人权的发展演变大致分为两个历史时期，一是自由权本位时期，二是现在仍在注重的生存权本位时期。人身自由和财产自由相汇而成就了资本主义自由竞争时期的巨大成就，这时期的人权都紧紧围绕着自由权而展开。在人权史上，这一时期的人权被称作自由权本位的人权。但当产权的行使必须为公众利益服务的原则确立之后，产权受到限制。人权的自由权本位开始让位于生存权本位。自由权本位更重视自由权，人权主体是无差别的一般公民；而生存权本位更重视平等权，侧重于保护社会弱者，所保障的内容是避免和补救社会弱者可能失去或已经失去的自由与平等。自由权本位的人权保障方法是防止国家介入公民的生活，要求国家干预的范围最小。而生存权本位的人权保障方法是要求国家积极介入社会经济生活，通过限制一部分资本“产权”自由而使社会弱者权利得到实现。自由权本位的人权救济措施主要体现为司法救济，而生存权本位的人权救济方法则主要体现为社会保障。参阅徐显明：“人权的体系与分类”，《中国社会科学》2000 年第 6 期。

于减少经济行为的不确定性。人们确立、设置产权或把原来不明晰的产权明晰化，“有助于形成一个人在同他人的交易中能理性地把握的那些预期。这些预期在法律、习俗和社会惯例中得到实现。产权所有者可以得到同伴的认可并能以特定的方式行事。”[①] 这样就会使人们能够明白自己和别人的选择空间，使权利与责任对称，有助于促进外部性内部化。各当事人的利益若通过明确产权得到肯定与拥护，减少交易费用，增进资源的有效配置。

产权确定使资产变得更容易评估，方便资产组合、分割和应用，流动性提高，促进资产潜能的发挥和充分利用，使资产所有者能够在广泛的人际网络中变成一种经济活动的积极角色。“发达国家里的财产的法律制度，实际上是一个错综复杂的人际网络中心。这一网络使得普通人与政府以及与各种私营部门建立起了紧密的联系，以获得额外的商品和服务”。[②] 人们通过这个人际关系网络建立起相互信任，社会分工、专业化生产和相互交换剩余产品的市场深化过程得以实现，从而促进经济增长。

高度集中的产权状况决定资源配置的计划调节，分散的、多元的产权主体状况决定资源配置的市场调节。产权总是客观地具有配置资源的功能，人们可以在一定限度上调整产权，优化产权结构。有效的产权结构应当具有排他性、可转让性和有保障性。产权的排他性激励着拥有财产的人将之用于带来最高价值的用途；可转让性促使资源向高生产率所有者转移；所有权的立宪保证把经济财富的积累与政治权力的积累分离开来。所有权和契约自由共同激励寻求效用的个体将资源配置于具有最高价格的用途。

自由主义经济学家崇尚私人产权制度。“公地悲剧”[③] 理论及历史上“公有化”浪潮[④]导致的低效率，坚定了他们对私人产权的信心。哈耶克

---

① 德姆塞茨：“关于产权的理论”，《财产权利与制度变迁》，上海三联书店 1994 年版，第 81 页。

② De Soto, Fernando, 2000, *The Mystery of Capital, Why Capitalism triumphs in the West and Fails Everywhere Else*, New York: Basic Book. p. 60.

③ 1968 年，美国学者哈丁（Hardin）提出，当资源或财产有许多拥有者，他们每一个人都有权使用资源，但没有人有权阻止他人使用，由此导致资源的过度使用，即为“公地悲剧”。如草场过度放牧、海洋过度捕捞等。

④ “公有化”浪潮不仅出现在实现计划经济的社会主义国家，而且在 20 世纪 50—60 年代的西方发达国家也风行一时。但 20 世纪 70 年代后逐渐退潮，计划体制的国家也引入了私人产权改革。

认为：

私有财产制度是自由的最重要的保障，这不仅对有产者来说是这样，而且对无产者来说一点也不少。只是由于生产资料掌握在许许多多的独立行动的人的手里，才没有人有控制我们的全权，我们方能以个人的身份来决定做我们要做的事情。如果所有的生产资料都掌控在一个人手中，不管这是在名义上是属于整个‘社会’的，还是属于一个独裁者的，谁行使这个管理权，谁就有全权控制我们。[①]

没有正式专有财产保障制度的社会，要么是前现代的传统社会，要么是现代的集权体制。在前一种社会类型中，社会成员往往与地方奴隶主或封建领主有着主仆关系或人身依附关系，也往往会处在专制君主、地方诸侯、官府行政长官以及地方豪强势力的统治和控制之下，因而他们并没有真正的社会选择权利，也没有经济上自己择业的自由和创业的自由。在后一种社会中，人们或则受制于专制政府的强权统治，或则受中央计划机关的行政自由裁量权的任意指挥[②]。个人自由的压抑，导致创造力激励的消退，造成社会经济的低效率。

但是，人类历史的进程也表明，私人产权绝非独步单方。单一的、完全界定的私人产权只不过是西方新制度经济学家们的一种理论期望，既不是历史，也不是现实[③]。国家在界定、保护、变更产权时具有规模效应，有利于降低产权的界定、实施或变更成本；但国家可能被控制者用作为少数人牟利的工具，损害产权制度的“有效性”。产权安排是否有效率，主要取决于它是否能为产权主体提供较强的外部性内在化激励。在一个知识发散的社会，人们得到有保障的、可转让的私人产权，使得生产更有价值物品的效用增加，并使生产它们的成本变得越来越低。但从公共产权中分离出私人产权过程中，一旦交易成本过大，也会出现“私地悲剧”[④]，造成效率损失。由私人产权联合起来组成的股份公司是一项重大的制度创新，

① Hayek, F. A., 1944, *The Road to Serfdom*, Chicago: The University of Chicago Press. pp. 103 – 104.

② 韦森：“从哈耶克‘自发—扩展秩序’理论看经济增长的‘斯密动力’与‘布罗代尔钟罩’”，《东岳论丛》2006年第4期。

③ 程恩富等：《新制度经济学》，经济日报出版社2005年版，第46页。

④ 共有产权被分解成私人产权后，个人对资源的自由经营和买卖，可能引起恶性竞争和垄断，导致个人经营者的细碎化、盲目性及短期效应，规模效应难以发挥，经营风险加大，原有抵御风险的能力降低，导致“私地悲剧”。

使具有可分割性、可分离性和可让渡性的私人产权得以联合从事生产经营，法人企业的合作机制保障了私人产权激励的有效性。

二、财政资源的公共产权属性

财政资源是财政过程的对象，是公共权力中心从经济资源中剥离出来，并进行重新配置的社会产品。财政资源在筹集过程中体现为财政收入，使用过程中体现为财政支出，停留在政府的时期体现为国库库存或国库存款。理想状态的政府是顺天应人、代表全体民众的。虽然不同时期的国家及其代表政府在一定程度上具有“家天下”的私人属性或者阶级属性，但其依然具有一定的公共性或社会性，否则就会走向土崩瓦解。财政资源具有公共产权属性，具体表现为行为主体的合法性、运行目的的公共性、决策过程的自主性、受益范围的广泛性。

（一）行为主体的合法性

财政资源的行为主体，在氏族社会时期是部族共同体议事会，是公众推举形成的、临时的、非专业化的公共权力中心。因共同体规模较小，原始社会的公共权力中心的产生过程容易得到成员的广泛认可，公共权力中心与共同体成员之间信息对称，其行为过程容易受到成员的有效监督。公共权力中心对财政资源的筹集、储存、使用，都受到习惯法的支持，具有合法性，体现出“取之于民、为民所用、用之于民”的特征。在阶级社会，国家成为人类组织的重要形式，政府行使阶级统治与公共管理的职能。国家共同体范围比氏族时期扩大，政府垄断暴力潜能，以“公共权力中心”的名义，组织和运用财政资源。政府在组织和运用财政资源如果仅仅考虑本阶级利益，掠夺成性，竭泽而渔，必然由危害资产者利益甚至危及劳工生存，最终破坏政权的持续性。具有长期理性的当权者会兼顾劳工等底层社会利益，在财政资源运行中会努力维持社会“共容利益”，积累实绩性合法性。如果是通过选举建立的政权，其财政资源在组织使用过程自然受到程序性监督控制，在程序中体现了合法性。

（二）运行目的的公共性

社会对政权“合法性”的要求，促使财政资源以符合社会公共需要的目的运行。政权在实现统治阶级利益的同时，履行部分社会公共职能。如果国家及政府不具有合法性，就不成其为“公共权力中心”，而成了充满掠夺性的流寇或黑社会。历史上得以延续的政权，往往通过积累合法性来维持国家与社会关系的稳定。如建立财政制度或惯例，信守国家与社会之间相对稳定的正式合约或隐性合约承诺等。财政决策在体现当政者个人偏好的同时，不得不兼顾其他社会群体的需要，使财政资源运行服务于一定的公共目的。

（三）决策过程的自主性

一个国家越大，个人偏好的差异越大，由个人偏好整合形成公共意愿的交易费用也越大。如果凡事都通过表决一致同意，可能一切公共事物都无法进行。即使采取凡事多数表决通过，也可能贻误了大量做好公共事项的时机。因此，历史上的国家以“公共权力中心”名义决策的，都是少数人，可能是战争中产生的强人，可能是政治斗争中产生的智者，也可能是选举产生的领袖。但这些“少数人”在对财政资源的决策中，不得不带有“自主性”，超越局部利益，在决策中从社会利益出发，兼顾不同群体的利益。否则，政权的合法性必然受损，并会危害到决策群体的利益。

（四）受益范围的广泛性

国家之所以能够长期成为人类社会的重要组织形式，在于其具有满足公共需要的作用，财政活动能够给社会带来净剩余。国家以其组织化带来的规模效应和协同效应，通过提供公共产品及服务带来的正效用与取得的财政资源产生的负效用相比，能产生了一定的净剩余。这些净剩余的分配能给哪些群体带来净效用，才能从哪些群体得到合法性支持。这部分净收益如果能够惠及全社会，实现利益共享，必然有利于国家合法性的增长，出现长治久安的盛世，如表 3－2 中的状态 A。王朝建立初期的“善治”多呈现这种状态。宪政国家之所以能够在与专制国家的竞争中取得胜利，成为世界潮流，也在于其财政资源的运行能够使各群体分享“共容利益”，维持了政权的合法性。

如果财政资源运行使有的群体利益受损，就会削弱其创造财富的激励，甚至使其成为社会的破坏力量，进而不利于社会财富的增长和经济的繁荣。如这部分净剩余不仅由“权贵”分享，而且侵及资产者及劳工利

表 3－2　　　　财政活动净剩余分配一览表

群体	从财政活动得到的副效用（如财政收入负担）绝对值	从财政活动得到的正效用（如公共品收益）	从财政活动得到的净剩余	各群体分享“共容利益”状态 A	官僚等权贵独享财政净剩余状态 B	官商联合盘剥劳工状态 C
“权贵”	R_1	E_1	$P_1 = E_1 - R_1$	$P_1 > 0$	$P_1 > 0$	$P_1 > 0$
资产者	R_2	E_2	$P_2 = E_2 - R_2$	$P_2 > 0$	$P_2 < 0$	$P_2 > 0$
劳工	R_3	E_3	$P_3 = E_3 - R_3$	$P_3 > 0$	$P_3 < 0$	$P_3 < 0$
全国	$R = R_1 + R_2 + R_3$	$E = E_1 + E_2 + E_3$	$P = P_1 + P_2 + P_3 = E - R$	$P > 0$	$P > 0$	$P > 0$

益，如表3－2中的状态B，资产者中的“企业家才能”势必受到压抑，不利于技术与制度创新，削弱他们可能对社会的贡献，最终全社会经济增长受到制约。劳工利益受损也使他们成为政权的反对力量。专制社会没落时期多呈现这种状态。而表3－2中的状态C则是资本主义原始积累时期的写照，政商结合下财政活动带来净收益，生产发展与技术进步并存，但政府与商人不仅得到全部财政活动净收益，而且侵占劳工利益，使劳工生存条件更加恶化。随着破坏社会运行的力量增强，财政活动给全社会带来的净剩余会小于零，政权将无法持续。总体而言，财政资源受益范围具有广泛性，政权才有持续性，社会才能呈现稳定发展的状态，合法性政权的财政资源受益范围具有广泛性特征。

三、财政过程中产权的转化

财政资源具有公共产权的特征。在财政资源的确立过程、筹集的收入过程，使用的支出过程，无不体现出产权方式的转化。如私人产权向公共产权的转化，公共产权向个人产权的转化，“小”公共产权向“大”公共产权的转化等。

（一）财政制度确立过程中产权的转化

财政过程的起点和终点就是人类共同体（在阶级社会就是国家）公共权力形成和消失的时间。在公共权力中心确立需要物质依托时就开始建立财政制度，政权的建立往往伴随着其财政制度的确立而确立。财政制度将奠定新政权财政运行的物质基础，成为财政运行的产权规则的起点。新的财政制度确立的过程，往往是一个公共产权扩大的过程，财政资源及其所有权、占有权、支配权、处置权走向集中和统一。这时，区域性的公共产权将转化为中央政府的公共产权，甚至全社会的私人产权也在颁布的法令下成为公共产权。如政权建立初期宣布土地国有、没收前政权财产及实现统一财经等行为，都属于这种情况。为了维持和增进政权的合法性，在中央政府掌控公共产权后，会采取分封、委托、分配等方式，使公共产权转化为区域性公共产权、集体产权甚至私人产权，以换取合法性支持。如君主打下江山后，将土地分封给功臣诸侯，免其赋税，这些功臣诸侯在区域内形成小共同体。这时体现为国家的公共产权转化为区域性公共产权。如果采取分级政府的官僚制管理方式，将国家的公共产权委托官僚代管，形成局部性公共产权。而公共产权向私人产权的转化，可体现在向功臣赏赐物品、向自耕农分发土地等行为中。

（二）财政收入过程中产权的转化

财政收入是集中财政资源的过程，可分为实物、货币甚至劳役三种形态。在财政发展历史上，财政收入经历了实物化（去劳役化）和货币化（价值衡量一般化）的过程，从而使财政资源更容易计量、使用、保存与转移。现代社会的财政收入主要表现为货币形式，但实物及劳役在一定条件下依然存在，甚至不可缺少。即使是实物，也多用货币计量，如农业税在2006年被废止前就长期以“公粮”的形式存在，折价计量。农村税费改革中废除的劳动积累工也是一种劳役，但又可“以资代劳”。从国家能否持续性取得收入，财政收入可分为，临时财政收入——贡纳、没收、强制捐献等；持续性财政收入——“自产”收入与税收收入；兼有临时与持续性特征的财政收入——公债（见表3－3）。

1. 临时财政收入。取得临时财政收入的方式，如强制的贡纳、抄没、捐献等，是伴随着暴力或暴力威胁的使用，将私人产权快速转化为公共产权的方式。国家（政府）的暴力潜能优势越突出，采取这种掠夺性财政收入方式的可能性越大。但采取这些方式政府取得的多是一次性收入，实施成本较高，一般用于征服初期、政权更迭、战争及灾害紧急状态、处分政敌罪犯等特定阶段与特定情况下。这时政府相对议价能力处于绝对优势地位，但由于交易费用和贴现率很高，无法将这些特殊财政收入方式作为持续性的收入手段使用。

出售国家资产资源、专卖专营权等，以交易方式为政府取得短期收

表 3－3　　　即期与持续性的财政收入特征一览表

<table>
<tr><th>种类</th><th>经济政治权力基础</th><th colspan="2">具体收入形式</th><th>特点</th><th>运用</th></tr>
<tr><td rowspan="3">临时财政收入</td><td>直接运用暴力或政治权力</td><td colspan="2">贡赋、没收、强制捐物捐款摊派</td><td>不稳定，成本高，运用暴力及政治权力较多，可能损害政权合法性</td><td rowspan="3">多用于财政危机时期，如国家创建、战争、灾害等时期</td></tr>
<tr><td rowspan="2">权利交易</td><td colspan="2">出售国家资产资源、专卖专营权等</td><td>政府对经济控制力下降</td></tr>
<tr><td colspan="2">出售官爵等</td><td>损害政权合法性</td></tr>
<tr><td rowspan="2">持续性财政收入</td><td>垄断资源（资本）及专营专卖权</td><td>自产收入</td><td>奴隶产出、地租、利润、承包费等</td><td>控制监督资源（资本）使用过程交易成本高；采用定额租则收入缺乏成长性</td><td>多用于管制型国家</td></tr>
<tr><td>公共品交易</td><td>税收收入</td><td>流转税所得税</td><td>与民间妥协并交易，分享经济成长利益</td><td rowspan="2">多用于市场经济国家</td></tr>
<tr><td>兼两特征</td><td>垄断货币铸造与管理权</td><td colspan="2">公债</td><td>政府具有高信用度</td></tr>
</table>

入，公共产权的性质没有改变，只是改变了公共产权的资产方式以提高流动性。出售官爵等即期财政收入方式，则是将长期的公共产权（公共权力、公共信誉）转化为即期的公共产权，是降低政权合法性的行为。

2. 持续性财政收入。

（1）“自产”收入。取得“自产”收入是政府通过控制资源或资本所有权，进而取得稳定财政收入的方式。稀缺资源往往有更高的经济价值，也成为国家取得财政收入的重点目标。人口、土地等曾经是农业社会关键的稀缺资源，资本是工商业为主的现代社会最关键的稀缺资源。于是，对人口、土地及资本的直接占有等，成为不同时期国家取得“自产”财政收入的手段。

占有奴隶产出是奴隶人权向领主私人产权的转化。奴隶社会或农奴社会，人口是最稀缺的资源，拥有奴隶人口的人权是财政收入的根本源泉。但是由于对奴隶劳动监督的高交易成本，国王无法直接监督大规模的奴隶劳动并获取剩余，于是只好采取分封方式将奴隶分给领主，并通过收取贡赋的方式取得财政收入。“领地构成了经济与政体的基础，由贵族所领导，军事与财政权力都集中在贵族手中。”① 这种财政收入组织方式，是将奴隶

① 琳达·维斯、约翰·M. 霍布森：《国家与经济发展——一个比较及历史性的分析》（黄兆辉等译），吉林出版集团有限责任公司2009年版，第21页。

人权转化为领主的私人产权，国王是最大的领主，取得其奴隶的产出。财政收入俨然是封建领主的家计收入。财政资源分散在邦国或各级领主，容易引发邦国及领主间的混战局面。春秋战国时周王室衰颓，烽烟四起，近代早期的欧洲也是战争频仍[①]，其财政原因在于当时的财政收入形式带来的暴力组织的多元状态。

田赋[②]实质上是国家依托土地最终所有权而征收的地租，是地主、农民的私人产权向君主私人产权（或国家公共产权）的转化。在农业帝国，由于人口繁衍，土地相对人口更为稀缺，被珍视为“财富之母”。帝王通过控制耕地与人口，建立政权之初宣布土地国有，然后分地给农民，编户齐民，造“鱼鳞册”，根据土地人丁每年征收国家田租。皇帝凭借武力打天下夺取土地的最终所有权，“天下”于是成了“皇家之天下”，田赋俨然成了皇家土地上的田租，是地主、农民的私人产权向皇家私人产权的转移。但是，专制帝国的私人家族性是不完全的，客观上存在一定程度的公共性，在一定意义上“天下”也具有“天下之天下”的特征。于是，田赋也具有地主、农民的私人产权向公共产权转移的性质。

国有企业（或君主产业，如皇庄）利润，是管理者与劳工私人产权向国家公共产权（或君主私人产权）的转化。在工商业经济时代，资本（包括土地资本）成为社会财富的基础。现代化国家为希望在实现国力强盛的同时避免私人控制资本导致严重阶级分化，通过国家大量建立、积累和控制资本，形成国有企业，企业的部分利润形成政府财政收入。政府从国有资本中取得的名义上是利润，实际是资本使用的租金。

在当今世界经济全球化条件下，一些国家可以出卖或出租资源取得财政收入。一种是取得自然资源销售收入或租金，这些资源有矿产、木材、钻石，最主要的是石油；另一种是取得战略租金，主要是处于有利的战略地位而带来国外军事或经济援助。如处于控制海洋运输要害地如运河以及

① 春秋战国时期（公元前656年—前221年），436年间发生大国卷入的战争256次，平均1.7年1次；近代早期欧洲，在1495—1815年的321年发生的有大国卷入的战争有89次，平均3.6年1次。参阅许田波，徐进译：《战争与国家形成：春秋战国与近代欧洲之比较》，上海人民出版社2009年版，第224—237页。

② 田赋、算赋和口赋是我国历史悠久的财政收入形式。田赋按土地征收，交纳粮食及其他土地产品，或交纳货币“地丁银”，也称为“公粮”、“皇粮”、“农业税”。算赋、口赋按人丁征收，是“人头税”，针对农民征收的占大部分，实质上也是国家地租。由于国家对人口信息难以掌握，我国历史上经历了一个漫长的“地丁合一”和“人头税”摊入地亩的过程。

在军事联盟中处于重要地位等。一个国家出卖或出租资源为财政收入的形式，体现为公共产权（或君主私人产权）由资源向货币形态的转化。

总之，国家组织持续性的“自产收入”，建立在国家依靠暴力工具或暴力潜能控制稀缺经济资源的基础上，自产收入相当于政治权力垄断租金或经济资源垄断租金。国家集政权与产权于一身，政治与经济一体化通过财政收入过程紧紧联系在一起，国家政权对全社会具有极大的控制力。社会分等级各守本业，无论是“士农工商”的分级，还是“一官二吏三僧四道五医六工七匠八娼九儒十丐”的说法，“权贵”群体总是处于社会阶层的最高等级。低等级群体的自主性、创造性受到压制，不能对经济文化产生较大的影响，于是历史成了“帝王将相的历史”。财政收入过程成了国家取得“自家”财富的过程，受到政权以外力量的牵制很弱。财政收入组织过程发生的交易成本，主要在政治体系内部，如君主与领主之间，帝王与官僚之间，中央政府与地方政府之间。劳工甚至资产者与政府之间缺乏谈判与博弈能力，民间的创造力无法充分发掘，他们的偏好得不到更多的关注与尊重，甚至使国家成为“虚幻的共同体”。

(2) 税收收入。税收的历史悠久①，甚至是财政收入的代名词。现代社会的税收，具有政府与社会的契约交易性质，是国家承认和保护私人产权，通过法律规定按照规范的程序与社会约定，依据商品价值、财产价值或所得征收的货币收入。税收收入与“自产”收入的不同，在于征收税收的前提是承认民间的私人产权，建立在尊重和保护私人产权的基础上，从私人财产中征收一定的比例或份额，私人产权的一定份额转化为公共产权。税收是国家与社会尤其是“资产者”建立协商机制，用提供产权保护换取稳定的税收，为工商业发展提供公共品如契约法律、市场秩序、公共设施等，帮助社会资产转化为资本，实现规模效应，推动市场交易，促进经济增长，从而政府可以从增长份额中取得更多的税收。

如果税收主要是向农业收入征取，那么政府可能倾向于采取压迫性的策略，这是因为土地无法移动，农民避税选择的可能性极小。如果政府主

① 西周，征收军事物资称“赋”；征收土产物资称“税”。春秋后期，赋与税统一按田亩征收。“赋”原指军赋，即军役和军用品。但实际上“赋”还包括其他产品，具有“税”的涵义。公元前594年鲁国实行“初税亩”，按平均产量对土地征税，后来采取征实物或货币形式，实质上相当于定额租。“摊丁入亩”后依托耕地的农民负担统称赋税。现代税收，主要指建立在民间工商业的产值、所得或私人财产之上，以稳定的程序、标准征收的货币收入。

要向流动资产征税的话，由于其存在真实的和潜在的避税能力，统治者倾向于和纳税人代表谈判使他们同意纳税。如果一个专制国家亏待资本家，他们便很容易撤出这个国家，把业务迁到别国，这便会削弱该国的财政军事基础。政府通过试验找到的最有效的方式，是将产权给予商人和工农业资本家以换取财政收益，进而维持军事实力的基础。国家以保障产权的方式主动建立了一个有利于资本投资的环境，产权的确立促成了鼓励投资和发明的制度。[①]

对私人产权的尊重与保护，改变了个人与政府之间的关系，不仅为国家提供了经济增长的部分收益，而且使国家获取了以前从来都无法得到的关于个人财富和生活方式的信息。逐渐增加的税收，使国家能够扩大其对公共产品的供给。从社会保险、福利计划到道路、通讯系统等现代基础设施，都逐步纳入公共产品和公共管理的范围。结果政府的权力得以强化，同时社会也更加依赖政府。流转税的征收取决于工农业生产的发展和商业贸易的繁荣；所得税的征收取决于民众准自愿服从的提升，使税负的提取无须持续借助于直接强制力。

3. 公债。公债作为应急财政收入形式产生，并发展为政府调节经济的重要杠杆。公债方式有利于迅速取得财政收入，还可以作为长期的财政收入手段，调节社会资源的配置方向，缓解长周期内财政收入年度间不平衡的矛盾。进入现代化阶段以来，工业革命与军事技术进步互相推动，只有财力充裕的国家才能在残酷的政治、军事和经济竞争中保持优势。虽然税收对“自产”收入的取代，加强了政府与社会的联系，提高了政府的渗透能力、汲取能力和协商能力。但最好的税收制度，也无法让一个国家的财政收入在短时期内大幅增长，因此各国的竞争力还来自于国家借款的能力，迅速的、低成本的的资金融通能力。第一次世界大战以前，税收国家经常崩溃，而英国之所以在世界上长期处于霸主地位，与英国公债制度的发达有重要关系。

公债方式组织收入的过程，是私人产权暂时转化为公共产权，到偿还期则是公共产权向私人产权逆向转化，是私人产权与公共产权的时间调换。所有权没有变化，变化的只是使用权。在代议民主制下，纳税人、公

① 琳达·维斯、约翰·M. 霍布森：《国家与经济发展——一个比较及历史性的分析》（黄兆辉等译），吉林出版集团有限责任公司2009年版，第71、82页。

债持有者、立法机构成员三者之间身份与利益相当大程度上是重合的，这就使得有关的财政信息充分公开，公众对政府有高度的信任感，贷款人也相信借款的政府在未来能用税收来偿还。公债被国家用于经济发展目的，成了原始积累的最强有力的手段之一。由于依靠财政收入支付国债利息，现代税收制度是国债制度的支柱。1694 年创建英格兰银行后，公债成为可流通的金融工具，促进了债券交易的兴旺。英国议会与政府使银行家和公众相信他们是按照金融准则行事，是“节俭”的政府，随着贸易的快速发展关税和消费税收入同步增长，构建了英国更守信誉和更有效的公债市场。其结果不仅令利率稳步下降，而且利用国债手段从国外取得大量的资金用于战争或经济投资①。

（三）财政支出过程中产权的转化

财政支出过程更直接地反映了财政的目标和本质。财政支出的种类不同，反映了产权转化的不同性质和特征。按照财政支出的经济性质，可分为购买性支出与转移性支出。如果公共品价格在市场竞争中形成，能反映资源的稀缺程度。如果缺乏市场，或市场上充斥垄断、管制等非公开竞争因素，购买性支出的价格可以通过对相关现象分析进行评价。如果政府的购买性支出出价偏高，必然争相提供政府购买的这类物品或劳务。如政府招聘官员职位，相当于支付工资、福利购买政府管理职位的劳务服务。从招聘的公共职位的报名热度，就可以判断政府对官员支付的收入、办公条件、隐形福利等是否偏高了。同样，偏远地区缺乏义务教育教师的新闻不时爆出，也反映了政府对于相应职位的报酬偏低。如果政府购买性支出出价偏高，可以看做购买性支出中含有部分的转移性补助支出；反之，政府购买性支出出价偏低，可以认为购买性支出中含有部分税收，减少了当事人的应得收入。

1. 购买性支出。政府购买性支出分为多个种类，如公共劳务性支出、公共消费品支出、公共资本品支出。提供公共劳务品的购买性支出，是为了提供公共安全、公共秩序、公共管理等劳务品。政府支付的形式包括官员、军人等从事公务人员的工资、福利（俸禄、军饷、津贴、补助）等，以及仅供这些公务人员使用的设备及办公条件保障等。社会安全与公共秩

---

① 参阅保罗·肯尼迪，陈景彪等译：《大国的兴衰——1500—2000 年的经济变迁与军事冲突》，国际文化出版公司 2006 年版，第 76 页。

序是每个社会的基本公共品，也是各个时期必须保证的公共支出，具体支出形式可表现为军费、公共管理费、外交费等。其中的军费关系到政权能否延续，在一定时期会成为数额居于第一位的支出项目。军费中的武器装备等虽然是物质产品，但公众消费的并不是这些物质产品，而是和这些物质产品结合在一起的军人提供的对外对内安全，是安全劳务性公共品。行政政法部门的办公设施也是这样，设施供官员和公务人员办公消费，与官员及公务人员的管理服务一起，构成了社会公共管理服务。公务人员劳务的运用是公共权力的使用过程。如果这些公共权力异化为官员个人权力，“国家权力部门化，部门权力个人化”，办公费用成为养人费用，衍生贪污腐败，也可能使其他的“公共产权”转化为官员“个人产权”。

在现代化进程中，提供公共消费品或公共资本的购买性支出重要性得到提高。公共消费品和公共资本品有时候存在交叉现象。比如修一条公共道路，方便了生活，于是就是公共消费品，同时便利了生产又成了公共资本品。公共消费品和公共资本多以实物的形式存在，但知识型消费品或资本品的实物承载形式比较简单。公共交通、通讯自古至今都是重要的公共消费品和资本品。水利、减灾设施、教育文化科研开发设施等，都是和平时期的重要公共消费品。现代社会中的市场体系、基础设施建设、基础产业开发等，都需要财政投资。提供公共消费品和公共资本的购买性支出，形成物质性的“公共品”，是货币形态的公共产权变形为物质形态的公共产权。

2. 转移性支出。转移性支出体现为公共产权向私人产权的转化，是政府支付财政资源后，没有相对应的物资、劳务回馈的财政支付方式。在君主专制时代，转移性支出往往成为特权群体的“盘中餐”、“座下车”等奢侈性消费品。在现代的人民主权国家，转移性支出往往流向社会弱势群体，或公众认为值得优遇的群体。根据转移性支出流向人群的不同，可以分为四种：一是转化为特权群体的“权贵”收益，二是转化为弱势群体的生存保障，三是转化为优遇对象的津贴，四是转化为公债债权人的利息补偿。

第一种转化，是权力等级制下“权贵”群体的自我优遇，“自我”决策对“自己人”进行“奖励”，是加强“权贵”特权利益群体凝聚力的“黏合剂”。大多形成奢侈性消费支出，对经济的长期增长具有吸血虫般的抑制消解作用。它以公众受到不平等待遇和加重负担为代价，具有损害政权合法性的作用。最典型的是专制时代的皇室支出。

第二种转化，是财政支出支付给出现生存危机的群体，如孤残、失业、受灾的民众，提供生存需要的基本产品。这类支出是社会共同体维系的重要保证，是基本人权——生存权甚至发展权受到尊重的标志，是社会文明程度的体现，彰显了政权的人道关怀，是政府的基本责任，有利于提升政权的合法性。政权的稳定，必然伴随着这部分支出的切实保障；相反，政权的崩溃，也伴随着这部分财政支出的缺失。

第三种转化，是政府为达到意识形态目标，确立社会行为导向，为符合标准的对象支付优遇津贴。在各个时代，政府对英模、军人、烈士及其家庭，给予荣誉表彰的同时，都在安排一定的奖励或优抚支出。这种支出有利于形成政府倡导的舆论和行为导向，增强政权的合法性，提高国家的软实力。但在不同时代，这部分支出的具体支付方向不同。如鼓励人口增长时期，会优遇多生育的“英雄母亲”，而人口压力大时，则优遇节育夫妇。

第四种转化，是政府支付公债债权人的利息。这属于一种市场行为，是政府承认债权人私人产权的重要标志。这种转移性财政支出，早期是一种应急性国家举债时承诺的兑现。在现代社会公债成为持续性财政收入方式，政府支付公债债权人的利息也成为政府调控经济工具的一个组成部分。

四、财政制度对财政过程中产权转化合约的确认

财政过程是一个产权转化的过程，财政制度是对财政过程产权转化合约的确认。在财政过程中发生了私人产权与公共产权之间、不同范围公共产权之间、公共产权的不同形态之间的转化。从整体上看，财政过程主要体现为私人产权→公共产权→私人产权的转化过程。转化前后两个阶段构成两组合约，两组合约联结构成一个合约链。两组合约分别表现为财政收入与财政支出的各种制度，如法律、条例、规定、办法等显性合约，惯例、习惯等隐性合约①以及它们的实施机制。每一主体既在相关的单个财

① 显性合约指合约有书面协议或法律协议的形式，规定了主体之间的协作关系与利益关系，强调满足经济主体的基本物质利益要求，具有静态性、规范性与离散性。

隐性合约又称默认合约，指在各方之间客观存在的，无需或无法通过特定的文字声明来达成明确的责权利关系，是建立在信任基础上的合约关系，没有书面文本和法律效力。各方通过讨论或社会惯例而不是外部强制执行来调整彼此的行为期望，具有动态性与连续性，经济主体会由于外界与自身条件的变化而改变其利益要求权。由于没有文本的合约规定条款，因此必须依赖于实施机制。

政合约中被赋予权利或义务，又在财政负担与公共品受益间与政府存在着隐性合约。社会与政府间在财政负担与公共品受益间也存在一个总体上的隐性合约，表现为长时期内社会各阶层能够分享由于国家规模效应和协同效应带来的合作剩余。无论是显性合约还是隐性合约，能够完好执行并保证双方利益的，属于完全合约，否则就是不完全合约[①]。由于政府行为的复杂性、合约时限的延续性、合约链条的互联性、履约效果的难以证实性，财政过程产权转化的合约（简称财政合约）多具有不完全合约的性质。

不同的时空环境下，财政合约会呈现出隐性合约、显性合约，或者不完全合约、完全合约的形态。如果财政主体具有高度的履约自觉性，信守承诺，财政合约无论以显性合约或隐性合约的形式存在，都能够完好执行而成为完全合约。显性合约具有较强的约束力，尤其对于物质属性部分，对于违约方有明确的制裁约定，但需要有效的实施机制保障。由于交易成本的存在，显性合约或隐性合约中的不完全性疏漏可能被特定利益集团俘获，导致财政的公共性发生异化，成为满足私人利益的工具，财政合约的不完全性弱点就暴露无遗了。如果合约是不完全的，如果相关方可以共同预期到他们间的关系，合约的实施机制将发挥作用，在博弈中实现新的交易均衡条件，建立新的财政合约。

（一）财政制度是财政过程产权转化合约的格式化

财政过程既有私人产权与公共产权间的转化，也有产权形态的变化，又有不同级次、区域间公共产权的转化，形成多种形式的产权转化合约，反映了产权主体间的复杂关系。财政过程产权转化合约，有的以显性合约形式出现，形成正式的比较规范的制度性文件，在国家财政运行中具有较

---

① 完全合约指合约中能够最大限度的明确规定未来所有状态下合约所有各方的责任与权利，将来各方都不需要再对合约进行修正或重新协商。由于在事前规定了各种或然状态下当事人的权利和责任，因此问题的重心是事后的监督问题。

不完全合约则指由于信息不完全与非对称性、有限理性等因素使缔约双方无法预见将来的可能性事件，因而达成的合约不包括所有的可能性，不能规定各种或然状态下所有各方的权责。不完全合约的重心在于对事后的权利（包括再谈判权利）进行机制设计或制度安排。不完全合约包含缺口和遗漏，可能不会提及某些情况下各方的责任，而对另一些情况下的责任只作出粗略或模棱两可的规定。参阅杨瑞龙、聂辉华："不完全契约理论：一个综述"，《经济研究》2006年第2期；蒋海："不对称信息、不完全契约与中国的信用制度建设"，《财经研究》2002年第2期。

强的约束力。有的以隐性合约的形式存在，没有书面形式，或者没有专门的规范的财政制度性文件，但可散见于其他法规、公告或文件之中，或者表现为君主、领袖或官僚的各种承诺，并被财政权利相对方所认可，从而形成隐性合约。隐性合约要履行而最终成为完全合约，需要当事人表现出高度的道德自觉。由于有限理性、交易成本、信息不对称、机会主义行为等原因，隐性合约绝大部分是不完全合约，一旦出现道德风险或机会主义，追究当事人责任面临很大困难甚至不可能。这种隐性合约如果没有履行，难以诉诸法律或其他第三方实施机制，其结果会出现社会信用的缺失以及潜在合作收益的无法实现。

财政制度是格式化的财政过程产权转化合约，是正式的财政合约，多以一定规格、样式的文件表现出来，是显性合约。财政制度是关于国家（或政府）经济行为的规范体系，是国家为了实现财政收入最大化并保持其合法性，通过确定收入来源、支出结构等，对产权在政府与社会、中央政府与地方政府之间进行界定和配置的基本制度安排，由政府单方面制定，或通过一定的民众公共偏好整合以及公共选择程序制定出来。由政府单方面制定的财政制度，决策成本小但执行成本高，会因违逆民意而成为单方面合约，得不到民意支持而成为不完全合约，在执行中会损害政府合法性。如果政府能够充分了解整合民意，财政制度容易得到民意支持而成为完全合约，会因为制度的实施成效而增强政府的实际合法性。如果经过了充分的意见表达和意见整合，通过公共决策程序制定财政制度，兼顾了各方的利益，决策中经过了充分参与，实施中受到有效监督和利益救济，这样的财政制度容易成为完全合约，决策成本可能比较高昂，而执行成本则会减少。财政制度通过对产权的界定和配置，决定了不同社会主体的经济权利，对私人产权保障程度的提高可以增加合约的完整性，为产权转移及产权保障提供游戏规则，提高预期的确定性，有利于经济增长和社会福利的提高。

作为历史范畴，财政制度随人类社会发展而演化；作为政治范畴，财政制度是国家意志的体现，反映了特定时期国家意志的偏好；作为经济范畴，财政制度是社会经济资源配置的基本规范，是政府调控经济的重要工具。财政制度既是社会形态中多方面因素发展的结果，又是不同阶层间政治、经济地位及利益关系的集中体现，是人类社会演进的历史进程中最为关键的制度动力中枢，也是历次社会变革过程中社会成员最为关注的利益转换机制的总枢纽[①]。财政制度是建立在经济基础之上的上层建筑，是国家制度的重要组成部分，是经济制度的核心，是其他制度的保障。它对社会的公共利益予以关注，为社会行为提供经济利益激励导向，从整体上控制和调节经济系统，追求经济系统的整体利益。有效的财政制度应具有普适性，具有一般性、确定性和开放性。一般性即财政制度不应在无确切理由的情况下对个人和情境实施差别待遇，不应当在不同集团之间亲此疏彼。违背这一准则一般都会降低财政制度的合法性。确定性是指财政制度要易于理解，是简单而确定的，对违规的惩罚应当得到清晰的传达和理解。开放性是指财政制度应稳定而不僵化，有调整的余地，能通过创新行动对环境变化作出反应。

（二）财政过程产权转化合约不完全性的表现

1. 合约的不完全性体现在财政合约的内容上。由于私人产权向公共产权的转化与后者向前者的转化基本上不能一一对应，各类财政主体的总体财政负担与财政受益多显现出不对应性。政府及其他当事方关于权利与义务的总合约，要么以隐性合约的形式，在认识存在差异的情况下达到暂时的均衡；要么以政府宣言、领导人承诺的方式，作出原则性的表态，或散见于宪法等法规文件的条文中，但缺乏有效的实施性机制保障。在政府处于主导地位的情况下，政府会努力使合约对社会产生更多的约束，但留给政府更多相机抉择的机会。财政收入法规的严肃性与细密性，与财政支出法规的原则性与粗略性，是在政府主导下财政过程产权转化合约的一般特点。民众福利损失最大的那一部分财政制度安排，尽可能通过完全的合约详细规定，以法律或者国家强制力来保证完成。对于通货膨胀和债务等可以给政府间接带来收入，执行中交易成本小的项目，多以隐性的不完全合约形态存在。而对民众福利收益最大的那一部分的收入分配，政府以完全合约进行详密规定的激励不足。

2. 合约的不完全性体现在财政合约的执行过程中。财政过程的产权转化，在财政收入过程多体现为公众私人产权物质属性的消失，而通过财政支出过程公众享受的福利多体现为安全、秩序、文化教育、社会保险等劳务服务项目。合约中劳务属性部分由于难以衡量和标准化，难以证实，更

---

① 崔联会：《中国财政制度研究》，经济科学出版社2004年版，第1页。

易诱发政府的机会主义行为。政府提供服务项目的分次性、复杂性与难以监控，为执行带来道德风险。在财政过程产权转化合约的执行过程中，私人产权向公共产权转化的显性内容，如税收特性的强制、无偿、固定性更受重视。对财政支出的标准，在财政规定中往往偏好从低的规定，在执行中有选择地宽泛地执行。

3. 合约的不完全性体现在财政合约的调整变迁中。在政府力量高度集中和强大，内部缺乏制衡机制的情况下，财政合约的执行过程就会因为没有第三方实施机制，而民间力量分散无法具有自我实施能力，不断衍生出不利于民间的财政合约隐性条款，并通过各种机会取得形式上的“合法”认证。如历史上名目繁多的苛捐杂税以及皇亲贵戚的优待项目层出不穷，杂派分批地被纳入“正税”成了“黄宗羲定律”的主要内容，通过财政改革给予追认似乎是摆脱不了的“宿命”。而当政府与民间“共容利益”无法维系，政府与民间的隐性财政合约无法执行时，强制性改签财政合约——财政革命只好伴随着社会革命如期而至了。

（三）财政过程中产权转化合约不完全的成因

财政过程中产权转化不完全合约的存在，决定于多重因素。参与方力量的不均衡甚至地位的不平等，第三方实施机制的不完善甚至不存在，行为主体的有限理性，合约履行中的测度成本，信息不对称等，都是财政合约不完全的成因。

1. 参与方地位的不平等。财政合约当事方能否处于平等地位，决定了财政过程中产权转化合约的完全程度。在力量均势的情况下，任何一方采取掠夺手段为自己谋利，都会遭到对方的报复而得不偿失，采取合作手段进行交易才可能使交易方都取得合作剩余。即使力量不均势，但有第三方实施机制存在，而且在第三方实施加大了交易成本后，交易双方仍然能分享到合作剩余，那么交易双方的地位依然可以保持平等并达成完全合约。在财政过程的利益博弈中，如果参与者中一方是根本没有人权的奴隶，或者分散如“袋子里马铃薯”的民众，另一方是强大的政府机构，或掌握信息优势的官员，那么财政过程博弈双方力量悬殊，政府官员利用优势地位独占财政利益，甚至使财政过程成为赤裸裸的掠夺过程都有可能成为事实。劳工尽管人数众多，但过于分散并且经济承受力差，处于社会底层，信息获取成本高，集团行动困难，“搭便车”问题严重，于是成为在社会博弈中的弱势群体。在向政府表达利益诉求时，利益表达的渠道缺乏，呼声不够集中和直接，在“利益表达→利益综合→政策制定→政策实施”的整个过程中，都不能形成积极地参与和有效的影响，也不能通过组织化反抗来争取自己的利益，结果使有关财政制度安排不能保证他们的利益，反而不断地损害和剥夺他们的利益。在财政合约制定权、解释权与执行权被个别群体垄断，又缺乏第三方实施机制制约的条件下，财政合约无论是显性还是隐性合约，都可能沦为不完全合约。

2. 有限理性。财政合约的一个基本特征是产品或劳务的跨时交易，在时间上靠后行动的一方有更多欺诈的机会。由于受信息传递、认知能力、测度能力等条件的限制，合约方在复杂多变的环境中，其行为的理性是有限的，很难对长期可能发生的各种情况都作出全面的计划安排，签订合约时条款的遗漏不可避免。虽然事前订立合约试图确定未来所有的风险，但有限理性使完全合约成为不可能，以明确的可由法律强制执行的条款来规范财政过程也无法完全实施。科斯等注意到：“由于购买者不知道供给者的几种方式中哪一种是他所需要的，因此，将来要提供的劳务只是以一般条款规定一下，而具体细节则留待以后解决。合约中的所有陈述是要求供给者供给物品或劳务的范围，而要求供给者所做的细节在合约中没有阐述，它是以后由购买者决定的”①。“由于预测的困难，关于商品或劳务供给的合约期限越长，那么对买方来说，明确规定对方该干什么就越不可能，也越不合适”②。财政过程涉及的领域宽泛，有的项目时间跨度大，其后果甚至若干代人之后才能显现出来，人类的理性只有在实践中才能不断修正提高。如环境保护问题、污染问题的严重性，往往是相关财政行为发生若干年，甚至出现重大灾害后，才能更清晰地被认识到，但有的当事人的损失可能已无可挽回③。

3. 信息不对称。财政合约的不完全性，在有限理性之外，还有当事人出于经济人动机造成的信息不对称。在财政收入合约中，纳税人掌握税收

---

① 盛洪：《现代制度经济学》，北京大学出版社 2003 年版，第 106 页。

② Coase, Ronald, 1937, “The Nature of the Firm”, *Economic*, 4: 391.

③ 如 2010 年 8 月 7 日，甘肃舟曲发生泥石流灾害，死亡超过 1248 人。其原因是从 20 世纪 50 年代起，当地政府开始有组织大规模地砍伐森林。1998 年国家禁止砍伐前，95% 的县财政收入来自林业。舟曲的森林覆盖率 20 世纪 50 年代达 67%，2010 年只有约 20%。在发现水土保持的必要性后，造林防灾的投入却如杯水车薪。参见刘俊：“舟曲：天人之战”，《南方周末》2010 年 8 月 11 日，http://www.infzm.com/content/48856。

标的价值的信息优势，政府则掌握惩罚手段的信息优势。在财政支出合约中，公共品生产者、提供者具有信息优势，预算安排者具有项目排序信息优势。在财政负担与公共品受益的总隐性财政合约中，除正式的法定收支可比项目外，还存在大量的隐性项目，如通货膨胀税、垄断价格控制收益、环境成本等，在不同当事方存在巨大的信息差异。在信息不对称条件下，可能诱发当事方的机会主义动机，甚至蓄意误导、歪曲和混淆信息为自己谋利益。作为君主或政府的代理人，官僚在从事社会管理中积累了丰富的信息资源，有可能通过选择性地运用信息为自己谋利益，从而导致大量“潜规则”[①] 的出现。

4. 交易成本。财政合约，尤其是涵盖财政负担与公共品受益的总财政合约链条长，具有不确定性、复杂性，要想在事前就规定整个合约有效期内交易双方的行为和交易的具体细节，并预测交易期内可能发生的偶然事件以及交易方在这些事件下的最优行为，需要耗费大量的交易成本，但这些偶然事件还不一定会发生，以至于进行该项交易是不经济的。即使当事人可以预见到或然状态，以一种双方没有争议的语言写入合约也很困难或者成本太高，还伴随着高昂的履约程度度量费用[②]。关于合约的重要信息对双方是可观察的，但对第三方（如法庭）是不可证实的。第三方实施的有效性值得怀疑，使得明确完备的可由法律强制实施的完全合约在现实中无法存在。由于这种“可观察但不可证实”的信息结构，增加了通过第三方实施的交易成本，甚至使第三方实施成为不可能，造成财政不完全合约当事方的机会主义行为。

（四）财政过程中产权转化不完全合约的影响

财政合约不完全产生的影响，最终可能使国家的“扶持之手”沦落为“无为之手”，“无为之手”沦落为“掠夺之手”，“掠夺之手”沦落为“要

---

① “潜规则”是“隐藏在正式规则之下、却在实际上支配着社会运行的规矩”。吴思在研究古代官僚权势集团行为时发现，“支配这个集团行为的东西，经常与他们宣称遵循的那些原则相去甚远。例如仁义道德，忠君爱民，清正廉明等等。真正支配这个集团行为的东西，在更大的程度上是非常现实的利害计算。这种利害计算的结果和趋利避害的抉择，这种结果和抉择的反复出现和长期稳定性，分明构成了一套潜在的规矩，形成了许多本集团内部和各集团之间在打交道的时候长期遵循的潜规则。”见吴思：《潜规则》，复旦大学出版社 2009 年版。

② 张妮等：“经济交易中不完全契约的博弈分析”，《技术与创新管理》2006 年第 5 期，第 74－76 页。

命之手”。不仅国家不能成为繁荣的源泉，反倒成为衰落的原因。财政过程是由一个个合约组成的，财政收支在每个人心中形成一个以隐性状态存在的总合约，个人总合约汇聚成全国关于财政负担与受益的总的隐性合约。如果相关方具有无限的个人履约资本，那么“敲竹杠”的事情将不会发生。但是，缺乏组织性的作为个体的民众成为财政合约的当事方时，其合约自我实施能力的弱势使其遭遇“敲竹杠”时，如果不选择忍气吞声，就可能选择求助于拦轿告状祈求“青天大老爷”的帮助。但“清官”作为官僚的一部分，并不能成为整个官僚体系的制衡力量。分散的“草民”受到损害似乎是永远的故事。但如果民众一直作为利益受损害的一方，会造成共容利益的缺失，引起社会的严重分化。一旦民众陷入生存危机，就可能在意识形态的感召下汇成强大的洪流去冲击官僚体系的堤坝，甚至引发社会体系的崩塌，并伴随着巨大的财富浩劫和文化破坏。

在财政合约中，维系公平的显性规则，被掺杂进隐性的条款，从而使国家成为一个垄断性的对不同个人提供不同公共服务，并收取不同财政收入价格的垄断者。由于财政合约的不完全性产生的激励效应，将引导整个社会致力于在官僚系统中谋得优势地位，通过社会分配而不是通过创造财富牟利，最终导致人际倾轧的日趋险恶，生产增长动力的不足。官僚在收入分配中的特权给出的示范信息是——仕途是获取物质利益的最佳选择。“做官，在中华帝国通常被认为是读书人的最高理想。……在向绅士提供的各种机会之中，当官不仅是最荣耀的职业，而且几乎是获取巨额财产的唯一途径。”①

财政合约的不完全性，助长了政府安排支出时将不同用途的支出互相替换使其账户呈现模糊化的倾向，结果越弱小的劳工个体，可能承担越沉重的负担，取得越少的公共品受益；相反，越是势力强大的利益集团，其财政负担条件越宽松，而受益越宽泛。财政支出的轻重缓急来源于社会不同集团的压力。政府支出的基本原则应根据公共产品的纯度由纯公共品向私人品渐次减少，但却在实施中出现反其道而行之的现象，根据公共品在当时特定的环境下与政府收益的密切程度来变化支出。与官僚体系自身利益相关性小的集团的支出，如基础教育、公共卫生、社会保障甚至国防等

① 张仲礼著，费成康、王寅通译：《中国绅士的收入》，上海社会科学院出版社 2001 年版，第 4 页。

公共程度非常高的产品，政府财政安排时出现缺口的可能性更大①。而对一些与政府直接利益相关的如行政支出，特别是超出社会需要的奢侈性转移支出，由于与权贵利益密切相关而更容易快速增长。

五、财政制度变迁是财政过程产权转化合约演化的集中体现

人类在寻求解决公共品问题的过程中，产生种种产权转化的财政合约，形成各种财政制度，并随着公共品供求的变化而不断演化。财政制度变迁，是财政过程产权转化合约演化的集中体现，反映了经济基础的变化以及各种社会力量博弈的结果。

（一）财政过程产权转化合约演化的经济社会背景

财政过程产权转化合约的演化，随着生产技术水平、经济组织方式的变化而变化，随着社会群体力量消长、国家组织形态的更新而更新。国家作为人类社会共同体，是人类追求公共净收益最大化的自然选择结果。公共需求、公共品提供能力、公共权力的发展，对于在人类社会发展中各个族群的生存状态和发展机会产生重大影响，对社会福利及个人福利具有至关重要的作用。如果国家组织形式与经济技术、社会结构状态相适应，能形成强大的公共力量，解决个体无力提供的问题，提高社会福利水平。由于公共品在一次性提供后，一人与多人使用成本相同，于是在公共品的生产与提供中能够实现成本分摊或者收益扩散，从总量上提高了社会的总效用。公共品提供通过财政过程解决，由于不同生产技术条件决定下沟通协调等交易成本的差异，国家的社会渗透能力、财政资源汲取能力、社会协商能力在不同时空出现差异，会产生不同的财政过程产权转化合约。在不同的路径依赖下，走出特征迥异的财政过程产权转化合约演化道路。但随着人类生产技术水平的提升与活动范围的扩大，财政合约的影响向更远的距离、更深的社会层面渗透和扩散，在全球化、市场化、城市化、信息化下对外部的影响和冲击更加强大，也更加深远。

① 如义务教育支出在我国由政府财政全额安排经历了一个较长时期，希望工程、集资摊派曾经成为其重要的资金来源。如今，法定教育支出要达到 GDP 的 4%，至今仍然是一个努力的目标。

（二）财政过程产权转化合约演化的脉络

财政过程产权转化合约的演化脉络，体现出主体平等化、影响范围扩大化、内容明细化、形式规范化等特征。

1. 主体平等化。财政主体包括共同体全体成员，不同财政主体间的权利和地位经历了平等——不平等——平等的演化过程。历史上共同体成员经历了部族成员——君主与臣民——领袖与国民——公民的身份变化过程。国家是社会共同体的地理区域扩大、超出血缘关系后依靠强制力维系的社会组织。随着社会共同体地理范围的扩大，人口增长，形成社会公共意志存在交易成本增大的障碍。而垄断暴力群体具有强组织性与低交易成本优势，缺乏与其他群体平等协商的意愿和约束力量。君主专制国家的社会群体按照等级制分别享有不同权利，阶级间的剥削与压迫成为全社会通行的法则。但是，平等因素仍然在各阶级和社会群体内部存在。进入现代社会后，伴随着市场经济的扩展，各社会群体逐渐成为在市场中平等交易的利益主体。首先是资产者运用贡献财政收入的方式赎买政治权利，取得了对财政过程的参与决策权与监督权，扩大了财政过程的直接决策参与人员的范围，完善了财政过程的议事机构和规则。随着资产者力量增长，控制了财政收入的来源，迫使君权虚化或推翻君权建立民选政府。民选政府中不同政党为扩大选票，推动有投票资格人数不断扩大，从而使劳工等群体逐步获得更多的财政决策参与权、财政过程监督权，不同财政主体间权利走向平等化。

2. 影响范围扩大化。在低水平生产技术条件下，维持社会成员基本生存耗费了大部分经济成果，不可能集中更多的财政资源用于公共品生产。随着生产技术水平提高，可以集中的社会财富增加，提供大范围受益的公共品的能力也得到提高，于是，财政活动影响的范围扩大，不仅对国家疆域内，而且对国家之外的冲击以及受到外部的冲击更大也更加频繁。财政活动从社会汲取资源的能力提高、范围扩大、规模增加，提供公共品改善个人福利的广度和深度都得到加强。在古代社会，财政活动主要是依靠资源性租金收入，提供维持社会安全和公共秩序的基本公共品。军费、行政管理费、君主支出是主要的财政支出项目，财政过程对经济、社会的影响十分有限。社会基层主要在宗族力量支配下，依靠习俗惯例维持秩序，提供很少量的基本生存性公共品。进入现代化阶段后，工业化提升了生产能力，财政活动对经济的干预加强，造成的国际间冲击越来越大。财政过程逐渐渗入社会的各个领域，在社会保障、基础教育、环境保护、战略开发等领域也不断扩大投入。在人类活动相互影响扩大的条件下，国家间的公共品种类增加，如国际安全、环境保护等成为国际财政面对的问题。

3. 内容明细化。财政过程产权转化合约的内容，在演化中内容趋于明确和精细化。古代的财政过程，由于测度与信息传递技术落后，主要采取实物、力役等方式，货币化程度低，可换算程度差，制约了财政管理的水平，财政合约的内容无法十分明确和细化，财政运行更多地制约于财政资源的具体品类和质量。在市场体系不发达的背景下，财政管理不得不在管理资金的同时，参与仓储和运输管理。各种财政资源的不可通约性，不同材质财政资源质量的难以保证性，对于财政管理精细化增加了巨大的难度。进入现代化阶段后，宪政制度的发展促进了国家暴力潜能的分散化和财政信息的公开化，更多的民众具有了选举权，现代计量计算技术的发展，信息通讯技术的进步，财政资源的货币化，推动了财政过程产权转化合约的明细化和公开化。

4. 形式规范化。财政过程产权转化合约在演化中逐渐格式化，形式上走向完整和规范。在早期人类社会，财政关系契约通过习惯法的形式建立，文字记录很简单或根本没有文字记录，仅凭当事人之间的信任，以口头承诺的方式存在。由于人们活动范围小，博弈具有重复性，合约的自我实施机制具有约束力，合约形式的规范化没有显得那么迫切。在专制时代，社会“分等定分”，不同等级之间的契约关系十分脆弱，主要决定于高等级的遵守承诺的“自觉”，甚至低等级在忍无可忍下的“革命”。在政府与高等级群体发生财政关系时，财政产权转化合约具有规范性特征。如贵族的赏赐、官僚的俸禄等财政支出，会有“规范”的条文形式。但政府与低等级间发生财政关系时，财政合约往往由官府单方面制订，条文偏重于政府的权利和“百姓”的义务，目的在于强化政府的财政权力和民众的服从，形式不可能完整和规范。财政过程产权转化合约的模糊领域解释权掌握在政府手中。即使财政合约以法律法规的形式“诏告天下”，甚至“刻石勒碑”，仍然缺乏对政府的约束力。进入宪政阶段后，政治参与的扩大使民众得以参与财政合约的制订过程。财政行为主体的平等化推动财政过程产权转化合约形式上的规范化。

总之，财政过程产权转化合约的演化，经历的是一个由简单到复杂，由粗疏到严密，主体地位趋向平等，内容趋于完整化，形式逐步规范化，由不完全合约走向完全合约进步的过程。

（三）财政制度变迁是对财政过程产权转化合约的动态调整

随着生产力不断发展，公共品需求不断丰富，财政活动规模增大，通过完善财政合约提高社会福利的可能性增加。由于隐性财政合约缺乏严整规范的形式，约束力更弱，在相关方自我实施资本不足的情况下，更容易诱发当事人的机会主义动机和道德风险。财政活动可能带来的潜在净收益，激发了由隐性合约替代为显性合约，由显性合约上升为规范的财政制度的客观要求。财政制度变迁是适应经济政治形式变化的要求，财政合约动态调整的集中体现。

财政制度变迁是新的财政制度产生或替代、改变旧制度的动态过程。可分为几种情况：一是原有的各种财政制度保存下来，又产生新的财政制度安排，整个财政制度结构中增加了新的构成因素，各种财政制度安排的相对地位也发生变化；二是原有的某些财政制度因失去了存在的意义而消亡，整个财政制度结构也发生改变；三是原有的制度安排演变为新的制度安排，也许它还保留了旧制度安排的某些特征，但已不同于原来的财政制度安排；四是在原有的财政制度结构中，各种制度安排的性质、种类不变，但相对地位发生变化；五是整个社会的基本财政制度或基础性财政制度发生了改变。

追求财政净收益最大化，提升国家的合法化水平，是财政制度变迁的初衷。由于历史环境的变化，导致原有财政制度失效甚至出现财政危机，统治者不得不通过重新界定产权结构来建立新的财政制度，使人们在社会分工中的地位和权利发生变化，从而以社会分工利益的重新配置为途径改变人们合作的方式，促进社会经济形态的变迁。如近代西欧从传统国家，到绝对主义国家及民族主义国家的过渡，其基础是租金型财政制度取代贡纳型财政制度，税收型财政制度取代租金型财政制度，带来了西欧社会经济的深刻转型，使特权化的产权结构被市场化、平等性产权结构所代替。在新的财政制度和产权结构下，社会分工利益打破原来依据特权配置的规则，使人们的合作与交往越来越建立在平等的基础上，并反过来推动了对国家掠夺性权力的限制，使人类社会由特权时代进入非特权时代，使国家以掠夺为鲜明特征转变为以公共服务为主要特征。①

财政制度变迁过程会产生一定的成本，只有制度创新的潜在收益大于潜在成本时，制度创新与变迁才会发生。现代化进程中，向税收型财政制度的演化，对于产权的界定和配置是一种革命性的变革，它承认了私人产权的平等性，给予了产权自由交易的合法地位。在税收型财政制度建立后，预算制度的发展提高了收支之间的照应性，国家的权力越来越受到有效的制约，使国家的掠夺性受到进一步遏制，国家的公共性色彩逐渐增加。在财政制度变迁与社会经济发展相适应时，经济社会往往能够顺畅发展，国家走向富强，人民享受更多的社会福利。

政府是财政制度变迁的关键主体，具有规模经济优势，能将外部性内部化，以比竞争性组织低的费用提供公共物品。财政制度是公共物品，由于外部性和“搭便车”问题的广泛存在，使个人缺乏激励去积极进行财政制度创新，政府的规模效应和具有的强制性力量，使其能降低制度实施和组织成本。在对财政制度变迁总收益和总成本衡量的基础上，由政府组织财政制度创新，可以节省财政制度变迁的时间。但政府作为制度变迁的主体也会造成制度变迁的失败，如为了政府内部人利益而过度供给财政制度，损害其他群体利益等。如果政府缺乏改革能力，拘泥固守于狭隘的本位利益，在现有财政制度已经对其他社会群体形成巨大危害，或已经出现潜在的制度变迁收益时，无动于衷或积极阻挠。财政制度在其他社会力量推动下改变，这时的财政制度变迁可能是被动的适应性变化，甚至是反政府力量主导的财政革命。

第四节　财政制度变迁过程剖析

财政制度具有重要的激励效应，财政制度变迁是实施财政职能调整的过程。财政制度变迁的需求，孕育在环境变化引发的财政压力甚至财政危机中。是主动改革、大胆创新，还是被动调整，甚至引发革命，决定于财政主体结构状态、对形势的判断及其行动力。

① 刘志广：“财政社会学视野下的财政制度变迁与社会经济转型——兼论20世纪末社会经济转型的实质及其发展趋势”，《经济与管理研究》2007年第2期。

一、财政职能——财政制度变迁的目标导向

财政制度是人类社会发展中兼有竞争与合作两种特征的机制，可以实现规模收益，为市场机制提供产权保障，减低交易成本。财政职能随着经济发展阶段与社会结构的变化而变化，财政制度变迁伴随财政职能调整的过程。

（一）财政制度是人类社会“竞争＋合作”机制的最重要支柱之一

人类社会内部的竞争与合作，推动了文明的进步，使人类成为生物界的最强者。对竞争与合作机制的认识，成为解读财政制度变迁的重要基础。在人类社会“竞争＋合作”机制的最重要支柱中，财政制度与市场制度都至关重要，它们之间的配合与相互影响深深地影响着各个国家现代化的进程。

人类之所以在生物界处于无敌的地位，除了自然属性拥有高度智慧外，还在于人类作为一个群体生存在世界上，拥有高效率的可持续的竞争与合作机制。在竞争中激发学习动力，提升创造能力，在合作中各自扬长避短，共享生产成果。人类历史，就是一个充满竞争与合作的历史。竞争与合作的水平，决定潜能的发掘水平，反映文明发展的程度。纵观人类历史，有人赞美合作，有人崇尚竞争，但决定人类发展水平的，倒是兼具竞争与合作内涵的市场制度与财政制度。市场制度首倡竞争，但在竞争中实现合作；财政制度强调合作，但在合作中体现竞争。竞争与合作因素在市场制度与财政制度中是否实现了合理的配置，财政制度变迁是否促进了人际的和谐，市场制度拓展是否激发了生产的潜力，决定了各个人类共同体创造潜能的发掘情况，也最终决定了其发展程度。

生产是人类生存的基础。自我生产、交换与掠夺是人类要满足自身的欲望的三种主要途径[①]。时至今日，大量的劳务服务通过自我提供的状况

① 其他的途径还有：偷窃、欺骗与接受捐赠（或馈赠、资助）等。但偷窃、欺骗与掠夺虽然方式有别，但其相似之处在于，它们同是非法占有别人财物，博弈的结果是“零和”甚至“负和”，都是人与人之间难以持续的不合作方式，因此可归入一个大类。战争是扩大的掠夺方式。接受捐赠（或馈赠、资助）者对捐赠（或馈赠）物品的数量和品类往往缺乏选择性，不构成满足欲望的主要方式。典型的交换方式是市场交换。一部分馈赠、换工、礼尚往来带有互助性质，应归入交换大类。

仍难以替代。生产的成果除生产者自己消费外，也可能通过平等交换的方式出让出去，或者被掠夺、偷窃等失去支配权。自我生产受到劳动者自我禀赋与可直接支配生产要素的限制，生产品类有限。受边际效用递减的影响，经济主体仅仅通过消费自我生产的产品或劳务，无法满足多种需要以提高总效用。交换建立在经济主体自愿选择的前提下，在市场拓展中刺激分工深化，发挥个体优势，增加社会剩余，是人类的"正和"博弈方式。如果交易者均能分享合作剩余，交换具有可持续性，促进人类生活水平提高。掠夺以暴力为前提，战争是其集团性、规模性表现形式，侵夺别人的生产成果，谋求资源与财富再分配，是人类的"零和"甚至"负和"博弈方式，可能给胜利者带来净收益，但不具有持续性。通过市场秩序的拓展实现共赢，增加人类的福利，是现代化的一个重要特征。

市场制度以自由选择、自愿交换、自愿合作为前提，以分散决策、自发形成、自由竞争为特点，是在维护产权，促进平等和保护自由的社会制度基础上，以市场机制引导社会资源配置的经济制度。市场主体的基本目的和最普遍的行为模式，是通过交换来满足各自的需求和实现各自的利益。市场交换建立在市场主体自愿的前提下，交换方以满足自身利益需求为目的相互为对方提供服务。"从法律上来看这种交换的惟一前提是每个人对自己产品的所有权和自由支配权。"① 交换双方只有在尊重对方利益和意愿的情况下，也就是在平等关系中才能达成交易。摆脱了人身依附关系的束缚，也摆脱了各种超经济的或非经济的依赖关系，促进普遍的具有独立人格的个人的生成，是市场经济发展的内在要求。而享有产权、合约自由、劳动权和消费选择自由权利的个人的生成，又成为市场经济得以持续运转的最浓厚、最基本的内在动力。市场秩序在地理范围上的拓展（国际化与全球化），在交易规模上的拓展（提高市场化程度），在产业深度上的拓展（要素市场化），在时间维度上的拓展（货币化与证券化），在主体对象上的拓展（市场主体非人格化），向公共品领域的拓展（公共化与民主化），放大了社会化大生产的规模效应。但是，要使市场制度的拓展能持续增进社会福利，必须以个体自由平等、产权保护与契约自由为前提，而这些是需要通过财政制度来实现。

市场机制得以存续的重要条件，是财政制度支持下的政府职能的发挥

① 《马克思恩格斯全集》第48卷，人民出版社1985年版，第161页。

——保护产权与契约自由，消除外部性，促进个人成本与个人收益相一致（参见图3-4）。财政制度变迁的过程，就是人类集体探索可持续合作机制的过程。财政制度因公共需要而产生，被特权利益集团凌驾其上而异化。随着人类进入现代化时代，专业化、市场化、城市化、全球化、信息化等拉近了人们的距离，使人们的交往更加频密，对解决公共需求、提供公共服务的财政制度提出了更多更高的要求。人类通过不断的知识积累和学习，促进财政制度的创新，探索财政收支的匹配机制，发挥公共支出的规模效应。在财政制度的变迁过程中，生产并分享"共容利益"，缓和冲突，促进人类之间以及人类与环境的和谐，提升整体福利。但在不同民族的文化、制度基础以及发展水平等因素的制约下，不同国家的财政制度变迁呈现出复杂的局面。人们发现，实行财政宪政，可以通过不同财政主体在合作中激烈竞争，形成"寻利"而"寻租"的激励机制，从当前看是实现上述目标的光明道路。

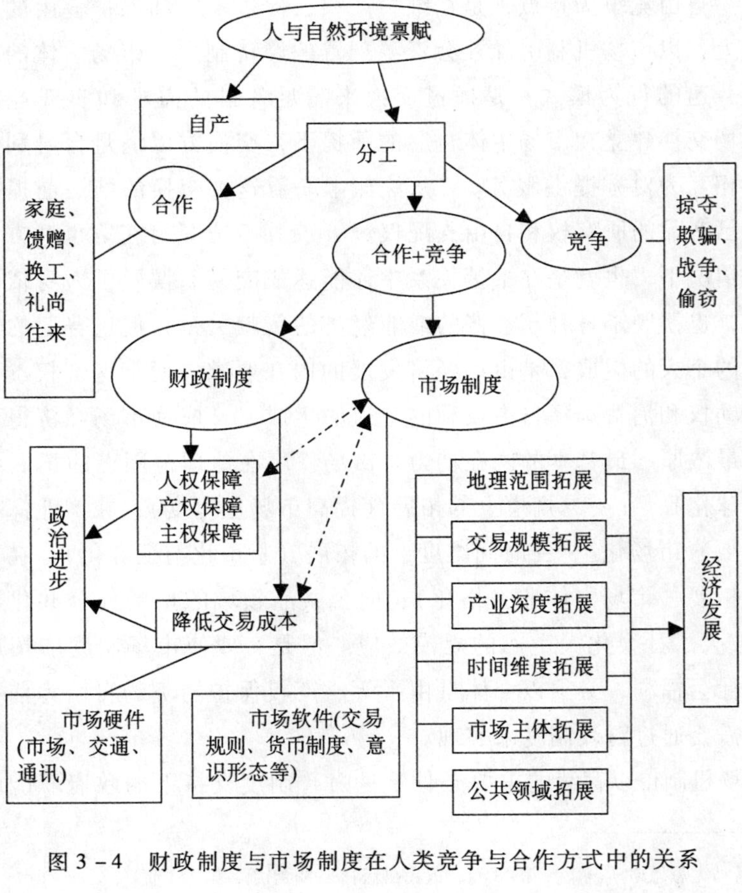

图3-4　财政制度与市场制度在人类竞争与合作方式中的关系

人权保障、产权保障、主权保障是市场制度拓展的基础条件，但又是市场本身解决不了的问题。如在人权受到保障的条件下，经济主体的地位才能平等，通过经济主体自主理性决策才能促进经济效率的提升；在产权受到保障的条件下，通过合约自由和有效的实施机制才能实现外部性内部化；在主权受到保障的条件下，人权保障、产权保障才有起码的外部环境。市场经济由一只“看不见的手”在指挥，具有自发性、盲目性、滞后性。市场秩序本身是公共品，市场秩序拓展产生了更多的公共品需求，如公共保险、公正、降低交易费用、减少信息不对称、公共资本投入等。财政制度为市场制度拓展提供环境条件，市场制度拓展提出财政制度变迁的要求，促进等级制度的逐步退出和社会激励机制的演化。

从图 3－4 可以看出，财政制度与市场制度都是兼具竞争与合作的制度，是人类社会通过分工合作得以走向持续走向强大的制度。在财政制度下才能建立公共秩序，保障公共安全，取得更多的规模收益，降低交易成本；而在市场制度下，个人的分工潜力优势才能得到充分发挥，两者相互支持是现代化的要求。历史演化中的重大经济社会转型，都有财政制度创新的影响。现代化最突出的技术或产业标志，是人类进入了工业化时代。它不仅仅是人类在技术积累基础上发生的飞跃，也是产权保护与产权交易制度演化的结果。政权是财政制度的前提，产权是市场制度的根基。政权与产权的博弈方式与稳定状态，决定市场制度与财政制度的配合方式和社会激励的导向。当一个社会的资源配置是由政权独揽一切的时候，就会形成一种寻租的社会，就会产生一种“求官”的社会激励。当一个社会的资源配置是由产权决定的时候，那么就会形成一种寻利的社会，形成创造财富的激励。政权的强大依赖于财政制度创新的支持，财政制度创新是维系市场竞争的基础，社会经济才能持续发展，国家强大才有源头活水。

（二）财政职能的一般属性

财政制度变迁是实施财政职能调整的过程。财政职能是政府职能在财政领域的表现。财政职能是财政主体在财政压力下，通过对财政形势的认知、判断而选择的财政任务指向。经济与政治形势的变化影响政府职能的调整，进而影响财政职能的调整及财政制度的变迁。

1. 财政职能是客观规定性与主观能动性的综合。社会经济发展阶段限定着财政职能的客观属性。财政活动受到特定的历史阶段生产力发展水平、技术条件的制约，也受到特定阶段财政主体关系及决策制度的制约。财政主体并不能随意设定财政职能，也不能随意选择财政收支方式和财政政策。特定历史发展阶段决定当时政府与社会的关系，即政府权力与社会权利的界限。政府与社会的关系决定了政府的职能，进而决定财政职能。财政职能的实现，要通过财政体制与财政管理去完成。财政职能的实现情况，又对政府与社会关系产生影响，促进或拖累社会的进步与发展（见图3-5）。财政职能的定位与履行，又是一个发挥主观能动性的过程。如果财政主体能够发挥好主观能动性，将财政职能定位在对客观环境科学认知的基础上，建立实现财政职能的合理机制，就有可能促进社会发展，增进社会福利。否则，财政职能的不当定位与实施，可能成为阻遏历史进步的因素。

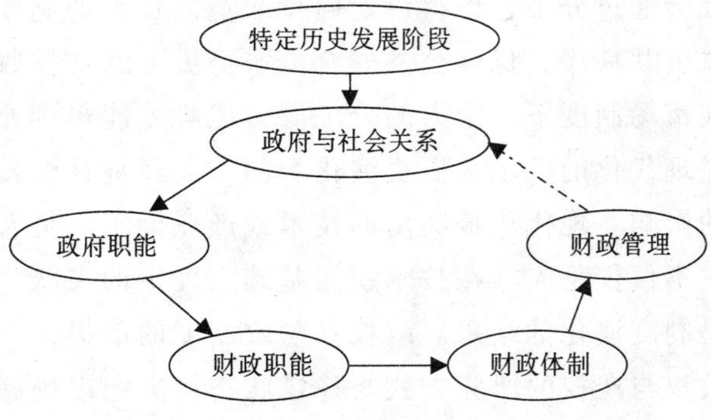

图3-5　财政职能与相关因素关系图

2. 财政职能体现财政主体的结构性要求。从历史角度看，财政主体的运行层次经历了公众——政府——公民作为财政活动主导因素的演进。从某一时点看，财政主体表现为横向与纵向结构的综合体。其横向结构的核心部分——广义的政府由立法、行政、司法机构组成；在狭义的政府——行政机构内部，又区分为财政、税务、海关、计划、审计及其他职能机构；政党、公共舆论、利益集团等对横向结构也产生着影响。纵向结构由分级政府组成，组织形式分联邦制或单一制。联邦制分级政府间是契约关系，单一制分级政府间存在行政隶属关系。财政主体的横向结构与纵向结构，决定了财政活动决策、执行及监督的方式和效率，制约财政职能的定位及实现程度。

3. 财政职能的环境适应性。“国家分配论”认为，财政职能要实现的是统治阶级的剥削或掠夺性利益；“公共需要论”认为，财政职能要实现的是公共利益。根据诺斯的暴力潜能论国家观点，财政职能要实现的目标，决定于财政主体的结构性特征。当财政主体的权力来源散布于社会，权力的行使受到社会的制约与监督，政府能够自主代表全社会长远利益行事时，财政职能实现的是公共利益。在大规模社会中，权力或暴力潜能多呈现不均匀分布，财政职能实现的目标往往兼有局部利益、阶级利益与全社会公共利益的综合性特征。具体在某一时期实现的利益呈现哪一种利益结构，取决于相关方的力量博弈态势。

在前现代社会，经济联系松散，小农就像形不成合力的一堆马铃薯，于是少数人垄断了政府权力。这时国家主要代表少数集团或统治阶级的利益，缺乏超脱各阶级的自主性，财政职能就会只是实现少数人的利益，但这种情形常常不具有可持续性。进入现代社会后，随着市场经济发展，社会联系密集化，交通、通讯及法治的发展节约了交易成本，民主化进程使财政预算由国家管理的工具逐步演变成公民管理国家的工具。国家超脱各阶级阶层的自主性及代表全社会的能力得到提升，财政的公共性得到发展。

4. 财政职能的分类。政府职能是形成财政职能的前提，财政职能的实现为政府职能的履行配置必要的资源。政府职能按作用领域，可分为政治、经济和社会职能；按重要性及实现顺序，又可区分为基本职能、扩展职能和超级职能。政府的基本职能是维护国家安全和秩序，保证居民最基本的生存条件；扩展职能是保护来自境外的利益，选择性干预经济运行和进行收入分配，对经济效率与社会公平产生影响；超级职能是建立对外霸权，直接大量参与经济过程，进行资产再分配。两种分类结合，又可以划分为更细的分类（见表3－4）。

表3－4　　政府职能分类表

	政治职能	经济职能	社会职能
基本职能	国防、外交、国内秩序	法律、财产所有权、基础设施、基础教育文化卫生	生存保障、权力分配
扩展职能	对外利益保护	宏观经济管理、促进市场发展、科技发展、反垄断、环境保护	再分配性养老金、家庭津贴、失业保险、消除疾病、反贫困计划
超级职能	领土扩张、霸权	协调私人活动、组织生产	资产再分配

财政职能体现政府职能，为实现政府职能提供资金保证，首先要为政权的可持续性存在提供资金保障，进而对资源配置效率和社会公平产生影响。财政职能与政府职能相对应，按重要性及实现顺序，也可分为基本职能、扩展职能和超级职能，并可按保障政权、提高资源配置效率和促进社会公平区分为小的类别。财政基本职能是为维持国家在现有秩序与格局下持续运行的职能，为政权运转提供资金保证；提供交通、水利、文化、生存救济等基本公共资本品、公共消费品；进行特权租金分配和为底层提供生存保障。财政扩展职能是为保护境外利益提供资金支持，主要以市场规则规范者身份促进市场扩展，保护弱势产业，对经济波动和社会公平进行调节。财政超级职能是为建立对外霸权提供资金支持，运用财政手段控制甚至统治经济，进行社会资产重新分配（见表3－5）。

表3－5　　　　　　　　　　财政职能分类表

	政权保障与强化	资源配置	收入分配
基本职能	政权运转资金保证	基本公共品提供性公共资本投资	社会救济、特权租金
扩展职能	对外经济利益保护	对外市场保护、扩展市场、调节经济	社会福利、社会保险
超级职能	扩张与维持霸权	控制经济、统制经济	资产再分配

5. 财政职能的历史阶段性。财政职能具有历史阶段性特征，是客观见之于主观再作用于客观的过程[①]。财政职能的定位和实现程度，既决定于客观环境的变化，也受到财政主体结构的制约。经济发展阶段影响财政主体结构的变化，进而影响财政决策的方向和方式，导致财政职能的调整与变化。财政主体在定位财政职能时超越不了历史阶段的限制。无论是前现代国家还是现代国家，在对财政职能定位时，常常将维持政权作为财政资金保障的第一顺序；在此基础上对生产要素进行配置，提供公共消费品和公共资本品；在收入分配中既开展基本社会保障服务，又为特权阶级提供权力租金。在前现代社会，国家多通过强化财政的政权保障职能，对外掠夺和对内压迫。进入现代社会后，财政职能在落实基本职能的基础上，为市场分工优势向国内外扩展提供财政支持，保护民族产业，谋取经济利益，扩大社会保障。在战争、革命等特殊时期，财政职能向超级职能扩展，财政成为控制经济的工具，在过度干预经济活动中实现其非常态

① 贾康："财政的本质及在新时期的职能作用"，《财政研究》1994年第10期。

目标。

（三）财政制度变迁是实施财政职能调整的过程

人类社会发展史，是一部专业化分工与社会化合作的历史，也是一部财政制度变迁的历史。随着生产力的发展，私人需求、私人经济出现新形态，财政制度不断创新以适应经济主体对公共品的新需求。原始社会人类就开始为了生存而探索分工与合作的技术，公共品提供也向专业化分工的方向演进。在原始技术条件下，人口的增长与部落的扩张使种群之间的资源竞争加剧，社会秩序成为人类生存必需的基本公共品。在农业文明中发展并产生出了帝国制度，等级制社会秩序得以提供，实现了高度专业化的财政分工，农耕社会的种群生存能力也远高于游牧民族。但是，农业帝国为维系社会秩序，降低交易费用而发展起来的管制制度，造就出寻租式激励机制，无法避免在马尔萨斯陷阱中衰落下去。文明的衰落反映了财政制度提供的公共产品的不足与无效，财政制度变迁成为人类摆脱马尔萨斯轮回的关键。英国存在对游牧民族直接军事民主中的公共产品讨价还价的历史传统，为其在商业革命刺激上发生预算革命创造了条件，进一步催生出工业革命。适合于市场经济与工业发展的现代财政宪政制度，与市场经济中的讨价还价机制的耦合，提高了财政效率和市场效率，推动了近代文明的发展。

二、财政压力——财政制度变迁需求的产生

汤因比在《历史研究》一书中指出，挑战和应战是文明成长的主要动力。过于微弱的挑战刺激不了一个文明，而过于强烈的挑战又会摧残一个文明，只有适度的挑战，才真正起到推动文明的进程。财政制度运行中遭遇的财政压力，就是财政主体面对的挑战，是左右财政过程的重要因素。过于微弱的财政压力刺激不了财政制度创新，而过于强烈的财政压力，会诱发财政危机，危及国家的合法性，甚至会摧毁现有的财政制度。

（一）财政压力的分类

财政压力是指一个国家的财政收入供给与财政支出需求之间持续紧张的状态。财政压力是一种常态，这是由于相对于财政收入的有限性而言，

决定财政支出需求的财政主体的心理期望具有无限性，财政收支之间的紧张状态是“永恒的”或“绝对的”，松弛状态是“暂时的”或“相对的”。财政压力过大，会诱发财政危机，甚至演变成社会危机，使国家社会秩序恶化，短期无法恢复到先前的相对稳定状态。

财政压力，一般表现为财政资源的流动性出现困难，无法及时支付财政支出，导致国家职能无法履行，公共品或服务供给效率下降的状态。财政收支缺口是财政压力的共同表现，是政府无法及时支付按照承诺、法规、惯例或合约应该到期支出的资金。在政府依靠借债弥补财政缺口的情况下，财政赤字成为当前财政压力向未来转移的方式。在政府垄断货币发行权的条件下，财政发行成为财政赤字的变形方式，但引起的通货膨胀会引发下一阶段更大的财政压力。债务依存度、偿债率、国债负担率以及财政赤字率等，被当作财政压力的量化指标，构成了财政宏观预警机制的工具。但这些指标难以反映不同的经济结构、公平程度、社会心理环境，在不同国家、不同时期对应的社会后果也不同。根据财政压力的影响与来源，可以将财政压力分为生存性压力、国家间竞争性财政压力、社会公平性财政压力、持续发展性财政压力等。

生存性财政压力具有急迫性。来自国家外部的生存性财政压力，体现为战争掠夺或殖民地压迫。国家间生存竞争引起人口灭杀、资源掠夺、生存空间压缩，相伴的军费、战争赔款、财源减少是国家最难以承受的财政压力。来自内部的生存性财政压力，可能来自天灾或人祸。如人口增长导致人与自然资源、环境矛盾激化，自然承载力不足，引发自然灾害，需要提供赈灾性财政支出。在政府赈灾不力的情况下，就可能出现饥民、流民、暴民，引发国内动乱和战争，增加的军费演化成新增的财政压力。由于执政失误、政权斗争等引发灾荒、动乱、战争等，增加相应的财政压力。

国家间竞争性财政压力具有持续性，体现在军事竞争、经济竞争、文化竞争等各个领域。国家要参与和应对竞争，需要财政提供资源支撑，国家竞争性压力传导到财政领域形成财政压力。国家间最残酷的竞争莫若战争竞争。战争准备过程可能需要数年到数十年，相应的财政压力具有持续性。只有具备了均势报复的能力，才有利于避免战争。国家间经济力竞争需要财政政策鼓励资本形成、保护产权。国家间组织力竞争需要增加政府管理支出和意识形态支出，这些都构成了国家间竞争性财政压力。

社会公平性财政压力，是由于社会不同阶层收入悬殊带来的财政压力。严重的社会公平性财政压力可能与生存性财政压力交叉，“交叉感染”更容易激化社会和政权危机。社会公平性财政压力，来自收入机会或收入分配的不均衡，会影响社会秩序的稳定，危及经济的持续发展。

持续发展性财政压力，是人口增长、经济发展后人口与自然关系紧张引发的财政压力。人类活动超过资源及环境承载力，可能给子孙后代带来生存发展困难。保护环境、节约资源等财政需求，构成持续发展性财政压力。

（二）财政压力的成因

财政压力体现为财政收入可能性与财政支出需求必要性之间的矛盾。财政支出需求的必要性，决定于国家职能和财政职能。在财政收入的可能性的决定因素中，经济发展水平、国家自主性程度、收入征管的技术水平等具有客观规定性；财政收入组织的努力程度具有主观性。

1. 财政支出方面的原因。来自财政支出方面的财政压力，表现为财政支出增长过快，甚至失去控制。“瓦格纳法则”、“时间形态论”、“发展阶段增长论”、“官僚行为增长论”等理论从各个方面分析了财政支出增长的原因。由战争及战争危险引起的军事财政支出，救灾支出是形成短期急迫性财政压力的重要来源。特权利益集团的分配性财政支出，给财政带来持续性压力。经济发展支出等带来现代社会长期的财政压力。

维系公共生存的财政支出的增长。由战争及战争危险引起的军事财政支出，是历史上财政压力的重要来源。而战争与军备竞赛可能是主动发起的，也可能是被动参与的。“大炮一响，黄金万两”、“兵马未动，粮草先行”，持续时间长的战争不仅会耗尽国库，同时还破坏经济和财源。战争的胜利者可能获得战利品甚至战略资源，赢得发展时间与空间，有利于舒解长期财政压力。在面临战争或战争威胁背景下，军费与军备支出是持续时间长、耗费巨大的财政支出增长项目。公共安全缺乏保障导致的严重后果，决定了军费与军备支出对一个国家的决定性意义。对于反入侵战争以及戡乱平叛战争，政府安排军事财政支出甚至没有选择性。而争霸战争与侵略战争在争夺战略优势与发展空间的巨大价值，也对当事者带来巨大的诱惑。历史上诸多政权的兴衰，无不与军事财政支出的规模与效率息息相关。尤其在战时状态，财政无不体现为“战时财政”，整个国家机器和财政活动，不得不唯军事财政支出马首是瞻。而自然灾害环境下的救灾支出，其紧迫性与战时军费支出相比有过之而无不及。一旦遭遇灾害，如不及时赈济，容易诱发社会动乱、瘟疫甚至战争，将产生更大的后续财政压力。

维系政权持续的财政支出的增长。每一个政权的产生与持续，都依赖于特定社会集团的大力支持，在此基础上寻求扩大社会支持基础，提高合法程度。在君主制下，政权由于特权利益集团的支持得以建立，皇室、王室与功臣在政权建立后会成为权贵，在垄断暴力的支持下，不断地“自我”提高优遇标准。往往在政权初建时的“腐败”标准，逐渐放松为“正常待遇”标准，政府的财政制度“腐败化”，财政活动的“掠夺性”不断加强。由于贵族人口增加及消费水平提高缺乏遏制因素，官僚队伍有无限扩大的趋势，政权运转支出增长常常超过经济增长的速度。特权分配性支出成为财政支出压力的持续来源。在现代民主制下，如果社会约束机制不力，官僚利益集团“自我嘉许式”提高职务消费标准，扩大灰色消费范围，导致行政成本轮番提升，也成为财政支出压力加大的一个持续性因素。

持续发展性财政支出的增长。经济持续发展既是国家间竞争的支柱力量来源，也是政权得以持续、社会福利提升的基础。在传统农业社会，开疆拓土、兴修水利是推动经济发展、改善生产条件的重要举措。进入现代化阶段后，提升技术水平、增加人力资本投资、保证战略资源储备成为经济持续发展的必备条件。政府还要根据发展的不同阶段，提供相应的公共资本投资支出，针对经济的周期性波动进行调节这成为财政压力的重要来源。

社会公平性财政支出的增长。随着经济的发展，文明程度的提高，平等观念的普及，人们对社会公平和公共福利的要求提高，政府在社会保障及减贫等领域的支出压力增加，对回避风险的要求提高，公共支出的比重因而也不断上升。

2. 财政收入方面的原因。来自财政收入方面的财政压力，是由于经济增长尤其是人均经济增长缓慢甚至滑坡、财源地缩小以及组织财政收入不力等，导致财政收入减少或增长缓慢。财政收入来源地缩小可能是由于行政管辖范围缩小，如战争期间税源地被敌方占领、行政区划调整、财权调整等。组织财政收入不力可能是由于财政收入方式选择不恰当、缺乏对先进技术手段的应用、组织收入系统行政效率低下等。

经济增长缓慢甚至滑坡导致收入不足。生产力发展水平决定经济结构，限制了政府能够提取何种和提取多少财政收入。在自然经济条件下，产出主要来自于土地和农业，经济发展受自然条件影响大，经济增长变化率很小，控制人口和土地成为国家的主要取向，财政收入以实物与力役作为主要形态，气候恶化与国土面积缩小是财政收入下降的关键因素。进入现代社会后，资本投入、技术进步、知识存量增加、产权保护和契约自由等有利于提高经济竞争力，创造更多的财政收入。一旦经济发展方式落后，经济增长就会缓慢甚至滑坡。另外，战争、动乱及自然灾害也会破坏生产能力，减少财源。

政府的相对议价能力不足。政府垄断的暴力资源、经济资源和政治资源越多，他们的相对议价能力就越强。如果暴力资源分散，政府的依附性会增强，不得不交换资源以获得支持。战争技术的变革要求武装力量比以前更加集权化和高科技化，对军队的高度掌控进一步增强了政府的相对议价能力。如果民众能以很低的成本逃走，他们就会用脚投票，政府不得不向经济上强有力的角色让步，以换取他们的支持。

交易费用高。交易费用是政府与民众协商政策，并在达成协议之后执行政策的成本，是制约财政收入征收的重要因素。专制君主政府几乎垄断了强制力，但未必具有完善的监控能力。他们能获得的财政收入的数量，取决于他们杜绝代理人中饱私囊的能力；他们甚或不得不提供一些酬谢代理人的激励机制，从而让代理人尽可能地征收财政收入。

3. 流动性方面的原因。财政压力还可能由于财政收支的形态性、时间性、地区性不匹配而引起。如在财政资源是实物形式的情况下财政收入的实物品类与财政支出需求不符，或财政资金收支在时间上不对应，先支后收资金周转不灵，通货膨胀造成财政收入实际购买力下降等。

（三）财政压力的演化

财政压力在不同时期呈现出不同的特点。经济运行方式的差异，决定了财政收入的来源和成长性特点以及财政支出可能扶持的对象；国家合法性来源的不同，决定了财政支出的方向。经济运行方式可分为习俗经济、市场经济与指令经济三种运行方式，财政收入分别以租金、税收和利润为主。在国家发展的不同阶段，为强化国家的合法性，在不同时期，财政支出的差异较大。

在自然经济条件下，生产方式主要是农牧业和手工业，财政收入以强制性的地租为基础，收入弹性小。国家通过控制人口或土地资源，榨取生产剩余，财政收入的成长性很差，而且随着人口增长，土地资源及环境无法承载人口压力，因生存竞争引发国家内部动乱、战争以及对外战争。在社会结构中，暴力潜能垄断集团因其组织性强，强化社会管制，控制社会稀缺资源，资产者和劳工组织性差，依附性强。财政活动的掠夺性特征突出。这时的国家形态是封建领主制国家，国家间战争频繁，财政压力的主要表现为军费支出巨增。在农业专制帝国，君主及官僚特权支出长期持续增长，灾荒引发巨额的赈灾需求，田赋收入减少，官僚腐败导致的财政支出增加，赈灾支出不足，成为财政压力的突出表现形式。

在市场经济下，工商业成为主要的生产方式，财政收入以具有流动性的商品及其背后的资本为基础，收入弹性大。现代化发展早期，形成政商相互支持的社会结构，奉行重商主义政策以及对新兴产业的保护政策，开拓市场与殖民地引发大量军费支出。实行民主宪政后，政治领袖常受到来自公民和官僚的双重压力，不得不增加公共产品的产量。扩大福利支出，增加就业机会，建设“福利社会”，干预经济运行，扶持新兴产业，提高劳工福利，形成财政赤字压力。

很多后发现代化国家在等级专制国家的废墟上，民族精英建立“威权主义国家”[①]，作为向“民族（民主）国家”的过渡形式。在民族精英主导下，政治上集中权力到中央政府，强力发展民族工商业，奉行重商主义政策，国家直接支持主导产业与支柱产业，开展对外产业竞争。威权体制特别强调快速经济增长及抑制通货膨胀，努力以经济成就为基础来确立政治的合法性。许多发展中国家的威权体制，缺乏传统政府那样的来自传统的合法性基础，魅力型政府的合法性无法持续，又缺乏民主体制那样的程序合法性。这时威权体制主要通过发展经济来赢得实际合法性，在经济上采取一系列刺激发展的公共政策，把经济政策当作形成政治支持的主要手段，致力于增进国民财富、创造更多的就业机会、缩小收入分配中的贫富差距、控制通货膨胀等。在这些“威权主义国家”建立的初期，军事支出处于首要地位，随后公共资本支出地位跃升，军事支出与公共资本支出巨增成为财政压力的表现形式。

---

① 林茨认为，威权政治的特点是政治多元化受到严格限制，社会组织和利益集团的竞争缺乏制度的保障。参阅 Juan J.：“An Authoritarian Regime：Spain”，in *Erik Allardt and Stein Rokkan* (eds)，Mass Politics，New York：Free Press. 1970.

（四）财政压力的影响

历史上的财政制度变迁乃至国家兴衰，都有财政压力的背景。土地兼并下流民造成的财政压力，强化了明清两朝“摊丁入亩”的决心，变革强化了重农抑商政策并刺激了人口膨胀，成为中国近代财政压力的根源。18世纪末的法国大革命，导火线是国王召开三级会议削减巨大的偿债压力。第一次世界大战后德国魏玛共和国逐步蜕变为专制政体，并最终导致法西斯势力执政，与其战后承担巨额战争赔款引起国家财政几乎破产直接相关。

希克斯认为，财政压力在市场经济体制形成中发挥了重要作用。在近代一些欧洲国家，由于税收长期不足，导致国家货币供给不足。出现税收不足的主要原因有二：一是随着国家商业经济规模大大超过其农业基础的水平，对由国王提供公共物品需求的数量增加，战争导致支出的间歇性上升，致使国家开支经常面临某种内在压力；二是由于国王的主要税收来源是向农民或农奴征收的土地税，而这种税所提供的收入越来越不能满足支出的需要，并且这种征税方式“无法从现在那些能付得起多得多的钱的人的财富中抽取到一些。”① 这样就导致了国家财政收支失衡，财政压力增大。为了缓解财政赤字的压力，于是国家开始寻求向新的财富征税。最初，一些国家政府通过间接税从国内和对外贸易中获得尽可能多的收入，此后寻求对企业和商人的收入直接征税。直接税征收要有公认的办法查明收入，国家无法通过强制力量查看每个企业经营的“隐藏信息”。这时股份公司制度为国家改善财政状况提供了有利的工具。由于有限责任公司必须保护债权人的本金，否则公司一旦失信就借不到钱，为此，在会计上必须明确什么是可以分配的利润，而一旦确定了应该分配的部分，也就确定了应该纳税的部分。于是，只要税率保持一个较低的水平，公司总会如实地汇报自己的利润，因为盈利水平高的企业才能吸引到更多的资金，从而使商人能够得到更大的利益。

由于公共支出的增长是间歇性的，单靠税收的增加仍然不足以满足公共支出不断增长的要求。为应付战争带来的财政压力，公债制度的演变比税收体制的变革意义更为深远。中世纪时，国家以信誉不佳著称，借款给国家的风险要比借款给私人的风险高得多。银行业的发展提高了政府的举

① 希克斯：《经济史理论》，商务印书馆1987年版，第75页。

债技术水平，由于国家和银行的利益紧密地结合在一起，国家不会冒着使银行破产的风险而欠债不还。国债信誉的提高，使其有可能在资本市场上流通，增加了国债的流动性，使其逐渐成为投资者欢迎的投资对象。国家向银行借债缓解非常支出的同时，国家信誉得到提高，促进了资本市场和整个金融体系的建立和成熟。国家在克服财政压力的过程中，不断寻求向新财富征税，建立了现代税收制度。在缓解财政压力的过程中，不断地追求私利——增加其税收收入，结果却提供了对社会有利的产权规则，推动了向市场经济过渡的制度变迁。

有效率的产权制度可能在国家内部形成高财政收入，但是，如果征收税收的交易费用很高的话，这种有效率的产权制度就会降低政府的税收收入，于是国家经常运用“垄断”管制而不是供给一种导致竞争的产权制度。扩大国家汲取收入权力的一个非常有吸引力的方式，是扩大国家对于社会资源的所有权，将越来越多的社会资源转变成国有。然而，国家扩大自己的讨价还价能力的行为，可能导致国内的资产者与政府在国内和国外的政治竞争对手联盟，而危及政府的稳定。因此，在竞争约束非常大的情况下，国家不能随意地扩大国家所有权范围。在这种境况下，国家唯一可行的策略就是采用“市场型的”收入生产模式，即在国家和资产者之间建立某种市场型的社会契约，通过为资产者提供公共产品而换取他们所提供的财政收入。

在竞争约束比较小的地方，国家可以通过扩大国有产权的比重，来节约组织收入过程中出现的讨价还价的政治性交易费用。由于取消了私有产权的激励，国家所雇佣的生产者和管理者的工作激励降低。而大规模国有财产的管理意味着国家必须建立多层级的委托—代理体制，国家的收入生产面临着非常高昂的监督成本。从短期来看，建立“公有制国家”是一个实现收入最大化的最佳策略，但从长期看运用单一国有资本来生产财政收入没有可持续性。因此，如果追求收入最大化的国家是理性的，由于产出下降的趋势长期不可逆转，公有制国家最后将被迫允许私人经济出现和壮大，然后国家通过税收的形式将私人部门的一部分产出转化为财政收入。国家在财政压力下，为了实现收入最大化不得不在政治上做出让步，允许控制着可以移动税基的纳税人在税收和其他政策上享有发言权。从降低交易费用的角度，国家与纳税人之间订立完全合约财政模式比公有制方式的交易费用低，代表立法的税收模式比严厉监管方式的交易费用低，倾听纳税人声音的契约精神就是在逐步降低社会交易成本的努力中逐渐形成的。[①]

过小的财政压力不能激发财政制度创新的需求，过大的财政压力可能导致财政崩溃。16 世纪后，西班牙大肆搜掠美洲的金银充盈国库，财政压力不大，使其缺乏财政制度创新的冲动。英国的崛起，在其特殊的地理位置下没有过大的生存安全压力，国王的常备军因此比较薄弱，在面对争霸带来的财政压力时，国内能从容开展财政制度创新，形成妥协共赢的局面。对于大部分后发展国家而言，在西方列强的军事与市场压力引发的财政压力过大局面下，财政崩溃与国家灭亡比比皆是。近代中国在走向现代化过程中，财政压力过大导致原有财政制度崩溃时，新的有效的财政制度尚未建立，成为国家动乱与灾难频仍的财政原因。

从历史的长期视角来看，财政制度和产权结构的转换呈现出的明显趋势是：从贡纳型、租金型财政制度向税收型财政制度及其适应的产权结构变迁；在租金型财政制度之后建立的利润型财政制度，从短期看具有回归租金型财政制度的趋势，但从长期看仍然朝税收型财政制度演化。向税收型财政制度及市场化、平等化产权结构变迁，是财政制度和产权结构变迁的基本态势。现在的世界是一个开放的世界，国家的财政行为不仅受国内环境的限制，同时也越来越多地受国际环境的影响，约束条件的趋同导致财政制度变迁方向趋同。

（五）财政压力的消解

财政压力是社会压力在经济上的反映，是国际以及国内各阶级、阶层或群体在经济资源竞争中紧张关系的体现。财政压力过大，必将引发财政危机、政治危机和社会危机，引起社会共同体的断裂，社会肌体的腐烂或国家的崩溃，最终使全社会出现“全输”的局面。在经济资源有限的前提下，来自整个社会的财政收入具有有限性，财政主体的欲求具有无限性。政府希望支配更多的财政资源，以实现其难以遏制的政绩及消费需求；资产者希望扩大其经济优势，劳工希望在维持其基本生存的前提下，取得在社会阶层中提升的发展机会。努力形成稳定的“正和博弈”局面，在蛋糕做大的同时分好蛋糕，实现“包容性增长”，是释放财政压力的合理选择。

法国思想家卢梭指出，人们的公益是合法性的惟一基础，唯有人民才

① 邢天添：“论公共财政的契约精神”，天津财经大学硕士学位论文，2006 年。

能有权决定由谁来统治他们，“即使最强者也决不会强大到足以永远做主人，除非他把自己的强力转化为权利，把服从转变为义务，……强力并不构成权利，而人们只是对合法的权利才有服从的义务”①。李普塞特认为，“一再地或长期地缺乏有效性，将危机合法性制度的稳定。”② 有效性与合法性是相关的概念，前者是工具性的，后者是评价性的。在现代世界，有效性构成事实上的合法性，主要意味着持续不断的经济发展；法理合法性是价值上规则性的合法性。政权要保持合法性，既需要通过财政制度变迁为经济发展创造条件，营造经济政绩，也需要为经济的可持续发展创造规则性基础。

国家为了保持自己的合法性就必然根据财政压力产生的不同原因，通过财政制度变迁以缓解财政压力。国家采取的应对措施的不同，会导致建立不同的产权、财权安排，形成制度变迁的不同轨迹。及时缓解突发危机引起的即时财政压力，有利于解决可能遗留到长期的问题。战略性投资带来的财政压力，可能带来长期持续的回报。而短期的财政压力减少却可能以长期的财政压力增加为代价，甚至成为以后爆发财政危机的根源。历史上卖官鬻爵增加财政收入的做法以及对功臣贵族免除财政负担的政策，都成为以后财政危机的祸根。

国家在现有的财政制度下进行改革，可以有两种策略，又可作为两个阶段，即“减支”与“增收”。“减支”又叫“甩包袱”，“增收”主要指“向新增财富征税”。“减支”收缩职能以节省支出，同时总是伴随着某些权利的下放。“减支”或者控制财政支出，关键在于建立宪政下的社会协商机制，保证各类财政主体在财政资源分配过程中能够表达偏好、整合意见、参与决策、监督执行。通过法定程序首先保证各阶层的生存权和国家主权，在此基础上为实现发展权创造条件，保护产权和契约自由，激发社会创造力，提高社会资源配置效率。“增收”策略重要的是照顾到财政负担主体的负担能力，努力实现“负担公平”，从根本上在于提高生产力，发展经济，增加社会财富。

即期增收可通过两种方法：开辟新的财政收入来源（“开源”）与提高收入征收率。开辟新的财政收入来源的手段有：增设新的征收项目，扩大

① 卢梭：《社会契约论》，商务印书馆 1982 年版，第 8 页。

② 西摩·马丁·利普塞特：《政治人》，商务印书馆 1993 年版，第 56 页。

征收范围，甚至对外侵略等。提高在原财源上的征收率，是取得收入的另一手段，如所谓的“预征”、“加征”等都可归入该类。但即期增收手段一旦过度使用，可能影响长期财力的增加，造成“竭泽而渔”或“杀鸡取卵”的局面，无异于饮鸩止渴，无以为继。即使遇到战争等关系国家生死存亡的时刻，“竭泽而渔”的手段也不足取。“向未来借钱”（发特别国债）、向外部求援（寻求外援）可能是这时较好的办法。我国抗日战争时期，曾通过“租借”等方式取得大量美英军事物资。长期增收的手段，如“与民休息”，“放水养鱼”，轻徭薄赋，培植财源，增加公共资本和人力资本投资等，可能与即期增收相矛盾，也可能增加当期财政支出，加大财政压力。

国家在财政改革中选择“甩包袱”和“向新增财富征税”这两个阶段的先后排序不同，结果也不同。如果“甩包袱”在前，“向新增财富征税”在后，就能减少财政收支缺口，促进经济增长，并由此提高国家的合法性；反之，如果“向新增财富征税”在前，“甩包袱”在后，则可能引起财政问题更加恶化，同时会遏制经济的增长动力，最后易导致国家合法性的进一步下降。“甩包袱”在前，“向新增财富征税”在后，国家主动降低其公共产品的供给会引起合法性的下降，但在财政压力相当迫切的情况下，这种合法性的下降可能是有限的。国家在依然维持着统治稳定性的条件下，在“甩包袱”的同时常常给予公民更多的权利，因此公民会把更多资源投放到体制外的寻利活动中。“甩包袱”首先意味着国家要退出对一部分经济活动的控制和干预，让公民作为消费者直接从新的供给者那里直接购买，这便创造出了巨大的市场利润。“甩包袱”还意味着，从旧体制中分离出去的生产要素必须在竞争中自求生存，新兴部门在适应市场竞争的过程中，扮演创新者的角色，可能成为经济增长的主要源泉，充当转折时期国家财政收入的新的可靠来源。

相反的顺序是先“向新兴财富征税”，再“甩包袱”。在这种情况下，国家虽然可能暂时缓解财政危机，但从长期来看，在没有遏制财政支出急剧增长的条件下增加财政收入，无助于从根本上解决财政危机。更为严重的问题在于，在向新兴财富征税的同时，国家并不会相应地让渡权力或主动提供产权保护，结果“寻租活动”日益猖獗而“寻利活动”逐渐萎缩，经济增长将失去动力，国家亦将因无法解决财政危机而失掉部分合法性支持，最终的结局可能是改革失败甚或政权倒台。这种改革路径选择失败的原因可能在于：缺乏一种有效的机制使治国者对未来收益给予足够的重视，或者说治国者对未来收益的贴现率过低将导致政治上的短视行为；既得利益集团过于强大；由于原有的财政收入体制所限，由体制创新到经济增长之间存在较长的时滞，由新兴组织创造的财富无法及时地转化为财政收入，而财政危机的迫切性使国家不得不放弃改革的努力，而是用出卖特权的方法换取短期内稳定的财政收入。由于用特权换财政收入的方式损害了产权安排的公正与平等，而一个缺乏公正与平等的产权制度会挫伤人们从事生产性活动的积极性，由此使经济委顿①。

三、财政制度变迁的三个阶段

财政制度变迁可分为僵滞阶段、创新阶段与均衡阶段。

（一）财政制度变迁的起点：僵滞阶段

财政制度之所以需要创新，往往源于现有财政制度已经失去对经济增长的推动力，制度收益已经不足以补偿制度成本。个人、群体或利益集团要增进自身的收益，一旦不可能在现有财政制度的保障下通过创造新增利益来实现，那么最合算的选择就是从现有财政制度的总收益中，争取更大的分配份额。这样的经济行为是奥尔森所说的“分利”行为，是以损害其他人或集团的利益为代价的，社会关系呈现“零和”甚至“负和”博弈状态，从而更进一步地导致整个社会制度收益总水平的下降。这样的一个财政制度状态的“僵滞阶段”，是财政制度变迁的起始阶段。虽然处于僵滞阶段的财政制度极端不合理，在这个制度下极少数的强大利益集团在“合法暴力”的保护下，获得了大部分的社会净收益，大多数人都不满意，但这种经济僵滞的制度依旧能够维持下去。这时，主导利益集团成为“分利”集团，只注重从社会“蛋糕”中分配最大份额，并不增加社会总福利。追求特殊利益，谋求在社会等级中取得更高地位，在全社会形成注重权力分配的激励机制，使政治生活中的分歧加剧。由于分利集团的作用，社会采用新技术的机会受到延缓，妨碍了技术创新与经济增长，并增加法

---

①　参阅何帆：《为市场经济立宪——当代中国的财政问题》，今日中国出版社1998年版，第44—48页。

律的繁文缛节，使整个社会陷入经济停滞的状态。主导利益集团对社会利益具有独占性，成为“独占型利益集团”。

独占型利益集团会寻求政府尽可能大范围的管制，对其他经济主体设置进入障碍，寻求在财政制度规定中的差别化待遇，以获得垄断收益。从减免税、特别补贴、专营专卖、定向政府采购等管制性规定中，独占型利益集团可以获得相应资源的几乎全部剩余索取权，往往主动推动政府去实施带有管制性的财政制度，寻求管制范围的尽可能的扩大，同时对一切企图进入特权待遇享受范围的进入者都予以压制。独占型利益集团之所以具有较大的影响，来自他们一方面拥有声望、权力、资产等雄厚的资源，另一方面他们成员较少，是“小集团”，成本与收益具有对称性，比较容易采取集体行动。独占型利益集团不仅被动的寻租，而且往往创租和设租以独占社会剩余。对新兴起的利益集团的创新行为，独占型利益集团会采取大幅度降低自身收益水平的恶性竞争甚至压制手段，来吓阻创新集团取得预期收益。由于独占型集团有先前所获得的大量收益作后盾，往往有力量在短时间承受降低收益水平的损失。

独占型利益集团通过设立或维护带管制性的财政制度，谋取超额垄断利益，导致整个社会的全要素生产率水平低下，经济增长缓慢。社会资源的配置手段以等级性权力为主，价格不能充分发挥资源配置作用，平等主体通过合作性竞争提升资源配置效率的局面无法形成。由于个人、群体和利益集团的潜在获利机会决定于社会地位，私人成本与私人收益不匹配，社会的创新受到压制，新的资源和技术不能出现，既有要素的相对价格不能发生变化。独占型利益集团往往与政府的利益相互重叠，利用国家权力来获取集团利益，政府失去了使社会产出最大化的职能，经济陷入“僵滞”状态，财政制度的收益渐次递减，国家也越来越难以维持自身运作，现有财政制度开始发生危机，从而产生财政制度创新的需求。人们往往更关注制度创新环节，事实上正是财政制度创新起始前的背景与条件，形成原有财政制度僵滞的社会力量结构，决定了财政制度创新的时机与方式。

（二）财政制度变迁的发展：创新阶段

财政制度创新，或者说财政改革，是财政主体应对形势变化对财政制度的主动调整。在制度变迁理论中，往往将制度变迁等同于制度创新。实际上，制度创新是制度转轨或替换过程中的最为重要的阶段或方式。没有制度创新，制度变迁就不可能有实质性的演进。财政制度创新过程充满多主体博弈，财政制度创新能否形成和发展“共容利益”，是其成败的关键，关乎国家兴衰。

1. 政府是关键的财政制度创新主体。财政制度创新的主体，是有意识地推动或对财政制度变迁施加影响的组织、群体甚至个人。一般而言，政府是财政制度创新主体的核心，但各种组织、群体或个人作为政府的最终委托者、建议者或利益相关方，参与并推动着财政制度变迁的过程，是财政制度创新的次级主体。“在社会所有制度安排中，政府是最重要的一个”①，政府是财政制度创新的关键主体。财政制度创新大多是政府主导的强制性制度变迁。政府作为暴力潜能垄断者，可以比竞争性组织以低得多的费用提供制度供给。由于财政制度具有公共产品性质，“搭便车”现象是制度创新过程所固有的问题。政府除了在制度供给中具有规模经济优势外，在制度实施及其组织成本方面，可凭借强制力降低组织成本和实施成本。政府在财政制度创新中，有时会采用可选择性措施，给利益相关者一定的选择余地，诱致其共同行动实现政府的财政目标。

作为财政制度创新的核心主体，政府对财政制度创新的成败关系重大。在高度集权的国家，决策者的净收益对财政制度创新起着至关重要的作用。只有在财政制度创新的预期收益大于成本时，决策者才会积极主动地推动制度创新进程。财政制度创新中可能给予微观经济主体更大的政治或经济自由，强化了激励机制，导致更多的社会总产出，不仅有利于增加财政收入，而且国力增强后更有利于获得合法性支持，加强在国际社会的谈判力量。但由此带来的代价也是明显的，如权力的扩散弱化了决策层所下达指令的权威性，为控制代理人的偏差行为需支付更多的费用，经济自由化所诱发的多元化政治力量，可能会对决策层的执政地位产生潜在威胁，由利益关系调整引发的社会不稳定因素产生的不安全感等。

2. 财政制度创新的动力。财政制度创新的动力，指引起财政主体主动开展财政制度变迁的动因。生产力的发展是制度变迁的根本动因，经济主体的需要和利益是制度变迁的内在动因。根据马克思主义的社会形态发展

---

① 林毅夫：“关于制度变迁的经济学理论”，《财产权利与制度变迁》，上海三联书店 1994 年版，第 374 页。

理论，生产力的发展是财政制度创新的根本动因和“最终动力”，而利益主体的需要和利益是他们推动财政制度变迁的内在动因和“思想动机”。人的需要会以意识和思想动机的形式指导人的活动，成为其行为的欲求动因。在社会生活中，人的需要采取了利益的形式。“人们奋斗所争取的一切，都同他们的利益有关”①。财政制度创新，实质上是财政主体适应生产力发展的要求，为生产力的发展开辟道路的过程。财政主体通过财政制度变迁获取经济利益，是财政制度创新的内在推动力，而这种推动力是由生产力水平决定的。不同财政主体对财政压力的认知以及引发的矛盾冲突，最终转化为财政制度创新的动力。在外部利润出现和预期利益驱使下，利益的冲突与矛盾是利益主体动力产生的直接原因。在预期净收益的吸引下，面对来自于制度不均衡的获利机会和剧烈的利益冲突，就会产生为获得潜在利润的制度创新。“如果组织或操作一个新制度安排的成本小于其潜在制度收益，就可以发生制度创新。至于一个社会通过何种制度变迁方式来获取这一潜在收益，则主要受制于这个社会的各个利益集团之间的权力结构和社会偏好结构”②。

不同财政主体在追求财政利益的过程中发生冲突，是推动财政制度变迁的内因。人们对财政利益的追求，取决于其效用偏好。在封闭与一体化环境中，人们的效用偏好是相对稳定的。一旦处于开放与多元环境中，财政制度的不同安排及功效，财政主体的效用偏好判断在外部影响容易产生变化，对潜在利益的发现和挖掘会更加深入。财政制度创新的外因主要指财政制度创新诱发性环境的变化，如来自国外或国内其他区域的影响等。外部因素的变化通过改变各财政主体的预期，引发利益冲突并借助利益动力机制影响财政制度变迁的发生和进程。对于相对落后国家，先发现代化国家的冲击，更容易成为财政制度创新或变迁的重要外因。在外部冲击下，学习速度对财政制度创新进程产生巨大影响。

3. 财政制度创新的内容。财政制度创新内容的核心，是财政收支制度创新，以及保证财政收支制度按照制度设计意图运行的财政管理制度创新。

财政收入方式有税收、利润、租金、收费等，税收又可分为流转税、

---

① 《马克思恩格斯选集》第1卷，人民出版社1995年版，第82页。

② 杨瑞龙：“我国制度变迁转换方式的三阶段论”，《经济研究》1998年第1期。

所得税、财产税与行为税等大类。财政支出方式有购买性支出与转移性支出，又可细分为多个类别。随着经济生活的复杂化，财政收支的对象发生变化并日趋复杂化，财政收支制度需要不断创新，以适应形势的新变化。

财政管理制度，是以法律法规的形式对财政活动过程中管理措施所作的规定，目的是规范财政行为，提高财政效率，堵塞腐败漏洞，包括预算制度、财政体制、财政管理技术等。财政管理制度创新，就是通过对预算制度、财政管理体制、财政管理技术的调整与更新，提升财政组织对财政资源的控制力，更好地为实现其目标服务。

财政调控制度创新。财政调控制度涉及宏观调控目标的实现，又通过微观的财政制度安排加以落实。公债制度既是财政收入制度的补充，又是财政调控制度的重要组成部分。公债制度创新对财政发展和财政制度变迁的历史进程有着深远的影响。

财政组织制度，是以法律法规的形式对国家从事财政活动的组织结构及职能所作的规定，包括各级立法部门、财政部门、其他政府部门的地位、职责，以及这些部门之间的法律和行政关系。它既是政权组成的核心部分，又是国家主权的重要体现。财政组织制度创新，就是财政组织机构创设与承载职能、权限划分的调整与更新。

4. 财政制度创新是一个在政治“市场”上供求力量竞争的过程。财政制度创新的过程，是不同利益群体通过政府机制对财政制度“商品”进行“市场”供求竞争的过程。一国范围内的正式制度的供给都是由国家的权力中心政府一个主体提供的，带有明显的完全垄断性。政治市场中的“统治者像一个歧视性的垄断者一样行事。”① 在财政制度这个虚拟市场上交易的对象是各种正式的财政制度，即具体的财政法案与政策；交易的媒介主要是合法性认可或选票。如果将政府作为一个整体来看，它是财政制度的唯一供给方，因而可以把财政制度市场看做一个完全垄断的制度市场。但是，政府仍然有其潜在的竞争对手。外国的财政制度是本国财政制度的潜在“替代品”，如果与其他国家的财政制度间存在的“利益差”大于从本国移民的“退出”成本，那么本国财政制度的垄断性就被打破。历史上的移民潮或难民潮，正是国家间财政制度竞争的写照。在全球化的今天，国际间税收竞争和离岸市场的存在，反映了国际间财政制度竞争已成为常态。

---

① 诺斯：《制度、制度变迁与经济绩效》，上海三联书店1994年版，第66页。

假定一个国家处于对外封闭状态，某一群体甚至独裁者垄断了国家权力，成为财政制度的唯一供给方，其他群体没有参政议政的机会，这时财政制度“市场”可以被看做一个完全垄断的制度市场。财政制度似乎成了政府的“家事”或“私事”，制度创新在国家权力垄断者能够取得净收益的前提下发生，其他群体这时可能成为利益受损者，被压榨阶级只好寄希望于统治者“良心发现”。即使这时的财政制度“市场”具有完全垄断的特征，仍然存在潜在的竞争。如果被压迫阶级是一味利益受损者，生存权受到无限挤压，其在财政制度变迁中机会成本极度下降，通过革命“失去的只是锁链，获得的将是整个世界”[①]，社会革命与财政革命便会发生。如果一个国家的政府是“人民政府”，而且有稳定有效的机制确保广大公民行使参政权力，各类财政主体的财政利益均能在法治下受到保护和支持，那么，财政制度市场就不再是垄断市场。财政制度创新的供给过程，成为不同财政主体在政府机制下，在政府内部或议会进行方案竞争的过程。不同群体同时作为财政制度的供给方和需求方，为争取财政制度创新可能带来的净收益进行竞争。由于财政制度是公共品，所有人之间的竞争必将产生无限的交易成本，而制度收益则是一定的，因此对于全社会而言，对所有的财政制度进行全民全程参与的竞争，必将产生大量不必要的浪费[②]。于是，通过代表制的议会，将决策过程专门化，实行决策、执行、监督的制衡，使财政制度创新可能在实现“卡尔多改进”甚至“帕累托改进”[③]的前提下推出。这时，财政制度的供给过程，有可能陷入寡头垄断的制度市场状态。由于国家结构及各群体在不同时期的地位不同，公民代表或议员作为财政创新决策主体发挥的作用是不稳定的，在制度“市场”中组织有力的政党或利益集团会居于强势地位。

财政制度创新与市场制度创新互相推动，相辅相成。随着生产以及管理技术的进步，产权从一种短期、无保障性的合约形式，逐步向长期的合约形式转变。在财政制度从僵滞阶段走向危机状态的时候，独占型利益集

① 《马克思恩格斯全集》第1卷，人民出版社1998年版，第285—286页。

② 在民主化过程中，动辄举行公投的民粹主义做法，被历史证明是不可取的。在委托—代理下实施制衡的宪政民主政治模式在制度竞争中胜出，反映了对各种事项均用全民参与决策的方式来替代独裁或专制，是矫枉过正的做法。

③ 帕累托改进，即变动增进一部分人福利的同时，不会牺牲另一部分人的福利。卡尔多改进，即变动过程中虽然会产生利益受损者，但通过对新增的利益进行再分配后，获益者能够对受损者进行全部补偿。

团由于要素相对价格的变化，被迫或主动改变所掌握的产权的合约形式，使创新集团变相地具有了某种个人所有的产权形式。创新型利益集团与独占型利益集团以某种“合资”的形式，使其独占的资产缓慢进入市场，“权力”开始逐步瓦解。在多种资源要素反复的自由交易中，创新集团的产权得到了进一步明晰，而明晰的产权，又促使个人收益与社会收益更加一致，促进了社会创新，经济摆脱僵滞状态而进入强劲的增长时期。由于创新推动，新的经济资源不断涌现，技术创新受到激励，新的需求也开始出现。创新型利益集团面对新的获利机会，开始创造性的经济活动，并使创新集团与独占集团的力量发生逆转，社会的大部分增量收益都来自于创新集团的贡献。创新集团可以将产权新增的部分收益交给政府，从而获得政府对产权的保护。由于国家并没有付出产权的成本，或者它所付出的成本低于先前的成本，它愿意对这种新的产权予以某种程度的保护，使得这种创新获得了某种“合法性”的意义。由于财政出现相当程度的危机，政府的垄断权成为经济创新的阻力，于是创新集团会以某种“赎买”的形式，来获得国家管制的放松。先前各种阻碍市场发育的管制逐步开始破裂，市场的自由交易进一步发展。①

在财政制度创新阶段，创新集团所创新的财政制度规则没有上升为社会的基础制度，创新收益不能为社会各集团所分享。新旧两种财政制度处于暂时性的胶着状态，会出现制度规则的相对混乱。但是创新型利益集团的力量在足够强大后，有了将集团的创新制度扩展为整个社会基础制度的需求，以获得更大、更长远的制度收益，由此创新阶段将进入均衡阶段。

（三）财政制度变迁的完成：均衡阶段

财政制度均衡是指财政制度供给等于财政制度需求。财政制度均衡是一种行为均衡，是各利益集团在财政利益分享上的均衡，对立的势力处于均势状态，任何一方都不具有改变现状的动机和能力。较之旧制度来说，新制度的收益不仅在绝对量上增加，而且为各集团所分享，财政主体对现有财政制度安排或财政制度结构满意、满足，人们既无改变现行制度的动机和要求，也无改变的能力和力量，更不会采取变革的行动。财政制度均衡是具体财政制度安排在利益和力量方面对比的均衡。在这种制度结构

① 程虹、窦梅：“制度变迁阶段的周期理论”，《武汉大学学报》1999 年第 1 期，第 74—78 页。

下，不同的群体的利益关系或者比较协调，或者利益矛盾处于温和状态。某些群体想改变利益分配格局，但自身力量决定了他们无力改变，只得接受现有制度时，这时处于制度均衡阶段。财政制度结构均衡中最重要的是收支制度的均衡，支出制度能够适应社会公共需要，收入制度能够与支出制度相适应。

财政制度转轨的完成，往往以新的基础性制度规则的确立为标志。这些基础性的规则通常表现为宪法或重要法律的修订。在制度创新阶段所出现的新规则，如果不能形成宪法或重要法规的形式，则其规则的长期性和效能都不会受到全社会的保护，而且新制度的收益也无法形成稳定的预期。财政制度创新阶段合乎逻辑的演进方向，便是将创新制度确定为全社会和国家认可的基础性制度。在基础性制度得到确立之后，制度变迁的阶段才真正完成。人们一旦确定了一种选择，就会对这种选择产生依赖性，这种选择本身也具有发展的惯性，具有自我积累放大效应，从而不断强化这种初始选择。创新集团也遵循了这种"路径依赖"的惯性。财政制度创新是社会运行的重要"公共产品"，对产权进行了重新界定，对产权交易设置规则。成为一种基本的社会制度后，财政制度创新的收益才能充分实现。创新集团拿出一部分收益来与其他集团分享，新增利益得到了分享，形成"分享型利益集团"。分享型利益集团并不是指各集团均分利益，而是指他们均从进一步的创新中获得比原有制度更多的收益。新的财政制度是集团利益均衡的结果，是各个集团共同推进的结果，因而财政制度变迁也是一个自然演进的过程。

新的财政制度是各利益集团博弈的均衡结果，是各集团最优战略选择的集合，财政制度变迁进入"制度均衡阶段"，总是以某种形式对创新阶段中新制度规则进行确认，表现为整个社会最基本规则如宪法和其他重要法律制度的修正。从制度僵滞开始，经历制度创新阶段而形成的新制度规则，在制度均衡阶段成为一种具有基础性规则的新制度。这一阶段，由于新制度已经被确立为基础制度，使各集团的利益得以分享，又有国家以法律形式强制性的保护和执行，财政制度将处于一个较长时间的均衡阶段。如果通过财政制度变迁，由于保护了社会各集团的均衡利益，整个社会的总产出能够达到最大化，政府从新制度中获得了更多的合法性，社会产出最大化和统治者租金最大化就在制度均衡阶段取得一致。由于缺乏通过制度创新而获得新增利益的机会，这时各分享集团都不愿从事新的制度创新。要想获得新增收益，只能从现有制度的总收益中去获取更大的份额。于是，分享型利益集团中将逐渐演变出独占型利益集团，制度均衡阶段有向制度僵滞阶段演进的可能。

四、财政制度变迁的周期

财政制度是政治制度与经济制度的组成部分，财政制度变迁是经济与政治环境变化下财政压力变化的结果。经济与政治的周期性变化，引发财政压力的周期性变化，并使财政制度变迁过程呈现一定的周期性特征。财政制度变迁分为制度僵滞、制度创新和制度均衡三个阶段，是一个由主导型利益集团推动的演进过程。三个不同阶段，是由不同的利益集团所主导的：在制度僵滞阶段由独占型利益集团主导，到制度创新阶段由创新型利益集团主导，而在制度均衡阶段由分享型利益集团主导。一个财政制度变迁周期完成后，经过一段时间，制度的创新收益会递减，均衡制度实际上潜伏着向僵滞阶段过渡的趋势。一旦这个过渡完成，就进入了下一个制度僵滞——制度创新——制度均衡周期的循环（见图 3－6）。

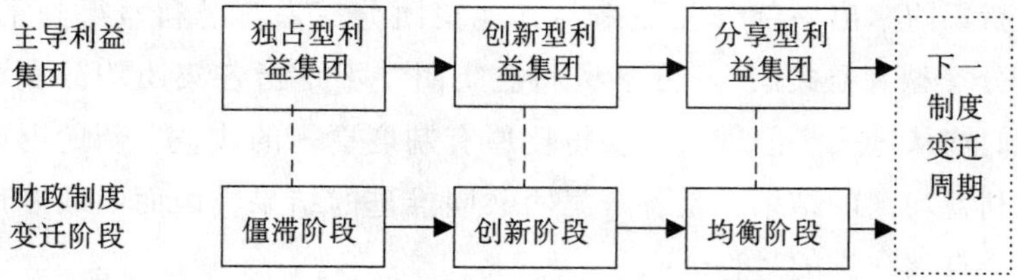

图 3－6　财政制度变迁的周期

财政制度变迁的起步，必然从没有效率的制度开始，如果现有财政制度是具有较高效率的，就不存在外部利润，缺乏制度创新动力。只有当财政压力上升到一定程度，财政制度陷入危机状态时，财政制度变迁才会有更多的净收益。财政制度变迁从僵滞阶段开始时，一般伴随着经济不景气与政治的僵滞状态，外部利润的诱致产生了财政制度变迁的必要条件。但由于交易成本、信息不对称以及传统利益集团的约束，不可能一下子演进出一个外部利润完全内部化的新制度。这时创新利益集团首先打破旧制度的一些缺口，创建一些局部的新的制度规则，在旧制度的环境中，取得了较高的财政制度收益。这种创新并没有完全建立一个新的制度规则，新的制度还没有完全取代老的制度而成为基础性制度，但是新制度较高收益的示范作用已经表现出来，这时制度变迁处于创新阶段。创新制度的局部化，使之与原有制度产生冲突，更具潜在优势的新制度势必要求发展成为具有基础性制度的规则。新制度的潜在收益，吸引新的利益集团加入创新利益集团，壮大了创新利益集团的力量。创新利益集团为了扩大和巩固新的制度，需要进一步提升新制度规则的地位，将其确立基础性制度的规则。这一转变必须取得其他利益集团的同意，意味着创新集团必须将创新所新增的收益同其他集团分享，从而同意将创新制度确定为基础性制度，使新的财政制度真正确立。只有在利益更加分享的均衡阶段，财政制度变迁才可以称得上进入完成阶段。

财政制度变迁是一个自然演化的过程。每一个财政制度变迁周期都有三个不同的阶段，在财政制度变迁过程中不能跨越阶段，而只能尽量缩短对人们不利的制度阶段，但不利的财政制度阶段是制度变迁过程的不可或缺的部分。在财政制度变迁的不同阶段，利益集团有不同的功能，由利益集团所决定的财政制度变迁既不是绝对中性的，也不是绝对非中性的。一个社会越是允许不同的利益集团在一定的规则和程序下自由选择，制度创新的可能性越大。政府力量越是过于强大，官僚集团越容易退化成独占型利益集团，阻遏创新利益集团的形成和行动，则制度创新就越加困难。政府应该扮演程序性的裁判角色，着力建立公平的竞争规则，放松管制，允许不同群体与集团自由的选择，同时更应该破除某些部门的独占性利益垄断，以财政制度创新维护产权制度的激励功能，促进整个社会的创新。

财政制度变迁的周期与政治周期或经济周期均息息相关。在农业经济时代，经济活动较多地受到气候变迁与人口膨胀的影响，出现人口与资源、环境的周期性紧张关系，周期性爆发马尔萨斯人口—经济危机，并引发周期性的政治—军事危机，财政制度变迁也相应表现出周期性特征。从短周期来看，国家的兴旺甚至君主或地方长官的更替，也使财政制度变迁表现出周期性特征。在政府权力受到较多制约的社会里，经济周期对财政制度变迁周期具有决定性作用。而在中央集权制社会，政治周期及君主或精英偏好，对财政制度变迁周期具有决定性作用。进入现代化阶段后，宪政下政治制度可预期性不断发展，市场经济运行的法治基础日益稳固，政治经济运行的基本规则比较稳定，政治周期与经济周期的波幅缩小。“小步快走”式微调成为财政制度变迁的突出特征，财政制度变迁与公共需求的契合度得到提升。

财政制度创新，是激励机制的创新，是决定一个国家取得竞争优势的关键，对落后国家更为重要。“如果落后国家政府未能结合本国社会经济环境适时地推行恰当的税收、支出、金融与外贸政策等等，那么落后国家中原有的‘落后的劣势’就不能被弱化，反而也将不断增长，从而落后国家就有可能‘错过’其落后的优势本可以为其提供的爆发工业革命的机会。”[①] 历史证明，财政制度的效率不能简单等同于保护私人产权，革命等特殊时代背景下的非常轨手段，有其历史合理性，但作为常规手段就大谬无疑了。制度经济学认为，产权的合理性与否会影响投资的积极性和有效性，产权的保护力度越大越有利于经济发展，经济增长与否最终取决于国家对有效产权的保护程度。事实上，产权在经济发展中的作用还要受到规模经济与社会公平程度的制约[②]。无论是新中国成立后公有产权的建立，还是改革开放以来对私有产权的保护，都在特定的历史条件下提高了经济绩效。人类通过不断的知识积累和学习，探索财政收支的匹配机制，发挥公共支出的规模效应，在财政制度变迁过程中，生长并分享“共容利益”，缓和冲突，以促进人类社会内部以及人类与环境的和谐，提升公共福利。

① 格申克龙著，张凤林译：《经济落后的历史透视》，商务印书馆 2009 年版，第 2—3 页。

② 历史上有许多事例证明：保护某种产权最终危害了经济发展，而侵犯某种既有产权反而有益于经济发展。例如美国 1868 年著名的桑德森案中，宾夕法尼亚州最高法院驳回了土地所有者们既有的获取清洁水源的权利，支持了煤炭工业——该州当时的关键产业，促进了经济发展。参见张夏准：《富国陷阱——发达国家为何踢开梯子?》，社会科学文献出版社 2007 年版，第 137 页。

第四章　世界财政现代化的一般规律

> 如果把总统看成国家这条船的船长，如何才能使得这个船长对船上的人民负责呢？最好的办法是控制开船所需的燃料①。
>
> ——克利夫兰

现代化的航船率先从西欧起航驶向全球，船上既带有现代文明，也带有强盗的贪婪。在遭遇先行者带来的福音与罪恶之后，各个民族纷纷建造和起航自己通向现代化之舟。财政现代化为各国的造船和航行过程提供着激励机制甚至资金支撑。虽然在这个过程中各国的财政形态与机理各异，但通过追寻与检视，可以赫然看到其间的共性特征与辗转递进关系。

第一节　世界现代化进程的特点

现代化进程涉及经济、政治、社会等各个领域各个层次的深刻变化。简而言之，在技术领域的变化以工业化为标志，在经济资源配置方式上的变化以市场化为标志，在政治权力配置方式上的变化以宪政化为标志，在空间结构上的变化以城市化为标志等等。现代化以西欧为起点向全球扩展，各地对于现代化冲击的回应及其现代化内生因素的发育程度，决定了其现代化能否顺畅地进行。

---

① Cleveland, Frederick A. 1919. Popular control of government. *Political Science Quarterly*, VOL. 34, No. 2; 237 - 261.

一、领跑现代化的关键在于内生因素

世界现代化的发展由点及面、由表及里扩散，在各个时期有不同的着力点，一浪更比一浪高，后来的发展建立在前期的现代化成就之上。大体说来，16—17 世纪的热点是市场化，18—19 世纪的热点是工业化，20—21 世纪的热点是宪政化，呈现出市场化与工业化互相促动，经济现代化与政治现代化互相推进的局面。在各个世纪的现代化竞赛队列中的大国是：

16 世纪：西班牙和葡萄牙是现代化的领跑者，荷兰和英国是加入者；

17 世纪：荷兰是现代化的领跑者，法国是加入者；

18 世纪：英国是现代化的领跑者，美国是自立门户的加入者；

19 世纪：英国继续是现代化的领跑者，德国和日本是加入者；

20 世纪：美国是现代化的领跑者，强有力的竞争者中有德国、日本、俄罗斯和中国；

21 世纪：美国继续是现代化的领跑者，印度、巴西成为新的强大竞争者。

现代化在 16—17 世纪是以市场化的扩散和推进为突出特征的，其间崛起的大国先是西班牙、葡萄牙，接着是荷兰。17 世纪英国在宪政化的助力下后来居上，18 世纪率先发生工业革命，18—19 世纪的英国在全球独占鳌头，占据了世界经济增量的巨大份额，是最新科学技术的最大集中地，是全球政治的霸主。在市场化向全球扩散的冲击下，18 世纪，美、法分别通过独立战争和大革命建立宪政，加快工业化进程。19 世纪，德、日也先后走上宪政化和工业化道路。从 20 世纪开始，美国以其得天独厚的优势，成为全球的新霸主。俄罗斯和中国也先后加快了现代化进程，全球的现代化全面深化。

世界现代史上的两大标志性事件：一是 1500 年前后的地理大发现；二是 18 世纪中期开始的工业革命。前者加快了商品化、市场化的进程，催生了近代欧洲的崛起，人类社会从此进入全球化时代；后者使欧洲成为现代文明的中心，加快了世界市场化、工业化、城市化进程，使人类社会生活发生翻天覆地的变化。地理大发现后，西班牙、葡萄牙、荷兰开展殖民掠夺和国际贸易，成为 16 世纪的世界强国。在军事与航海技术进步的支持下，市场向全球扩展。不同国家和地区的技术、制度与文化产生激烈碰撞，在竞争、合作、借鉴中，不同国家的力量对比发生消长，经济、社会结构、文化观念发生剧烈的变化。英国这时在相当程度上退出了欧洲大陆的纷争，延续了中世纪国王受到议会制约的传统，为国家行为尤其是战争行为、掠夺性财政收入行为造就了一个制动阀，在特殊的地理环境与文化演化中脱颖而出，成为现代化进程中的佼佼者。

英国先有商业革命和市场化，然后才有农业革命和工业革命（工业化）；国外市场和国内市场的开拓，是工业革命的前提和基础。地理大发现以后，欧洲与亚洲及美洲的贸易量大增，交换的商品从体轻价贵的奢侈品、香料等，扩大到民众消费的日用品，大量的金银流到欧洲，引起物价飞涨（一场价格革命）。大约从15世纪的末叶开始，英国商业利润已不再是依靠向少数富贵者出售奇货取得暴利，而是依靠民众性日用品的大量销售。商业规模、性质、价格、利润来源的变化，表明传统商业向现代商业的转变，即商业革命。地理大发现以后发生的商业革命集中了货币资本。为进行资本主义机器生产创造了条件；创造了市场，为机器工业的产生和发展提供了可能性和推动力。资本主义剥削关系与国外掠夺同时进行，被剥夺的农民转化为工资劳动者，他们的生活资料需求为资本创造了国内市场，于是生产资料市场、生活资料市场与劳动力市场一起形成。[①]

政府的强大海军为对外贸易提供保护，并大肆拓展市场和殖民地，建立了庞大的“日不落”帝国；商人则通过关税、国债等为政府提供了雄厚的财政支持。在私人产权得到完善保护和市场扩大的激励下，英国社会创新活力迸发，1763年珍妮纺纱机的问世揭开了工业革命的序幕。到1800年，英国生产的煤和铁比世界其余地区合在一起生产的还多。“大工业创造了交通工具和现代化的市场；创造出新的交往方式；建立了现代化大工业城市；使商业城市最终战胜了乡村；消灭了以往自然形成的各国的孤立状态；消灭了各民族的特殊性；并使非工业国由于世界贸易而被卷入普遍竞争的斗争中”[②]。

英国成为现代化的领跑者经过了漫长的演化过程。欧洲文艺复兴与新教运动带来的思想革命，地理大发现引发的商业革命，君主立宪的光荣革

① 赵德馨：“市场化与工业化：经济现代化的两个主要层次”，《中国经济史研究》2001年第1期。

② 《马克思恩格斯选集》第1卷，人民出版社1972年版，第67—71页。

命，议会监控下强预算约束的财政革命，诞生中央银行制的金融革命等，加上英国特殊的地理环境与文化传统，一起成就了工业革命率先在英国发生。美国作为英国殖民地基础上建立的国家，承袭了英国的制度文化，并汲取了欧洲其他国家的文明成果，在优越的地理环境下维持了宪法的稳定和制度创新的弹性，长期保持了竞争的活力。

18—19 世纪，英国在自然演化中成为现代化的领头羊，成为后来者不得不效仿或借鉴的对象。在 20 世纪初英国被美国赶超，第二次世界大战后又丧失了绝大部分殖民地，虽然相对地位下降，但只是相对衰落。其本土持续保持活力，维持了已延续几百年的社会稳定，并保持了较高的经济增长率，仍然是世界强国之一。“日不落帝国”时期的殖民地很多成为“英联邦”的成员国，也昭示着其发展模式的生命力。后来居上的美国是英国的衍生国，继英国之后成为全球霸主，但其制度、文化都建立在英国制度文化的基础上，其建国理念以英国宪政制度为基础，早期人口来源也以英国移民为主体，其发展模式与英国一脉相承。

英美模式的一个突出特征，是其宪政制度下对自由竞争市场机制的推崇，政府的掠夺性受到有效制约，个人的自利追求受到政府制度的保护与激励，从民间到政府都保持着创新的压力和动力。领跑现代化的国家，不可能有更强大的外援，也不可能有现成的模式可以照搬。而其之所以能够长期保持领先地位，不在于其有一个威力无边的政府，也不在于其政府软弱无力，而是其政府在宪政框架下运作，既能够依据社会的需要保持其政府功能的弹性，又不至于肆意膨胀或陷入崩溃。如英、美在战争时期或经济危机时期，其政府功能扩张；而在社会压力缓解的和平时期，其政府功能就相应收缩。英国从 17 世纪末开始，美国从 18 世纪末建国以来，其政府有序更迭，但政权体制始终保持了稳定，避免了革命以及政权更迭带来的巨大社会破坏，为文明成果的积累提升创造了条件。

工业化是现代化在产业结构变化中的体现。根据工业化的动力来源，可以把工业化划分为由私人发动的“演进型”工业化，如英国、法国和美国；由政府发动的“革命型”工业化，如前苏联；由政府和私人共同发动的混合型工业化，如德国、日本等。具有“演进型”特征的现代化国家，工业化的发动主体是个人及其所创办的私人企业，工业化的目的在于提高生产效率，工业化的调节主体是市场机制，其发展速度、产业进化、产品选择、技术及其他要素配置等都是通过市场机制的运作实现的。由于这种类型的工业化过程主要是由一种经济规律引导的自然过程，生产技术创新与企业家精神是推进这类国家工业化不断发展的最重要的动力。这类国家的工业化一般起步于发展消费品工业，特别是纺织工业，然后再逐渐地向发展重工业推进，将国内市场与国际市场的需求综合起来考虑，工业化具有较强的开放性。

17 世纪的光荣革命确立了英国的宪政制度，限制了政府的掠夺性。宪政体制促进了政府的“有限”与“有效”，为激发社会创造力提供了良序环境。对内鼓励自由竞争，促进分工与专业化，激发创造热情，在不断创新中实现产业升级，保持对外技术优势。在国际贸易中鼓吹自由贸易，宣称通过自由贸易与国际分工可以实现“双赢”和“多赢”。英、美谋求净收益及通过贸易追求分工收益的市场化获利模式，改变和制约了在国际关系中将攻城略地作为国际竞争目标的重要性，通过知识科技创新等内生增长模式获得越来越广泛的影响力。

英、美之所以能够长期雄居霸主地位，也在于其能够从竞争对手中汲取前进的动力，国内各阶层保持共容利益，防止了政府的折腾式的过度干预，或政权更迭过程中革命式的破坏。其他后起的现代化国家，在与英、美的竞争或向英、美的学习中，也在某些方面取得了领跑地位。这些局部性领跑地位的取得，归根结底在于其吸收借鉴他国优势的同时，发挥了其内生创新因素的作用。

在人类间发生的联系中，对财富的掠夺及对生命的毁灭以战争形式显示了生存竞争的残酷性，也是利用人类智慧——知识与技术的极致形式。战争加速了现代化进程，也压制和延缓了后发国家的现代化。贸易在催生、加速现代化进程中，更具有根本性意义。在不同的现代化阶段，自由贸易与保护贸易的选择对一个国家的现代化进程有着重要意义。战争手段虽然被频繁地使用，但却是非常态且不可持续的人类交往方式，在大规模杀伤性武器产生以后更是如此。与英国相比，法国、德国、日本、俄罗斯等国，无不长期陷入争夺领土的缠斗中，曾经带来过开疆拓土的民族荣耀，如拿破仑、希特勒横扫欧洲，前苏联雄霸一时，日本鲸吞亚太，也曾取得惊人的利益，但都缺乏可持续性。战争这把双刃剑，被它们用来侵害其他国家，也使它们付出了惨重的代价。

二、市场化是现代化进程中的关键推动力

现代化进程中，人类知识总量的积累成就了极大的社会进步。同时，个人的自由与巨大差异，分工深化伴随着个人知识的高度专业化，使人与人之间的互相依赖与合作有着更重要的意义。在人类的进化中，越来越依赖市场机制——一种通过激烈而有序竞争而最终实现合作的机制。供求双方分获“生产者剩余”与“消费者剩余”，分享“共容利益”成为和平持续的基础，人类渐渐摆脱战争、欺骗、偷窃等“非正和博弈”的困扰。

市场化过程中，通过贸易手段实现“共容利益”推进了现代化进程，以至于贸易自由化成为浩浩荡荡的世界潮流。各个国家都可能从世界贸易中取得利益、资本和技术转移，其现代化的进展情况，与参与世界贸易的程度、方式及政策相关。美国、德国更是从理论和实践中形成了一整套保护贸易的理论、政策与法规，但保护贸易甚至闭关自守只能是权宜之计。不分时机、不分产业地采取保护政策，起到的作用不仅不能促进经济的强盛与国力的强大，而且得到的结果只能是“瓦罐养鳖，越养越缩”。

经济现代化包括市场化与工业化两个层次，市场化是经济运行机制的现代化，是工业化的重要基础。自然经济到商品经济的过程是一个市场化的过程，深化了社会分工，促进了生产、分配、交换、消费的社会化。工业化是生产技术的现代化，实际上是从手工生产到机器化生产的过程。经济现代化的进程是从市场化开始从流通领域进入生产领域[①]。“在16世纪和17世纪，由于地理上的发现而在商业上发生并迅速促进了商人资本发展的大革命，是促使封建生产方式向资本主义生产方式过渡的一个主要因素。世界市场的突然扩大，流通商品种类的增多，欧洲各国竭力想占有亚洲产品和美洲富源的竞争热，殖民制度——所有这一切对打破生产的封建束缚起了重大作用。……世界市场本身形成这个（资本主义）生产方式的基础”[②]。欧洲的经济现代化进程是由商业革命到农业革命、工业革命，从流通领域到生产领域，是从市场化开始的。经济现代化是一个从市场化起步到工业化，然后市场化与工业化互相促进的过程。贸易或市场化是持续推动现

① 赵德馨：“市场化与工业化：经济现代化的两个主要层次”，《中国经济史研究》2001年第1期。

② 《马克思恩格斯全集》第25卷，人民出版社1975年版，第371—372页。

代化进程的关键因素。工业与商业，生产与流通互动的关系，是16世纪以后的普遍现象，市场化与工业化互相促进，推动了经济现代化进程。

对于市场化在现代化进程中重要性的认识有一个变化过程。吴承明指出，“二次大战后，西方史学界对经济近代化的看法有所改变：过去十分强调工业革命，现则认为欧洲经济的变革始于16世纪的重商主义，200年后的工业革命不过是市场需求的扩大和它所引起的政治经济变动的结果。”[①] 市场化与工业化互相促进，市场化是前提和基础。市场化的内涵比工业化的内涵更广泛、更丰富，它覆盖了经济的所有方面，并把它们联系起来成为一个整体，还代表了经济运行机制和经济增长的关键动力。从历史实践来看，无论是先发或后发型现代化国家，无论是发达国家或发展中国家，当工业化与市场化一同前进时，经济现代化成效往往比较好；若工业化与市场化逆向而行，经济现代化一定受挫折，并最终要回到以市场化为基础的工业化轨道上来。

从英、美持续兴盛至今数百年的现代化模式中可以看到，市场化是其成功的关键推动力。英国的宪政化与市场化是其强盛的两大引擎，激发了民间与政府的双重活力，培育出工业革命的基因。英国通过战争开拓殖民地，为优势商品打开市场，加速了其现代化进程，整个民族也从战争中取得了无数的“公共”收益。但是，英国宪政下的国家决策机制，使其发动或参与战争与专制帝国发动或参与的战争有很大不同。这种不同一是体现在议会决策更能反映国民利益诉求，从而战争更能得到国民的支持，动员财政资源更加高效。二是存在战争的刹车机制，战争以经济利益为上，“打得赢就打，打不赢就撤”，不易出现像帝国体制下的穷兵黩武，不简单以争夺领土为战争目的，更注重贸易利益，不干那种“赔钱赚吆喝”的买卖。因而，一方面，英国大肆取得战争净利益，如战胜西班牙、荷兰、拿破仑统治时期的法国、两次大战中的德国；另一方面，也有多次从战争中退出的“公共选择”经历，如从美国独立战争中的退出，从大批殖民地的退出等。总体上看，英国的利益以贸易为中心，战争为贸易服务，其宪政下的国家决策机制事实证明是有效的，更有利于英国民族的公共利益。其与前殖民地国家之间保持的友好而不是仇敌关系，也是其战争退出机制的“长期成果”，符合其根本利益。美国作为英国的衍生国，其利益选择导向和机制具有一致性。

---

① 吴承明：《市场·近代化·经济史论》，云南大学出版社1996年版，第277页。

社会与政府两者积极性同时起作用，是一个国家持续兴盛的重要前提，而市场化，不仅作为经济运行机制，而且其通过协商实现共赢的精神向政治过程的渗透促进了宪政进步，反映了市场化，才是现代化进程中的关键推动力。

三、政府适度干预是现代化成功的重要条件

政府干预是一个国家现代化过程中的重要因素。要取得政府的高效率和公正性，需要在适度集中权力到政府的同时，使政府的权力受到制约。一方面发挥政府提供公共品的规模优势，另一方面又限制政府权力无限扩张可能带来的危害。虽然亚当·斯密的自由竞争学说长期被一些学者奉若经济学“圣经”，但“完全竞争市场”与“自由主义经济政策”一直是学术分析中的理想状态，是一种分析范式。历史上并没有出现过真正的自由竞争时期，即使18世纪后向外推销其自由贸易理念的英、美等发达国家也不例外。在19世纪英国完全具有世界工业领先地位之前，鼓励制成品的出口，以退税补贴等方式实行贸易保护一直是英国的基本产业政策。1721年，乔治一世时期是英国开始推行以提升制造业为目标的产业政策的标志。当时的首相罗伯特·沃波尔认为，“没有什么比出口制成品，进口原材料，更有助于提高公共福利了。”① 必须保证厂商在国内免受国外制成品的竞争，确保制成品的自由出口，并尽可能予以奖励和补贴。1815年，国会议员亨利·布鲁阿姆公开宣称，“为了将外国工业扼杀在摇篮里，英国工业品出口就是有些损失也是值得的”。1825年，休谟向国会提议“大陆工业应趁其蓓蕾之时加以铲除”。同时，英国对欧洲大陆采取了工业品倾销政策。工业革命扩大了英国相对于其他国家的技术领先优势。19世纪中叶前，英国在世界上的技术实力一直无与伦比，仍继续实行它的产业促进政策。其工业品在世界上具有无可替代的稳固地位后，英国厂商要求自由贸易的呼声越来越高。1833年，英国进行了一轮削减关税行动，1846年废止了保护农业的“谷物法”，取消了大量工业品关税②。技术上的领先优势使英国走向了自由贸易道路，而技术优势本身又是长期设置高额关税壁垒后获得的。发生在英国19世纪中期的经济自由化也是英国政府掌控的结果，不是自发实现的。

---

① 李斯特著，杨春学译：《政治经济学的国民体系》，商务印书馆1997年版，第41页。

② 张夏准：《富国陷阱——发达国家为什么踢开梯子?》，社会科学文献出版社2007年版，第33、35、81页。

在先发现代化国家，市场秩序的自发扩展是现代化的根本动力，但政府的适度干预仍然是现代化发展中的重要因素。英国早期与西班牙、荷兰、法国的战争，也是争夺市场优势的战争；英国的公债制度，加快了资本积累的速度；关税保护政策更是在各个国家现代化进程中都曾被使用。当然，政府干预的使用是有限制的。在个人与社会能够解决的领域，政府干预受到限制，成为“无为之手”；在个人与社会无力解决的领域，政府干预被允许，成为“扶助之手”；而政府常常成为社会提防的对象，其“掠夺之手”时时被束缚。自由市场的存在，是政府保护与鼓励的结果；提升政府的效率，也融入了市场竞争的因素。反观那些在现代化进程中不成功的国家或地区，其社会与个人的创造力往往未能充分发掘，在社会纷争中破坏生产力，人力资本不能持续积累；国家和政府要么软弱无力，不能提供公共品，要么强悍而充满掠夺性，提供公共品成本高昂，限制自由，为社会施加重重管制，制约了人力资本的积累。

波兰尼在《大转型》中指出：自由放任绝不是自然产生的；若仅凭事物自然发展，自由市场永远不会形成。正如棉纺织造业——当时主要的自由贸易产业——是在保护性关税、出口津贴和间接工资补助的帮助下才建立起来的一样，自由放任本身也是由国家强制推行的。在政府的帮助下，英国实现了从贸易保护到自由贸易的转型，英国的这条转型之路走得相当漫长，且经过精心设计，从《国富论》的发表到格拉斯通预算案的发布前后共经历了 84 年。[①] 虽然相对于以后进入现代化阶段的国家而言，英国的现代化进程中自然演化、自下而上推进的特征突出，过程比较漫长，经济、政治、文化现代化交互推进的特点明显，但政府干预在英国现代化过程中的作用依然处于重要地位。其后的发达国家在取得技术与经济优势后，也大力鼓吹自由贸易主张，但发展过程中又长期实行保护主义政策。20 世纪以前，先发现代化国家往往以开展“自由贸易”为幌子，运用坚船利炮建立殖民地，或强迫落后国家开放市场，扩大其技术与市场优势。

在继发和后发现代化国家，政府干预在现代化进程中作用更加突出。德国、日本、俄罗斯（前苏联）在现代化进程中，大量运用政府干预手段，以政府力量开拓市场，甚至发动战争掠夺经济资源，或制造对现代工业的大

① 参阅 Polanyi，K，1957，*The Great Transformation*，Boston，Beacon Press. p. 139. 张夏准：《富国陷阱》，社会科学文献出版社 2007 年版，第 37 页。

规模需求，积聚工业化过程中需要的资本，实行经济国有化，建立国家资本。在解决经济危机和社会矛盾的过程中，各个现代化国家运用了大量政府干预手段。对外殖民，实行扩张性经济政策，建立福利社会等措施都曾被大量运用。现在各个国家的版图融入了现代化进程中殖民扩张的因素。各个国家工业化的速度与其资本形成中的国家干预政策息息相关。但是，过度的政府干预可能在取得短期成就的同时，酿出不得不长期吞咽的苦果。如前苏联的现代化模式，曾经带来举世瞩目的成就，也成为其后来停滞与瓦解的原因。

四、现代化向全球扩展具有时序性与地缘性

现代化在全球扩展的过程，是一个市场扩张的过程，也是一个战争扩张的过程。现代化的基础是经济现代化，市场化是经济现代化的动力。现代化的核心是技术现代化，重要标志是工业化，在国家实力上的重要体现是军事现代化。经济现代化伴随着政治及社会制度的广泛变化，城市化、民主化、法制化等随着现代化而生长。16 世纪末英国大胜西班牙后，又经过与荷兰、法国的战争，成为全球性霸权国家，建立了庞大的“日不落帝国”。英国凭借技术革命带来的军事威力与商品优势，在全球扩张利益，改变甚至中断了当地的历史演化进程。与英国的自然演进型现代化道路不同，法国走了一条通过政治大革命推动现代化的道路，以政治现代化推进经济现代化；美国在充分继承了英国的制度遗产的同时，汲取法国政治现代化的成果再创新，建立的宪政制度、市场制度、财政制度，为后来居上称雄世界奠定重要基础；德国创新出产业保护制度、社会保障制度、人力资本积累制度等，通过自上而下的方式发展保护性贸易，加快现代化进程，并以发动战争的方式转嫁发展压力；日本是德国的优秀学生，成为东方第一个现代化国家。

法国长期是英国的竞争对手。英、法百年战争在法国本土开战，战争过程强化了国王的权力，三级会议的地位下降，无力约束国王。法国在战争中的胜利强化了国王的权威，使法国建立了空前强大的中央集权绝对主义国家，长期陷入争夺欧洲大陆霸主地位的战争中。法国实行的重商主义政策，由于等级制度下的腐败大打折扣，在与英国的贸易竞争中处于下风。无尽的战争耗尽国库资金后，财政不堪重负，1789 年国王路易十六召

开三级会议期望增加税收，触发大革命。大革命后长期残酷的国内政争伴随着法国的历史，频繁的对外战争大量在国境内进行，影响了现代化的进程。法国大革命是现代化的推动力量，产生了多部宪法，用法治化方式巩固现代化成果；频繁的政争也对现代化产生了巨大的阻遏，在破坏中建设的过程制约了物质资本与人力资本的积累速度。

美国从英国的殖民束缚中独立出来，以英国宪政制度为基础建国，吸纳了来自法国的权力制衡理念，积极引进新技术，采取保护主义贸易政策，在具有丰富发展空间的北美大陆扩张，在 19 世纪 70 年代后的第二次科技革命中，经济规模迅速壮大。同时，在外交上奉行孤立主义政策，避免陷入与强国的争斗，为资本及国力的积累创造了优越的条件。20 世纪初以来，成为综合国力最强大的全球霸主。随着两次世界大战中欧洲列强地位的削弱和苏联的解体，其超级大国地位更加凸现。

因英国、法国、美国在现代化过程中的领先地位，它们被看做是先发现代化国家。其后，进入现代化阶段的德国、日本在许多领域后来居上，成为军事强国与经济大国，20 世纪成为战争的策源地。这类继发现代化国家向原来的世界秩序提出挑战，向更落后的国家扩张势力，在制造灾难的同时客观上促进现代化向更远的地方扩展。在现代化过程中，现代化发生时间靠前的国家显现出巨大的优势：

其一，往往通过战争完成原始资本积累。16 世纪以后，欧洲国家几乎掠夺了美洲、非洲和大洋洲土著居民数千年积累的全部财富和亚洲国家的大量财富，通过战争获得巨额赔款，并利用非洲黑人进行奴隶贸易获取财富。

其二，可以利用海外资源增加财富和生存空间。先发现代化国家一部分是欧洲强国，一部分是欧洲强国的海外衍生国，它们控制了大量的海外殖民地，垄断了高利润的国际贸易。例如 1914 年，英国有 55 个殖民地，殖民地面积是英国的近 100 倍，人口是英国的 8.5 倍；大约 8.5 个殖民地人供养 1 个英国人，2.6 个殖民地人供养 1 个欧洲人①。美国、加拿大、澳大利亚和新西兰的原土著居民，全部或几乎被欧洲殖民者灭绝。利用技术优势和不平等国际贸易，投资和开发海外人力和物质资源，大量获取超额的技术垄断利润。

---

① 斯塔夫里阿诺斯著，吴象婴等译：《全球通史——1500 年以后的世界》，上海社会科学院出版社 1992 年版，第 314 页。

其三，可以通过大量移民弱化社会矛盾，缓解就业压力，提高资本密集度。欧洲移民涌向美洲、大洋洲和非洲等地，大大降低了本国的人口密度，提高了本国人民人均拥有的自然资本和资源量。例如，1821—1915年期间的英国向外移民达到1610万人，占1900年人口总数的42%；欧洲移民达到4360万人，占1900年欧洲人口的10%①。

其四，可以采用先进技术提高劳动生产率，支持公共投资增加人力资本积累，建立和完善经济现代化的基础设施如交通运输系统、通信系统、金融和投资系统，不断调整产业和就业结构。20世纪60年代以来，它们不断放弃价值含量低的产业和污染环境的产业等，并把它们移到发展中国家以获取利润。

由于时序与地缘的关系，随着先发现代化国家技术的进步与力量的壮大，相临国家往往首先成为军事进攻和贸易扩展的对象，并随着先发国家力量的扩展，现代化以战争和贸易方式向远方扩展。先发现代化国家内部矛盾压力，通过战争等方式向后发现代化国家转嫁一部分。法国的早期现代化进程中，英国的压力无处不在，英国的现代化成就也为法国现代化带来巨大的引力，成为法国大革命的成因之一。德国的统一及其现代化，也在法国的巨大压力和英法的巨大引力下起步。日本被美国炮舰轰开了国门，先是被迫继而主动开始现代化进程。德国、日本作为继发现代化国家，从19世纪末奋起直追，成为现代化进程中的后起之秀，并在成为世界大战的战败国之后重新崛起。俄罗斯先是走出了一条自上而下的国家现代化道路，后来的前苏联将自上而下的国家现代化模式发展到极至，并一度成为与美国比肩的霸主之一。在西方现代化国家迅速发展的早期，中国似乎置身事外，成为地球的边缘，但最终成为列强现代化冲击的对象。英国、法国、美国、德国、日本、俄罗斯成为对中国现代化进程外部冲击最大的来源国。

先发为后发现代化国家提供了现代化模式的参照对象和目标，可能为后发现代化国家带来“后发优势”。但后发现代化国家要实现现代化，也面临着不利的条件。发达国家出于自利动机会遏制后发国家的发展，而后发国家对外转移现代化过程中积累矛盾的可能性更小，需要更强的内部消化能力②。格申克龙指出，由于导致某个国家落后的基本要素会以一种突

① 哈巴库克著，王春法等译：《剑桥欧洲经济史（第六卷）》，经济科学出版社2002年版，第56—57页。

② 张飞岸：“历史比较：现代化研究不可或缺的视野”，《中国人民大学学报》2010年第2期。

出的形式表现出来，这将促使后发国家采用本质上不同的实现工业化的制度手段。一国的经济越落后，特殊的制度因素在增加新生工业部门资本供给中的作用就越大。落后国家在工业化发展过程呈现出的与先进国家明显不同的特点，不仅表现在通常更高的发展速度和工业增长率上，而且也体现在生产结构、组织结构以及制度手段等方面的差异上。“要使落后国家不断积累的‘紧张’真正能够转化为引致工业革命爆发的动力，是需要条件的。其中一个重要的方面便是落后国家的政策。如果落后国家政府未能结合本国社会经济环境适时地推行恰当的支出、税收、金融与外贸政策等等，那么落后国家中原有的‘落后的劣势’就不能被弱化，反而将不断增长，从而落后国家就有可能‘错过’其落后的优势本可以为其提供的爆发工业革命的机会。”①

现代化的扩散有一个从现代化起源地向周围扩散的过程。由于地理历史文化背景的差异，不同地区在卷入现代化进程时，分别采取了主动或被动的应对方式，从而进入现代化的不同序列，呈现不同的特点。中国曾长期居于东方文明的中心，作为一个源远流长的文明大国，培植出深厚的文化优越感，具有强大的国家组织。由于与西方相距遥远，处于不同的经济与文化体系，中国在现代化的冲击下，经历了一个无视、无奈、反抗、融入的艰辛过程。作为一个后发外生型现代化国家，在借鉴其他现代化国家的发展战略过程中，在“干中学”过程中矫正方向，从传统中汲取力量，通过制度创新凝聚民族力量，经历了一个长期的艰难摸索的试错过程。

现代化本身是一系列具有因果关联的历史进程，率先实现现代化的国家对后发国家按照与其相同的方式实现现代化构成了制约因素。发达国家会试图踢开那个能使发展中国家爬到顶端的“梯子”——即行之有效的政策和制度②，要求发展中国家推行所谓的“共识”或“惯例”，以此来阻止发展中国家的发展。现代化发展史是后发国家模仿先发国家的阶段性发展的历史，更是后发国家逐渐与先发国家模式相偏离的历史。一个国家的现代化起步越晚，在现代化进程中就越需要在更强的组织手段下完成。组织力的增强，说明后发国家比发达国家面临着更加不利的实现现代化的条

① 亚历山大·格申克龙：《经济落后的历史透视》，商务印书馆2009年版，第1—3页。

② 李斯特认为，英国到达成功的顶点后，把自己爬过的梯子踢走，目的是使他人无法沿着同一副梯子追赶他，斯密的世界性学说等可以用这一点来解释。见张夏准，肖炼等译：《富国陷阱：发达国家为何踢开梯子?》，社会科学文献出版社2007年版，第6—7页。

件，因而其需要更强的发展动机和更有效的发展策略。

五、现代化在不同国家间存在辗转递进关系

现代化进程中国与国之间发生广泛的相互影响，先发现代化国家对其他国家形成持续的外部冲击。内外因素的交互作用，形成不同国家特殊的现代化道路，但从不同国家现代化道路的比较中，仍然可以看到它们之间的辗转递进关系。

以工业革命为发端的现代化之所以发端于西欧，而且是在偏于一隅的海岛英国，有其复杂的经济、政治、地理与文化因缘。英国特殊的地理环境，使其公共安全（遭外敌入侵）与公共生存（遭遇严重灾荒）等公共需求不强烈，缺乏常备军等强力机构壮大的机缘，形成了国王与土地贵族互相牵制下的政治协商传统，封建领主制的弱政府无力成为掠夺性政府，国王不得不与社会形成交易性财政关系。在地理大发现后带来的大量新的贸易机会刺激下，社会分化出新的工商业资本力量，他们与国王之间以商业税金换取海军保护，对外开展贸易及殖民掠夺。在新兴工商业税金的支持下，英国原来的弱政府在都铎王朝时期（1485—1603 年）有一个中央集权的过程①，弱政府变成了强政府，军队与政府执行力得到强化，在此期间打败了欧洲霸主西班牙。英国政府强大之后，曾经试图扩大其自由征税的权力，但被新兴资产阶级与土地贵族联合打败，这就是英国 17 世纪的光荣革命过程。在光荣革命后形成的宪政制度下，议会制度、政党制度与选举制度共同作用，迫使政府缩回“掠夺之手”，伸出“扶助之手”，形成政府与社会之间的“交易”关系，而不是“等级”关系。于是，英国的私人产权得到保障，“风能进，雨能进，国王不能进”，产权激励下个人创新能力得到充分发掘，同时政府在纳税人监督下促进国内产业发展和向外拓展殖民与贸易利益，在长期的资本积累、技术积累下终于爆发工业革命，获取大量的现代工业垄断利益。

中世纪以后，英国由于是欧洲边陲岛国，缺乏因外来入侵战争引发的公共安全需求；人地比例小，缺乏因天灾引发的大规模公共生存需求，历史上国家强制力量的强化缺乏机缘，成就了其议会代议制传统。地理大发

① 参阅焦建国：《英国公共财政制度变迁分析》，经济科学出版社 2009 年版，第 103—104 页。

现后，市场开拓与海洋争霸需要建立强大的海军，资本家通过与政府进行税金换产权保护的“交易”，不断增加在早已存在的议会中的席位和决策权，逐渐改变英国议会中贵族占绝对优势的结构，议会制度得到巩固。1688 年的光荣革命进一步使英国政府做出维护产权的可信承诺：

第一，它消除了权宜的潜在来源……

第二，通过限制了国王的立法和司法权力，它限制了国王不经同意就修改规则的能力。

第三，议会确保了其对税收话题的主导权，消除了国王单方面改变税收水平的能力。

第四，他们确保了自己在资金配置及使用上的地位。国王现在不得不同议会平等地打交道……

第五，通过在议会与君主之间形成一个平衡——而不是像国内战争那样铲除后者——议会确保了对他们自己的武断行为进行限制。

这些东西加在一起，很大程度上加强了政府决策的可预见性。①

在英国议会制度发挥政府与社会协商功能的条件下，政府既能得到更多的财政资源，其掠夺性又受到了控制。而公债制度在英国的率先确立，在有效解决政府短期战争融资问题的同时，提高了政府的信用，刺激了投资、技术创新与生产增长，进而提高了政府财政能力，奠定了 18—19 世纪取得国际霸权地位的物质基础。

对于内生型现代化国家英国而言，现代化是一个自下而上的渐进自发过程。在 19 世纪英国完全具有世界工业领先地位之前，实行贸易保护和以退税补贴等方式鼓励制成品的出口一直是英国基本的产业政策，从而保护其工业生产能力。1721 年，乔治一世统治时期的改革，标志着英国开始推行以提升制造业为目标的产业政策，保证厂商在国内免受国外制成品的竞争，确保制成品的自由出口，并尽可能予以奖励和补贴。正是在国家对工业保护的基础上，伴随着 18 世纪后半期的工业革命，英国开始扩大了相对于其他国家的技术领先优势。从那时起一直到 19 世纪中叶，英国在世界上的技术实力无与伦比，但同一时期内英国却继续实行它的产业促进政策。直到其工业品在世界上具有无可替代的稳固地位时，英国厂商要求自由贸

---

① North, D. C, and B. R. Weingast. 1989. “The Evolution of Institutions Governing Public Choice in 17th Century England.” Journal of Economic History 49: 829.

易的呼声才越来越高。1833 年，英国进行了一轮削减关税行动，1846 年英国采取了更加重大的促进自由贸易的改革措施，取消了大量工业品关税。英国这一政策转向为“自由贸易帝国主义”的行为，旨在“通过扩大欧洲大陆的农产品和原材料市场来阻止欧洲大陆的工业化步伐。”① 发生在英国 19 世纪中期的经济自由化也是英国政府掌控的结果，并不是自发实现的。所谓英国自下而上的现代化进程，是相对于德国和日本等后发国家而言的。像英国这样起步较早的发达国家，它的现代化进程尚且得到国家财政制度创新的帮助，对于发展中国家而言，国家财政制度创新的作用更不容忽视。

在英国的刺激或示范下，同样属于先发现代化国家的法国、美国选择了不同的发展路径。法国优越的农业发展条件和周边开放的环境，使其频频卷入被侵略或欧洲争霸的战争中，公共安全危机刺激了君主专制的形成，君主专制又成为社会的掠夺者。由于法国国王的强政府与资产者之间没有形成稳定的协调机制，频繁发生“零和”甚至“负和”博弈的局面。强大的政府时而成为现代化的阻遏因素，时而成为现代化的强大动力，产权保护和激励制度不稳定。在法国现代化过程中，出现了强政府——掠夺过度导致革命——宪政政府的漫长过程，但新成立的政府在外来的国家安全压力下，不得不建立与商人之间的联盟或交易关系，以取得持续的财政支持。资本的流动性迫使政府总体上采取了与资产者合作的态度，使其内生的现代化因素得到扩展，在市场化中取得工业化成就，依赖工业化成就攫取贸易利益和殖民利益。

美国在较大程度上复制了英国的发展模式，依靠其相对孤立的安全环境，一开始就建立了一个宪政下的弱政府，在议会与政府的牵制、联邦与地方政府的制衡中，政府与社会之间保持了一种竞争中合作的交易关系。在北美大陆扩张领土，开发资源，形成庞大的市场，利用关税政策保护国内幼稚工业的发展。即使在强大以后依然长期对外奉行相对“孤立”的政策，不参与欧洲大陆的纷争，终于在 20 世纪成就世界霸主地位。到 20 世纪 30 年代以后，为应对经济大危机，政府力量才得以强化，但依然处于议会的控制之下，不能成为社会的掠夺性力量。

英、美的世界霸权地位与财政利益取向，对推进全球市场拓展产生了

① 张夏准：《富国陷阱——发达国家为何踢开梯子?》，社会科学文献出版社 2007 年版，第 33—35 页。

历史性影响。经历了18世纪中叶以来的工业化和市场经济发展后，英国的实力在于其远超他国的生产力，其参与战争的相对成本与收益进而被彻底重构。全球贸易是英国经济收益的主要依托，流转税成为政府的最根本收入来源，英国从控制国际贸易中获利丰厚，而战争成本涉及贸易收益的损失（或机会成本）和实际战争成本，同时巩固战果的成本和从反抗的民众中汲取资源的成本均大于收益。英国希望创建一个围绕其工业和金融核心的、自由开放式的世界市场秩序，与拿破仑帝国希望建立一个以领土为基础的、自给自足式的大陆体系迥然不同。英国版世界秩序的胜利，从根本上改变了国家之间的竞争方式，在世界历史上首次出现了最强大国家的国家利益可以与强国之间相对和平共存的共同利益相一致的情形。在英国的导向与牵制下，一些大国和次等国家的伺机扩张受到遏制，并针对日益加剧的威胁而协调制衡行动。虽然英国不是一个无私的“平衡者”的样板，但它继续“制衡”任何挑战其世界领导地位的崛起国。更明显的是，英国即使在后拿破仑时代不用面对重要挑战者的情况下，也能克制自己不进行传统的领土扩张行动。当英国在20世纪前半期从巅峰地位衰落下来后，继位者美国的国家利益更相近于和平共处的公共利益。作为贸易国家，美国引进英国对于国际竞争所持的正和观点，并鼓励互相依赖。①

继发和后发国家现代化过程中国家组织化程度的增强，需要政府强制力的提升，形成强大的军队和财政汲取能力。在遭遇先发现代化国家冲击时，一个地区如果原来存在一个弱政府，既有可能在外来压力下凝聚社会力量，强化政府职能，成为成功的继发现代化国家，德国、日本就是这样的继发现代化国家的典型。如果在外来现代化冲击下的弱政府不能恰当应对，就很有可能灭亡和殖民地化。在赶超先发现代化国家进程中，继发现代化国家往往以强化国家组织为手段，提取农业剩余以扩大财政规模，通过统一国内市场，积累公共资本，建立民族工业，实行贸易保护，向更落后国家拓展市场，提高经济竞争力和国家财政实力，并壮大军事力量伺机侵略更落后国家，建立殖民地。

德国、日本作为继发现代化国家，其前身都是一个弱政府，以改良为主开展现代化导向的制度创新，强化中央政府集权，增强政府的执行力，引入

① 许田波著，徐进译：《战争与国家形成：春秋战国与近代欧洲之比较》，上海人民出版社2009年版，第218—220页。

部分宪政因素增强国家的凝聚力。在政府与资产者联合下，财政制度被建立在承认和保护现有产权的基础上，建立公共资本，运用引导性产业政策，鼓励私人资本进入新兴支柱产业，鼓励对国家资源的开发。其军事支出取决于维护国家主权、保护国外贸易利益、开拓殖民地的“公共”需求与成本的对比。一方面，能够维护国家主权是继发现代化国家能够与先发现代化国家进行“平等”贸易或正和博弈的前提。缺乏自我实施能力，国际间平等交易是无法实现的。西欧国家在现代化早期对美洲印第安人进行大肆掠夺与屠杀，而不是选择贸易方式，根本原因就在于美洲印第安人与入侵者力量悬殊，缺乏交易的自我实施能力。维护国家主权与保护国外贸易利益，刺激继发现代化国家扩大财政军事支出，以满足国家公共安全需求。另一方面，新大陆发现后，殖民扩张使军事财政投入存在巨大的潜在“利润”，能转移其国内发展中带来的劳动力过剩、原料不足、市场不足等压力，使扩大财政军事支出支持军事扩张带有巨大诱惑性。在先发现代化国家的压力和示范下，德国、日本推行转移来自农业的财政收入用于支持军事相关工业的发展，推进工业现代化进程。在军事优先战略的推行下，军事化方向的财政制度创新，强化了政府的暴力工具属性。在政商寡头相互驱动下，向更落后国家进行民族主义扩张并向先发现代化国家挑战成为必然结果。在第二次世界大战失败后，在英美模式的压制和诱导下，德国和日本最终与英美模式“并轨”，也走上了参与世界市场“共赢”博弈与公共福利财政的制度创新道路。

后发现代化国家进入现代化阶段，体现出更多的外生性，不像先发现代化国家那样有一个自然演化的过程，也不如继发现代化国家那样有较多市场化、民主化的内生因素。发达国家既为后发国家指示了现代化方向，又成为它们现代化道路上的挡路石。由于后发国家比发达国家面临着更加不利的现代化条件，因而需要更强的发展动机和更有效的发展策略。俄罗斯（前苏联）与中国是后发现代化国家中的两个典型大国，两国原本有一个专制的强政府，在现代化的冲击下有更强大的抵挡能力。不同的是，俄罗斯帝国曾经主动启动工业化进程，而清政府却十分消极。由于专制的强政府对社会的掠夺和产权缺乏保护，导致内部发展动力不足，在现代化强国的进攻下败下阵来，从而加剧国内矛盾的激化。由于原来专制政府的政治统治集团的既得利益无限庞大，成为政府无法摆脱的包袱，于是只有通过革命才能释放内部积压的社会压力，并通过建立超级强大的新政府应对外部冲击和解决现代化进程中的资本积累问题。现代化起步越晚，原来的专制政府越强大，革命的时间越长，越激烈，建立的新政府越容易走上集权——专权——甚至极权的道路。一方面具有现代化的导向，另一方面由于缺乏自然演进的过程，容易出现严重对立的专政而非宪政政权，由对民主的追求而误入民粹以至专制的歧途。

俄罗斯的早期现代化是在沙皇专制下强力推进的，资产者并没有取得独立的经济主体地位，产权保护与激励机制屈从于专制统治体制。中国清政府与民国时期的早期现代化，是在内外战争频繁中谋求主权独立和政权统一的目标下进行的，取得军事优势是政府进行财政制度创新的最大诉求。因劳工的生存危机而激发无产阶级革命，建立了前苏联和新中国社会主义政权，在强调社会公平的旗帜下开始现代化提升效率的新尝试。以暴力革命手段剥夺有产者财产建立了国家垄断的生产体系，实行指令经济的运行方式。国家组织化程度无限增强，军事力量强大，财政汲取能力无限提升，提取农业剩余筹集工业化资本，建立民族工业，实行封闭的贸易政策，摒弃市场化下的产权保护与激励机制，既没有条件也不再追求建立殖民地。总体上看，俄罗斯（前苏联）与中国的现代化进程，走过了一条从改良到革命再革命到改革，从技术引进到制度创新的比较激进的制度变迁道路，在推动历史前进的同时，也造成了大量的破坏和损失。最后在20世纪末又重新走上改革也就是改良的制度创新道路，和西方国家殊途同归，走向通过市场追求"共容利益"的开放道路，在主权完整下实行混合经济的运行体制。

巴林顿·摩尔曾根据不同国家土地贵族与农民之间阶级关系和结构的差异梳理出三种不同的现代化模式，即以英、美、法为代表的西方民主模式，以德、意、日为代表的法西斯主义模式，和以俄国和中国为代表的社会主义模式。他认为，这三种模式不但在发展序列上相互接续，而且在因果链条上辗转递进。西方民主道路为德、意、日法西斯主义道路开启了大门，而法西斯主义在俄国和中国的失败，又直接引爆了社会主义革命①。在先发现代化国家，财政制度创新更多的呈现出渐进性制度变迁的特征；而对于后发现代化国家来说，外来冲击是其财政制度创新中至关重要的因素，制度变迁有更多激进性制度变迁的特征。一旦后发现代化国家在追赶中达到先发现代化国家的水平，其制度创新有必要融入先行者的制度演进中证明已经成功的特征。

---

① 张飞岸："历史比较：现代化研究不可或缺的视野"，《中国人民大学学报》2010年第2期。

第二节 世界财政现代化的特征

在现代化进程中，市场关系在广泛领域内取代传统关系，强有力的现代化发展取向的国家权威逐步确立，为在一个大国成功实现向现代工业社会转变奠定了政治条件。先发现代化国家通过财政制度调整，使财政职能更适应现代化发展的需要，在促进现代化发展后给其他国家带来示范效应，会促进其他国家加快财政制度现代化进程。

一、财政职能现代化的时空特征

处于不同的现代化发展阶段，财政职能是不同的。在世界现代化过程中，从先发现代化国家市场发展的线索看，经历了市场扩展——市场主宰——市场失灵——政府失灵——关系重构的发展历程，现代化国家的经济政策经历了重商主义——自由主义——凯恩斯主义——新自由主义——新古典综合的发展过程，财政职能也经历了推动市场扩展——维持市场优势——克服市场失灵——改善政府失灵——重建财政职能的轨迹。由于处于现代化进程的时空条件差异，不同国家的财政职能演进存在差异。能顺势而为，同时挖掘出政府与民间潜力，合理定位与发挥财政职能的国家，现代化进程发展顺利，在长期稳定中走向繁荣富强。反之，国家则走向了混乱、衰落与穷困。

西方国家的现代化进程，是一个市场力量不断扩大的过程。16—18 世纪，西欧封建君主和商业资本家在共同追求货币财富的基础上结盟，实行重商主义政策。为了保证贸易出超，采取各种立法手段和行政措施，扶植或兴办工商业，对出口实行奖励或减免税，对进口则课以重税，发展航运业和对外贸易。财政除满足政权运行的基本需要外，通过支持军事特别是海上军事力量扩张、参与贸易谋取税利，促进市场扩大。18—20 世纪初是自由主义政策时期。在先发现代化国家发生工业革命后，财政职能被压缩在维持对外市场优势地位、维护国内秩序和提供基础设施方面，奉行自由竞争的经济政策，防止政府对经济的过多干预。“亚当·斯密的《国富论》申述政府的活动必须限制在一定的范畴内，诸如公共秩序、国防与司法行政的维护等任务。……因此，公共部门的经济活动，相对来说，显得极其微弱而不重要"①。财政支出被视为一种非生产性的必要的消费支出，最好的财政计划就是节流，最好的赋税就是税额最少的赋税。古典学派从"自由放任"的理论出发来阐述财政的职能作用，主张"廉价政府"，反对奢侈浪费；提倡尽量节俭，保护资本积累；主张量入为出，反对增加赋税；主张预算平衡，反对举借公债；主张币值稳定，反对通货膨胀。

市场取得配置资源的主宰地位后，市场万能的神话被频繁发生的经济危机打破，凯恩斯主义政策在20世纪30年代应运而生。财政职能朝调控宏观经济方向发展，微观财政工具在实施资源配置和收入分配职能中被大量运用。20世纪70年代，政府过度干预使政府低效问题越来越突出。新自由主义对凯恩斯主义进行了严厉的批评，倡导限制政府干预的运用。但是，在政府失灵现象突出的情况下，新自由主义政策盛行，但现代社会的诸多公共问题使政府干预不可避免。新自由主义在维持国际竞争中的产业优势、提升社会公平中存在局限性，于是新古典综合政策应时而生，将市场化手段运用于政府过程，赋予财政慎重调节经济和提高社会福利的职责。发达国家财政职能在不断微调，但在实现基本职能基础上，兼顾宏观与微观，重视在全球扩张市场，增进国内福利的整体格局没有发生大的变化。在战争时期，财政保护国内市场、调节私人经济甚至控制国民经济的职能得到强化。

相对于先发与继发现代化国家英国、法国、美国，继发和后发现代化国家在前者的挤压甚至侵略下，财政职能不得不做出新的选择。19世纪末20世纪初，继发现代化国家德国奉行新历史学派的主张认为，国家（政府）活动具有生产性，比物质生产者的活动具有更强的生产性。强化政权，实行保护关税政策，将保障社会福利率先引入财政职能，通过发展教育、社会救济增进社会福利。20世纪初，后发外生型现代化国家苏联、中国在战争状态下对财政职能又进行了新的探索，一方面突出强化政权职能，另一方面发挥控制经济职能，财政职能覆盖和替代了市场功能，财政成为全能财政，将战时非常态财政当作常态财政发展到极致。

财政职能体现政府职能，按重要性及实现顺序，可分为财政基本职能、财政扩展职能和财政超级职能：

财政基本职能包括维持政权运行；提供基本公共资本品、公共消费品；进行特权租金分配和为底层提供生存保障。

---

①　约瑟夫·斯蒂格里茨：《政府经济学》，春秋出版社1988年版，第95—109页。

财政扩展职能包括保护在国外的利益，促进市场扩展，保护民族产业，宏观调控等。

财政超级职能包括建立霸权，甚至统制控制经济，进行资产再分配。

以上述分类为基础，对照主要现代化国家财政职能的演化，在剔除基本职能后，现代化进程中财政职能的演化在不同时期的主要形态如表 4－1 所示。

表 4－1　　现代化进程中主要国家财政职能演进一览表

	重商主义阶段 （约 16—18 世纪）	古典主义阶段 （18—20 世纪 20 年代）	凯恩斯主义阶段 （20 世纪 30 年代至今）
英国	扩展对外市场职能 保护国内市场职能		扩展对外市场职能 保护国内市场职能 调节经济职能 社会福利职能
美国 法国		扩展对外市场职能 保护国内市场职能	
德国 日本		（18 世纪后期—1945 年） 强化政权职能 扩展对外市场职能 保护国内市场职能 社会保障职能	（1946 年至今） 扩展对外市场职能 保护国内市场职能 调节经济职能 社会福利职能
俄罗斯		（1917—1989 年） 强化政权职能 控制经济职能 社会保障职能	（1990 年至今） 扩展对外市场职能 保护国内市场职能 调节经济职能 社会福利职能
中国		（1949—1978 年） 强化政权职能 控制经济职能 社会保障职能	（1979 年至今） 扩展对外市场职能 保护国内市场职能 调节经济职能 社会福利职能

说明：

1. 各个国家在进入现代化过程中，财政首先必须立足发挥最基本的职能，如解决维护国家独立的资金保障需要，确立对外主权和维护政权存在，提供秩序性公共品以及最基本的公共生存权保障。所有国家财政都首先要发挥上述最基本职能，作为国家及财政存在的前提，因而在上表中不再一一列出。

2. 在战争状态下，各个国家的财政往往发挥控制或统制经济的战时财政职能，在上表中也不再一一列出。

3. 从世界现代化进程角度看，英国是先发自生型现代化国家，美国、法国属于继发自生型现代化国家，德国、日本属于后发自生型现代化国家，俄罗斯、中国属于后发外生型现代化国家。

从表4-1可以看出，现代化进程中，各个国家的财政职能演进具有一定的梯次性。越是先发现代化国家，其向外转移社会压力的机会越多，在现代化初期建立社会保障的基本财政职能越不迫切。而越是后发现代化国家，不仅政府组织化程度要求更高，而且解决基本的生存社会保障问题更迫切，于是强化政权职能与基本社会保障职能成为首先需要保证的内容。但随着时间的推移，市场化、全球化下各国财政职能有趋同化倾向。即使由于各国历史传统的差异，这一过程并不顺畅。如果是在战争或其他紧急状态时期，各个国家的财政往往发挥了控制直至统制经济职能。但进入全球化的和平时代，不同财政职能下的国家间经济效率竞争，导致世界经济运行机制走向趋同化，财政工具运用及财政运行机制的相互影响日益加深，财政职能也显现出趋同倾向。

随着全球化程度的加深，不同国家走向相同的历史发展阶段时，对财政职能定位会产生相近的客观要求。但由于事实上各国国情的复杂性，在借鉴发达国家关于财政职能定位的经验时，需要高度关注不同时空的差异性。一般来说，财政职能应以重要程度排序如下：

（1）生存公共品提供，如主权安全、人权保障、社会秩序、生存性公共工程、基本社会保障等；

（2）市场保护与培育，如产权保障、市场扩展、契约自由等；

（3）公共资本提供，为国家竞争力提供支柱（如公共人力资本、公共物质资本）；

（4）公平分配；

（5）宏观减震等。

但在具体时空下财政职能的执行排序，则决定于公共选择过程中财政主体的结构状况与博弈态势。

二、世界财政现代化的脉络

现代化过程中财政制度变迁的脉络，就是通过加强对产权的保护力度，束缚国家的“掠夺之手”，确立政府与社会之间的平等“交易”关系，促进社会私人成本与私人收益率趋于一致，形成一种以“寻利”而不是

"寻租"[1] 为主导的激励机制，并逐渐强化国家的"扶助之手"，提高经济的规模效应。财政制度对产权保护与激励功能发挥的程度，决定了其对经济增长的促进程度，进而决定对提高整个社会福利的作用程度。先发现代化国家经济与技术力量的强大，在增强国际市场赢利能力的同时，提高了开拓殖民地的能力，促进其财政功能更加强大，取得更多的超额垄断利益甚至掠夺性利益。

财政制度与市场制度是人类社会最重要的"竞争+合作"机制，财政制度可以促进规模收益的实现，为市场机制提供产权保障，减低交易成本。财政制度与市场制度的配合决定着现代化的成败。从世界现代化进程看，一个国家能否领先，能否后来居上，与其财政制度创新的程度密切相关。自英国通过自发演化进入工业革命阶段后，工业化是世界各国现代化进程中的共同追求。通过对现代化历史的考察可以看到，在资本形成时期和工业化初期，"必须依靠国家尽可能地执行企业才能方面的领导任务"[2]。财政承担起促进工业化实现，进而促进市场经济体制全面确立的职责义不容辞。没有财政的支持，资本原始积累不可能顺利完成。无论是更早一些的葡萄牙人的航海活动，还是达·迦马、哥伦布和麦哲伦的地理大发现，都是在葡、西王室的财力支持下完成的。自17世纪后半叶，英国"圈地运动"已不再是私人自发进行，而是通过"议会圈地"方式在国家政权直接参与下进行。市场与法律秩序是一种公共资本，需要在国家公共财政支持下完成。法国大革命与美国独立革命催生了法律与市场公共品的提供。在世界现代化历史上，英国与美国领先的时间最长，至今仍具有旺盛的活力，而它们在财政制度变迁史上的创新成果也最丰富。德日政府对公共设施的大规模投资，充实了公共资本。对民族工业的扶持，受益的不仅仅是资本家，整个国家最终也是受益者。对民族产业的财税支持，也具有"公

---

① 巴格瓦蒂列提出寻租就是直接的非生产性寻利活动，布坎南把寻租定义为"人们凭借政府保护进行的寻求财富转移而造成的浪费资源的活动"。"经济租"是生产要素的实际收益减去机会成本的余额，实质上就是一种超额利润。寻利是经济主体通过自身参与市场竞争而获得"经济租"；寻租是经济主体利用政府的干预使自己取得特殊垄断地位，从而获取"经济租"。寻利是物化在生产过程之中的，以商品和劳务的增加为基础，其结果有利于自己也有利于社会；寻租是游离与生产过程之外的，是对既定财富量的分配，其结果有利于自己但有害于社会。寻利是经济主体以资本投入、技术发明、制度创新和公平交易等为基本途径，具有正的外部性；而寻租是经济主体以游说、哄骗、行贿等为手段的，具有负的外部性。参见贺卫：《寻租经济学》，中国发展出版社1999年版，第89—105页。

② 讷克斯著，谨斋译：《不发达国家的资本形成问题》，商务印书馆1966年版，第20页。

共”的性质。德国、日本能够从战争废墟上很快崛起，与其在财政制度上有很强的学习能力与创新能力密切相关。越是现代化起步晚的国家，越需要依靠国家执行引领企业的任务。但前苏联现代化模式中，由于难以摆脱长期专制的历史包袱，政府对企业的完全替代“过犹不及”，在财政制度创新后陷入制度创新的长期停滞，现代化进程走了弯路。

通过对现代化进程中几个典型大国的财政制度创新成就进行综述，可以看到世界财政现代化的大致脉络。英国经过长期的现代化演进，为其他国家提供了一个制度学习的范本，后来的现代化国家总是或多或少地从先行者那里学习新的技术、制度和文化，结合本土条件进行运用和再创新。

英国在现代化进程中财政制度的突出创新有：

一是建立了交易性的税收制度，稳定了产权制度对技术革新的激励。“无代表不纳税”的财政理念，经过以习惯法方式长期演化，成为重要的财政制度，限制了政府的予取予夺，切实保护了私人产权。与其他国家的竞争以扩大经济优势为主要手段，而不以攻城掠地进而取得“地租”式收入作为主要方式，政府以关税等流转税方式取得财政利益。在具体税收方式上，最早将关税、商品税作为主要的财政收入形式，最早开征个人所得税，以关税方式保护国内产业。

二是18世纪末建立现代预算制度。议会制度下合作式博弈的预算制度，强化了收支挂钩，确保了充足又高效的公共品的供应。以议会控制预算为基础的公共品有偿交易制度，代表纳税人的议员通过议会行使财政决策权，限制了政府作为暴力垄断组织的掠夺性。光荣革命后，在英国产生了一个在议会约束下更关心公共品内容与效率的政府。通过议会同意基础上的立法、预算、规制、基础设施建设、航线保护与市场扩张，政府为英国商人提供了一个全球最优的贸易条件。议会的决策权力提供了微观经济主体有效的公共产品偏好显示机制，君主不受怀疑的主权提供了政府有效的财政合约执行能力，两者的结合构成了一套高效的财政运转机制。

三是17世纪最早建立了现代公债制度。运用公债手段筹集军费的同时，为工业化筹集资本，加快了工业化进程。

四是最早建立了中央银行国库制度，减低了财政资金调度中的交易成本，提高了财政制度效率。

五是最早全面推行社会福利制度。20世纪40年代，第二次世界大战结束后，贝弗里奇报告揭开了西方国家全面建立福利国家的序幕。

英国财政制度的革命性创新提高了财政制度效率，为工业革命创造了条件，也成为其18—19世纪建立国际霸权的条件，其财政制度创新的许多做法被后来者效仿。

美国在现代化进程中财政制度的突出创新有：

一是18世纪末建立了财政联邦制。其三权分立的宪政制度汲取了英国的宪政制度与法国的宪政思想，为在大国实行宪政制度提供了样板，财政联邦制为在大国提高公共品的满足差别化偏好提供了制度架构。

二是19世纪初最早明确制定了民族产业扶持制度，利用关税等措施保护国内市场和幼稚的民族工业。有人认为，贸易保护政策出自德国，是德国在李斯特理论的指导下率先实施关税方法保护民族工业。其实李斯特是受美国关税保护主义实践的启发才总结出此理论的。

三是20世纪初建立了现代预算监督制度。美国进步时代在公众的积极参与下，从下向上设计预算管理方案，逐渐在各个州实行，提高了财政透明度，从制度上为减少腐败创造了条件，也成为罗斯福新政得以收效显著的重要条件。

四是最早使用了财政宏观调控的政府干预制度，运用于克服经济危机。20世纪30年代，罗斯福新政成为凯恩斯理论的实践版，从此政府干预成为各现代化国家的主动的政策选择，风靡世界。

德国在现代化进程中财政制度的突出创新有：

一是推行国家建立民族产业资本的制度。

二是推行民族产业保护的财政制度。

三是率先建立了全面的社会保障制度。

四是建立了有限的宪政制度。

日本在现代化进程中财政制度的突出创新有：

一是19世纪末建立了政府示范引导性现代企业制度。

二是建立了以企业为主的终身雇佣式的社会保障制度。

三是建立了战略产业开发的产业政策及财政制度。

俄罗斯（前苏联）在现代化进程中财政制度的突出创新有：

一是建立了国家资本实施工业化的全能财政制度。

二是建立了专政制度下的战时统制财政制度。

上述财政制度创新曾经在特定时期甚至长期发挥了加快现代化的作用，有的被后起的现代化国家学习借鉴，对世界现代化进程产生了深远的影响。从上述财政制度创新的内容可以看出，越是启动晚的现代化国家，其财政制度创新的政府主导性色彩越突出。

三、不同国家财政现代化的辗转递进关系

在人类文明长河中，从经济组织方式的角度，经历了共同体经济、市场经济与混合经济三阶段；从政治权力配置的角度，经历了封建领主制、君主专制与宪政民主制三阶段。经济组织方式与政治权力配置的不同组合，又使不同地区的社会状态呈现多姿多彩的状态。财政制度是政治和经济制度的核心部分之一，又是两者联系的枢纽环节，经济组织方式与政治权力配置的多样性，又使不同国家的财政制度演化呈现出复杂性。世界现代史从欧洲发端，正是西欧从共同体经济向市场经济演化、从封建领主制向君主专制演化的时代，财政制度经历了政商结合的重商主义时代向自由主义时代的转化，财政收入制度经历了以自产收入到间接税为主的演变，财政支出制度经历了以保证公共安全为主向扩展市场秩序延伸的转变，财政管理制度经历了向中央集权的过程。

在西方先发现代化国家的历史演进中，经历了封建领主制国家、绝对主义国家和民族（民主）国家三个阶段。英国在西欧国家竞争中，形成弱政府强社会结构下的市场制度、宪政制度和宪政财政制度，率先从弱势君主主导下的封建领主制财政，经由绝对主义国家财政演化出宪政下的公共财政制度，为工业革命奠定了社会激励制度的基础。由于英国的岛屿自然环境减少了外部军事威胁的可能性，参加的战争多在境外发生，因此民众对中央集权政府的需求就不迫切。一直没能形成强大的官僚系统和常备军，中央集权得不到强化。都铎王朝时期（1485—1603年）英国虽然也有一个向中央集权的时期，但受到议会制度传统的制约，并在后来的光荣革命中王权再次被钳制，集权的行政系统在议会的制衡下运行，于是率先形成了宪政制度和公共财政制度①，为政府及民间形成合力应对各种挑战和抓住各种发展机会提供了制度保证，进而率先产生工业革命和建立起“日不落帝国”。“公共权力中心”（国家）在英国现代化过程中更多的时候呈现出“泛利益政府”状态，其行为促进和推动着君主、资产者甚至劳工的

① 参阅焦建国：《英国公共财政制度变迁分析》，经济科学出版社2009年版，第101—141页。

共容利益，从而促进了社会的稳定与创新活力，抑制了对社会的破坏性力量。与其他国家相比，英国的革命与起义事件更少，强度和影响也更小，有更长的时期社会各阶层呈现“共赢”的正和博弈状态，没有频繁出现“共输”的负和博弈状态，促进了社会生产力的积累和升华，从而后来居上率先爆发工业革命，并保持了长期的竞争活力。由于英国发展中的绝对主义国家阶段短暂而较弱，因而较直接地体现为从封建财政向宪政财政的过渡。

而在绝对主义国家阶段充分发展的国家，向中央政府集权与对其的制衡没有相适应地发展，集中的权力缺乏监督和制约，就会出现专制政府。这时“公共权力中心”（国家）较少或很少呈现“泛利益政府”状态，产权得不到普遍保障，创新得不到有效激励，社会成员会忙于“寻租”而不是“寻利”，忙于“抢瓷器”而不是“做蛋糕”。在部分社会群体的生存人权受到威胁时，社会破坏性力量会急剧发展。财政这时往往沦为强势利益集团瓜分、鲸吞或蚕食社会财富的工具。作为近邻的英国与法国，历史上存在持续的竞争与战争，英法百年战争却是大部分在法国境内进行。法国人来自战争的损害更深，对强大国家中央集权专制的客观需求更加强烈，加上法国四面都可能面临外部威胁的地理环境，促成法国历史上强大中央专制政权的形成。路易十四时代王权专制达到顶峰时，他自称“太阳王”。后来的拿破仑横扫欧洲，也是在帝王专制的基础上才有可能性。

从世界财政大历史来看，进入阶级社会后，财政类型经历了一个“封建——帝国——全能——宪政”财政的演化过程。由于各个国家的地理历史文化差异，财政类型的演化又呈现不同的特点。在先发现代化国家的英国，从封建财政几乎直接演化出了宪政财政类型；而美国承袭英国传统，建国初期就确立了宪政财政轮廓；法国的绝对主义国家时期，财政具有类似于帝国财政的特征。继发现代化国家的德国、日本大体上经历了“封建——帝国——宪政”的财政转型过程；俄罗斯（前苏联）、中国等则经历了“封建——帝国——全能——宪政”财政的演化过程（见图4－1）。

财政现代化进程，是一个建设宪政财政的过程，也是趋近公共财政理想目标的过程，同样也是一个财政公共化的过程。在这个过程中，财政公共性体现的范围、深度将不断扩展。财政公共化程度主要决定于两大因

国家	演化时序				
英国	封建财政	→宪政财政			
法国	封建财政	→帝国财政	→宪政财政		
美国		宪政财政			
德国		封建财政	→帝国财政	→宪政财政	
日本		封建财政	→帝国财政	→宪政财政	
俄罗斯	封建财政	→帝国财政		→全能财政	→宪政财政
中国	帝国财政			→全能财政	→宪政财政

图 4－1 不同国家财政类型演化的时序示意图

素，一是市场化程度，二是宪政化程度。这是因为在市场化过程中，个人从共同体中分离出来，个人自由与创造力可能得到更充分发展，同时私人需要、公共需要的协调问题更加突出，对财政在提高社会总福利中的职能提出更多的要求。宪政是民主的高级组织形式，是民主的法治化，是法治保障下的民主制度，是兼顾个人自由选择权与节约交易成本的高效政治运作方式。公共需要、公共品供给以民意为依归，通过宪政程序来保证。既有利于防止官僚主义滥用公共权力，促进财政公平，又有利于避免民粹主义以个人自由名义损害公共福利，提高财政制度的效率。

英国因其特殊的历史传统和地缘，私人产权在与君主政权的较量中形成共赢均衡局面。政权在资产者的财力支持与政治制衡下，成为新兴资产者开拓市场和殖民地的工具，提供了稳定可预期的私人产权制度与自由契约制度，产生了持续的社会创新激励，孕育出市场制度、宪政制度和现代预算制度，为工业革命率先启动创造了条件。英国市场经济相关制度，如产权制度、股份制、中央银行制、专利制度、合同制度、金融市场制度等得到确立；政治制度，如议会制度、宪政规则下的政党制度、虚位元首下的内阁制度等不断发展；财政制度，如无代表不纳税制度、商品税制度、公债制度、现代预算管理制度等率先确立，成为经济与政治制度的重要组成部分通过对产权与契约自由的保护，推动经济与社会发展，形成私人成本与私人收益趋于一致的局面，鼓励创新，在竞争中实现政府、资产者甚至劳工的共容利益。

英国宪政财政制度率先提高了公共产品提供效率，使其几百年来独占鳌头，长久不衰。其财政制度变迁带有稳定性、主动性和系统性特征。稳定性指其基本上按照自身发展的基本要求和轨迹滚动发展，由封建领主制国家、绝对主义国家向民族（民主）国家财政发展；主动性指其为了推动社会发展而变革财政制度，社会进步和社会矛盾的双重原因决定着财政制度的发展和变革；系统性指财政发展内容的系统与协调。与此不同的是，曾经作为殖民地或半殖民地的其他各国，财政发展一般带有明显的不规则波动性、被动性、非系统性，在列强入侵后财政制度脱离了自然演化的轨道，往往出现断层式、强制性、激进式变迁。

英国的制度创新激发了技术创新，工业革命通过贸易和战争对世界产生人类史上前所未有的巨大冲击。这种冲击对其他国家或地区形成挑战，对这种挑战的反应又会向更广阔的范围和更广泛的领域扩展，形成一波又一波的现代化冲击。由于不同国家或地区的地缘及传统因素的差异，对现代化的反应呈现出时间上以及方式上的差异。各个国家或地区就是在一波又一波冲击的挑战——应战——再挑战的过程中，被卷入了现代化的大潮之中。

法国由于地缘与英国接近，经济文化等与英国具有同质性，一直是英国的强大竞争对手。在贸易战与军事战中两国互相砥砺，法国从英国引进了工业革命的成果，在自由贸易中一些产业又受到冲击而凋敝，激发了国内矛盾。历史造就出法国强大的中央集权政府，使其成就过横霸欧洲大陆的辉煌，但穷兵黩武又使经济社会不堪重负。政治与经济间关系的恶化表现为财政危机，成为大革命的经济原因。革命洪流荡涤了旧制度的污泥浊水，成为推动现代化的巨大动力，也造成了物质与人力资本的巨大损失。法国与英国争斗中还有一个副产品——促进了美国的崛起①。

美国作为英国的殖民地，承袭了大量英国的传统和制度，其独立的理由也来自英国“无代表不纳税”的传统。它像英国似地“孤悬海外”，处于相对独立的地理环境，既能引进先进的现代化成果，又能脱离强国间的纷争，奉行“孤立主义”政策，在特定时期韬光养晦地发展壮大自己。美国开国者人为建构的制度框架，在吸收英、法经验的基础上进行再创新，建立了三权分立的宪政制度、自由市场制度、财政联邦制，成就了其不竭的创新活力，在富饶的美洲大陆成长为一流强国，其有效性体现出制度设计者的远见。20 世纪 30 年代和第二次世界大战以后，在世界现代化进程

---

① 法国不仅牵制了英国对美国独立的镇压，而且还便宜卖给新生的美国路易斯安娜地区，扩大了美国的战略发展空间。

中处于领军地位。罗斯福新政从实践角度对凯恩斯理论的阐释，使很长时期内全球充斥着“凯恩斯主义者”。

德国处于法国与俄罗斯两大强国之间，历史上多次受到强国的入侵和掠夺，还有海上霸主英国钳制了其海洋发展空间。19 世纪初，在法国的直接占领下，德国的封建领主制受到冲击，激发了发展现代工商业的民族使命感，在普鲁士的领导下，从建立关税同盟开始逐步实现了民族统一。建立了帝国制度下的议会制度，通过完善社会保障、支持技术与基础教育提高人力资本水平，缓和内部矛盾，为国家富强奠定了基础。

日本是东方第一个跻身现代化进程的成功者。西方冲击下其社会权力配置发生改变，勇于学习善于学习使其快速汲取西方现代化的文明成果。邻近国家的落后为其减轻了西方压力，也使其攫取资源有了可能。甲午战争胜中国，日俄战争胜沙俄，显现了其现代化成果，成为影响和制约中国现代化的最大外力。第二次世界大战后在美国主导下进行制度重塑，在强烈民族危机感的驱使下追求极致，其早期扶持民间企业、第二次世界大战后刺激新兴产业的财政制度创新，成为其二次崛起的重要因素。

俄罗斯连接东方和西方，早早感受到现代化的影响，从彼得一世改革、解放农奴改革、斯托雷平改革，上层社会多次启动面向现代化的改革，但随后又屡屡陷入停滞，现代化呈现跳跃性。沙皇试图通过改革强化中央专制，强化后的专制政权接着又成为现代化的桎梏。沿着以下路径：改革成功──→经济实力增强 + 专制政权强化──→对外扩张 + 对内压制──→民间窒息 + 战争失败──→财政危机与社会危机不断加深，一步一步地走向恶性循环，最终导致革命。可悲的是，革命以后建立起来的前苏联现代化模式虽然成功一时，但依然没有摆脱上述改革为专制服务、专制危机才寻求改革的宿命。俄罗斯的现代化进程的特殊性，决定于其特殊的社会结构和地缘特性。俄罗斯的社会结构呈现强大的中央政府与分散的农民的二元结构，农牧业是其经济支柱，中间阶层的资产者（贵族地主和资本家）得不到发展壮大，分散的小农也无法成为与沙皇抗衡的力量。由于与俄罗斯接壤的有更落后和可供其扩张的区域，扩张能够取得阶段性成功，进而强化了专制政府，减弱了深化改革的动力。扩张的阶段性成功壮大了专制国家的实力，由于缺乏产权保护下的创新激励，经历一个较漫长的过程，经济停滞与扩张失败终将出现。再重新起步寻求改革之路时，其他不停歇创新的现代化国家已占据制度和技术优势。打破俄罗斯的这一循环与打破中国的王朝周期律一样艰难。

第三节　现代化推动财政制度变迁

现代化是一个政治、经济、社会与文化的综合性变化过程，财政制度随现代化进程而变迁。在现代化过程中取得优势的国家，其财政制度变迁往往顺应了经济社会发展的需要；那些落伍和停滞的国家，财政制度变迁也往往滞后。

一、现代化增进了财政收入制度的公平性

现代化进程引起经济结构与经济组织方式的变化，必然推动财政收入制度的变迁。随着市场范围不断扩大，商品贸易带动生产要素在国内与国际间流动，生产社会化程度提高，度量收入的交易费用减少，商业贸易与收入所得渐渐成为重要的财政收入来源。工业革命后，自然经济逐渐解体，工商业在 GDP 中所占的比重越来越大，生产要素的大流动与货币化为国债的发展提供了条件，进一步促进了财政收入制度公共性的发展。

在西欧封建庄园制时代，君主的收入主要有两种，一种是庄园内土地和森林的实物形式租金，另一种是下级领主和自由民交纳的货币形式特权收入。前者体现为君主对其直接领地的支配，是一种产权收入；后者是一种主权收入，是政治统治权的体现。来自于领地内的租金收入是封建领主的主要收入，扩大租金收入主要通过武力夺取或兼并土地实现。进入现代化阶段后，频繁的战争和军事技术的高技术化带来对财政收入的巨大需求。商品经济的发展使君主将财源瞄准来自商业的税收。英国现代化起步早，海内外贸易发展快，向现代税收制度的演化也较早发生。英国的税收尤其是关税，在财政收入结构中的地位不断得到强化。在英国革命时期，军事开支不断增大，对人征收的人头税或所得税、对进出口商品在关境征收的关税以及货物税等三种税收，成为主要收入来源，税收的普遍性得到提高。英国国内工商业的繁荣与货币经济的发达，使计税、监督和征税趋于便利，来自于商业活动的税收重要性增强，向众人征收的普遍性的、常规性的税收成为基本收入。

税收以承认私人产权为基础，具有明确、固定、标准统一等特点，容易形成公民与政府之间的直接的明确的交换关系，有利于形成政府与民间正式的完全合约，维护公民之间纳税过程的公正性，有利于对于提高政府效率，避免政府的掠夺性，为公民制衡政府创造了条件，对于宪政制度的形成有促进作用。采用累进所得税与社会保障税后，财政收入制度承担了社会收入公平分配的职能。近代以其他类型的财政收入为主的国家逐渐转向以现代税收为主，出现注重这种转变的原因主要是由于政府的收入最大化行为，会受到其相对讨价还价权力、对于未来的贴现率、交易费用等因素的制约，影响了政府对财政体系和收入政策的选择。在自产国家中，由于政府控制了社会中的绝大部分财产，所以财政收入主要来自于政府以国家名义自有的财产形成的收入，从形式上看是政府自己生产财政收入。20世纪以来，主要存在两种类型的财政收入模式的国家——税收国家和自产国家，而且自产国家都在向税收国家过渡之中。

先发现代化国家税收制度与国债制度的演变，成为其现代化领先的重要制度措施，取得的成效逐步成为后来者效仿学习的对象。随着发展社会化工商业，现代化国家来自商业活动的货物税、关税长时间处于财政收入的主导地位，进一步强化了这些国家对于商业活动的支持，以及对于具有竞争优势的产品开发及出口的重视。进入福利社会建设阶段后，财政收入的重点逐渐转移，个人所得税、社会保障税逐渐成为最重要的税源。1965年，24个发达国家①所得税、社会保障税、商品和劳务税与财产税占全部税收比重分别是34.5%、17.4%、38.7%和7.8%；2007年，所得税、社会保障税、商品和劳务税与财产税占全部税收比重分别是39.5%、23.7%、28.4%和6.4%。2007年与1965年相比，所得税上涨了5个百分点，社会保障税上升了6.3个百分点，商品和劳务税下降了10.3个百分点，财产税下降了1.3个百分点。（参见表4-2）

二、现代化增进了财政支出制度的公益性

在封建领主制时期，西欧国家的财政规模在经济中所占比重较小，服

① 这里的24个发达国家包括英国、法国、美国、德国、日本、加拿大、澳大利亚、韩国、新西兰、奥地利、比利时、丹麦、芬兰、希腊、冰岛、爱尔兰、意大利、卢森堡、荷兰、挪威、葡萄牙、西班牙、瑞典和瑞士。

表 4－2　　1965 年发达国家的各类税种占税收收入的比重　　单位：%

国家	年份	个人所得税	企业所得税	所得类税收	社会保障税	财产税	一般流转税	特殊流转税	流转类税收合计
英国	1965	33.1	4.4	37.0	15.4	14.5	5.9	25.2	33.1
	2007	30.1	9.4	39.5	18.4	12.6	18.2	9.8	29.2
法国	1965	10.6	5.3	15.9	34.2	4.3	23.3	14.3	38.4
	2007	17.0	6.8	23.8	37.0	8.0	17.0	7.0	24.7
美国	1965	31.7	16.4	48.1	13.3	15.9	4.8	15.1	22.8
	2007	38.1	11.0	49.0	23.4	11.0	7.7	6.0	16.6
德国	1965	26.0	7.8	33.8	26.8	5.8	16.5	14.6	33.0
	2007	25.1	6.1	31.2	36.6	2.5	19.4	8.8	29.3
日本	1965	21.7	22.2	43.9	21.8	8.1	—	25.0	26.2
	2007	19.6	16.8	36.4	36.4	9.0	8.8	7.1	18.0
发达国家	1965	24.4	8.6	34.5	17.4	7.8	12.5	24.0	38.7
	2007	27.7	11.2	39.5	23.7	6.4	17.8	8.9	28.4

数据来源：OECD：*Revenue Statistics* 1965—2008。

务的对象也主要是君主，财政支出主要用于维持宫廷或支持战争。君主的活动主要围绕君主家计管理的需要而展开，向社会提供公共品不占突出地位。在现代化过程中，国王为满足不断增长的对新兴消费品的需求，频繁发动或被动卷入战争，王室支出与军事支出的快速增长迫使国王寻找新的财源。与贸易商和生产商结盟成为西欧封建国家国王的理性选择。为了从商业领域持续取得税收，西欧封建国家运用重商主义政策为商业和工业发展提供保护。于是，保护对外贸易的军事支出，建设道路、港口码头、开拓运河的支出，维护交易秩序的法规与行政支出，在财政支出中数额增加，这些财政支出的公共性受益范围从王室贵族扩大到贸易商和生产商，工人也可以间接取得一定的受益。成功开拓殖民地的战争，也为过剩劳动力输出提供了有利条件。剔除殖民战争的道德因素，就殖民国家内部而言，用于殖民战争的军事支出带有广泛的“公益性”。在绝对主义国家时期，公共支出与君主私人支出分离，国王担负更多的经济和社会责任，颁布各种法律和社会政策来管理和调节社会，成为经济和社会关系的积极调节者。

工业化带来的巨大的生产能力，使政府为了自身更加强大，会主动选择调动社会资源支持工业化优先部门的发展。政府支配资源的重要方式是通过财政支出手段，建立国有企业或为私有部门提供采购需求，还可采取减税优惠等方式予以财政支持。其中比较普遍的财政支出方式，是为工业化部门的发展提供公共设施投资、公共教育投资、公共科技开发投资等。在先发现代化国家，通过财政支出支持战争和军队，从而为工业产品开辟市场和原材料市场，甚至掠夺奴隶、建立殖民地等也是惯常做法。

随着新兴资产阶级力量的壮大，现代化国家的社会力量结构发生变化。以国王为代表的以暴力潜能为依托的社会力量，与以商业资本和产业资本为依托的资产者力量发生激烈冲突。先发现代化国家的资本势力率先取得主导地位，英国建立了君主立宪政府，法国、美国建立了宪政共和政府，实行代议民主制，政权成为资本的代理人，财政支出为资本与市场扩张服务的特征越来越明显。财政支出除了军事开支外，经济与社会支出比重越来越大。进入20世纪以后，发达现代化国家将全球土地瓜分完毕，向外转嫁国内压力的难度增加。保持国内经济增长、充分就业与社会保障成了政府主要的责任。财政支出在解决这些问题的过程中，为公民服务的公共性特征日益突出，在福利国家政策逐渐成为政府施政的主要任务后尤其如此。

从现代化进程看，无论是建立殖民地，开拓市场，扶植新兴产业，扩大公共资本，维护社会稳定、提高政府效能等，都不断向国家提出新的财政支出要求。首先，取得民族独立和保持国内秩序，反映在财政支出上，使军事支出成为各国财政支出中数量大和要求急迫的项目。财政支出的公益性得到加强，既是现代社会中独立市场主体的要求，也是现代税收制度发展的结果——国家是公众税收养活的，只能提供公共服务。越是后发现代化国家，其发展的压力更大，社会矛盾也会更加尖锐。战争中所包含的国家安全利益、扩张利益，使军事财政支出具有较高的公共性。促进民族产业和提升国家竞争力的财政支出，虽然社会各阶层受益存在差异，但其公益性也很突出。

其次，为加快发展，要解决资本稀缺和产业升级问题，经济建设与科技教育投入需要量巨大。现代市场经济发展需要政府提供越来越多的属于公共品性质的基础设施，公共产品供应领域也因此逐步扩大，支撑和决定了经济活动和发展的基础，其范围从交通、通讯、电力、自来水厂扩展到学校和医院。基础设施涉及的建设项目，一般都需要巨额投资，具有建设周期长、投资收益比较慢或根本不可能通过市场获得收入的特点，私人部门不愿投资或无力投资。这些耗资巨大的长期投资属于“社会经营资本”，需要政府具有“远大的眼光和恒久的毅力”，靠“对未来的信心才能办得起来”。由于社会经营资本意味着社会经营开支，其本身是不盈利或很少盈利的，因此，客观上需要把它纳入政府公共财政计划，最好由政府来投资①。19世纪初，在知识产权体制尚未建立的情况下，美联邦政府对科技研究工作就给予了大力支持。1842年，美联邦政府资助了从巴尔的摩到华盛顿的世界上第一条电报线；19世纪70—80年代在全国各州设立了工业科学研究所和农业试验站；美联邦政府还赠予土地资助各州建立理工科大学和农业院校。德国政府非常重视资助和组织科学家的研究活动，尽可能为之提供良好的条件，引导科学家在一些重要的、有前途的部门做出革命性的发明发现②。在财政政策强大支持下，美、英、法、德、日等几个国家几乎垄断了近代世界上所有重要的发明创造成果。

再次，为保持国内稳定，维持民众基本的生存条件，必保民众的基本生存保障支出增加。工业化以后，出现了前所未有的社会危机。特别是19世纪末20世纪初，战乱、革命与各种社会冲突频繁发生，现代化国家开始通过立法确定政府的社会责任。1883年，德国政府开始实行有国家补助的向劳动者提供津贴的社会保险计划，开创了有政府参与的社会保障制度，形成了包括疾病、工伤、老年及残疾保险等比较在内的社会保障体系。法国于1898年实行了工伤保险，1908年、1911年英国分别通过了《养老金法》和《国民保险法》。1942年英国经济学家贝弗里奇领导的委员会发布著名的《社会保险和相关服务》（贝弗里奇报告）认为，贫困一般是诸如健康不良、失业或老年等特定因素的产物，而社会保险的组织方式在解决这些问题时存在种种不足，建议政府应承担更大的责任，实行福利国家政策。此后，以发达国家为开端，各国的社会保障支出在财政支出中的比重快速上升（参见表4-3）。

一个多世纪以来，现代化国家的福利性转移支付逐步扩大。福利国家模式为各工业化国家所采用，政府大规模的再分配活动，直接将收入、财富和社会福利从富裕阶层转移到贫穷阶层手中，缩减了社会贫富差距，缓

---

① 南亮进：《日本的经济发展》，对外贸易教育出版社1989年版，第215—218页。

② 李炜光：《李炜光说财税》，河北大学出版社2010年版，第24页。

表 4-3 部分发达国家社会保障财政支出占 GDP 的比重 单位:%

国家	1980 年	1985 年	1990 年	1995 年	2000 年	2005 年
英国	16.7	19.8	17.0	20.2	19.2	21.3
法国	20.8	26.0	25.1	28.6	27.9	29.2
美国	13.1	13.1	13.4	15.3	14.5	15.9
德国	22.7	23.2	22.3	26.5	26.2	26.7
日本	10.6	11.4	11.4	14.3	16.5	18.6

数据来源：OECD 的 *Social Expenditure Database*。

和了社会矛盾，使得富裕阶层能够在较为平和的状态下发财致富，使得市场经济得以继续正常运转下去。

三、现代化增强了财政调控制度的功能性

随着现代化进程中市场的扩展，哪一个国家能够提供所有权保障和交易自由的环境，市场分工巨大的激励效应就能充分发挥，哪里就能吸引生产要素的集中。哪一个政府能够为新兴产业提供配套的公共投资条件，哪里的新兴产业就能快速的成长。但生产社会化与经济一体化程度不断提高，经济稳定与充分就业越来越成为全局性问题。在市场得到充分发育的领域，产生市场无效问题，公共品、外部性、分配公平与经济稳定等问题需要政府通过财政调控加以解决。而在市场发展不充分和缺乏市场的领域，由于分工缺乏与竞争不足，经济效率受到制约，建立与培育市场成为现代政府的重要任务。

现代化早期，国王与新兴资本家联合，实行重商主义政策，运用关税手段鼓励出超，为资本原始积累创造条件。政府入股海外商业贸易，支持海军发展，保护海外贸易利益，建立和扩大殖民地，促进金融与国债市场形成，在促进经济发展过程中政府取得更多的财政收入，实现国王与新兴资本家的“共赢”，奠定了先发现代化国家的优势地位。

在先发现代化国家取得工业生产绝对优势后，开始奉行“不干预主义”，任由商人通过“自由”贸易赢利。政府的职能仅限于提供社会安全、法律秩序与基础设施等。这时，鼓吹财政对经济调控的“无为”。实际上，这时政府依然是干预的——以军队为后盾维护市场秩序和不断对外扩大市场，维持其国家产业优势。在生产社会化与财产私有的矛盾不断加剧，频

繁爆发经济危机，经济波动的影响日益扩大的情况下，运用财政工具调控经济运行。

在20世纪30年代以前，先发现代化国家奉行尽量不干预经济运行的政策时期，不存在系统的宏观经济调控理论。在鼓励自由竞争的政策下，出现周期性的经济危机、严重的贫富分化、社会公平危机和环境危机，遭到马克思主义者的激烈批判，迫使发达现代化国家逐步建立公平收入分配的社会保障制度。而在继发现代化国家如德国、日本的崛起过程中，为壮大民族产业，增强国际竞争能力，奉行关税保护、扩大政府采购与建立国家资本扶持等微观财政调控政策，采用了重商主义的财政调控措施。在理论上以李斯特为代表的经济学家主张政府具有生产性功能，不仅主张扩大市场，维持秩序，而且在改善和提升经济结构中能发挥关键作用。

1929—1933年世界经济大危机后，罗斯福新政与凯恩斯政府干预理论，使财政宏观调控制度从实践到理论都得到了确立。财政政策不仅具有改善经济结构的作用，还可与货币政策、对外经济政策配合促进宏观经济的周期性稳定，追求收支平衡的财政理念发生了革命性变革。运用财政手段促进总供求平衡，实行功能财政政策①，促进宏观经济稳定成为各个国家追求的目标。建设福利社会实践与凯恩斯经济干预理论一起，在这一时期处于主导地位。20世纪40—60年代，在市场经济国家，通过政府干预熨平经济波动、加快经济发展被奉为金科玉律。

20世纪70年代的经济滞胀，对凯恩斯政府干预理论及政策实践提出了严峻挑战。自由主义经济理论再次得到发展，供给学派强调通过减税刺激民间投资，为促进长期供给创造条件。货币主义学派主张放弃财政调控制度手段，政府仅通过控制与经济增长保持固定关系的货币增长率，为经济运行创造条件。理性主义学派提出政府干预无效论，认为政府短期干预的效果将付出长期代价。新制度经济学派强调政府应提供公共品，保护产权与契约自由，使私人成本与私人收益相一致。公共选择学派认为政府由

① 20世纪40年代，勒纳（Abba Ferner）提出了“功能财政”（Functional Finance）的概念。他在1941年发表的“经济舵轮”（The Econonic Steering Wheel）和1943年发表的“功能财政与政府债务”（Functional Finance And The Federal Debt）中认为，财政应从其对经济的功能上来着眼，在任何时候都应该保持合理的需求水平。通过政府调整财政收支控制失业或通货膨胀水平，通过影响利率以保证最佳的投资水平。参见平新乔：《财政原理与比较财政制度》，上海三联书店1992年版，第530—532页。

经济人组成，追求本位利益，强调通过优化公共选择程序，提高政府效率（见表4－4）。

表4－4　　财政调控制度理念的演变

基本观点	盛行时间、典型国家	政策导向	国家观	经济基础
农本思想	中国帝制时期	重农抑商，实行垄断专卖管制政策。	至善、智慧政府观	自给自足
全能主义	1928—1990年的苏联、1956—1978年的中国	试图通过政府统制，建立公有制，克服社会大生产与财产私人占有矛盾。		计划经济
古典学派	18世纪后期—20世纪初的英国	政府仅提供公共安全、产权保护和基础设施等。政府不干预经济活动。	非生产性政府观	市场经济
民族产业保护理论	19世纪后期的德国、日本	运用补贴先导产业、市场保护政策等扶持民族工业发展。开展微观经济活动。	理性人、生产性政府观	
凯恩斯理论	20世纪30—60年代的美国	运用自动稳定器政策、逆方向调节的相机抉择财政政策、货币政策调节经济运行。开展宏观经济活动。		
供给学派	20世纪70年代的美国	通过减税刺激投资促进长期供给。		
货币主义	20世纪80年代的德国	供应适量货币，为经济运行创造条件。		
理性主义	20世纪90年代的美国	放弃政府对微观和宏观经济的干预。	有限理性的经济人政府	
新制度经济学派		保护产权和契约自由，政府提供公共品。		公平交易的市场经济
公共选择学派		通过公共选择的成本收益比较，选择合适的决策方式，制订宏观经济政策。		

20世纪末，凯恩斯经济理论在经过与自由主义经济理论的论战后，吸收古典主义微观经济学内容，形成新古典综合宏观经济理论，依然占据宏观经济理论的主流地位。凯恩斯认为，在发挥市场资源配置基础性作用的前提下，宏观调控经济政策是弥补市场不足、消除外部性、实现公平分配、促进宏观经济稳定的必要手段。财政政策在解决经济结构失调、公平分配中更有效，货币政策对于解决宏观经济稳定作用更加突出。凯恩斯经济政策原来主要作为短期经济调控的工具，在吸收供给学派、内生增长理

论等观念后，也注意通过投资的结构性选择，提高长期的生产能力，推动经济升级。IS—LM—BP模型作为凯恩斯主义宏观经济学的核心内容，在对经济总量政策的分析中仍然具有强大的解释力。

后发现代化国家面对更大的发展压力，更加注重实行阶段性产业支持政策，推进产业升级，实行完善社会保障的政策缓和国内矛盾，推动财政调控制度的持续调整。一些国家在现代化过程中，为进行资本原始积累，采取重商主义政策，通过关税等手段增加资本和资本品，压制奢侈性消费，通过补贴、减免税等手段支持优势产业和新兴产业发展，通过社会保障手段保证公众的最低生活水平，维系社会的发展与稳定。

一些后发现代化国家在资源极度匮乏、民族生存压力极大的情况下，将政府干预政策运用到极至，采用高度计划经济体制，通过建立国家所有制来垄断资本品，由政府决策推进工业化，实行了全能主义的财政调控制度。在战争压力下一度取得突出的工业化成就，但由于缺乏市场化与宪政化的发展，最终不得不向全面现代化转型。

四、现代化促进了财政管理制度的公正性

诺思和托马斯在《西方世界的兴起》中，通过对西欧公元900—1700年这段历史的重要时刻考察分析，得出这样的结论：西方产业革命的发生不是由于偶然的技术革新产生的，而是从现代所有权体系和社会制度漫长的孕育过程中产生的，是经济人合理选择的结果。有效率的经济组织是经济增长的关键，而有效率的经济组织需要在制度上作出安排和确立所有权以便造成一种刺激，将个人的经济努力变成私人收益，也就是应当设计机制使社会收益率和私人收益率近乎相等。经济差别的关键在于制度因素，提供适当的个人刺激的有效制度是促使经济增长的决定性因素。而在制度因素中，明确界定所有权并付诸实施是财政管理制度的重要职能。英国的宪政体制，为政府与社会的交易提供了一个平台，使政府成为实现经济增长过程中提供保护和公正而收取税金作为回报的组织。英国宪政下的财政制度为保护所有权和公正提供了有力的支撑。

阳光是最好的消毒剂。要提高财政制度的效率，为社会提供最多的福利，提高财政管理制度的公开性，取得财政收入须得到纳税人的同意，财政支出的使用受到公众监督是必要的。政治现代化的宪政化进程，使国家

政治生活日益民主化和法制化，政府权力的运用在受到制约的同时具有了更好的法制保障，提高了政府活动的效率。财政决策、执行和监督是政治过程。宪政化使财政决策过程体现出更多公共决策的性质，同时财政决策的执行过程有更加严密的法制保障，受到规范化的社会监督。财政制度在宪政化过程中的变迁，最突出的表现是现代预算制度被广泛采用上。现代预算制度，将财政决策过程公开化、民主化、规范化，使政府在财政资源的运用上的自由裁量权受到约束，提高了财政资源的运用效率，提高了社会公共福利。在预算的执行过程中，宪政化过程也推进了财政管理制度的变迁，如部门预算制度、政府采购制度、国库集中支付制度、收支两条线制度等，都强化了对预算过程的约束和监督，有利于提高财政资源的使用效率。

在西欧封建领主制时期，财政管理主要表现为国王的家政管理形式，在收支上没有公、私的区分，直接由国王掌管的内府宫室来进行。来自王室领地的实物租金是相对固定的，而临时性的税收在税款征调次数、项目、数额及起征时间等，由宫廷小会议商议，国王最后决定。支出项目、数额和方式等也由国王随意而定。到绝对君主制时期，西欧各国在财政管理方面，才发展出一整套收税、估税机构，依靠税收支撑的官僚机构也越发庞大，并在全国行使无可替代的管理权力。自13世纪宪政制度最先在英国确立，“无代表不纳税”的理念就成为宪政化进程在推动财政收入制度变迁过程的强大动力。宪政制度的发展使财政收入经过规范化的公共选择过程加以确定，财政收入的组织在纳税人的同意下进行，切实保障了纳税人的利益，有效地避免“暴力潜能集团”滥用“公共利益”的名义假公济私和化公为私。经过资产阶级革命建立起来的代议民主制国家，收入来源于公众，支出被要求服务于民生，因而在财政管理上也逐渐变得更民主，其典型的表现形式就是建立公开、专业的预算制度。

18世纪末开始，法国经过多次的革命和战争，打破了君主制时代的等级与特权制度，以法律的形式加以确立财政管理制度，实行三权分立，推动了现代化进程。美国作为英国的殖民地，在反抗英国的不公正税收的过程中取得独立后。在恪守英国议会通过协商决定财政问题的传统的基础上，借鉴法国的宪政观念，设计了“三权分立”的政府架构，为保护产权与民间的自由创新打下了坚实的制度基础。美国的财政制度体现了政府与民间的协商，财政活动受到议会与民间的监督，保证了政府不能过度干预社会经济活动，并能够根据社会发展阶段需要提供社会需求的公共品，成为同时发挥政府和民间两个积极性，保持美国长久活力的重要制度基石。宪政化进程使财政支出制度向更加有利于公共利益的方向变迁。在不断完善的宪政制度下，财政支出的安排是通过公众有秩序参与的方式形成有约束力的预算来安排的，体现了公共偏好，将公众的意见进行了整合并通过预算执行去实现，能够更有效地实现公共利益。在现代化进程中国家间的竞争最终证明，宪政制度在与帝国制度的竞争中胜出。宪政制度成为后发现代化国家学习引进的重要内容，而在财政制度创新中的运用是其关键所在。

现代化历史的演进表明，代议制民主是相对有效的宪政制度，现代预算制度是宪政制度在财政领域的体现，是宪政制度的核心内容之一。宪政下的财政管理制度，表现为财政过程政府内部控制与外部控制的统一。一方面，政府将财政资源的控制权统一由一个部门掌握，在法治化轨道上实施政府决策；另一方面，政府财政权与私人产权形成一种规范化的博弈与相互依赖关系，代议组织通过对预算的编制、执行、决算，行使决策权或监督权，实施对财政过程的外部控制。财政管理制度的宪政化，就是财政过程的民主化和法治化的统一，是预算统一、预算参与扩大与预算监督的法治化的过程。

宪政下财政问题的实质，是公民财产权与政府财政权的博弈互动。在充分尊重和保护公民财产权的税收国家，国家以提供公共产品和公共服务为条件，取得公民对部分财产权的让渡。以纳税人为主的公民依法享有是否同意纳税的权利，成为一国宪政发展的基础，公民财产权对政府财政权形成制约。在宪政国家中，公民同意权是政府财政权的合法性基础，国家财政权以保护私有财产权为起点和依归。私有财产权与财政权的互相制约和互相支持，贯穿于一国财政活动的始终。财政权的归属问题是一个国家所有政治经济事务中的最重要的问题，本质上是人民对政府行为的一种约束。现代国家都不约而同地奉行预算民主的原则，其基本特征是议会对预算实施严格的外部控制。

预算制度是代议机构控制政府行为的工具，是现代宪政国家财政体系的核心制度。现代预算的产生和发展与议会政治、市场经济的发展是同一个历史过程。纳税人通过代议机构对政府的制衡机制进行监督，政府编制预算并经代议机构批准付诸实施。代议机构从纳税人的利益出发对预算的议决、监督执行，赋予政府预算体现纳税人意志的政治意义。预算制度通过对财政收支严密的控制，形成指导、监督及批评一切行政活动的最有效工具，以法律程序保证政府收支不偏离纳税人利益，用法律保障私人财产权不受政府权力扩张的侵害。在制度运行机制上，预算一旦由纳税人的代议机关控制，财政必定是公共决策、公开透明的财政。

财政管理水平低下、效率差、充斥腐败的政府与社会，必然在国际竞争中免不了处于劣势，导致战争的失败直至政府的崩溃，迫使新兴的后发现代化国家强化财政制度管理中的公开性和公正性，提高财政制度效率。宪政制度逐渐被后来者学习和采纳，学习和采纳的程度成为其他国家崛起或落后的成因。德国、日本将宪政作为强国的工具而不是目的，导致他们快速崛起以及随后成为战争的策源地，并遭受重大打击。对包括财政制度的宪政制度的进一步完善，促进了它们的再次崛起。传统帝制国家中，政府具有强大的财政主导权，财政管理中公开与公正性的缺失为滋生腐败提供了条件，妨碍了财政制度效率的提高。在现代化过程中，哪一个时期财政管理的公正性得到加强，现代化进程就会多一分成功的可能，否则就多一分潜在的风险。

第四节　财政制度变迁促进或阻遏现代化进程

从各国现代化历史分析，财政制度的变迁与效率是现代化成败的关键因素。而要在制度变迁进程中提高财政效率，一方面应确保稳定的产权制度对技术革新的激励，另一方面应推动讨价还价的预算制度供应充足与高效的公共产品。

一、财政制度创新是英、美在现代化进程中保持领先的重要因素

英国之所以能够在与西班牙、荷兰、法国的竞争中占据优势，并且首先孕育出工业革命，很重要的一个原因就是英国财政制度的高效率。由于英国孤悬海外，没有巨大的外部入侵造成的公共生存危机，又没有来自自然的频发的公共生存危机，因而一直未能建立起强大的政府与常备军。国王对领主贵族缺乏强制力，“无代表不纳税”的传统得以形成，议会与国

王的协商机制得以维持。议会成员本身是纳税人，议会决定纳税保证了政府组织财政收入的“掠夺性”受到遏制，而财政支出在具有公益性的情况下才容易实施。都铎王朝（1485—1603 年）和斯图亚特王朝（1603—1714 年）时期，专制君主与议会不断展开激烈斗争，但始终未能撼动议会掌握制税权的原则。光荣革命后确立了议会至上的原则，同时确立议会在开征新赋税方面的绝对权力。

在英国的现代化过程中，法国的规模、西班牙的财政实力以及尼德兰新兴的市场组织，无不构成强大挑战。为了扩充军备保护海外贸易，从都铎王朝开始，英国国王便开始以出售和转让特权的方式来增加岁入。羊毛是英国国际贸易的大宗出口品和主要的税收来源。从 15 世纪后期开始，王室、羊毛出口商和国会（主要代表养羊和售毛的地主及商人）三方，为征税范围展开了斗争。由于国王不具有专制者需要的军事垄断优势，不得不作出妥协，虽然获得了税金，但国会赢得了规定征税水平的权力，而商人得到了对贸易的垄断。后来，羊毛垄断消失了，羊毛税也成了政府税收的次要来源，国会专有的征税权保留下来。英国原来由国王把持的对所有权的控制转移到由商人和土地贵族所组成的国会手中，而这个集团出于其自身的利益，以限制王权来保证私人所有权和竞争，建立了有利于其长期增长的产权规则。“很显然，这些制度的演变奠定了英格兰走向不列颠和世界主宰的动力基础。没有财政革命，英格兰不可能击败法兰西。这些演变同样为工业革命奠定了基础。”①

新制度经济学认为，西方世界的兴起源于市场经济的繁荣或源于保证市场交易的产权保护制度。但谁愿意、谁又能够出面保护私人的产权呢？企业家愿意保护，但他不可能自己公平地在实现规模效益的基础上保护自己的利益。国王能够提供有规模效益的保护，但他不愿或没有激励来提供保护。因此产权制度变迁的关键是有这样一个机制将有效保护的可能与有效保护的激励结合起来，而以议会预算为基础的公共产品的有偿交易制度正是这样一个使英国商人与国王的利益相统一的结合点。英国议会主导下，军事扩张与税收增加，受到议会限制的英国政府仍然花费了越来越多的税收，是因为政府为纳税人提供了更多的公共产品，或者说英国政府提

---

① North，Douglas，C，and Weingast，Barry R.（1987）. *Constitutions and Commitment*：*The Evolution of Institutions Governing Public Choice in* 17th *Century England.* Working Paper. St. Louis：Washington University.

供公共产品的效率是比较高的。正是公共品供求之间的妥协与合作均衡带来了英国政府财政活动的高效，促进了英国的现代经济发展与产业革命的爆发。英国政府有偿提供公共产品的规模增长与效率提高就主要体现在国防或国外市场的扩张上，对内的协调职能长期以来几乎没有发生大的变化，其内政开支甚至保持了几百年如一日的稳定。这种公开的有偿服务一方面使英国的税收收入可以根据开支的需要增长，另一方面使英国的征税阻力小，征税成本较低。

1688 年的光荣革命以后的 30 年里，英国建立了一套有效的政府信用制度代替了王室随心所欲的财政制度。而它恰恰是打败对手，最终奠定霸权的军费上的保障①。代议制下议会的公开辩论与公共选择过程，既可克服集体行动意见整合中交易成本过大的问题，又为财政过程受到社会监督提供了平台，赋予了财政管理的公开性。国王独立的税收来源受到了限制，英国的财税体制向公开、公正、有序、有效的现代财税体系过渡。英国的税权归属于议会，国王每次征税都要经过议会同意，征什么税、征多少都由议会说了算，并且往往走向固定化。为限制国王和官员将征上来的税收挪作他用，英国议会每次都对税款的用途作严格的规定，从而遏制王权走向全面专制，限制了官僚队伍的膨胀。通过议会的合法斗争，可以阻止国王对臣民财产的侵夺，形成物质与人力资本的积累，从而为分工深化与规模经济创造条件，刺激技术升级，促进工商业的发展。完善的议会、审计、社会监督制度，为英国政府发挥保护私有产权、市场发展和社会资本的形成创造了良好的环境，既保证了中央政府的权威和高效率，又避免了君主一意孤行地征收社会财富用于王室挥霍，避免了整个国家被迫绑架在君主没有刹车机制的战车上，为不能取胜的战争耗尽国家的财富。

美国承袭了英国的议会制传统，发展自由竞争的市场经济，利用有利的地理环境和丰富资源，通过资本市场为经济发展融资，终于成为最富裕发达的国家。工业革命时期，政府提供的基础设施以工业发展所必需的项目为主，特别是给交通运输业以巨大的支持和资助。这一特点在铁路业发展中表现得十分突出。在 19 世纪最后几十年至 20 世纪初，美国联邦政府和地方财政拨给铁路公司的土地总计在 21500 万英亩以上，鼓励私人资本修建横跨北美大陆的铁路干线。此外，美联邦政府和地方政府还给铁路公

---

① 金德尔伯格著，高祖贵译：《世界经济霸权：1500—1900》，商务印书馆 2003 年版，第 203 页。

司以财政资助或直接贷款，或出面充当铁路债券的担保者，极大地激发了私人资本投资于铁路建设的热情，美国铁路网的普及在资本主义国家中是最快的①。

二、财政制度创新是德、日在现代化进程中后来居上的关键因素

从德国和日本的快速崛起过程可以看到，财政制度变迁是推动现代化进程的关键因素。德国在1870年左右实现统一后，对内实行鼓励自由贸易，对外实行产业保护主义的财政制度，为促进资本积累和维持社会稳定，配套完善了社会保障财政制度，为推行国民教育提供财政政策支持，提高国民素质，为产业领先创造了条件。但由于其引进的宪政体制更注重集权，制衡机制薄弱，仅部分引进议会制下的财政制度，财政资源的征集与使用缺乏纳税人的有效制约，整个国家被绑上缺乏刹车机制的战车上，在第一次和第二次世界大战中为世界带来深重灾难。日本在1868年开始实行明治维新，将德国作为最贴近的学习对象，以军工相关产业为重点发展方向，以战养战，财政制度的变迁以加强民族工业为中心目标，制定加快资本积累的土地改革政策，通过财政手段实现快速的资本原始积累，扶植民族产业发展，支持国民义务教育，实现了经济的快速崛起，成为中国的最大加害国。

第二次世界大战后，德国与日本在美国等战胜国的强制下，采取了自上而下推动的改革方式，完善宪政制度，重建市场经济体制。德国在重建宪政制度时，吸取历史教训，强化政党民主。各政党的建立都是自由的，但必须效忠民主制，宪法规定各政党的内部秩序必须符合民主原则。政党的经费都来自国家财政、党员党费、公民捐助和党产经营。财政根据政党在大选中的选票按比例获得经费配给，每个政党必须每年按要求公布其财务与财产状况，接受党内外的监督。日本在战后修改宪法，将过去总揽统治权的天皇变成象征性的元首，将国家最高权力转移到国会，实行内阁制和司法独立。解散财阀，实行新土地改革，将地主超过一町步（约合14.8亩）的农地、自耕农超过三町步的土地以及其他应由国家收购的土地，由

① 李炜光：《李炜光说财税》，河北大学出版社2010年版，第18页。

政府强制征购后售给无地农民，实现货币地租[①]。在采取强制性、移植性制度变迁的同时，也附之以微观企业的诱致性制度创新，消除财阀对经济的垄断，支持市场充分发挥作用，实行扶植新兴产业发展的财政政策，注重对提高人力资本水平的财政支持，不断完善社会保障制度，为科学技术形成现实生产力创造条件，激发了社会活力，维持了社会稳定，德国、日本实现了经济的再度崛起，德国还实现了国家的和平统一。

三、俄罗斯等国的衰落与财政制度僵化密切相关

从传统社会向现代社会转型，主要推动力量是市场化过程中的分工深化与规模经济带来的效率提高，这要有经济自由和稳固的产权制度作保障。早期的西班牙称霸一时，后来的俄罗斯（前苏联）曾经十分强大，先后都走向衰落有众多原因，但政府的专权制度下财政制度的僵化无疑是重要原因。

现代化早期，西班牙和法国主要依靠固定税基，英国和荷兰主要依靠移动税基获得财政收入，导致前者发展出专制政体而后者发展出代议制民主政体。与不动产税收不同，动产税和贸易税很容易偷漏。没有某种形式的代表制，增加税收的企图会招到广泛的抗议。为了赢得纳税人的合作，英国和荷兰的君主们不得不做出必要的让步——建立一个机构，使纳税人的代表能够对政府的财政收入和财政支出有所控制。但是，西班牙在殖民时期掠夺政策的成功造就了强大的专制政府，采取了有利于国王自由筹集财政收入的财政制度，其不利于工商业的财政制度成为被荷兰、英国超过的重要原因。

16世纪初，西班牙是欧洲最强盛的国家，哈布斯堡家族在欧洲拥有了包括西班牙、荷兰等富庶之地，在美洲有着广阔的殖民地。西班牙财政收入的主要来源是新兴的尼德兰地区缴纳的税收、从美洲流入的黄金以及从养羊业团体那里收取的税收。但为了维护统治者的特权利益，没有建立起财政制度为有效率的产权制度提供保障。在15—16世纪，由于羊主团缴付的税金是统治者三大财政收入来源之一。为了换取羊主团的税收收入，统治者制定了一系列对羊主团有利但却不利于土地所有权发展的法令和制

① 参见肖德甫：《二十世纪的政治遗产》，中央文献出版社2011年版，第278—281页。

度，如1501年的土地租借法允许羊主到任何地方放牧羊群，并允许羊主永远按最初规定的租金支付。如果羊群放牧不为土地主人知道，则可以不交租金。这种羊主团对土地使用的特权，使农民的土地所有权得不到保障，因而农民从事农业生产的积极性受到了极大损害，成为造成经济停滞的重要原因。诺斯说："君主在出售可能阻挠创新和要素流动（从而阻挠经济增长）的专有的垄断权时会得到短期利益，因为他直接从这种出售中所得到的岁入多于从其他来源所得岁入——即经济结构重组的交易费用将超过直接收益。"① 西班牙为了取得短期取得较大的财政利益，选择了不利于土地产权明晰的财政制度，使土地资源进入"公共领域"，不能得到更充分的利用，不利于资本的形成，压抑了持续发展的活力。在财政压力下，为了增加岁入，国王将某些重要的垄断权转让给了城市行会，地产被充公征用，贵族的身份（可免除征税）被出售。由于垄断、高税率和财产充公，导致了产权结构的扭曲，只是鼓励了那些不受国家影响也对社会没有产出的活动，而阻止个人去从事各种有价值的生产性活动，贸易和商业不可避免地衰落了，使得曾经称雄一时的欧洲最强国西班牙衰落到二流国家地位。

19世纪初，彼得一世试图以开明专制制度带领俄罗斯走出野蛮、落后状态，竭尽全力鼓励贸易，保护商人利益，改善交通运输条件。不但创办各种官办工业，也从税收、贷款和劳动力等方面提供极为优惠的条件，极力鼓励私人办企业，鼓励出口，向各国推销俄国产品。凭沙皇的喜好鼓励促进本国各项工商业活动的发展，同时实行对外贸易垄断，对工商业和资本主义活动极力扼制，没有形成规范的财政制度。在推行对外扩张政策出现财政危机后，就不断强化传统的赋税，人头税负担落在了农奴身上，而贵族和僧侣免纳人头税，造成经济发展激励不足，国内市场购买能力无法扩大。俄罗斯现代化过程中几次自上而下的改革虽然在当时取得一定收效，但缺乏持续性和应变弹性，未能成为持续性的发展动力。

前苏联时期，早期严峻的外部安全形势强化了前苏联的中央集权传统，用计划经济的形式将全能财政制度发展到极至。在其丰富资源的支撑下，工业化取得了巨大成就，为反法西斯战争胜利打下了物质基础。在反法西斯战争中的胜利强化了对全能财政制度"优越性"的盲目认同，在缺

① 诺斯、托马斯：《西方世界的兴起》，华夏出版社1999年版，第13页。

乏市场化激励的情况下，经济高增长无法持续。但由于社会力量结构呈现官僚与民众的两极分布，高度组织化的以暴力潜能为后盾的特权阶层，与分散的民众之间无法形成制衡格局，特权阶层掌管政权与社会资本，但其利益来自政治权力而非资本收益，于是全社会弥漫着追求权力分配而非经济增长的激励。经济低增长导致巨大的财政压力，但财政制度的调整仅仅在政权内部进行，也就是试图通过不同政府级次间的财政权限划分——政府间财政体制调整来化解财政危机。财政体制调整中中央对地方的放权让利，强化了地方的分离主义。由于财政制度的调整仍然未能发挥保护和明晰产权的作用，社会的激励机制并没有从根本上发生变化，财政体制调整对经济增长的刺激是短期的，效果也是有限的。在整体经济状况得不到改善的情况下，中央又不能通过规范的手段持续取得财政收入，进一步恶化了中央政府的财政危机，于是在各加盟共和国的抵制中前苏联走向了最终的崩溃。

第五章　大国财政现代化的历史轨迹

没有财政革命，英格兰不可能击败法兰西。这些演变同样为工业革命奠定了基础①。

——诺斯、温加斯特

现代化是一个全球化过程，一国的现代化以他国的现代化为背景，一个大国的现代化对世界的影响更为突出。大国，是指在国际体系中，在权力资源或综合国力上拥有显著优势的国家，其经济实力、军事能力、外交能力、文化影响力等物质性权力及非物质性权力，能够对他国甚至全球施加巨大影响。按照进入现代化时间的先后，对世界现代化进程产生重大影响的大国——英国、法国、美国可列入现代化的第一梯队，即先发现代化国家。德国与日本是继发现代化大国，俄罗斯（前苏联）、中国是后发现代化大国。这里的“先发”是相对的，就具体某一个方面来说，继发甚至后发国家并不是处处落后的。现代化进程中国际、国内因素的合力，决定了财政制度现代化的演化方向与步骤。财政制度变迁作为现代化的一部分，会构成对现代化的支持或阻遏因素。对各国财政现代化进程进行比较，有助于全面把握中国现代化进程中财政制度变迁的特征，为财政改革提供更多的借鉴。

① North, Douglas, C, and Weingast, Barry R. (1987). “Constitutions and Commitment: The Evolution of Institutions Governing Public Choice in 17th Century England”. Working Paper. St. Louis: Washington University.

第一节 现代化的领头羊——英国的财政现代化

英国是世界上第一个现代化国家，也是一个典型的内源型现代化国家，起到了先导作用，为人类树立了一个发展的典范。其现代化经历了一个漫长的自然演进过程，财政制度变迁对现代化发挥了积极的推动作用。

一、内源型现代化的典型——英国现代化模式

英国的现代化发展模式，是在先进的农业生产力基础上，以工业革命为先导，以政治和文化变革为推动力的各个领域同时变革。在英国现代化的图景中，除了工业化的成就外，它也是市场经济成熟最早的地方，是现代议会制度、政党制度、宪政制度的发源地，社会保持了长期稳定。其经济发展和社会进步表现为渐进积累与平稳发展的特征。

英国临近欧洲大陆的岛国特点，把英国与他的竞争对手隔离了开来。一方面使其容易接受来自大陆的文明影响；另一方面又拥有明显的优势：当地被外敌入侵的可能性很小，国防似乎不是必需品，因此大多数人认为并不需要一个有权威的国王；对极权政府需要的微弱使地方势力日趋强大与独立，最终使君主成为一个不太有利可图的象征。英国独特的历史与地理背景使英国的政治制度结构独特——有中央集权特征但却君主控制力软弱，主权统一且议会力量强大，习惯法根深蒂固，常备军制度长期缺乏。由于闭关自守，英国没有受到中世纪以来欧洲大陆上连年战争的影响，内部冲突往往可以通过法律与协商的途径得到解决，军事与武力没有成为解决冲突的主要工具。由于外部军事威胁是早期国家财政收入增加最容易被社会接受的理由，英国独特的地理环境为贵族们反对税收提供了最好的前提。而财政收入的连续课征又是常备军存在的基础，常备军又是君主实行独裁专制的关键条件，因此英国的贵族们从一开始就通过限制税收遏制国王集权与建立常备军的尝试，从而将君主的极权倾向限制在最低的水平上。英国议会中的合作博弈不仅体现在供求双方之间的妥协，而且更重要的是体现在纳税人内部偏好协调上。君主的收支没有出现大陆君主那样的紧张局面，因此摆脱了议会控制的、可以在战时应急的专制型财政制度未

能发展出来，在公共品供给中通过有效率的讨价还价式的现代预算机制被创立出来，成为英国保持发展活力的重要制度支柱。

英国农业的资本主义化为工业化创造了条件，圈地运动使自耕农变得一无所有，不得不出卖自己的劳动力，在农业中建立起了以雇佣劳动为基础的资本主义生产关系，带来了英国羊毛产量大增，大批破产的农民为手工工场提供了廉价劳动力，促进了毛纺织业的发展。18 世纪 60 年代以大机器生产和广泛采用蒸汽动力为标志的工业革命首先在英国开始。1768 年，瓦特改进和制成的复动式蒸汽机，并投入使用，大大推动了机器的普及和发展。工业生产逐渐由手工操作向机器生产过渡，传统的手工业工场衰落，新兴的生产形式——工厂制发展起来。动力蒸汽机的使用，启动了采矿业的现代化。煤炭产量的不断提高也使钢铁冶炼工业走向现代化具备了条件，带来了各个部门的良性互动。

政治的现代化成为整个社会现代化顺利发展的保证。英国议会民主和现代政党制度的形成是宪政制度最显著的标志。17 世纪资产阶级革命胜利后建立了议会制度。从 1832 年到 1884 年进行了三次议会选举改革和其他一系列改革，确立了新的“投票法案”，调整上下两院的关系等，扩大了选民的人数，合理地分配了议会席位，使资产阶级民主政治制度逐步成熟和完善起来。由于议会权力的壮大，使英国沿着较少暴力和带有代议制民主形式的宪政方向前进，政府在对外发动战争、殖民掠夺、国际贸易等方面发挥了不可忽视的作用①。

作为世界上第一个现代化国家，英国在财政制度方面的创新为世界各国的现代化作出了贡献。英国现代化过程伴随着深刻的财政革命，其内容包括税收的常规化与税收机构的官僚化、中央银行的创设、长期公债的出现、预算制度的完善等等。这些创新的财政制度不仅构建了现代财政体系，促进了英国经济的繁荣和政治的稳定，而且造就了一个以公共权力为核心的现代国家。

二、英国现代预算制度的演化与财政公共性的提升

英国现代预算制度经过议会与国王就征税权的控制所进行长期斗争得以产生。1215 年，英王约翰与贵族们签订《大宪章》，重申了一项封建传

① 参阅杜艳华等：《中国特色社会主义现代化模式研究》，学林出版社 2008 年版，第 56—89 页。

统——未经众人同意，国王不得征税，“无代表不纳税”的原则在英国社会正式奠基。1295 年，英王爱德华一世召开了由土地贵族、僧侣及平民代表参加的会议，就征税要求达成协议，标志着英国议会的诞生。1297 年，爱德华一世向英王签署《宪章确认书》，征税由议会同意从此成为定例，彰显了“权在议会”原则。14 世纪，议会形成了两院制。组成上院的是大贵族，有权力讨论、协助国王管理国家大事，同时是最高法院。上院贵族也是国王的征税对象，讨论是否同意国王提出的税收要求。下院的职责主要是讨论决定是否同意国王提出的税收要求，另外也提出各种请愿书，要求国王采纳。1337—1453 年的英法百年战争，给国王带来巨大的财政压力，议会以税收为交换条件，迫使国王答应：没有议会的授权和同意，国王不得征收任何赋税；议会可任命一个委员会，监督国王的财政支出，审查国王的账目；税收法案由下院提出。15 世纪下院地位提高，财政权和立法权扩充。形成下院动议和最后决定税额的拨款程序。议会两院通过法案的“三读”程序形成，议员的辩论自由和在议会开会时免遭逮捕等特权也渐渐得到承认。

16—17 世纪英国与西班牙、荷兰等国的长期战争，遗留下巨额的债务，加上王室的挥霍浪费，查理一世为征税召开议会，与议会产生激烈冲突并导致了 1640 年内战的爆发。光荣革命缔造了一个君主立宪政体，君主的实权逐渐削弱。政府由议会产生，向议会多数负责，体现了主权在议会而不是在君主的原则。1689 年的《权利法案》，确认了议会在立法、财政、税收、军事方面的权力不受国王的限制，财政机构实现了国有化，国王的开支必须由议会批准，从此政府财政管理受议会监督，对议会负责。1691 年，下院组建公共账目委员会，获得了检查政府开支的权力。

议会巩固了财政权力，特别重视财政授权，将王室的收入专门指定用途。王室的收入被认为是一项公共收入，是为了国家利益暂时交给王室保管。国王征税和借款都要征得议会的同意，而且钱款使用也由议会规定用途，直接限制和约束了君主的行为，并将其制度化。到 18 世纪中叶国王的权力继续消退，立法权高出行政权，将行政权置于自己的控制下。任何政府要想存在，就必须取得议会多数的支持。1714 年创建财政部，分别管理关税、消费税、印花税、盐税和土地税等事务。18 世纪初期，议会规定拨款用途，逐渐通过详细审议各项拨款的办法，来控制军费支出。民生项目支出的费用，主要由政府负责，议会也进行审查。

从1760年起，财政大臣必须于每个财政年度开始之前，向议会提交预算草案，请求议会批准，并开始形成惯例。预算草案包括三个方面的内容：一是对上年支出的财务报告，二是预估下一年支出，二是为支付下一年度支出所需租税借款方法提出建议。在财政大臣发表预算演说后，议会进行辩论，进行立法审议。1782年的《民生项目基本法案》，将王室年俸划分为八大类，要求政府收入在用于民生项目时，必须向议会提交详细的预算，君主再也无法任意决定民生项目的支出。之后，英国逐渐形成了政府行政部门每年向议会提交年度预算草案、获得议会批准后才能执行的现代预算制度。1787年，议会通过《统一基金法》，规定政府在英格兰银行开设统一的公共账户，所有的收支均纳入统一基金进行，加强了议会对税收权的控制，并简化了拨款制度。这一制度的实行，使政府的收支更加全面和透明。此后，议会对政府收支的监控获得了可靠的法律支持，为创建便于议会和公众理解的政府会计制度提供了重要的基础。到18世纪末，英国建成了由议会控制的现代预算制度。1789年，议会通过了《统一账户法》，要求政府废除分散的部门账户，设立一个统一账户来接收所有的财政收入，记录所有的财政支出。到19世纪初，英国确立了按年度编制和批准预算的制度，由议会审核批准，再由对议会负责的审计部门监督政府对经费的使用。

英国议会中政党竞争制度的发展，巩固了宪政制度下现代预算制度的社会基础。"光荣革命"后100多年时间里，贵族通过控制议会进而控制着国家政权，贵族又分成辉格党和托利党两个集团，两党制[①]得到发展。辉格党代表最大的土地贵族及商业与殖民利益，托利党代表地方乡绅，是乡绅利益的代言人。当时议会运行中存在议席分配不合理、选举权狭小、选举手段腐败等问题。这样一种不合理的议会制度与当时英国农业社会的状况相适应。在这个社会中，土地是最主要的财富源泉，同时也是身份和地位的象征。贵族通过收买选票控制选举，政府通过收买议员可以控制议会，政权可以确保掌握在贵族手中，而这恰恰与土地财富的优势很一致。乔治三世（1760—1820年）时期，出现了托利党长期执政的局面。反对改革的托利党集团反对在政治制度中作任何变动，生怕微小的变革都会引发

① 英国议会的两党从1679年的议会两个政治派别演化而来。一派骂对方为托利（爱尔兰歹徒），另一方骂对方为辉格（苏格兰强盗），后来双方自称托利和辉格党。

连锁反应，导致整个制度彻底崩溃。但反对改革的立场却使他们越来越孤立，阻止不住改革的潮流。辉格党是反对派，支持议会改革，希望在财产的基础上与中等阶级结成同盟，防范社会底层的革命倾向。在他们手里完成了第一次议会改革，把中产阶级吸收到政权中来。辉格党集团的存在对英国走上改革的道路非常关键，他们在统治者和人民之间搭起了一座桥，使改革的可能性始终存在。19 世纪 30 年代，在旧的辉格党、托利党的基础上，出现了自由党和保守党。自由党以工商业阶级的自由主义思想为理论基础，主张自由贸易，反对贸易保护主义。保守党强调国家干预经济，强调保证赋税及农业和工商业的同等重要。1867 年，英国进行了第二次选举改革，大部分工人得到了选举权，1906 年工党成立，逐步发展壮大。1918 年以后，工党取代衰亡的自由党成为正式的反对党，1924 年开始工党和保守党轮流执政的格局一直延续至今。英国政治运行中历史悠久的协商传统，有助于通过妥协的方法，实现议会中权力结构的重新配置。

工业革命后中下层社会群体力量的消长。工业革命后工业成为财富的主要来源，土地的重要性逐渐减小，工场主和工人群体壮大。1688 年，英国农林渔牧业、工矿建筑业、商业运输业、房租房地产业创造的收入总额为 3730 英镑，其中农业所占比重为 52%，工矿业为 27%；1801 年，上述四种产业创造的总收入为 18280 万镑，其中农业所占比重为 41%，工业为 30%。到 1831 年，它们创造的总收入为 27760 万镑，其中农业所占比重为 29%，工业为 42%，工业收入已经大大超过农业部门，英国成为工业国①。工场主拥有日益增多的财富，工人拥有日益扩大的规模，但在原来的议会制度下都没有选举权，旧的政治体制与新的社会现实发生了冲突。在工业革命后壮大的中产阶级主要是工场主群体，这些人中很多是暴发户，出身低微但精明强干，靠机遇与能力发财致富。在工业革命中，他们大部分时间都忙于发财，全身心地拥护政府的“自由放任”政策。只要政府让他们发财，他们就会支持政府。到 19 世纪 20 年代，当他们突然发现富裕有余而政治上毫无权利时，便投身到议会改革运动之中。工业革命前就存在的旧式中产阶级主要由医生、律师、教师、牧师、中小地主、中小商人及其他自由职业者、专业人员所组成，对大土地所有者垄断政权十分不满。希望议会改革，清除腐败政治。在他们的呼吁下引发了持续的改革运动。这

① 陈宝森：《西方财政理论研究》，经济科学出版社 2005 年版，第 47—48 页。

时在工人阶级内部，工业革命消灭了手工工人，工厂工人经历了从无到有、从小到大的发展过程，开始团结在工会的周围对抗工场主，赢得了工场主的一些让步，但他们只愿意进行经济斗争，而不喜欢过问政治。“总之，在19世纪初，英国社会存在着三大阶级，六支社会力量。到20年代中期，六支力量中的五支都主张改革了，这时候，改革的时机也就成熟了。”①

英国议会议员选举权的扩大，促进财政公共性逐步增强。18世纪末开始酝酿第一次议会改革浪潮，中产阶级起了触媒作用，工人则是主力军。18世纪中期，英国700万成年人中只有15万人享有选举权。1832年，议会改革法案被通过。英国的选民人数从48.8万人增加到80.8万人，占人口总数的比例由2%上升到3.3%。中产阶级中多数获得了选举权，成了“有权的”阶级，但仍不“掌权”。工人阶级则被排斥在改革成果之外。此后发生了以工人为主体的轰轰烈烈的宪章运动。1834年，对《济贫法》进行改革，对于不能养活自己的群体的救济，由中央政府集中管理，对地方救济实施中央监督。第二次议会改革发生在1866年，通过《人民代表权法》把城市选民的财产资格从原先的持有10英镑房产，降为7英镑，农村则从50英镑租约金下调为14英镑，大大扩大了选举权，使选民人数几乎增加了一倍。被排斥在外的还有矿工和农业工人群体。1884—1885年进行了第三次议会改革。这时社会对工人参加选举已普遍认同。自由党（原来的辉格党）和保守党（原来的托利党）考虑的主要是：谁争取主动进行改革，谁就能争取更多的选票。第三次议会改革后基本上实现了成年男子普选权②。1905年通过了《失业工人法》，目的在于实行公共工程制度，雇佣周期性失业者，以工代赈③。1942年，政府接受了呼吁在全社会建立综合性社会保障体系的“贝弗里奇”报告。

总之，随着现代化的发展，英国宪政财政制度与配套的政治制度基础不断演化，提高了财政制度效率，为民间经济效率的提升创制了牢固的制度保证。中央集权政府具有强大的执行力，议会掌控政府，议员具有广泛代表性，为政府行为包括财政举措反映各群体利益建立了制度保障。而财政效率正是依赖于三个方面的改进：公共品偏好显示与内部协调机制、公共品执行需要的强制力、公共品有偿交易中供求之间的讨价还价机制及对强制力的约

---

① 钱乘旦等：《英国史》，上海社会科学出版社2001年版，第238页。

② 陈宝森：《西方财政理论研究》，经济科学出版社2005年版，第49—50页。

③ 马金华：《外国财政史》，中国财政经济出版社2011年版，第47页。

束。其中第一个方面的效率严重依赖于参与协调的人数，英国代议制兼顾了偏好显示和集体协调成本，为公共品偏好显示与内部协调机制提供了有效的平台；第二个方面的效率依赖于囚笼效应与国家主权的统一，英国特殊的地理环境与历史成就了这一条件；第三个方面的效率则依赖与参与协调的人是付费的公共产品购买者[①]。英国财政演进中议会成员先由纳税的土地贵族组成，后来选举权扩大与纳税人范围扩大基本一致。财政效率提高的机制构建，严格依赖于公共产品购买者内部及其与供给者之间的合作博弈均衡的形成。财政的受益者与决策者的一致性，是财政高效率的重要保证。

英国在光荣革命后，政府动员财政资源的能力大大增强。国家财政开支占 GDP 的比重，从 1688 年的 8% 增加到 1811 年的 27%，1695—1820 年英国财政开支总量增加了 4 倍，在财政的强大支持下打赢了 18—19 世纪的多次战争，到 19 世纪末期成为“日不落”帝国。财政支出结构中，军事开支和多数因军事而引起的债务开支占相当大比重，民生开支的总量和比重也得到提高。国家加深了对经济和社会领域的介入，保障社会的能力增强。进入到 20 世纪尤其是 1945 年以后，英国财政支出的三分之二以上用于社会保障项目，成为名副其实的福利国家[②]。

三、税收常规化的制度变迁

封建领主制时期的英国，财政收入主要来源于君主家庭拥有的土地收入，“国王靠自己的收入过活”。随着对外贸易的增长，关税在英国财政收入中的地位越来越重要。起初主要针对羊毛出口征税，后来对其他商品也逐渐征税。到 13 世纪下半叶，王室来自地租和司法的收入已不到国王总收入的一半，关税和其他捐税已远远超过一半。不过，早期的税收大致上属于助税性质，是为了军事目的而临时进行的征收，每一种税都需要由议会特别批准，并规定征收的截止时间。16 世纪伊丽莎白女王在位期间，所有的王室土地收入、封建特权收入以及关税收入加在一起，都不足以弥补战争支出，女王即使大量变卖王室土地也无法“靠自己的收入生活”，对税收的依赖越来越强。

---

① 宋丙涛：“财政制度变迁与现代经济发展——英国之谜的财政效率解释”，河南大学 2007 年博士论文，第 153 页。

② 刘守刚：“略论西欧财政演进过程中公共性的成长与形成”，《现代财经》2010 年第 3 期。

保护关税制度的运用。英国重商主义将保护关税制度当做发展本国工业最锐利的工具，利用禁止输入与高额关税来促使本国各种工业迅速发展。由于采取了在关税上的保护和鼓励措施，英国的呢绒加工技术达到了高度完善的境地，国外比较精细的毛织品就不再输入英国了。在伊丽莎白统治下，金属制品与皮革制品，还有许许多多别的工业品的输入，都被高额关税拒之门外，但是对德国矿工和金属工人的移入则积极鼓励。英国精细呢绒的制造，麻布、玻璃、纸张、绸缎、钟表等工业技术上的改进，以及一部分五金工业的建立都是在保护关税制度下实现的。

不同税种重要性的演化。1643 年英国实行消费税，针对猪肉、黄油及酒类等商品征收，税基范围广、管理方便，数额大且可随着商品经济发展而不断增长。1660 年议会将消费税定为王室的永久收入，这一原来临时性的税收取得了常规地位，英国开始了税收常规化的进程。1693 年，议会批准对财产征税，1698 年废除每年对财产进行重新估价的做法，以 1693 年的税额作为征税目标，按照固定的数额在全国各地区间按土地面积来分配。这种“土地税”不仅对土地征收，而且还对房屋、仆人、马车等财产征税。从此，土地税成为政府可靠的收入来源。18 世纪初的 10 年内，直接税占税收总收入 37%，而到 18 世纪 90 年代只占 17%。1799 年英国开征了另外一种直接税——所得税。随着货币经济的发达、股份公司的成熟与簿记技术的发展，所得税逐渐成为越来越重要的税种。议会选举法修订后，社会底层取得选举权，增课消费税这种累退税受到抵制，其后增课关税与消费税的情况一直很少，增加了所得税的征收。1894 年修改继承税法案后采用累进税率，对勤劳所得与不劳所得则施行差别课税。[①] 1907 年开始区分劳动所得税与非劳动所得税，1909 年实行要求收入较多者支付高税率的累进税制。

四、公债制度创新

长期公债制度率先在英国出现，从封闭发行走向公开发行，成为扩大社会资本、引进外资、调节经济运行和筹集军费的重要工具。公债开始在政府收不抵支时作为救急工具出现，后来功能发生了很大变化。早期英国

① 坂入长太郎：《欧美财政思想史》，中国财政经济出版社 1987 年版，第 205 页。

君主的借债被看作国王的个人债务，不受议会监督，但必须交纳 8%—12% 的利息。君主们时常有失信行为，更进一步地影响到借款条件。1665 年，国王提起一个要求议会保证偿还国王对荷兰战争的借款利息的方案，标志着英国公债开始从王室借款向国家借款转变。这次借款创造了公债的流动性，由财政大臣签发的标有编号的借款收据，可以在市场上卖掉或者背书转让。1672 年，开创了长期公债的先河。1693 年实施的养老金借款计划，规定凡购买政府公债者，可以指定一个受益人，只要这个人活着，在 1700 年之前每年获得 10% 的回报，之后 99 年中每年获得 7% 的回报。年金制度、养老金借款计划，标志着英国长期公债制度的开端。18 世纪初期，政府发行公债都是折价的，原始购买人将凭证转手就可获得资产增值。这种封闭发行方式和高收益引起公众不满。1747 年财政部开始面向大众发行 500 万元利率为 4% 的公债，被超额认购至 900 万元①。从此，公债公开发行增多，在政府债券信用日益提高的前提下，英国公债得到灵活的管理，昂贵的旧债被转为较便宜的新债。由于公债得到及时清偿，为之后的战争借款打下了良好的信用基础。这一时期形成的许多与财政制度相关的创新，如公债、英格兰银行、股票市场等，不再被认为是应对紧急情况采取的临时措施，被接受为不可或缺的常设机制。公债以及相伴随的登记、转让和利息股息支付等机制，为政府获得充足有弹性的财政资源应对危机创造了条件。英格兰银行能把大量的资本用于投资利润最高、最稳妥的工商部门，从而促进了工商业和金融业的发展，也为英国工业化和现代化立下了汗马功劳。"公债成了原始积累的最强有效的手段之一，它像挥舞魔杖一样，使不生产的货币具有了生殖力，这样就使它转化为资本，而又用不着承担投资于工业，甚至投资于高利贷时所不可避免的劳苦和风险。"②

英国为了响应税收的需要开展"金融革命"，借助贷款为军事活动提供金融支持。1694 年，议会同意建立英格兰银行，以赋予其货币发行权换取英格兰银行向政府购买国债。英格兰银行从伦敦的资本市场筹集资金，转借给政府壮大海军用于开拓市场，建立现代化进程中需要的基础设施。于是，英国的私人投资者发现了一条很强大的资金出路，通过国债的稳定

① 刘雪梅等："1660—1799 年英国财政革命所带来的划时代变化"，《现代财经》2010 年第 7 期。
② 《马克思恩格斯全集》第 23 卷，商务印书馆 1972 年版，第 823 页。

回报，伦敦市及英格兰银行也稳固地建立了起来。英国国债形成了财政系统的基础，伦敦市及英格兰银行的兴盛有助于多方面的资本服务，从而长期性地减少了交易及投资成本，同时也有助于降低利率，促进了英国在18世纪后期的工业化中的领导地位，伦敦市则成为主导世界的金融中心。政府与金融资本家建立一种强大而有“组织的”或“互惠的”关系，在正和博弈中双方都获取了更大力量。

英国政府保证了国债利率的稳定和及时支付。不论在战争或是非战争期间都维持低利率，私人投资也不会被拒之门外。政府还提高税率使国家可以还清国债利息，利率也因此大幅降低。国债的长期利率水平由1660年的10%，下滑到1698—1713年的6%—9%，1717年后更下降至5%，18世纪中叶则下滑到3%—3.5%。1714年制订的高利贷法规定，利率的升幅只能在战争时期超过法律最高限额的5%①。如果英国为长期战争所积累的债务而支付高额利息的话，中期工业发展可能被抑制，因为投资活动将从资本累积转移到政府的证券之上。为了支付国债利息给债权人，国家提高了间接税——关税及消费税，这些税收平均不少于1715—1850年中央政府总收入的66%，他们都是递减税，负担最大的多是低收入阶层。而事实上，国家债权人所收取的利息大部分都是由低收入阶层通过税款支付的。即国民收入从穷困阶层（消费者）转移到富裕阶层（高储蓄群体或投资者）。1792—1815年间的投资率大幅度提高，并为1820年后期的强劲经济增长奠定了基础。国家所支付的战争国债利息可以算是为工业革命融资的一种“非直接”形式。国家通过税收机制进一步为工业革命筹措了资金。英国政府拥有了相对可靠的公债发行机制与货币供给渠道，公债成为重要的财政收入形式，国家的财政应急能力特别是满足战争需求的能力得到大大提高。

五、中央银行的创建

英格兰银行是世界上第一家中央银行，最初是为了政府能以较低的利率借款而创立的，随后成为政府重要的财政机构和金融工具，也成为后来

---

① 琳达·维斯、约翰·M. 霍布森著，黄兆辉等译：《国家与经济发展——一个比较及历史性的分析》，吉林出版集团有限责任公司2009年版，第136页。

全世界中央银行的范本。光荣革命后，英国由于陷入连年的战争，政府无法摆脱财政困境。1694 年，政府授权贷款集团成立英格兰银行，条件是这个贷款集团向政府借款 120 万元，约定年利率 8%；在政府还债之前银行有权发行金额相等的纸币；政府每年用部分航运税和酒税支付贷款利息；本金则由关税款来归还。如果最终关税收入不足以偿还，财政部必须用其他税收来补足差额，无需议会再另行通过筹款法案。英格兰银行创造了一种信用凭证制度。后来英格兰银行又发行了多种面值和各种防伪标记的应收票据，成为后来中央银行发行的纸币的起源。

英格兰银行因财政需求而设立，也伴随财政的发展而壮大。中央银行制度成为一个比较可靠的公债来源，而且成为政府财政管理的有效工具，为政府的公债管理提供特别的服务。17 世纪末，英格兰银行董事们认购的国库券进入市场流通。国库券获得了流通性，奠定了公债二级市场发展的基础，并成为英格兰银行越来越重要的业务。政府在英格兰银行建立之初向其所借的那笔公债，约定以未来的税收收入作为偿还保障，英格兰银行获得管理税款的权利，从此绝大多数税款处在英格兰银行的管理下。议会也借由英格兰银行的帮助，对政府财政权有效控制。

第二节　长期与英国争锋——法国的财政现代化

法国土地肥沃，气候温和，具有得天独厚的农业发展条件，农业经济发达，长期是欧洲的强国。但其周边开放的外部环境使其面临严重的国家安全问题，使其长期成为争霸的参与者和被攻击的对象。法国与英国的竞争长达数世纪，深刻地影响了两国和世界——14—15 世纪的英法百年战争成为英国宪政制度与法国君主专制的重要推动力，18—19 世纪的英法竞争成为美国崛起的重要背景，这些事件对人类文明进程产生了深远影响。从英法两国现代化进程的比较可以看出，市民社会与政治国家之间的关系良性互动则双赢，恶性循环则两伤。“政治与经济表现之间的互动，也能形成恶性或良性循环，关键是看政治表现和组织能不能鼓励强化经济的表现，如果经济增长，税基和生产就会扩大，可以在下一回合中支持政府的目标与活动，如此一来，政府又能创造增长机会，促使经济进一步增长。"[①] 法兰西的专制势力受到的约束很小，在发展过程中凭统治者的明智来主导发展。一旦遇上不称职的领导者，就会发生大的社会危机。这时，英国工业革命的蓬勃发展对法国形成越来越大的竞争压力，成为法国大革命的外部诱因。法国大革命爆发后，英国联合欧洲大陆国家进行围堵。拿破仑发动大陆侵略战争，颁布大陆封锁令，扶植法国的产业资本，促进法国现代化，与现代化领先的英国进行对抗。法国革命彻底和空前猛烈，其时间跨度之长十分罕见，推翻了专制统治，为法国的发展奠定了基础，但法国长期的革命或者内乱，最终是有利于自己的竞争对手的[②]。法兰西民族的创新则表现了三权分立与人民主权等政治理念和政治制度的正义与合理性，《拿破仑法典》将依法治国的原则具体化并成为一种普世原则，对世界现代化作出了贡献。

一、以政治革命为加速器的内源型现代化模式

法国走的是政治现代化先行，为经济现代化扫除障碍的内源式现代化发展模式。法国国王借助英法百年战争成功缔造了一个中央集权国家。法国资源与人口都远远超过英国，并且也拥有良好的海港，在欧洲大陆咄咄逼人，四处扩张。虽然内部积累了大量有利于现代化发展的因素，但君主专制膨胀抵制了市场化和民主化进程，政治成为经济发展的桎梏。英国现代化的快速发展对法国带来巨大的压力和引力，成为国内政治矛盾激化的外部诱因。法国的政治大革命震撼了欧洲，也对世界产生了重要影响。但政治革命既是现代化的动力，又是现代化的破坏因素。由于政治革命先行，导致法国现代化的特点是在动荡和曲折中前进。革命对于现代化来说，是一种被迫选择，革命的最终目的在于推动社会生产力的发展。法国大革命后相当长的历史时期内，政局不稳，国家动荡不安，自由、民主、

① 彼得·杰伊著，杨建民译：《财富的历程》，国际文化出版公司2005年版，第170页。

② 法国与英国对抗的结果是，英国在欧洲大陆开拓市场遇阻，转而开辟了欧洲大陆以外的新市场，建立起了海上霸权，奠定了作为世界工厂的经济基础。法国与英国对抗中的另外一个重大事件是，法国出于财政压力和为英国培养一个强大的海上对手的目的，将路易斯安娜贱卖给新生的美国，每英里仅合6美元，大大扩展了美国成长的空间。但英国与美国没有"死磕"，而是更多的采取了"孤立"或合作，促成了两个国家的强大和繁盛。法国大革命后的100多年间，与德国反复交战，双方付出巨大的代价，阻遏了两国的现代化进程。

平等的社会秩序并没有实现，民主制度的确立不像英国那样顺利。18 世纪中后期，英国集中发展经济，而法国则集中进行政治斗争。暴力革命、政变、对外战争此起彼伏，缺乏稳定的现代化环境。法国工业化不仅晚于英国，而且进展缓慢，经济现代化表现出明显的保守性和缓慢性。

法国大革命的规模大、范围广，荡涤了封建的污泥浊水，革命中提出的“自由、平等、博爱”的口号成为指引历史前进的光辉旗帜。资产阶级夺得了政权，推翻了旧制度，为法国的工业化和经济起飞创造了条件。实行立宪、国会和选举制度及废除行会，为工业革命创造了政治条件，在拿破仑上台后，深入改革和发展经济，使法国的工业一度出现快速发展，纺织业增长迅速，大大缩小了与英国的差距。拿破仑三世发挥国家权力在经济发展中的作用，实行国家干预下的自由主义经济政策，制定实施有效的经济发展政策，大力发展交通运输、兴修铁路，推行保护关税政策，扶持大企业，推广新技术，颁布了一系列法令扶持和资助农业，到帝国末期纺织工业普遍实现了机械化，钢铁生产大幅度增长，形成了铁路网，海上运输、通讯事业等都取得显著成就，使法国成为了工业大国。

二、从开明到昏聩的君主专制财政制度

17 世纪后期，法国国王路易十四（1643—1715 年）自称“太阳王”，实行高度专制，王权无限扩大，为开辟财源在柯尔贝尔内阁时期推行重商主义政策。其中实施的新财政制度有：制定预算，对政府行政实施有效监督，建立了财政收支表，使得政府的每一笔收支都有严格的记录，掌握国家资产的流向，监控政府的收入与支出，确保国家机器正常运转拥有正常的财力支持。改革税制，一方面加强对国王领地的税收，改进王室资源的管理办法，另一方面对基于特权的捐税制度进行改革，增加较为公平的间接税，增强国家财力。扶持手工工场的发展，增加产品出口。提供贷款和免税政策，引进大量的能工巧匠，敦促工厂主制定规章以保证产品质量，提高产品的竞争力。对外国具有一定竞争力的产品征收很高的进口税，阻止国内资本的大量外流。还创立大型的国家垄断公司，发展海外贸易，向外推销法国产品，积极拓展海外市场。这些政策激发了法国经济的活力，新兴工业取得很大发展，农业增长，海外贸易与日俱增，产品出口幅度提高迅猛。

随后的路易十五荒淫挥霍，“我死后哪管他洪水滔天”，累积了严重的

财政危机。法国社会第一等级是教士，第二等级是贵族，其他社会阶层如中产阶级、商人、官僚、农民、工人等都属于第三等级。国王为了削弱和分化贵族阶层的权力，向封建贵族和教士妥协，给予贵族和教士免税特权，出售官职和赋税豁免权。在政府赋税征收额不断增长的同时，承担这些赋税的人数却不断下降，维持无限政府和庞大财政需要的税收负担便全部落在第三等级的人肩上，出现富人免税而穷人纳税的情况。在不合理的财税体制下，政权的经济基础越薄弱，第三等级受到的剥削就越严酷，贵族的免税特权就越明显。随着卖官鬻爵的制度化，进入者只能是拥有巨额资产的富豪。政府仅代表贵族与大资产者利益，官僚体系腐败滋生、效率低下。法国的战事频繁经常产生征税的需求，代议机构为得到稳定和秩序而放弃了对征税的有效控制，控制议会的人不纳税，使公共产品供给过程通过讨价还价的有偿交易以提高财政效率的可能性消失了。法国三级会议试图结束法国内部混乱状态的强烈愿望，使皇室抓住了征税权而无需征得被统治者的同意，国王潜在对手——贵族和牧师因为免税而保持中立，从而使纳税人与决策者相脱离，不可能产生在公共产品供求博弈带来的财政制度效率。

在18世纪，法国教会是一个拥有独立财政体制的利益集团，可以自行征税，单独向国王“自愿捐献”，而不是由教士个人直接向政府纳税。政府为增加收入，总希望教士、贵族等特权利益集团多交税，实现税收制度的合理化，但国王的长期财政困难总是需要特权利益集团为其提供贷款，而交换条件恰恰是免税特权的固定化。税制合理化与免税特权僵化的矛盾，是法国君主专制时代解不开的死结，成为爆发大革命的财政原因。这种财政文化，也是法国革命长期持续、社会秩序难以稳定的重要原因。

三、法国大革命前后的财政制度变迁

1774年路易十六即位后，在大陆及海外进行旷日持久的战争，向特权阶层提供名目繁多的年金，超庞大的政府机构支出以及支持北美独立战争，导致财政出现巨额赤字。财政赤字依靠大量借债来弥补，为了支付到期的借款和利息又不得不举借新债，从而使国家财政状况陷入恶性循环。“由于财政管理是秘密的、无保障的，人们在这里仍遵循路易十四和路易十五统治下的某些不良做法。政府努力促进公共繁荣，发放救济金和奖励，实施公共工程，这些每天都在增加开支，而收入却未按同一比例递增；这就使国王每天都陷入比他的前人更严重的财政拮据之中。和前任一样，他不断使他的债权人收不回债；像先王一样，他向四面八方举债，既不公开，也无竞争，债权人不一定能拿到利息；甚至他们的资本也永远取决于国王的诚意。……财政管理不善在很长时间里仅是公共劣迹之一，这时却成了千家万户的私人灾难。”①

历次财政改革的失败成为法国大革命的诱因。路易十六为克服财政危机，对赋税征收制度进行改革。财政总监杜尔阁主持的财政改革废止酒类专卖制，限制专制王权和贵族特权，设立由各省代表和国务大臣组成的议会作为咨询机构。后来的财政总监卡隆一面代替宫廷权贵偿还赌债和提高年金争取特权者的支持，一面通过开挖运河、建筑港口、道路来刺激经济发展，增加财政收入。同时大量举债和增加税收，由于他以土地特征税取代人头税和什一税，要求包括特权等级都要缴纳，招致了特权者的责难。法国同英国的贸易条约 1787 年开始生效，大幅度降低英国工业品的进口税，英国货物迅速充斥法国市场，造成法国生产萎缩，发生了经济危机，粮价在大幅度上涨，政府的财政危机进一步加深。四任财政部长主持的财政改革都效果不佳，路易十六被迫召开三级会议协商克服财政危机的办法。三级会议中，第一等级代表贵族 300 人、第二等级代表僧侣约 300 人、第三等级代表群众约 600 人。第三等级议员自行组织国民议会要求制宪，国王不得不承认国民议会，改称制宪议会着手制定宪法。在这种支配阶级——特权阶级与平民阶级的尖锐对立中，1789 年 7 月法国大革命爆发，制宪会议通过了《人民与公民权宣言》。

法国大革命后政权数度更迭，执政省也制定了多部法律。1795 年宪法集中了赋税征收权，保留了地方行政机关对赋税的分派和监督权，提高了财政效率和透明度。1797 年制定的财政法宣布，三分之二的信用破产，减缩政府对国家债务的支出比例。1798 年全面展开税制改革，继承并全面调整了制宪议会时期开征的直接税，设立了新地租、对人的动产税、营业税、窗户税四种直接税，以直接税为中心，保护国内产业，开辟海外市场。设立法兰西银行，新建和修筑道路、运河、桥梁、港口，扶植制造业，对抗英国向欧陆扩张经济。②

① 托克维尔著，冯棠译：《旧制度与大革命》，商务印书馆 1992 年版，第 211—212 页。

② 徐瑞娥：“法国大革命前的财政危机与财政改革”，《经济研究参考》2009 年第 40 期。

1842 年，法国政府通过立法确立建设法国的国家铁路网，国家以修建铁路地基的形式为修建铁路提供切实的补助，以在每个路线上的专营权的形式出租给私人公司，并积极引进英国的资金、工程师和先进的管理技术，加快法国铁路网的建设。后来又主办长期贷款银行，集中在短期基础上的存款贷款给需要长期资金的铁路及其他工业冒险行业。在 1850—1860 年，它促成平均每年增长 5 倍的铁路投资①。19 世纪 70 年代和 80 年代，法国发展公共工程的速度加快，主要是在“富列辛埃计划”的带动下，大量投资于公共工程，特别是交通运输业。1879—1904 年，法国政府用于公共工程的拨款，大约相当于付给德国的战争赔款（50 亿法郎）。在此期间，法国新建了近 20 万公里的道路、200 公里运河、约 3 万公里铁路；把敦克尔克、迪埃普、卢昂、南特和波尔多的海港加以浚深，并另建了几个新港②。交通运输条件的改善，使本来过于孤立的法国区域市场联结起来，在短短的时间内借助所扶持的市场的力量，实现了一定程度上的资源优化配置。

四、增值税的创设

法国率先由营业税发展改进而开征了增值税税种。法国从 1920 年开始征收的营业税，按企业的营业额征税，而且在每个流通环节都征税，存在着重复课征、税负不平的缺点。这种营业税的特征是多环节阶梯式课税，商品每经过从生产到消费的每一个环节，发生一次销售就征一次税，商品的整体税收负担率随商品流转环节的增加呈阶梯式递增。生产或流通环节越多，该商品的税收负担就越重。

1954 年，法国在生产阶段对原来的按营业额全额课征改为按全额计算最后允许扣除购进项目已缴纳的税款，即按增值额征税，开创了增值税实施之河。增值税由企业缴纳，不重复征税，税基广泛，在计算企业主营纳税款时，要扣除商品在以前生产环节已负担的税款，从世界各国来看，一般都实行凭购货发票进行抵扣。实行比例税率和价外税制度，销售价格中不包含增值税税额。增值税保存了原来营业税普遍课征、均衡课征等能保

---

① 参见曹沛霖：《政府与市场》，浙江人民出版社 1998 年版，第 247—248 页。

② 李炜光：《李炜光说财税》，河北大学出版社 2010 年版，第 19—20 页。

证国家取得可靠的经常收入的优点，又克服了原来营业税因重复课征、税负不平、不利于经济发展的缺点，因而发展很快。1968 年，对零售企业和部分农场主也实行了增值税。1978 年进一步扩大到与经济、生产直接有关的设计师、建筑师、工程师等自由职业者身上。

增值税一般被认为是中性税种，能较好体现公平税负的原则，能够避免重复征税，充分贯彻公平税负的原则，有利于企业间在同等条件下进行公平竞争，使自然资源和劳动力达到最佳配置。世界上许多国家都实行出口退税制度，即把出口产品在国内各生产环节所缴纳的税款在产品出口时全部退还给出口单位，使产品以不含税的价格进入国际市场。增值税实行了扣除已征税款制度后，商品的税率真正体现它的税负，按照税率退税，能使税款退得干净、彻底，不会出现多退或少退的现象。税收收入不会因商品流通环节变化和企业结构的变化而产生波动，有利于财政收入的稳定增长。对进口产品，又不会使国家财政遭受损失。对进口产品，也要按增值税税率征收一道增值税，这样可以使进口产品负担和国内产品相同的税负，有利于民族工业的发展。

增值税首先在欧洲得到推广，不久又扩展到欧洲以外的许多国家。目前，世界上已有 100 多个国家实行了增值税。增值税在半个多世纪的时间里能得到众多国家的广泛认可和推行，这在世界税制发展史上是罕见的，是 20 世纪世界财税领域的一项重要改革和成就。

第三节　脱胎于殖民地——美国的财政现代化

美国在建国不到 100 年的时间内就赶上了曾经是它的母国英国，夺取了世界头号大国的宝座，至今是世界上唯一的超级大国。美国现代化的成功有很多因素，但关键是 18 世纪建国时确立的宪政制度激发了发展活力，随后抓住了难得的发展机遇。19 世纪利用列强无法涉足西半球的空间优势，开拓疆土，通过南北战争调整好了内部的关系，奠定了自己工农业发展的基础。20 世纪充分利用两次世界大战的机遇，吸收欧洲国家的资金和科学技术人员，由欧洲的债务国成为了债权国，由文化沙漠成为科技重镇。美国最重要的创新就是美国 1787 年宪法及其附件《人权法案》，不仅保障了美国人基本的权利，还使在这种基础上的社会体制既能充分激发出个人的创造激情，又能充分包容创新者的失败。这种美国式的自由，使美国社会内部永久性地充满了竞争，并且这种竞争氛围还形成了一种美国式的危机感，美国在最顺利的时候也不断地寻找新的目标，保持一种长期进取的精神。

一、制度建构现代化的成功范例

美国现代化是政治现代化、经济现代化同步进行的模式。独立后的美国随着政治现代化——共和国的建立，实施了1787年宪法和《人权法案》，联邦政府权力加强但受到议会约束，联邦与各州的权力在宪法的规范下受到制约。政治民主化、法治化与经济市场化、工业化齐头并进，互相促进。

北美现代化演进过程虽然没有英国的历史长，但其现代化条件与英国有许多是一致的。它是英国的殖民地，是英国现代化扩散的第一对象。欧洲移民的到来，带来欧洲先进的思想文化及竞争、发展的意识和要求，人才、技术、经验、资金设备等现代化所需要的条件。较稳定的民主环境和广阔的土地，吸引源源不断的建设大军。美国利用周边无强国、西欧动荡的时机，以购买和武力手段不断西移扩大疆域。由于主要是由已经步入现代化阶段、富有现代思想的欧洲人组建起来的国家，不具有封建专制制度的惰性和根基，因此美国又具备了现代化的另一个独特条件——民族战争胜利的同时建立了民主共和国，大大缩短了现代化的进程。工业革命时期，美国政府很少直接参与经济建设，但却实行了包括关税、土地等许多方面的有利改革，有效地刺激了社会上的实业精神，独立后的美国不仅发展与欧洲的贸易，而且很快进入亚洲国家，成为第一个开展横贯太平洋贸易的国家，并开通了与南美地区的贸易关系，实行保护关税政策，加速工业化进程。

1787年宪法奠定了美国现代化领先的基础。美国独立后的制度创新成果，凝聚于1787年宪法精神中。起草1787宪法的两个程序体现了建国者的实用主义精神：一是部分表决，即达成一项共识便记录下来，作为整体的一部分，而不是草拟完全部法案再强行表决。每一个条款都是经常反复争论而达成的一致意见。二是不全面规定。也就是对于争议很大的内容，尽管确有规定的必要，也暂时不规定，留待以后再对宪法补充。正因为这两大程序性的规定以及后来美国宪法修正案和违宪审查制的建立，使得美国宪法的生命如此之长。1787 年宪法奠定了美国政治制度的法律基础。联邦制赋予政府强有力的权力，有利于国家的巩固；联邦政府实行三权分立的权力制衡原则，有利于防止专制独裁，保障民主。地方分权与中央集权相结合，在维护国家主权的同时，有利于地方的积极性的调动和创造性的发挥。体现和维护了独立战争的重大成果，使政府建立在民主原则的基础上，保证美国的长期稳定。

美国脱胎于殖民地，是通过制度建构开展现代化取得成功的典范，是制度理性与自然秩序相结合的产物。它一方面遵循了市场经济自然发展的秩序，另一方面实行联邦政府下的分权民主政治，为当时的美国利益集团提供了一种新的机制，使其成员不仅可以收回独立战争中购买公债的资金，还可获得追加收益①（见表 5－1）。

表 5－1　　不同利益集团从美国 1787 年宪法中得到的收益

利益集团	工商业集团	债券持有人	大土地投机集团	奴隶主集团	债务人
潜在外部利润	废除原来各州的贸易壁垒，统一对外关税，降低经营成本和风险	保证战争时期发行的公债偿还	为向西部转移提供劳动力，为经营土地提供法制保证，减少风险	多数为债券持有人	受到其他利益集团的压迫
要求	统一政策，立法，保障投资环境	有一个强有力的政府建立稳定的金融制度，偿还升值	建立稳定的政策，土地升值	维护黑奴制度	安全保护

1787 年宪法是从联邦条例过渡到联邦宪法，基本的框架的形成是美国各种不同的利益集团妥协的结果。以后的宪法修正案只是在基本制度的均衡前提下进行的制度创新，属于改革和微调。美国开国元勋们精心设计出了宏观管理的“自动纠错机制”，是政治体制上非常独特的自动创新机制。美国宪法的 27 次修正案，是根据具体情况发展变化而做的明显的创新的证据。这种分享、均衡型的基本制度框架 200 多年保持不变。

① 参阅尹朝安：“现代化赶超中的制度创新——历史考察与理论分析”，中国社会科学院 2002 年博士论文。

美国的开国元勋们在基本政治制度的建设方面，参考了欧洲各国特别是英法的经验和教训，发展了洛克和孟德斯鸠的分权学说，制定了三权分立和相互制衡的一整套措施，确保总统制的稳定运行，并且具有较大的灵活性。宪法运行中虽然充满妥协、矛盾和争斗，政治改革扩大了总统的权力，强化了联邦中央政府的控制，但都在宪法规定的基本框架下活动。第一，改革了官员终身任职制，实行轮流担任公职，使新兴的中产阶级分子得以进入政界，扩大了统治基础。第二，完善了两党制，推行全国代表大会推选制。面向选民而不是少数政治领袖选举，使中小资产者和劳工的参与政治作用得以确认。第三，扩大了总统否决权的使用范围。制宪会议的主要成员几乎都是重商主义者，他们认为政府可以而且应该被用来管理和促进经济活动以造福社会。宪法强调对管理州际和对外贸易的权力，利用政府来控制和促进全民福利，为干预经济提供了法律依据。

美国模式与英国模式虽然有许多相同之处。例如，保持高度的个人自由和市场自由度；因地理位置的特殊性而拥有远离强敌的优越安全环境；重视战争带来的商业利益而不盲目投入争夺土地的战争。它们之间最根本的不同是：美国在接受了英国现代化因素的同时，由于是在移民的基础上建立起来的新国家，没有经历过封建社会，很少受保守主义势力的束缚；各个国家的移民，造成了美国先天的包容性，有利于充分利用发展现代化的外部条件；有广袤肥沃的土地和宽松的社会环境，这三种因素合力造就了它的创业精神：同时又有历史提供的最好机遇，成为20世纪世界现代化的领头羊。

二、美国建国初期的财政制度创新

美国宪法对财政制度作出了规定。按照三权分立的原则，在美国政府结构中，财权由立法部门——国会控制。美国宪法第一条第八节授予国会以征税权。国会有权“规定并征收税金、关税和消费税，用以偿付国债，建立共同防御和增进合众国的一般福利”。宪法第一条第八节第二款授予国会借债权。国会可“以合众国的信用举债”。宪法第一条第九节第七款授予国会开支权，并宣布“除了依照法律的规定拨款之外，任何款项不得自国库中提取”。

联邦政府成立之初，面临的首要问题是财政问题，而财政面临的最大困难是偿还独立战争时期的国债问题。联邦党人、财政部长汉密尔顿提出，健全的财政机构和制度是保证行使国家权力的财力基础。政府摆脱财政危机的四点办法是：第一，政府应组建集中掌握财政权的财政部门，建立国家预算，并主管一切财政事务；第二，政府和国会应有决定征税的权力，确定征收土地税、人头税、消费税的税额，以使国家财政获得固定的财源；第三，向欧洲各国争取贷款，吸引各国商人到北美经商、投资，以缓解资金不足的困难；第四，建立将公共信用与私人利益结合起来的银行，以提供大量稳定的货币。他的财政改革方案还与他的整个联邦主义建国主张联系在一起。他主张工商业立国，尽快地发展商业、制造业、促进航海业，迅速改变其农业国地位，积极主张引进英国的制造业技术和工场制度，借鉴英国的财政金融制度改革美国邦联政府的财政体制，以解决财政危机同时促进工商业的发展。

1790 年，汉密尔顿提出，发行新债偿还旧债，恢复公共信用；对国内的产品征收国产税和消费税，用于偿还债务，使财政收支平衡。政府应采取经济措施引导私人利益来发展制造业和基础设施，扶持新兴工商业和金融业资产者。他主张建立一家公私合资的银行，政府和银行在经营上相互牵制，在利益上相互结合，银行有权独立营业，但必须接受政府的监管。汉密尔顿的公私结合观点，后来被来访的德国历史学派经济学家李斯特所吸收。1791 年，汉密尔顿提出《关于制造业问题的报告》，认为一个强大的制造业基础会增加国家收入，创造更多的财富、就业机会和刺激移民，会吸引外国资本，使国家更加独立和安全。一个强大的工业基础是不会自动形成的。美国的小制造商应得到政府的保护和外助，否则就永远赶不上欧洲更大规模和更先进的制造商。1810 年，财政部长艾伯特·加勒廷在评论美国在出口市场面临英国的抗衡时指出："美国制造商必须与之斗争的唯一强有力的障碍是，来自大不列颠的占优势的大量资本，英国借此得以使其商人给予长期的信贷，薄利多销，以及做出临时性的牺牲。""没有什么比把公共财富用于取得一种新的和有用的工业分支更能发挥效用了；没有什么比持久地补充总的生产劳动力储备更有价值了。"①

汉密尔顿的财政金融经济改革被证明是必须的和及时的。联邦债务开始偿还，制造业兴起，国家银行系统得以建立并成为工业化的重要杠杆。

---

① 罗伯特·赖克：《国家的作用》，上海译文出版社 1998 年版，第 18 页。

这个处于破产边缘的年轻国家摆脱了困境，获得了只有少数几个欧洲国家才享有的信用。汉密尔顿财政改革计划作为一个有机的不可分割的整体，不但使联邦政府建立了税收、国债制度和职能健全的财政部门，而且还以发行国债、建立银行和发行股票为契机，推动了美国的金融变革，对于美国日后的工业化和现代化产生了不可低估的影响。汉密尔顿力主的国家干预政策，带有重商主义的色彩，为后来的现代化国家干预经济提供了借鉴。

三、关税立法的演变

关税保护是美国工业化战略时期的基本政策。在工业化进程中，美国国会从保护、反保护到再保护的关税立法的演变，反映了社会利益集团面对工业化挑战经历的长期利益冲突与整合过程。从1816年第一部关税保护法到1832年，是保护主义关税立法兴起、发展的阶段；从1833年到1860年，是自由贸易的低关税法阶段；从1861年直到1913年，是保持高额保护关税阶段。

1812年的英美战争，对美国依赖大西洋航海贸易的经济形成严峻挑战。为了防止英国采取低价倾销手段压制美国新兴制造业，1816年美国国会通过了第一部关税保护法。但其平均25%的从价保护税率，并不能有效阻挡欧洲商品的源源涌入。1824年，美国国会通过立法把进口税率提高到50%。联邦政府通过高关税率来保护制造业的发展，同时利用高关税收入使政府能廉价出售西部土地，并为建设东西部交通网提供资金。高关税加强了国内市场的联系，强有力地推动了产业重组。起初反对关税保护的传统商业利益集团改变了他们的经营方向，新英格兰和纽约的海洋商业利益集团不再以航海贸易为主业，转而把资金投入国内制造业活动，参加了关税保护派营垒，壮大了工业利益集团。

但是，通过高关税保护推动制造业的发展，必然损害南部蓄奴制种植园主的经济利益。由于英国在市场提供低廉的制成品和高价收购美国的初级棉织品，使南方的棉花种植园高度依赖英国的纺织工业，而进口关税的上升会提高蓄奴制种植园的生产成本，他们坚决反对为建立民族工业而牺牲南部利益。尤其在1819年的经济危机后，世界棉价持续下跌，到1826年棉价已跌落到1818年的1/3水平，然而世界棉花产量却持续增长，美国关税保护政策使棉花种植业面临严峻的经济困局。1828年南方棉花种植园主发起抵制北方制造品的运动，1832年南卡罗来纳州一度宣布了关税保护政策在该州无效的法令，使关税问题的争论第一次激化为动摇联邦体制基础的冲突。廉价、自由的土地政策刺激了西部的开发和农业的发展，19世纪20年代之后在西部产生了扩大海外市场的要求，南部与西部形成政治联盟，导致自由贸易派在国会的政治力量对比中占据上风。

1833年，亨利—克莱提出了一个平衡南北利益的“关税妥协法案”，在总体上放弃了关税保护的原则，关税保护只能按个案处理。法案要求从1833年开始关税逐年下降，到1842年递减到低于20%。得益于1833年开始的关税递减政策，19世纪30年代中期美国农业经济快速成长，南部的重要产品棉花价格，从1831年到1837年上升了80%，到1836年西部土地开发达到空前的规模，同时州的财政权力增大，为蓄奴制种植园经济的扩展注入了财政资源。在南部和西部经济迅速膨胀的同时，东北部制造业和金融业面临更大的竞争风险，英国工业制成品在美国市场销售比例大幅度上升。

由于主张自由贸易的南部和西部种植园利益集团掌握了国会的关税立法权，1846年美国国会通过了主张自由贸易的《沃尔克关税法》，把进口关税减让到20%以下，而且还取消了许多产品的关税。关税只是为了平衡财政收支，而不再被当做产业保护的政策工具。1857年的关税法进一步将进口税率降到17%。这部19世纪美国最后一个主张自由贸易的关税法实施不到半年后，因英国资本的大量撤离，引爆了美国金融危机并迅速扩展到整个经济领域，严厉打击了美国工业和农业经济，但是对南部蓄奴制经济的影响却很小。这种局面造成了东北部工业集团和西部自由农业的再度联合，共同反对南部蓄奴制经济及其主张的自由贸易政策①。

1861年，国会通过的《莫里尔关税法》将关税税率的平均数提高到32.7%。东北部利益集团以此将关税保护、土地产权和废奴主义运动相结合，向南部蓄奴制集团进行最后的政治摊牌。在国会表决《莫利尔关税法》时，南部有7个州已退出国会，宣布独立和实行自由贸易政策。美国现存的宪政程序无法把南部的蓄奴制自由贸易利益整合到工业化的贸易保护主义战略架构中，南北关税之争演变成一场内战。1864年制定的战时关

① 参阅黄贵荣：“工业化、民族主义和利益整合——美国南北战争前的关税立法”，《法治论丛》2006年第3期。

税法令将税率的平均数提高到 47.6%，此法构成此后几十年美国关税制度的基础①。南部蓄奴制种植园主在内战中失败，彻底结束了自由贸易主张对 19 世纪美国工业化进程的影响和阻抗，从此贸易保护主义牢固持久地占据了美国关税立法舞台。

1890 年通过的《麦金莱关税法》，全面提高进口关税，扩大贸易保护范围，将平均进口关税提高到 49.5%，同时还提出了互惠原则，标志着美国贸易政策的重点开始发生改变。随着美国经济的发展，国外市场的重要性日益提高，美国的关税立法从单纯保护国内产业转变成为既保护美国国内市场，同时又促进出口的积极工具。1894 年，《威尔逊—戈尔曼关税法》颁布，把平均税率降到了 39.9%。1897 年国会通过了《丁利关税法》，将平均税率提高到 57%②。

美国工业总产值在 1894 年首次超过英国居世界首位。1899 年，美国生铁产量约占世界生铁总产量的 1/3，钢产量约占世界总产量的 43%③，工业制成品大量销往欧洲最先进国家。至此，在工业起步阶段曾起过很大保护作用的保护关税政策已经完成了历史使命。1913 年通过的《安德伍德—西蒙斯关税法》，将税率平均降到 29%，降低了九百多种商品的关税，并将铁、钢、农业机械、服装、食品和鞋等项目列为免税商品。这时美国已是高度工业化国家，其工业生产不论在技术方面、在提高劳动生产率和降低生产成本方面都已经超过其他资本主义国家。

四、“进步时代”现代财政制度的建立

19 世纪 80 年代到 20 世纪 20 年代是美国的“进步时代”，美国现代财政制度在这期间成型。19 世纪末美国经济衰退日趋恶化，社会矛盾异常尖锐。当时美国各级政府事务中明显的缺陷是：缺乏详细的、一目了然的、负责任的财政计划，每一个政府部门每年都“估计着”收税、“估计着”开支，没有受到有效约束，助长了政府的腐败行为。美国的财政制度既杂乱又低效，完全不对民众负责。直到 20 世纪初，美国所谓的预算还不过是

① 王书丽：“19 世纪末 20 世纪初美国的关税保护主义及其终结”，《史学月刊》2006 年第 3 期。

② 马金华：《外国财政史》，中国财政经济出版社 2011 年版，第 133—138 页。

③ 吉尔伯特 · C. 菲特等：《美国经济史》，辽宁人民出版社 1981 年版，第 450 页。

一堆杂乱无章的事后报账单。对政府某部门的拨款只是一个总数，没有开支分类及细目，不完整，不准确。1905 年，一批预算改革者设立了推动纽约的“纽约市政研究所”，认为预算问题绝不仅仅是个无关紧要的数字汇总问题，而是关系到民主制度是否名副其实的大问题，研究推动美国从收入和开支两个方面对其财政制度进行了彻底的改造。在收入方面，最重要的变化是引入了个人所得税和公司所得税。到 1913 年，50 个州中有 42 个州批准了宪法第 16 条修正案：“国会有权对任何来源的收入规定和征收所得税。”所得税后来成为美国联邦政府的主体税种。在支出方面引入了现代预算制度。预算改革者指出，没有预算的政府是“看不见的政府”，“看不见的政府”必然是“不负责任的政府”。“不负责任的政府”不可能是民主的政府。预算改革的目的就是要把“看不见的政府”变为“看得见的政府”。到 1919 年，全国已有 44 个州通过了预算法。

1921 年，联邦国会通过了“预算与会计法”，成立了预算署。从此，各级政府财政行为的细节得以展现在阳光下，有效地遏制了腐败的势头，改善政府与民众的关系，增强了政府合法性，对美国的政治发展产生了巨大的影响。加强了政府内部的统一集中领导机制，提高了政府整体运作效率，造就了一个更强有力的政府。预算改革前，美国各州政府和联邦政府都是由议会主导，威尔逊总统把它称作“国会政府”。预算改革将权力转移到行政部门，促使了美国现代总统制的形成，为罗斯福的“新政”缓解美国社会矛盾创造了条件①。

五、罗斯福新政中的财政制度创新

面对深重的 1929 年至 1933 年资本主义世界经济大危机，各国政府采取了不同的反危机措施，德国、日本等国，厉行统制经济，疯狂扩军备战，走上侵略战争道路，以图通过战争转嫁经济危机。美国面临几条道路：一是继续自由放任；二是走苏联的道路，即通过革命推翻资本主义，建立社会主义制度；三是走法西斯的道路，放弃民主；四是走改革的道路，通过改革来完善资本主义。美国民主决策的政治程序形成的路径依赖

① 王桂娟：“美国财政制度与政策变迁的简要回顾”，《经济研究参考》2009 年第 40 期，第 27—33 页。

是民主选举新总统以实行新政策。罗斯福总统上台后说服议会通过一系列财政经济等法令，实现了对经济生活的全面干预。

一是在政体上增强了总统的财权。罗斯福时代，在白宫内建立了行政管理和预算局，加强总统财权。在建立这个机构以前，各部的预算直接送交国会预算委员会下面的13个小组委员会审批，这13个小组委员会按照政府各部的职能设置。总统对行政部门所属各部的预算没有统筹安排的手段，就不能整合全部财政资源，提高政府财政效率。有了行政管理和预算局，政府各部在编制预算时首先要报行政管理和预算局，便于总统统筹安排支出，在各部之间进行协调，完成这个程序后再报国会批准。

二是扩大联邦财政所占国民总产值中的比重，运用所得税制、预算拨款、政府债券和金融政策等财政金融杠杆对国民经济进行宏观调节。对弱势产业如农业给予财政支持，通过劳工政策和农业补贴政策，提高工人和中小农场主的收入。在基础设施方面由政府大量投资为私人改善了投资环境，促进了汽车业、建筑业、第三产业的发展以及边远地区的开发。

三是在财政体制上加强了联邦财政在各级财政中的地位。将财政作为国民经济宏观调节的手段，要求财力和财权的更大集中。20世纪30年代后，通过国会为各种社会计划立法，1930年联邦、州、地方政府财政支出占全部支出的比重是32.5:16.3:51.2，1938年这一比例调整为45.5:16.2:38.3。联邦政府财力所占的比重高于地方财政，有足够的财政资源承担宏观调控任务①。

四是由间接税为主转向以直接税为主。联邦税收最主要的来源是直接税，包括个人所得税和工资税。工资税很快成为在个人所得税后面的联邦第二大税收来源。

五是建立了大规模的转移支付制度，对国民收入进行再分配，为美国社会提供了某种程度的“安全网”和经济的“内在稳定器”。对老年人、残疾人、失业者这些弱势群体给予财政的支持。1935年国会通过了社会保障法，对因为弱势群体给以补助，初步建立起社会保障体系，保证公众有一个最低限度的生活标准。1929年，美国各级政府的转移性支付总额约为2.5亿美元，1939年，剔除物价因素的影响，转移性支付总额超过17.5亿

① 张馨等：《当代财政与财政学主流》，东北财经大学出版社2000年版，第37页。

美元，约为1929年的7倍，占GDP的比重从0.25%升到2%①。政府对经济生活的干预不仅是表现管理者和仲裁者，而且成为社会福利的保证人。实行失业补偿、老年保险、医疗照顾等制度，举办了各种社会福利事业，缓和社会贫富悬殊现象，建立“福利国家”。

六是支持农业这个弱势产业。对农场实行限产、限售和价格支持，执行这种政策使财政每年要支出几十亿到几百亿美元，用于收购主要农作物。由政府大力举办科学教育事业，为新兴工业培养了高素质的劳动力，用国防军事开支促进了新技术摇篮的发展，为开发新产品、形成新产业开辟了市场。

七是实行赤字财政政策，增加社会需求，克服经济萧条。

罗斯福新政取得了明显成效，经济开始回升，失业率下降，社会保障制度得到完善，公众基本需求得到保证并促进了经济的复苏。从此，与凯恩斯理论一起，罗斯福新政成为宏观经济调节实践的经典案例，引起经济理论的重大革命，对世界各国的宏观经济调控产生了重大影响。

六、社会保障制度的变革

第二次世界大战之后，美国社会保障事业开始快速发展。1946年，《就业法案》以立法的形式要求联邦政府承担起实现充分就业的责任。1949年国会通过了《全国住宅法》，1950年通过了《社会保险法修正案》。这些法案和政策的出台，大大促进了美国社会保障体系的发展。进入20世纪60年代，在肯尼迪总统的“新边疆”计划之后，继任的约翰逊总统提出“伟大社会”计划和“向贫困宣战”，加速了美国社会保障体系的发展。约翰逊制订的内政纲领，包含了500余项计划，以增加社会福利开支，用于改善和提高就业、医疗、教育、生活和住房以及城市发展，美国的社会保障得到了空前的发展。

20世纪70年代之后，美国社会保障制度的膨胀期基本结束，制度上的收缩与改革成为改革的主流。进入这一时期，石油危机使得庞大的福利体系所产生的负面影响凸显出来。1981年，里根总统上台，他认为，导致

① 赫伯特·斯坦：《美国总统经济史——从罗斯福到克林顿》，吉林人民出版社1997年版，第38页。

美国20世纪70年代陷入经济困局的主要原因是政府和社会保障体系的臃肿、膨胀、低效率和浪费，着手对社会保障体系进行了大刀改革，大幅度地削减社会保障项目。在1981年颁布的《经济复兴计划》中，里根政府决定削减约有200个社会福利项目，包括食品券、失业保障、新生儿家庭补贴、医疗保健、学生营养补贴、住房补贴、失业者培训等。把中央政府的大部分社会福利职能下放到州和地方政府，以实现小政府的设想。通过这些措施，罗斯福新政时期推出的社会保障计划虽然得到了保留，但是约翰逊“伟大社会”时期的许多社会福利开支项目被削减，这导致了美国的中产阶级实际生活水平的下降。里根政府所采取的一系列政策成功地控制了通货膨胀，降低了失业率并带来了经济的高速增长，也带来了巨大的财政赤字和社会公平方面的损失。

1993年后的克林顿政府、2001年后的小布什政府和2009年上台的奥巴马政府，都把医疗保障作为改革的重要内容。至今仍在持续中。

七、第二次世界大战后凯恩斯主义居主流

美国建国初，联邦财政处于虚弱的地位上，联邦财政支出主要依赖各州提供，或主要依赖关税和货物税。20世纪30年代的大危机与第二次世界大战强化了联邦的作用，政府对社会生活的干预不断加强，财政规模在绝对量和相对量上都得到扩张，财政收支结构发生重大变化，政府的宏观调控力度不断增强，凯恩斯主义大行其道。随后福利国家概念的提出，到20世纪60年代末实行“伟大社会计划”，联邦政府的作用达到顶峰。

1950年，美国的财政支出占GDP的比重是23.1%，1970年上升为32.2%，随后在GDP中的份额相对稳定下来。所得税收入特别是个人所得税在财政收入中的比重不断提升，代替了早期美国以关税等间接税为主的税制结构。1940年，个人所得税占联邦总收入的比重是16.9%，1950年上升到40.7%，1979年达到48.8%。在财政支出结构中，美国的社会福利支出①不断增加。1950年，社会福利开支占财政总支出的16.3%，1980

① 美国的社会福利支出包括收入维持与健康福利两部分，前者包括社会保障与农业补贴，后者包括实物方式的收入转移和公共卫生支出等。

年达到48.0%。联邦健康支出1962年仅为23亿美元，占全部支出的2.1%，占GDP的0.4%；2000年提高到3889亿美元，占全部支出的21.7%，占GDP的4.0%。由于福利支出主要由联邦政府承担，客观上促进联邦政府支出所占比重的上升。第二次世界大战后，联邦政府财政支出长期在美国财政支出中占一半以上①。

20世纪50年代，美国政府基本上奉行的是追求周期性平衡的补偿性财政政策。后来转向经济增长型的赤字财政政策，联邦政府的公债数额扶摇直上。1930年为162亿美元，1945年为2587亿美元，1970年为3701亿美元，1980年为9702亿美元。

20世纪80年代的里根时期，在财政政策上主要以供给学派的理论为指导，通过限制政府支出的膨胀，把税收还给企业和纳税人。面对“滞胀”，实行紧缩性的财政政策，压缩政府开支，实行预算平衡。其实践效应则因军事、利息、福利和社保等方面的开支刚性而无法缩减，结果仍然是扩张性的财政政策，财政赤字居高不下，沦为净债务国。在税制改革方面，先后两次大幅度削减个人所得税和企业所得税的税率，并伴有其他各种税收优惠。

20世纪末的克林顿政府时期，对财政进行重建。在美联储中性货币政策的配合下，实施以增加经济增长潜力和削减非生产性支出，进而削减财政赤字的紧缩性财政政策；同时这种紧缩性财政政策又伴有明显的结构性特征，使具体的宏观财政政策微观化。在税制改革上“增中有减”，个人所得税税率和公司税率提高。为了实现内生性经济增长目标，促进新技术的开发利用，联邦政府除了对创建新企业而进行风险投资的个人和企业实行税收减免外，还实施了对低收入者的减税措施，扩大了劳动所得税收减免的范围。在财政支出上“减中有增”：一方面大幅度精简政府机构，裁减人员；另一方面压缩行政开支，大幅度削减军费开支。在减少财政支出总额主要是减少行政性开支的同时，克林顿政府增加了旨在增强经济发展内生力量的“资本性支出”，如对交通、通讯等基础设施的投资，对教育和技术的投入，为私人资本投资创造了良好的投资环境，增加了社会的有效供给，推动了美国经济的转型和持续增长。把提高美国的技术竞争力放

① 参见曹立瀛：《西方财政理论与实践》，中国财政经济出版社1995年版，第99—103页；王桂娟：“美国财政制度与政策变迁的简要回顾”，《经济研究参考》2009年第40期，第27—33页。

到政府议事日程的前列，通过财政政策的倾斜促进并形成了以信息技术为核心的高新技术产业群。

美国财政调控制度的功能定位具有十分鲜明的特征：一是服务于经济稳定增长，寻求财政运行的可持续性。无论是里根时代的赤字财政，还是克林顿时代的平衡财政，都与当时美国经济所处的经济周期相关。高额的预算赤字、庞大的债务规模曾给美国经济带来了明显的不利影响，1993 年克林顿从上台伊始就把平衡预算作为任内的重点目标之一，以寻求美国财政的可持续发展。1998 年这一目标最终实现。克林顿的平衡财政政策实行增税减支，且以调整财政支出结构为重点进行减支，增强公众对联邦政府和未来经济的信心。二是财政宏观调控政策的出台有时效性与终止期。既有利于保证财政政策的时效性和与日俱进，也有效地防止了各种政策相互重复和矛盾，便于纳税人及时掌握政策的实施与变化。三是注重财政政策与货币政策的协调结合。里根政府采取的是“松财政、紧货币”，克林顿采取的是“紧财政、松货币”，小布什又调整为“松财政、紧货币”，根据经济形势的变化，在宪政体制下对财政制度进行不断微调。

第四节　后起之秀——德国的财政现代化

德国的现代化是在法国的直接外部冲击下，在英国现代化的巨大引力下，在结合国情的理论创新指导下，以其技术创新和人力资本积累方面的创造力，把握住了第二次技术革命的机遇，经过艰辛的努力，成为世界强国的。德国实行自上而下的制度创新，政府的干预活动受到了当时的德国历史学派经济学家李斯特的理论指导，财政制度变迁体现出为实现国家目标，在政府主导下凝聚国力，支持生产力生成的特点。

一、德国的统一为走上现代化道路创造了条件

现代化的发展不仅是一个国家的内部事务，也不仅是一个国家被动地反映国际关系的变化。它是一个国家，一个民族，在一个技术手段日新月异的时代，为了不被淘汰，而必须在全球范围内寻找自己的

位置，不仅与相邻的对手，而且要与世界范围内最先进，最强大的国家角力没有止息的过程。现代化又是一股浩浩荡荡的洪流，是一个个变革的浪潮，当浪潮一个接着一个向前冲击时，强大的逆流也会一股跟着一股向前涌去。能否抓住发展机遇，是能否克服劣势、后来居上的关键。

德国有丰富的资源，位于欧洲交通的十字路口。在和平合作的国际环境中，有利于德国的发展，一旦有欧洲国家发生矛盾和冲突，也会迅速蔓延到德国，甚至使德国变成矛盾和冲突的焦点。19 世纪初，德意志是众多分立的封建领主制邦国，缺乏统一的市场，处于自然经济状态。1805 年和 1807 年，拿破仑占领了德国大部分国土，废除了德国的领主庄园制，按照法国的模式推行资本主义制度。在法国的统治之下，不仅与英国的贸易受到限制，而且每年还必须为拿破仑筹措一大半的军费，这一沉重负担破坏了分立邦国的经济基础。

法国的战争重压与内部矛盾使各个邦国难以独立生存。反对拿破仑解放战争结束后的 1814 年，324 个德意志帝国同族邦国与 1475 个帝国骑士领地在维也纳会议上被合并为 38 个主权国家。在此基础上，1815 年成立了德意志联邦，成为德国向近代化发展的出发点。尽管组成了德意志联邦，但尚未具有作为近代统一国家所应具有的立法、司法和行政权限，主权还掌握在各邦手中。大陆封锁政策解除之后，英国商品如洪水一般涌进德国，成为英国产业和商业资本最好的市场。德意志邦国各自具有特殊经济结构，各邦国的税制和财政制度各自独立、各自为政，共同之处是财政情况的普遍恶化。各邦国的共同任务是整理赋税和财政制度。1820 年，普鲁士实行了划时代的税制改革。战争期间曾开征了营业税、印花税等新税，战后废除了城市和农村的差别课税，创建了阶级税——德意志最早的所得税，此外在大城市还实行了消费税①。为了与英国相抗衡，1840 年普鲁士诸邦建立关税同盟，为德国统一奠定了基础。1850 年，普鲁士制定宪法，议会获得立法权、预算与赋税的赞同权。普鲁士财政收入中，国有财产收入即王室所有地及森林收入日益减少，以间接税为中心的赋税收入步步上升。1862 年俾斯麦被任命为普鲁士首相，推进了德国统一，1871 年成

① 坂入长太郎：《欧美财政思想史》，中国财政经济出版社 1987 年版，第 277 页。

立德意志帝国，容克地主[①]与资产阶级联合实行开明专制，利用国家政权的力量，实行自上而下的改革。在经济上，一是实行农业改革，导致了农奴制彻底解体，广大农民破产纷纷涌入城市，容克贵族获得了大量的土地，继续增加生产，扩大了工业品市场，实现了资本主义化。二是对于民族工商业，也采取了一系列促进其发展的措施，如扩大关税同盟、废除行会、限制童工劳动日、实行劳动保护，鼓励冶金工厂和银行，促进股份公司；修建铁路，交通获得了前所末有的发展。迅速从农业国向工业国转变。

二、德国早期现代化和财政制度创新在明确的理论指导下取得成功

19世纪，分裂的德国先是遭受法国的入侵，后又遭遇英国工业品的泛滥，面临迫在眉睫的殖民化威胁和被边缘化的困境，以李斯特、史泰因、瓦格纳、庇古等为代表的德国历史学派对德国现代化及财政制度变迁提供了重要的理论指导，走出一条依靠国家的力量走跳跃式赶超的现代化发展模式。

19世纪前期，李斯特对亚当·斯密的自由主义经济理论进行批判，把斯密的理论形容为已经爬上高峰的人为了不让别人赶上他而进行的说教。"任何国家，如果靠了保护关税与海运限制政策，在工业与海运事业上达到了这样的高度发展。因此在自由竞争下已经再没有别的国家能同它相抗，这个时候最聪明的办法莫过于把它爬上高枝时所用的梯子扔掉，然后向别的国家苦口官传自由贸易的好处，用着那种过来人后悔莫及的语气告诉它们，它过去走了许多弯路，犯了许多错误，到现在才终于发现了自由贸易这个真理。"[②] 李斯特吸收了美国汉密尔顿的观点，强调国家对经济干

---

① 容克贵族制度主要盛行于中世纪以来的德国普鲁士。在一个封地上只有这个家族的长子才有资格继承家族的封地和爵位，而其他的兄弟在其兄长继承家业以后必须离开，去寻找一些无主的土地或是有主的非本国的土地，然后通过决斗等方式取得土地后向普鲁士皇帝申请封号，形成容克地主贵族阶层。容克地主16世纪起长期垄断军政要职，19世纪逐渐从事资本主义经营，在大量加入工业和银行业的同时，农商并举，由收租的地主变成农业企业家。容克地主和垄断资产阶级结合，使德国帝国主义特别富于对外侵略性，最早走上了军事国家垄断资本主义的道路。第二次世界大战结束后，容克地主的土地被收归国有或分配给小农耕种，容克贵族阶层消亡。

② 李斯特：《政治经济学的国民体系》，商务印书馆1997年版，第307页。

预的必要性和合理性，突出国家在经济生活中的积极作用，认为经济过程越复杂，越需要国家通过经济立法和行政制度进行干预。一国的经济发展必须要有政治上的自由、适当的公共制度和法律，尤其是需要国家的团结和权力的支持。国家干预是在民营企业基础上的干预，国家的任务是引导个人投资于国家需要的、更加广阔的活动空间。李斯特的贸易保护主义是对汉密尔顿保护理论的继承和发展，主张一种有区别、有节制、循序渐进的保护政策。李斯特从后起国角度研究了国家现代化的基本逻辑，首先提出了对几乎所有后起国家影响都相当深远的幼小产业保护论。率先强调了国家在经济发展中的重要作用，将国家利益明确列为能够引导本国经济发展的重要因素，奠定了从后起国立场分析和研究国际经济关系和工业化问题的基础。

历史学派提出了财政再生产理论。史泰因就把国家和税收视为社会再生产过程中不可或缺的一个因素，认为人民向政府纳税和政府向人民提供物质资料或服务，这两者之间形成的良性循环，构成社会再生产运动的一个重要方面。瓦格纳继史泰因之后，也认为财政自身具有再生产力。国家通过课税取得财政收入，课税虽然形成纳税人的负担，但国家财政不久就会变成国家活动赖以发挥有效作用的能力，这种能力可进一步形成新的税源和再生产能力。税收不仅是筹集国家经费的纯财政手段，更重要的是作为改变国民收入分配的工具。瓦格纳提出了累进税、最低生活费免税、对奢侈品和不劳而获的所得加重课税等具体措施，以此作为缓和社会矛盾的手段。认为“社会政策”的国家比“市民时代”的国家目的明显扩大，为确保完成国家目的所需要的财源，必须扩大国有财产，实行铁路、保险、银行的国有化，施行新的特许权和烟草专卖，坚决贯彻煤气、水道、交通设施的公有化，必须按照社会的赋税政策积极地改变人民所得的分配。财政收入与国家活动有不可分割的联系，应把以法律与权力为目的的国家活动同以文化和福利为目的的国家活动结合起来，加以实施。为此，应建立财政的经费体系和需要体系，应有正当自主的财政监督组织，遵守节约的原则，兼顾国民所得与财政需要的关系。瓦格纳指出，处于社会政策阶段国家的作用，已经由过去自由放任的资本主义警察国家和中立的财政政策，发展到要求扩大国家活动，经费膨胀规律已经成为固定规律。先进国家已经从镇压主义转变为预防主义政策，预防主义在平时讲求防止措施，所要的经费和镇压主义相比，比事件发生后镇压所需经费为少。

德国的现代化同保护主义关税和国家干预有着密切关系。19世纪上半叶，在普鲁士领导下的德意志关税同盟，有力地促进了经济发展。从1834年年初起，在德意志的大部分土地上满载货物的四轮马车在过境时可以不再缴纳通行税。从19世纪40年代起，关税同盟为保护自己的幼稚工业对内部采取自由贸易政策，对外采取保护关税政策。这种做法被称为相对的自由贸易。以普鲁士为中心的铁路网建立起来，把东部农业区同西部钢铁区紧密联系起来。“统一的国家对经济的‘保护’或者说对经济的干预非常突出。俾斯麦把确保帝国的统一和巩固在欧陆的利益作为内外政策的根本出发点，力图走出‘富国强兵’的道路。他把国家经济发展重点，放在扩充军备方面，特别是修筑堡垒和发展与军工生产有关的重工业部门。帝国军事专制制度造成了军事支出年复一年的扩大，军事交通运输业和军需工业膨胀，又带动了钢铁、机械、冶炼等一系列重工业部门的发展。俾斯麦时代的德意志国家，‘国家’是和‘经济发展’沿着同一方向作用的。俾斯麦政府利用国家统一的有利条件，利用来自人民复兴国家的民族意识，因势利导，推行了一系列行之有效的政策措施，促进了经济、教育和科技的发展。”①

德国现代化过程中对经济的干预，是由于在世界市场上竞争的需要，更是出于军事、国防上的需要。帝国制定了一系列政策，如统一币制、统一经济法规、设立铁路基金，确立铁路法案，推行保护关税政策，建立中央银行为首的银行体系，给予高利润的军事订货，实行出口津贴等。国家手中掌握着包括中央银行、邮电、铁路、进出口贸易等在内的整个国民经济命脉，控制和引导着各类垄断组织的活动，形成“一个国家”或“一个民族”的巨大竞争力，在国际市场上进行争夺和扩张。

在19世纪后半期，德国工业从1870年起开始跳跃式增长，在大约30年时间内，德国经历了英国用100多年完成的工业革命，将一个落后国家转变为一个现代高效率的工业技术国家。德国在俾斯麦政府时期便采取国有化政策，政府出面掌管一些重要工业部门，并发展公私合营的资本主义企业。到第一次世界大战前，德国44个最大的矿山和12个钢铁企业，24%的发电设备和20%的制盐生产，都归国家所有；80%以上的铁路线也

① 丁建弘：《德国通史》，上海社会科学出版社2002年版，第225页。

由国家经营。国家投资弥补了私人资本的不足，并且使生产和资本趋于集中[①]。到第一次世界大战前夕，工业增长速度远远超过英国、法国，仅次于美国。在德国现代化赶超过程中，容克地主进化为资产阶级，其天生的封建性、军国主义等劣根性不可能消除，领导国家实现了现代化，专制思想进一步强化，使德意志人的民族认同感成长为民族主义，在许多场合成为积极发展的动力，在特定时期也成为排外和对外侵略的诱因。

三、德国的宪法制度创新成为现代化及财政制度变迁的基础保障

1871 年德国制定新宪法，实行普鲁士式的君主立宪制。一方面维护了君主的地位，另一方面设置议会。被皇帝任命的宰相只对皇帝负责，不对议会负责，帝国军队向皇帝个人负责，军队被置于特殊地位。帝国议会名义上是人民代议机构，实则权力很小。马克思评价德国为“一个以议会形式粉饰门面、混杂着封建残余、已经受到资产阶级影响、按照官僚制度组织起来、并以警察来保卫的、军事专制的国家。”[②] 帝国宪法也是一部联邦制宪法，在较大程度上容忍了各邦的分离主义和自决权，促进了国家的统一，包含了民主制和联邦制的因素，在德国的政治生活中运行了近半个世纪。

德国议会选举制度为各种势力提供了合法活动的讲坛，具有广泛的吸引力和影响力，形成了不发达的议会制与发达的政党制并存现象。1875 年成立的社会主义工人党（1890 年改成社会民主党），在德国政坛产生举足轻重的影响。1912 年成为国会第一大党，通过合法斗争改善了工人生活，提高了工人的社会地位，德国工人享受着当时世界上最好的社会福利待遇。恩格斯指出：“德国工人除了单以自己作为一个最强有力、最有纪律并且最迅速增长的社会主义政党的存在，就已对工人阶级事业作出了这头一个贡献以外，还对它作出了第二个重大贡献。他们给予了世界各国同志们一件新的武器——最锐利的武器中的一件武器，他们向这些同志们表明了应该怎样利用普选权。……他们就一直使用选举权，以致使他们自己得

① 讷克斯著，谨斋译：《不发达国家的资本形成问题》，商务印书馆 1966 年版，第 153 页。
② 马克思：《哥达纲领批判》，人民出版社 1970 年版，第 23 页。

到了巨大的利益，并成了世界各国工人效法的模范。如果用法国马克思主义纲领中的话来说，选举权已经被他们——由向来是欺骗的工具变为解放的工具。"[①] 德国的议会民主是一种开明专制，有利于发现现代化中的社会诉求，并通过财政制度变迁缓和社会矛盾。

德意志帝国成立时，议会拥有了赋税赞同权。作为国税的只有关税、消费税和印花税，其后帝国财政支出中军费占 40%—70%，其财源的 10%—30% 仰赖于发行公债。德国整个 19 世纪都采取保护关税的政策，增课关税、消费税，1892 年德意志帝国实行差别税与累进税制度。在德意志帝国财政中所得税收入很少，国营企业和国有财产收入约占国家收入的一半。这样，从 19 世纪后期到第一次世界大战前，德国的税制依赖间接税多于直接税。这减轻了德国资本家的税收负担，地方财政以扩大国内市场与增加财政收入为目的，通过公债筹集铁路国有化与公路建设等公共投资的财源，促进德国金融资本直接积累[②]。在所得税上采用累进税制代替比例税制，又依照课税目的对所得税加以补充。对奢侈品税、财产、继承税的课征，比对劳动所得加重课税，对赌博利得等不劳所得课征财产税与资本税，调整所得及财产分配，以缩小正在扩大中的贫富悬殊差距，避免社会革命。国家权力主要通过赋税政策积极地介入干预国民经济，改正所得分配的不公正，用"经费生产性"理论来武装德国，赋予国家伦理性，以专制主义国家权力为背景，建立高价政府。德国这时资本集中、劳资对立、贫富差距显著，以军费、公债费、社会政策费为中心的国家财政，其公共经费无论是绝对数还是相对数都不断增长。

四、重视人力资本保护与开发的财政制度创新

德国率先建立了世界上比较完善的社会保障制度，作为开创性的人力资源保护制度，随后为各国所模仿，为全世界做出了贡献。资产者与劳工的妥协始终伴随了德国的现代化进程。君主官僚与资产者不愿看到工人革命，将社会保障作为预防革命的投资，通过促进劳工福利的办法，用看得见的利益让广大社会阶层明白，国家既是保护上层阶级的机构，也是为广

---

① 恩格斯：《1848 年至 1850 年的法兰西阶级斗争·导言》，人民出版社 1965 年版，第 13—14 页。

② 坂入长太郎：《欧美财政思想史》，中国财政经济出版社 1987 年版，第 288—290 页。

大社会阶层的利益服务的机构。从 1871 年起，帝国议会就开始立法给工人提供社会保障，通过了一系列劳动社会保障立法，包括《疾病保险法》（1883 年），《意外灾害保险法》（1884 年），《残疾和老年保险法》（1889 年）等。1881 年，俾斯麦在提交帝国议会的《事故保险法案・理由书》说："国家应当比从前更关心那些急需帮助的人们……必须通过从立法措施而获得的明显和直接的好处中，使这些阶级重新认识国家：它不是专门设计用来保护上层阶级社会的机构，而是为他们自己的需要和利益服务的机构。"① 皇帝公布"大保险法"，对工人实行全面的社会保护，构建第一次世界大战前世界最完备的社会立法体系，使德国成为世界上第一个实施社会保障的国家。从巩固帝国的需要出发，通过保障工人生计、改善工人处境，来缓和日益尖锐的劳资矛盾。建立一整套社会保险制度，即完全由国家和企业主承担保险费用的社会福利制度，把这种保护从"全体工人"扩展到"每个德国人"身上。德意志帝国的社会改革首次以国家立法的形式，强制对所有雇佣劳动者实行"统一"和"平等"的社会保险，保证了他们的基本生存条件，为其提供了比较稳定的生活保障。这种体系的建立使广大居民能够在重大生活风险面前得到保护，为社会发展过程中的"减震器"和社会竞争中的"安全网"，促进了社会一体化。

在内忧外患面前，德国有效地利用了人民复兴国家的民族意识，促进经济、教育和科技的发展，为现代化建设开发人力资源，在 19 世纪 70 年代完成了近代教育革命。实行强迫义务教育制，注重系统学习英、美、法等国先进的工业化经验。德国人在学习英、美、法等国先进科技的基础上，完成了一项划时代的转变：把科学转向应用于生产。主要是靠"系统学习"和科技进步的力量，使大量的科学研究"开花在英法，结果在德国"。"正是德国人在 19 世纪下半叶对科学的偏爱使德国工业比英国和美国工业进展更快"②。

第五节　率先脱亚入欧——日本的财政现代化

日本 19 世纪 50 年代被迫开国，在很有可能沦为西方的殖民地的情况

① 吴友法、黄正柏：《德国资本主义发展史》，武汉大学出版社 2000 年版，第 170 页。

② 奇波拉：《欧洲经济史》第 3 卷，商务印书馆 1989 年版，第 194 页。

下，实行了全面制度创新，引进西方的思想和技术，通过战争手段强行锲入大国的行列，第二次世界大战后又借助于战后变换的国际格局和自身地缘政治的优势，在追随以美国为首的国际体系的同时，专注于经济的发展，凭借经济实力再一次崛起。

一、外源催化型的日本现代化模式

被迫开国使日本朝野和幕府逐渐接受了“富国强兵”的主张，训练海军，研究洋学，发展钢铁、煤炭等大工业。日本近代民主主义启蒙思想家福泽谕吉在《文明论概略》一书中，从历史演化的角度，分析了西洋文明和日本文明的性质，认为日本唯一出路是向西洋文明学习，以西洋文明为建设日本国家的目标。他提出汲取西洋文明的三个步骤。首先是变革人心，然后改革政令，最后达到有形的物质——先难后易，因为文明的外形易取，而文明的精神难求。既不能单靠政府命令来强制，也不能仅仅通过衣、食、住等的改革从外表来引导。唯一方法是顺应人民的天性，使全体人民的智德自然发展，消除弊害，排除障碍，使其见解自然达到高尚的地步。人心有了改变，政令法律也有了改革，文明的基础才能建立起来，至于那些衣、食、住等有形物质，必将随自然的趋势，不招而至，不求而得。福泽谕吉认为，大学教育应该让人具有独立的精神，而独立是不能靠政府的命令得到的。西方的立宪政治、职业自由、殖产兴业等思想在这个时期传入日本。

日本明治维新的元勋们在考察欧美各国的政治经济制度时，经过比较，认为当时崛起的德国与日本有酷似之处，最终选择德国模式作为学习的榜样。考察最重要的成果是使日本的改革派认识到，必须有效地发展经济，才能富国强兵；必须进行政治改革，才能适应世界的形势，真正使国家富强。日本决定了在政治体制方面向德国学习。木户孝允认为，日本人民知识水平低，制订宪法要靠君主英断，应该效法德国，在日本建立集权主义专制统治。“普鲁士宪法最适合渐进主义”，应以普鲁士为榜样，实现立宪政治①。同时，对德国自身在工业化过程中向英美等学习的经验，也有深刻的认识，决心效仿德国，成为一个后来居上的工业化强国。在很大程度上日本是德国的学生，发展模式与德国模式有着严重的路径依赖和承

---

①　朱庭光：《外国历史大事记》近代第三分册，重庆出版社 1985 年版，第 578—580、585 页。

袭关系。自上而下的改革、国家主导的发展、国家权力与企业的联合、军国主义的扩张等方面有诸多相似之处，也与德国一样走上了通过战争扩张实现跳跃式赶超的军国主义道路。

日本第二次世界大战后的民主化改革是在外力推动下的强制性制度变迁，1947 年实施的日本宪法剥夺了天皇的实际权力，确立了三权分立的政治体制，国会是国家的最高权力机关，是国家唯一的立法机关，内阁行使行政权，对国会负连带责任，最高法院成为与国会、内阁鼎立的独立机构。把保障和平主义、主权在民、基本人权作为日本宪法的三大原则。日本根据这一宪法，把军费开支控制在最低限度，解散财阀，实行土地改革，开辟了全力集中于经济增长的道路。第二次世界大战后日本模式本质上是继发现代化国家为实现赶超目标，采用政府主导、官民协调的混合经济体制，铲除了阻碍个人竞争的特权家族制和垄断组织，使日本的政治经济制度更加接近英国和美国。改革来自外部力量的强迫，起到了类似革命运动的那种彻底性，极大地扩大了日本的政治与经济民主。

二、日本现代化启动时期的财政制度创新

1871 年日本实施“废藩置县”，彻底废除各藩领主的统治权，将各藩知事迁居东京，建立统一的中央集权政府。全国新设 3 府 302 县，后并为 3 府 72 县，重新任命府知事和县令[①]。彻底革除了由来已久的幕藩封建领主割据的政治体制，统一了全国的军、政、财权，不仅使日本成为一个由强而有力的中央政府领导的统一国家，而且使国家的政权掌握在现代化意识较强的精英人物手中，为日本的经济现代化打下了组织基础。日本现代化的重要标志是宪法模式的确立。先是提出了仿效英国君主立宪的草案，最终落实的德国式的宪法。于 1889 年颁布实行，主要反映了传统的神权主义和西方立宪主义的折中与嫁接。日本宪法规定天皇总揽统治权，政府不对议会负责，而对天皇负责。军队统帅权在天皇。议会只有讨论权、一定的立法权和预算审议权。宪法赋予议会监督、批评政府的权力。同时，宪法也在法律允许的范围内，在不反对天皇制的前提下，确立基本人权，以争取一般国民，扩大明治政府的社会基础。神权专制嫁接立宪主义，既守

① 参见伊文成、马家骏：《明治维新史》，辽宁教育出版社 1987 年版。

旧又现代化，这种两重性是日本明治国家体制的基本特征。一方面，通过明治改革和法制化，实现职业自由、契约自由，依法保障财产所有权和言论、集会、信仰自由等基本人权，并且使部分国民、主要是地主资产家享有参政权，比较广泛的阶层直接或者间接参与了地方自治，在不同程度上调动了不同阶级阶层的积极性。另一方面，又通过天皇制、地方自治和共同体、家族的层层控制，使国民在政治上、思想上严格地从属于天皇和国家，严重限制、削弱国民特别是一般国民的自由独立性。利用天皇权威和军国主义，把国民维护独立、追求国家富强的热情和能量，引向忠君爱国、武力扩张的方向，盲目追求国家主义和军国主义。

1868 年明治政府时，日本国内主要利益集团有以下级武士为主体的统治者集团、以中上层士族为主体的士族集团、经济地位低下人数众多的农民集团、以工商业者和“豪农”为主体的“新兴财富”利益集团。根据各利益集团的力量对比以及它们在经济社会中的地位和前途，在财政压力下，明治政府采取了削弱士族利益集团、安抚农民利益集团和扶植“新兴财富”利益集团的策略。财政制度创新采用了自上而下的带有诱导性的强制性制度变迁方式。具体做法是：

第一，实施地税改革。1873 年颁行《地税改革条例》，将地税标准由原来的按收获量课税改为按新定的地价课税；取消原有的各种不同税率，统一按地价的3%固定征税；取消实物税，一律实行货币税；征税对象由原来的按村摊派、耕者纳税，改为按一地一主原则向土地所有者个人征税。到 1889 年年底，地税改革在全国范围内完成。地税改革确立了新兴地主和自耕农的土地所有权，激发了他们经营农业的积极性，而且让他们通过竞争兼并，上升为拥有大量土地的寄生地主，从而造就一大批经营地主和地产资本家。在地税改革的同时，明治政府还大力推行“劝农政策”和“明治农法”，传授和推广先进的农学技术、良种和农机具。

第二，实施“殖产兴业”政策。殖产兴业是明治政府振兴日本工业的第一个阶段，也是准备阶段，历时约 15 年（1870—1884 年）。其宗旨是学习西方资本主义国家，创办资本主义新式企业，谋求“富国强兵”。引进外国技术、资金创办新企业的同时，扶植、改造原有企业；创办军事工业与民用工业并举，发展基础产业与一般产业并重，官办与官助民办同行。政府除直接投资近 2 亿日元率先创办交通、电信、采矿等基础产业之外，还设立多种专项基金资助和奖励民间创办各种重要产业，从 1868 年到

1885年向民间发放的资助金总计达10793万日元。此后仍对一些重点和新兴产业实施保护和奖助政策。军事工业是这一时期发展最快的工业部门，到1884年，军事工业职工数是官办民用工业职工数的9倍，动力的3.5倍，成为日本资本主义新式工业的主导部门①。还撤除交通关卡，打破封建行会垄断，大力发展陆路和海上交通运输业，为日本统一国内市场创造条件。从1874年开始，政府先后将长崎造船厂等26家由国家投资创办的官营企业出售给民间资本家，退出了对原来直营的重化工业领域的垄断，减轻了财政负担，又为民间资本的全面兴起创造了条件。以"补助金"等方式，直接保护和扶植私人资本。1875年创办的三菱轮船公司得到政府的巨额资助，而后该公司发展成为能与美英对抗的近代蒸汽船公司。自1878年至1892年，日本国民的年均收入增长率为4.2%，高于同期的欧洲国家。地税由占税收总额的80.5%降至32.5%，同时工商税和船舶税的比重在增大，新兴工业发展起来，财政对地税的依存度明显降低。②

第三，实施俸禄制度。"废藩置县"后，武士利益集团的上层，华族、士族俸禄竟然占岁入的三分之一，成为国家的沉重负担。明治政府对士族采取了"赎买"和"给出路"的政策，逐步减少俸禄总额，最后由政府一次发给"金禄公债"③。政府还优先录用士族充任官吏、教师和警察，以优惠条件向士族出售北海道土地；同时向士族发放低息或无息贷款，鼓励他们从事工商业。

第四，创办和出售国营企业。日本明治政府创办了大量国营企业，但工业化以民营企业为载体。发现国营企业的效益不好时立即采取将它们民营化的措施，加速了民间商业高利贷资本向现代工业资本转化。首先由政府在社会秩序、金融、财政方面建立牢固的基础，通过引进先进的技术和管理方式，创办示范企业，制定发展规划等一系列办法，自上而下地加以组织、引导和推动，进而确立适应现代化发展的经济框架。

第五，发行纸币和公债弥补财政赤字。在由此而引发的通货膨胀期间，对于士族利益集团来说，其手中持有的公债大幅贬值；对于农民利益

---

① 万峰：《日本资本主义史研究》，湖南人民出版社1984年版，第108—115页。

② 车维汉："由财政压力引起的制度变迁——明治维新的另一种诠释"，《中国社会科学院研究生院学报》2008年第3期，第72—79页。

③ 小西四郎：《日本全史》第8卷，东京大学出版社1962年版，转引自吕万和：《简明日本近代史》，天津人民出版社1984年版，第47页。

集团来说，以货币为缴纳物的租税负担有所减轻，客观上起到了“安抚”农民利益集团、削弱士族利益集团的作用。“在不发达国家内利用财政手段来积累资本，并不是一个学院式的和不现实的主意。在这方面已经有了重要的范例。我们可以看一看日本。在经济发展的开始时期，特别是在19世纪70年代和80年代，公共工程和工业扩展的资本是由政府一手提供的。钱是怎样来的呢？是靠极高的税收，特别是对农村人口征收的税；有时是靠向城市里的商业中产阶级强募的公债；也是靠信用膨胀，这种信用膨胀只要能反映国民经济中货币部分的增长就不是通货膨胀。……日本没有引起多大的通货膨胀就实现了工业的增长。”①

三、日本现代化推进过程中的财政制度创新

1911年，日本通过与列强的修约谈判，修改了一切不平等条约，收回了关税自主权，开始成为一个完全独立的主权国家。日本现代化标志着世界现代化潮流从欧美涌入亚洲，开创了半殖民地国家实现现代化的成功范例。日本现代化过程主要表现为对外来资本主义因素和本国传统基础进行双向改造，是“嫁接移植型”现代化。由明治维新运动而建立起来的明治政权，是一个既高度集权又有强烈现代化意识的中央政权，执掌政权者大多受西方文化影响较多，主张改革政治经济制度、学习西方资本主义文明、实现“富国强兵”，使日本的现代化始终在中央政府的统一部署下展开，能充分有效地利用本国的有限资源去引导和扶助经济建设，对一些重点和新兴产业实施保护和奖助政策。如为扶植棉纺业，于1894年取消棉花进口税，又于1896年取消棉纱出口税；为了鼓励本国造船业和海运业，日本政府在1896年至1918年间共拨款2275万余日元奖励造船业，在1897年至1911年间拨款9461万余日元补助海运业；其他如机器制造、电力、钢铁、化工等高新技术重工业，政府也均给予不同程度的扶植。②

第二次世界大战后，日本实行谨慎的财政政策和倾斜式生产方式支持生产的大发展，提出自己的供给管理理论，创造了制定与实施产业政策的先河。日本政府陆续制定了一系列以供给管理为主的产业政策，将有限的

---

① 讷克斯著，谨斋译：《不发达国家的资本形成问题》，商务印书馆1966年版，第153页。
② 虞和平：《中国现代化历程》，江苏人民出版社2001年版，第59—60页。

资金和原材料集中投入到煤炭和钢铁的生产之中，然后再以这两个部门为杠杆来推动整个工业的回升。后来又经过调整，提出了战略产业政策是超常规的，选择了潜在优势产业作为财政支持的重点。自由市场经济仍然是日本经济体制的核心。政府对于经济的干预始终是暂时的、补充的和间接的。经济计划完全是诱导性、指导性的计划。政府和民间合作，通过产业政策尽可能提高国家的竞争力。日本没有照搬其他国家的福利制度，将经济政策的重点放在了致力于快速结构转变的产业政策，就业及生产率的增益由资本家和工人在企业范围内而非通过国家和市场达成妥协，形成股东给予职工终身雇佣、职工以努力工作回馈股东的“隐性合约”。

第六节　后发现代化国家——俄罗斯的财政现代化

俄罗斯的现代化是在其他国家的外在压力逼迫下，被迫产生的。“在全世界范围内，俄罗斯是第一个‘东方’国家意识到它相对于‘西方’的落后，于是刻意追赶西方，一心一意企图追求‘现代化’”[①]。俄国特殊的地缘及制度变迁路径依赖，使其现代化进程具有断断续续、时而跳跃、时而停滞的特征，多次出现自上而下的强制性激进性制度变迁。在沙皇政权无力实行适应现代化制度变迁时，发生了革命，但革命后的苏联政权却并不能与原来的中央集权专制政治体制完全割裂，社会结构和历史传统依然在发挥着作用。

一、俄罗斯专制传统下的现代化进程

18 世纪初，彼得一世改革拉开了俄国现代化的序幕。由于俄罗斯特殊的历史背景与社会结构，其现代化进程客观上需要一个强力的国家政权，用暴力克服现代化进程中的阻碍因素，打破制度僵滞状态。而专制集权的反现代性，又成为现代化的桎梏，扼杀了其走向现代化来自民间的动力。因而俄国的现代化进程始终步履蹒跚，存在着难以克服的结构性矛盾，直至 19 世纪末仍未完成社会结构的总体转型，“被资本主义前的关系的层层

① 刘祖熙:《改革和革命：俄国现代化研究》序，北京大学出版社 2001 年版，第 2 页。

密网缠绕着”[1]，现代化进程难以突破政治障碍并诱使内外矛盾交织。俄国是一个经由周边殖民、逐步扩张而成的传统型殖民帝国。在帝国的形成与扩张过程中，既包含开拓性殖民因素，也包含侵略性殖民因素，两者的交错混淆了民族国家与殖民帝国的界线，沙皇专制制度的存在与强化，不仅出于维护传统社会结构的需要，同时也是为了维护帝国，将强制兼并的异民族区域维系在帝国版图之内。俄罗斯的现代化，是在发达国家的冲击下，试图实现本民族的继续生存、发展与扩张，而被迫追随和模仿那些先发现代化国家的过程。

（一）自上而下的强制现代化

17世纪末开始，彼得大帝在感受到俄罗斯与西欧的巨大差距后，以暴力手段强行推动了旨在向西欧国家学习的改革，加快了俄国的经济发展，增强了国力，从而使俄罗斯建立起强大的陆海军，先后发动战争，打败瑞典和土耳其，争得出海口，成为欧洲和世界的强国。“草原化和东方化的俄国历史宣告结束，海洋化和西方化的俄国历史由此开始。”[2] 一场以暴力强行推动的改革取得成功，原因在于发展国家的经济技术以外，加强了君主的专制集权。暴力是彼得推行改革的工具，加强君主集权既是推行改革的工具，又成了改革的目的。后者使前者得以推进，前者使后者更加强大，“彼得大帝用野蛮制服了俄国的野蛮”[3]。

彼得一世改革使国家富强了，但却使民众更加贫穷。沙皇的集权和暴力阴影几乎覆盖了整个俄国，使得包括贵族和教会在内的整个俄国社会趋于农奴化。随着现代化进程的深入，导致一个西方化的社会上层和本土传统影响力下的社会下层之间的断裂。“彼得堡的宫廷……可与西方任何一个国家媲美。相形之下，彼得……劝导国人摆脱阻碍社会发展的宗教习俗与偏见却完全失败……这反而使人民相信皇帝和他的大臣都在为魔鬼服务。”[4] 为了对付民众的反现代化情绪，沙皇进一步强化手中的权力，镇压一切反抗。经济技术与社会政治现代化的不平衡，表现为符合现代化潮流

---

① 《列宁选集》第2卷，人民出版社1972年版，第801页。

② 曹维安：《俄国史新论》，中国社会科学出版社2002年版，第92页。

③ 《马克思恩格斯选集》第2卷，人民出版社1974年版，第147页。

④ 拉伊夫：《独裁下的嬗变与危机——俄罗斯帝国二百年剖析》，学林出版社1996年版，第40页。

的物质和技术领域和悖离现代化潮流的君主专制集权制度同步发展，其后果是现代化成了专制君主个人的事务。现代化使国家得以运用更先进的物质与技术成就实施更大规模的暴力和集权，并且形成恶性循环。

彼得大帝的改革成为此后俄罗斯制度变迁的路径依赖。后来俄国的现代化进步运动都以集权和暴力作为手段，实行自上而下的强制性制度变迁，通过更广泛地动员社会资源实现国家的发展。通过加强专制权力推动国家现代化，巩固专制统治成为目的，而现代化进程却沦为为这一目的服务的手段。于是，当文明依靠野蛮在原先野蛮的土地上生根发芽以后，野蛮反而使文明沦为自己的婢女，用来装饰自己的门面。只要战争获胜，野蛮就能高枕无忧地继续存在下去；只有当战争失败时，野蛮才会做出一点儿有限的让步，好让文明继续为自己服务。在专制权力推动下的现代化进程被人为地扭曲，在很大程度上被局限在工业化的层面上，而最重要的作为市场化基础的促进个人自由平等的政治改革却被取消掉了。

1861 年，沙皇俄国农奴制改革后，一些重要工业部门开始走向垄断，保存了农奴制大地产和中世纪奴役残余的资本主义，长期实行专制集权，极具对外扩张的侵略性。上层“皇权至上”，而下层是在宗法制下的广大农民。商品经济不发达，农民中普遍对专制集权习以为常。作为一个扩张中形成的横跨欧亚的庞大帝国，俄罗斯固有的扩张特性势必导致与其他大国争夺霸权的斗争，俄国的统治者又总是把对外战争当做消弭国内革命的工具。但克里米亚战争后，俄国与西方强国的实力差距不断扩大，在争夺霸权中处于劣势。对外战争已不能成为巩固政权和稳定国内局势的有效手段，每一次失败的战争都加深了社会危机，为革命注入强大动力。1905 年，俄国在日俄战争中的失败揭开了革命的帷幕，革命的冲击迫使沙皇政府进行宪政和土地改革，大臣维特和斯托雷平先后主持起草“宪法宣言”和实施“土地私有化法令”。但沙皇的改革是虚伪的，1907 年宪政改革中途夭折，选出的“国家杜马”形同虚设；土地改革虽取得一定进展，斯托雷平的铁腕破坏了传统的村社土地所有制，但改革因其政治上的保守和经济上的激进而遭到来自下层农民和上层统治集团的反对，最后以斯托雷平被刺身亡而告终。沙皇政府为外争霸权与内防革命，参与发动了第一次世界大战，最终俄国在战争中的失败加剧了国内危机，战争充当了革命的加速器。

前苏联是沙俄帝国在一战中失败的产物，为了确保自己能够在资本主义汪洋大海中生存，前苏联必须进行下一场战争准备。由斯大林开创的前苏联现代化模式，带有明显的备战性质。斯大林用中央专制集权、计划经济和集体农庄制将整个社会完全控制起来，以便最彻底地动员全社会的资源推进工业化运动。在斯大林这里进行铁腕下的现代化进程，无论是其所使用的手段还是达到的效果都到了登峰造极的程度。第一个五年计划（1928—1932年）和第二个五年计划（1933—1937年）主要是加强军事经济基础，大肆进行国防建设和武器生产。第三个五年计划的头三年（1938—1940年），继续加强国防军事经济基础的同时，重点转到发展国防工业上①。从1930年到1936年，前苏联的国防开支是各大国中最高的②。前苏联现代化模式以农业集体化运动和政治肃反为手段，“推动和促进过苏联社会生产力的发展，确保了苏联重工业，特别是国防工业的发展，从而为苏联社会主义奠定了大工业基础”③。

从彼得大帝的改革，到斯大林的高速工业化运动，俄国式的现代化模式始终是畸形和不全面的。在短期内通过以暴力手段加强中央集权，全面彻底地动员社会资源，取得突出的现代化成就。这样的现代化只单纯注重国家的外在实力的提升，却无法为现代化进程本身提供持久稳定的社会环境。完整可持续的现代化意味着要释放个人的创造力，作为一个外生型现代化国家，在起步阶段也许不得不使用非常手段来促使现代化生根。但是当现代化进程达到一定阶段时，就应从产生现代化的基本动力入手，从源头上刺激人们走向现代化的兴趣。只有这样，才能让现代化进程平稳地向前发展。1991年前苏联的解体，是数百年来以专制和扩张为支柱的俄罗斯帝国的又一次总崩溃。

（二）前苏联现代化模式

从1924年列宁逝世到1936年前苏联宣布建成社会主义，在斯大林主导下，前苏联现代化模式完成了确立过程。这一模式，在经济上体现为立足于应对外来资本主义武装干涉的，以国家为核心的高度集中的行政命令经济体制，在政治上体现为高度的中央集权，对社会实行全面控制，意识形态也高度统一化。这一模式几乎贯穿于前苏联社会主义的全部历史，并在

① 柳植：《世纪性的实践》，安徽大学出版社2005年版，第335页。

② 保罗·肯尼迪：《大国的兴衰》，中国经济出版社1989年版，第373页。

③ 陆南泉：《苏联兴亡史论》，人民出版社2002年版，第491页。

数十年漫长的岁月里影响了国际社会主义运动。包括中国在内的绝大多数社会主义国家都学习或照搬过这一模式，否认或轻视市场和价值规律的作用，把一切经济活动置于政府指令性计划之下，主张单一的公有制和几乎消灭一切非公有制经济，优先发展重工业，相对忽略或搁置轻工业和农业。

前苏联现代化模式，是在经典社会主义"直接过渡"理论的指导下建立起来的。马克思主义诞生后逐步成为国际共运的指导思想，在俄国十月革命前后许多共产党人认为马克思主义"绝对正确"。马克思和恩格斯根据资本主义及人类社会发展的规律推断，预言人类社会将逐步由资本主义社会发展到共产主义社会，但并没有给出向共产主义过渡的具体步骤和方法。在相当漫长的历史过程中，很多共产党人将直接过渡理论当成了圣经，认为无产阶级将在一些先进的资本主义国家取得胜利，这些国家只需短暂的过渡期便可以实现由资本主义向共产主义的直接过渡。社会主义国家生产资料归全社会所有，实行单一公有制；已不存在商品和货币交换，不存在市场；各尽所能按劳分配；实行单一的计划经济体制，可以避免由资本主义生产的社会化和生产资料私人占有之间的矛盾所导致的经济危机及其灾难性后果。列宁等俄共（布）领导人在当时均接受了"直接过渡"理论。战时共产主义政策实行工业国有化、实行内外贸易的国有垄断就是向建立单一公有制迈进。

前苏联的社会主义建设，显然受到当时险恶国际环境的影响。"高度集中"、"单一公有制"，更便于国家在临战或战时调动一切必要的人力、物力以应对战争。而极力追求发展速度，相对忽视经济效益，也是为了缩小差距。斯大林 1931 年指出："人们有时问：不能稍微放慢速度，延缓进展吗？不，不能。同志们！我们决不能减低速度！延缓速度就是落后。而落后就要挨打，但我们不愿挨打。不，我们绝对不愿意！"[①] 优先发展重工业，相对忽视或搁置轻工业，明显是为了备战。斯大林强调："没有重工业就无法保卫国家，所以必须赶快发展重工业。如果这件事做迟了那就要失败……因此，我们共产党也就拒绝了'通常的'工业化道路，而从发展重工业开始来实现工业化。"[②]

前苏联现代化模式不只是一种计划经济体制模式，而且是一种"大推进"的赶超型经济发展模式。通过全面地、大规模地投入资本，迅速实现

---

① 中共中央编译局：《联共（布）党史简明教程》，人民出版社 1975 年版，第 89 页。
② 《斯大林文选》（下卷），人民出版社 1979 年版，第 86 页。

工业化。为此，前苏联还采取了“不平衡增长”的发展策略，集中资金与国家优势力量发展重工业，利用产业间的关联效应带动其他工业的投资和增长。实行高积累、低消费政策；重视工业、轻视农业的投资策略，以工农业产品价格剪刀差来索取农业剩余，剥夺农民利益；优先发展重工业，轻视发展轻工业，中间产品比重过多，而消费品供给严重不足；重视物质生产，轻视非物质生产，工业比重过高，而服务业发展水平相对落后。前苏联现代化模式是中央集权的计划经济体制模式加上优先发展重工业经济发展模式。前者是保证实现后者目标的体制基础，后者是前者的必然选择；两者相互依存，又相互作用①。1928 年，前苏联开始实行第一个五年计划，建立了世界上第一个计划经济体制。它是以公有经济为基础，坚持产品经济理论，建立起与高度集权政治体制相适应的高度集中的指令性计划经济体制。前苏联现代化模式最重要的特征和基础是公有制经济。以国有企业为代表的全民所有制，被认为是社会主义公有制的最高形式，以集体农庄为代表的集体所有制，是公有制的低级形式，被认为应尽快向全民所有制这一最高形式过渡②。

前苏联现代化模式创造了奇迹。一是 20 世纪 30 年代西方处于经济危机时，前苏联经济却迅速发展，前苏联现代化成就与陷入世界大危机的西方国家形成鲜明对比；二是在 20 世纪 40 年代战胜了强大的德国法西斯；三是战后欧亚十多个国家通过该模式建立起了社会主义制度。“苏联现代化模式”成为一个比较成功的经济追赶模式，为许多经济落后国家学习和模仿。对中国等经济落后国家而言，是一个现成的、表面上成功的社会主义模式③。“苏联现代化模式”的做法被写入 1957 年的《莫斯科宣言》④，成为社会主义各国共同遵守和实行的社会主义纲领。自 20 世纪 50 年代开

① 胡鞍钢：《中国政治经济史论》，清华大学出版社 2008 年版，第 170 页。

② 陆南泉：“有关斯大林模式若干重要问题的再思考”，《社会科学报》，2007 年 8 月 21 日，第 3 版。

③ R. 麦克法夸尔、费正清编：《剑桥中华人民共和国史：革命的中国的兴起：1949—1965》，中国社会科学出版社 1998 年版，第 65 页。

④ 《莫斯科宣言》的主要内容可简单概括为：消灭私有制，建立公有制；取消私人经济，实行国有化；全盘集体化；实行计划经济；实行无产阶级专政。认为一个国家从资本主义向社会主义过渡需要完成四项基本任务：①通过社会主义国有化掌握国民经济命脉；②建立社会主义工业与农民经济的商业结合；③实现国家的社会主义工业化，以先进技术设备供应农村，建立城市与农村的生产结合；④实行农业集体化，在农村建立社会主义的经济基础。参见胡鞍钢：《中国政治经济史论》，清华大学出版社 2008 年版，第 171—172 页。

始，前苏联着手探索完善其经济体制的方法，但改革并没有突破斯大林创立的传统计划经济体制框架，经济下滑，社会危机加深，经济形势在政治动荡中继续恶化，1991 年 12 月前苏联解体，前苏联现代化模式最终宣告彻底失败。

前苏联现代化模式的绩效表现为一条“倒 U 字形曲线”，经历了一个从趋于提高到趋于降低的过程。麦迪森计算后认为，1928—1939 年期间，前苏联 GDP 增长率为 5.8%，同期美国为 0.8%，英国为 1.9%，法国为 0.9%，西欧为 1.6%，西欧衍生国为 0.9%。1929 年，前苏联 GDP 占世界 GDP 总量比重为 6.9%，到 1938 年时达到 10.5%，是世界第二大经济实体，居美国之后。美国与前苏联之间的经济总量差距由 1929 年的 3.5 倍缩小到 1938 年的 2.0 倍。[①] 从 20 世纪 60 年代起，前苏联经济增长速度递减趋势已十分明显。1985 年，前苏联人均生活水平从革命前居欧洲第 5 位下降到居世界第 88 位。整个现代技术领域落后于西方发达国家 15—20 年。根据联合国开发计划署 1990 年按购买力平价方法计算，前苏联的实际 GDP 为美国的 39.67%，人均 GDP 为 34.96%。前苏联经济由高速到低速再到负增长，是趋向性递减，平均每隔 5 年大体缩减 1.5 个百分点。[②]

前苏联现代化模式是在早期现代化进程中出现大量弊端，即市场失效引发严重苦难的情况下应运而生的。试图用计划经济力图代替市场经济，以消除市场经济的弊端，如社会收入不公平、财富两极分化、市场垄断、市场信息不对称、负外部性，如产生污染或公害等。开出的药方是：实行生产资料公有制；配置资源的基本方式是计划而不是市场，且以指令性计划为主；企业归国家全民所有，由国家统一集中管理；取消私有财产，按劳分配收入或财富；国家垄断对外贸易。计划应是基于这样的假设：经济计划者企图成为全知全能者；各种经济信息完美无缺，收集信息的费用及时间几乎等于零；所有生产要素不能自由流动，由经济计划者调动和支配；所有生产单位对上级指令下达的计划彻底了解，并能全部实现。但是，由于人类的经济人特征无法根除，理性人特征无法完全实现，完全合作的人际关系理想状态并不现实。前苏联的每部宪法都写明前苏联是人民当家做主的国家，但是，人民当家做主缺乏制度化的保障。前苏联后期，

① 安格斯·麦迪森：《世界经济二百年回顾》，改革出版社 1997 年版，第 38、100—106、126、129 页。

② 林彰云：“苏联的公有制经济模式及其演变”，《消费导刊》2007 年第 1 期。

政权管理阶层官僚化特殊化，官员习惯于发号施令、独断专行、贪污腐败横行，形成具有制度化特权的利益集团，民生问题长期得不到改善，因而其失败无法避免。

俄国十月革命后，把工业化与市场化对立起来，结果没有恢复工业生产，经济上、政治上面临绝境，采取市场取向的新经济政策后取得很好的效果。1926 年开始搞工业化时实行计划经济政策，导致产业结构失调，前苏联经济跛行前进，人民生活改善缓慢。20 世纪 50 年代不得不开始改革，逐步地放开市场，当前苏联在 1956 年以后开始强调价值规律作用及其相关的物质利益原则、利润指标时，中国指责这些做法是“搞修正主义的”，可是，从 1957 年到 1978 年，前苏联经济的发展虽不如某些国家快，却比中国好。离开了市场化，工业化和经济现代化只能是畸形的、跛足的，工业化和经济现代化无法持续下去。

二、俄罗斯现代化进程中的财政制度变迁

从现代化的时序来说，俄罗斯是后发现代化国家，早早感受到了英国、荷兰等的现代化压力，先知先觉的彼得一世在 18 世纪初就早早地要全盘西化，在 19 世纪初又感受到来自现代化激流中的拿破仑法国的巨大冲击，19 世纪中期被英法打败于克里米亚，20 世纪初被日本打败于中国的东北，与新崛起的德国争斗的难解难分。强大对手的挑战激发了俄罗斯现代化的动力，其包括财政制度在内的社会制度变迁往往在外部压力下开始。但特殊的历史传统和地缘环境，使其通过强化中央专制集权和向更落后地区转嫁压力有了可能。对东欧、中亚、西伯利亚和中国的侵略，扩大了其国土和资源，也缓解了国内矛盾，从而弱化了制度创新的动力。强化中央专制与社会结构的二元分裂，使强大的政权成为现代化进程中的决定因素。

（一）1861 年的解放农奴法案——巩固国家财政基础的制度变迁

1856 年俄罗斯在与英法战争中战败，成为 1861 年解放农奴的重要诱因。第一，解放农奴可强制他们参军；第二，最重要的是增加财政收入。由于贵族在税收中扮演了中介角色，农奴制使税收难以直达中央政府。18 世纪末期开始，沙皇政府积极寻找机会以削弱贵族地方政府的权力。克里米亚之役唤起了沙皇改善薄弱的财政汲取能力的需要。而当国家处于“民

族危机”时，削弱贵族的目的更具“合法性”，加强中央专制集权更容易实现。

亚历山大二世命令莫斯科的贵族们放弃农奴，贵族自然企图阻止这项命令。当发觉他们不合作时，国家强行介入，夺走了贵族阶级管理下的农奴。同时，贵族只能收到国家极其有限的财政补偿。改革使国家剥夺了贵族经济权力的主要来源——农民——使国家财政收入能累积到最高点。一般说来，农奴的解放使贵族阶级逐渐消失在社会的底层，解放农奴给贵族阶层带来了永难复原的经济打击①。由此可见，政权并不是简单的与“生产资料所有者”站在一起的。政权掌控者包括君主及官僚有着独立的利益。解放农奴是“由上而下的改革”：一种专制主义行动，国家经历着根本的正面冲突并摧毁了绝大多数经济上的统治阶级。但关键是，解放农奴既不能保证产生无产的工人，也不能使资本主义崛起。恰恰相反，解放农奴是为了使沙皇政府能够在没有地主的介入下收取集体税款；解放农奴是国家为了解决长期存在的“地租与税收”的冲突问题。农民公社其实成了“征税处”。解放农奴并没有解决自由市场经济现代化模式需要的“劳动力”问题，更没有解决“资本积累”问题。但是，为政府的直接干预和提高财政汲取能力提供了便利，不能不说是为计划经济和集体农庄的出现做了准备。

（二）沙皇财政的崩溃

西风东渐使1905年后的沙皇俄国从形式上进入了“立宪主义”时期，贵族的农奴化使社会缺乏约束沙皇的力量，产权的无保障使经济发展缺乏动力，军事技术的改进使战争越来越昂贵，于是经济的落后和庞大的战争开支使俄国的财政入不敷出。在1917年前的十年里，除1909年外，国家预算年年赤字。国家预算经常性的赤字，迫使沙皇政府求助于大规模的公债。第一次世界大战加速暴露了俄国财政的不稳定性，1914年，国家预算赤字为支出总额的40%，而1917年则达到了85%。巨大的赤字只能用公债业务的进款和发行纸币来弥补。1917年国债比当时的预算收入大10倍，流通中的货币量超过战前水平的11.3倍，每一卢布的购买力仅为战前的

---

① 琳达·维斯、约翰·M. 霍布森著，黄兆辉等译：《国家与经济发展——一个比较及历史性的分析》，吉林出版集团有限责任公司2009年版，第116页。

6%—7%。[①] 财政公债化与征收通货膨胀税不仅损害了政府的信用，而且造成民不聊生，政权崩溃前沙皇财政已先崩溃。

（三）前苏联全能财政的演化

前苏联政府选择实行计划体制后，财政成为实现计划的工具，实行“全能型”财政。计划经济体制在经济增长的动力机制上，强调经济活动参与者的利益高度一致性，基于这一一致性，产权制度的安排必然是“一大二公”，全社会只能有一种产权安排方式，即使存在其他形式的产权安排，也应创造条件向同一产权安排形式过渡。在同一产权结构下，对经济活动参与者的激励只能是巩固和提高利益一致性的精神激励，并以此来克服“偷懒者”和“搭便车”的道德风险。在资源配置机制上，既然经济活动参与者的利益高度一致，如果信息完全对称，在资源稀缺的条件下，使用计划这只“看得见的手”来进行资源配置，其效率可能会优于市场配置。其社会交易费用将会是最低的。计划经济的基本体制形式是高度集中的命令经济体系，即产业是附属于政府行政的生产单位，资源是通过行政手段予以配置，价格只是作为核算工具，经济活动高度行政化，一切依据计划指令行事，结果使其经济运行呈现出财政主导性特征。金融机构是从属于财政体系的，根据指令拨付资金，履行结算支付义务。

私人产权被剥夺，产权统归中央政府，委托不同等级政府和官员管理，配套实行的必然是政府专制的集权财政体制，财力与立法权在中央，地方财权很小，财力很少。政府的财政收入主要靠企业利润，价格成为政府组织社会资源的工具，税收徒有虚名，财政支出体现出政府的计划目标，官员依赖特权享受特别供应。市场的缺乏限制了民众消费的选择权，民众在财政活动中缺乏与强大政权的博弈能力，财政收入几同“贡款”，“不劳动者不得食”在专制集权和计划体制下成了“不服从者必饿死”。“农民除了向国家缴纳普通税即直接税和间接税以外，还要缴纳一种超额税，即在购买工业品时多付一些钱，而在出卖农产品时少得一些钱”，“于是由于‘剪刀差’而形成的这种超额税就成了‘一种类似贡款的东西’……需要这种超额税是为了推进工业的发展……”[②] 以重工业为主的战争

---

① 傅志华等：“一个世纪以来俄罗斯社会大变革中的财政因素”，《经济研究参考》2009 年第 40 期。

② 斯大林：《列宁主义问题》，人民出版社 1964 年版，第 282 页。

导向的财政与经济，使民众不能享受到更多消费福利。

从 1938 年起，前苏联开始建立全国统一的高度集中的财政体制[①]。中央财政掌握着国家预算的绝对控制权和调节权。外部战争压力的减轻会使"全能型"财政缺乏经济发展激励功能的缺陷突出，于是在不触动公有制的前提下调整政府间管理权限成为改革的方向，但却无法解决从根本上缺乏激励和创新刺激的问题。地方预算的权利在 1956—1965 年曾出现短暂的扩大，但随后又重新趋于集中。20 世纪 80 年代后，在改革的旗帜下前苏联财政体制由高度集中走向了另一个极端。在民族分立主义的影响下，强调扩大地方的财力和财权，改变过度集中的财政体制。财权下放的同时中央政府支出负担并未减轻，甚至有所上升，这一趋势奠定了中央财政平衡依赖地方财政上缴的基本局面，中央财政对整个财政体系的主动调节权丧失，收入靠地方财政机关征收上拨，实际上地方政府控制着整个财权，为各共和国独立及向中央讨价还价打下了基础。1990 年，地方政府拥财自重，中央失去财政控制权，预算只有支出，而收入却没有保障。中央预算的收入根本无从落实，更谈不上足额及时，国家财政事实上破产。进入 1991 年下半年，中央政府完全失去了对全国经济、政治的控制力，中央政府机构一连数月都发不出工资。

1991 年年底，前苏联宣布解体。俄罗斯联邦建立后，把加强中央权威、理顺中央与地方财政关系作为了财政工作的重点。联邦政府以构建"预算联邦制"为主线，进行了改革和调整：明确中央和地方的事权财权，实行分税制财政体制；收回并不断强化中央政府的税收立法权，地方拥有一定的税收管理权限；通过转移支付和财政援助来平衡地方预算等[②]。普京执政时期在财政领域采取了一系列向中央集权的措施，巩固了叶利钦执政后期的加强中央财政权威的趋势，使以"分税制"为核心内容的预算联邦制更为规范。

---

① 舍尔麦涅夫：《苏联财政》，中国财政经济出版社 1979 年版，第 20 页。

② 傅志华等："一个世纪以来俄罗斯社会大变革中的财政因素"，《经济研究参考》2009 年第 40 期。

第六章　古代中国的帝国财政

兴，百姓苦；亡，百姓苦。[①]

——张养浩

清帝国继承了秦朝以来的帝制传统，建立在中央集权基础之上的皇帝专权程度进一步强化。中国实行帝制的早期，皇帝与丞相尚且能在一定程度上分工制衡。后来丞相地位下降变成了宰相。明初朱元璋干脆废除了宰相制度，自己“董事长”和“总经理”一肩挑，独断朝纲，“相府”变成了所谓的“内阁”。清代连内阁也觉得碍事了，于是雍正设立了“军机处”，国家大小事都成了“军机大事”，大臣也难以参与，更何况“愚民百姓”了。帝国体制下实在需要一个英武的皇帝“万岁万万岁”[②]。清朝前期的几位皇帝，的确英武又长寿，建立了中国历史上第二个大帝国，中国的人口也由清朝初年的1亿多人增长到1850年的4.3亿人。但是，繁荣强盛下的自大往往将眼睛与智慧遮蔽，“万邦来朝”的虚荣使中国错过了第一次现代化的机遇。

---

① 元朝的张养浩（1270—1329）在《山坡羊·潼关怀古》中写到：“峰峦如聚，波涛如怒，山河表里潼关路。望西都，意踟蹰，伤心秦汉经行处，宫阙万间都做了土。兴，百姓苦；亡，百姓苦。”

② 奥尔森的认为，土匪从“流寇”演化为“坐寇”，是土匪与居民在博弈中形成均衡的理性选择。“坐寇”成了国王后，如果能够“国王万岁”，他将会采取有利于长期利益最大化的政策选择，“放水养鱼”而不是“竭泽而渔”，以实现君民的“共容利益”。参见奥尔森：《权力与繁荣》，上海人民出版社2001年版。

第一节　帝王拥有一切财产最终所有权的产权制度

我国习惯上将战国到清代称为封建社会，“封建”这种说法广泛应用于“封建专制”、“封建王朝”、“封建主义”等词汇中。事实上，用“封建社会”来概括我国的农业经济的专制时代实在是一种误用。20世纪初西风东渐时，在描述西欧社会发展阶段时借用了“封建”一词。而在我国具有与西方“封建领主制”时期相似特征的封建社会，存在于战国以前，后虽有复辟，但时间很短。从秦至清，中国实行帝国专制统治，具有地主经济特征，但政治对经济的制约影响至深，因而采用“农业帝国”或“农业专制帝国”来概括这一时期的国家和社会特征更为合适。

一、政治权力的统帅地位

枪杆子里面出政权。一个王朝的兴起依托于暴力，常备军的规模与一个帝国的专制程度密切相关。在残酷的军事斗争中取得统治地位的皇帝和国王，为取得和维持军事优势，实现全方位的统治，必然谋求强大的财政实力，控制经济命脉和意识形态。理性的帝王扩充实力会直至其可能取得的边际收益小于边际成本才肯罢休。但前期取得军事胜利的帝王往往野心膨胀，梦想征服世界，不碰得头破血流不罢休，在征服战争的“试错”中寻找其权力边界。

中国从秦开始到20世纪初，专制帝国制度建立在自然经济基础上，实行皇权至上原则、帝位终身制和世袭制，从中央到地方的各级官吏由皇帝直接任免，皇帝行使从决策到立法、司法、行政等独断权力。由于中国水旱灾害频发，是一个典型的“水利社会”，水利工程成为各个时期的关键公共品。水利工程的艰巨浩大，只有在劳动力、生产资料、科学技术与管理体系高度集中的条件下才能完成。这种高度集中的公共需求，使通过政治权力集中实现高效率的供给成为历史性选择。专制帝国制度下的生产资料，如土地、江河等完全归皇帝所有，君主拥有最终的所有权，完全的土地私有只是虚幻。社会上只有皇帝控制下的贵族，并没有相对独立的贵族阶级；政府对国家的经济实行垄断；专制君主的意志才是真正的法律，没有对所有人均有约束力的法律；宣扬“君权神授”，对思想文化实行专制统治。皇权统治者是代表宇宙主宰（“天”）而创建维系世间万事万物存在与运行的规则，因此盛德齐天的皇帝乃是天下一切臣民生存权、一切财产所有权的最高赐予者。一切臣民对于这种赐福佑护之大恩大德的回报，就是必须将自己人身的支配权交付给帝国制度，成为皇权统辖下无限感恩戴德的“子民”“王民”。一切“子民”的人身权都来自皇权恩赐，与此相辅而成的是普天之下一切财富都是由帝王们所创造的，而卑微的子民们所以能够享用或多或少的财富，全是出于这些帝王的恩庇与赐福。因此，天下一切财富在最终的法理上都绝对和天然地属于皇帝所有。①

中国的农业专制社会是一种“家长制专制社会”，人民和土地都是皇帝的财产，皇帝设置官僚体系以管理经营这份财产。为尊隆其圣子贤孙，皇帝赐予其财产的一部分作为他们的庄田人户。为崇贵其功臣国戚，皇帝也赐予他们土地人户，并免其正杂差役。为使官僚门户贵于庶人，也允许他们广占庄田、免其杂泛差役。皇帝依靠贵族官僚统治，贵族官僚依靠皇帝营私，与皇帝争夺田产人户。这种争夺形成了统治阶级内部内在的矛盾。这种矛盾的加深导致朝廷的土地、人户逐渐流失，朝廷的财政收入日渐减损。为保持其财政收入规模，将不足强令现存人户负担，加重了负担导致社会矛盾尖锐化，生产破坏，流民造反，朝代更替。与西方现代化国家不同，中国古代社会中虽也有经济权力和政治权力这两种权力，但最基本、最终的决定权力是政治权力，不像资本主义社会的经济权利具有决定性作用，政权对中国古代社会的影响力远远超过资产或资本。对一个社会和个人来说都是如此。政治权力能使一个人获得财产和荣誉，也能促使一个社会的生产发展；政治权力能使一个人丧失财产和荣誉，也能使一个社会破产。这个社会的经济体制和权力体制的主要特征是政治权力支配经济权利，政治权力就是经济权利。这个社会的经济是政治驾驭下的经济，等级驾驭下的经济，因此是专制政治经济，政治等级体制就是其经济等级体制，经济体制完全建立在其政治体制之上，且决定于政治体制。专制政治的经济，政治权力（权贵）经济，正是农业帝国社会经济的本质。

---

① 王毅：“中国皇权社会赋税制度的法理逻辑及其制度结果——从‘王税’‘官课’成为赋税制度基本形态谈起”，《华东师范大学学报》（哲学社会科学版）2007年第1期，第22—29页。

二、专制帝国的产权制度

中国农业帝国的政权基础是土地和人民。从有文字记载的历史以来，帝王及其官僚都宣称土地和人民是帝王所有，天下是皇家之天下，土是“王土”，民是“王民”，全国的土地和人民是皇帝的家业私产，土地山林川泽被帝王据为私有，成为他们持以役使剥削人民的条件。因此，中国农业帝国社会没有真正的土地私有制和私人产权制度。皇帝是最高最大的总地主，是社会的主宰，是全国人民的大宗主。皇帝的私人利益冒名“天下之公”。皇位是天下之公器，皇帝的权力来源据说是“受之于天”。由于全国的土地和人民，包括疆土、生产资料和劳动力为皇帝私有，经济成了政治的附庸，因此对政权的人身依附关系居于支配地位，人身依附关系羁系着所有的人，专制政治制度和人身依附关系占绝对优势。皇帝为了经营管理其私产，实施“代天理物”的天职，设置一个庞大的官僚机构和官僚政体。无论官僚的品级多么高，也还不过是皇帝的当差或奴才。

中国的土地私有制曾得到一定程度的发展，但这种私人产权并不是在法律上神圣不可侵犯的。中国没有过民法典，也谈不上对私有财产的法律保护。臣民的私有产权在皇权面前是十分脆弱的，帝王拥有一切财产的最终所有权。在这种绝对权力下，人都是皇帝的财产，更何况个人财产。即所谓“普天之下，莫非王土；率土之滨，莫非王臣”。皇帝既然是“天子”，天下都是皇帝所有，无论是在政治上还是在经济上，产权归一的特征集中表现为对皇上的旨意抗命是大逆不道甚至会被处死的。皇帝有支配天下一切的权力。当时最重要的生产要素就是土地，皇帝对财富的拥有权也表现在对土地的控制上，皇帝可以根据自己的需要任意支配土地。

帝国时代政权的力量是如此的强大，渗透一切，牵制一切，它对经济发展格局的影响怎么想象也不会过分。帝制下，土地实行国有制或终极皇帝所有制下，无论是地主或是自耕农在皇权面前没有可靠的有保障的所有权。因为国有制在本质上把土地所有权从属于国家主权，把所有制关系意识形态化，认定所有土地归根到底都是君即国家给予的，不想用心使之制度化为具体可由私人操作的铁定规则。相反，除随意赐田、夺田的政治手段外，赋税采取舍地税人，偏离地权变动实况，直接紧抓户口人丁，不合经济对等原理，却切合国家力量的需要。因为它对国家来说较为简捷，监督成本相对节省，因此变相的人口赋役长期存在。国有制的各种实施策略，只是以权力需要为根本，以财政剥夺为中心，从而使民间土地占有关系非制度化。古代中国的国有制意识形态，为专制皇权以“国家”的堂皇名义，以“公共产业”虚幻的面貌盗取民间资产提供合法性支持。历史上多有公私之辨，却少见国有与私有之分。历代帝王表面上不会承认国家乃是自己的私产。虽然“普天之下，莫非王土”的老调不歇，但在儒家的解释里，“公”已经变成了群私的总和意思。治国者高唱“天下乃天下人之天下”，或借以扼杀别人营私舞弊的企图，或为取而代之挡门面①。刘邦当皇帝后对其父亲炫耀：不是老责怪我不事产业吗，现在你该明白了，我的产业比起老哥的谁大？黄宗羲说出了“天子实以天下为一己之产业”。

“天下乃天下人之天下”，空洞虚幻。除帝王一人，谁有权支配“天下”这样摸不到、看不着的庞大产业呢？表面上是人人有份，实际上除帝王一人而外，人人都没有自由支配的权力。在这种情况下，人人也都不会认真对待“公产”，消解不了下面“无制度化”的私有欲望。既然皇帝公然把国家当做自己的私产，以为天下之利害皆出于我，视天下为莫大之产业，传之子孙，随己好恶分羹于臣僚，还有什么理由禁止别人偷偷攫夺一份“私产”，甚且生出彼可取而代之的野心呢？因此，从上到下，各种准合法、不合法的私自瓜分与攫夺，不胜繁多。皇帝之下，有无数的土皇帝。“国家力量”认为“公意至上”，理直气壮要求所有的东西都整合在自己的统制之下。自认为国家的威权是无限的，有权随意限制和剥夺私产，实际效果却非常有限，特别是在这样幅员辽阔的大国②。

以土地为农耕社会最重要的财富之本，因为溥天之下莫非王土，所以“为耕作者的农民只有占有权、使用权而无所有权”③；编户小民虽然占有一小块土地，甚至还可以进行买卖，但在观念上土地最高所有权属于皇帝，诚如唐代陆贽所说：“土地，王之所有；耕稼，农人之所为。”当编户小农人身是被占有的时候，他们的土地占有权的意义是不会超过他们人身的意义的。④ 所谓“编户齐民”制度，是皇权通过官府缜密“编户”的方

① 《六韬》：“太公日：天下非一人之天下，乃天下之天下也。同天下之利者则得天下，擅天下之利者则失天下。”

② 王家范：《疏通知远：中国经济史通识的获取》，引自程念祺：《国家力量与中国经济的历史变迁·序》，第28—10页。

③ 侯外庐：《中国思想通史》第4卷，人民出版社1959年版，第23、27页。

④ 刘泽华：《中国的王权主义》，上海人民出版社2000年版，第84页。

式，对亿万百姓的身份和自由予以严格约束管辖。“子民”的身份、社会等级、终身甚至是世代从事何种职业、羁身的地点等等都是固定的，并由官府严格造册登记，禁止随意变更。皇权对于国民人身权的这种管束，是与对于他们财产权的管束完全一体的，所以“编户民”的一切不动产也必须由官府定期核准、登记、分级，否则百姓拥有财产即为非法。秦汉以降的古代中国国家政权，无论在理论上还是实践上，都有着不受法律制度有效制约的剥夺臣民个人财产的绝对权力。黄宗羲在《明夷待访录》中尖锐地指出了皇帝与天下的财产关系：

皇帝“以为天下利害之权皆出于我，我以天下之利尽归于己，以天下之害尽归于人，亦无不可；使天下之人不敢自私，不敢自利，以我之大私为天下之大公。始而惭焉，久而安焉，视天下为莫大之产业，传之子孙，享受无穷；……其既得之也，敲剥天下之骨髓，离散天下之子女，以奉我一人之淫乐，……向使无君，人各得自私也，人各得自利也”。

在帝制中国，在个人经济活动的微观经营层次，私人产权制度和经济自由得到一定发展。非经济因素与经济规则的冲突，主要发生在国家宏观层次，主要表现在私人财产在面对皇权官府时的安全问题上。皇权或官府对私有财产的侵犯表现在：赋役的征收摊派，从未得到过纳税人、被摊派者的同意，赋役的使用也得不到公众的监督。在征收摊派之外，皇帝官僚对个人财产任意侵夺，如朱元璋时期，“甚至地方上一个皂隶的逃亡，就屠杀抄没了几百家。……豪民尽皆诛戮，抄没的田产当然归官，……据可信的史料，三十多年中，浙东浙西的故家巨室几乎到了被肃清的地步。”①明神宗为筹款修建宫殿，派出宦官增税开矿，税监们“或征市舶，或征店税，……视商贾懦者，肆为攘夺，没其全赀。……又立士商名目，穷乡僻坞，米盐鸡豕，皆令输税”②。开矿中，“矿脉微细无所得，勒民偿之，而奸人假开采之名，乘传横索民财。……富家巨族，则诬以盗矿；良田美宅，则指以为下有矿脉，率役围捕”。③“天下之势，如沸鼎同煎，无一片安乐之地，贫富尽倾，农商交困，流离转徙，卖子抛妻，哭泣道路，萧条

① 《吴晗史学论著选集》（第四卷），人民出版社 1988 年版，第 324 页。

② 《明史·食货志五·商税》。

③ 《明史·食货志五·坑冶》。

巷陌，……商旅不行，货物不聚。”① “富者贫，贫者死”②；“方今国与民俱贫，而官独富！”③ 官吏敲诈勒索，巧取豪夺，利用合法施加成本权，制造大量损害民众的潜规则④，是皇权专制下吏治的常态。

三、抑商弱民政策

在帝国专制制度下，产权结构呈现特权与非特权的二元划分，并依社会等级呈阶梯式分布。产权和人权的界定和配置高度政治化、权力化，难以形成非人格的价格评价机制，市场配置资源的功能难以发挥作用。帝制中国的商业制度是官商制度，而不是私人自由经营制度，国家据有牟利权而凌驾于私人牟利权之上。官商制度不是为了提高经济效率和社会公共福利，而是服从于财政控制经济和社会的目的。商品经济即使繁荣也主要是服务、服从于财政需要，连城邑里的店铺利集市都是政府行政管理下的产物。生产者与经营者从属于帝国的各种特权之下，缺乏独立性。皇权专制政府控制与垄断民间商业。

秦统一六国以后，颁布贱商令，宣布“上农除末，黔首是富”。西汉高祖四年颁布的“告缗令”，宣布对商人征收重税，限制商人的权利，贬低商人的地位。汉武帝将“重本抑末”定为基本国策，在此后两千多年长期被延续。这种重农抑商的思想形成于诸侯混战时期，当时民不聊生，诸侯国国力倾尽，为取得战争的胜利，各诸侯国将解决最重要战略资源一粮食问题排在各业之首。商业是快速积累财富的手段，如果人们都弃农经商，将会对粮食生产带来消极影响。从商能够获得丰厚的利益，可以在短时期内积聚大量财富，形成与统治阶层相抗衡的力量，这对统治者是一种间接的威胁。为了防止出现经济上产生实力集团凌驾于官僚之上，抑商成为统治阶层的理性选择。既然商业蕴含着大量财富，统治者采用垄断的方式将利润丰厚的商业贸易活动控制在官僚手中。专制帝国还以差序格局下的等级观念看待对外贸易，用“朝贡贸易”的思路管理对外贸易，抵制共

---

① （明）沈鲤：“请罢矿税疏”，《御选明臣奏议》卷三十三，台湾华文书局影印清乾隆四十六年刻本，1896—1899 页。

② 《明史》卷二百三十七，“傅好礼传”，第 6168 页。

③ 《明史》卷二百二十六，“丘桥传”，第 5936 页。

④ 吴思：《潜规则：中国历史中的真实游戏》，云南人民出版社 2001 年版。

赢基础上贸易对分工的刺激，更缺乏对金融和信用的关注，历代的财政收支并不以商业经营活动为其主要财政收入来源。

帝国专制制度下，专制统治本身努力防止经济实力集团的强大。《商君书·弱民篇》明确提出："民弱国强，国强民弱。故有道之国，务在弱民。"统治者将强国与富民置于完全对立的地位，利用种种办法"弱民"，"所用的办法就是不要去投其所好，并羞辱之以刑，务必使他们'去私'而处于贫贱朴素的地位，才会为国家所用。"[①] 为保证国家强大于社会不择手段，作为皇权体系大网上的一个个凝聚和传导权力的网结，城市的首要功能不是市场交易，而是被置于皇权的控御之下。这不仅表现在官营、禁榷等统治权力对经济的控制在两千年中始终极为强大，盐、铁、茶、酒等各种高额利润的商品禁止民间经营而由官府甚至皇帝垄断专营。即使是城市民营经济，在整体上也必须首先以服务于帝国制度作为自己生存发展的前提。统治者依仗威势，在与商户的交易中用强买强卖、拖欠货款、贵卖贱买、名为购买实为强占等等手段渔利。宋代民谣"欲得官，杀人放火受招安；欲得富，赶著行在[②]卖酒醋"，生动地形容了政治发迹与经商发迹，都要仰赖于皇权这个共同的核心。

由于城市经济首先服务于统治权力，所以从巨大规模的城市建设、消费品生产和服务业的分工与规模化、统治者所卵翼下寄生人群的激增、奢靡消费风俗的形成等，所有这些启动城市经济繁荣的路径，都是以统治权力对全社会的超强控制和权力消费的急剧膨胀为前提的。一旦这种以残酷掠夺弱势群体为前提的"繁荣"超过了社会尤其是农民的承载极限，整个社会结构就会发生雪崩式的倒塌，城市遭到毁灭性焚掠、人口锐减、工商业者流离失所和被大量屠杀[③]，战乱中私人产权更加无法得到保障，帝王拥有一切财产最终所有权的产权制度与王朝兴亡一起循环性地受到破坏和复制。

---

① 孙隆基：《中国文化的深层结构》，广西师范大学出版社 2004 年版，第 309 页。

② "行在"即皇帝住所。

③ 王毅："为什么宪政对人权和财产权的保障是现代经济制度的基础——兼论罗马法以来公民社会法权形态与中国皇权社会'蚁民'法权形态的迥异"，《开放时代》2005 年第 1 期。

第二节 帝国财政的特征

财政制度规定着产权转移与产权保障的游戏规则。从行为经济学角度，财政过程可以被看做私人产权→公共产权→私人产权的转移过程。在一定意义上，产权转移的过程，是财政合约订立与执行的过程，因处于不同的历史阶段，合约呈现出隐性合约、不完全合约直至完全合约的形态。专制时代，财政合约具有不完全合约的特征，表现在合约主体的不对等、权利与义务不能对应、信息不对称等方面①。合约往往比较强调私人产权向公共产权转移，公共产权转化为私人产权的方面则比较简略，呈现一种单边性霸王合约的特征。秦始皇统一中国后，建立了农耕经济基础上的专制。直至清朝灭亡，"百代皆行秦政制"，两千多年中皇权专制制度不断发展和完善，帝国财政制度是帝制的重要支柱。

一、掠夺型财政收入制度

由于皇权的强横与集中，帝王官府可以轻而易举地为了自己的意志和利益而无限度地加重国民的财政负担，而亿万民众则对此没有起码的异议权利和博弈能力——所以官府才能够"急政暴虐，赋敛不时，朝令而暮改"②。因为赋役的供求双方在力量对比上存在天壤之别，官府实现自己欲求过程中的阻力很小，中国皇权社会中对国民的经济压榨很容易就能够达到超限度、超规模的程度。在中国历史上，之所以对于赋役压榨之超强性的哀诉不计其数，如杜甫的传世名句所描述的："哀哀寡妇诛求尽，恸哭秋原何处村"；"堂前扑枣任西邻，无食无儿一妇人。不为困穷宁为此，……已诉征求贫到骨"，因为这种超限度的诛求经常是赋役制度的常态③。

---

① 崔潮："论财政的公共性及其演进"，《西安财经学院学报》2009 年第 3 期。

② 晁错：《贵积粟疏》。

③ 王毅："中国皇权社会赋税制度的专制性及其与宪政税制的根本区别——兼论中西税制的法理差异对各自社会发展方向的重要影响"，《学术界》2004 年第 5 期。

（一）帝国财政收入制度的法理基础

自“秦制”确立“天下事无大小皆决于上”[①] 的准则后，在中国帝国制度下，一切权力只能来源于至高无上的皇帝。皇帝、国家、政府三位一体，皇帝视国为家，视人为子，既代表政府，也代表国家[②]。中国皇帝以中华大家庭家长的身份征税，对税款实施“强权征收”，并不征求纳税人的意见，当然更谈不上征得纳税人的同意。一切社会规则的设置、对社会运行的控制和管理，也都不过是皇权总摄天下的具体体现而已。于是，在皇权社会中，“身体发肤，尽归于圣育；衣服饮食，悉自于皇恩”。正像“王法”的立法权、司法权完全是皇权的禁脔一样，制税权、司税权、赠税权等等所有对于税制建立和运行的控制权，依然是最高统治者及其委派之官吏所绝对垄断的权柄，作为纳税人和服役人的“子民”绝对没有溯及赋税制度合法性源头的丝毫权利，“官爵贿赂，夺魄动心；国病民冤，如聋如哑！”[③] 在皇权面前，其他一切社会、制度和文化要素都只能屈居于“下位性”的从属地位，财产所有权的或赐予或抄没，也只能以“陛下，即天也，春生秋杀，何所不可”的原则而定夺。关于帝国财政收入制度的基本性质，韩愈的名言也许最为扼要：“君者，出令者也；臣者，行君之令而致之民者也；民出粟米麻丝，作器皿，通财货，以事其上者也。君不出令，则失其所以为君；臣不行君之令而致之民，民不出粟米麻丝，作器皿，通货财，以事其上，则诛！”[④] 可见帝国财政收入制度完全是皇权绝对统治其国民的工具，“以事其上”是帝国财政收入制度的根本目的。

赋（田赋）役（徭役）制度，是帝国财政的核心财政制度。赋役制度的基础是土地所有制度。春秋战国时期，中国的土地制度从王有向私人占有逐渐转化。自秦至唐初，国家一直以土地国有的名义调整土地的占有制度。农民对土地的占有源于国家的授予，在理论上一定时间后应该还给国家以便重新授田。国家也以田制调整为手段来实现某种程度的地权平均状况，如授田制度（汉初），屯田制（从汉武帝开始直至曹魏时期），占田制

---

① 司马迁：《史记》，中华书局1959年版，第258页。

② 在西方的封建领主制时代，国王与政府结为一体，因而政府被称为国王的“私人政府”，但国家是分立的，国王代表了政府，却不能代表国家。参见顾銮斋：“中西封建税制比较研究”，《光明日报》，2002年2月19日。

③ 《海瑞集》，中华书局1962年版，第51页。

④ 韩愈：“原道”，《韩昌黎文集校注》卷一。

（西晋）。唐代两税法改革后，土地制度从最初的国有、有限私有，变为相对完整的私有制。但土地的私人所有是有限的，帝王与官府依然是土地的最终所有者，拥有土地受益的最终索取权。王朝之初肆意圈占土地，在统治过程中抽税实质上是抽租，个体小农经济耕种的土地依然是王朝财政收入的主要来源。

（二）帝国财政收入制度的强制性

皇权专制制度下，加诸于亿万民众身上的财政责任的强制性特征十分突出。由于赋役制度是皇权绝对统治其一切国民的工具，人们习以为常的“皇粮”、“官课”等名词直接反映了赋税体制对皇权的绝对从属。中国的制税权归属于皇帝，皇帝拥有征税的绝对权力，税率、税种的变更可以由其恣意而为，通过国家强权和高压政策取得强权收入，具有随意性和专断性①。王毓铨在《纳粮也是当差》中指出：

近代的土地税不是役，而古代中国的封建田赋则是役，而且完全是役。近代的土地税建立在土地私有制之上，古代封建中国没有土地私有制，所以不可能产生近代性质的土地税。而且近代国家纳税者是公民，法律上是平等自由的，而古代中国的差税缴纳者则是具有封建的人身依附关系而隶属于帝王的编户齐民。

中国的赋税和劳役制度，仍然不过是皇权对其“子民”天然地具有无限统治威权的具体表现之一。所以，作为天命神授统治威权的具体化，帝王的制税权、制役权、增税权、甚至是恶税权等等，也就与“编户齐民”制度一样，是从每一个“子民”出生落地时开始就笼盖在他们头上的，而绝不可能如真正的财产私有制度中那样，仅是一种涤除了人身依附关系之后的财产所得税。②

帝国政府以泰山压顶之势威临于无数编户民的头上，可以轻而易举地实现“诛求尽”，而根本不会产生较大的政治博弈成本以使恶税制度受到稍微有效的阻遏；诛求对象的极端弱势化，使他们在倾家荡产之际只能

① 在西方封建领主制时代，王权仅代表政府而难代表国家，财政收入主要依靠特权取得收入，后期主要依靠协商取得收入。特权收入是指依据封建特权取得收入，收入项目一般以传统或惯例作为依据，具有排他性、垄断性。协议收入指国王通过与纳税人或纳税人代表组成的集体协商而获得收入，国王或政府在一定程度上尊重纳税人的财产所有权，取得收入的过程体现出一定的民主性。参见顾銮斋：“中西封建税制比较研究”，《光明日报》，2002 年 2 月 19 日。

② 王毓铨：“纳粮也是当差”，《史学史研究》1989 年第 1 期。

“恸哭秋原”，除此之外则没有任何稍微有效的诉求方式。所以他们也就万难有声音被“包括进税收政策的形成的过程中”，更不可能以此为起点而建立起讨价还价的代议制政治机构。在没有对于自己财产的主权、没有监督国家财政之权的前提下，则国民对于统治者所承担的经济支出，就只不过是一种奴隶性的贡赋。正如严复所说：“义务者，与权力相对待而有之词也。故民有可据之权利，而后应尽之义务生焉。无权利，而责民以义务者，非义务也，直奴分耳。……立宪之民，有囊橐主权，而可以监督国家之财政者也，吾国晚近言政法者，往往见外国一二政利，遂嚣嚣然欲仿而行之，而不知其立法本源之大异。自庚（子）辛（丑）以还，国之所议行者，亦众矣，然决知其于国终无补者，职此故耳！①

（三）以田赋为主的财政收入结构

帝国时代整个财政收入结构以农业税为主导，经历了一个将人头税摊入田亩的演化过程。特别是一条鞭法的推行，使农业税额得到增加，因为连酒醋税、房地契税、渔课，甚至一些商税都摊入田赋，使一些原由商人承担的税收改由农民负担。帝制时代晚期税收种类主要有田赋、役、工商业收入等主要项目。田赋是王朝财政收入的主要支柱。以明代为例，明朝的税收基础是农业税等直接税，工商业税等间接税微不足道。明朝立国之初征收实物财政收入，后来把部分税粮改为征银，就中央收入而言，田赋白银化的程度不高，“总的看，在三饷加派前，田赋白银化程度不会超过50%，也许不到40%”②。虽然实行田赋折银，但仍以粮食石数作为基本财政单位。工商业收入主要包括钞关税、商税、番舶抽分、门摊税、酒醋税、房地契税等，也包括对盐、茶等实行专卖的收入。钞关主要向运输者征税，但后来钞关也开始逐渐接管码头地区商税的管理。商税名目增多，税率加重，达十抽一，不利于商业的流通。1580 年钞关收银 162299 两，1578 年商税收入是 150000 两白银，1567 年福建月港海关第 1 年征饷 6000 两，到 1594 年，增加到每年 29000 两③。而在同一时期的 1571 年，政府财

① 《严复集》，中华书局 1986 年版，第 1006—1007 页。

② 吴承明：《中国的现代化：市场与社会》，生活·读书·新知三联书店 2001 年版，第 220 页。

③ 黄仁宇：《十六世纪明代中国之财政与税收》，生活·读书·新知三联书店 2001 年版，第 310 页。

政收入是银 310 万两，米麦 3061 万石，布 62.3 万匹，绢 32 万匹，宝钞 1018.3 万锭。①

皇权专制下实行“重农抑末”政策，对商人资本课以重税。尤以对工商阶层的滥税最为突出，原因在于这种惩罚性酷税本身就是皇权抑商政策和帝国专制统治方式的一部分，所以这种“王政”不仅始终合法，而且具有巨大的道德威势，“阴避加赋之名，阳行剥下之计，山海关市之利，笼于有司，日增月益，曰：‘吾取诸商贾，非取诸民也。’”② 从清初到乾隆年间百年内，盐商税赋增长 4—5 倍。国家凡有大工大役，都要商人捐输。许多商人在连续不断的大笔捐输之后因老本殆尽而濒于破产。③ 每遇水灾旱灾、农民起义，政府都要逼迫商人助饷或捐资赈济。

（四）超规模、超强度的诛求倾向

在皇权专制的高压统治下，由于地域范围的广大、地理人文状况的复杂、官府暴力集中性的强势地位，官吏在治理国家的时候，可以利用信息优势上下其手谋取个人好处。如在正税之外征收杂税，正役之外附加杂役，征收各种名目的附加税、附加费，摊派各种成本，索取各种好处。清代雍正时期征收地丁银，州县官吏以耗羡名义加征的部分占正式税银的 10%，道光时竟然达到 68%④。各级官吏打着“圣旨”、“上谕”的旗号“畅行无阻”地征收田赋，征收多少全凭一时一地的需要，全然不顾农民的承受能力。如北宋时期“中书官民，枢密管兵，三司主财，所有重要的数字已经不能对照，而下面则是亿万不识字的农民，社会上又缺乏普遍的中层机构”⑤，形成一种扁平式的、依靠从上至下施加压力的、“完成政治任务”式的征收，造成赋税征收极强的随意性。田赋征收“既以绢折钱，又以钱折麦，以钱较绢，钱倍于绢；以钱较麦，麦倍于钱。辗转增加，民无所诉”。明代税制规定，纳税人须将所缴税粮运送至指定地点、指定仓

---

① 李新宽：“制税权·财政危机·赋税结构——中、俄、英封建晚期财税体制比较”，《东北亚论坛》，2005 年第 3 期。

② （清）钱大昕：《大学论·下》，《潜研堂文集》卷第二。

③ 捐输即不通过科举制而仅凭交纳一定金额获取功名和官职的方法。据王守基的《盐法议略》记载，它始于万历年间，清代更甚，捐输少则十数万两，多则数百万两。见张尔升：“‘李约瑟之谜’新解——商人资本的角度”，《社会科学战线》2008 年第 7 期。

④ 周志初：《晚清财政经济研究》前言，齐鲁书社 2002 年版，第 52 页。

⑤ 黄仁宇：《赫逊河畔谈中国历史》，北京三联书店 1997 年版，第 159 页。

库，目的地有的远至千里之外，“因之计及运费及加耗‘米一石’，实质上因时不同，因地不同，其价值千差万别。有时也可以折布折银，其折换率不因时价而高低，而系由政府凭己意而增减”①。此外，“漕运则有加耗，征缴则多悉索；松江本无桑蚕而多赋农桑折绢；已有粗布、细布之解京，又有内号外号之织造。徭役之繁，冗费之多，实属不可悉数。到了清代，赋额有增无减”②。

二、消费型财政支出制度

财政支出的去向，反映出帝国财政极强的消费性特征。帝制时代最主要的财政支出，是军费支出、皇室支出和官俸支出，以及由于官吏腐败引发的非正式财政支出，均属消费性支出。在王朝建立初期和末期，军费支出往往占大头。政权稳定后，随着皇族人口和官吏的增多，奢侈腐化的蔓延，皇室支出、官俸支出不断攀升。皇室消费的奢侈早为人诟病，如白居易《骊宫高》就说：“六宫从兮百司备，八十一车千万骑；朝有宴饫暮有赐。中人之产数百家，未足充君一日费！”在中央集权治理庞大国家的巨大交易成本约束下，官吏腐败屡禁不绝，愈演愈烈，腐败导致的非正式财政负担成为民众沉重的包袱。皇室支出、官吏腐败导致的支出，是依靠特权用于私人的掠夺性支出，对于再生产具有巨大的负面影响。用于文教的财政支出，数量少且偏重于实施愚民政策强化精神控制的需要，具有明显的非生产性。而用于生产性公共设施、货币流通制度保障、科技教育人力资本开发的财政支出，在皇权专制财政制度下长期不受重视。我国历史上驿道的建设、江河的治理，主要是出于稳定统治的政治目的，更多属于被动的财政支出。皇帝及上级官僚，以租金分享的方式来激励下属履行自己的职责，默许官僚一定程度的腐败，弥补监督不足带来的官员卸责现象。高度的财政集权下容易出现地方政府经费不足。为了履行社会管理职能和中饱私囊，地方官员在加强搜刮的同时，又要不断向上级官僚行贿，推动特权租金层层上传。腐败成了一种有效的租金抽取和回报机制，造成大量的财政支出名不副实，潜规则盛行，社会负担不堪重负。在经济增长、社

① 黄仁宇：《放宽历史的视界》，北京三联书店2001年版，第48页。

② 黄仁宇：《十六世纪明代中国之财政与税收》，北京三联书店2001年版，第116—117页。

会剩余增加的情况下，国家财政公共支出往往能相应增长，但更多体现在官吏个人收益和财产的提高上。乾隆中期，清政府的实际财政支出约为7100万两，约占当时生产总值的4.98%，晚清大部分时期，实际财政支出占国民生产总值约4.5%，但由于吏治腐败，民众实际负担占国民生产总值的6%[①]。

帝制下的政府是一种典型的无限政府。由于国家政治权力在规模、职能、权力和行为方式上得不到任何有实质效力的限制和监督，政府的权力和规模呈无限扩展的趋势，要求有大量的财政经费以供其消费。脆弱的经济基础无法承受这种无限制的负担。无限政府无法做到及时足额地供给各级机构的经费需要，因为它的机构实在太大；无限政府也无法做到"高薪养廉"，因为它的官员实在太多。财政紧张的真正原因，不是中央的财政集中能力太弱，而是政府的"摊子"和官员们的胃口太大，征税的速度总是赶不上政府膨胀的速度。在分析政府规模膨胀的时候，有人习惯性地把注意力集中在下层官员的贪污腐化、胡作非为和关系网的扩展上，更根本的是帝国专制政治运作对于机构膨胀具有决定性影响。加强管制的建构取向和不受监控的绝对权力两极耦合，必然导致政府体系包括政府机构、公共事业和政府控制企业的结构性膨胀。无限政府一个重要的并发症是全面的经费短缺，它的财政税收秩序必然是紧张的和混乱的。中央政府采取轻税政策不足支出，重税破坏经济发展，导致"饮鸩止渴"。在体制漏洞下，中央政府加大财政负担的做法给地方政府和官员搭便车收费提供了良机，最后走上竭泽而渔之路[②]。

三、管制型财政调控制度

在自然经济条件下，政府收入以实物形式交纳的田赋为主，决定了财政收入处于财政活动中的第一位，并对财政支出形成约束。这种约束首先表现为时间上的约束，财政支出随收入而呈现出明显的先后次序。农业生产的自然周期决定了财政收入的入库时间，入库时间制约着支出的规划与使用。其次是数量上的约束，以农业为主要来源的财政收入，在人工耕作的现实技术条件下增长空间极其有限。我国农业以小块土地分散经营为

① 周志初：《晚清财政经济研究》前言，齐鲁书社2002年版。

② 李玮光、洪钢："封建皇权专制的赋税之弊"，引自中国财政学会财政史专业委员会等：《财政制度与经济发展历史问题研究》，中国财政经济出版社2005年版，第196、201页。

主，不能形成规模经济；人口增长率常常高于农业增长率，农业净剩余增长缓慢，使可由政府支配的经济资源缺乏增长弹性，导致僵化的财政收入结构长期存在，与之相适应的财政支出难以扩张。皇帝垄断一切财产最终所有权的产权制度也决定了政府职能边界不清，不可能为财政支出提出明确的数量界限，也难以运用公债手段从民间筹资调节一时的财政失衡。政府职能泛化，财政支出除了支付庞大的军费、水利设施建设与维护费、赈灾费、行政管理费等等以外，还要负担恣意而为的皇室支出，永无止境的财政需求既然不能从制度上得到合理的限制，只有寻求现实的收入制约，反映在财政调控制度上就是追求量入为出，通过对土地、贸易权的管制维系经济的稳定。量入为出的财政调控原则，再加上财政收入定额化的原则（康熙五十年起核定地丁银，滋生人丁永不加赋），使财政规模相对稳定，极大增加了财政的安全性，同时也造成了财政制度的僵化，缺欠必要的收入弹性，不能随财政支出的变化而变化。

四、专权型财政管理制度

在皇权专制制度演变中，集权与专权程度不断加强，在财政制度中的体现也越来越充分。在帝国财政发展中，财政的公共性出现时间也比较早，并得到一定的发展，但始终受到帝制下皇权“化公为私”与“以私为公”的遏制。财政的公共性名义为皇帝所用，但缺乏保证公共性实现的机制和法律，于是帝国财政的公共性程度处于不稳定的消长中。如在财政管理上，皇室财政与国家财政自帝国初始就分离，自秦代起国家公财政和皇家私财政在原则上已彻底分开，一般来说租庸正额归国家财政，杂项收入归君主私用。虽然在历史发展过程中有些曲折，如东汉时期曾经二者不分。在运行中也不那么严格清楚，如国家财政收入与皇家收入之间的调剂时常发生。但公私分离的理念一直明确，分离原则多数时候也得到执行。帝国政府还利用国家的力量，建立和完善常平仓制度与和籴政策，以调剂粮食供应，控制粮价等，都体现了满足社会公共需要的特征。这些财政支出的用途客观上实现着社会的公共职能，也是以公共利益的名义进行的。特别是帝国初创时期的经济发展与社会管理事业，抵御外敌入侵的军事费用等，公共性更强。总之，帝国财政客观上具有公共性，但这种公共性受制于权力中枢与官僚的品德与才能，是不稳定也是不可靠的。从财政实施过程看，帝国财政制度与封建财政制度比较，是集权型财政，更是专权型财政。宪政财政与帝国财政制度相比，则是有限的集权，但不专权。因为宪政体制下的财政运行中，政府被议会戴上了“笼头”，政府并不能随意收支。

西汉初年，国家财政和皇室财务分离，财政的公共性水平得到发展。到汉武帝时期国家财政和皇室财务被合并，取消了王、侯国的独立财政，全面实施秦开创的郡县制，一切收入都作为中央政府收入，全国收入都集中于中央，地方只是在一定范围内得以支出，超过者要由中央批准，中央有权调度分存各地的粮食财物。皇室财政和国家财政经常处于错位状态；皇帝作为全国土地所有者向农民直接抽税，实际上是地租，小农经济成为国家财政收入的主要来源。国家控制工商业，垄断社会财富和资源，既为国家财政谋得大量特权性租金收入。与帝国财政制度相适应，形成了户籍制度、官员考课制度、上计制度以及司法制度等，户籍制度是征收田租、赋税和徭役的凭籍，考课制度对各级官员行使财政职能的业绩进行评估，上计制度是对郡县财政机制运作进行的监控，司法则与行政合并在一起，保证官员行使财政权力。这一系列制度构建了一个农业经济基础上的面向内部的社会。

帝国的财政权力集中于官僚，官僚的财政权力集中于中央政府，中央政府的财政权力集中于皇帝，皇帝将部分财政权力委托给官僚体系以及地方政府。官吏以皇帝代表的身份向社会行使财政收入权、财政支出权和政策调整权。财政决策、执行与监督在皇权主宰下，封闭在官僚体系内进行。民众只能被动接受官府财政决策的结果，或进行消极对抗。在不堪忍受“苛政猛于虎”的情势下，以逃亡甚至造反的方式抗争。清代中央直接控制地方财政，实行“条条”式管理，财政制度较之前朝集权程度更高。清代将《赋税全书》所规定的所有赋税都置于中央财政的管理之下，对地方政府的所有收支情况进行严格的核查。户部本来应该是国家的财政管理机关，但由于皇帝大权独揽，多数时间，户部尚书扮演着皇帝的财政顾问的角色，在正常情况下，他的职责仅仅是实施一些有限的计划。户部也从来没有变成决策部门”。其他政府机构都在某些方面卷入财政管理，但任何一个大臣，都可能对财政事务提出建议和批评，皇帝是最终的裁决者。事无巨细，都由皇帝来处理，甚至某县需要从产地运进多少食盐这样微不足道的小事都要由皇帝决断①。

① 黄仁宇：《十六世纪明代中国之财政与税收》，北京三联书店2001年版，第14页。

清朝初年建立了高度中央集权的帝国财政专权制度，通过机构设置、立法权控制、解款协款制度和奏销制度保证了在垂直型的财政机构体系中，户部主管全国财政事务，主要管理全国的田亩、户口、赋税、俸饷等财政收支事宜。户部在各省设置布政使，主管一省的“钱粮”。布政使为户部派驻各省的代表，属中央而不是地方财政机构。户部还设分支机构管理各地的漕粮运输和盐政事物，并允许各省级机构在省内设“道”等下级机构，中央控制的财政机构直接插入地方之中。田赋征收的税率、时间、方法、税额和税目等，均由中央据各地的情况统一审核作出规定，地方不得任意减免或增加税额。一省的赋税收入，经地方财政官员汇总后，按户部核准的数额留一部分供本省开支，其余部分均须按照规定上解户部或解运他省或指定军事区域，称作“起运”。清代赋税收入中，“起运”所占的比重非常高，中央财政给地方财政留下的空间非常小①。中央直接控制地方财政，实行“条条”式管理，财政制度较之前朝集权程度更高。

清代户部设14个清吏司，分管各地财政和某些特定事务。在各外省，设漕运总督、巡视盐政等机构专掌漕政、盐政等事物；各省设布政司，“掌一省之政，司钱谷之出纳”，下有督粮道、盐法道、盐运使等官②。布政司掌管一省财政，不受地方督抚辖制，实为中央财政机构的分支。各项赋税的征收管理由地方组织进行，但是各项赋税的立法权均由中央垄断。清朝初期确立了预算编审与“奏销制度”规定，户部每年根据各省收支情况编制预算，并审查各省的财政报告。各省上报的州县征缴总数必须与通知百姓应该缴纳的税单上的总数相符，布政使司上报的应收、未收总额必须与各州县上报的细目吻合③。解款协款制度、奏销制度保证了中央对全国财政收支的控制。

第三节　帝国财政的成因及影响

古代中国的帝国财政制度，是中国在特殊地理环境、公共生存危机压

① 郭艳茹：《经济史中的国家组织结构变迁：以明清王朝为例》，中国财政经济出版社2008年版，第68—70页。

② 刘锦藻：《清朝续文献通考》，商务印书馆1955年版，第5617页。

③ 曾小萍：《州县官的银两》，中国人民大学出版社2005年版，第17页。

力下，由于社会结构和经济结构的相互作用，当事人在路径依赖下持续择优选择过程中逐步形成的已经并将继续对中华民族的历史现实与未来产生深远的影响。

一、帝国财政的成因

帝国财政的形成既有客观因素起作用，又是主动选择的结果，在短期选择与长期效益的悖离中成为中华文明的重要组成部分。

（一）公共生存危机压力下的客观需求

中国处于西部高原与东部太平洋屏障之间，南北方向地势广阔平坦，减少了区域外的冲击，有利于通过大规模军事行动形成统一国家，并为大市场形成提供了方便。古代中原和南方地带农耕文明发达，北部盛行游牧文明。以中原为中心的农耕文明领先于周边，但在冷兵器时代北方游牧文明却保持相对军事优势，双方都无法保持对对方的压倒性优势。时而游牧文明臣服中原农耕文明，时而游牧民族入主中原。由于农耕文明与游牧文明都面对来自自然的生存压力，受到马尔萨斯人口陷阱的困扰，水、旱灾害伴随着中华民族的历史。在人口增长——生态环境恶化——资源减少——水、旱灾害导致的公共生存危机面前，“牧民”与“农民”间的战争以及内部战争，既成为摆脱来自自然的公共生存危机的手段，本身也成为公共生存危机的原因。“乱离人不如太平犬”，频频发生的战争破坏，使对统一强大国家的渴望成为人们长期的共同追求，而战争中产生的军事强人往往成为人们寄予带来统一盛世渴望的对象。于是，在历史上周期性人口压力与资源环境约束下，农耕文明与游牧文明的激烈冲突以及自然灾害引发的公共生存危机，造就了对中史集权大帝国的客观需求，公共生存面临的巨大风险，成为中华民族接受帝国财政的动力。

（二）对政权创建期间战时财政的路径依赖

中国农牧文明时代公共安全危机的巨大压力周期性积聚与释放，导致每一个崛起并走向统一的强大政权，无不是通过战争而建立，并须维持强大的军事和战争能力。政权创建期间的军事征服过程，难免具有流寇式特征，组织收入“不择手段”，掠夺成性，凭借暴力或暴力潜能，实行集权专制，强化了君主和官僚权力的一元化、绝对化的态势，整个社会缺乏有组织的力量对其实施制约和监督，结果导致皇权专制国家可以畅行无阻地通过行政、司法、军事机构和各级官吏直接实施对农民的政治统治、赋役征发乃至军事镇压。建立政权后的统治者，习惯于运用强制性手段处理经济和社会问题，在获取资源时倾向于“即用即取”，视社会财富如自产，无视公众的私有产权。

历代皇帝将管制作为经济政策手段的优先选项，把暴力潜能的垄断性延伸到经济领域，打击军事实力集团的出现，不容经济实力集团的强大；将打击地方势力作为基本国策，造就了皇权主宰下的官府控制分散小农的双层社会结构。中国的中间阶层——政府与小农之间的缓冲地带被消灭了。黄仁宇先生把这种社会结构称为“潜水艇夹肉面包”：“上面是一块长面包，大而无当，此即是文官集团。下面也是一块长面包，大而无当，此即是成千上万的农民，其组织以淳朴雷同为主。中层机构简单，……上下的联系，倚靠科举制度。”①分散的小农直接面对代表皇权的各级官吏，处于绝对的劣势地位，只能履行义务而不能享受权利。没有任何一种力量制衡帝制皇权，专制政府得以长驱直入，持续向全社会提出各种要求。

（三）低技术条件下大国治理中降低交易费用机制的长期强化

中国历史上专制帝国在治理中遭遇交易费用巨大的难题。土地、人口与收入等社会经济信息获取成本大。中国历代王朝均以土地和人口作为纳税的基础，国家越大，信息获取的难度越大，官僚体系运行的信息获取成本也越高。统一王朝依靠庞大的官僚体系完成社会管理任务，国家需要选拔、监督和考核官僚，支付粮食、薪俸、军费维持政府运转，支持巨大的漕运系统保证物资供应。但来自官僚系统巨大的委托—代理费用，使统治者无法对官僚体制的责任与权利范围进行明确划分，难以测量和评价官吏的绩效。帝制下为降低交易费用，选择了简化社会结构和经济结构，强化管制的方法。实行“编户齐民”的户籍政策，将农民固定在土地上；对经商进行抑制，实行严厉的商业许可制度；或通过“盐铁专卖”等由政府垄断生产经营。这种“低自由、低效率、高稳定”的政策选择，在短期内达到降低交易费用的目的，但强化管制产生官僚体系膨胀的内在需求，政府

---

① 黄仁宇：《放宽历史的视界》，三联书店2001年版，第59页。

内生交易费用在长期呈上升趋势。强化管制降低交易费用机制的长期强化，塑造了中国古代皇权的专制性特征。

二、帝国财政的影响

在帝国财政的支撑下，皇权专制制度能够暂时地制造一个和平的社会环境，充分利用国家政权的力量，使社会资源能够迅速、及时、有效地集中于政府手中，由政府集中配置以实现经济增长和保障对外安全，曾经成就了古代中国的强大与繁荣。但是帝国专制下权力不受约束的弱点，会给经济发展带来巨大的副作用，如经济结构失调、政治腐败丛生、资源利用的低效和大量浪费、社会缺乏公正性、社会成员贫富严重两极分化等。由于皇帝和官僚权力呈现绝对化趋势，整个社会缺乏有组织的力量对之实施制约和监督，必然导致皇权专制国家可以畅通无阻地采取各种强制措施手段，对农民直接实施赋税徭役征派和社会经济管制，导致社会缺乏自由与活力，引起周期性的治乱兴衰。

（一）抑制贸易发展，阻遏分工深化，不利产业升级

帝国财政制度以中央集权为前提，有利于实现文字、货币、度量衡、行政管理、司法等的统一，抵御外来的入侵，创造稳定的国内秩序，从而为推动商品经济的发展创造了条件。中国在世界上较早建立帝国制度后，以农业为主的社会生产力得到较为充分的发展，与同期其他国家相比社会经济发展更为繁荣。但帝国财政制度下，产权和人权的界定及配置依据等级和特权进行分配，不是按照普遍性原则进行的，难以形成非人格的价格评价机制，抑制了贸易的发展，不利于工业革命的发生。

程念棋认为，中国古代市场可划分为财政市场与生活市场，与特权相关的市场是财政市场，因政府的财政需要而形成。满足人们日常生活品需要的是生活市场，可分为两种：一是满足特权者日常生活需要的生活市场，二是满足非特权者日常生活需要的市场。财政市场以获取超额利润为目的，而生活市场则以满足需求为目的。财政市场一般以挤占生活市场，尤其是非特权者生活市场为自身存在的前提。财政市场越膨胀，生活市场就越萎缩①。在

① 程念祺："论中国古代经济史中的市场问题"，《史林》1999 年第 4 期。

国家强权与“重农抑商”政策限制下，不可能造就出一个强大的中间社会，乡村中的中间组织多是在宗法关系上的宗族组织，渗透着政府的权力。这些宗族组织的当权者对私人产权具有一定的控制力，交易中往往采取血缘的或拟血缘的交易方式，彼此交换的是一种跨期资源。由于传统社会的自给性质，这些交换多数不是商品交换，而是劳务上的互助行为。比如兴修地方性的公共工程，处理区域性的公共事务，都不是严格意义上的产权交易，其中包含相当部分的集体交易，大多都受非正式制度的约束，没有明确的契约界限。主要依赖于建立在家族或血缘关系之上的信任，难以得到正式制度的保护。

在帝国财政制度下，非特权者的生活市场，虽然在集市的基础上后来演化出店铺这一较高级的市场交易形式，但店铺发展最主要的目的主要还是服从财政市场的需要，集市和店铺的设立和发展都是政府设计和行政管理下的产物。政府建立财政市场的手段，或是借助其赋税政策，或是借助其专利政策，总体上来说是不发达的。而市场交换的普遍化及货币经济的发展，是降低交易费用促进市场繁荣的必要条件。但无论是市场交换程度，还是货币经济发展水平，往往都是政府选择的结果；而强大的政府力量以及在当时压倒一切的政府财政需求，使得政府在做出这种选择时，所受的制约是非常有限的，使“特权—非特权”二元分析框架下形成的价格机制对分工和经济发展的负面影响长期化。

在中国漫长的皇权专制统治时期，许多商业活动为国家所垄断。盐与铁的国家专卖制度早在西汉时就已经形成，后来专卖制度一直延续下来。从两汉时期开始的皇权对重要商业活动的垄断，到帝国晚期愈演愈烈，成为中国历史的一大特征。经济交易大量表现为官与民之间的交易，而交易规则由官方制定，充斥着霸王条款。在强大的皇权面前，民众只能担当弱势群体的角色，对所支配的商品没有绝对的所有权，交易中的产权价值难以实现。不平等的市场地位造就出不平等的产权交易，官民交易的交易成本居高不下，民间交易则因受到官府的限制而规模效益得不到充分发挥。商品经济提高资源配置效率的基础，是交易主体间处于平等地位；为提高社会效率的目的，交易中处于弱势地位的交易主体更应得到保护。亚当·斯密说：“在从事商业的国家中，法律的力量总是足以保护地位最低下的国民。”[①]

① 亚当·斯密著，蒋自强等译：《道德情操论》，商务印书馆1998年版，第286页。

但帝国权贵经济体制下的“伪商品经济”恰恰相反：它越是发达热闹，也就越彻底地实现了孟德斯鸠所说的“没有贸易就产生抢劫”[①]，实现了权力对社会弱势群体压榨和掠夺的极端化。以明代为例，这样的事情比比皆是：

自矿税繁兴，万民失业，朝野嚣然，莫知为计。皇上为斯民主，不惟不衣之，且并其衣而夺之；不惟不食之，且并其食而夺之。征榷之使，急于星火，搜托之令，密如牛毛。今日某矿得银若干，明日又加银若干；今日某处税若干，明日又加税若干。……上下相争，惟利是闻。皇上爱珠玉，人亦爱温饱；皇上忧万世，人亦恋妻孥。奈何皇上欲黄金高于北斗，而不使百姓有糠！斗升之储？皇上欲为子孙万年，而不使百姓有一朝一夕之安？[②]

夫财也，民之命也，取民之财是取民命也。今穷天索产，罄地伐毛，尽宇宙间靡有留利，黄旗相望于郊原，虎冠遍满于廛市，撤屋据坟，搜藏发窖……[③]

奸民纳贿于中官，辄给指挥千户札，用为爪牙，水陆行数十里，及树旗建厂。视商贾懦者肆为攘夺，没其全赀。负戴行李，亦被搜索……[④]

在这种等级制产权与人权配置的掠夺性财政制度驱动下，不论是政治层面抑或是经济层面来说，新制度因素孕育生长的可能性都被完全阻绝，而且连维持传统社会所需的经济贸易活动都最终败落凋敝。明代初年，朱元璋将大量江南富民强制迁徙到风阳、南京等其政治权力的核心地区，加以直接控制，并进而施加种种莫须有的罪名而对他们横加屠戮和抄没，“富室多以罪倾宗”[⑤]；“民中人之家大抵皆破”。[⑥] 元代以来，曾产生沈万三等一批以经营纺织、海运等行业而发家的著名富豪，但经过朱元璋的残酷扫荡，工商阶层完全破产，甚至人身和家族都被诛灭。其中最有名的是苏州沈万三家族的例子。沈万三在当时富可敌国，声名赫赫，虽然千方百

① 孟德斯鸠：“贸易的精神”，《论法的精神》（下册第四卷第二十章），法律出版社 1985 年版，第 15 页。

② 谈迁：《国榷》（卷七十八 5 册“神宗万历二十八年”），中华书局 1958 年版，第 4854 页。

③ 《明实录·明神宗实录》（卷三三四），中央研究院历史语言研究院校印本第 59 册，第 8186 页。

④ 《明史》（卷八十一），“食货志·五”（七册），第 1978 页。

⑤ 《明史》卷二百九十六《郑濂传》（第二十五册），第 7584 页。

⑥ 《明史》卷九十四《刑法志·二》（第八册），第 2318 页。

计向统治者献媚，但最终的结局却是不能逃脱家破人亡的厄运[①]：到了清代末年，衙门官吏们甚至可以任意掠夺民众的财产，衙门胥吏假借征派赋役的名目，随心所欲、放胆无忌地将有产之家掳掠一空[②]。

根据亚当·斯密的自由竞争理论，交换促进分工，分工带来的专业化导致技术进步，技术进步产生报酬递增，促进进一步的分工和市场范围的扩大。在自由价格机制下市场能够形成有效率的分工水平，并实现内生演进，进而促进经济增长。但是，通过自由竞争推动产业升级和经济增长的前提是，参与交换的各方具有平等的议价地位，交换是平等自愿没有掠夺的交换。但参与交换各方的议价地位是由特定的产权结构从而也是由特定的财政制度决定的。只要财政制度和产权结构造就了社会中不平等权利的存在，存在各种不同的特权，则特权在实现其利益最大化的过程中必然介入市场，产生非平等自愿的强买强卖。非自由价格机制阻碍分工的演进，造成市场的萎缩，无法为科技革命提供动力和促进产业升级。

帝国财政制度下，市场的范围没有得到持续的扩大，并且经常发生萎缩，市场被分割。秦始皇统一中国、统一货币、统一文字、统一度量衡等为打破封建型财政制度下的市场分割、形成统一的国内市场创造了条件，这样大的市场本应促进中国的分工和专业化的发展，以至使中国在世界上较早出现生产方式的变革。但这一情况没有出现，生产组织方式创新缓慢。其中重要的原因除国家出于财政利益而设置等级化产权和人权外，还与国家对市场的扩张的不断破坏有关，主要表现在：破坏货币制度的统一和稳定，抑制商业发展，设置众多国内贸易关卡。

在交换的发展中，西欧在绝对主义王权时期才形成了统一、稳定的货币制度，而中国虽然在秦始皇时就曾统一了货币，但货币统一的局面并没有能一直持续下来。不少王朝政府经常铸造劣币发行辅币，破坏货币的稳定和统一。在极端的情况下，甚至取消货币，使货币经济退化为物物交换

---

① （明）田艺蘅：《留青日札》卷三十五（下册），第1108—1109页，“沈万三”条记述：今人言富者必曰沈万三秀云，盖元末人也。……洪武中，万三、万四率先两浙大户输税万石，仍献白金五千两以佐用度，……太祖尝犒军，万三欲代出犒银。上曰：“朕有军百万，汝能遍及乎？”万三曰：“每一军愿犒一两。”上曰：“此虽汝好意，然不须汝也。”由此遂欲杀之。太后苦谏，以为“彼富固敌国，然未尝为不法事，奈何杀之？”上意乃释然。……后得流云南。

② 曾国藩：“里胥”诗云：“贫者勉自效，富者更可悲：隶卒突兀至，诛求百不支，茜茜纨绔子，累累饱鞭笞。前卒贪如狼，后队健如牦；应募幸脱免，倾荡无余赀！……此辈如狐鼠，蓁蓁肆恣睢。聊为遒人徇，敢告良有司？”，见于《曾文正公诗文集·诗集》（卷一）。

经济。自东汉以后，这样的实物经济持续了长达八九百年的时间。国家为了财政利益，造成货币制度的混乱，甚至使货币功能丧失，这显然大大增加了交易费用，使得由单位交易费用决定的市场范围缩小[①]。在宋、明时期，通过丝绸、瓷器等对外贸易，有大量美洲白银输入中国，由于商业并非“主业”，民间商业活动与政府财政收入的汲取过程缺乏“合适的金融中介”，这些得自对外贸易顺差的白银并没有进入流通体系，进而为创造信用货币作出贡献，而是大部分为民间所藏。同时代的西欧、日本的中央和地方政府则充分利用手中掌握的黄金、白银等货币创造国家信用，为本国的资本主义发展提供充足的货币，同时还通过发行国债、创立银行等办法带动了私人资本市场的发展。

古代中国在长期的发达的农业经济中，始终没有建立起以贵金属为基础的稳定的货币体系，始终没有将统一、稳定的货币体系的供给视作国家的基本责任，相反却多次将货币发行作为取得“铸币税”和“通货膨胀税”的工具，来增加财政收入。不少王朝铸造劣币发行辅币，破坏货币的稳定和统一，甚至取消货币，使货币经济退化为物物交换经济，增加了经济运行中的交易成本。

社会分工、专业化与市场扩张的互相推动，是提高社会经济效率和促进产业升级的重要力量。但在帝国财政制度下，为了巩固其以小农制为根基的财政基础并从商业中获得可观的财政收入，历代王朝都奉行抑商政策，沿袭着抑制、干预和官方垄断的传统。政府通过对民间商业的管制，对其经营范围的限制以及对民间富商的直接剥夺抑制了民间商业的发展，从而限制了商业作为专门从事交换活动部门的发展，阻碍了单位交易费用下降，市场扩张的好处无法实现。而政府对盐、铁、酒等具有全国性市场的商品的生产或交易进行垄断也限制了生产方式的变革，虽然政府可以凭借财政手段集中生产要素，进行较大规模的生产，但因为垄断的存在，官营工业本身出现分工和专业化升级缺乏制度激励。由于生产者从属于皇权下的官府，因此，商品经济是权力型经济，是官僚制经济的延伸，是“官僚制食物链”的一部分。“除了由国家撑腰、监督和控制的特定的商人集团（如13世纪的盐商或广州的‘公行’）外，中国没有资本主义。”[②]

① 盛洪：《分工与交易》，上海三联书店1994年版，第179页。

② 布罗代尔著，顾良等译：《15至18世纪的物质文明、经济和资本主义》（第2卷），北京三联书店1993年版，第655页。

从局部来看，中国古代经常存在众多繁荣的市场，但其范围却受到政府限制，全国市场由于特权的存在而被分割，由于国家的过度掠夺而出现萎缩。在国家与民间信用体系和产权法律体系缺乏的情况下，传统中国社会的经济形态始终只能是一种初级形态的、不成熟的、地域性很强的，与宗法制度息息相关的商品经济。产权和人权的界定和配置高度政治化与权力化，民众的经商自由权和私人财产权得不到保障，商品经济的繁荣服务于财政需要，无法在发达的集市交易基础上，形成非人格化的市场，进化出依托复杂的契约法律保障之上的交易所等市场的上层组织，自然无法促进分工的进一步深化，推动产业升级并引发工业革命。

（二）缺乏产权保障，激励寻租创租，不利于生产性人力资本积累

产权的初始配置状态，通常源于那些有能力剥夺别人的人夺取了他们所能夺取的一切，然后以某种身份保护产权，带来社会产出的提高。中国帝国财政制度下，产权结构是在最高统治者的直接决策下形成的，表现为王朝建立之初界定与确立产权，在统治过程中又对民间产权的肆意侵犯。官府打出公共利益的幌子，随意解释已有的法律法规条文，乱收费、乱摊派、乱抄没，民间的产权俨然是皇帝或官府的囊中之物，可以随意取用。宋太祖曾说："富者田连阡陌，为国守财尔。缓急盗贼窃发，边境扰动，兼并之财乐于输纳，皆我之物也"[①]，私人所藏俨然国家财库。社会等级化、特权化造成了人权的不平等，导致不同身份的社会成员之间互动和合作的困难。"大臣们作威作福到这种地步，以致简直没有一个人可以说自己的财产是安全的，人人都整天提心吊胆，唯恐受到诬告而被剥夺他所有的一切"，人们"行事总是十分谨慎，难得信任任何人"[②]。"在中国受众人抱怨的不诚实，就像在古埃及一样，无疑部分是家产制国家财政的直接产物。正是家产制的财政机关，到处培养着这种不诚实的作风。不管是在埃及还是在中国，征收赋税的过程都非常相似：突然袭击、鞭笞、亲族的救助、被迫者的哀号、勒索者的恐惧以及种种妥协"[③]。财政制度体现不出对产权的保障，社会公众无法产生稳定的经营预期，不敢露富，不敢扩大经营规模。

---

① 王明清：《挥麈录》（卷一），"后录余话"。

② 利玛窦：《利玛窦中国札记》，中华书局1981年版，第94页。

③ 韦伯：《经济与社会》（林荣远译），商务印书馆1997年版，第263页。

帝国制度下实施的是一种全能式统治，皇权的边界由皇帝决定，简直是随心所欲的。皇权既是行政者，也是立法者和执法者，同时也是制税权的源头。代表皇权的任何个别的官员都可能不受限制地体现着全方位、多功能的统治威权，于是各级官吏都可利用这种高度统一的权力结构，使受委托的皇权成为腐败的源泉。在以皇权为塔尖的金字塔型行政科层权力结构下，对于官吏的激励在于晋升。在缺乏民主评价机制的政绩评价机制下，由于逐级考核原则，上级评价对下级官员至关重要，于是下级官吏之间展开争夺上级官员宠幸的竞争是必然的，结果形成了“竞争性腐败”机制①。在中国“礼仪”的包装下，各种名义的“礼金”、“孝敬”层出不穷。在送礼的对象中，包括上司及其幕僚、胥吏等 以及来访的朝廷巡视官。于是，承载这感情投资（或感激）的货币（或财富）流便向权力高层流动，直至皇帝本人，相对应的是对民众负担的层层加码。官吏天然地享有制税权和司税权，赋税徭役的名目和额度，随着官吏网络的延伸、官吏人数的膨胀层层叠加而漫无边际。皇权的制度网络鼓励、甚至是迫使各级官吏横征暴敛而“与民为仇”，南宋杨万里深痛的叙述了这一机制的形成过程：（官吏）不仇民，则大者无功，而其次有罪。罪驱之于后，功啖之于前，虽欲不与民为仇，不可得也……上赋其民以一，则吏因以赋其十；上赋其民以十，则吏因以赋其百。导致百姓揭竿而起的最终根源，是那个造成各级官吏“不仇民，则大者无功而其次有罪”的帝国制度，以及皇权威势下官吏们层层加派的恶税制度。②

帝国财政制度下，特权拥有者拥有比非特权拥有者更为优势的权力，可以利用其优势地位对非特权者进行掠夺。除了赤裸裸的掠夺行为，在市场中的掠夺是通过社会交换中的强买强卖进行的，并且被作为交易规则而使非特权者被迫接受。这时所形成的价格机制是人格化的价格机制，其价格形成是与特定参与者的特定产权身份联系在一起的。在社会中存在众多的双边议价行为，而且在这双边议价中，还不能限制先要价者的权力。皇权至上下尽管存在私人产权制度，但是在皇权和国家机器面前，因为皇权可以超越律法，私人财产权十分脆弱，容易受到官府与士绅的侵害。皇权是没有约束的权力，而没有约束的权力是财产权利的最大敌

① 参见刘云龙：《民主机制与民主财政》，中国城市出版社2001年版，第192—199页。

② 王毅：“中国古代皁权社会赋税制度三定律”，《中国社会科学院院报》2004年1月29日，第3版。

人，成为民主和自由的最大障碍。政权高于一切导致“官本位”的价值取向，人们所有的活动都围绕着追逐权力。在王朝赋予的政治权力高于财产权利的通则下，政治地位在某种程度上具有支配和保护财产权利的能力。

掠夺型帝国财政制度激励官员寻租创租牟利，进而在全社会带来升官发财的激励，抑制人力资本在科技教育领域的积累。帝国财政制度直接导致了经济垄断和官员腐败。“政府垄断了供朝廷和行政机构消费的许多商品的生产和分配，这些商品包括武器、纺织品、陶器、皮革制品、服装和酒等。另外，政府还完全控制了全体人民所必需的基本商品的生产和分配，如盐和铁。这些限制剥夺了中国商人成为无约束的企业家的机会，使经济失去了自由发展的可能性，同时也助长了官员的腐败和堕落，因为朝廷官员可利用他们的特权地位，操纵国家垄断商品为个人牟利。”① 既然可能取得的经济利益的多寡，决定于在社会中的所处的等级地位，而等级地位除了来自出身便是来自在官僚体系的地位。于是，整个社会的激励机制便向取得特权地位和寻租创租倾斜。古代中国社会的资源被大量投入科举谋官或以财取官，进而谋取更大的政治经济利益。与此同时，人们不愿增加与生产有关的科技教育方面的人力资本积累。

家国一体的帝国财政制度维持长期稳定，财政制度对产权的界定和分配便只能局限于内部，呈现鲜明的内敛性，而且在天然屏障的保护之下，中国的财政制度从未如欧洲在遭到日耳曼人入侵、中东和印度在遭到穆斯林入侵时那样被迫接受来自外界的大规模变革，后来少数民族入主中原，也依然只能沿袭旧制。明清两朝是我国历史上社会最为稳定的时代，取得了在封闭体系下农业经济社会的最高发展，但却无力继续朝前迈进。在这几个世纪中，西欧在经历了长期的封建型财政制度后，只经历了短期的绝对主义下帝国财政制度，就采用了宪政财政制度，发展成为现代化国家。财政制度的转型，使产权界定遵循了普遍性原则，使社会分工和合作空前发展，非人格化市场价格形成，市场机制成为资源配置的主要方式，并使社会分工和专业化水平按照效率标准进行，为一个生气勃勃的新欧洲崛起奠定了制度基础。

① 斯塔夫里阿诺斯著，（吴象婴、梁赤民译：《全球通史》，上海社会科学院出版社 1988 年版，第 444 页。

杨小凯指出："大家都尊重财产，就有一个保险在里面。我丢了权力不怕，因为我的财产不会被别人侵犯。这样，人就变得文明了，不会抓了权不放的。这在西方是一个传统，……不像中国古代，丢了权，皇帝可以把你的家产抄没，没有这种事。丢了权就丢了权，你就不当官了。地产还在那里，不是你死我活的。这是政治共和的一个基础。……因为权利不清的时候，老就想抢人家的，因为抢不算抢。我白拿你的，也不算偷。那大家当然都想拿。地产不清的时候，人就不文明。而且，这个时候，有权的人可以任意解释，说我这样做就是对的。政治上就变成你死我活了，这个政治共和就搞不起来。"① 西欧绝对主义时期的王权同样侵犯私有财产，但幸而那里财产的不可侵犯性也在发展，其国家间的多元竞争，政、教、商的分离等，促进了共和与宪政的形成，有利于形成和发展价值巨大而又比较安全的私人财产和资本。私有财产神圣不可侵犯原则的发展，为西欧长时间内的经济增长利制度创新提供了必要保障。

（三）缺乏协商与制衡机制，引发社会周期性震荡

帝国财政制度与官僚特权政治相表里，供养着一个无限的政府。"在特权政治下的政治权力，不是被运用来表达人民的意志，图谋人民的利益，反而是在'国家的'或'国民的'名义下被运用来管制人民、奴役人民，以达成权势者自私自利的目的。"② 由于缺乏官府与民间的协商机制及对皇权的制衡机制，财政支出的膨胀在强权下既无法受到遏制，又不能促进长期经济增长。农业经济增长带来的财政收入，无法赶上支出的膨胀，各级官僚机构不得不在预算之外谋求收入来源，官员们则谋求俸禄之外的收入，索贿受贿、贪污腐败屡禁不止。整个社会缺乏中间力量和体制内部对皇权及其赋税体制的有效制约，人民承担的赋税名目和数量，必然随着庞大无比的官僚机构体系的无止境的扩张而无限递增，走向竭泽而渔是不可逆转的必然趋势。在皇权专制统治下，人民对涉及自身利益的赋役征派无发言权，无征收率的博弈谈判权，只能做政府强加的赋役负担的被动承受者，没有选择和回旋的余地。在王朝初创时期，皇室和官僚队伍相对原始，支出数额还比较低，财政收入可以支撑这时期的支出。而到王朝中后

① 杨小凯："土地产权与宪政共和"，《南方周末》，2003年5月22日。

② 王亚南：《中国官僚制度研究》，中国社会科学出版社1981年版，第190页。

期，相对固定的收入难以支持不断膨胀及突发性支出，王朝因陷入财政困境而无力抵御天灾外患，因横征暴敛而激起民变，导致政权的最终解体，引发社会周期性震荡。

中国帝国制度后期的一个显著特点，就是专制权力的高度强化及其所导致的“权威主义”势能向全社会一切角落的强烈辐射和恶性膨胀。专制权力走向极端，最大限度地驱使全社会一切阶层，蜕变为仅为满足权力阶层最大利益而存在的工具，这样一种整体性态势弥漫于全社会的经济生活，于是产生了一系列虽然具备了商品和市场交易的外壳，但其本质却越来越悖逆于商品经济制度的怪胎。帝国财政体制也可以通过兴矿、贡赋、任意剧增赋税等名目，越来越加重对国民和工商阶层财富的掠夺。权力通过五花八门、无奇不有的方式并直接借助于“市场”以牟取暴利。如利用国家的禁榷、禁止海外贸易和对专卖商品的垄断权而大肆走私贩私、倒卖专控商品的准卖配额；利用采办、进御、上供、采造、织造、采木等等专制体制无偿征调占用巨额国民财富的特权，从中贪污瓜分，然后再通过市场转手抛售而凭空获得暴利；凭借权力以占用通衢要道而开设皇店和权贵家店；开设“官店”以邀集商贾囤积货物；借用官员特惠免税的便利挟带商船私货；偷逃国税等等。由于来自“市场”的巨大经济利益的强烈诱导，权力阶层甚至为了争得更大的商业份额，邀集流氓恶棍而大打出手，导致官匪一家的黑社会化。权贵甚至可以既掌管以横行不法、残暴酷虐著称的特务警察，又在京师经营“千余区”巨大规模的“店舍”[①]！

如亚当·斯密概括的：“一切特惠或限制的制度，一经完全废除，最明白最单纯的自然自由制度就会树立起来。每一个人，在他不违反正义的法律时，都应听其完全自由，让他采用自己的方法，追求自己的利益，以其劳动和资本和任何其他人或其他阶级竞争。这样，君主们就被完全解除了监督私人产业、指导私人产业、使之最适合于社会利益服务。……按照自然自由制度，君主只有三个应尽的义务，……第一，保护社会，使不受其他独立社会的侵犯。第二，尽可能保护社会上各个人，使不受社会上任何其他人的侵害或压迫，……第三，建设并维持某些公共事业及某些公共设施……”[②] 由于皇权专制下官府对权力的垄断，民间缺乏自由，在政治

---

① 《明史》（卷一三〇）“郭勋传”，十三册，第3823页。

② 亚当·斯密：《国民财富的性质和原因的研究》（下卷），商务印书馆1974年版，第252—253页。

权力失衡下造成经济能力与财富的恶性两极分化，民不聊生甚至饿殍遍地状况出现的话，离社会的崩溃就不远了。

帝国时代一个个王朝的周期性兴起与崩溃，与财政制度内部存在不可调和的矛盾密切相关。以农业经济为基础的财政收入的相对固定性与以皇权专制为基础的财政支出的不断膨胀性的矛盾，总是周期性地发展和激化，带来财政危机的周期性爆发。在传统自然经济条件下，帝国财政收入主要来自于田赋，工商税收和官产专卖收入的数量很难有持续的增长。由于耕地数量增长有限，尤其是在王朝的中后期，人口增加导致人均可耕地下降。过分开垦造成环境恶化，灾害频发。农业技术革新慢，土地收益很难有人的增加，田赋利依附于土地收益的人头税的数量相对固定、缺乏弹性。但帝国财政支出却有不断膨胀。帝国财政支出中的皇室支山和官俸支出，随着皇室人口和官僚人数的增加而自然增长，难以控制；而军事支出和应付突发危机的支出，具有不确定性，随时可能会暴发性增长。在王朝初创时期，皇室和官僚队伍相对原始，支出数额比较低，财政收入可以支撑这时期的支出；而到王朝中后期，相对固定的收入难以支持不断膨胀的甚至突发性的支出，帝国就会陷入财政困境，或因横征暴敛激起民变而灭亡。一旦王朝内部能够通过改革加以遏制，就能促进所谓的王朝中兴。但由于根本性问题没有解决，因而改革或变法一般只是缓解矛盾，延续王朝存在的时间而不能使王朝免于灭亡的命运。

中国帝国专制时期特别容易受到饥荒等灾难的毁灭性打击，是由于在严重缺乏批评质疑、社会信息被权力高度垄断的政体中，了解真相只是极少数人的特权。人民对涉及自身利益的赋役征派无发言权，无征收率的博弈谈判权，只能做政府强加的赋役负担的被动承受者。天长日天长日久，下层民众被到处泛滥的虚假信息所统治，政府也因整个社会信息系统的误导而作出越来越重大的错误决策，饥荒等灾难的后果被极大程度地扩人蔓延。传统的中国皇权专制造就的不仅是一朝一代的衰亡，而是一种可以将其恶性程度极高的“专制基因”不断传布开来和遗传复制下去的“自动程序”，以至于我们以后虽然用上全新的机器，但是运行它的程序却依然可能带有旧的病毒，依然可能沿着旧有的逻辑重新引发致命的灾难。[①]

---

① 王毅：“中国皇权制度逆现代性的主要路径——从明代的历史教训谈起”，《开放时代》2000年第7期。

帝国财政曾是成就古代中国强大与繁荣的重要因素。中央集权的规模效应在一定时期提高了经济效率和社会管理效率。但帝制下中央集权缺乏制衡的权力结构设置，就像一台没有刹车装置的航船，其前进顺畅与否依赖于舵手的掌控水平。但帝制下皇帝的继承制度虽然有意规避了激烈的继位争夺，但无法避免皇帝的道德风险和有限理性。于是，帝制下政治的稳定与经济的繁荣不具有可持续性。秦统一后，随着帝制的建立，以皇帝为首、以官僚为体的强大的国家机器的形成，中国社会变成一种头重脚轻的国家主导型社会。一方面是国家愈趋有序、有力、集权；另一方面是社会愈趋无序、孱弱、平均。在人类历史上，包括皇权专制在内的一切专制制度，往往确实能够暂时地制造一个和平的社会环境，能够充分利用国家政权的力量，“集中力量办大事”，使社会资源能够迅速、及时、有效地集中于政府手中，由政府集中配置以实现经济增长，保卫公共安全，开疆拓土，繁荣文化，促进了农业文明的发展。但帝国财政专制下，由集权走向专权但缺乏刹车机制的运行系统，使其终究免不了周期性财政崩溃和政权倾覆的命运，也成为制约中国进入现代化阶段的制度因素。

第七章　清末现代化的启动与帝国财政的瓦解

世界潮流浩浩荡荡，顺之者昌，逆之者亡。

——孙中山

中国现代化是在西方现代化外生力量的冲击下开始的。这种外生力量，以中国战败、割地赔款甚至国土沦丧的方式，昭现出中华文明的落伍，激发了中国打破传统寻找现代化道路的迫切性。在外国侵略与国内革命的打击下，帝国财政制度随着自然经济与帝国专制一起走向瓦解，财政现代化也在帝国财政的废墟上开始萌芽。

第一节　中国现代化的艰难起步

西方列强向东方寻求工业品市场和原料产地的时候，正是清帝国走向衰落之即。内忧外患接踵而至，交互作用，加快了帝国大厦崩塌的过程，现代化因素在这一过程中艰难生长。

一、外部冲击的强化

中国长期在东亚处于“天朝上国”的地位，对外部多抱有“藩属”或“蛮夷”的心态，对西方现代化后的冲击始料未及，现代化的起步过程十分被动。

从16世纪后，西方文明对中国的影响日益加深。明末清初，西方冒险家、传教士来到中国的日益增多。1553 年，葡萄牙人获得在澳门居住贸易的法定许可。1642—1662 年荷兰人曾盘踞台湾。清朝初年在铸造大炮、改进历法中也得到过传教士的帮助。工业革命发生后，欧洲在技术进步的道路上突飞猛进，而中国却鼾睡在辉煌的梦境里。中国的士人在他们“繁华的往昔”里寻找行动的指南，专注于对古代经籍的研究。英国为了扩大与中国的贸易，委派马戛尔尼使团前往北京进行外交谈判，清政府则将这个英国使团之行视同朝贡之旅。

1793 年，乾隆皇帝接见了马戛尔尼之外却拒绝谈判，后来在给英王的书信中声称：“天朝无所不有，然从不贵奇巧，并无更需尔国制办物件”。英国使团虽然在外交上彻底失败，但却成功地收集到关于中国这个神秘国度的第一手珍贵情报。马戛尔尼察觉到，中国的科学和医学知识程度很低，知识阶层对物质进步漠不关心，其军队落后到仍然使用弓箭而缺少近代火器，普通民众生活贫穷，官场中贪污腐败非常普遍。于是他在 1794 年预言：

中华帝国是一艘陈旧而又古怪的一流战舰，在过去的 150 年中，代代相继的能干而警觉的官员设法使它漂浮着，并凭借其庞大与外观而使四邻畏惧。但当一位才不敷用的人掌舵领航时，它便失去了纪律与安全。它可能不会立刻沉没，它可能会像残舸一样漂流旬日，然后在海岸上粉身碎骨，但却无法在其破旧的基础上重建起来①。

鸦片战争是西方工业文明诞生后对中国的第一次剧烈的外部冲击，被看作中国历史的转折点和中国现代化进程的开端。清政府被迫割地赔款，标志着中国古老发达的农业文明在与新兴的西方工业文明的冲突中，西方工业文明更为强大。鸦片战争前，清朝各个阶层都不知现代社会为何物，把中国看做天朝上国，没有认识到西方工业文明是一种异质性的、全新的现代文明。传统中国的社会制度凝滞而又封闭，治乱循环中一直没有摆脱前现代社会的结构框架。马克思认为，“与外界完全隔绝曾是保存旧中国的首要条件，而当这种隔绝在英国的努力之下被暴力所打破的时候，接踵而来的必然是解体的过程，正如小心保存在密闭棺木里的木乃伊一接触新

① Cranmer - Byng, J. L., “Lord Macartney’ s Embassy to Peking in 1793,” *Journal of Oriental Studies*, IV: 1 - 2: 117—183 (1957—1958). 转引自徐中约：《中国近代史：1600—2000，中国的奋斗》（第六版），世界图书出版公司 2008 年版，第 122—128、360—361 页。

鲜空气便必然要解体一样。”①

当清朝道光皇帝以至高无上的天子至尊不得不接受要对“蛮夷狄国”割地赔款的屈辱时，心生沉痛。为了表示自己愧对列祖列宗，道光遗命不入家庙②。但“和议之后，都门仍复恬嬉，大有雨过忘雷之意，海疆之事转喉触讳，绝口不提，即茶坊酒肆之中，亦大书免谈时事四字，俨有诗书偶语之禁”。③ 于是，“悉如旧制”，“中国被英国的大炮轰出了中世纪，进入近代，道光的脚也与之同时踏入了近代，但他的头脑却留在中世纪，依然是一个不折不扣的中世纪皇帝，在他身上找不到任何时代气息。”政坛依然弥漫着委靡守旧、墨守陈规之风。

“大臣之负清名、有时誉者，大约以缄默不言为缜密，以圭角不露为深沉，以漫无可否为和平，以多所容忍为宽厚，以模棱两端为和衷济事之道，以遵循故事为奉公守法之规。观其章奏所敷陈似乎精密周详、了无遗憾，而实则铺张粉饰、纸上空谈。稽诸事实，大谬不然。”④

敷衍塞责、因循苟且，不求有功、但求无过，中央政权治国理政能力羸弱不堪，呈现一种僵死的状态。“一个苟且偷安的中央政府没能肩负起对现代化发展特别重要的那种领导作用”，以致中国错过了世界第二次现代化浪潮所带来的历史机遇，“而在成功的现代化后起国家里，中央政府都发挥过这种作用”⑤。

“外患”成为引发“内乱”的重要原因之一。鸦片战争后通商口岸的开放，大量洋货的涌入，将中国的手工业挤到破产的境地。当时民众中流传，“官府怕洋人，洋人怕百姓”。清政府的失败降低了其在民众中的威严，加上生计的恶化，为农民起义创造了条件。太平天国运动从内部耗散了清政府的底气，财政的困窘与军力的不济，导致了财权与军权的下移，淘空着中央专制帝国的根基。更大的外部冲击来自日本。洋务运动发展起来的工业、技术并没有使中国在甲午战争中取胜，台湾被割占和巨额赔款

① 《马克思恩格斯选集》（第2卷），人民出版社1972年版，第3页。

② 黄遵宪在“香港感怀”诗中以“传闻哀痛诏，犹洒泪纵横”的诗句来描述道光皇帝当时的剧痛心情。诗的注中云“宣庙遗诏，深以弃香港为耻”。参见《黄遵宪诗选》，中华书局2008年版。

③ 齐思和等：《鸦片战争（五）》，神州国光出版社1954年版，第529页。

④ 《松龛先生全集》奏疏上，转引自周积明：《最初的纪元》，高等教育出版社1996年版，第98页。

⑤ 吉尔伯特·罗兹曼主编：《中国的现代化》，江苏人民出版社2003年版，第59页。

空前强烈地使中国人感受到亡国灭种的威胁，全面现代化的观念开始传播。维新运动失败后，义和团运动接踵而至，八国联军攻入北京和随后更加巨额的赔款，完全挖空了帝国专制的根基，清政府在颜面丧尽之即，装模作样地开始了新政，立宪运动风生水起。

战争成为影响中国现代化至关重要的因素。中国现代化的大门，是被鸦片战争中的坚船利炮轰开的。战争以异常残酷与屈辱的形式，对清朝的帝国体制和人们的观念产生剧烈的冲击。洋务运动或自强运动正是在这样的背景下开始的。甲午战争的失败彻底验证了洋务运动的失败，以更多的割地、赔款和带来的更大的耻辱，催生了政治现代化的浪潮。中日甲午战争后的巨额赔款与八国联军的战后巨额赔款，将清政府从财政危机推向财政崩溃，成为最终导致大清王朝覆灭的重要原因。

总之，中国现代化的启蒙、启动与阶段性成果验证，都是在一波又一波、一浪更比一浪大的外来冲击下进行的。强大的外来冲击，使古老、强大、顽固的帝国传统渐渐出现松动、挪动。由于当时清帝国统治者的昏聩与自私，在外部冲击与内部革命之火的烘烤下，帝国的大厦加速土崩瓦解，现代化的种子在倾斜最终崩塌的帝国大厦下面顽强地萌芽与生长。

二、炮舰下的市场化

在自然经济占主导地位的条件下，帝国专制政府关注财政收支，但一般不参与和安排具体的经济活动。因明清时期市场不发达，生产要素难以充分自由流动和优化配置，但土地可以买卖，劳动力流动也不很受限制。清末几十年间，中国的市场化持续推进，商品经济在某些地区和全国的总量上有较大发展，进出口贸易发展迅速，规模不断增大（见表7－1）。但这一时期的市场化，是在不平等条约下发展起来的市场化，是在丧失关税主权下的市场化，是被迫开放的市场化。市场化一方面为中国经济资源的流动和高效率配置提供了机会，另一方面，在发达国家的优势生产力挤压下，手工业者大量破产失业，白银外流严重破坏了经济的正常运行，加重了农民负担，市场化成为强国掠夺中国的工具，加速了整个国家经济的崩溃。从表7－1可以看出，清末对外贸易额急剧攀升，我国市场化程度提高很快。同时，贸易逆差长期大量出现，伴随着白银的大量外流，相应衍生出通货紧缩和经济破产问题。

表 7－1 清末中国对外贸易基本情况简表 （单位：两）

年代	进口金额	出口金额	贸易差额
1865 年	55715458	54103274	－1612184
1875 年	67803247	68912929	1109682
1885 年	88200018	65005711	－23194307
1895 年	171696715	143293211	－28402504
1905 年	447100082	227888197	－219212549
1911 年	471503943	377338166	－94165777

资料来源：Yu－kwei Cheng，Foreign Trade and Industrial Development of China，Washington，D. C. 1956，pp. 258－259. 转引自徐中约：《中国近代史：1600—2000，中国的奋斗》（第六版），世界图书出版公司 2008 年版，345 页。

鸦片战争后农产品商品化程度也有明显提高，国内市场日益扩大。据当代著名经济史学者吴承明先生的估计，1840 年，中国国内市场上的商品流通量仅为 3.5 亿两[①]，而 1870 年、1890 年、1908 年的数据分别为 10.39 亿两、11.74 亿两、22.98 亿两[②]。同时，由于中国近代经济的发展具有地域上的不平衡性，东部沿海地区具有先进性。清末十年中，商业资本是工业资本的两倍多，全国增辟商埠 30 多处，极大扩展了国内贸易市场，而铁路、轮运的发展，又为国内商业增添了极大活力和动力。至 1911 年，全国的新型商场已遍布 80 余个行业，各种商号数目不断增加，清末十年中全国 733 处商会共登记商号 194578 家[③]。清末经济商品化程度的提高，导致了清末税收结构的变化。厘金的开征事实上符合了清末商品经济的发展的趋势。

三、工业化的起步

鸦片战争后，外国人在“不平等条约”保护下，在条约口岸开办制造业、航运业、银行业和贸易商号等。从洋务运动开始，官办现代工业和企业发展起来，后来民间企业也开始兴办。这些不同类型的活动并行不悖的状态，造就了一种混合经济，含有半殖民主义的气息，表现为近一个世纪里中国经济的显著特征。

---

① 吴承明：“洋务运动与国内市场”，《文史哲》1994 年第 6 期。

② 吴承明：“近代国内市场商品量的估计”，《中国经济史研究》1994 年第 4 期。

③ 杜询诚：《民族资本主义与旧中国政府》附录，上海社会科学院出版社 1991 年版。

第二次鸦片战争和镇压太平天国运动中，清政府认识到现代武器的威力，19 世纪 60—70 年代从兴办现代军事工业开始了“洋务运动”。在创办了一批军工企业后，财政日显窘迫，于是倡导“官督商办”，在官府的监督下，招徕私人资本兴办民间企业。但它对民间兴办现代工业严厉限制，将引进现代工业的权力垄断在政府手中。19 世纪 70—90 年代，兴建了轮船招商局、上海机器织布局、开平煤矿、中国铁路公司、天津电报局等一批官督商办企业，成为中国早期工业化的支柱。清政府采取官府垫款、免税减税、缓息免息、营业特权等措施扶持官督商办企业，人事、财务、生产等诸项都由官方定夺。由于官督商办企业享有一定的经营特权，要承担“报效”官方的义务，如电报局的免费“官电”，轮船招商局的折价“军运”，厂矿的现金捐献等，还有洋务大官僚的任意挪用企业资金。由于推行“洋务运动”遭到“顽固派”的激烈反对，官吏从事工业化又贪污、寻租和挟以自重，专制政府缺乏有效的自下而上的监督机制，官办企业管理漏洞很多。企业中官、商在权、责、利方面存在着不平等，商股利益被侵蚀，官督商办在 19 世纪 80—90 年代为人所诟病。19 世纪 80—90 年代之交，按股份多寡分担企业责权，自负盈亏的“官商合办”企业渐兴起，官督商办日见式微①。洋务运动期间，洋务派创办的民用企业，创办资本额在千元以上的共有 45 家，资本千元以上的商办企业达 114 家，主要涉及缫丝、面粉、印刷、火柴、榨油、航运等几个方面，在近代工业发展中起了重要的先导作用。

甲午战争后，清政府调整了工商业政策，以谕令的形式发布国家对工商业的基本政策，民族工矿企业发展较快，投资额较快增长。1895 年至 1901 年 7 年的时间里创办的工矿企业比 1894 年之前所创办的工矿企业还多，资本额也比以前多。1903 年商部成立前后，清政府逐步颁行了一系列鼓励和保障私人投资工商实业的法规，出现清末规模最大的持续投资高潮。清末十年间仅新创办的工业企业就达 900 多家，其中资本超过千元的近 500 家，超过了前 40 年的总和。工业产业新增十几类，普遍出现机器生产②。清末十年经济的发展速度，大大超过了前 40 年，达到自鸦片战争以后的最高点，中国工业化向前迈进了一大步。

---

① 樊卫国：“略论中国早期现代化与权力分配”，《社会科学》2004 年第 2 期。

② 杜询诚：《民族资本主义与旧中国政府》附录，上海社会科学院出版社 1991 年版。

四、政治现代化的试验

中国在甲午战争中的败绩，证明了通过洋务运动不能实现自强。中国的部分知识分子和官员认识到必须扩大现代化的内容，把政治改革也包括进去。梁启超从国家制度的角度分析中国失败的原因：“吾国之大患，由国家视其民为奴隶，积之既久，民之自视亦如奴隶焉。彼奴隶者苟抗颜干预主人之家事，主人必艴然而怒，非摈斥则谴责耳，故奴隶于主人之事，罕有关心者，非其性然也，势使之然也。吾国之人视同事若与己无与焉，虽经国耻、历国难，而漠然不以动其心者，非其性然也，势使之然也。”[①]严复认为：“夫如是则两洋之民，其尊且贵也，过于王侯将相，而我中国之民，其卑且贱，皆奴产子也。设有战斗之事，彼其民为公产公利自为斗也，而中国则奴为其主斗耳。大驱奴虏以斗贵人，固何所往而不败？”[②]

维新派试图建立君主立宪或“开明专制”国家，鼓动光绪皇帝遵循彼得大帝和明治天皇的方式实行变法。但整个统治集团很快意识剑，无论变法给中国带来多大的好处，都要让亲贵这个主要既得利益团体付山沉重的代价，不但可能丧失自己的特权，更有可能丧失三百年来一直把持的政权。从控制军政实权的大多数王公贵族，到军队将领和只会做八股文章的士子文人，为了维护既得利益，无不反对变法，从上到下构织成一张严密的抵制变法的网络，戊戌变法在官僚特权既得利益集团的强力反对下很快走向失败。

第二节　帝国财政走向瓦解

清代前期，以农业为经济基础，财政收出额度与结构相对稳定。收入以田赋为收入大宗，约占收入总额的70％左右；支出主要以军费为支出大宗，亦约占支出总额的70％左右[③]。财政支出以军费、俸禄、皇室支出等消费性支出为主，不能对经济发展提供财力支持。鸦片战争后，财政收支

① 《梁启超全集》（第一册），北京出版社1999年版，第234页。

② 严复：“辟韩”，《福建师大》1974年第3期，第82页。

③ 陈锋：“清代财政的近代转型”，《光明日报》，2000年10月13日。

均加速增长，但收入增长的速度赶不上支出增长的速度，财政赤字成为常态，只好靠举债来弥补，财政危机逐步加深。

一、清末财政收入制度的变迁

清代前期，土地和人力构成财政收入的基础，大部分财政收入来自于地丁税。另外还有盐课、茶课、本地关税、牙税等收入作补充。在清朝最初的一个半世纪里，财政收入增加的幅度并不大。地税是所有收入中最大的一项，征集的依据是1646年出版的《赋役全书》。该书明文记载了全国耕地的总数、各省地丁税的定额、应缴赋税的人丁数目和解部入库的税款定额。正规的地税取自民户的田地，税率依土地的肥瘠和家产的规模而定。民户面积小得不值一计的零碎田地免于纳税。免税的还有那些学田、祭祀用地以及给帝室宗亲及旗人的田地。称为"鱼鳞册"的是田地丈量册，标明了每一地的耕地总面积，而"黄册"则载有该地缴纳赋税的丁口总数。1712年，康熙规定丁税将永远以该年的定额为准。19世纪初，地丁合一、摊丁入亩已成为常例，黄册的用处日减，而"鱼鳞册"的用处则日增。

鸦片战争失败后，清廷被迫付给列强赔款，加上太平天国起义产生大量的军费和战争支出，导致了大量新的收入举措。旧税种的加征，主要是田赋征收中的附征和浮收勒折，以及盐课征收中的盐斤加价。道光前地丁杂税为3300余万两，至光绪、宣统之际中央田赋收入增至4800余万两。[①]因为清末银价上涨，纳税人的实际税负远远高于名义税率。清代田赋除少量漕粮外，均以银纳赋。清末严重的银荒导致银贵钱贱，农民卖粮得钱，再以钱易银纳税，银价的上涨使田赋负担无形当中增加了两三倍。鸦片战争后，鸦片交易变得毫无拘束，引起大批白银外流，加剧了业已恶化的经济混乱和铜银兑换价格。1两银子在18世纪时兑换1000文铜钱，而在1845年，其市价超过了2000文。兑换率增长一倍，实际就减少了人们一半的收入。1石米以前卖3000文，按1000比1的老兑换率值3两，但在1851年，根据上扬了的2000比1之兑换率，1石米只能换到1.5两。实际上意味着农民的地租负担重了一倍。[②] 田赋加征给清政府带来了稳定而丰厚的财政收

① 裕瑛：《清朝文献通考》（第68卷），商务印书馆1936年版。

② 徐中约：《中国近代史：1600—2000，中国的奋斗》（第六版），世界图书出版公司2008年版，第177页。

入，但是沉重的税收负担使得广大农民陷入绝对贫困。农民的贫困化使得农民无法进行资本积累，没有能力进行农业技术的改进，清末农业经济日趋没落。清代前期的盐税收入，每年约700万两左右。清末光绪末达2400万两，宣统三年（1911年）财政预算中盐税收入为4500万两。①

新税种的征收，则有关税、厘金等。田赋（地丁）收入与原来相比相差悬殊。同时，盐课、杂赋等传统收入在财政收入总额中的比例大为降低。新增加的厘金、关税一跃成为收入大宗。传统上以农为主的财政收入结构的逐渐瓦解。新税种的征收带有许多掠夺性的成分，但已浸染了现代色彩。如海关税的征收、企业税的征收、外债的引入、内债的发行等等。清末的财政收入结构与前清相比，传统财政收入的主要部分田赋的比重大大降低，盐税、关税、厘金等与工商经济相关的具有现代色彩的税收，占财政收入的比重大大增加（见图7－1）。1766年与1903年相比，田赋收入由3986万两降为3546万两，在财政收入中所占的比重从71.83%降为33.8%，关税与厘金收入由540万两增为5340万两，在财政收入中所占的比重从9.73%增为50.9%，盐税收入由574万两增为1250万两，在财政收入中所占的比重从10.35%略增为11.91%。

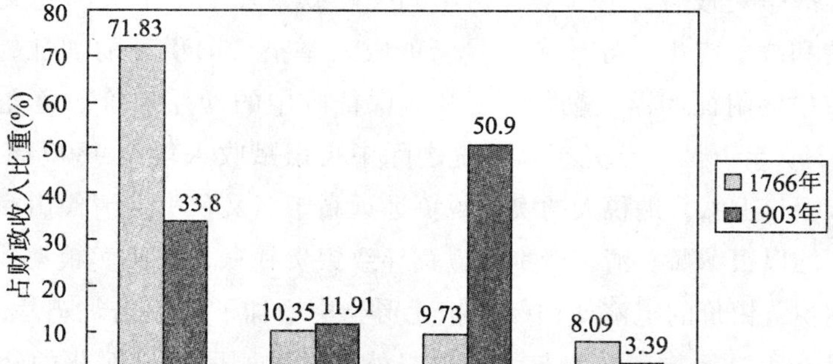

图7－1　清代前后期财政收入结构图

资料来源：周志初：《清末财政经济研究》，齐鲁书社2002年版，第187页。

清末财政过度依赖厘金收入，严重伤害工商业经济的发展。开征厘金，本属应对太平天国农民起义时筹措军饷的临时措施，却被延续下来，直至1931年才彻底废除厘金制度。厘金系统庞杂，开征名目繁多，抽收办

① 赵尔巽：《清史稿》（第129卷），中华书局1976年版。

法混乱，税率不断提高。一开始确定的税率是从价课征1%，后来普遍增至5%，甚至达10%。在关卡林立的情况下，货物就被多次抽税。至于额外征收，并不亚于正厘，诸如兵饷、河工费、赈捐、塘工费等，其附加额往往超过正税。因此，厘金这种征税方法虽然因征税简单而可充一时之用，但给商品流通和工商经济的发展带来严重损害，最终也削弱政府的征税能力。

鸦片战争后，因军费和战争赔款陡然增加，清中央财政紧张。太平军兴后，财政收入顿减，支出顿增，户部存银几乎枯竭，难以保证国家财政的正常运行。中国被迫卷入经济全球化浪潮，由于国际环境恶化、国内政局动荡以及现代化下的政府职能拓展等，清政府刚性支出急剧膨胀。量入为出原则下的常例收入主要依靠农业生产的自然增长，其增长速度缓慢，规模有限，难以应对因外来冲击而致的财政支出的被动急速扩张，无法保证国家财政的正常运行。

二、清末财政支出制度的变迁

财政支出的急剧上升，主要是由于在传统项目军费、战争支出增加的同时，新的项目如对外战争赔偿、偿还外国贷款及实业专案支出巨增的结果。以上支出项目加上皇室费用、行政经费、教育经费、外交经费等支出的攀升，清末财政支出由1842年的3150余万两，膨胀为1899年的1.01亿两；1908年的2.37亿两，1911年的3.38亿两。

军事费用是清末财政支出的大头，其数额之巨、增长之快均远远超出其他支出。清末军事费用主要包括：常年军费，战争军费。由于西方列强侵华战争和国内人民起义连绵不断，清末战争军费浩繁，估计在10.5亿两左右，其中对外战争军费2.5亿两，镇压人民起义军费8亿两。对外战争军费主要有：鸦片战争支出的军费约在4000万两；第二次鸦片战争的军费4000万两以上；左宗棠西征及塞防支出近8000万两；中法战争支出3000余万两；中日甲午战争支出约6000万两等。①

战争赔款主要包括：鸦片战争向英国赔款，折合白银1470万两；第二次鸦片战争向英法赔款共计1600万两；甲午战争向日本赔款2.3亿

① 周志初：《晚清财政经济研究》，齐鲁书社2002年版，第204—205页。

两；庚子赔款向列强共赔款4.5亿两。以上五笔战争赔款就高达7亿两以上。

洋务运动后，清政府开始投资创办新式工商业。1865—1894年，清政府共投资创办34家新式军工企业，其中厂房设备等固定投资约为1700万两，生产经费为4000余万两，两项总计5700余万两[①]。1873—1894年，洋务派共创办和支持创办了47家新式民用企业，投资范围包括采矿、冶炼、运输、通信、纺织等行业。1907年清政府设立邮传部，统一管理轮船、铁路、电报、邮政等行业。1911年财政预算案中，邮传部经费3690万余两，再加上各省交通费66万余两，合计3750余万两，占财政支出的比重达12.6%。此外还有农业工商部和各省实业费支出近140万两[②]。据许涤新、吴承明的估计，到1911年为止，清政府投资的官僚资本总值约3.7亿两[③]。

从财政现代化的角度着眼，创建新军的军费支出以及前所未有的实业支出、交通走出、教育支出、司法支出、外交支出、内外债支出等，都具有促进现代化的意义。

三、财政危机不断加深

清朝前期财政收入常常超过支出。康熙时期（1662—1722年）平三藩，定台湾，军事活动频繁，并多次减免税收总额超过1.2亿两，但国库还有800万两的盈余。乾隆时期（1736—1795年）虽然开销巨大、军事行动费用高昂，但财政储备仍增长到7000万两。

到晚清时对外战争、国内起义、旱灾水患、鸦片输入和白银外流，导致财政收支日趋恶化，清政府一再举借外债，试图缓解财政困难。1850年库存白银只有800万两。两年后，由于镇压太平天国运动，又减少到只有300万两。正常的收入渠道不能维持昂贵的军事行动，1853年开始征收一项新的商品交易税（即厘金），每年得到1000万—2000万两的收入。随后的20年，在镇压太平天国、捻军和回民起义方面，共消耗了7000万两；

① 虞和平、谢放：《中国近代通史》（第3卷），江苏人民出版社2007年版，第92—94页。

② 刘锦藻：《清朝续文献通考》，商务印书馆1955年版，第8246页。

③ 许涤新、吴承明：《旧民主主义革命时期的中国资本主义》，人民出版社1990年版，第982—984页。

这些巨额花费拖垮了政府财政，预算失衡变得习以为常了。同治时期（1862—1874 年）平均每年赤字增长到 1000 万两，即总收入为 6000 万两，总消耗 7000 万两。光绪时期（1875—1908 年），虽然政府收入迅速增加，但支出却增长得更快，收入和支出两者之间的鸿沟越来越大。1895 年以前，清末政府借入外债共 64 笔，金额约为银 5260 万两。当时每年偿付外债本息的支出，约占财政支出的 15.8%左右。甲午战争后，清政府共借入外债 144 笔，外债总额迅速攀升为 13.6 亿两以上，其中由战争赔款转化而成的外债占 58.2%。庚子赔款也转化为年息 4 厘、为期 39 年、以海关税、五十里常关税及盐税为担保的借款，按条约所附还本利息表计算，中国需支付本息共 9.8 亿余两①。

从表 7-2 的对外举债增长情况看，甲午战争后债务急速上升。甲午战争前的举债仅占清末总债务的 3.7%，且大部分用于军事方面。甲午战争后的举债占清末总债务的绝大部分，这时的债务用途首先是用于对外赔款，占全部债务的一半多。值得注意的是，甲午战争后的举债有 30%左右用于铁路建设，显现了现代财政的公共性特征。但这些巨额外债所带来的本息支出成为清末财政的沉重负担，也成为清朝灭亡的财政原因。

四、财政管理制度走向瓦解

清末财权逐步“外移”和“下移”，中央政府逐渐丧失了财政管理的绝对控制权，财政制度走向瓦解。关税收入在数量上增长可观，但是清政府逐渐丧失了自主确定关税税率的权力，海关行政权也为外国人所控制。特别是关税、厘金和盐税等财政收入，逐渐成为对外借款的担保品，到最后清政府丧失了控制这些具有现代色彩的收入的能力。在镇压太平军起义之际，中央的财政亏空迫使清廷听任地方督府各自募兵并就地筹款，地方督抚开始同时掌握军权和财权。在镇压太平天国的过程中，随着军权的转移，解、协款制度渐趋废弛。各省督抚军权在握，原来掌管地方财政并直接听命于中央政府户部的藩司转而受制于督抚，中央政府已无法控制地方财政，厘金均由地方征收和控制，上缴仅为一小部分，大部分被地方督抚

① 徐义生：《中国近代外债史统计资料》，中华书局 1962 年版，第 68—69 页。

表7-2　清末外债分类统计表

时间	外债类型		金额（万两）	比例（%）	笔数
1853—1894年	非实业性外债	军需外债	4152	78.9	40
		行政外债	339	6.4	11
		赔款外债	14	0.3	1
	实业性外债	铁路外债	221	4.2	3
		其他实业外债	534	10.2	9
	合计		5260	100	64
1894—1911年	非实业性外债	军需外债	5532	4.1	18
		行政外债	4431	3.2	48
		赔款外债	79374	58.2	5
	实业性外债	铁路外债	41986	30.8	34
		矿业外债	3483	2.6	24
		电信外债	874	0.6	7
		其他实业外债	762	0.5	8
	合计		136442	100	144
1853—1911年	非实业性外债	军需外债	9684	6.8	58
		行政外债	4770	3.4	59
		赔款外债	79388	56.0	6
	实业性外债	铁路外债	42207	29.8	37
		矿业外债	3483	2.5	24
		电信外债	874	0.6	7
		其他实业外债	1296	0.9	17
	合计		141702	100	208

资料来源：许毅：《从百年屈辱到民族复兴——清代外债与洋务运动》，经济科学出版社2006年版，第288—303页。

截留，由于各省财政独立的趋势日渐明显，户部无法了解各省财政的实况，只得改变解、协款制，推行摊派制。即使如此，“户部历次筹款，终有一二策或数策不能通行予各省，甚或有一案请行数次，历时数年而各省终未遵办”①。中央对财政资源的控制能力下降，也因此中央政府难以应对

① 项怀诚、刘孝诚：《中国财政通史：中华民国卷》，中国财政经济出版社2006年版，第52页。

国家间竞争。时人评价说："财政之在国家，犹水之在地，聚为江海则力大，散为行潦则力弱，此定理也。我国虽号称三万万人款，然内而各局院，外而各行省，乃至江北提督、热河都统，莫不各拥财权，其散也不啻行潦之水。"[①] 清朝中央政府对财政的控制力下降，财力过分分散，地方财政机构逐步被地方督抚甚至统兵将领所把持。

五、西方财政理论的传播

西方现代化的冲击，使清政府被迫面临"三千年未有之变局"[②]。清政府应对失措带来的失败，加剧了全面的社会危机。知识分子和官员等寻求强国之道，在黑暗中摸索，探求一条适应时代巨变的生存之路。魏源率先提出"师夷长技以制夷"，洋务运动中清政府设立了同文馆，到西方的留学生不断增多，西方知识的传播对中国人观念的影响日益加深。鸦片战争后，一些进入中国的西方人向中国传播西方财政思想，中国的外交人员、学者、留学生等也向国内引进介绍西方财政理论。甲午战争后西方财政理论的引入，成为清末财政现代化导向改革的重要因素。由于日本与我国地缘接近，明治维新后现代化迅速成功，于是20世纪初大量留学人员前往日本，西方财政理论的引进也主要走了一条"导源西籍、取径东瀛"的道路。如胡子清1905年出版的《财政学》就是在留学日本早稻田大学的课堂笔记的基础上，兼采日本财政史及法规等，进一步提炼编写而成的。书中认为财政经费是"政团为谋公益所需一切之费用也"，主要做"私人所不能为之事"、"不可使私人为之事"和"私人所不欲为之事"[③]，阐发了财政公共性的理论要点。

1893年，郑观应在刊行的《盛世危言》中介绍了现代预算的特点和作用："度支者，国家预筹出入之数也。泰西之国，每岁出入，度支皆有定额，不能逾限，皆于岁前欲为之计。若有军需急务，则有议院集议另筹。所有进出各款，岁终刊列清册，布告天下，以示大众。故税虽重，而百姓

① 《清朝续文献通考》卷68，第8244页。

② 李鸿章：《李文忠公全集》（上海，1921年），"奏稿"，第19卷，第45页。1872年6月20日的奏稿。转引自徐中约：《中国近代史：1600—2000，中国的奋斗》（第六版），世界图书出版公司2008年版，第6页。

③ 许康："百年前中国最早的《财政学》及其引进者——湖南法政学堂主持人胡子清"，《财经理论与实践》2005年第6期。

不怨。”[1] 1895 年，曾任驻日本公使馆参赞黄遵宪刊行了《日本国志》，其中将英文“Budget”一词直接译为“预算”，论述了预算的重要性，揭露了帝国制度下统治者不公布预算是为了掩盖其自肥的目的：

泰西理财之法，预计一岁之入，某物课税税干，某事课税若干，一一普告于众，名曰预算。及其支用已毕，又计一岁之出，某项费若干，某项费若干，亦一一普告于众，名曰决算。其征敛有制，其出纳有程，其支销各有实数，于预计之数无所增，于实用之数不能滥，取之于民，布之于民，既公且明，上下孚信……（中国）国用所在，曾不得与闻……上下阻隔，猜疑横起，欲谋筹饷，势处至难……不如举国用之数，公布之于民之为愈也……彼不愿核出入之数、明取之、实用之、公布之者，不谓此为纷扰多事，即谓此为聚敛言利，殆为相沿之陋规，阴便其额之无定得以上下其手，百端侵渔，阳利其用之不敷，得以推诿敷衍，无所事事，坐视政事之弛废，国家之贫乏，小民之困穷。[2]

现代财政制度的重要特点，是通过现代预算这种外在形式体现出来的。康有为在戊戌变法期间所作的《日本变政考》中，主张仿效西方，实行预算公开。他说：“泰西国计，年年公布，有预算决算之表……今吾户部出入，百官无得而知焉……是益以愚我百官而已。与民共者生爱力，不与民共者生散力。”[3] 1898 年百日维新期间，光绪帝诏令改革财政，编制预算决算。在 1901—1905 年的新政期间，包括预算理论在内的西方思想在我国得到更广泛的传播。1904 年 11 月《时报》发表《论今日宜整顿财政》，认为中国应仿效西方建立预算制度，同时进行行政机构改革，构建良好的行政体系。该文指出：

“财政之最要者，莫如预算……国家愈文明，则其岁出岁入之费愈多，则其预算之法亦愈精密。预算有岁出岁入。今日吾国之所宜讲求者，莫如先筹岁出；岁出有单预算，有复预算，吾国之所宜讲求者，莫如单预算。所谓单预算者，合经常与临时而一之。而所谓复预算者，则分经常与临时而二之者也……今后户部宜制一单预算表式，不立经常、临时之名……虽然，此特理想之预算矣。若实行之，则恐不能，何以故？以行政机关紊乱，故夫财政学与行政学本相钩连，因预算财政不然不委之行政官吏，欲

① 郑观应：《盛世危言·度支》，图书集成局 1898 年。

② 黄遵宪：《日本国志·食货三·国计》，浙江书局 1898 年。

③ 陈光焱：《中国财政史》，中国财政经济出版社 2001 年版，第 109 页。

整顿财政先宜改良行政机关。”①

清末以后，出国留学生、出洋官员增多，我国对外交流也多起来，对西方财政理论的学习与了解更加深入。清末，西方财政学的传播基本上仅限于常识层面；北洋政府时期，深入理论层面；国民政府时期，西方财政学在中国的传播达到相对成熟的阶段。② 自清末以来我国财政改革与财政建设的举措，受到西方（包括前苏联）财政理论广泛深入的影响。西方财政理论的传播及在我国的消化创新，有力推动了我国财政现代化的进程。

第三节　清末新政下的财政制度创新

甲午战争中的失败，暴露了满清王朝的腐朽与无能，战后列强瓜分势力范围的狂潮愈演愈烈，使民族危机日益加深。改革与革命的浪潮在中国大地波涛汹涌。1898 年的戊戌变法在很短的时间内即告失败，但发挥了现代化导向改革的启蒙作用。1900 年清政府对八国联军的惨败，迫使顽固的清朝最高统治者做出改革的姿态。

一、清末新政与立宪运动

庚子事变后的 1901—1905 年，清政府不得不举行新政，进行了一场在内容上与 1898 年的改革几乎相同的改革。在经济方面，1903 年成立商部；颁发《商律》、《商会简明章程》、《重订铁路简明章程》、《重订开矿暂行章程》、《奖励公司章程》、《改订奖励华商公司章程》、《试办银行章程》等有关振兴商务和奖励实业的法规；筹办铁路、矿务；成立银行；提倡私人资本兴办机器工业。在政治军事方面，将总理各国事务衙门改为外务部，编练新军。在教育方面，颁布《钦定学堂章程》，奖励留学，废除科举。这些措施实际上是戊戌变法中维新派想实现而没实现的东西。但是，新政总体上“雷声大，雨点小”。

---

① 《东方杂志》第二年第一期（光绪三十一年正月）。参阅邹进文：《民国财政思想史研究》，武汉大学出版社 2008 年版，第 57—62 页。

② 夏国祥：“西方财政学在近代中国的传播”，《财经研究》2011 年第 3 期。

1905年废除科举考试制度具有特别重要的意义，产生了深远的影响。它把中国人探索社会问题答案的方向转到向外国寻求知识，使大批学生出国留学，这批人对以后中国历史的发展产生了十分重要的影响；它割断了已经被削弱的地方与中央政权之间的联系，使国家行政管理进一步腐败，军阀随之蜂起；它摧毁了现存的社会等级制度，使城市和乡村的界线更加固定；教育从此在现代化过程中发挥了更关键的作用。就其现实与象征意义来说，科举制度的改革代表着中国已经与过去一刀两断。大致相当于1861年的沙俄废奴与1868年的明治维新后不久的废藩，标志着走向转换的开始①。

1905年日本在日俄战争中的胜利，被看做是小君主立宪国打败大独裁帝国，是君主立宪政体有效的证明。从此立宪改革突然风行，1906—1911年展开了轰轰烈烈的立宪运动。财政制度也是立宪的核心内容，在改革过程中进行了大量的财政制度创新设计。掌握政权的皇室贵族在政治体制改革上缺乏诚意，立宪运动中民众对清政府越来越失望，通过辛亥革命一举推翻了清王朝。虽然维新变法、清末新政与立宪运动最终归于失败，但对其后现代化产生了宝贵的启蒙和知识积累。这一时期的财政现代化改革的举措，对其后的财政制度变迁发生了深远的影响。

二、财政制度的现代化导向改革

清政府1906年被迫宣布清朝实行君主立宪制，1908年颁布了《钦定宪法大纲》，成立了资政院，又颁布了《清理财政章程》，在立宪这个大的框架下，进行了具有现代化导向性质的财政制度改革。

（一）建立现代预算制度的尝试

财政预算制度的进步是清末财税改革最重要的成果。传统财政制度向现代财政制度变迁过程中，预算制度的现代化在财政制度现代化中是核心内容。

我国的传统预算制度出现较早。唐代时预算一年一造，“一岁一造计

---

① 吉尔伯特·罗兹曼：《中国的现代化》，江苏人民出版社2003年版，第433页。

账，……县成于州，州成于省，户部总领焉"[①]。但帝国财政制度下，由于皇室的财产、生活收支与国家财政的收支没有严格的区分，往往因皇帝的随意性而变化财政收支安排，无法用系统的财政管理制度来规范皇室财产、生活开支与国家财政收支活动；预算是皇权下的记账工具，是约束官员或下级政府的措施，仅仅是政府内部的事物，只有少数官员才有参与及监督财政收支的机会，纳税人缺乏对决策的制约和监督的权力。在自然经济条件下，采取实物财政，难以对国家财政收支事先进行详细的计算。财政收支及财政监督权掌握在官府特别是君主手中，财政收支没有严格的程序和手续，更没有审批的机关。而现代预算制度以民主政体为基础，也是民主政体的核心内容之一。在清末立宪运动的浪潮中，现代预算制度成为重要焦点。

在预备立宪中，清政府将编制中央和地方预算作为重要内容纳入预备立宪的议程。1908 年宪政编查馆、资政院会奏的九年预备立宪清单有关财政预决算的程序为：

光绪三十四年（1908 年）颁布清理财政章程；

光绪三十五年（1909 年）调查各省财政支出收入总数；

光绪三十六年（1910 年）核查各省财政支出收入总数，试办各省预算、决算；

光绪三十七年（1911 年）汇查全国财政支出收入确数；

光绪三十九年（1913 年）试办全国预算；

光绪四十年（1914 年）试办全国决算；

光绪四十二年（1916 年）制定次年预算案，预备向议院提议。

1908 年 7 月宪政编查馆拟定的《谘议局章程》被批准。该章程规定的谘议局应办事宜中有两项涉及地方预算："议决本省岁出入预算事件"、"议决本省岁出入决算事件"。1909 年 10 月谘议局在各省正式成立，议定国家岁出入预算、决算的资政院也同时成立[②]。1908 年 12 月度支部上奏《拟清理财政章程》折认为，"宪政成立，以整理财政为最要，而整理财政必以确定全国预算、决算为最要"。而要办理全国预决算必须对旧财政进行整理，调查清楚各省的收入、支出情况。奏请在度支部内设立清理财政

① 陈梦雷：《古今图书集成·食货典》。

② 邹进文：《民国财政思想史研究》，武汉大学出版社 2008 年版，第 67—68 页。

处，在各省设立清理财政局，分别作为中央和地方负责专门筹备预决算事宜的机构，同时对“预备全国预算之事”和“预备全国决算之事”作了详尽的规定[①]。

1910年，清政府在基本清查各省财政收支的基础上试办全国财政预算。预算编制的程序是：地方上先由各省文武大小衙门局预算宣统三年出入款项，编造清册，送清理财政局；由清理财政局汇编全省预算报告，经督抚核准上报度支部；在京各衙门分别编制各自的宣统三年出入款项预算报告。接着由度支部在汇核各省及各部预算的基础上，编制成了宣统三年总预算。而后，总预算案经内阁会议政务处核议，送资政院开会议决。度支部规定以每年1月1日至12月月底为预算年度。预算分“经常预算”和“临时预算”两门，采取复式预算。各门内分类，类下分款，款下分项，项下分子目，制度非常周密。1910年11月，清政府决定将九年预备立宪期限缩减为五年。1910年9月，清政府建立的“资政院”是中国议会的雏形。开院之初，议员们经过多次详细审议讨论，据理力争，迫使清政府屈服，将原预算额37635万两核减掉7790万两，使预算安排略有盈余。1910年起，各省开始编制本省财政预算报告，上报度支部。

1911年1月，度支部拟订《预算册式及例言》，规定预算年度应以每年正月初一到十二月月底为止；预算册内先列财政收入，后列岁出；财政收入与支出各分“经常”与“临时”两门，出入银数均以库平银“两”为记账单位[②]。1911年2月，度支部上奏《试办全国预算暂行章程》，拟将试办全国预算的时间由原来的1913年提前至1911年。该章程规定预算分中央预算和各省预算，各省应编制国家预算报告册、地方预算报告册及比较表。度支部汇总全国预算表册，编制全国总预算案，“奏交内阁会议政务处复议后，送资政院议决”[③]。同时，宪政编查馆将确定全国预算的时间由原来的1916年提前至1912年。11月公布的《重大信条十九条》中规定：“本年度之预算，未经国会决议者，不得照前年度预算开支。又预算案内，不得有既定之岁出，预算案外，不得为非常财政之处分。”第十五

---

① 故宫博物院明清档案部：《清末筹备立宪档案史料》（下），中华书局1979年版，第1027页。

② 孙翊刚：《中国财政史》，中国社会科学出版社2003年版，第331页。

③ 故宫博物院明清档案部：《清末筹备立宪档案史料》（下），中华书局1979年版，第1046—1048页。

条规定："皇室经费之制定及增减，由国会议决。"资政院的财政预算权由此得到法律承认，是中国历史上具有开创性的法律文件。

1910年起，各省开始编制本省财政预算报告，上报度支部。在审核各省财政预算报告的基础上，度支部又根据清政府和各部的经费需要制定了1911年中央财政总预算报告，经内阁会议政务处集议后提交资政院审核，从而自下而上形成一个初具规模的财政预算方案。它是中国历史上第一个现代形式的国家预算。预算中开始分国家财政收入、地方财政收入，但因清政府被推翻未付诸实施。

由于当时中央政府对地方财政收支无法控制，地方督抚视中央执掌财政的度支部形同虚设。各省编制地方财政预算时，任意增减，千方百计少报财政收入，多报财政支出。宣统三年财政预算科目在形式上符合现代国家财政预算的体系，但清政府无明确的财政方针和各省财政的自行其是，导致财政预算案只能是一个各省和中央各衙门上报数字的汇总。但它是中国历史上第一次建立现代形式国家预算的尝试，初步采纳了西方国家现代财政管理的经验，自上而下编制出了初具规模的全国财政预算总方案。

（二）财政机构改革

户部是清政府的财政中枢，下设14个清吏司分掌事权。清初户部的清吏司大致是"以省名司"，以某司掌管某一省区的财政事务，兼及其他财政类项，清吏司之下，又设有金科、民科、仓科等机构，具备"精密的专门化和职能区分"。1903年，清政府在户部外特设财政处，以期通盘筹划全国财政。1906年户部改为度支部，合并财政处，管理税务处和督办盐务处，将原来户部下属的分区设置的14个清吏司改为按业务划分的10个司。改组后的度支部，其职能为"综理全国财政，管理直省田赋、关税、盐课、漕粮、公债、货币、银行及会计度支一切事宜。"此外，原有的金银库、大清银行、造币总厂等机构，也一并纳入度支部管辖范围之内。将原来各司纵横交错的财政职能归为"以类相从"，名实相符，使新设各司的财政职能更加明晰。随着政府职能的变化以及财政事项的增加，新设各司的财政职能也发生变化，作为推行财政新事项的一种行政保障。

1908年清政府颁布《清理财政章程》，清理财政工作全面展开。上谕称"从来治国之道，端在理财用人。方今时局艰难，财用匮乏。国与民俱受其病，自非通盘筹划，因时制宜。”① 在财权下移，户部权力弱化的情形下，清政府试图建立一个比户部更具权威的财政机构来通盘筹划全国财政，重新集财权于中央。1909 年在中央设立了清理财政处，总管清理财政事宜。清理财政处负责“开列各省出入各项条款，发交各省清理财政局分别调查；综合京外光绪三十四年分出入款项详细报告册，并宣统元年以后各季报告册；摘录各项说明书，分门别类，编成总册；核定各项清理财政章程。”② 清政府在中央建立起了“一部三处”的组织机构，这是中央财政趋于统一管理的过渡体制，有利于中央财政事权的基本统一。

在中央、行省、地方三级行政体系中，省的布政使司是一个关键的环节。清代在布政使之上设巡抚和总督，布政使为督抚之属官，在财政上专任化。1908 年颁布《度支部清理财政章程》，决定“各省设立清理财政局，专办清理财政事宜”。1909 年，规定各省出纳款目除盐粮关各司道经管外，其他各项统归藩司或度支使经管。各省藩司的财政权加强。各省也设立了清理财政局，以协助中央清理财政处开展财政清查工作。各省藩司一方面着手裁撤咸丰、同治以来陆续设立的一些财政局所，统一事权；另一方面，在省级财政上细化管理，采取了“分科办事之法”，整饬清末地方财政的混乱。

清末财税管理机构的改革是清末财税改革的重要成果。税务处的设立加强了度支部对全国税源的控制，削弱了洋人把持的海关的地位。督办盐政处加强了中央政府对全国盐税收入的控制。户部各司的设置按业务分工来进行，按现代财务管理要求设立专管收支、内外债的会计司以及大清银行、造币总厂等，是财政管理机构向现代转变的标志。

（三）实行分税分级财政体制

1910 年，清政府在基本清查各省财政收支的基础上，决定试编全国财政预算时，在统一的全国财政总原则下，正式划分中央与地方财政。试图将以前各省孤立存在的互不联系互不统属、支离破碎的地方财政局面，变为任何一省预算都须参加全国各省的总预算，并上报中央度支部备案的较前规范化了的地方财政形态。中央政府力求通过预算来确定地方财政收支

① 朱寿朋：《光绪朝东华录》，中华书局 1958 年版，第 5031 页。

② 故宫博物院明清档案部：《清末筹备立宪档案史料》（下），中华书局 1979 年版，第 1029 页。

和国家财政收支的各自数额和款目，再通过制定国家税收和地方税收来确定国家和地方的财政权限、财政范围，以避免国家财政和地方财政的矛盾或冲突。

（四）筹议试办新税

1910年清政府筹议引进所得税制，将所得税划分为三类：第一类为公司所得、国家债及公司债票的利息所得，采用比例税率2%征收；第二类为工薪所得，采用八级全额累进税制，起征点为500元，税率最低为1%，最高为6%；第三类是除第一、第二类外的其他所得，税率同第二类。此项草案未及实行，清政府即已垮台。

（五）建立银行公库制

清朝的财政机构，原来是行政管理、钱物保管与支出不分。如户部和各省布政司自身掌管着货币和物料的保管权。户部自身设有三库，即银库、缎疋库和颜料库，保管着全国输送而来的钱物。地方的省、府、道、县也设有钱物专库，分属布政使和府、道、县长官。财务行政与财物保管合二为一。1904年清政府创办户部银行，1908年改名为大清银行，由度支部令其经历国库事务及公家一切款项。国家金库制度确立起来。清政府赋予该行经理国库事务，主管国家一切款项，并代理经营管理公债证券和纸币发行等职权。大清银行的设立以及一些商业银行的设立改革了原先呆滞的公库制度，银行信用货币在公库收支中的地位明显增长，为中央政府向银行机构透支创造了条件。

（六）筹建审计院，稽核财政收支

1908年，清政府成立了资政院，仿效西方的审计制度，草拟了《审计院官制草案》，但未及实行清朝就灭亡了。不过，它突破了传统的审计制度，由此标志着现代审计的发端，为民国时期的国家审计奠定了良好的基础，对其后财政收支的稽核发展产生重要影响。

三、清末财政制度创新的影响

清政府试编全国财政预算案是财政管理体制的一大进步，是中国历史上第一次采纳西方国家先进的财政管理体制编制的第一份现代全国预算，对中国的政治、经济产生了积极的影响，为现代财政体系的形成及以后中国财政的管理与改革提供了新的历史经验。由清末政府开始的预算制度为以后的民国历届政府所沿用。负责当时预算改革，后来在北洋政府任职的杨寿楠说："鼎革以后，整理内外财政，犹以宣四预算为蓝本。袁项城置诸案头，手自批注，尝语余日：'前清预备立宪，惟度支部最有成绩，余皆敷衍耳。'"[①] 辛亥革命后的几十年内，虽然局势动荡，战火不断，但是预算制度的发展从未停止过，预算观念开始为中国人接受，预算制度成为财政现代化的标志和民主的象征之一。

1910年的国家财政预决算，试图从管理体制上克服传统的国家与地方财权不明的弊端，解决征收权与管理权矛盾，结果却使地方的加收摊派合法化，中央预算徒具形式，分税未实行，财权仍然涣散。清末清理财政失败的主要原因在于清政府在"时局危迫，库款告罄；筹措外债，又成画饼；累蒙慈圣颁发内帑，藉资挹注，刻已无可再发"[②] 的情势下，希望通过改革集中财力，但由于丧失了在社会上的合法性基础，失去了对地方的控制力，财政改革反而激化了中央与地方的矛盾。预算的施行必须以宪政为前提，清末预算制度改革是在清帝国摇摇欲坠的形势下进行的，不仅宪政改革刚刚起步，其他准备条件如会计法、国家税地方税划分等法规尚未制定，公库尚未统一。因此存在预算内容缺乏真实性、预算资金缺乏集中性、预算机构缺乏法律权威性等不足[③]。

清末的财政制度改革，是向现代化方向的创新，推动了预备立宪。如公库制度加速了政府财政管理专业化的发展。大清银行为度支部经理国库事务及公家一切款项，并代公家经理公债及各项证券。政府通过代理国库的中央银行以及在各地的分行和分号，发行纸币或透支以应付财政急需，汇集政府和社会资金，稳定金融市场，利用这些机构闲置的财政存款放款于工商业。清末财政制度改革为民国初年财政管理培养了一批人才，积累了改革经验。"民国以来，居财政要职者，半为清理财政处旧僚也。"[④] 这

① 苓泉居士：《觉花寮杂记》（卷一）。

② 一档藏：《外交部·综合电报类》，4596号，《宣统三年十一月初十日内阁、度支部致东三省总督赵尔巽电》。

③ 邹进文：《民国财政思想史研究》，武汉大学出版社2008年版，第71页。

④ 苏国炳：《中国近代史上的关键人物》（下册），百花文艺出版社2007年版，第307页。

批人成了民国初期推行财政制度现代化的骨干力量。宣统三年至四年的预算案是完整的一次财政预决算，第一次触及分级财政划分制度，它的试行以及预算案中科目之分类等，对民国初期财政的整理和预算的编制起了“蓝本”的作用。

总之，清末的财政制度变革，反映了现代财政体制变革的要求和趋势，虽然没能拯救清政府的灭亡，但客观上推动了中国财政现代化的进程。自此以后，民国乃至新中国改革开放以后的诸多财税改革措施，实质上发端于清末新政时期的财税改革，例如现代预算、分税制等改革措施贯穿到了民国乃至改革开放以后，这足以体现出清末财税改革在中国现代化进程中的地位。

第八章　民国时期的财政现代化进程

在发达国家向发展中国家推荐他们所谓“好政策”和“好制度”的同时，他们也正在“踢开梯子”——发达国家在以往的发展道路上已经爬过的梯子，其最终目的，就是不让发展中国家超过他们。[①]

甲午战争后发生的一连串国际事件将中国人深深刺痛——必须加速现代化成为中国的思想激流，冲击着中华大地的各个角落。20世纪上半叶，民族主义与国家富强成为中国现代化的主题。人们普遍感到国际环境充满敌意，日本的“二十一条”和凡尔赛和约尤其引起了对发达国家的恶感，中国人进一步感到了邻国的残暴和列强的不义。在20世纪20年代，中国受帝国主义行径的威胁可算是最少的，但反帝情绪却比以往更加强烈[②]。在30年代和40年代前半期，日本入侵的切肤之痛，激发了奋起现代化的参与感和全面的紧迫感，并使中国人更积极地借鉴外部经验，寻求民族救亡和振兴之路。

民国时期可分为三个阶段，1912—1926年是北洋政府阶段，1927—1936年是国民政府前期，1937—1949年是国民政府后期。这一时期，现代化在政治经济文化等方面都有了新进展。民国时期产生数部宪法，共和及人民主权的观念深入人心；中国的GDP和人均GDP整体上呈现负增长，但工业化的产业和地域均有扩展，市场化程度加深，国内外贸易增长。孙中山的三民主义思想对民国时期的现代化进程产生巨大影响。在实现民族主义目标方面，

---

① 肖炼：“序言”，载于张夏准：《富国陷阱——发达国家为何踢开梯子?》，社会科学文献出版社2007年版。

② 吉尔伯特·罗兹曼：《中国的现代化》，江苏人民出版社2003年版，第392页。

推翻了满洲部族政权，从列强手中收回关税自主权和租界，废除了鸦片战争以来的不平等条约；在实现民生主义目标方面，平均地权在国民政府方面没有行动，节制资本和扩张国家资本却使中国经济官僚资本化，在经济总量起伏中社会公平问题持续恶化，成为导致国民政府垮台的重要原因；在实现民权主义目标方面，民国时期对西方政体组织形式进行了多种试验，但民主政治徒具形式，依靠军队实行独裁专制成为中国难以摆脱的梦魇。这一时期国内外战事频繁，给中国现代化增添了许多困难，民族危机也激发国人向西方寻求治国的真理。发达现代化国家的财政理论得到广泛传播，大量面向现代化的财政制度创新得到实施。

第一节　民国时期现代化的演变

辛亥革命推翻了中国延续两千多年的皇权专制帝国时代，建立了具有现代国家外壳的中华民国①。1912—1926 年的北洋政府时期，政权的下移及碎片化与军阀战争互为因果。在共和国宪政体制下，“新瓶装旧酒”，帝国专制的幽灵时不时沉渣泛起，各种势力与思潮在中华大地来回撞击。纷乱的政局下，北洋政府没有给经济发展提供多少助力，也没有形成太大的阻力，市场化与工业化得到发展。1927 年，经过北伐战争，国民党实现了国家名义上的统一，中华民国进入国民政府时期。到日本 1937 年发动全面侵华战争前，国民政府在战火连绵、全球经济大危机的不利背景下，进行了一系列现代化导向的制度创新。1937—1949 年，中国现代化进程被日本发动的全面侵略战争和后来的国内战争打断。

“起共和而终帝制”的孙中山先生②，创立了全面建设现代中国的思想，被奉为国民党与国民政府的精神领袖，对于国民政府时期（包括光复

① 1912 年孙中山主导制定的《中华民国临时约法》规定：中华民国的主权属于全体国民；国内各民族一律平等；国民有言论、结社、集会、出版等自由。这些政治纲领，为中华民族的民主共和政体奠了基。

② 孙中山逝世后，国民党与国民政府以孙中山为最高的精神领袖，并推举“三民主义”为治国的最高指导。1940 年 3 月 21 日，中国国民党中央常务委员会（简称“中常会”）第 143 次会议通过决议：尊称本党总理为国父，以表尊崇。根据中常会的决议，国民政府以孙中山先生倡导国民革命，手创中华民国，更新政体，永奠邦基，谋世界之大同，求国际之平等，光被四表，功高万世，于同年 4 月 1 日明令全国自是日起，尊称总理孙中山为中华民国国父。

后的台湾）甚至新中国的现代化进程都产生了深远的影响。

一、孙中山的现代化思想

1912年，孙中山就任中华民国临时大总统，建立了国会。在北洋军阀窃取革命成果后，他一边坚持不懈地斗争，一边继续探索国家现代化的真理。他的思想被归纳为“三民主义”，即民族主义、民生主义与民权主义。他关于国家建设的思想集中于《建国方略》和《建国大纲》中，对中国现代化的目标、步骤等提出了比较全面详尽的规划。他整合了西方政治现代化思想的重要成分，包括宪政民主、人民主权、权力分立制衡、社会主义等，将欧美资本主义制度之精华与中国落后封建专制制度之国情相结合，从“以民为本”的宗旨出发，不仅提出了“三民主义”基础学说与五权宪法学说，还就改造落后旧中国的伟大目标，从国体、政治、经济、文化、军事、外交诸方面提出了民主主义革命的纲领、设想和规划，对现代化思想在中国的普及具有推动作用，启迪了后人对中国未来建设的深入探索。

孙中山选择先革命后建设的道路推动中国的现代化。“因为政治方面，当时中国已经失去了许多主权，帝国主义列强对中国领土的瓜分已经开始。几十年来，清朝统治者不但不去维护民族的生存与复兴，反而大肆出卖民族利益。……帝国主义列强正处于对外扩张的鼎盛时期，它们急需寻求像中国这样巨大肥美进行剥削的地盘，于是它们用枪炮逼迫清政府签订了许多不平等条约。这些都严重阻碍了中国现代化的发展。”“在这种情况下，独立的资本主义经济是不可能形成的，更不要说把中国建成资本主义国家了”。故“中国的现代化不能走日本明治维新之路，而只能走乔治·华盛顿的共和革命之路”。[①] 1919年撰写的《建国方略》，由“孙文学说”、“实业计划”和“民权初步”三部分组成，描绘了孙中山理想中建设新国家的六大计划，集中地体现了他对中国工农业、交通等领域的现代化宏大设想。在这个庞大的总体构思中，发展交通运输是孙中山关注的重点。首先注重于铁路、道路之建筑，运河、水道之修治，商港、市街之建设。这些公共基础设施，是现代工业发展的重要条件，是现代经济起飞的重要支柱。在经济制度的建构上，孙中山不赞成英美式的私有经济，也不赞成苏

---

① 爱泼斯坦：《中国现代化的先驱》，中国和平出版社1987年版，第4—5页。

俄式的国有经济，而是采取混合制度，主张使私人企业与国有企业共存，个人经营与国家经营并行不悖，相辅相成。这些设想，对于地域广大、人口众多，资金短缺且现代产业基础十分薄弱、各地经济发展水平又极不平衡的中国，具有很强的针对性。

《建国大纲》是孙中山起草的关于建设中国的规划方案，全称是《国民政府建国大纲》[①]。1924 年 1 月在国民党第一次全国代表大会上审议通过，成为国民党与国民政府建国的指导思想。大纲的第一条就是“国民政府本革命之三民主义，五权宪法，以建设中华民国”；第二条主张“建设之首要在民生”；第三条称“其次为民权”。《建国大纲》认为，解决全国人民衣食住行等民生问题，应作为国民政府工作的首要任务。以民为本，通过发展农业、纺造、房屋建筑和水陆交通业来解决人民的内需。也就是以经济建没为中心，政府把解决民生问题，提高人民衣食住行的生活水准作为首要任务。

国民政府建国大纲

一、国民政府本革命之三民主义、五权宪法，以建设中华民国。

二、建设之首要在民生。故对于全国人民之食、衣、住、行四大需要，政府当与人民协力，共谋农业之发展，以足民食；共谋织造之发展，以裕民衣；建筑大计划之各式屋舍，以乐民居；修治道路、运河，以利民行。

三、其次为民权。对于人民之政治知识、能力，政府当训导之，以行使其选举权，行使其罢官权，行使其创制权。

四、其三为民族。故对于国内之弱小民族，政府当扶植之，使之能自决自治；对于国外之侵略强权，政府当抵御之。并同时修改各国条约，恢

① 1924 年 4 月 12 日，孙中山手书《国民政府建国大纲》。大纲中以三民主义作为人民应有之“权”，以五权宪法作为政府施政的“能”，将建设国家分为军政、训政与宪政三个阶段。在《制定建国大纲宣言》中孙中山指出：“自辛亥革命以至于今日，所获得者，仅中华民国之名。……建国大纲者，以扫除障碍为开始。以完成建设为依归，所谓本末先后，秩然不紊者也。夫革命为非常之破坏，故不可无非常之建设以继之。积十三年痛苦之经验，当知所谓人民权利与人民幸福，当务其实，不当徒袭其名。……今后革命势力所及之地，凡承本政府之号令者，即当以实行建国大纲为唯一之职任。”

复我国际平等，国家独立。

五、建设之程序分为三期：一曰军政时期；二曰训政时期；三曰宪政时期。

六、在军政时期，一切制度悉隶于军政之下。政府一面用兵力扫除国内之障碍；一面宣传主义以开化全国之人心，而促进国家之统一。

七、凡一省完全底定之日，则为训政开始之时，而军政停止之日。

八、在训政时期，政府当派曾经训练、考试合格之员，到各县协助人民筹备自治。其程度以全县人口调查清楚，全县土地测量完竣，全县警卫办理妥善，四境纵横之道路修筑成功；而其人民曾受四权使用之训练，而完毕其国民之义务，誓行革命之主义者得选举县官，以执行一县之政事；得选举议员，以议立一县之法律，始成为一完全自治之县。

九、一完全自治之县，其国民有直接选举官员之权，有直接罢免官员之权，有直接创制法律之权，有直接复决法律之权。

十、每县开创自治之时，必须先规定全县私有土地之价。其法由地主自报之，地方政府则照价征税，并可随时照价收买。自此次报价之后，若土地因政治之改良、社会之进步而增价者，则其利益当为全县人民所共享，而原主不得而私之。

十一、土地之岁收，地价之增益，公地之生产，山林川泽之息，矿产水力之利，皆为地方政府之所有；而用以经营地方人民之事业，及育幼、养老、济贫，救灾、医病与夫种种公共之需。

十二、各县之天然富源与及大规模之工商事业，本县之资力不能发展与兴办，而须外资乃能经营者，当由中央政府为之协助；而获之纯利，中央与地方政府各占其半。

十三、各县对于中央政府之负担，当以每县之岁收百分之几为中央岁费，每年由国民代表定之；其限度不得少于百分之十，不得加于百分之五十。

十四、每县地方自治政府成立之后，得选国民代表一员，以组织代表会，参预中央政事。

十五、凡候选及任命官员，无论中央与地方，皆须经中央考试、定资格者乃可。

十六、凡一省全数之县皆达完全自治者，则为宪政开始时期，国民代表会得选举省长，为本省自治之监督。至于该省内之国家行政，则省长受中央之指挥。

十七、在此期间，中央与省之权限采均权制度。凡事务有全国一致之性质者，划归中央；有因地制宜之性质者，划归地方；不偏于中央集权或地方分权。

十八、县为自治之单位，省立于中央与县之间，以收联络之效。

十九、在宪法开始时期，中央政府当完成设立五院，以试行五权之治。其序列如下：曰行政院；曰立法院；曰司法院；曰考试院；曰监察院。

二十、行政院暂设如下各部：一、内政部；二、外交部；三、军政部；四、财政部；五、农矿部；六、工商部；七、教育部；八、交通部。

二十一、宪法未颁布以前，各院长皆归总统任免而督率之。

二十二、宪法草案当本于建国大纲及训政、宪政时期之成绩，由立法院议订，随时宣传于民众以备到时采择施行。

二十三、全国有过半数省分达至宪政开始时期，即全省之地方自治完全成立时期，则开国民大会决定宪法而颁布之。

二十四、宪法颁布之后，中央统治权则归于国民大会行使之，即国民大会对于中央政府官员有选举权，有罢免权；对于中央法律有创制权，有复决权。

二十五、宪法颁布之日，即为宪政告成之时，而全国国民则依宪法行全国大选举。国民政府则于选举完毕之后三个月解职，而授政于民选之政府，是为建国之大功告成。

在政治现代化方面，孙中山提出了“人民有权，政府有能”的权能分开、权能清晰的思想。主张人民要有权力，政府行政机关要有能力。人民的权力表现在拥有选举权、罢免权、创制权和复决权四个“政”权，而政府行政机关则拥有行政权、立法权、司法权、考试权和监察权五个“治”权。“用人民的四个政权来管理政府的五个治权，那才算是一个完全民权政治机关。人民和政府的力量才可以彼此平衡”，“有了这九个权彼此保持平衡，民权问题才算是真解决，政治才算是有轨道”①，从而最终建立起广兴福利，大有为式的“万能政府”，以实现“三民主义”。中央与地方实行“均权制度”，以县为单位进行“地方自治”。在政治现代化步骤方面，主

① 《孙文选集》（上册），广东人民出版社 2006 年版，第 589 页。

张渐进主义的军政、训政、宪政三阶段说。军政时期优先消灭军阀土匪，应实行军管。训政时期优先基础建设与民权初步训练，应实行一党执政[①]。宪政实行之条件是全国半数以上县市具有选举罢免地方首长之条件，公民具有发动创制复决之条件，则选举召开国民大会制订宪法，还政于民，实行多党竞争的现代政治制度。

在经济现代化方面，孙中山主张节制私人资本、大力发展国家资本，利用国家力量加快现代化建设，通过公私并举提升国力，解决民生问题。中国的现代工业化国有企业创办于洋务运动时期，创办以后弊端丛生。19世纪末，洋务国有企业纷纷转换经营机制，向官督商办、商办企业转化。当时许多企业家和学者主张发展私有企业，呼吁国家少干预企业经营。孙中山说过，“余亦深知经验已告吾人以国家社会主义确有缺点，有许多事业可由国家管理而有利，亦有必须竞争始克显其效能者”[②]。“私人之经营，往往并日兼程，晷之不足，继之以夜。官之经营，则往往刻时计日，六时办事，至七时则认为劳，一日可完，分作两日而犹不足。”因而“有官办之十年不成，私办三五年可就者”[③]。他认为“那种少数人的富，是假富；多数人的富，才是真富”。国有企业中劳动者“为公共利益作工，不为私利作工，纵有上述之弊，亦为利重弊轻矣”[④]。应该“把全国大矿业、大工业、大商业、大交通都由国家经营。国家办理那些大实业，发了财之后，所得利益让全国人民都可以均分。”“由国家经营，所得的利益归大家共享，那么全国人民便得享资本之利，不致受资本的害”[⑤]。“凡本国人及外国人之企业，或有独占的性质，或规模过大为私人之所不能办者，如银行、铁道、航路之属，由国家经营管理之，使私有资本制度不能操纵国民之生计”[⑥]。他主张节制私人资本，主要是节制私人资本对社会财富的不平等分配。主要针对垄断的私人大资本，而非一切私人资本。对一般工矿

① 1928年南京国民政府完成二次北伐，全国名义上归于统一，军政时期结束。国民政府订定《训政时期约法》相当于国家基本法，由当时执政的中国国民党实行“一党领政”。在1928年至1947年宪法施行前，即为训政时期。

② 《孙中山全集》(第六卷)，中华书局1982年版，第636页。

③ 参见赵德馨、邹进文：“消除贫富分化的可贵历史遗产——孙中山‘节富助贫’思想述评”，《湖北社会科学》，1997年第1期。

④ 《孙中山全集》(第六卷)，中华书局1982年版，第6、636页。

⑤ 《孙中山选集》，人民出版社1956年版，第843页。

⑥ 《孙中山全集》(第九卷)，中华书局1986年版，第120页。

业，适宜私人或集股举办，都应允许。这种以公为主、公私互补的筹资与经营思路，是他资本主张的具体化。他主张对民营的中小企业，应该鼓励其发展，反对大的私人企业兼并小的私人企业，从而形成垄断的局面。还主张大量地引用外资和外国专业技术人员，引进外资时必须维护国家主权，坚持平等互利的原则。

孙中山的工业化思想集中体现在他的《实业计划》中，描绘了一幅中国工业现代化的壮丽蓝图，目的是使中国由一个落后的农业国变成与欧美发达国家并驾齐驱的工业国。他认为，中国“未入工业革命第一步，比之欧美已临第二次革命有殊。故于中国两次革命必须同时并举。既废手工采机器，又统一而国有之”。孙中山认为，中国应该吸取西方国家工业化的经验教训，选择一条合理的工业化道路，发挥后发优势，选择“最直捷之途径”，一步走完西方国家两步才达到的水平；积极开放与权自我操相结合；国家举办为主与发挥私人积极性相结合；加强基础设施、基础工业与发展轻工业、农业相结合；经济发展成果归国民共享。他重视基础设施、基础工业的发展，认为“交通为实业之母，铁道又为交通之母”。因此，将交通运输业这项基础设施摆在实业的首位，将铁路建设作为交通运输业中的重心，统一安排水运与陆运。建设沿海港口，疏浚河道，修筑西北、西南、中央、东北、高原5大铁路系统。组成一个从海岸港口至沿边境各省，南北东西纵横穿越内地各省的铁路网。他重视钢铁、水泥、采掘等基础工业，为了发展交通运输业、钢铁工业、水泥工业及采掘业等，要建立造船厂、机车厂、矿山机械厂、冶炼机械厂以及机器制造厂。他重视重工业的建设，但也没有忽视与农业和轻工业的协同关系，认为应当规划耕地，改良农田耕作，发展农具制造业，改善农产品的储藏与运输，为使全国人民有充足的粮食，给食品工业、衣服工业提供原料①。

孙中山对欧美现代化过程中带来的社会贫富悬殊深恶痛绝，高度关注社会公平问题。进入私有制社会以后，贫富对立问题一直困扰着人类。人类社会周期性动荡往往与贫富矛盾的积累、激化、暂时缓解、重新积累、重新激化……这样一个周期性的循环相伴随。贫者解决贫富矛盾的主张，用一句话来概括就是“劫富济贫”，是“替天行道”。古代社会贫富分化矛

① 参阅赵德馨：《中国近现代经济史1842—1949》，河南人民出版社2003年版，第179—180页。

盾的短暂缓和，一般是靠战争以武力剥夺富户私有财产和使部分富户破产、富者死亡绝户实现的。现代化进程中生产力迅猛发展，贫富分化的矛盾曾空前激化，马克思主义在解决资本主义社会贫富分化问题上也是主张剥夺剥夺者，主要是采取暴力方式剥夺资本家的私有财产为公有，以实现社会财富的平均分配。孙中山认为，西方社会“生产既多而社会反致贫困”的原因，“实由于生产分配之不适应”，由于贫富阶级“相差甚远，遂酿成社会革命，有不革不了之势”①。他提倡社会互助理论，提出了既保护私有产权，又保持社会相对公平的解决贫富对立的思路，其内容是不动富者既有财富，却节制其增长，同时通过发展经济，使贫者致富，达到“将来共产”，将来共同富裕。

二、北洋政府时期的现代化发展

北洋政府时期，1912—1916年袁世凯任大总统，随后北洋军阀分化为不同派系轮番把持中央政府，实行立宪名义下的军阀专制，但对地方的控制力不足。北洋政府采取了比较宽松的刺激民间经济发展的经济政策，设立农工商部、交通部、财政部等部门，完善工商税收法规，推进工商、交通、金融业等发展，规范经济秩序。实行扶植工商农业发展的政策，颁布一些有利于工矿业发展的条例和法令。如1912年颁布的《暂行工厂通则》，第一次以立法形式规定了开设工厂的条件、工厂的安全卫生设备、工人的最低年龄、工作时间等。后来颁布了《公司保息条例》、《矿业条例》、《国有荒地承垦条例》等法令，鼓励民间集资开矿，保护生产替代进口商品的工厂，提倡引用外资兴办实业，鼓励私人出资出力开垦荒地。还培植农业人才，推广农业新技术，筹建农业实验场，举办国货展览会，组织中国产品参加国际博览会等。颁布《公司条例》、《商标法》及专利奖励法规等，提高经济活动的法律化程度。

这一时期是中国资本主义自发发展的兴盛时期，民间私人资本工商业有长足的发展，国家资本主义有所衰落，取而代之的是官僚私人企业增加。“流寇式”军阀在控制区内俨然土皇帝，予取予夺，掠夺民财，滥发钞票、军票的事情不足为奇。“税收法规”政出多头，常有重复征收交叉

① 《孙中山全集》（第二卷），中华书局1982年版，第509页。

征收。也有“坐寇式”军阀强化地方治理，采取促进经济发展的政策。随着民间资产阶级力量壮大，现代经济总量的增加，对军阀政府滥用权能的横征暴敛和胡作非为敢于进行抗争。如1916年北洋政府因财政窘困，下令中国银行、交通银行停兑现银，遭到上海中国银行分行抵制，上海总商会发布公告要求各商号对中国银行发行的钞票一律照办，维持市面。北洋政府无可奈何①。虽说各省的议会也都在设法取得更大的财政独立性，但预算毕竟还是军阀说了算。由于政局动荡，战乱不息，经济法规的实施得不到保障，有法不依，曲解条文，践踏法规，以军事强力横征暴敛攫取民财之现象屡见不鲜。

三、国民政府前期现代化的推进

1927—1936年，国民政府面临的国内外政治经济环境相当不利。在国内国民党虽取得了脆弱的统一，仅对华中地区具有较强的控制力，共产党和军阀对国民党的地位构成严峻挑战。日本在这一时期占领了东北，威胁华北和东南沿海，全面战争不可避免。在中国受全球经济影响加深的情况下，20世纪20年代末爆发了世界经济危机，对中国现代化努力带来更大压力。在这种情况下，这一时期的现代化取得前所未有的进展，中国经济总量和现代化水平在1936年达到前所未有的水平。但在进步的表象后面，存在着社会不公与积年财政亏空等严重问题。国民政府建立了一些形式上走向宪政的制度安排。1928年10月，国民党中央委员会通过了《训政纲领》，其中规定：由中国国民党全国代表大会代表国民大会领导国民，行事政权；以政权托付国民党中央执行委员会执行。国民政府以内忧外患为借口，延长了原定于自1929年起的6年“训政时期”，宪政开始的时间被一再拖延。

国民政府前期，市场化与工业化都取得一定长度的发展。当时国民政府通过实业部、资源委员会等机构投资，初步确立以采矿、冶金、化工、机械、电气为主体的国营重工业，为工业现代化奠定了基础构架，实现城市经济、民族工商业与对外贸易的一定发展，实现国内的经济统一。初步建立起现代金融体系，交通体系得到改善，邮电通讯得到扩展，为市场化

---

① 樊卫国：“略论中国早期现代化与权力分配”，《社会科学》2004年第2期。

推进创造了条件。国家资本大规模投入基础工业和基础设施建设，为工业化提供了公共资本。抗战前十年间中国工业经济增长较快，1928—1936年间的国民经济增长率为8.4%，1931—1936年间的国民经济增长率为9.3%[①]，为后来的抗战作了一定的物质准备。

这一时期，商业法规走向现代化。1929年公布民商统一法典和《度量衡法》等单行法规，为市场化发展创造更方便的交易条件。1928年国民政府在上海设立中央银行，授予发行纸币和铸币、办理国库、募集内外公债等特权。经营业务上，中央银行大肆排挤其他银行，快速积累了巨额资本。1928年国民政府将当时实力最强的中国银行和交通银行总部迁至上海，此后通过以金融公债强行参股的方式不断渗透，1935年夺得两家银行的控制权。中国银行、交通银行两行与1935年政府改组的中国农民银行，成为国家三大专业银行，与中央银行一起构成国家金融的四大支柱。1935年国民政府组建中央信托局和邮政储金汇业局，利用“四行两局”逐渐形成了对全国商业银行的控制。从1928年至1937年有128家新银行开业。1937年，中国有164家现代银行和1579家支行，但大都集中在沿海各省的主要城市[②]。20世纪30年代初，国民政府实现废两改元，1935年11月发布《关于币制改革紧急命令》，统一货币发行权。法令规定中央、中国、交通、农民四家银行所发行的钞票为法币，以后发行权更集中到中央银行一家，进一步统一了货币的发行权。同时特设发行准备管理委员会集中保管准备金，实行白银国有，确定法币对外汇价等，使南京政府建立的国家金融体系最终确立。

国民政府前期工业化在政府的推动下快速发展。在20世纪30年代初发生全球经济危机和日本侵占东北和进攻上海的背景下，现代工业发展所需的重型机械的进口从来没有减少。1927—1937年，工业设备进口总计达5亿元[③]，轻工业如棉纺织、面粉、水泥等工业发展较快。1936年，现代工业资本比1920年增长2倍，现代工业总产值占工业总产值23.69%，比

① 参见杨格：《1927—1937中国财政经济情况》，中国社会科学出版社1981年版，第347页；朱颖、石柏林：《近代中国经济政策演变史稿》，湖北人民出版社1998年版，第450页。

② 费正清：《剑桥中华民国史1912—1949》（上卷），中国社会科学出版社1994年版，第110页。

③ 徐中约：《中国近代史：1600—2000，中国的奋斗》（第六版），世界图书出版公司2008年版，第455页。

1920年提高12.91个百分点[1]。南京政府接受一部分北洋官营企业后，又利用国家力量投资兴建了一批国营工矿企业。1928年颁布《建设大纲草案》，规定有独占性质的公用事业、关系国家前途的基本工业及矿业、基本化学工业、煤矿、铁道、铜矿等基础设施、基础工业由国家建设。国民政府制定了《基本工业建设规划》、《实业建设程序》等发展计划。1931年国防会议提出了10项建设纲要，进一步确立了工农业的发展目标。1932年、1936年实业部、资源委员会分别制定发展计划。据统计，1927—1937年（抗战前）间，国民政府官营的企业资本总额为20600万元[2]，占同期全国工矿业资本的15%。由于国营的大都是重工业且刚刚起步，在全国以轻纺工业占优势的格局中比重不大，但国有工矿业资本绝对数量与以往比较有了长足的进步，扩大了重工业产品的国产化水平。

1928年，国民政府设立铁道部，1932年《铁道法》颁布，1934年公布公营和民营铁路条例，鼓励各方修建铁路。1927年全国铁路为12728公里，1937年为21036公里[3]。1927年全国公路里程为28962公里，1937年达111021公里，新建干线21条，支线15条[4]。1929年国民政府成立“航空委员会”，先后开辟了上海至成都、广州、北平、汉口、重庆、昆明、香港等航线。至1936年飞行航程总计246.6万公里，运送旅客18567人、邮件70806公斤。此外水运也有较大的发展，1932年轮船招商局收归政府经营，1937年船舶最多时达153艘，86300吨位[5]。晚清以来现代化的交通航运业，原来由列强居垄断地位，通过十年建设，民族经济性质的交通航运业的比重大大增加。

1927—1936年，私有产权基础上的现代市场经济得到发展，政府也着力发展国有垄断资本，两者并行时由于社会力量对政府权力制约不力，国有资本出现向官僚资本堕落的倾向。在这种情形下，市场化的有效配置途径受阻，工业化进程也增加了困难，阻碍了大部分中国人分享经济发展的成果，加剧了农村的极度贫困化，城乡二元经济结构矛盾更加恶化，为顺利地跨越传统经济与现代经济发展之间的鸿沟增加了障碍。发展起来的现

---

① 吴承明：《中国的现代化：市场与社会》，三联书店2001年版，第105页。
② 虞宝棠：《国民政府与国民经济》，华东师范大学出版社1998年版，第160—161页。
③ 严中平：《中国近代经济史统计资料选辑》，科学出版社1955年版，第227、234页。
④ 宓汝成：《帝国主义与中国铁路》，上海人民出版社1980年版，第670页。
⑤ 吴承明：《中国资本主义与国内市场》，科学出版社1995年版，第130页。

代银行系统，为现代税收制度创新和利用公债市场筹集资金提供了条件。政府银行和私人银行之间的合作，为政府通过公债融资提供了工具，成为现代财政制度运行的重要支柱。

四、国民政府后期现代化的倒退

1937—1949 年，中国现代化进程被日本发动的侵略战争和后来的国内战争打断，中国经济处于战时经济状态。战争对现代化进程带来巨大破坏，也改变了现代工业的地区布局与所有制结构。

（一）工业化与市场化的倒退

1937 年前，现代工业主要集中在沿海沿江一带，分布在苏、浙、沪的现代工厂占全国 56%。仅上海工厂就占全国（不包括东北、台湾、云南）工厂数的 31. 39%，资本额的 39. 73%，工人的 31. 78%①。抗战爆发后，部分现代工厂设备和技术人员先迁往武汉，后又迁到以重庆为中心分布在川、贵、湘、陕、甘等地的大后方，改善了大后方的现代工业的地区结构，带动了西部的第一次大规模现代化开发。抗战期间国民政府大力扩展国营工矿企业，1945 年抗战胜利前，国民政府国营工矿资产占国统区工矿业资产总额的 52%。但由于东部经济发达地区被日本占领，原有的产业联系中断，整个社会建立起战时军事优先的机制，工业化受到巨大破坏。抗战胜利后，大后方工厂大量歇业，业主携带生产经营骨干人员回到沿海沿江地区恢复生产。在战争中，炮火摧毁了大量工厂，日本侵华战争对中国造成的财富损失约 1000 多亿美元②。

战争造成市场环境急剧恶化，交易成本急剧提高，金属货币不允许流通后，币值的不稳定使人民不愿使用纸币，商品交换倒退到以物易物时代。货币制度的崩溃使流通渠道梗塞，生产过程瘫痪，国民经济不能运转，政府也失去了财政支柱，政府不能统治下去，民众不能活下去，国民经济陷入总崩溃。1936 年 GDP 为 252. 64 亿元，1946 年为 213. 96 亿元，1949 年为 190. 44 亿元，1949 年 GDP 比 1936 年下降 24. 64%；人均 GDP

---

① 陈真等：《中国近代工业史资料》（第四辑），三联书店 1961 年版，第 95—97 页。

② 赵德馨：《中国近现代经济史》，河南人民出版社 2006 年版，第 317 页。

分别为 50.5 元、40.6 元、35.2 元，1949 年人均 GDP 比 1936 年下降 32.2%[①]。

（二）统制经济滑入权贵经济的泥潭

抗战时期，国民政府提出实行统制经济政策，即国家用行政手段干预经济，达到国民党对国民经济统一的严格的控制。在抗战前和抗战前期，“计划经济”的提法较盛，实际上在国民党及其智囊的眼里，没有什么本质区别，计划是实行统制经济的辅助手段，统制是计划经济的最终目标。1937 年 2 月国民党五届三中全会通过的《中国经济建设方案》中提出：“中国经济建设之政策，应为计划经济。即政府根据国情与需要，将整个国家经济如生产、交易、分配、消耗诸方面制成彼此互相联系之精密计划，以为一切经济建设进行之方针。在此政策之下，全国人力与资源得不分区域为全盘适当之配置，以发挥最大之效率；生产之结果，得共同利用，为公平适当之分配，以提高大众之福利。”[②] 随后，在全国逐步推行贸易统制、粮食统制、资源统制及大量财政金融干预政策措施。

1937 年 8 月，国民政府成立最高国务会议，对党政军一切事项可“不依平时程序，以命令为便宜之措施”，形成战时经济体制。1938 年 3 月国民党制订的《抗战建国纲领》和《非常时期经济方案》提出，“经济建设应以军事为中心”，经济设施“应以助长抗战力量，求取最后胜利为目标”，“实行计划经济，奖励海内外人民投资，扩大战时生产”，战时生产事业“应以供给前方作战之物资为其第一任务”，加强国家调控，实行战时计划经济。国民政府认为有必要实行战时计划经济，是因为“如工业之何者应归国营，何者应归私营，资本之如何蓄积与节制，土地之如何使用，以及工矿区域之分布，产业部门之调整，国际支付之均衡，劳资协调之确立，技术人才之养成”，“皆应高瞻远瞩，并顾兼筹，定系统计划，逐步切实实行”，实行系统的计划经济才能做到“人尽其力，地尽其利，物尽其用，货畅其流”[③]。

1939 年 9 月成立“四行联合办事总处”成为国统区经济的神经中枢，

---

① 江海：“中国近代经济统计研究的新进展”，《中国经济史研究》2000 年第 1 期。

② 中国第二历史档案馆：《中华民国工商税收史料选编》（第一辑上册），南京大学出版社 1996 年版，第 205 页。

③ 石柏林：《凄风苦雨中的民国经济》，河南人民出版社 1993 年版，第 274—277 页。

是战时财政金融政策的决策机构，工矿交通事业运行和发展的控制机关，物资调剂的管制枢纽，控制全国的金融网。抗战时期，为了保证物资需要，组织沿海沿江工厂内迁；大力扩展国营工业，开拓交通线，统制物资供应。抗战胜利后，接受敌伪资产为国有，对主要重工业和部分轻工业实行垄断经营，通过对私营工商业抽税苛重造成其大批倒闭，建立全国性和地方性的工业垄断组织。“四行二局”[①] 成为最大的国家金融垄断集团，经济部下的资源委员会成为以重工业为主的国营工矿业兴办与管辖机构。1936 年管辖企事业单位 25 个，1945 年为 125 个[②]。

在抗战和内战时期，官僚等权贵投资的领域扩大其现代企业，利用手中掌握的权力与经济信息，炒买股票、外汇等大发国难财，进行资本积累。官僚资本与国家资本、国家干预经济政策的联系密切。国家资本越多，国家干预经济的权力愈大，官僚资本受益愈多。国民党员成为官僚资本家或是腐败的代表，官僚资本膨胀昭示国民政府腐败透顶，整个国民经济滑向权贵经济的泥沼。如 1942 年 5 月到 1943 年，国民政府以向美国取得 5 亿美元贷款的一部分发行美金储蓄券和购买黄金出售以回笼法币。美元与法币比价为 1：20，黄金售价仅及市价的三分之一至二分之一，购买者大获利益[③]。能够购得这些储蓄券和黄金从而获取暴利的，仅是少数权贵，人民对国民政府的信任也随之降低。

第二节　北洋政府时期的军阀财政

1912—1926 年，北洋政府时期的财政制度极端混乱，体现为帝国财政碎片形式的军阀财政特性。与帝国财政比较，以出卖主权换取外债为主要收入来源的掠夺型财政收入制度“更上新台阶”，以军事支出为主的消费型财政支出制度“更具社会破坏性”，军阀各自为政使专权型财政管理制度“更显混乱性”。北洋政府对财政制度进行了一定创新，虽然并不是每

---

① “四行”指中央、中国、交通、中国农民四家银行，“二局”指中央信托局、邮政储金汇业局。

② 许涤新、吴承明：《中国资本主义发展史》（第三卷），人民出版社 2003 年版，第 495—496 页。

③ 赵德馨：《中国近现代经济史 1842—1949》，河南人民出版社 2003 年版，294 页。

一项创新都得以施行，但为以后的制度变革提供了借鉴。

总体来看，北洋政府时期，政权不稳导致财政制度的混乱，产权缺乏政府保障形成市场化与工业化的障碍，军阀混战成为现代化的制约因素。由于政权的软弱无力，在局部地区放松了对民间经济的控制，加上列强在第一次世界大战前后无暇东顾，在局部地区市场扩大，民间的现代工业经济规模壮大，国家兴办的现代工业比重下降。财政制度也进行了有限的改革试验，但无果而终。这一时期，是帝国财政制度崩溃和碎片四处散落的时代，帝国财政的掠夺性、消费性、专权性在零星地不确定地肆虐。同时，与市场化、工业化与民主化相适应的现代财政制度在顽强地生长。中央银行代理国库制度、分税制、公债市场、扶持现代化工商业的财政政策得以试验，为以后我国财政制度向现代化方向的演化积累了经验。

一、财政管理制度的演变

北洋政府建立后，改换了政府结构的名称，但比清政府更加无力控制中国的税收来源。在北洋军阀统治下，各地军阀割据，各自为政，无从建立统一的财政体制和赋税制度。在财政机构设置方面，北洋政府仿照西方国家的共和政体，在清政府度支部的基础上，设立财政部，下设会计、赋税、泉币、公债、库藏5个司和税务、盐务两署。关税、盐税直隶财政部。1913年颁布了中国历史上第一个垂直征管国税体制的法案，在各省设国税厅，省以下相应设分厅、支厅，直接管辖国税事宜。各省设财政司，掌管地方收支。因地方被军阀控制，分税制度无法实施，1914年又将财政司与国税司合并，在各省设财政厅总管一省财政，恢复解款制度。

在财政管理制度创新方面，北洋政府为推进分级财政建设，进行了三次税制整理。1912年11月进行第一次税制整理，公布国家税及地方税税法草案，明定国家（中央）和地方两级税收的划分，并拟定将来准备新设的税种（见表8－1）。1913年11月颁布《划分国家税地方税法（草案）》，公布了《国家费用地方费用标准案》，这是中国历史上第一次有关分税制的法律文件。在收入划分方法中，将重要税源如田赋、盐税、关税等悉数划归中央，地方政府税源几乎全系清末各省、县开征的苛捐杂税，以附加方式为主，充分体现了财政上的中央集权的原则。这一方案的提出，对日后处理中央与地方财权、事权产生了深远的影响。由于民国初年政局不稳，中央没有驾驭地方的能力，中央的命令地方不遵从，分税没取得实效。

表 8－1　　1913 年北洋政府分级财政收支划分方案

	中央政府		地方政府	
	现行税种	将来增设税种	现行税种	将来增设税种
财政收入	田赋、盐课、关税、印花税、常关税、统捐、厘金、矿税、契税、牙税、当税、牙捐、当捐、烟税、酒税、茶税、糖税、渔业税和其他杂税杂捐。	登录税、通行税、遗产税、营业税、所得税、出产税、纸币发行税。	田赋附加税（附加率不超过 30%）、地捐、商税、牲畜税、粮米捐、油捐及酱油捐、船捐、杂货捐、店捐、房捐、戏捐、车捐、牙户捐、茶馆捐、鱼捐、肉捐及其他杂税杂捐。	特别税（如房屋税、国家不课之营业税、国家不课之消费税）、附加税（如营业附加税、所得附加税，前者不得超过 20%，后者不得超过 15%）。
财政支出	立法费、官俸官厅费、海陆军费、内务费、外交费、司法官厅及监狱费、专门教育费、官业经营费、工程费、西北拓殖费、征收费、外债偿还费、内债偿还费、清帝优待费等 14 项。		立法费、教育费、警察费、实业费、卫生费、救恤费、工程费、公债偿还费、自治职员费、征收费等 10 项。	

资料来源：邹进文：《民国财政思想史研究》，武汉大学出版社 2008 年版，第 95—97 页。

1914 年进行第二次税制整理，修正国家税、地方税的划分。国家税包括田赋、盐课、关税、厘金等 17 项，地方税包括田赋附加税、商税、牲畜税、粮米税、房捐等杂税杂捐 20 项。1915 年下令实行中央专款制度，确定一些税捐为中央专款收入，由地方征收后银行专户存储，按月上解中央，恢复向中央解款制度。

1923 年 12 月进行第三次税制整理，重新划分国家税和地方税，以关税、盐税、印花税及其他消费税等全国税率应划一的税种为国家税，田赋、契税及其他各税为地方税。这个方案也未能实施。实际上仍沿用中央解款制度。此时各地军阀把财政当成私库，自定税制，自设税目，自由征收。一些地方军阀，截留税收，不上缴应解中央政府的款项，财政制度混乱①。

① 赵德馨：《中国近现代经济史 1842—1949》，河南人民出版社 2003 年版，第 239 页。

二、财政收支制度的演变

除在1913年开征印花税外，1913—1915年推行所得税、遗产税，新增所得税，实行累进税制。1914年以后，除关税和盐税外，其他大部分税收由各省管理。在法律上，田赋和一些货物税仍属中央政府，但事实上归各省控制。1916年以前，中央政府还能从各省提取一些田赋款项。这种状况，断断续续以最低数额维持到1921年。1923年以前的实际进口税率在2.5%—3.6%之间变动。1923年修改海关税则，使实际税率达到5%。从1913年到1922年年底，盐税的收入超过了关税。盐税收入渐渐被各地大量侵吞，食盐走私猖獗。在1922年盐税总收入达到最高点8600万元后，1924年降至7100万元，1926年降至6400万元，1927年降至5800万元。1922年，盐税实际上交给北洋政府的也只有4700万元（占55%），另有1200万元经中央政府同意留在省里，其余未经中央同意，即为地方占用。1926年，被省当局和各地驻军截留的盐税，总额达3700万元，当年上交北京的实际数额仅为900万元。这一时期，内债和外债的还本付息，成了北洋政府最大的支出；加上军费的支出，至少占每年总支出的4/5。① 关税几乎全用来偿还外国的借款和支付赔款。从1912年至1927年年底，北洋政府能够从海关收入中用于行政经费和其他支出的，仅为海关全部收入71767200海关两的约20%，即为14234100海关两。省和地方的税收收入，也被军费和治安费用耗尽②。

三、公债制度的演变

北洋政府试图通过加强对公债的管理来维护国家信用。1912年，财政部成立公债司，负责公债的募集和发行；公债基金的整理；公债的还本付息、预算、决算及调查统计、注册、更名以及稽核地方公债暨取缔证券买卖的事项。为了加强政府的外债管理能力，《临时约法》规定借款合同需

---

① 贾德怀：《民国财政简史》，商务印书馆1946年版，第697—698页。

② 斯坦利·F. 赖特：《辛亥革命后中国的海关收入》（1935年第3版），第440—441页。P. T. 陈："财政"，《中国年鉴，1935—1936年》，1298—1299页。转引自费正清：《剑桥中华民国史1912—1949》（上卷），中国社会科学出版社1994年版，第103页。

要经过参议院投票公决，才有可能从草案变为正式合同。1914年的《临时约法》还规定：即使是因为国际战争或勘定内乱及其他非常事变不能召集立法院时，大总统经参议院之同意，为紧急财政进行外债举债，也必须于次期参议院开会之始，请求追认。

金融体系的发展，为北洋政府大量发行公债提供了体制基础，客观上也为现代财政经济运行创造了条件。北洋政府时期，以中国银行作为中华民国中央银行总行，由中央银行垄断发钞权。北洋政府颁布了《中国银行通则》规定银行的营业范围，其中第十三和第十四条规定，银行具有“经理国库券及募集或偿还公债事务”、“代理发行国家货币之责”。“中央银行为经济界之总机关，不可与财政有密切之关系，设资本出自政府，则政府得以操纵银行，财政破裂之日，即经济动摇之时”，中央银行完全民有，也可“示政府无与民争利之心”[①]。同时，北洋政府成立国际汇兑银行、中央实业银行、农工银行等，形成一整套银行体系，这在中国金融史上具有开创性意义。各省先后将清政府时期所设立的官银号改组为省级地方银行。但是，这些银行并不是完全为军阀控制利用的，有些省银行利用政府提供的充足资金，积极开展正当的存放款、汇兑和信贷业务，取得了积极的社会效果[②]。

北洋政府主要靠举债度日，后来留给南京国民政府2.41亿元内债。1912—1926年间，财政部共发行27种国内债券，票面总值计6.14亿元[③]。但债券是折扣销售，最低时售价仅为面值的20%，政府实得的收入比发行额要少得多。这些国内债券大部分被中国的“现代”银行所认购；这些银行持有政府证券，作为投资和作为发行纸币的储备，并可向政府预支。1912年至1927年共举借外债468次，借款总计折合银元13.48亿元，绝大部分是用于国内战争的军费，靠出卖国家主权换取。清王朝的外债很大一部分由战争赔偿转化而来。若除掉这一部分，本阶段中国举借外债的数额实际上超过了清末[④]。

---

① 贾士毅：《民国财政史》（上册），商务印书馆1917年版，第163页。

② 项怀诚、刘孝诚：《中国财政通史：中华民国卷》，中国财政经济出版社2006年版，第67页。

③ 千家驹：《旧中国公债史资料，1894—1949年》，中华书局1984年版，第366—369页。

④ 赵德馨：《中国近现代经济史1842—1949》，河南人民出版社2003年版，第244页。

第三节 国民政府前期的财政制度创新

国民政府奉孙中山的学说为指导思想，积极引入西方现代财政制度并进行创新。曾留学美国的宋子文（1928—1933年）与孔祥熙（1933—1944年）长期担任财政部长，在立法院主持财政经济委员会的马寅初留学美国时专门研究过美国的财政制度。在他们的主持下，先后采取了划分国地收支、建立预算制度、收回关盐两税主权、修订海关税则、逐步改革盐制与盐税、裁废厘金、创立新税、废除苛杂、建立地方税体系、进行币制改革等一系列财政金融措施。至1936年，在税制方面，已初步建立起以关税、盐税、统税为主体的国家税系统和以田赋、营业税、契税为主体的地方税系统，使中国财政制度向现代化方向跨出一大步。对于国民政府在财政改革方面所取得的成就，当时在中国工作的美国顾问杨格在1971年发表的《中国建设之努力（1927—1937）》一书中认为，国民党“在现代化和发展方面的作为自然只能是星星点点的”，但他们“做出非凡的财政变革，要想找到比这更动人的例子是困难的”①。

一、孙中山的财政思想

孙中山的建国理论中包含着丰富的现代财政思想，如注重民生为财政提出了满足公共需要的导向，主张统一财政是为了提高财政活动的规模效益，节制资本、平均地权是为了实现社会公平，发展宪政具有为财政选择提供决策与监督机制的作用。在他的工业化思想中，也包含着实现公共需要的财政理念。如重视发展基础设施与基础产业，反映在财政支出中意味着加大对公共资本的投资；发展国家资本的目的，体现了他希望在加快民族现代工业发展的同时，促进公共福利的提高。

1912年，孙中山在中华民国临时大总统《就职宣言书》中，提出了财政统一的原则。“以后国家经费，取给于民，必期合于理财学理，而尤在

① 许涤新、吴承明：《中国资本主义发展史》（第三卷），人民出版社2003年版，第60页。

改良社会经济组织，使人民知有生之乐。是曰财政之统一。”[①]“必期合于理财学理”是财政工作应以现代财政理论为指导。“改良社会经济组织”内涵广泛，其中包括要在财政立法、财政体制和财政组织上进行改革，提高经济效率和社会公平。因此，规定参议院有“议决临时政府之预算，检查临时政府之出纳，议决全国统一之税法、币制及发行公债事件”等立法权。财政部有“管理会计、库币、赋税、公债、钱币、官产事务，监督所辖各官署及府县与公共之会之财产”等行政管理权[②]。

孙中山主张平均地权，认为地主尽享地价上涨之利是没有道理的，因为地价的上涨是由于社会改良和工商业进步的结果，故这种改良和进步之后所涨高的地价，不应归地主所有，“地主有承先人之遗业，不耕不织，无思无维，而陡成巨富”[③]。他反对照面积纳税的旧制，主张按地价征收土地税，核定地价，涨价归国。土地税在中国古代社会主要是田赋，而田赋主要是按土地产量定量征收实物，明朝时折征白银。产量一经核定往往一成不变，造成土地所有者税负负担不平衡。“从前人民所有土地，照面积纳税，分上、中、下三等……必不能得其平。不如照价纳税，贵地收税多，贱地收税少。贵地必在繁盛之处，其地多为富人所有，多取之而不为虐。贱地必在穷乡僻壤，多为贫人所有，故非轻取不可”[④]。实行按地价征税，一改过去从量征税的弊端，会使土地所有者的税负趋于公平。孙中山认为地价的上涨是由于“社会改良和工商进步”的结果，故这种改良和进步之后所涨高的地价，“不应归之私人所有”，地主尽享地价上涨之利是没有道理的，社会改良和进步以后土地增价部分应全部归国家所有，不赞成没收地主土地给无地农民的“快刀斩乱麻”的办法。他说：“我们所主张的共产，是共将来，不是共现在。这种将来的共产，是很公道的办法。以前有了产业的人决不吃亏。和欧美所谓收归国有，把人民已有了的产业都抢去政府里头，是大不相同的。”[⑤] 孙中山反对“夺富人之田为已有”的暴力剥夺方式，主张核定地价，保护地主既有产权。由地主自己报价，并在地契中载明国家需要的时候，可按地主报价收买土地。孙中山认为此法可

① 《中华民国史档案资料汇编》（第2辑），江苏人民出版社1981年版，第2页。

② 参见赵德馨：《中国近现代经济史1842—1949》，河南人民出版社2003年版，第238页。

③ 《孙中山全集》（第九卷），中华书局1986年版，第379页。

④ 《孙中山全集》（第二卷），中华书局1982年版，第320页。

⑤ 《孙中山全集》（第九卷），中华书局1986年版，第383页。

约束地主按实际地价报价。"如人民料国家将买此地，故高其价，然使国家竟不买之，年年须纳最高之税，则已负累不堪，必不敢。即欲故低其价以求少税，则又恐国家从而买收，亦必不敢。所以有此两法互相表里，则不必定价而价自定矣"[①]。试图将土地资本私有化所产生的社会经济的弊端限制在最小范围内。在城市，土地地租涨价归国有，防止大地产商独占城市发展之利；在农村，要耕者有其田，解决农民的生计，发展农业生产，以此变革不合理的土地制度和分配制度。除了限制私人资本的活动空间外，通过税收这个工具"节制资本"，公开主张以累进税制作为节制资本、解决分配不公的主要手段[②]。

《建国大纲》中对地方财政收支的规定，体现了"取之于民，用之于民"的财政原则。如大纲第十一条规定，"土地之岁收，地价之增益，公地之生产，山林川泽之息，矿产水力之利，皆为地方政府之所有；而用以经营地方人民之事业，及育幼、养老、济贫，救灾、医病与夫种种公共之需。"对于不同级次政府间的财政关系的观点，也反映公共财政决策的协商精神。大纲第十二、第十三条规定，"各县之天然富源与及大规模之工商事业，本县之资力不能发展与兴办，而须外资乃能经营者，当由中央政府为之协助；而获之纯利，中央与地方政府各占其半。""各县对于中央政府之负担，当以每县之岁收百分之几为中央岁费，每年由国民代表定之；其限度不得少于百分之十，不得加于百分之五十。"[③]《建国大纲》关于权力架构的设计，是公共财政在决策环节的保障机制设计，也反映了公共财政的精神。

他的财税思想对国民政府的财政制度设计产生了直接影响，如统一财政，发展国家资本主义，大力投资公共基础设施，开征从价土地税，实行宪政下的现代预算制度等。他注重公平的财政思想虽然在当时没有切实贯彻，但在20世纪50年代以后对台湾地区的经济社会发展产生了很大的影响[④]。

---

① 《现代经济常识百科全书》，（台北）长河出版社1980年版，第31、139页。

② 邹进文：《民国财政思想史研究》，武汉大学出版社2008年版，第140—141页。

③ 《孙文选集》（上册），广东人民出版社2006年版，第397页。

④ 台湾地区在经济起飞过程中，制定经济发展政策时，遵循孙中山的民生主义经济思想。强调收入分配的平等，"均富"被写入在台湾执政的中国国民党党纲。由于台湾当局花了不少力气贯彻均富执政理念，与世界上其他国家和地区经济起飞阶段收入分配恶化不同，台湾地区长期保持了经济快速增长和收入分配优化的"和谐"局面，在国际上被誉为经济社会发展的奇迹。据统计，1953—1980年，台湾的基尼系数不断下降；1953年为0.558，1961年为0.461，1972年为0.301，1980年为0.28。参见《现代经济常识百科全书》，（台北）长河出版社1980年版，第137页。

二、统一财政与建立分级财政制度

国民政府建都南京后，立即着手整顿财政体制，抓统一财政工作，重组财政经济行政管理机构，1928年8月国民党二届五中全会通过《统一财政，确定预算，整理税收，并实行经济建设财政政策，以植财政基础而利民生建议案》，将财政、税收、债务和金融货币的改革看作“根本政略”，将财权统一于中央之下，增强中央的控制能力。1928年夏秋间，各省地方势力先后表示愿服从中央政府的政令，财政逐步统一。划分国家与地方财政收支系统，统一财务行政，努力建立事权分明，财权明晰，与政府行政组织相一致的分级财政体制，1928年建立中央、地方二级财政体制，1936年进一步向中央、省、县三级财政体制调整。

1927年7月，国民政府公布《划分国家收入地方收入暂行标准》及《划分国家支出地方支出暂行标准》（以下合称《暂行标准》）。其最大的特点是将田赋划给地方①，因此地方财政在国家财政中的地位有所提高。这里的地方财政主要指省级财政，以省为主体，县附于省，县（市）收入由各省自行决定。《暂行标准》中对国地税源的划分采取的是税目独立主义，取代民国初年实施的税目附加主义，以避免国地之间的纠纷。规定国家税与地方税划分以后，中央与地方各自整顿，不得重征和附加。但试行的效果不佳，如地方仍自行留用厘金、矿税等。

1928年7月，国民政府召开第一次全国财政会议，通过了《划分国家收入地方收入标准案》和《划分国家支出地方支出标准案》（以下合称《标准案》）。11月，修正后的《标准案》公布，对国家与地方收支的界限作了明确划分（见表8－2），在一定意义上给予了地方财政的独立地位，使之自成系统，地方财政的法律基础开始确立。这次财政收支划分的特点是，与北洋政府时期的财权划分比较，加强了中央财权，追求财政的统一。属于国家收入者都是税源较大的税项，如关、盐、厘金等税。原属地方财政收入的厘金划归中央，有利于统一税制和改变地方滥征的局面。地方收入主要包括田赋、契税、营业税等及杂项收入。原来归中央政府收入

① 将田赋划归地方税，是现代中国税制建设的一项重要改革，客观上表明中国经济结构已经向以工商业为主过渡，田赋在税源结构中的地位下降。

的田赋划归地方，使地方财政来源有一定保障。从支出项目来看，重要的支出项目集中于国家。军费由中央控制，有利于中央政府控制各地军阀。

表 8－2　　1928 年《标准案》对国家与地方财政收支的划分

	中央政府	地方政府
财政收入	海关税、盐税、内地税、常关税、厘金及一切类似厘金的通过税、烟酒税、印花税、邮包税、所得税、遗产税、矿税等税收，国家财产、国有事业、国家行政等收入和国有事业利润，债务收入等。	田赋、契税、牙税、当税、屠宰税、内地渔业税、船捐、房捐等税收，地方营业收入、地方行政收入，其他属于地方性质之现有收入以及拟开征的营业税、市地税、所得税附加、使用人税、使用物税（后加中央补助款）。
财政支出	中央党务费、中央立法费、中央考试费、行政费（包括内政费、外交费、财政费、教育文化费、司法费、实业费、交通费、蒙藏事务费、建设费、国家银行资本、国家其他企业资本、补助费、赔偿与奖励、赈灾、杂项）、军务费、债务费等。	地方党务费、地方立法费、地方行政费、公安费、地方司法费、地方教育费、地方财务费、地方农矿工商费、公有事业费、地方工程费、地方卫生费、地方救恤费、地方债款偿还费。

资料来源：赵德馨：《中国近现代经济史 1842—1949》，河南人民出版社 2003 年版，第 240 页。

中央与地方的财政分配关系明确以后，独立的地方税系统开始形成。地方财权实际上掌握在各省手中，所有划属地方的丰厚税源均为省所占有，县（市）财政收入仰赖于省。在这种财政制度下，中央政府实行损下益上的条块分割财政制度，把地方财政处分权收归中央的同时，尽量把行政、教育、保卫等事务推给地方自筹。由于原有的地方财政收入像割韭菜一样一茬茬地被中央政府割取，以致中央政府无论从法理上还是在实际上都无法禁止地方政府向下级政府及社会另辟财源。中央对地方财政的失控造成了对社会诛求无度，搜刮的有限财力无法支撑庞大的国家行政组织，最终导致国家的崩溃。

国民政府在加强基层政权建设的同时，没有有效解决基层政权财权与事权脱节的问题，造成农村苛捐杂税多如牛毛，成为当时农业、农村和农民问题尖锐化的重要原因。农村苛捐杂税严重的根本原因，在于基层政权财权与事权的不匹配。县（市）在行政上为一级政权组织，特别是自清末以来国家权力不断向乡村深入，县（市）、乡（镇）机构人员膨胀，公共权力不断扩张，各项政务及社会事业皆由县（市）负责办理。各县（市）既要完成其既定的任务，又要完成中央和省分派的新任务，却又碍于缺乏必要的财力，经常入不敷出，进而导致地方苛政繁兴，摊派横行。这种摊派常以“田赋附加”或其他苛捐杂税的形式出现，使工业化过程中本已日渐凋敝的中国农村经济滑向崩溃。20 世纪 30 年代前后，中国农村社会地主与佃农之间的冲突不构成主要矛盾，而苛捐杂税是乡村不安定的最重要的因素，这是导致 20 世纪 20—30 年代农村地区“土地革命”战争成燎原之势的重要经济根源。美国学者杜赞奇研究国民政府县财政问题后指出：“省政府不断地命令县政府增设‘现代化设施’，但同时，又千方百计地榨取县政府收入，将各县财政控制于自己手中，毫不放松”，“为了完成其基本的职责，县政府不得不巧立名目自筹款项，使附加税率提高、临时摊款增加而且更为频繁”。“临时摊款是贪污中饱的绝佳机会，他们往往在摊派过程中层层加码，除解交上级外，其余部分归入私囊”①。

1936 年 7 月国民政府公布《财政收支系统法》，对中央与地方财政关系政策进行调整，集中整理地方财政，将财政系统由过去中央与地方二级制改为中央、省、县（市）三级制，将税源与支出在中央、省、县三级之间进行分配，提高县（市）地方政府地位（见表 8－3）。

表 8－3　1936 年《财政收支系统法》政府财政收支划分表

		中央收入	省级收入	县（市）收入
收入划分	独享收入	关税、盐税、统税、矿产税、印花税、国家财产行政事业收入、国有企业利润等；	田赋、契税、屠宰税，地方营业行政收入等；	营业牌照税；使用牌照税；行为取缔税；地方营业行政收入等；
	组织后分享的收入	所得税 60%；遗产税 60%；	营业税 70%；	土地税（49.5%—67.5%）；房产税（70%—85%）；
	分享收入		由中央分给所得税 10%—20%；由中央分给遗产税 15%。	由中央分给所得税 20%—30%；由中央分给遗产税 25%。
		由县分得土地税 10%	由县（市）分得之土地税 13.5%—40.5%；由县（市）分得房产税 15%—30%。	由省分给营业税 30%。

① 杜赞奇：《文化、权力与国家——1900—1942 年的华北农村》，江苏人民出版社 1995 年版，第 74—75 页。

续表

<table>
<tr><th colspan="2"></th><th>中央收入</th><th>省级收入</th><th>县（市）收入</th></tr>
<tr><td rowspan="3">支出划分</td><td>独立支出</td><td>国家党务费、行政费、军务费、债务费等。</td><td colspan="2">地方会议费及行政费、卫生费、救济费、建设费等。</td></tr>
<tr><td>共同支出</td><td colspan="3">保安费、教育费、保育费。</td></tr>
<tr><td>性质难辨支出</td><td colspan="3">大规模流行病防治、影响巨大的防治建筑工程（如治黄、长江防洪等）经费支出。</td></tr>
</table>

资料来源：中国第二历史档案馆：《中华民国工商税收史料选编》（第一辑上册），南京大学出版社 1996 年版，第 770—790 页。

邹进文：《民国财政思想史研究》，武汉大学出版社 2008 年版，第 194—195 页。

中央、省、县各有其固定收入，省与县（市）收入划分依照税种分别归属，彼此不得附加。该法还规定，省、县财政分权后，县市与区乡镇财政合为一体，不再划分。过去各县、区、乡（镇）之临时摊派极为普遍。财政单位愈多，其紊乱情形亦愈甚，县市与区乡镇财政合一，有利于统筹收入使用。《财政收支系统法》确立了国家、省、县三级财政制度，对改变我国财政长期遗留下来的混乱局面，建立全国统一的财政体制，限制地方军阀势力恶性扩张，加强县政权的建设，抑制苛捐杂税泛滥，具有重要作用。但该法削弱了省一级财权，遭到地方上的重重阻力，不久发生全面抗日战争，这一收支办法被迫搁置①。

上述改革措施与当时的经济政治体制相联系，民主趋势增强、政府始终掌控对财政的管理权等特点，客观上促进了财政运行的有序化、财政管理法制化，有利于经济的良性发展。

三、预算制度创新

自清末开始，中国历代政府都试图建立有效的预算制度，但由于时局动荡，真正的现代预算制度并未实行。南京国民政府成立以后全国获得了统一，宪政得到推进，建立预算制度的条件基本具备。1932 年 9 月，国民政府在经过较长时间的准备后正式公布《预算法》，确立了一整套预算制度、主计制度和审计制度，标志着中国预算制度经历 20 多年的发展已基本

①　参阅邹进文：《民国财政思想史研究》，武汉大学出版社 2008 年版，第 186—195 页。

定型。这部法规在实际的运用上不如人意，但它是中华财政文明借鉴西方近代文明取得的标志性成果，民主和法治的精神在财政领域得到了具体的体现。这一《预算法》也成为南京国民政府“六法”体系的一个组成部分，虽几经修改，但迄今中国台湾地区仍在沿用这部法规。

国民政府财政部长宋子文非常推崇西方体现三权分立理念的现代预算体制。他认为，“考各国预算制度，恒经过立法、司法、行政三层程序，由行政机关编制预算，由立法机关决定预算，由审计机关考核预算。”“查预算制度……欧美诸邦，须经立法机关审核，方始确立。预算既经确立，政府视若圭臬，奉行惟谨，财政上之收支，乃得平衡。而一国之政事易趋轨道。”① 主张中国应逐步引入西方预算制度，由财政部编制预算，立法院审核预算，审计院考核预算。

国民政府时期的预算工作主要分为预算的编制和预算的执行。《会计准则》（1927 年）、《审计法》（1928 年）、《预算章程》（1931 年）、《办理预算收支分类标准》（1931 年）、《预算法》（1932 年）和《决算法》（1938 年）等法规条例构成了实施预算制度的法制基础。1928—1930 年间编制了个别预算，没有综合预算。财政部对 1928—1934 年的中央收支均曾编制报告，先后公布，其性质与决算相似，只是程序与手续较为简单。各级政府机关的年度决算以立法机关审议后的年度预算作为主要参考，使预算逐步成为监督政府财政的主要依据，成为划分中央与地方收支及构建分级财政制度的基础。

超然主计制度是对财政制度的重要创新，在世界范围内独一无二。该制度有四个特点：一是“超然”。即各机关办理预算决算会计统计的人员对于所在机关有超然地位。二是“联综”。即各机关的主计人员，以联综组织隶属于各机关；而另一方面又为主计处派出之职员，不但直接受主计处之监督指挥，而并直接受其任免迁调训练考绩。三是“连环性”。即岁计会计统计，合并组织成一个有连环性机关。四是“隶属”。即中央主计机关隶属于国民政府。而地方主计机关亦直隶于各该级政府之最高长官。② 超然主计制度把财政和计政区分开来。在此制度之下，财政部隶属于全国最高行政机关——行政院，主管赋税、公债、官产经营、货币金融等。而

① 中国第二历史档案馆：《中华民国史档案资料汇编》（第 5 辑，第 1 编），江苏古籍出版社 1994 年版，第 197—198、533 页。

② 卫挺生：“民国计政之过去现在与将来”，《东方杂志》1936 年第 1 期。

计政中的岁计、会计、统计是监督财政的工具，由专门的主计处负责，隶属于担负全国政治责任的最高机关——国民政府。1930 年 3 月，主计处创立，标志着颇具中国特色的财政监察制度——超然主计制度正式诞生。主计处设在国民政府内，下设岁计局、会计局、统计局。岁计局主管预决算的编造及整理，为各机关提出增进财务效能的研究建议。会计局主管会计制度制订、会计事务指导监督及会计总报告汇编等事项。统计局主管统计办法、统计范围、统计监督及全国统计总报告编纂等事项。各机关办理岁计会计统计人员之任免迁调训练考绩，均由主计处主管，均直接对于主计处负责，并受所在机关长官之指挥。反对超然主计制度的学者认为这种制度分割了财政部的职权，不利于财务行政，并以主计处成立后运行低效的事实批评这一制度①。马寅初则认为，超然主计制度“制度驾理想王国之上，事实沦十八层地狱之下”②。

1933 年孔祥熙任财政部长后，一方面明确提出要以“开源节流”为理财方针来解决国家的财政困难，并推动社会经济的发展；另一方面又强调“有急需增加的新预算，亦不能因节流而停止”，他一反前任宋子文力图实行的平衡预算的财政政策，实行扩张性的赤字财政政策来为蒋介石发动的“剿共”内战提供军费，导致了巨额的财政赤字和公债数量的急剧增加，进而使国家财政更加困难。

四、财政收入制度创新

国民政府收回关税自主权，按照现代税制结构改革中国旧式税收体系，撤销厘金，开辟统税，整理债务，开征所得税，改革赋税制度等，对直接关系到国计民生的重大税种进行修正，在中国现代史上具有里程碑意义。1927—1936 年，关、盐、统三税成为财政收入的三大支柱，1936 年三税合计占税收收入的 95.5%。关税、盐税、统税、烟酒税等工商业税收快速增长。其中，尤以关税增长占大头。1928 年，关税收入 17910 余万元，1936 年 63590 余万元，分别占当年税收总额的 69.1%、60.1%，年均增长 17.2%。税收总额 1928 年为 25930 万元，1936 年为 105730 万元，年平均

①　参见孙大权：《中国经济学的成长——中国经济学社研究（1923—1953）》，上海三联书店 2006 年版，第 282 页。

②　马寅初：《财政学与中国财政——理论与现实》，商务印书馆 2001 年版，第 162 页。

增长19.2%。原来的主要支柱田赋已退居次要地位，财政的基础已从土地收入转移到工商业税。[①]财政收入结构的这种变化，反映了市场化与工业化的成果。

（一）收回关税自主权，实行保护关税

我国自1842年丧失关税自主权后，协定关税税率值百抽五，实则不过3%—4%，成为世界上最低的进口税率。国民政府成立后，以取得关税自主权为国策，自1928年7月到1930年5月完成了中国关税自主的法律程序，先后与美、德、英、法等12国签订了关税条约。新的关税条约规定，双方实行最惠国待遇，华洋商人纳税一律，陆路与海路关税平等。接着改革关税结构，新关税内容共有进口税、出口税、转口税、进出口附加税及船钞五项，废止陆路进口货物的优待税率。1929年2月实行了一个由5%至27.5%的七级税则，以后这个税则又多次修改，不断提高税率。其中1933年5月修订颁布的进口税则税目计分16类672目，税率从5%到80%，共分14级，较充分地体现了关税自主的精神。1931年5月，财政部公布了海关出口新税则，其税目计分6类270目，从价从量并征，税率分别为7.5%和5%，对若干制成品税率依旧。关税税则调整后，平均关税税率从1930年的10.4%提高到1935年的27.3%[②]，在一定程度上发挥了关税对本国经济的保护和促进作用，并且使国民政府的关税收入有了大幅度的增加。1924—1928年平均每年关税收入是1.1亿元，到1931年增为3.88亿元[③]。

（二）裁撤阻碍全国统一市场形成的厘金，改征统税

厘金是1853年开征的一种重复征收性的苛捐杂税，对中国民族工商业的发展危害极大。从1931年1月起，国民政府将所有全国厘金及由厘金变名之统税，如统捐、货物税、邮包税、铁路货捐、落地税、正杂各税捐中之含有厘金性质者，海关五十里外常关税及内地常关税、子口税、复进口税等，一律代之以统税。统税对国内工业产品按照一物一税的原则，进行

---

① 赵德馨：《中国近现代经济史1842—1949》，河南人民出版社2003年版，第242—243页。

② 王军、齐海鹏等：《中国财政制度变迁与思想演进》（第二卷），中国财政经济出版社2009年版，第365页。

③ 邹进文：《民国财政思想史研究》，武汉大学出版社2008年版，第185页。

一次征收后，即可通行全国不再征收税捐（“统税”由此得名）。统税的特征是：货物出厂时征收，为出厂税；一物一征；属内地税，国外输入的统税货物，在国内销售时同样纳税。统税是为抵补裁减厘金而实行的，较之厘金，统税税目简化；课税范围以国家法律上指定的特种物品为限，较之物物课税的厘金，课税范围缩小，在一定程度上顾及了人民生活。实行一物一税的原则，所有应纳统税货物一次征税后，即可通行全国，改变了过去关卡林立，重复征收，阻碍市场流转和专业分工的弊端，有利于货物流通和工商业的发展。进口货物除须缴纳关税外，再课以与国货同等的统税，方可内销，使洋货与国货之间税率不平等的矛盾有所缓和，提高了本国产品的竞争力，对本国工商业有一定保护作用。由于实行统税的对象不断扩大，税率多次提高，税额不断增加。1928 年为 4000 万元，1932 年为 8900 万元，1936 年为 13200 万元，1937 年为 17500 万元，年平均增长 17.8%。在国民政府税收总额中占的比重，1928 年占 15.42%，1936 年占 12.48%[①]。

（三）整顿田赋及其附加

1928 年第一次全国财政会议后，田赋正式划归地方，作为省级财政的主要来源，各省基本上按土地肥瘠划分等级，确定税率，按亩征收，税率高低不一。田赋是政府与农民之间联系的关键载体，本来规定不得另征附加税，但地方政府掌握田赋的征收权，社会上又缺乏制约其“搭车收费”的社会力量和机制，于是附加摊派难以限制[②]。这一时期田赋及其附加、预征苛重，成为省级财政收入第一位的收入，占省级财政收入一半以上[③]。据 1933 年出版的《中行月刊》统计，当时各式各样的附加税不少于 673 种。1933 年各省的附加税比田赋正额多出 81%—173%。湖南田赋附加最高额超过正赋 7 倍，河南上蔡田赋附捐超过正税 5 倍。当时的文章揭露：

---

① 赵德馨：《中国近现代经济史 1842—1949》，河南人民出版社 2003 年版，第 242 页。

② 田赋或农业税是历代朝廷与农民关系的重要载体，中国历史上的三农问题乃至社会矛盾均系于此。国民政府的田赋改革试图减轻农民负担，但没有实现，国民政府时期各地的田赋附加比北洋政府时期有过之而无不及，成为共产党最终胜利的关键财政原因。20 世纪 80 年代建立乡级财政后，附着于农业税的农民负担问题引起民怨沸腾，与 30 年代的田赋附加及乱摊派引发社会危机的历史惊人的相似。2006 年，中国取缔农业税，彻底结束了田赋或农业税所扮演的角色，也反映了我国经济结构已走出农业为主的时代，税源结构进入工商业主导的阶段。

③ 孙怀仁：《中国财政之病态及其批判》，生活书店 1937 年版，第 141—142 页。

"附加税额往往超过正税十倍甚至数十倍，附加名目亦由数种增至数十种。尤其是自民国二十年实行裁厘，而地方当局又竞尚建设，更是急不暇择，不顾本末，只求有捐可征，有赋可加，以苛杂所得，抵补裁厘，于是苛杂附加，乃益有增无减……县政当局之精力，多半用于催收租税清还欠款之上，既捉襟见肘，亦挖肉以补疮。"① 此外还有田赋预征，1933 年四川 21 军已经预征了约 40 年田赋。当时的摊派一是没有规则或章程，无章可循，全凭主事者随机决定；二是贪污中饱盛行，执行摊派的人假借名义，层层加码，中饱私囊，严重干扰正常的社会生活，也造成政权腐败②。从 1928 年 8 月到 1933 年 5 月，国民政府曾数度颁行限制田赋附加的法令。1934 年，第二次全国财政会议正式宣布废除苛捐杂税。但是，苛捐杂税仍然有增无减，农民不堪重负。

（四）开征土地税和土地增殖税

国民政府 1930 年颁布了土地法，规定在征收田赋的同时，开征土地税和土地增值税。土地税，又称土地原价税，是按土地本身的价格（不包括土地改良物价格）课征的；土地增值税是根据土地价格增加的数额向土地所有人课征的。1930 年土地法规定的地价税税率为：市改良地为 10‰—20‰，市未改良地为 15‰—30‰，市荒地为 30‰—100‰；乡改良地为 20‰，乡未改良地为 12‰—15‰，乡荒地为 10‰—100‰③。

（五）改革盐税与推行所得税

1931 年 5 月，国民政府颁布《新盐法》，对盐政与盐税实施整顿，改革传统的引岸制度，实行自由贸易及提高税率等措施，改组盐政机构，对盐场进行裁并，加强场产管理，统一各地盐税税率，同时针对各地附税繁多状况进行征管改革，使盐税收入大大增加，1929 年盐税收入为 3000 万元，1930 年增为 1.22 亿元，以后逐年增长，1937 年为 1.97 亿元④。

1936 年，国民政府公布《所得税暂行条例》，对营利事业所得、薪给报酬所得、证券存款所得，以累进或比例税率征收所得税，并规定一定的

① 程清舫："论今日县地方财政之出路"，《新中华》1937 年第 4 期。

② 邹进文：《民国财政思想史研究》，武汉大学出版社 2008 年版，第 189—190 页。

③ 董长芝："宋子文、孔祥熙与国民政府的税制改革"，《民国档案》1999 年第 3 期。

④ 邹进文：《民国财政思想史研究》，武汉大学出版社 2008 年版，第 185 页。

免税项目，迈开了中国现代直接税征收艰难的第一步，推动了中国从旧式税制向新式税制的演变。

五、向建设性财政支出结构的调整

国民政府前期，财政支出主要由军事、债务、政务和建设支出组成。整体上看，这一时期的财政突出表现为军事财政的特点，但与北洋政府时期比较，曾经进行了向建设性方向的努力（见图8-1、表8-4）。1934—1936年，财政用于经济建设的支出明显增加，这些支出包括工矿业、交通、国营资本等。1934年，国民政府根据“重工业五年建设计划”，加大投资加快重工业建设，财政支出结构向注重建设性方向变化，也是为全面抗日进行财经准备。如运用公债强行注资入股垄断了全国金融业，建立了庞大的国营资本。国家垄断资本在现代工业、交通运输业中所占比重在1936年达到35.9%，达18.89亿元（不包括东北）[①]。

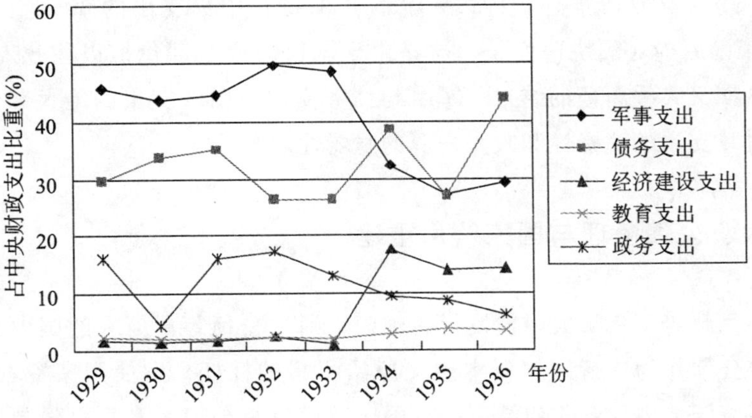

图8-1 1927—1936年国民政府中央财政支出结构

资料来源：王军、齐海鹏：《中国财政制度变迁与思想演进》（第二卷），中国财政经济出版社2009年版，第343—349页。

军事支出在1927年和1936年占比例最高，其他年份在绝对额上具有一定刚性，但在1934—1936年所占比例有所下降；债务支出半数用于偿付

---

① 国家垄断资本在全国现代工业、交通运输业中所占比重在1894年为39.1%，0.48亿元；1911年26.8%，4.78亿元；1920年为26.0%，6.70亿元。参阅许涤新、吴承明：《中国资本主义发展史》（第三卷），人民出版社2005年版，第14页。.

表 8－4　　1927—1936 年国民政府中央财政支出结构　　单位：百万元，%

年份	军事支出		债务费支出		经济建设支出		教育支出		政务支出	
	金额	比例	金额	比例	金额	比例	金额	比例	金额	比例
1927	131.2	87.0	1.6	1.1		—		—		—
1928	209.5	50.8	121.3	29.4		—		—		—
1929	245.4	45.5	159.0	29.5	9.5	1.6	14.2	2.4	86.5	16.0
1930	311.6	43.6	241.0	33.7	9.4	1.3	14.4	2.0	31.3	4.4
1931	303.8	44.5	238.8	34.9	13.6	1.5	18.7	2.1	109.6	16.0
1932	320.7	49.7	169.5	26.3	19.1	2.4	19.0	2.4	111.9	17.4
1933	372.9	48.5	202.6	26.3	10.0	1.2	16.6	2.0	99.5	12.9
1934	386.6	32.2	455.8	38.6	220.8	17.6	36.3	2.9	113.1	9.4
1935	362.0	27.1	358.6	26.8	152.4	14.0	40.2	3.7	116.3	8.7
1936	555.2	29.3	834.6	44.1	191.9	14.4	45.7	3.4	119.9	6.3

资料来源：王军、齐海鹏：《中国财政制度变迁与思想演进》（第二卷），中国财政经济出版社 2009 年版，第 343—349 页。

外债、赔款及内债本息，1928—1935 年保持在中央支出的 30% 上下，但 1934 年以后绝对额快速增长，这是由于国民政府全部包揽以往政府债务，并于本期又大举新债的结果。军事与债务支出占财政支出的绝大部分，反映了财政支出的消费性和收入来源的脆弱性。

六、公债整理与国家信用重建

国民政府不断扩大内债发行的规模，通过公债筹集庞大的国内战争军费，将公债作为进行国家资本主义原始积累的杠杆，发展国家资本主义，建立经济统治力量。北伐结束前，国民政府发行公债大多采取强制推销的方法。北伐结束后，国民政府采取高利息、大折扣的方法吸引上海资本家和一般购券者认购公债；或是允许在上海证券交易所和上海物品证券交易所进行交易；或存放在银行里，由这些银行根据市场价格议定出售价格，然后根据出售所得结算，而债券的偿还仍须按票面价值计算，在上海创造了一个具有现代意义的公债市场，政府公债券也成为上海银行界重要的投资财源。国内金融资本吸收了二分之一至三分之二的政府公债，银行家们把命运与南京国民政府联系在一起，国民政府以金融资本家作为维持统治的社会经济基础。1932 年以前的各年政府债务收入有 80% 以上被用于内战，用在金融事业上的约占9%，用于赈灾方面的仅为4%，能视为建设事业的不足1%。这一时期的公债年利率一般为6—8厘，通常以关税、盐税、统税作为担保，大多由当时的国家资本主义金融独占体系的四行两局所承购。承购方式是按例只以五六折付款，还本付息时按票面价值十足兑付。银行通过承购公债便可获得惊人暴利，这一时期国家资本主义的金融垄断势力迅速膨胀。

国民政府为恢复国际信用，对民国政府遗留外债一概认可，并加以整理。对确有担保的外债，按期清偿本息。自1927—1933年共清偿本息2.49亿元。对无确实担保的外债，则协商整理，分别认可。1927—1937年，国民政府新举借的外债总数不到3亿元[①]。1927—1936年，国民政府共发行债券35种，金额26亿余万元。为了诱使银行、钱庄承销，利率较高，有的月息达8厘，还许以折扣。至1931年每年本息达2亿元，而当时财政收入每年仅3亿—4亿元。还本付息令财政不堪重负，1931年后国民政府公开宣布债信破产，进行整理。1932年国民政府发布《关于变更债务还本付息条例的命令》，其主要内容是每个月为还本付息支出的费用削减一半，定为每月860万元；利率一律固定为年息6厘；偿还期限延长一半，由关税担保。债务整理以后政府军费开支得到了较好的控制，税制改革取得较好的成效，税收增加了，债券市场价格开始上升。截至1936年1月底，国民政府负债146000万余元，每月应付本息基金1500余万元。1936年，国民政府不得不进行第二次债务整理，大规模实行公债延期还本付息。发行统一公债146000万元，复兴公债34000万元，统一公债使债务支出每年减少约8500万元，简化了债务结构，巩固了政府发行市场的信用。国民政府初年债券的收益率，大致在15%到18%之间。1937年中期在上海，债券收益率已降到8%[②]。国民政府通过改组银行和币制改革逐步控制金融界，从而以较低的利息率和较小的折扣率顺利地发行了大批债务，使得债务规模得以控制。

七、对国民政府前期财政制度创新的总体评价

国民政府前期的财政制度进行了全面的主动创新。在创新过程中，在

---

① 黄天华：《中国财政史纲》，上海财经大学出版社1999年版，第436页。

② 赵德馨：《中国近现代经济史1842—1949》，河南人民出版社2003年版，第246页。

清末和北洋政府时期的财政制度探索的基础上，大量借鉴了西方现代化国家的财政制度，财政的公共性程度有所提升，促进了经济现代化建设。

（一）税制改革中试图降低财政收入的掠夺性，增强财政收入的交易性特征

这一时期税制改革后，关、盐、统三税成为中央政府财政收入的主要来源，税收成为财政收入的最主要形式，形成了以流转税为主体税种的新税制格局，标志着租金国家开始向税收国家过渡。在这一时期实现了关税自主，对外经济贸易条件比以前有了改善，革除了不利于市场交易的厘金制度，体现了保护民族产业、促进市场化与专业分工的倾向。推行所得税，初步奠定了现代直接税体系的基础。在地方建立了田赋、契税、营业税等收益税为主干的地方税体系。取消了落后的牙税、当税，代之以现代营业税。在改造田赋的基础上开征了土地税、土地增殖税。整顿田赋附加和摊派，体现了通过财政手段维护社会公平的努力。这些改革，有利于促进政府与社会平等交易关系的规范化、法制化，促进了市场化和工业化，适应了中国走向现代化的大方向。

但是，由于国民政府刚刚从军阀时代走来，国内还有大量的割据势力，这些税制改革并不能顺利地推行全国，有的还未来得及实行就被日本大举侵略而打断，制度创新的收益大打折扣。在税法的制定与执行上，缺乏严肃性，在税收领域出现了严重的“有法不依”现象，使得中国近代税制的推行效果多不理想；由于缺乏实质性的政治体制改革，税制改革存在不彻底性，不能反映纳税人意志，行政主导色彩浓厚。但国民政府通过改革对财政控制所达到的程度，超过了清末和北洋军阀时代，税收制度也有显著的改进。

（二）财政管理现代化取得重大发展

这一时期，国民政府统一了财政，在宪政条件还不具备的情况下，进行了现代预算制度的深入探索。1932 年颁布了《预算法》，实施预决算制度，对财政权力的分立制衡进行了试验，强化法律对政府财政活动的约束作用，建立财政监督体系等，使财政管理向公共化方向迈进。建立和调整了分级财政制度，为探索集权与自治的关系积累了经验。借鉴了西方财政联邦制经验，依据事权划分中央政府与地方政府财政收支权限，结合了中

国当时的特殊国情，初步规范了政府与市场的关系，兼顾了中央与地方的利益，为各级政府更好地履行各自的职能创造了有利条件，对构建与市场经济相适应的现代财政体制进行有益的探索，在现代化进程中发挥了保障作用。这些改革措施与当时的经济政治体制相联系，民主化趋势增强，政府始终掌有对财政的管理权，客观上促进了财政运行的有序化和财政管理法制化，有利于经济的良性发展，加速了中国财政体制现代化的进程，对以后提高财政管理水平提供了重要参照。

但是，由于中国军事力量当道，暴力集团对社会具有支配力，劳工阶层的生存权得不到保障，资产者集团并不能形成真正的制约力量，因而预算制度虽然提高了法制化程度，但不能形成不可抗的约束力。军费居高不下，依靠军力强制取得收入，或因军事支出强迫追加预算的事情时有发生[①]。国家税、地方税的划分，名为“均权”，但实际上偏重于加强中央集权，地方政府事权远大于财权，各省滥摊派和随意征收田赋附加、滥征苛捐杂税的现象得不到控制。

（三）财政宏观调控现代化开展了新尝试

公债整理和维持债务信用的努力，建立“四行二局”为骨干的国家金融系统，实行中央银行国库制度等，为财政宏观调控制度建设奠定了基础。发行实业公债支持交通、钢铁等基础设施和基础产业建设，在当时条件下还具有救亡图存的社会经济意义。南京国民政府财政制度的改革，对这一时期的社会经济发展的促进作用还是明显的。财政宏观调控制度过度运用扩张性财政政策的同时，缺乏促进社会公平的措施。国民政府以沿海地区为根基，依靠关税和商业税等累退税作为自己的财政基础，起用宋子文和孔祥熙等西方培养的金融家来确定经济政策，不接近农民和土地，不关心或理解土地问题的严峻。中央政府将农业税及土地税这个旧时代最基本的收入来源委托给各省办理。占人口绝大多数的贫雇农除了交纳地租外，还要替佃主交纳地租、附加税及其他摊派。“农民被剥削到了极限，只有一场革命能解救他们。而国民党所做的仅仅是在1930年通过了一项将地租降低到主要作物之37.5%的决定”[②]，但不过是一纸空文。孙中山

① 1933年，宋子文因不同意蒋介石随意增加军事预算支出愤而辞去财政部长一职。

② 徐中约：《中国近代史：1600—2000，中国的奋斗》（第六版），世界图书出版公司2008年版，第574页。

"耕者有其田"的理想从未实现。

第四节 国民政府后期的战时财政

1937－1949年，全面抗日战争连着国共战争。战争的持久性、急迫性、残酷性，对战时财政的集中、集权以及高效执行具有客观要求。

一、战时财政的顽抗与崩溃

战争的残酷性、急迫性、物资消耗的无限性等，对战时财政都提出了特别要求。1933－1944年担任国民政府财政部长的孔祥熙[①]认为："战时财政收入须迅速"，"战争形势，瞬息万变，前方之所以能战胜攻克者，要在后方之能源供应不匮，故必财政有迅速支付之能力，方不致贻误时机。国内之潜藏力量，无论如何丰富，设不能迅速接济前方，其结果亦归失败。是以战争开始，首须动员财政，使全国财力能于最短期内集中，以应付战局"；"战时财政收入须巨大"，"战时财政之所取，不但可以利用社会全部之所得，有时且征及人民之资本与财产，并以借贷方式征及未来之收益及后代之子孙"[②]；战时财政"必须以适应作战需要，争取最后胜利为最高原则，纵或对于国民经济稍生不良之影响，在争取胜利之大前提下，亦不得不忍痛以负之。"[③] 抗战时期，国民政府调整财政制度，采取各种方式筹集财政收入集中到中央，大量用于军事支出，同时压缩其他支出，为抗战胜利做出了巨大努力。抗战胜利后，国民政府官僚大量没收敌伪财产，不能有效恢复经济，醉心于扩大内战，无限运用通货膨胀方式填塞军事支出扩张带来的财政空洞，导致财政崩溃引发经济崩溃，成为其全面失败的重要原因。

（一）分级财政体制调整

抗战期间，改中央、省、县三级财政为国家财政与自治财政两大系

---

① 孔祥熙1938年起又任行政院长、中央银行总裁，是抗战时期国民政府负责行政和经济事务的最高长官。

② 蔡志新："孔祥熙理财思想初探"，《历史教学》2003年第6期，第30—35页。

③ 国民政府财政部年鉴编纂委员会：《财政年鉴》（三编，上册），1947年版，第27页。

统。抗战胜利后又改回三级财政。抗战爆发后，各级地方政府又频添了许多战事工作任务，如供应辖区内驻军所需粮草、动员群众协助军运、办理难民救济、安置伤残人员等等，使支出猛增。随着战区的迅速扩大，战线犬牙交错，省与县之间的联系经常中断脱节，县级具有一定的独立财源是必要的。战时国民政府决定“虚省实县”，加强中央集权，“凡省内之国家行政悉受中央指挥，凡地方自治与建设悉归各县办理；省只为自治之监督，立于中央与县之间，以收联络之效”①。自 1942 年 1 月 1 日起将全国财政分为国家财政与自治财政两大系统。国家财政包括原属国家及省的一切收入支出；自治财政以县为单位，包括县（市）、乡（镇）的一切收入与支出。省级财政并为国家财政，省级财政一切收支，纳入国家预算，由中央统收统支（见表 8 - 5）。

表 8 - 5　1942 年开始的战时二级财政体制收支划分

	中央财政	自治财政
收入	土地税（在土地法未施行地区为田赋）、所得税、非常时期过分利得税、契税、特种营业收益税、特种营业行为税、印花税、关税、盐税、矿税、货物取缔税、战时消费税等。	土地改良税（在土地法未施行前为房捐）、屠宰税、营业牌照税、使用牌照税、行为取缔税（后改称筵席及娱乐捐）、特赋收入、惩罚及赔偿收入、规费收入、信托管理收入、财产及权利收入、公有营业之盈余收入、公有事业补足收入、地方性之捐献及赠与收入、财产及权利之售价收入、收回资本收入、公债收入、赊借收入等。
分享收入	中央组织后自留：遗产税 75%、营业税 65%、印花税 70%。	遗产税（由中央分得 25%）、营业税（由中央分得 35%）、印花税（由中央分得 30%）。
支出	中央与原来省级承担的党务费、行政费、军务费、债务费、会议费及行政费、卫生费、救济费、建设费等。	政权行使支出、行政支出、立法支出、教育及文化支出、经济及建设支出、卫生及治疗支出、保育及救济支出、营业投资及维持支出、保安支出、财务支出、债务支出、公务人员退休及抚恤支出、损失支出、信托管理支出、协助支出和其他支出等。

资料来源：邹进文：《民国财政思想史研究》，武汉大学出版社 2008 年版，第 262—263 页。

① 荣孟源：《中国国民党历次代表大会及中央全会资料》（上册），光明日报出版社 1985 年版，第 639 页。

（二）财政收入制度的调整

抗日战争爆发后，中国沿江沿海地区相继沦陷，关、盐、统三大税源大部分为日军夺占。为保障抗日战争的需要，国民政府采取了增税、举借内债及外债、增发货币、争取盟国援助等一系列战时财政收入手段。1939年至1940年年初，国民政府将战争负担转向主要取之于农业。1941年将原属于地方财政的田赋、营业税、契税等主要税源收归中央，形成中央税权高度集中的战时财税体系。田赋改征实物，实行征实、征物与征借三者并进。1942年夏对盐、糖、烟类、火柴等生活日用品实行专卖。1943年1月，又将棉纱、麦粉两项货物税应税货品改征实物。实行专卖与征实，控制生活必需的重要物资，以调剂市场供应，控制物价，缓解通货膨胀的压力。

抗战时期，增加税收起初采取扩充征税品目、改定征课标准、扩大原有税收的征收范围和提高税率方式。随后开征过分利得税、遗产税、财产出卖、租赁所得税、战时消费税、公务员薪金收入所得税、股票收入所得税等一些新的税种。战时因交通阻滞，物资供需失调，物价高涨，各营利事业乃获致成倍超过平时的利润，为过分利得，对其所得课税，称为过分利得税。抗战爆发以后，物价暴涨，有些工商企业获得暴利。1939年1月1日起开征。过分利得税成为战时财政的重要财源，1942—1945年间其收入超过所得税。

（三）财政调控制度变迁——“积极财政政策”长期失控

国民政府将赤字财政政策长期化，试图以此来促进中国社会经济的发展和为国民政府坚持抗战提供军费。孔祥熙认为，“近代干涉主义盛行”，“理财者之使命，不仅须有征税聚财之消极功能，更须斟酌时代环境，力谋财政建设，直接间接，为社会经济求发展，为国家民族求富强”；“在就任财政部长之后，即决定财政方针，以财政力量推动金融发展，更以金融力量扶助经济建设；使人民生计，得以逐年改善，同时政府财源，亦得因经济建设之推进而逐年开拓”。1941年，他把这一“理财方针”命名为“积极的财政政策”，认为采取这一政策“不仅把财政金融经济打成一片”，而且使它们“相互扶助，彼此构成一个国防力量的连环”①。孔祥熙主持财

① 刘振东：《孔庸之先生演讲集》，台湾文海出版有限公司1972年版，第177、185、301页。

政工作的11年有7年是抗日战争时期，学习西方财政理念，但财政运行缺乏基本的社会经济基础，因此，积极财政政策实行的结果，并非如孔祥熙所说使中国经济“越战越强”，而是使中国的经济在愈演愈烈的通货膨胀下不断恶化。

抗战开始后，经济发达地区大量沦陷，国民政府的主要收入来源关盐统三税税源大部丧失，财政收支失衡严重。1939年与1936年相比，关税从3.69亿元减至0.86亿元，减少77%；盐税自2.29亿元减到1.01亿元，减少56%；统税从1.56亿元减到0.19亿元，减少89%①。1937—1938年发行的公债，认购者多。1939年以后，一则因为大中城市陷入敌手者多，二则由于通货贬值速度快，认购者寥寥。1942年采取在城市强制摊派的办法，但总的来说公债收入甚微。抗战胜利后，国民政府在财政方面，面临着一种既有重大有利条件、又有严重困难的极为复杂的局面。由于接收巨额的敌伪资产，以及收复地区提供的大量税源，国民政府与抗战期间僻处西南一隅相比，其财政形势迥然不同。但另一方面，由于广大收复地区百废待兴，军公教人员数量和国营事业规模急剧扩展，国内的军事冲突也不断升级并爆发全面内战，种种因素都加重了其财政负担。但经济一直得不到恢复，财政收入不能得到同步增长。

1937—1949年，国统区的财政始终是入不敷出，赤字呈扩大趋势。究其原因，主要是由于巨额军费开支。1937—1945年，军费开支占财政总支出的比重，最低是53.4%（1939年），最高达87.3%（1945年）。赤字的数额逐年增加：1937年15亿元，1941年88亿元，1945年6854亿元。赤字在财政支出中占的比重，1937年6.93%，1941年88.19%，1945年56.4%。银行垫款在财政收入中占的比重，1937年是59.46%；1941—1945年分别为87.45%、78.1%、66.69%、78.57%和83.05%；银行垫款占财政收入的60%—87%②，成为战时和战后通货膨胀的主要根源。

向银行透支是大量使用的弥补财政赤字手段。巨额的费用主要靠增发货币来解决，法币发行量，按月计算，从1937年6月至1945年8月，增加约396倍；按月平均数计算，1945年1—6月为1937年1—6月的283倍，物价指数为1182倍。抗战初期，物价上涨缓慢，上涨指数落后于纸币

---

① 粟寄沧：《中国战时经济问题》，中新印务股份公司出版社1942年版，第136页。

② 赵德馨：《中国近现代经济史1842—1949》，河南人民出版社2003年版，第289—292页。

增发指数。越到后期，物价上涨愈烈，越容易超过纸币发行指数。在通货膨胀第一阶段，纸币贬值的速度总是落后于纸币发行指数的。原因在于信用的缩小和纸币流通速度的缓慢。通货膨胀进入第二阶段后，纸币贬值的速度就会超过纸币发行速度。这主要是由于生产的衰退和货币流通速度的增加。与1937年上半年相比，到1939年止，法币发行量增加了310%，物价仅上涨220%。1940年物价指数为战前的570%，法币发行指数为战前的560%。1940年下半年是一个转折点，物价指数上升的速度开始超过纸币发行指数上升的速度。1941年，物价指数上升为1580%，法币发行指数为1080%。1942年，物价指数上升为4410%，法币发行指数为2440%。通货膨胀进入严重阶段。从1940年至1946年，中国大后方的物价每年平均上涨300%以上。1945年秋日本投降后，物价在短时期内猛跌，1945年9月的物价比8月下降28%。但是由于国民政府不裁减军事开支，又减免田赋，发行货币量增加。财政赤字、货币发行量、物价三者互相追逐，形成通货膨胀的恶性循环。从1945年11月至12月，物价指数开始以空前的速度上升；在1948年8月新的金圆券发行时，有一个暂时的停顿，其后即趋于暴涨①（见表8-6），金圆券被拒绝使用，很快走向崩溃。

表8-6　　1937—1948年纸币发行与物价指数

单位：千万元、物价指数（1937年1—6月=100）

年份	1937年	1938年	1939年	1940年	1941年	1942年
已公开发行的纸币	206	274	477	844	1581	3510
物价指数	100	176	323	724	1980	6620
年份	1943年	1944年	1945年	1946年	1947年	1948年
已公开发行的纸币	7540	18950	103190	372610	3318850	37476220
物价指数	22800	75500	249100	627210	10340000	287700000

资料来源：费正清：《剑桥中华民国史1912—1949》（上卷），中国社会科学出版社1994年版，第106—107页。

① 费正清：《剑桥中华民国史1912—1949》（上卷），中国社会科学出版社1994年版，第106—107页。

二、国家资本的膨胀与官僚化

在现代经济发展过程中，国有资本处于特殊重要的地位，对于后发现代化国家尤其如此。国有资本既是政府干预经济的载体，也是政府干预经济的结果；国有资本既是财政收入的重要来源，又是财政支出的重要去向，还是财政管理的重要工具。国有垄断资本在后发现代化国家的出现与演化，在财政制度演化过程中具有必然性。一方面，国有垄断资本是采用西方先进工业技术或管理制度技术的“捷径”，通过举国家之力建立现代大机器工业或现代金融制度，落后国家缩短了资本原始积累的过程，可以提高生产率，降低交易成本，具有规模经济效应，有利于促进现代化发展。另一方面，国有垄断资本的建立，可能产生对民间资本的“挤出”效应，甚至利用国家机器限制民间资本的进入和侵占民间现代企业。在缺乏社会监督制约的情况下，这些国家垄断资本“蜕变”为官僚资本，导致市场化的资源配置机制受阻，给工业化进程增加了困难，也阻碍了民众分享经济发展的成果，加剧了贫富严重分化，城乡二元经济结构矛盾更加突出，跨越传统经济与现代经济发展之间的鸿沟更加困难。

中国经济的现代化从19世纪中叶到1894年，走了一条国家控制现代企业的路线，效果很差。1895后民间现代企业在自由市场竞争环境下得到发展，现代化水平有所提高。1927年国民政府建立后，私有资本与国有资本在竞争与合作中并行，现代化水平得到较大提升，同时社会公平问题越来越尖锐。1937年前后，国民党因应战时环境，着力建立国有垄断资本，同时强化一党专制独裁，由于社会力量对政府权力制约不力，国有垄断资本向官僚资本堕落，加剧了社会矛盾，成为经济崩溃的重要推手。

（一）国家资本的膨胀

19世纪60年代启动的中国工业化采取了自上而下的政府主导型推进模式。洋务运动中创办的企业中，大部分是由国家独资创办的国有企业，仅少部分由“官督商办”、“官商合办”。其中，大型军事工厂从政府的关税、厘金和军需项下拨款；中小型企业资金依赖于地方财政，来源于茶引、地丁、洋药税等。这批中国近代史上最早的国有企业创办不久就由于弊端丛生而难以为继。甲午战争后，清政府启动了国有企业民营化改革，通过产权改革，将大批国有企业改造成民营公司制企业。北洋政府时期，政府除了在军事工业、金融业、交通及通讯业等领域继续投资外，很少在轻重工业领域办企业。

南京国民政府成立后，改变了中国国有企业民营化以民营企业为主体推进现代化的格局，而代之以大力发展国营工业。主要原因来自四个方面：一是受孙中山"节制私人资本、发达国家资本"思想的影响。1922年11月，国民党中央政治会议所通过的《建设大纲草案》指出："中华民国之物质建设，当根据总理所著建国方略之实业计划为原则"，并特别指出"国有产业经营的成败，非但为民生主义实施成败之所关，实亦全国经济技能之生死所系"[①]，成为国民政府的经济政策纲领。二是受西方国家干预理论的影响。20世纪30年代，西方经济学发生了"凯恩斯革命"，"有效需求不足"理论为资本主义国家大规模干预经济活动提供了理论依据。发达国家强力干预经济的成效使凯恩斯理论对中国的经济政策的制定产生巨大影响。三是前苏联以国有企业为基础的计划经济体制和德、意以法西斯主义为指导实行的统制经济产生了示范作用。当时西方市场经济国家经济大萧条的同时，前社会主义国家苏联的公有制经济显示了优越性，对国民政府经济政策产生了影响[②]。四是民族危机促使国民政府运用国营方式发展国防工业。1938年3月制定的《抗战建国纲领》，确立国家控制经济和经济建设必须以军事为中心，为战时国有经济的扩张奠定了基础。1940年3月，国民政府颁布了《特种股份有限公司条例》，国家可以根据战时形势的需要，以合营形式用较少的国有资金控制和参与更多的企业。

抗战时期，国家工业资本快速扩张，工矿业中国家资本比重上升。1936年，国有工业（不含兵工厂）资本2.06亿元（不含东北）。其中，后来成为大后方的地区为0.185亿元。1945年抗战胜利前夕，大后方地区国有工业资本发展到8.67亿元（1939年币值），是战前国营工业资本的4.2倍，年平均增长17.3%；是战前大后方地区国营工业资本的46.86倍，

① "中国国民党中央委员会党史委员会"：《革命文献》（第22辑），（台湾）"中央"文物供应社1978年版，第376—379页。

② 蒋介石指出："我们要以计划经济和社会立法，使每个国民的生活与生存，都有保障，务必做到'资本国家化，享受大众化'之目的，尤须以计划经济和社会立法，实现民生主义之和平的普遍的革命"。当时有经济学家认为，欲使中国工业加速发展并避免英美等国工业发达后的流弊，必须"实行以民族生存为单位的合理化的统制经济不可"。参见蒋介石：《中国之命运》，正中书局1943年版，第142页；巫宝三、杜俊东：《经济学概论》，商务印书馆1939年版，第86页。

年平均增长 53.3%[①]。1936 年，国有资本在全国工业资本中的比重为 14%，私有资本占 86%[②]。到抗战胜利前夕，国有资本在全国工业资本中的比重占 54.7%，私有资本占 45.3%[③]。1935 年，国有工业在工业总产值中所占的比重为 12%，1938 年、1942 年、1945 年分别达到 21.2%、43%、51.6%。无论是资本量还是产值，国有工业所占比重逐年上升，到 1945 年已超过私有。国有工业资本的发展主要是在水电、冶炼、机电、化工等部门。抗战胜利后，国民党政府对战时的敌伪企业[④]进行全面接收。通过接收敌伪金融机构和工矿企业，国家资本进一步膨胀，控制了包括黄金市场和外汇市场在内的整个金融市场，在全国工业资本中占绝对优势。1947 年，国营工业在主要工业部门生产中所占的比重是：钢铁业 98%，煤业 80%，电业 78%，石油和有色金属业 100%，水泥业 67%，机械业 72%，纺锭业 60%，机制糖业 90%，肥料业 67%，机制纸业 50%。在国营工业壮大的基础上，国民政府建立全国性的和地方性的工业垄断组织。在交通运输业中，抗战胜利后接收铁路 21 260 公里，公路 36 682 公里，邮局 35845 所，电信局 245 所，民航飞机 11 架，船舶 540 艘，共 14.5 万吨。国营交通运输业资产大为膨胀，国家资本占铁路、公路、航空和邮电的 100%，占轮船吨位的 44%。在交通运输业（包括铁路、公路、轮船、民航、邮电）资本中，国家资本占 91.6%。1927—1936 年，国家资本在金融与交通运输业建立起垄断地位。1937—1947 年，国家资本在金融、工业、交通运输业等部门中都居垄断地位[⑤]。依附于美国的国家垄断资本主义成为这时整个国家现代经济的基本特征。

（二）国家资本的官僚化

官僚资本的所有者是官僚，经营权掌握在官僚手中，是私人资本而不是国家资本。自国家与货币产生之后，政权（简称“权”）与金钱（简称“钱”）就开始成为社会生活中能支配人、支配资源的两根魔杖，分别以政

① 刘国良：《中国工业史》（近代卷），江苏科学技术出版社 1992 年版，第 179 页。

② 吴承明：《中国的现代化：市场与社会》，三联书店 2001 年版，第 107 页。

③ 许涤新、吴承明：《中国资本主义发展史》（第三卷），人民出版社 1993 年版，第 507—512 页。

④ 敌伪资产是指日本在华的和伪满、汪伪政权及其他汉奸组织、个人的公私产业。

⑤ 赵德馨：《中国近现代经济史 1842—1949》，河南人民出版社 2003 年版，第 301、306—307 页。

治权力与经济权力撬动社会运行。政治权力一般以暴力为后盾的强制力支配人与物的流动，经济权力则以其垄断性优势支配经济生活取得利益。秦、汉建立中央专制政治体制后，执行政府权力的官僚阶层开始成为具有强大能量的集团性势力。皇帝与官僚成为政治权力的象征。握有大量货币与资源的商人是经济权力的代表。“官商”是政治权力与经济权力（权与钱）的统一体。在1842年以前，官商的典型形态是官僚经营商业（首先是经营专卖品、特许商品）与典当、钱庄，即官僚与商业资本的结合。这是传统的官僚资本。

洋务运动时期，我国引入的现代工业由官僚经办，开始时政府不允许私人兴办现代企业。官僚是较早接触现代企业的社会群体之一，随后他们及其家族成为兴办现代企业的先行者。他们以权牟钱的手段，又增加了利用公私之间的交易或利用公共资源发展现代企业谋取家族利益。除传统的贪污、受贿等外，又利用掌握的权力与经济信息，兴办现代工商业、炒买股票、外汇等。如国民政府内债发行额与实收额之间存在巨大差距，养肥了金融资本家特别是官僚资本家。1927—1931年公债实收额538亿元，仅及发行额一半，差额部分政府通过向银行抵押时通过大折扣（5—7折）、高利息（6%—8%）留给金融资本家巨大的利润空间①。

在经济急剧变动的社会环境中，掌控政府经济权力及国家资本的“官商”、“官倒”具有不同寻常的牟利机会和利益空间。清末的李鸿章、盛宣怀，北洋时期的周学熙，国民政府时期的孔祥熙、宋子文是官僚资本家的代表人物。他们身居要职，制定国家经济政策，掌控国家财政金融机构及大量国有资产，其家族涉足多种产业。他们运用政治权力进行家族资本的原始积累，通过管理国家财产和公共资源，支配国家资本，通过干预国民经济，调控私人资本运行。他们的身份亦公亦私，通过权力可以化公为私。内战时期，商业投机盛行。1946年4月，国民政府发放“粮贷”10亿元，孔、宋家族商业公司成了主要的受贷者。他们利用得到的贷款，高价抢购粮食，上海市场的米价在短时间内由每担3万元抬高到6.3万元。国民政府明令禁止进口轿车、无线电机、冰箱等高档商品，但是，国营的中央信托局、中央物资供应局以及分别由宋子良、宋子安、孔令侃主持的

① 参阅王军、齐海鹏等：《中国财政制度变迁与思想演进》（第二卷），中国财政经济出版社2009年版，第393页。

孚中公司、中国建设公司和扬子建业公司等却大量进口这些商品。这些"官倒"久禁不绝，一切法令、条款均奈何他们不得。官僚资本是中央集权专制政治体制下产生的权力资本或权贵资本，是中国私人资本的一个特殊的组成部分[①]，具有对国家资本的寄生性，也是中国现代社会的一个毒瘤。

国家资本越多，国家干预经济的权力愈大，官僚资本受益愈多。国民政府从1927年开始大力发展国家资本，官僚资本随着衍生壮大。抗战开始后实行统制经济，国家控制更多资源，兴办更多国营企业，官僚资本也在1937年后迅速发展。抗战胜利后接收敌伪资产，军政官员利用权力对民族资本家巧取豪夺，官僚资本大获其利。抗战与内战期间，国统区出现严重的通货膨胀危机，国民政府企图行政干预市场，控制囤积居奇和投机活动，但官僚资本利用政治权力大发"国难财"，甚至利用军队走私牟利。官僚资本的寄生性，使官僚资本家希望国家资本、国家干预经济的权力扩大而不是缩小，希望专制而反对民主化进程。国民党的腐败与它成为执政党同时开始，国民党员成为官僚资本家或其家属成为资本家是腐败的表现，官僚及其家属财富增长的程度成为腐败深度的指标。

国民政府长期宣扬其发展国家资本"是手段而非目的，是服役而非盈利"。但抗战胜利后，它以国有资本为"摇钱树"，与民争利。国家资本逐渐官僚化，成为"官僚资本的渊薮"，它们名义上虽为国营，实际上被权贵豪门所掌握，成为变相的官僚资本，凭借着特殊的政治力量，"实行其肥私的目的"。当时社会抨击战后扩张国营事业范围的政策"与中国战后工业化和现代化的道路是背驰的"，是自食其言，是"与民争利的恶毒计划"。而管理体制的不完善，缺乏社会监督，也使其成为贪污腐化的衙门，成为养肥硕鼠的"官仓"。当大部分企业借债度日时，它们的老总却"享受了最豪华的官邸，最新式的汽车"。1946年9月至1947年10月间，中纺沈阳公司职员通过伪造单据、盗卖煤炭等手段制造了一起800余亿元（东北流通券）的集体贪污案，其涉案"时间之长，曲折之多，牵涉之广，为历年来所罕见"[②]。

① 赵德馨：《中国近现代经济史1842—1949》，河南人民出版社2003年版，第300、311页。

② 参阅赵兴胜："战后国民政府事业民营化问题研究"，《江海学刊》2002年第3期。

（三）国家资本的功过

国家资本在财政投资、财政优惠、政府采购等手段支持下发展起来，应该实现国家利益并使社会共享国有资本的成果。在抗战时期，国家资本的作用主要体现在三个方面：一是开创了内地工业基地，改变了内地工业结构，在整个后方工业中起支柱作用。二是从物资上支持了抗日战争，国有企业资本集中提供了大量的军需物资。三是在稳定后方经济、保障人民生活中发挥了作用。国家资本企业供应私营企业机器与原材料，在经营方式、生产技术上给私营资本起到了示范的效应。

但是，有些国家资本的投资方向与私营企业重复，成为私营企业在市场上的竞争者。由于国营企业有政府作后盾，在资本、设备、原材料由政府分配的情况下，它们常比私营企业有优势。在1942年以后工业产品市场狭小与原材料、器械紧缺时期，国家资本的这类企业成为同业私营厂矿发展道路上的障碍物。抗战胜利后，国民政府的腐败使国有资本官僚化，国有资本成为官僚腐败的土壤及向官僚资本输送利益的中转站，与民争利愈演愈烈。但对社会提供的贡献越来越少，进而成为财政的包袱，表现为国有企业的亏损与无法持续经营。于是，国家资本最终成为政府掠夺社会的又一种方式，反映了官僚代表的政府与社会的严重对立上。

在国家垄断资本主义力量达到高峰的1947年12月，毛泽东说："蒋宋孔陈四大家族，在他们当权的二十年中，已经集中了一百万万至二百万万美元的巨大财产，垄断了全国的经济命脉。这个垄断资本，和国家政权结合在一起，成为国家垄断资本主义。……这个国家垄断资本主义，在抗日战争期间和日本投降以后，达到了最高峰，它替新民主主义革命准备了充分的物质条件。这个资本，在中国的通俗名称，叫做官僚资本。"① 毛泽东对国民政府末期的国家垄断资本的看法可谓切中要害，而且成为新中国建立前压迫中国人民的"帝、官、封"三座大山的一部分。

---

① 《毛泽东选集》第4卷，人民出版社1991年版，第1253—1254页。在毛泽东的这个定义中，"国家垄断资本主义"是科学称谓，"官僚资本"是通俗名称。

第五节　哺育了新中国的解放区财政

从1927年开始，中国大地上出现了中国共产党领导的地区。中国共产党在这些地区探索实现现代化的新方式，为新中国建立后开展现代化建设创造了条件，打下了基础，积累了经验。从1927年到1949年，中国共产党的奋斗经过三个阶段，领导的地区有三种称谓：1927—1936年称为苏区或革命根据地；1937—1945年成为边区（陕甘宁边区）和抗日根据地；1946—1949年称为解放区。为行文方便，以下统称为解放区。解放区在战争中建立，并始终处在战争状态，经济是战时经济。一切经济建设与政策都要为战争服务，以战争为中心。1933年，中央苏区政府主席毛泽东指出："我们的经济政策的原则，是进行一切可能的和必须的经济方面的建设，集中经济力量供给战争，同时极力改良民众的生活"①。抗日战争时期，毛泽东将经济政策原则概括为："发展经济，保障供给，是我们的经济工作和财政工作的总方针"②。保障供给的对象主要是作战的官兵。由于解放区基本上处于落后农村，其财政制度立足于农业经济和解决农民问题。1927—1936年是与国民政府作战，实行"打土豪、分田地"的政策；1937—1945年是与日本作战，实行减租减息政策；1946—1949年，又与国民政府作战，又将减租减息政策改为没收地主土地分给农民，实行"耕者有其田"的政策。

一、延安的民主财政实验

财政民主是民主制的核心内容之一，在延安时期付诸实践。在中国经济最落后的地区推行民主政治，所取得的成就当时就令世人瞩目，也是共产党取得胜利的一个原因。

延安的民主政治实践，从1937年开始，当时的《陕甘宁边区议会及行政组织纲要》宣称："各级议会议员，由选民直接选举。各级行政长官

---

① 《毛泽东选集》（第一卷），人民出版社1991年第2版，第130页。

② 《毛泽东选集》（第三卷），人民出版社1991年第2版，第891页。

——乡长、区长、县长、边区主席，由各级议会选举；边区法院院长，由边区议会选举；边区政府各厅长的任命，须得边区议会的同意。”1939 年年初，陕甘宁边区召开第一届参议会，议员由基层选举产生。参议会经过民主选举，选出议长和边区政府主席。这实际上成为后来人民代表大会制度的雏形。

1941 年 5 月 1 日，中共陕甘宁边区中央局发布的《陕甘宁边区施政纲领》中，提出了具有著名的“三三制”原则：“本党愿与各党各派及一切群众团体进行选举联盟，并在候选名单中确定共产党员只占三分之一，以便各党各派及无党无派人士均能参加边区民意机关之活动与边区行政之管理。在共产党员被选为某一行政机关之主管人员时，应保证该机关之职员有三分之二为党外人士充任。共产党员应与这些党外人士实行民主合作，不得一意孤行，把持包办”。1940 年 11 月，毛泽东在陕甘宁边区第二届参议会开幕式上指出：“中国共产党提出的各项政策，都是为着团结一切抗日的人民，顾及一切抗日的阶级，而特别是顾及农民、城市小资产阶级以及其他中间阶级的。共产党提出的使各界人民都有说话机会、都有事做、都有饭吃的政策，是真正的革命三民主义的政策”。“国事是国家的公事，不是一党一派的私事。因此，共产党员只有对党外人士实行民主合作的义务，而无排斥别人、垄断一切的权利。”①

（一）延安民主财政的基本内容

民主政治是与财政民主紧密联系的。有民主政治，必有民主财政。延安的民主财政体现为边区政权由参议会和政府两部分组成的，按照民众的意愿，通过民主的程序，运用民主的方式来管理财政。1937 年 5 月通过的《陕甘宁边区议会及行政组织纲要》中，确定了边区议会的基本职能：批准预算、创制或批准各项建设计划、决定征收各项地方性的捐税及发行地方公债、规定边区行政官员的俸给不得超过熟练劳动者所得，等等。延安的民主财政具体表现在：政府向边区参议会提交财政议案，供大会审议；参议会认真审议边区政府的财政工作报告与概算书，并作出有关决议，用以指导监督边区政府的财政工作；三是积极参与边区财政税收政策与制度的制定过程。

---

① 《毛泽东选集》（第三卷），人民出版社 1991 年第 2 版，第 808—809 页。

1941 年 11 月，在陕甘宁边区召开第二届参议会第一次大会，其中的财政提案共 12 案。第六案提出：政府应彻底计划经济，实行精兵简政主义，避免入不敷出，经济紊乱之现象。大会以一六五票多数，通过审查意见。提案审议通过后，交政府办理，对边区政府制定财政政策和货币政策以及监督边区政府的财政工作发挥了重要的作用。边区参议会对政府财政工作的审查监督。既有对概算的设计、监督权，又有审查、批准权；既明确提出政府税收工作中存在的问题，又拥有对政府税收工作提出“必须”、“不得”等要求的权力。“边区政府施政纲领和边区临时参议会组织条例，都规定有编制审查边区预算决算的任务和职权。因此，边区政府从 1942 年到 1948 年，在战争频繁、环境极其残酷的情况下，总要编制年度的财政收支概算，向边区参议会驻会委员会（相当于现在的人民代表大会的常务会）报告，请其审查批准。如参议会召开全体会议，边区政府一定要向全体会议报告财政收支概算和执行情况。”1941 年 7 月，晋冀鲁豫边区临时参议会第一次全体会议议定的边区施政纲领提出，财政方面要推行统一累进税。边区政府和临参会专门组织考察调研和试点，拟定了统一累进税则试行草案，报经边区临参会第二次全体会议讨论通过后，再拿到几个村庄试行，试行后总结，拟定统一累进税税则草案后，送中共中央太行分局审查修改后，边区政府 1943 年 4 月正式颁布①。

（二）延安民主财政的特征

一是充分发挥边区参议会对边区政府财税工作的决策、审查和监督作用。征什么税，怎样征税，征多少税，如何安排财政支出，如何制定概算，都由参议会说了算。参议会的财政提案，如精兵简政，往往引起中共高层的高度重视，并雷厉风行地付诸实践，做到了上下一心，民主理财。

二是边区党政始终把人民的利益看得高于一切，税收事关人民的切身利益，成为边区党政最为关切的问题。抗日根据地开展大生产运动，克服军队生活资料匮乏的困难，改善生活的同时，减轻民众的赋税负担。陕甘宁边区所交公粮，1941 年占总收获量的 13.58%，1942 年降为 11.14%，1943 年降至不足 9%。从 1943 年起，敌后各根据地的机关一般能自给两三

---

① 《戎子和文选》，中国财政经济出版社 1991 年版，第 362、368 页。

个月甚至半年的粮食和蔬菜，敌后根据地人民的负担也只占总收入的14%①。

三是边区政府真正代表人民利益，成为当时廉洁、廉价的政府。相比以往政权，延安最值得骄傲的成就就是它的高度廉洁。厉行廉洁政治，严惩贪污行为，禁止任何公务人员假公济私，共产党员有犯法者，从重治罪。曾任陕甘宁边区张家畔税务分局局长的肖玉璧，贪污公款3000余元，被边区高等法院依法判处死刑。各级政府工作人员实行生活津贴制度，且收入不得超过普通工人的工资水平②。20世纪40年代，几乎所有访问过延安的外国观察者看到，边区政府没有任何敲诈勒索，官员廉洁奉公。

凭借民主财政制度，边区政府在四面封锁、瘠地养兵的艰难环境下，通过精兵简政，开展大生产运动，开源节流，实行统一累进税制度，实现合理负担，成功地平衡了财政收支，鼓励生产，为抗战的最终胜利提供了有力的财政保障。作为民主财政制度的重要运行基础，参议会组织原则的"三三制"是一种政治基础大大扩展了的政权形式，它在政治上由一党领导，在组织和制度上实行党政分开、民主选举和少数服从多数。这种政权形式在中国政治民主化进程中具有重要意义。

二、土地改革进程中的财政制度变迁

共产党建立新中国走的是一条从农村包围城市的道路，大部分控制区在现代工商业落后的农村地区，传统农业经济是主要经济基础，来自土地的收入是解放区（或根据地）的主要财政收入来源，于是土地制度成为财政制度的基础。

抗战期间，在根据地实行减租减息政策，事实上是在承认了原来的土地私有制前提下，采取行政手段强迫命令土地出租者减轻贫雇农的租金（或实物）负担。在此基础上，实行累进税率征收公粮和分派劳役。由于各个解放区大部分时间独立行政，于是在总体上实行统一政策的前提下，各解放区施行的粮赋征收办法并不相同，主要有这样七类：一是按资产、收入统一累进计征；二是按土地产量或折成标准亩累进计征；三是按田亩

① 《毛泽东选集》（第二卷），人民出版社1991年第2版，第596页。

② 王军、李炜光：《中国财政制度变迁与思想演进（第三卷）》，中国财政经济出版社2009年版，第250页。

等级定额征收；四是按照农业实际收入或产量累进征收；五是按农副业收入累进计算与民主评议相结合的办法；六是按扣除成本后的农业所得额累进征收；七是按田亩累进征收。用累进征收方式筹集财政收入，有利于实现公平负担，缩小解放区的收入差距。

在土地占有不均衡的不发达农业国向现代化过渡进程中，土地改革是解决农村经济发展与生存保障的必要步骤，是落后农业国迈向现代化所必须经过的门槛。1949 年以前的中国，各地土地占有的不均衡状况虽然不同，但不均衡客观存在，农村整体上的贫困化程度突出，实行土改是必要的选择。

1945 年 4 月，在中共七大上，毛泽东表示共产党在抗战结束后仍将实行减租减息政策："抗日战争期间，中国共产党让了一大步，将'耕者有其田'的政策改为减租减息的政策。……这个政策，如果没有特殊阻碍，我们将在战后继续实行下去。首先在全国范围内实现减租减息，然后采取适当的方法，有步骤地达到'耕者有其田'。"① 战后初期充满着和谈的气氛，但到了 1946 年 5 月，内战已迫在眉睫，共产党发布"五四指示"，要求各解放区实行土地改革。"共产党人从未正式宣布战争是他们改变土地政策的原因，但他们在 1946 年开始表明态度，只有土改才能动员农民拥护他们反对国民党。这一因果关系看起来十分清楚。"② 或者说，中国共产党起初并未准备在乡村中立即实行激进式的土改，而是战争的形势迫使其这样做。

土地改革有两种方式，第一种是和平的方式。这种方式在承认地主土地产权的基础上进行。政府强令地主减租，规定人均拥有土地的限额，然后通过赎买地主超限土地再转卖给无地少地农民。这种方式对社会的冲击相对较小，不容易引起经济波动，社会冲突不剧烈。但时间较长，会引起大量的财政负担。这是孙中山主张的平均地权的改革方式，但一直得不到国民政府的重视，只是在国民党退守台湾后才实行了这一办法。实际上当时在解放区土改也有采取和平方式的可能性，但被内战所破坏。

如果采用和平的方式进行土地改革，对生产力的恢复以及争取国统区中间势力的支持都有莫大的好处，显然这对于中国共产党也具有吸引力，

---

① 《毛泽东选集》（第三卷），人民出版社 1991 年版，第 1076 页。

② 胡素珊：《中国的内战》，中国青年出版社 1997 年版，第 291 页。

尤其是在政治协商会议以及在内战问题上已经赢得中间势力好感的情形下，为了巩固统一战线的需要，似乎更有和平土改的必要。在1946年五四指示发布后不久，毛泽东曾经考虑以发行土地公债的方式征购地主的土地（赎买），但此方案并没有实行①。在土改过程中也曾出现过这样的苗头。如1946年12月24日，新华社宣布，在陕甘宁边区的绥德县贺家川村，通过政府征购的方式首次成功地实行了土改。从11月15日开始的政府买地再卖给贫穷农户的行动在9天内就结束了，村里61户无地或少地的农民在边区银行的资助下，用约8000磅的粮食买到了二百多英亩的土地②。这是当时各根据地土改中在形式上实行赎买的少有的例子。

抗战胜利后，实行多年的合理负担与减租减息的华北地区，“多数农民早已拥有土地”，农村社会的阶层分化已经不很严重。在苏北的一些解放区，“土地按每户人数平均分配，所有靠种地为生的人们都领到一份等量的土地。……在某一个地区，人均分得土地2.5亩。”晋冀鲁豫解放区的武安县，1946年时“地主和富农的财产已基本被剥夺殆尽，连中农的财产也不得不用来弥补贫农的贫困。位于同一边区晋东南的一个村庄彻底进行了这项工作，结果原有的7户地主只剩下一户，村中贫农人均有地5.5亩，中农人均6.2亩，富农6.9亩，惟一的一户地主人均（占地）9亩。”③ 在这些老根据地立即开展平分土地的土改运动并不那么必要和迫切，但解放战争的迫近使共产党决定实施没收地主土地平分给农民的改革，为战时动员做准备。

土地改革的第二种方式是发动阶级斗争。这种方式否定地主的土地产权。政府通过派工作组发动群众，组织贫农团，控诉批斗地主，强迫地主交出土地和财产，甚至从肉体上消灭地主，将地主土地及其他财产平分给农民。这种方式对社会的冲击大，容易引起经济波动，激化社会各阶层的

① 中共中央文献研究室：《毛泽东年谱（1893—1949）》（下卷），人民出版社1993年版，第99页。

② 虽然实际操作中有可能使和平赎买仅仅具有形式上的意义，但这并不妨碍土地改革和平进行的可能性。如中共西北局实际操作起来可能采取的是“形式上是公债征购，内容则是退租算账，算账算来的是大部，征购卖出的只是残余，看来是由上而下的法律办法，实则却是由下而上的群众斗争。”参见西北局：《关于发动群众彻底解决土地问题的补充指示》，1947年1月24日；王军、李炜光：《中国财政制度变迁与思想演进（第三卷）》，中国财政经济出版社2009年版，第304页。

③ 胡素珊：《中国的内战》，中国青年出版社1997年版，第279、330页。

严重对立，激发贫困农民“保卫胜利果实”的热情，能在短期内实现大规模战争急需的人力、物资动员。在战争迫近的形势下，为完成战争动员需要的阶级对立，将农民底层与国民政府的顶层的对立，通过对地主这个中间层的批斗在农民中形成同仇敌忾的统一意志。农村社会的边缘群体——贫雇农、无业游民等世代遭受地主阶级的压迫、欺凌而积累起无穷尽的愤恨和辛酸，他们与地主阶级的对立情绪并没有因为抗战时期的减租减息而从根本上消除。共产党果断地放弃了比较温和的减租减息政策，没有采取和平土改的方式，而是开展了大规模的“暴风骤雨”式的土地改革运动。中国共产党抢在前面率先在农村实行土地改革，国共战争和土改运动交织在一起，国民党军队只要一侵入解放区，它就“自动”地站到了广大农民群众的对立面上：农民中的多数人不仅失去了“胜利果实”，而且很可能成为失去土地的地主阶级实施报复的牺牲品。

阶级斗争方式的土地改革不仅摧毁了地主和富农阶层的经济特权，还破坏了支持地富并为他们所拥护的政权组织。土改后的乡村基层权力结构与从前的村民大会和村民代表会相比发生了相当大的变化，原来根据地的基层政权是通过农民每年选举出来的，而土改运动产生的以贫农团为核心的农民代表会，是工作队和贫雇农积极分子的代表，其代表面相对比较确定。乡村权力机构的基本职能围绕着征兵、征粮、支前来设置安排，是一种以军事财政动员为基本特征的权力结构，对上级组织的依赖非常强烈，使抗战期间即已形成的“村财政”的职能更加完备。“它们承担了征收粮食税、组织军事运输队以及在征兵运动中向不愿意参军的农民施加社会压力的任务。”①

解放区土地改革后，地主不再存在，土地平分，于是农民的收入差别缩小，累进税征收失去意义。这时粮赋负担逐渐采取比例税率或者定额税的征收方式。但在 1947 年，由于各个解放区土地改革的进度与深度不同，各地实行的粮赋征收办法并不统一，而是有五种办法：一是逐级分配任务，民主评议征收，一般适用于土改比较彻底，土地大体已经平分的地区；二是调整累进税率，继续按累进税制征收；三是采取有免征额的累进税；四是按阶级定税率的办法；五是沿用以前的征收办法。随着战事的规模和烈度急剧扩大，作战的人力、物力需要日益急迫，阶级斗争方式的土

① 胡素珊：《中国的内战》，中国青年出版社 1997 年版，第 328、361 页。

地改革被确定为财政经济工作的中心任务，将亿万农民群众的切身利益与解放战争融合在一起，并进行农村基层权力结构调整和整顿乡村财政，把财政征收体制延伸到每个村庄，建立了以军事财政动员为基本特征的农村基层权力结构，获得空前雄厚的财政资源基础。土地改革不完全是中国共产党与解放区农民群众之间一种简单的“给予”与“支持”的交换关系，而是中国共产党为获得解放战争胜利而采取的社会动员手段[①]。到1948年春，中国共产党已经在战争中占了上风，大规模军事财政动员已无必要，所以土改并没有延伸到新解放区，而是在那里实行了比较温和的减租减息政策。

总体上说，土改运动是共产党取得解放战争胜利的关键因素之一。但在取得巨大近期效果的同时，也为后来的现代化道路种下了隐患。后来新中国成立后的土地改革，在本来有可能选择和平赎买方式的情况下，义无反顾地走上了震荡最大、代价最高的运用暴力或者准暴力的方式，土改后确立了小农土地私有制不能适应现代化对资本积累的需求，土改中地主的下场也使人们对追求财富心有余悸，于是“土改”中的等级身份制被固化，随后几十年人们的履历表格中还打着“贫农”、“下中农”、“地主”的深深烙印，对政治地位和政治权力的追逐更加激烈。而那些为战争作出了巨大贡献的贫苦农民，在和平建设生活中的致富竞争中依然处于下风，运动后重建的乡村基层政权，以其更低的文化素质和较高的管理运动以及革命的水平，使之更适合于投身以国家工业化为目标的农村集体化道路。农村合作化运动之所以如此出人意料地突飞猛进，最初的动机也往往来源于对农村贫富分化的担忧。

国民党的垮台与共产党的兴起相辅相成。国民政府以关税和城市商业税维持生计，对占人口绝大多数的农民漠不关心，对土地问题漫不经心，当时极其需要的社会与经济改革持续停滞，缺乏约束的官僚资本肆意横行，内战与通货膨胀政策使人心尽失。民生主义原则——节制资本和平均地权从未实现，减租至37.5%也从未兑现，孙中山“耕者有其田”的理想只是镜花水月。“国民政府官员继续生活在关于劳心者与劳力者之区别学说的阴影下，将农民鄙视为毫无生气、无足轻重的人，所以看不到农民大

---

① 张鸣在《动员结构与运动模式——华北地区土地改革运动的政治运作（1946—1949）》一文中称：土改“实际上是中共为了与国民党争天下进行社会动员的手段”。见网易新闻中心 http：//history. news. 163. com/09/0629/07/5CV6PT0700013FLL. html。

众的革命能力，因而也从未尝试去组织他们。恰恰就在这个被忽视的领域，毛泽东的天才得到了最高度、最成功的发挥。一块造物者抛弃的石头变成了另一个人的房屋之柱石。”①

共产党在旧中国的废墟上，努力走出一条现代化的新路，但对历史路径的废弃、外在环境的约束，使在对未知道路的探索过程中需要付出巨大的代价。虽然刻意要甩掉历史的包袱，但历史因素仍会时不时地发挥其作用。因此，对历史保持一份清醒与敬重，无疑对于更好地前行是必要的。

① 徐中约：《中国近代史：1600—2000，中国的奋斗》（第六版），世界图书出版公司2008年版，第511页。

第九章　从全能财政向财政宪政化的转型

革命是万不得已的事情，而且不能一直走下去[①]。

——孙中山

新中国的成立，为开展全面现代化建设创造了有利条件。新中国在经济现代化道路上，资源配置方式经历了去市场化向市场化转型的过程，工业化发展模式经历了政府主导向政府引导的过程；在政治现代化道路上，经历了阶级专政向共和宪政的转型过程。财政现代化经历了全能财政向宪政财政方向的转型。

第一节　新中国对现代化道路的探索

新中国的现代化，是在中国共产党领导下，围绕着“什么是社会主义、建设什么样的社会主义”进行的。社会主义成为中国现代化的特色，使中国的现代化不仅承载着通过工业化提高经济效率的任务，同时强调对社会公平的殷切追求。新中国成立初期，探索通过社会主义改造运动实现工业化与社会公平的双重目标，在对外封闭的环境中以指令经济体制推动现代化进程。改革开放后，探索发挥市场机制与政府机制两个优势，加快现代化进程。

① 总政治部：《著名学者与中央高层讨论文化历史问题》，解放军出版社 2005 年版，第 59 页。

一、现代化目标的演化

新中国建立后，在党中央和国务院的强有力组织下，每一时期都针对国家面临的形势，根据已经掌握的理论设定现代化目标，制定相应措施，并根据目标的实现情况，总结经验，检验理论，提升建设社会主义现代化的认识水平和实现能力。

（一）党章等党的文献中体现的现代化目标

中国共产党是中国现代化事业的领导核心。中国共产党党章是党赖以建立和活动的法规体系的基础，具有最高党法、根本大法的效力，是为实现党的纲领所规定的根本法规[①]。中国共产党领导现代化建设是在理论指导下进行的，并在实践中不断丰富现代化建设理论。中国共产党的现代化理论集中体现在各个时期党的理论、党的文献特别是党章之中。从毛泽东思想到科学发展观，中国共产党各个时期的指导思想和理论总结，都包含着关于社会主义现代化建设的丰富内容。毛泽东思想中关于社会主义建设的正确部分、邓小平理论、“三个代表”重要思想、科学发展观、建设社会主义和谐社会理论，构成了中国特色社会主义建设理论，是中国共产党广泛吸收世界各国现代化建设的理论成果，也是对中国社会主义现代化建设实践经验总结基础上的理论概括。这一理论现在仍然在发展之中，其完整全面的归纳现在虽然还没有完成，但其基本原理已经在中国形成共识，并成为指导中国现代化建设的强大理论武器，其指导实践取得的成果也越来越引起全世界的瞩目。

新中国成立前后，毛泽东设想经过两步走把我国建设成为社会主义现代化国家。第一步完成对农业、手工业和资本主义工商业的社会主义改造，实现国家工业化，建成社会主义社会。第二步进一步发展生产力，建设一个高度现代化的伟大的社会主义国家。基于当时现代工业在国民经济中仅占10%，个体、分散、落后的农业和手工业占90%以上的中国经济状

---

① 根据当代中国的宪法，中国的政体是人民代表大会制，人民代表大会是最高的权力机关。而宪法同时规定中国共产党对于国家生活的领导地位，包括对人民代表大会的领导。中国共产党的组织事实上已经成为国家政权组织的核心部分。因此，对于中国政体与宪政制度的研究，不仅要研究中华人民共和国宪法，更要研究中国共产党党章。参阅胡伟：《政府过程》，浙江人民出版社1998年版，第24页；吉尔伯特·罗兹曼：《中国的现代化》，江苏人民出版社1988年版，第406页；费正清等：《剑桥中华人民共和国史》（1949—1965），上海人民出版社1990年版，第113—114页。

况，1956年9月，中共八大上制定的路线提出，全国人民的主要任务是集中力量发展社会生产力，实现国家工业化，逐步满足人民日益增长的物质和文化需要；尽快地把我国从落后的农业国变为先进的工业国，在三个五年计划或者再多一点的时间内，基本上建成一个完整的工业体系。2007年10月召开的中共十七大在报告中指出，1978年以来，“这场历史上从未有过的大改革大开放，极大地调动了亿万人民的积极性，使我国成功实现了从高度集中的计划经济体制到充满活力的社会主义市场经济体制、从封闭半封闭到全方位开放的伟大历史转折。一个面向现代化、面向世界、面向未来的社会主义中国巍然屹立在世界东方。”改革开放以来开辟的中国特色社会主义道路，“就是在中国共产党领导下，立足基本国情，以经济建设为中心，坚持四项基本原则，坚持改革开放，解放和发展社会生产力，巩固和完善社会主义制度，建设社会主义市场经济、社会主义民主政治、社会主义先进文化、社会主义和谐社会，建设富强民主文明和谐的社会主义现代化国家。”党的历次会议报告中有大量关于现代化建设工作安排的内容，在中共十七大报告中，“现代化”这一词汇出现22次。

中国共产党章程中关于现代化的内容，对中国现代化进程具有重要指导作用。新中国同旧中国一个很大的不同之处，在于中国共产党在调动和扩大资源供给上表现出非凡的能力，建立起了强大的中央政府，具有极强的社会整合能力，能够有效地动员和利用全社会各种资源为特定的工业化目标服务，从而极大地加速中国现代化的进程。中共八大通过的《中国共产党章程》①，是中国共产党执政后制定的第一部党章。其中总纲规定：“中国共产党的任务，就是有计划地发展国民经济，尽可能迅速地实现国家工业化，有系统、有步骤地进行国民经济的技术改造，使中国具有强大的现代化的工业、现代化的农业、现代化的交通运输业和现代化的国防。”1977年8月十一大通过的《中国共产党章程》② 是“文化大革命”结束后的第一部党章，提出了把中国建设成四个现代化的社会主义强国的目标。

中共十七大对党章进行了进一步修正。在总纲中指出，“改革开放以来，开辟了中国特色社会主义道路，形成了中国特色社会主义理论体系。全党同志要倍加珍惜、长期坚持和不断发展党历经艰辛开创的这条道路和这个理论

---

① 《中国共产党章程》，《人民日报》，1956年9月27日。

② 《中国共产党章程》，《人民日报》，1977年8月24日。

体系，高举中国特色社会主义伟大旗帜，为实现推进现代化建设、完成祖国统一、维护世界和平与促进共同发展这三大历史任务而奋斗。…… 我国社会主义建设的根本任务，是进一步解放生产力，发展生产力，逐步实现社会主义现代化，并且为此而改革生产关系和上层建筑中不适应生产力发展的方面和环节。……跨入新世纪，我国进入全面建设小康社会、加快推进社会主义现代化的新的发展阶段。必须按照中国特色社会主义事业总体布局，全面推进经济建设、政治建设、文化建设、社会建设。在新世纪新阶段，经济和社会发展的战略目标是，巩固和发展已经初步达到的小康水平，到建党一百年时，建成惠及十几亿人口的更高水平的小康社会；到建国一百年时，人均国内生产总值达到中等发达国家水平，基本实现现代化。”“中国共产党在社会主义初级阶段的基本路线是：领导和团结全国各族人民，以经济建设为中心，坚持四项基本原则，坚持改革开放，自力更生，艰苦创业，为把我国建设成为富强民主文明和谐的社会主义现代化国家而奋斗。”在中共十七大修正后的党章中，有 17 处出现“现代化”这一词汇。

（二）宪法等文件中体现的现代化目标

从具有临时宪法作用的《中国人民政治协商会议共同纲领》（以下简称《共同纲领》）、宪法到具体的部门法、各种规章中，对中国现代化的目标都有具体体现。我国的很多法律法规都是围绕社会主义现代化建设制订的，包含大量关于现代化建设的内容。1949 年 9 月中国人民政治协商会议通过的《共同纲领》第三条规定：“没收官僚资本归人民的国家所有，有步骤地将封建半封建的土地所有制改变为农民的土地所有制，……稳步地变农业国为工业国。”1954 年 9 月第一届全国人民代表大会通过的新中国第一部宪法（“五四宪法”）提出，从中华人民共和国成立到社会主义社会建成有一个过渡时期。国家在过渡时期的总任务是逐步实现国家的社会主义工业化，逐步完成对农业、手工业和资本主义工商业的社会主义改造（“一化三改”）[①]。

---

① “一化三改”是过渡时期的总路线。“五四宪法”指出：“从中华人民共和国成立到社会主义社会建成是一个过渡时期。国家在过渡时期的总任务是逐步实现国家的社会主义工业化，逐步完成对农业、手工业和资本主义工商业的社会主义改造。”毛泽东 1953 年认为：党在过渡时期的总路线和总任务，是要在 10—15 年或者更多一些时间内，基本上完成国家工业化和对农业、手工业和资本主义工商业的社会主义改造。这条总路线是照耀我们各项工作的灯塔。不要脱离这条总路线，脱离了就要发生“左”倾或右倾的错误。见庞松：《毛泽东时代的中国（1949—1976）》（一），中共党史出版社 2003 年版，292 页。

1954 年 9 月，周恩来在全国人大一届一次会议上所作的《政府工作报告》中提出，要“建设起强大的现代化的工业、现代化的农业、现代化的交通运输业和现代化的国防”。当第一个五年计划提前胜利完成后，在国际共产主义赶超战略风行的背景下，国内“大跃进”和人民公社化运动如火如荼。毛泽东提出了不切实际的“超英赶美”计划，设想 7 年超过英国，15 年赶上美国。1958 年下半年开始的“大跃进”和人民公社化运动，是一场人为的急于求成、盲目跃进的运动，不仅没能加快中国的工业化进程，反而一度延缓了中国的经济发展。“大跃进”使得农业生产和工业生产大幅滑坡，经济效益降低，人民生活水平下降，并导致了我国经济在 1960 年和 1961 年发生了严重的困难。由“求强”到“求速”的“赶超战略”超越了现实条件，强大的中央集权体制和强大的政治动员能力导致更大的经济损失。随后开展了对国民经济的“调整、巩固、充实、提高”，国民经济出现了转机，重新回到了现代化的正常轨道。

1964 年 12 月，周恩来在全国人大三届一次会议上进一步强调，“要在不太长的历史时期内，把我国建设成为一个具有现代化农业、现代化工业、现代化国防和现代化科学技术的社会主义强国，赶上和超过世界先进水平。”同时提出了两步走的设想：第一步，从第三个五年计划开始，用 15 年时间，在 1980 年以前建成一个独立的比较完整的工业体系和国民经济体系；第二步，在 20 世纪内，全面实现农业、工业、国防和科学技术的现代化，使我国国民经济走在世界的前列。这是中国政府第一次明确系统地提出中国社会经济的发展目标——实现四个现代化。然而，这个目标由于“文化大革命”而没有得到实行，中国经济现代化由于人为失误而导致搁浅甚至倒退。

我国现在使用的《中华人民共和国宪法》是在 1982 年制定的《中华人民共和国宪法》（“八二宪法”）基础上经多次修正的结果。《中华人民共和国宪法》序言中指出：“我国将长期处于社会主义初级阶段。国家的根本任务是，沿着中国特色社会主义道路，集中力量进行社会主义现代化建设。中国各族人民将继续在中国共产党领导下，在马克思列宁主义、毛泽东思想、邓小平理论和“三个代表”重要思想指引下，坚持人民民主专政，坚持社会主义道路，坚持改革开放，不断完善社会主义的各项制度，发展社会主义市场经济，发展社会主义民主，健全社会主义法制，自力更生，艰苦奋斗，逐步实现工业、农业、国防和科学技术的现代化，推动物质文明、政治文明和精神文明协调发展，把我国建设成为富强、民主、文明的社会主义国家”。“现代化”这一词汇在《中华人民共和国宪法》中出现5次。国民经济和社会发展各个五年计划（或规划）集中体现了国家各个时期关于社会主义现代化建设的规划部署，对具体工作具有很强的指导性作用。在《国民经济和社会发展第十二个五年规划纲要》中，“现代化”这一词汇出现16次。

（三）“三步走”目标的提出

1978年年底，党的十一届三中全会把社会主义现代化建设明确规定为全党、全国的工作重点，要求集中一切力量，调动一切积极因素，为逐步实现四个现代化而奋斗。“同心同德地实现四个现代化，是今后一个相当长的时期内全国人民压倒一切的中心任务，是决定祖国命运的千秋大业。”中国现代化既要实现经济、社会的发展，又要实现社会主义的价值目标；既要在短期内完成西方国家几百年才完成的现代化任务，又要避免落入“现代化的陷阱”。1979年12月邓小平指出：“所谓四个现代化，就是要改变中国贫穷落后的面貌，不但使人民生活水平逐步有所提高，也要使中国在国际事务中能够恢复符合自己情况的地位，对人类作出比较多一点的贡献。落后是要受人欺负的。……我们要实现的四个现代化，是中国式的四个现代化。……是‘小康之家’。到本世纪末，中国的四个现代化即使达到了某种目标，我们的国民生产总值人均水平也还是很低的。要达到第三世界中比较富裕一点的国家的水平，比如国民生产总值人均一千美元，也还得付出很大的努力。就算达到那样的水平，同西方来比，也还是落后的。中国到那时也还是一个小康的状态。”

1984年4月，邓小平提出中国现代化“三步走”的战略构想。1987年10月，党的十三大将这一战略加以确认。“我国经济建设的战略部署大体分三步走。第一步，实现国民生产总值比一九八〇年翻一番，解决人民的温饱问题。这个任务已经基本实现。第二步，到本世纪末，使国民生产总值再增长一倍，人民生活达到小康水平。第三步，到下个世纪中叶，人均国民生产总值达到中等发达国家水平，人民生活比较富裕，基本实现现代化。然后，在这个基础上继续前进。”在相当长时间内，实现四个现代化被作为中国现代化的全部内容，现代化内容和标准的设定全部是经济方面的。它反映了作为发展中国家追求经济发展和国力强大的迫切心情，体现了经济现代化的突出地位。但是，经济发展只是现代化的基础，中国的现代化是一个系统工程，它体现为社会的全面进步，不仅要求富强，而且还要求民主与文化的同步发展。在现代化过程中，不仅要改变社会物质生产的面貌，而且也要改变社会政治结构、社会关系、社会生活方式的面貌，以至整个社会生活的面貌。应使经济发展与社会发展均衡与协调，以人的全面发展和社会的可持续发展为最高目标。

2002年10月，党的十六大报告指出："经过全党和全国各族人民的共同努力，我们胜利实现了现代化建设'三步走'战略的第一步、第二步目标，人民生活总体上达到小康水平。这是社会主义制度的伟大胜利，是中华民族发展史上一个新的里程碑。根据十五大提出的到二〇一〇年、建党一百年和新中国成立一百年的发展目标，我们要在本世纪头二十年，集中力量，全面建设惠及十几亿人口的更高水平的小康社会，使经济更加发展、民主更加健全、科教更加进步、文化更加繁荣、社会更加和谐、人民生活更加殷实。"

（四）新世纪的现代化目标

党的十七大提出的党的基本路线将社会主义初级阶段的奋斗目标概括为"富强民主文明和谐的社会主义现代化国家"。这个"富强民主文明和谐"的现代化奋斗目标，是一项规模宏大的促进社会全面发展进步的系统工程，包括有四个层次的现代化建设：

一是物质文明建设。到21世纪中叶，使中国的经济发展水平达到中等发达国家的水平，基本实现现代化。邓小平说："搞社会主义，一定要使生产力发达，贫穷不是社会主义。我们坚持社会主义，要建设对资本主义具有优越性的社会主义，首先必须摆脱贫穷。""社会主义的根本任务是发展生产力，逐步摆脱贫穷，使国家富强起来，使人民生活得到改善"。社会主义要比资本主义创造更快的经济发展速度，社会物质财富更快地增长，财富分配既要兼顾公平，又要有利于刺激生产的发展。

二是制度文明建设。邓小平认为，搞现代化不能光凭自己的经验和教训，要"大胆吸收和借鉴人类社会创造的一切文明成果，吸收和借鉴当今世界各国包括资本主义发达国家的一切反映现代社会化生产规律的先进经营方式、管理方式"。除了经济体制的完善之外，还必须进行政治体制的改革。"我们过去的一些制度，实际上受了封建主义的影响，包括个人迷信、家长制或家长作风，甚至包括干部职务终身制。……我们这个国家有几千年封建社会的历史，缺乏社会主义的民主和社会主义的法制。现在我们要认真建立社会主义的民主制度和社会主义法制”。“旧中国留给我们的，封建专制传统比较多，民主法制传统很少。解放以后，我们也没有自觉地、系统地建立保障人民民主权利的各项制度，法制很不完备，也很不受重视”。要“从制度上保证党和国家政治生活的民主化、经济管理的民主化、整个社会生活的民主化”。

三是精神文明建设。现代化的核心是提高人的文明程度，促进人的全面发展。社会主义精神文明是社会主义社会的重要特征，是现代化建设的重要目标和重要保证。精神文明是社会发展的重要内容和重要目标，是社会发展的强大精神推动力。早在改革开放之初，邓小平就指出：“要在建设高度物质文明的同时，提高全民族科学文化水平，发展高尚的丰富多彩的文化生活，建设高度的社会主义精神文明”。

四是和谐社会建设。社会和谐是中国特色社会主义的本质属性。构建社会主义和谐社会是贯穿中国特色社会主义建设事业全过程的历史任务，是在发展的基础上正确处理各种社会矛盾的历史过程。要通过发展增加社会物质财富，改善人民生活，又要通过发展保障社会公平正义，促进社会和谐。要按照民主法治、公平正义、诚信友爱、充满活力、安定有序、人与自然和谐相处的总要求和共建、共享的原则，着力解决人民最关心、最直接、最现实的利益问题，形成和谐发展的社会氛围。

现代化可以看做是一个整体互动的推进过程，对现代化的认识是一个与时俱进的发展过程，中国的现代化也应处于协调发展的状态。实现富强，是为了提高人民的生活水平，能够为实现民主和文明提供物质基础；实现民主，是为了保障人民有效地行使当家作主的权利，调动人民群众的积极性，是发展生产力的重要社会条件；实现文明，既是为物质生产提供精神动力和智力支持，同时又是为社会主义民主的发展提供精神文化条件；实现和谐，形成全体人民各尽其能、各得其所而又和谐相处的局面，为发展提供良好的社会环境。

二、市场化进程

新中国现代化的实现机制，经历了一个去市场化——市场化的演化过程。实现现代化，需要解决行为主体的身份保障，也需要激励机制提供动力。从现代化历史来看，自由、平等、自主决策、产权明晰，独立的人权与产权，是行为主体创造性得以充分发挥的基础；而市场经济体制是个人创造价值通过竞争性合作得以实现的高效机制。全国进出口贸易的变化从一个方面反映了我国市场化的演变情况。1950—1972 年，全国年进出口总额在 100 亿美元以下，1978 年突破 200 亿美元，1988 年突破 1000 亿美元，2004 年突破 10000 亿美元，2010 年达到 29728 亿美元[①]（参见表 9-1）。

表 9-1　　中国外贸依存度的变化（1952—2010 年）　　单位：亿元

年　份	进出口总额	GDP	进出口总额/GDP
1952	64.6	679.0	9.5%
1960	128.4	1457.0	8.8%
1970	112.9	2252.7	5.0%
1980	570.0	4517.8	12.6%
1990	5560.1	18598.4	29.9%
2000	39273.2	88254.0	47.6%
2010	201258.6	397983.0	50.6%

注：2010 年进出口总额 29728 亿美元，按 1 美元折合 6.77 元人民币折算得出人民币数据。

数据来源：《新中国五十五年统计资料汇编》，中国统计出版社 2005 年版；中国统计局网站。

（一）产权制度基础的演化

在专制体制下，君主凭借武力垄断天下的最终所有权，私人的生命都随时可能被剥夺，财产权更谈不上保障。传统农业社会形成森严的社会等级制度，“士农工商”各司本业，个人选择受到种种限制，私人产权具有等级化特征。掌握权力的贵族与官僚能够利用各种名目侵吞公共财产，剥夺私人财产，加速土地兼并和贫富分化，严重的分配不公最终造成社会的割裂与崩溃。中国相对封闭的地理环境产生“闷锅效应”，在以等级身份与等级产权制度下的统一国家内，皇权统治下的民众无处遁逃，在社会分配不公导致的周期性崩溃中，人们尝尽了战乱流离的苦难。而发达国家的入侵迫使近代中国割地赔款，外国工业品的涌入导致传统产业衰落，劳资

① 参见《新中国五十五年统计资料汇编》，中国统计出版社 2005 年版，第 68 页；中国统计局网站。

矛盾更加尖锐，失业与极端贫困更加突出，人民的苦难与国家的苦难交织在一起。

孙中山在建设现代化的思路中，提出了节制资本和平均地权的主张。但国民政府没有实行这一主张，而是在统制经济政策下壮大国家资本，滑向国家资本“官僚化”，使社会矛盾更加激化。在社会公平严重缺失造成深重灾难的背景下，以毛泽东为代表的中国共产党以实现社会公平为目标的政策具有强大的号召力，为新中国的建立打下了基础。在保障公平的同时实现经济的高速增长成为中国共产党的执政理念，并为此选择了公共产权优先的产权制度。

中国共产党取得全国胜利后，接管了国民政府的全部财产（国家垄断资本主义经济），没收了战犯（其中多数同时是官僚资本家）、汉奸、历史反革命分子的私人财产。接管的国家垄断资本主义经济构成新民主主义国营（国有）经济的基本部分，成了建立社会主义经济成分的台阶和新民主主义经济形态的物质基础[①]。新中国成立之初设想在进入社会主义阶段前，要经过一个新民主主义阶段，工人阶级、农民阶级、小资产阶级、民族资产阶级及其他爱国民主分子组成人民民主统一战线[②]，各种经济形态并存。《共同纲领》第二十七条确认，“凡已实行土地改革的地区，必须保护农民已得土地的所有权。凡尚未实行土地改革的地区，必须发动农民群众，建立农民团体，经过清除土匪恶霸、减租减息和分配土地等项步骤，实现耕者有其田。”第三十二条确认：“私人经营的企业，为实现劳资两利的原则，应由工会代表工人职员与资方订立集体合同。”可见，这时的政策重视对私人产权的保护。

“五四宪法”中提出，“国家依照法律保护农民的土地所有权和其他生产资料所有权。……手工业者和其他非农业的个体劳动者的生产资料所有权。……资本家的生产资料所有权和其他资本所有权。”“国家保护公民的合法收入、储蓄、房屋和各种生活资料的所有权。……国家依照法律保护公民的私有财产的继承权。”从这些条文可以看出，1954年宪法建立在新民主主义向社会主义过渡要经过一个较长的历史阶段的前提下，确认了对私人产权的保护。但“五四宪法”同时指出，“国家为了公共利益的需要，

---

① 赵德馨：《中国近现代经济史 1842—1949》，河南人民出版社2003年版，第307—308页。

② 中华人民共和国国旗设计的最初解释是，五星中的大星代表中国共产党，四个小星代表工人阶级、农民阶级、小资产阶级、民族资产阶级等四个阶级。

可以依照法律规定的条件，对城乡土地和其他生产资料实行征购、征用或者收归国有。国家对资本主义工商业采取利用、限制和改造的政策。国家通过国家行政机关的管理、国营经济的领导和工人群众的监督，利用资本主义工商业的有利于国计民生的积极作用，限制它们的不利于国计民生的消极作用，鼓励和指导它们转变为各种不同形式的国家资本主义经济，逐步以全民所有制代替资本家所有制。”可见，宪法承诺的对城乡土地和其他生产资料的保护是不完全的，是可能受到“公共利益”名义下的行政性“征购、征用甚至收归国有”的，但未明确是否给予补偿。

1956年完成“一化三改”后，“国家保证优先发展国营经济”逐渐演变成现代工业经济被国营经济垄断。社会资本仅以“全民”或“集体”所有制的方式存在，个人失去了对生产性财产的支配权。低工资制使个人可以支配的消费性财产权也十分有限。要“跑步进入共产主义”，于是，原来设想的从新民主主义向社会主义的过渡时间被人为缩短，对私人产权的保护更被削弱。到“文化大革命”时期，人的生命权，甚至国家主席的生命权都无法得到保障的情况下，私人产权的保护更无从谈起。“七五宪法”第五条指出：“中华人民共和国的生产资料所有制现阶段主要有两种：社会主义全民所有制和社会主义劳动群众集体所有制。”第八条指出：“社会主义的公共财产不可侵犯。国家保证社会主义经济的巩固和发展，禁止任何人利用任何手段，破坏社会主义经济和公共利益。”个人没有投资或自由使用生产资料、雇佣劳动的权利，个人的产权仅“劳动收入、储蓄、房屋和各种生活资料的所有权”受国家保护，个人不具有对生产资料和劳动力的自由支配权，不能自由迁徙。

改革开放后，私人产权逐渐取得与公共产权平等的地位，但这经历了一个长期的过程。“八二宪法”指出：“社会主义经济制度的基础是生产资料的社会主义公有制，即全民所有制和劳动群众集体所有制。国家在社会主义初级阶段，坚持公有制为主体、多种所有制共同发展的基本经济制度”。1988年的宪法修正案规定：“国家保护私营经济的合法的权利和利益，对私营经济实行引导、监督和管理”。这时，虽然可以看出宪法对私人产权有一定的保护，但公共产权对私人产权的居高临下地位也可从法律的规定中品味出来。直到2004年3月通过的宪法修正案，才将“八二宪法”中第十条第三款“国家为了公共利益的需要，可以依照法律规定对土地实行征用。”修改为：“国家为了公共利益的需要，可以依照法律规定对土地实行征收或者征用并给予补偿。”将原宪法第十三条中的“国家保护公民的合法的收入、储蓄、房屋和其他合法财产的所有权。”修改为：“公民的合法的私有财产不受侵犯。”在宪法的第三十三条增加一款：“国家尊重和保障人权。”2007 年 3 月通过的《中华人民共和国物权法》第四条确认了“国家、集体、私人的物权和其他权利人的物权受法律保护，任何单位和个人不得侵犯。”至此，私人产权与公共产权获得了法律上的平等地位。

（二）去市场化的资源配置机制的演化

新中国建立前，我国长时间处于战时状态，在不同地区存在不同的资源配置机制。在国民党统治区（简称国统区），分布着较多的现代工业企业，政府鼓励商品流通，市场配置资源是政府实行战时统制经济的基础。政府取得财政收入主要采取商品税或透支发行货币（通货膨胀税）的形式。没有商品流通，政府无法取得财政收入。战时统制经济的手段，主要通过政府垄断现代工商业的方式进行，国民政府主要采取经济手段扩大国家垄断资本主义企业，聚敛财富。只是对敌伪企业才主要以没收方式占有其财产。这种资源配置方式，在形式上尊重私人产权，但由于战时状态下市场的不稳定，币值的不稳定，导致市场投机盛行，生产萧条，在养肥了官僚资本的同时，社会大部分人群生活水平下降，甚至陷入生存危机之中，社会公平状况严重恶化。

而在解放区（共产党统治区），经济的基础是自然状态的农业经济，以货币流通方式为主的商品交易在经济中不占重要地位，自给自足、物物交换是经济的主要特征。政府的财政收入以实物为主，以粮食为基础，抗战时期采取累进农业税方式。抗战后完成土改的地区土地采取均分的方式，未完成土改的地区大量没收地主财产。这种资源配置方式，形式上不尊重私人产权，大量采取政府管制和暴力剥夺的方式。但由于保证了社会的最低生存需求，大部分民众的生存状态甚至有所改善。掌握政权的共产党干部和军队不置产业，采取低水平的实物供给制，艰苦朴素，社会处于较好的公平状态，为共产党取得战争胜利准备了源源不断的兵源和补给保障。

在解放战争的激烈搏杀中，共产党注重公平、否定富有者私人产权的战时管制经济运行模式，最终战胜了国民党尊重私人产权的市场经济基础上的战时统制经济运行模式。巨大的胜利强化了共产党人的路径依赖和思维惯性，认为采取强制剥夺的方式建立指令性计划经济，是实现现代化的有效方式。20世纪30年代前后，资本主义国家私有制下贫富分化对社会底层造成的苦难，在全球性经济危机中表现得淋漓尽致，而前苏联公有制经济取得的工业化成就，被后来在反法西斯战争中的胜利映衬得更加光彩夺目。于是，通过强制剥夺建立计划经济，被认为是实现工业化和国家富强的必由之路。

新中国成立初期，市场在资源配置中发挥重要作用。1949年9月通过的《共同纲领》规定的国家计划是建立在市场体制基础上的。《共同纲领》的第二十六条指出："中华人民共和国经济建设的根本方针，是以公私兼顾、劳资两利、城乡互助、内外交流的政策，达到发展生产、繁荣经济的目的。"第三十七条规定："保护一切合法的公私贸易。实行对外贸易的管制，并采用保护贸易政策。在国家统一的经济计划内实行国内贸易的自由。"当时的中国是一个自然经济基础上的自由市场经济，搞计划经济也是"小计划，大市场"。为了解决新中国成立初期的恶性通货膨胀、市场波动、主要物品短缺、高失业率、财政收支失衡、财政赤字庞大等问题，中共中央决定建立计划经济体制，有效地处理非常紧迫的国内经济危机。1949—1950年没收国民政府企业建立的国营企业按计划生产，市场调节对它们的调节减弱。1950年关闭证券市场，颁布《中华人民共和国土地法》规定城市土地国有。1950—1952年对私营企业实行加工定货统购包销，使资金、商品大量退出市场。1953年推行"一五"计划，标志着以计划体制取代市场体制目标的确立，即要以计划取代市场成为资源配置的基本手段；实施农产品统购包销，切断个体农民、私营工商业与市场的联系；禁止土地买卖和自由雇工，土地和劳动力市场消失；实施社会主义改造，私营经济被消灭，市场主体消亡，生产资料市场、商品市场、金融市场萎缩或变形，劳动力市场完全消失。到1956年，中国实现了计划体制替代市场体制的转变，形成高度统一的宏观经济管理体系、指令性计划为主的经济调节体系以及政企合一的企业模式。

1952年11月，在中央人民政府下建立了国家计划委员会，负责编制长期规划和年度国民经济发展计划，对各个部委及地方的国民经济计划有审查和检查执行情况的权力。到1957年，我国高度集中统一的计划管理体制基本建立，不仅包括计划部门的管理体制，还包括财政体制、金融体制、投资体制、物价体制、劳动人事体制和分配体制等。计划管理的内容包括人、财、物各个方面，如产品生产计划、劳动计划、成本计划、分配计划、基本建设计划和财务计划。1957—1978年计划体制一统天下，当时的市场失去了资源配置功能，沦为计划体制的附庸。以指令性为主的计划，带有强烈的行政性和强制性，几乎覆盖了国民经济的各个方面；国家通过计划手段直接管理企业，以实物管理为主；实行利益格局一元化。这时市场被当做社会主义的对立面，计划则被当做社会主义的基本特征，改革只在计划体制内进行，实行不同级次政府间的权限调整的试验，结果“一收就死，一放就乱”，造成经济的大幅波动和长期的徘徊停滞。

计划体制缺乏对私人甚至基层政府的激励，经济管理和决策权过度高度集中在中央政府以及各部门，排斥和限制非公有制经济的发展，社会分配制度上的“大锅饭”和平均主义使经济失去了活力。长期对外封闭或半封闭，实行贸易保护政策和进口替代政策，不能发挥中国的比较优势。粮食统购统销政策下，以国家的名义通过极不公平的强制性交易索取农业剩余，在当时造成了粮食的严重供不应求，对长期经济发展产生极大的负面效应。对全国城市实行粮食配给制度，加上后来实行的城乡户口制度，正式取消了城乡人口的自由流动、自由迁移。新中国成立前后解放了农民和农业生产力的土地改革是以国家通过的《中华人民共和国土地法》为依据的，而农产品“统购统销”和“户口制”的人为限制却是以政策为依据的。从国家垄断粮食等大宗产品到国家垄断人口和劳动力的流动，严格细密的管制带来低效率、不公平、不合理，极大地束缚了生产潜力①。

（三）市场化的资源配置机制的演化

从1979年起，开始了市场取向的经济体制改革。农村取消政社合一的体制，城市实行政企分开，培育农民、外资和企业等市场主体，建立商品与各种生产要素市场，放开价格，建立宏观经济间接调控体系。在理论观念上，经历了中共十二大的“计划经济为主，市场调节为辅”，中共十三大的“社会主义有计划商品经济”到中共十四大确立了建立“社会主义市场经济”体制的转变。2001年，中国加入WTO，中国的市场体制融入世界经济体系。改革开放进程在经济领域的突出特点是市场化，市场主体多

① 胡鞍钢：《中国政治经济史论》，清华大学出版社2008年版，第176—178页。

样化，构建了全方位的市场体系，市场秩序逐步规范，资源配置主要以市场竞争形成的价格为基础。市场化分为几个发展阶段：

第一阶段：1978—1984年的引进市场阶段。1978年，94.4%的农产品和97%的零售产品是按计划价格交易的；企业几乎全部是公有制经济；企业生产按计划进行，成本和价格都由国家确定，折旧和大修理基金由财政控制，定额流动资金由财政无偿拨付，企业利润仅仅是计划的结果；国家统管一切经济活动，集中全社会的剩余产品通过指令性计划进行国民收入再分配；国有单位的就业全部是永久性的，职工拥有“铁饭碗”①。1982年9月的中共十二大报告中正式提出了“计划经济为主、市场调节为辅”的改革方向。这一时期农村推行家庭联产承包责任制改革，农民作为经济主体，取得了土地的经营权；发展农村副业和多种经营，城镇个体经济得到发展；城乡商品市场恢复；城市中对国营工业企业放权让利，实行企业利润留成，企业有权按国家劳动计划指标择优录取职工，得到一定的经营自主权；在沿海设立了经济特区，进行对外开放的试验。

第二阶段：1984年10月—1991年年底的市场改革推进时期。这一时期的主流提法是建立“有计划的商品经济”。1984年10月，中共十二届三中全会通过《关于经济体制改革的决定》，农村改革继续深化，城市经济体制改革出现了一个高潮，生产和流通领域改革不断推进，对外开放进一步扩大。农村改革的深化使乡镇企业异军突起，粮食购销体制的改革增强了农民的生产自主性；企业改革的推进中承包制普遍推行；流通领域改革从“双轨制”起步到进行“价格闯关”；生产资料“双轨制”价格政策出台。价格体系中市场调节比重上升，企业拥有更大的自主定价权，促进了生产结构调整，发挥了市场通过价格调节的作用，促进了短缺产品的生产，市场供求改善。

第三阶段：1992—2001年，社会主义市场经济体制初步建立阶段。1992年中共十四大明确了社会主义市场经济体制是经济体制改革的目标。中共十四届三中全会通过了《关于建立社会主义市场经济体制若干问题的决定》，市场化改革开始全面推进。中央十五大提出：“公有制为主体，多种所有制经济共同发展，是社会主义初级阶段的一项基本经济制度，非公

---

① 楼继伟：“中国三十年财税改革的回顾与展望”，引自吴敬琏等：《中国经济50人看三十年——回顾与分析》，中国经济出版社2008年版，第325页。

有制经济是社会主义市场经济的重要组成部分”，实现了所有制理论的历史性突破。国有企业推行股份制与“抓大放小”改革，民营经济从国民经济的补充被确认为“重要组成部分”，民营经济开始迎来发展的黄金期。政策透明度提高，投资环境进一步完善，外贸体制改革也全面展开，贸易规模不断扩大，进出口结构不断优化，2001 年加入 WTO。劳动力市场形成并不断发展，农村劳动力向非农领域和城镇转移比重明显提高，城镇劳动者跨地区之间的流动增加。政府管理职能转变，宏观调控体系初步建立。

第四阶段：2002 年以后，社会主义市场经济体制建设进入全面深化阶段。行政配置劳动力资源范围不断缩小，市场配置劳动力资源领域不断扩大；股权分置改革及境内合格机构投资者等制度先后实施，证券市场得到不断发展与完善，产权交易市场、中小企业板块相继建立；《招标拍卖挂牌出让国有土地使用权规定》、《协议出让国有土地使用权规定》等文件颁布，土地使用权价格的市场形成机制初步确立，土地产权更加细化和明确，土地权利体系开始构建，政府加强了对土地市场的宏观调控。中国建立了比较完善的市场体系，市场主体多元化，市场运行的法律法规逐渐健全。但是，农村土地、资本、汇率、公共服务及一些自然资源的价格还不能真正反映资源的稀缺程度，价格形成机制有待于进一步完善。另外，由于国有企业的产权不够清晰，公共监督缺失，其市场主体的有效性存在不足。

三、工业化进程

中国从 20 世纪 50 年代开始实行的是“革命型”工业化，学习的是前苏联模式，是典型的政府主导式工业化，是由国家发动、排斥私人参与的国家工业化。由于进入工业化过程较晚，由政府发动的工业化开始于资本品生产或着重于资本品生产，在工业化初期经济转变的速度往往较高。20 世纪 50 年代开始，工业化由政府发动、政府投资、政府管理，资本投入高速增长。从投资结构看，以国家投资为主；从现代经济结构看，以国有经济为主。大量增加积累率及投资，导致工业快速而持续地增长，铁路、公路、空运、邮电、城市基础设施和能源生产获得空前的发展，为未来重工业发展奠定了基础。中国花了不足 30 年的时间，迅速建立了独立的比较完整的工业体系和国民经济体系。这些工业体系和国民经济体系后来成为中国 20 世纪 80 年代后经济起飞的重要基础，也成为中国能够有效地吸引外国直接投资，在20世纪90年代成为世界制成品加工基地的基础。根据国家统计局提供的数据，按不变价格计算，1952—1978年的GDP年平均增长率为6.0%，1978年的经济总量相当于1952年的4.71倍；人均GDP年平均增长率为4.0%，1978年人均GDP相当于1952年的2.8倍。从中国经济发展历史看，1952—1978年的经济增长率大大超过1949年以前的任何一个高增长时期，比较成功地用世界7%的耕地和6.5%的水资源养活了世界五分之一以上的人口。1952—1978年期间，中国的工业总产值增长了16倍，年平均增长率为11.3%，其中重工业增长28倍，年平均增长率为13.7%；工业产值占整个国民收入的比重由1952年的19.5%上升为1978年的46.8%①。

1979年以后，中国非国有经济迅速发展，允许私人和其他经济主体参与工业化，逐步从国家工业化转向国家与私人共同推进工业化转变。中国开始摆脱前苏联模式，广泛学习和吸收发达现代化国家的经验。中国产业政策由重点发展重工业和基础工业向国民经济各部门协调发展转变，逐渐通过宏观经济调控手段进行引导，利用财政杠杆进行调节。国家逐渐从竞争性行业退出，市场调节成为工业化的最大推动力。政府转向公共资本投资和对国家优先发展产业的支持引导。改革开放以来，工业化取得巨大成就，中国成为世界第一“制造”大国，现在正向信息化阶段迈进。

四、宪政化进程

宪政国家大多有一部成文的宪法，也有像英国因特殊的历史传统或立宪道路而欠缺一部成文宪法的例子。但有没有一部被称为宪法的文件，不是判断一个国家是否践履宪政的依据。宪政的实质有两个方面：一是限政，即限制政府及立法机构的专断性权力。二是保障，即保障个人的各项基本权利，特别是洛克提出的生命、自由和财产权。在宪政国家，“物质生活的生产方式制约着整个社会生活、政治生活和精神生活的过程”②。改革开放以来经济运行方式与经济结构的变化，是宪政化的重要动力。

宪法、宪政是市场经济的产物。市场经济是宪政的原始力量，宪政是

① 胡鞍钢：《中国政治经济史论》，清华大学出版社2008年版，第526—532页。

② 《马克思恩格斯选集》第2卷，人民出版社1972年版，第82页。

市场经济的逻辑结果。经济发展和政治进步是互动共生的，任何脱离了经济发展的政治进步和忽略了政治进步的经济发展都不可能成就真正的现代化。国家与社会的分离是宪政运动的起点。市场经济的非人格化属性有效地将国家与社会、权力与权利、公与私、经济活动与政治见解截然两分。社会对物质资源的所有权有效地制约了国家权力，宪法就是社会与国家之间进行利益交换的平衡机制。

宪政是民主形式的一种，是民主的最高形式。在世界范围内对民主总是要比专制进步已经取得共识。民主与宪政不可分，脱离宪政民主，宪政就失去了基础，这时的宪法成了专制的遮羞布，清末的《钦定宪法大纲》是最好的例证；脱离宪政的民主，必然造成民主的灾难，“文化大革命”无疑是人权的浩劫。社会要合理运转，社会达成一种什么样的契约组织起来以保证社会的和平、自由与发展是关键。人类文明史上的政治结构主要有三种形式：一是整个社会把最高权力集中在一个人手中，形成了君主专制体制；二是社会把权力交与少数人共同掌控，就是贵族（或精英）管理体制，相当于寡头体制；三是社会把最高权力给予全体公民或大多数人，形成民主（共和）体制。共和体制还可被看做是君主专制或寡头体制向直接民主体制的过渡形式。民主体制倡导权力在民，满足了人们对权力的正当性和合法性的追问，公共权力来自于人民的委托，执政者对委托者负责。但由于在一个大范围社会中，直接民主的决策成本太高，因而历史实践中人们选择了代议制民主形式。宪政民主的一系列制度是直接民主和间接民主的结合，宪政民主不是直接民主，但也离不开直接民主。

在世界现代化的进程中，制定宪法，实行宪政，成为一个浩浩荡荡的世界潮流。宪法成为政治权力划分和运行的基本标示和载体，但有了宪法不一定就实行了宪政。当一部宪法是以保障个人自由为目的的“保障性宪法”，并能够得到有效施行和维护的时候，施行这样的宪法才能称之为宪政。名义性宪法指的是使某种不受制约的“无限政府”的政治体制，也通过一部宪法去获得法律化的公开表达。字义性宪法，即一部宪法在文本表述上和真正的“保障性宪法”并没有多大区别，但现实中却几乎被束之高阁甚至背道而驰。这是一种立牌坊式的宪法或“冒牌宪法”。宪政是一个历史过程，宪政的实施也需要一定的经济发展、社会力量结构变化、文化发展作基础。我国自辛亥革命以来，产生了多部宪法。在中华民国时期产生的宪法有：

《中华民国临时约法》，1912 年 3 月公布；

《中华民国宪法草案》（又称天坛草案），1913 年公布；

《中华民国约法》（袁记约法），1914 年 5 月公布。

《中华民国宪法草案》（八年草案），1919 年公布；

《中华民国宪法》（曹锟宪法），1923 年公布；

《中华民国宪法草案》（十四年草案），1925 年公布；

《中华民国训政时期约法》，1931 年 5 月公布；

《中华民国宪法草案》（五五宪草），1936 年 5 月公布；

《中华民国宪法》，1947 年 1 月公布。

但是，民国时期的宪法都未能得到实施，是冒牌宪法或名义上的宪法。但有宪法这件事情本身，比起帝制时代而言，也是一种指向现代化的政治进步。毛泽东曾指出，“许多国家都挂起了共和国的招牌，实际上却是一点民主也没有”，“他们口里的宪政，不过是‘挂羊头卖狗肉’。他们是在挂宪政的羊头，卖一党专政的狗肉。我并不是随便骂他们，我的话是有根据的，这根据就在于他们一面谈宪政，一面却不给人民以丝毫的自由”①。宪法是实施宪政的前提，宪政是宪法的灵魂和生命。

新中国建立前后制定的宪法（或临时宪法）有：

《中国人民政治协商会议共同纲领》（《共同纲领》），1949 年 9 月公布；

《中华人民共和国宪法》（五四宪法），1954 年 9 月公布；

《中华人民共和国宪法》（七五宪法），1975 年 1 月公布；

《中华人民共和国宪法》（七八宪法），1978 年 3 月公布；

《中华人民共和国宪法》（八二宪法），1982 年 12 月公布。

《共同纲领》是全国人大成立前制定的临时宪法，对新民主主义条件下的国家任务、公民与政府等行为进行了规定。“五四宪法”在《共同纲领》的基础上，对从新民主主义向社会主义过渡时期的国家任务、公民与政府等行为进行了规定，确立了比较切合国情的宪政基础。但可惜的是，这一宪法并没有得到持续的落实。在反右、“大跃进”，尤其是“文化大革命”中遭到严重破坏，宪政化进程出现严重倒退。在“文化大革命”期间，全国人民代表大会长期不召开，基本人权、产权都得不到保障。专权

① “新民主主义的宪政”（1940 年 2 月 20 日），《毛泽东选集》（第二卷），人民出版社 1991 年第 2 版，第 736 页。

与大民主不稳定的结合在一起，一部分人的自由甚至生命被随意剥夺，社会秩序陷入不稳定状态①。“七五宪法”、“七八宪法”都延续了“文化大革命”的错误，公民的基本权利得不到重视，政府的权力运行也缺乏规范的约束。

改革开放是新中国的伟大转折点。改革开放以来坚持以经济建设为中心，经济现代化取得显著成就。但这是在政治现代化的进步和保障下实现的。中国重新认识了西方，从一种闭关锁国、自高自大的状态回归了现实，将“富强”作为中国宪政最无法忘怀的目标。1982 年颁布的新宪法是在意识到了“阶级斗争和在无产阶级领导下继续革命”的立宪基础只会导致国家的动荡不安、社会经济停滞的情况下而制定的，以后的历次修正案也都是由于宪法的部分内容无法适应经济社会发展的需要而进行的。在贫穷落后的国情下，中国宪政化方向的政治改革，关注宪法的工具性价值甚于目的性价值，实现国家富强成为一个长期追求的目标。

在中国的现代化发展中，政治文明的发展不是要不要民主，而是实现什么样的民主以及如何实现民主的问题。“八二宪法”是中国宪政化道路上拨乱反正的一个里程碑，重新确立了人民代表大会制度，为中国的政治运行制定了一个可行性强的架构。之后一直沿着这个宪法的轨道运行，在形势变化时，通过修宪进行局部性调整。1982 年《中华人民共和国宪法》中明确规定：“人民行使国家权力的机关是全国人民代表大会和地方各级人民代表大会。”“中华人民共和国全国人民代表大会是最高国家权力机关。它的常设机关是全国人民代表大会常务委员会。”全国人民当家做主需要有一个代议机构，这个代议机构就是全国人民代表大会。完善我国的民主制度，首先应完善各级人民代表大会制度，提高它在国家政治生活中的地位和作用。

“八二宪法”对人民代表大会的财政权力作出了规定。第六十二条规定，审查和批准国家预算和预算执行情况报告的权力专属于全国人民代表

① 一位法国学者认为，新中国建立后，中国傲慢而封闭，“每个中国人的基因里都带有乾隆帝国时的全部遗传信息”，“1971 年七八月，我率领文化革命 5 年来获准前往的第一个西方官方代表团前去人民共和国，当时的国家政权与马戛尔尼打交道的政权离奇的相似，……对恪守传统与等级制度的礼仪表现出同样的关注。同样接受一个共同的、可以解释一切的衡量是非的标准：只是毛的思想代替了孔子思想，康熙诏书之后是小红书而已。”这个法国人的看法既有偏见，也含有比较客观的分析。参见周宁：《天朝遥远》，北京大学出版社 2006 年版，第 529 页；肖德甫：《二十世纪的政治遗产》，中央文献出版社 2011 年版，第 221 页。

大会；第六十七条规定，全国人民代表大会常务委员会在全国人民代表大会闭会期间，审查和批准国民经济和社会发展计划、国家预算在执行过程中所必须作的部分调整方案；第九十九条规定，县级以上的地方各级人民代表大会审查和批准本区域内的国民经济和社会发展计划、国家预算以及它们的执行情况的报告并有权改变或者撤销本级人民代表大会常务委员会不适当的决定。

从“八二宪法”制定以来，我国重新走上宪政化的道路。“八二宪法”对社会主义初级阶段国家的目标任务、公民权利和国家的基本组织制度等进行了比较详细的规定，切合我国的历史现实。后来经过1988年、1993年、1999年和2004年的修正，内容越来越完备。同时制定和完善了大量法律，初步形成了具有中国特色的社会主义法律体系。公民的人权、产权得到越来越严密的保障，政府的权力边界更加清晰、政府行使权力的过程受到更加详细的约束和保障，有限且有效政府的建设取得巨大进步。

修宪是一项严肃的活动，宪法的修正表明了相应事项在实践中的重要性，表明了宪法与制宪者关注的焦点所在。中国宪法的历次修订，一个非常明显的特征就是对经济条文的重点关怀。在1988年的宪法修正案共两条，第一条是有关私营经济的地位问题，第二条是有关土地所有权与使用权的转移问题。1993年宪法修正案共九条，其中有五条是经济方面的内容。第三条是关于国营经济的地位问题，第四条是关于农村集体所有制经济的问题，第五条是关于市场经济问题，第六条是关于国营企业问题，第七条是关于集体经济组织问题。1999年宪法修正案共六条，其中有三条是经济方面的内容。第三条是有关基本经济制度的问题，第四条是有关农村集体经济组织的经营体制问题。第五条是有关个体经济和私营经济的地位问题。修宪的重点在于对国家经济的关怀，而这种关怀的原因就在于对中国与西方差距的关切，从中可见对实现国家富强的高度关切。但是，关于人权的有关条文也逐渐受到更多关注。1993年直接提到有关人权保护的对劳动权的保护条款，还有有关政府限权的内容。在1999年修宪时，明确将法治原则作为基本的治国方略写进了宪法，突出了人本精神，确立了人权原则。2004年修宪，又把全面建设小康社会，树立科学发展观纳入宪法之中，进一步强调了保护私人财产，宪政建设正在向宪政精神的本质迈出坚实的步子。

“宪法是宪政的前提，宪政则是宪法的生命①。”和硝烟弥漫的过去一个世纪不同的是，最近30多年的改革开放是在国家主权完整与社会相对稳定的和平时期进行的，是政府自觉推行、人民自愿拥戴的结果。经济改革打破了传统体制的桎梏，中国重新回到世界宪政文明的大家庭。不仅“八二宪法”恢复了人民代表大会制度，体现了中国对代议制民主的追求，而且历次修宪逐步吸收了主要的普适宪政价值。如修宪加入了“依法行政”和“法治国家”的理念，“国家尊重与保障人权”、“公民的合法的私有财产不受侵犯”、国家对私有财产以及土地的征用或征收必须“给予补偿”等等。在经过历次修正以后，除了司法审查以及中央和地方关系等宪法制度之外，可以说现行宪法在内容上已经和世界基本“接轨”了。在实践中会不断汲取更多的普适价值，使中国宪政取得更大的成就。

第二节 全能财政制度的演化

新中国的财政制度是在各解放区财政制度的基础上，经过统一财经建立起来的。经过“一化三改”，在建立统揽一切的计划经济体制的同时，建立起全能财政制度，成为落实国家计划的重要载体。财政收入主要来自国营企业，从依赖“税”走向依赖“利”，税种遭简化，少量仅存的“税”实质上也成了“利”的一部分。财政支出大量投入“经济建设”领域。财政管理实行“统一领导、分级管理”，财权不稳定，随着政治运动在不同级次政府间分分合合，没有建立起规范化的协调制衡机制，依靠政治运动维持其“大公无私”的运行方向，虽然效率不高，但基本维持了“廉洁奉公”。

一、统一财经

新中国建立后面临三大问题，即政权巩固、社会改造和经济发展，最根本的问题是如何进行经济增长。中国共产党把建立统一的财经作为新中国经济建设和发展的根本点。1950年3月，当时主持中央财政经济工作的

① 周叶中：《宪法》，高等教育出版社、北京大学出版社2000年版，第80页。

陈云指出，统一财政经济是新生的国家走出解放区各自为政的分散格局，实现全面统一的基础；是克服经济困难，迅速恢复经济的关键；是今后不失时机地开展经济建设的前提①。在实践中，统一财经工作取得了奇效，使历经百年战乱的中国经济在三年的时间内得到了有效的恢复和发展。

统一财经从1950年1月政务院颁布《全国税政实施要则》统一收入制度开始。政务院陆续公布了有关税收的暂行条例和一些地区性税收法规，通过治理整顿，使全国税收、税种、税目、税率基本统一，建立新的复合税制。在城市，全国统一征收14种中央税和地方税，以货物税、工商营业税、所得税为主体税种；在农村，实行累进的农业税制度，结束了长期以来税制不统一的局面。

根据1950年3月发布的《政务院关于统一国家财政经济工作的决定》，财政管理权限集中在中央；财力集中在中央；各项财政收支，除地方附加外全部纳入统一的国家预算。农村公粮除了地方附加外，其余全部由中央人民政府统一调拨使用；没有中央命令，省市县不得调拨公粮；城市除批准征收的地方税外，所有关税、盐税、货物税、工商税的一切收入，均归中央人民政府财政部统一调度使用。同时建立了全国和各大区、省、大城市的编制委员会，制定各级军政机关人员、马匹、车辆的编制和供给标准，并建立起严密的财政信息网络。1951年8月，政务院发布《预算决算条例》，拟定了国家预算的组织体系、各级人民政府的预算权，各级预算的编制、审查、核定与执行程序，决算的编制与审定程序等。在中央与地方财政收支关系方面，将收支决定权控制在中央手中。由于管理权限和财力集中在中央，收入要上缴，支出要另外审核下拨，人们习惯把这种体制叫做高度集中、“统收统支”的管理体制②。

在统一财政的同时，统一全国的国营贸易工作，统一全国的现金管理。到1950年6月，基本完成了全国的统一财经工作，制止了财力、物力的分散与浪费，建立了高度集中的经济管理体制，保证了解放战争的胜利，稳定了物价，壮大了国营经济，促进了国民经济的恢复。统一财经后，新中国政府的财政汲取能力大大增强，对社会的渗透性加强。在清末，政府的财政收入约占国民生产总值5%左右，而国民政府在20世纪30

① 陈云：“为什么要统一财政经济工作”，《陈云文选》第2卷，人民出版社1995年版。

② 财政部综合计划司：《中华人民共和国财政史料（第1辑：财政管理体制1950－1980）》，中国财政经济出版社1982年版，第31—35、第2页。

年代，各级政府的财政收入总和约占国民生产总值的5%—7%[①]，1952年新中国政府的财政收入已占国内生产总值的25.6%[②]。

新中国财政汲取能力的提高，是与其权力的渗透性大大增强分不开的。在农村，通过大规模土改运动，没收地主土地归农民所有，实现了数千年帝国体制未能完成的土地清理和丈量任务，建立起以广大自耕农私人所有为基础的土地制度，以及以户为单位、按土地常年应产量计征的农业税制度，实现了在农村的有效征税。从1953年开始，国家通过政策引导和财税支持，促使农村逐渐走上合作化道路，土地等主要生产资料实现了集体公有制，在全合作社范围内统一经营、按劳分配，政府由此获得了对农村经济剩余的控制权。在城市，政府建立和完善了种种税收征管制度，打击企业特别是私营工商业的偷漏税行为，提高国家的征税能力。同时，在国家政策鼓励扶持下壮大国营经济，强化在财政领域的有效渗透，来自于国营企业的财政收入占财政收入的比重从1950年的不足14%增长到1956年50%左右。

新中国建立后，在很短时间内完成了从战时财政、分散财政与供给财政，向和平时期的以集中统一为特征的、以发展国民经济和实现社会公平为目标的全能财政的制度转型。在财税基本法规的颁布、政策的制定以及执行过程中，政府摆脱了旧中国特殊利益集团对国家权力行使和政策实施的种种阻碍和干扰[③]。政府的相对自主性[④]使现代国家权力的使用，不仅反映社会中阶级或集团的利益与要求，而是能够依据其意愿和能力来制定公共政策、动员物质和人力资源，最终实现国家目标，在一定程度上成为一个相对独立的利益主体。新中国政府的自主性，一方面来自于多年的革命和战争，它使得原来的阶级结构和利益团体（传统的富裕阶层）被相当彻

---

① Thomas Rawski, *Economic Growth in Prewar China*, Berkeley: University of California Press, 1989, p. 23.

② 《新中国50年财政统计》，经济科学出版社2000年版，第59页。

③ 旧中国特殊利益集团一般指帝、官、封三座大山，旧中国政府、军阀和官僚是其总代表。奥尔森将特殊利益集团称为“分利集团”，认为“削弱或废除了分利集团的那些国家，在建立了自由和稳定的法律秩序后，其生产就会相当迅速地增长。”参见奥尔森：《国家兴衰探源》，商务印书馆1999年版，第87页。

④ 政府的相对自主性是新国家高水平汲取能力的先决条件，而“在很多发展中国家，国家汲取能力低下的原因是税收负担往往加在了那些收入低下的群体上，而富人对政府的影响如此之大以至于政府不得不使税法在一定程度上屈从于他们的利益，或者对他们的偷逃税行为视而不见……政府必须具有一定自主性，使其官员不被特殊利益集团俘虏，从而保持政府行为的一致性”。参见王绍光：《美国进步时代的启示》，中国财政经济出版社2002年版，第52—54页。

底地摧毁；另一方面来自于创建新中国的中国共产党虽然将阶级基础建立于工人和农民即传统的穷人阶层之上，但相对于现实的工人和农民而言，中国共产党又是教育者和领导者，因而可以通过自己的组织体系和人才队伍，相当自主地进行社会整合和政策供给，而统一财经是社会整合和政策供给的重要前提。

二、自产型财政收入制度

新中国成立之初，农业依然是经济的重心，占社会总产值的绝大部分，且承载绝大部分就业人口。在工商业领域运行的是建立在多种所有制（或产权形式）基础上，以市场体制配置资源为主的经济形态。与此相适应，新中国建立之初的财政收入制度，是市场体制运行基础上的工商税制度，与土改相对应的农业税制度以及与国营经济发展相对应的国有企业利润制度。但随着 1956 年社会主义改造完成，财政收入绝大部分来自公有制经济（国营或集体经济）（见图 9 - 1），主要来自国家自己的企业，主要收入形式是国营企业利润。这时的国营企业税收只具有形式上的意义，并不意味着存在独立于政府之外的纳税人，与上缴利润已没有实质差别。这种主要依赖国营企业的财政收入，属于所有权来自国家自己的自产收入，可称为自产型财政收入制度。

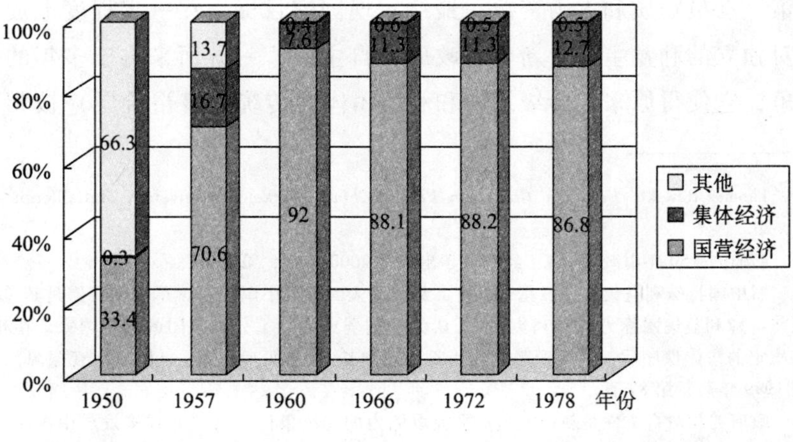

图 9 - 1　1950—1978 年间国家财政收入的所有制来源结构

资料来源：财政部办公厅：《中华人民共和国财政史料》（第二辑），中国财政经济出版社 1983 年版。

新中国的工商税制是在承接和改造国民政府税制基础上形成的。1950年1月，政务院在决定统一税收制度的同时，颁布了《全国税政实施要则》、《工商业税暂行条例》、《货物税暂行条例》等法规，初步确立了新中国工商税制。公私企业虽然实行一套税制，但“区别对待，繁简不同”，极力扶植国营企业成长，对私营工商业采取利用、限制和改造的政策。在征税方法上，工商业税采取“自报公议、民主评定”，在此基础上采取定期定额征收方法，明确反对过去那种临时任务性捐纳和整个县、整个市包税的办法，在很大程度上减少了税收流失，也使国家权力通过税收手段渗透到各行各业与社会的各个角落。新中国成立之初，共有货物税、工商税、盐税、关税、薪给报酬所得税、存款利息所得税、印花税、遗产税、契税、屠宰税、房产税、地产税、特种消费行为税、使用牌照税等14种工商税。在土改已经完成的基础上，各地实行按常年应产量和固定税率确定农业税额，一般交纳实物即公粮，但按货币计账，实际上是定额实物税。

从1953年起，中国税收制度不断调整。总的来说，调整遵循的原则一是简化税制，将工商企业所缴纳的税收在保证税收数量的前提下尽量简化征收环节与计算依据；二是奖公（国营企业）限私（非国营企业），利用税收手段加大非国有企业的负担，促使其向国有企业转化。试行商品流通税，对所列商品征税，不再征收其他各税，简化货物税和工商业税，并将印花税、营业税等尽量归并，要求税收承担起限制私营工商业发展并配合其进行社会主义改造的职责。1958年起工商税制在公有制条件下进行重大改革。原来的商品流通税、货物税、营业税和印花税四种税合并成一种“工商统一税”；简化征税办法，把原来的多次征税改为工业品在工厂一般只征一道税，商业零售环节再征一道税。1958年9月，全国人民代表大会常务委员会通过《工商统一税条例（草案）》，税收减为8种。

在公有制条件下，企业只是整个国家活动的一个分支部门，不再存在所谓的独立经济主体。1969年6月，开始实行一个企业按一个税率征税，大体上按照企业原来缴纳的各种税的总额与企业的销售收入比例，制定一个税率，按销售收入征税，税率一经确定一般不作变动，实际上是一种“包税”。从1970年开始，开展按行业制定税率的试点工作，一个行业一般按一个税率征收，各行业的税率尽量简并，税率上重工业轻于轻工业，采掘工业轻于原料工业，原料工业轻于加工工业。1973年开始在全国推行税制简并与改革。合并税种，把工商统一税及附加、城市房地产税、车船使用牌照税、屠宰税合并为工商税，合并后对国营企业只征收工商税，对集体企业只征收工商税和所得税；简化税目、税率，税目由过去的108个减为44个，税率由过去的141个减为80个，实际上税率只有16个。

在缴纳工商税外，国营企业还要上缴利润，集体企业要缴纳所得税（名义上不能直接上缴利润）。税制彻底简化了，税务功能也大大弱化。国家财政收入中企业收入上升，税收比例下降。1956年完成社会主义改造，1957—1978年，中国的财政收入主要以企业收入为主，各项税收一般不足50%（见图9－2）。之所以还保留税收而没有彻底转为企业收入形式上缴，主要原因在于与企业收入相比，税收收入不是简单地取决于企业年终经营结果，更具有刚性，可以保证一部分财政收入的及时与足额征收。

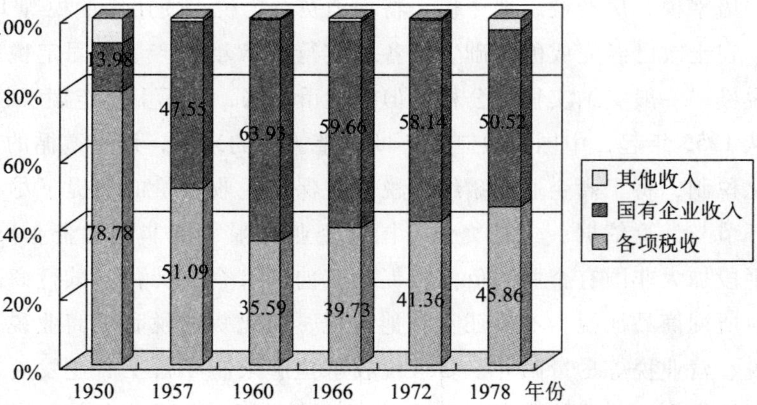

图9－2　1950—1978年间国家财政收入结构

资料来源：《新中国50年财政统计》，经济科学出版社2000年版，第65—66页。

从1956年完成社会主义改造到1978年实行市场导向的经济改革这一段时间，中国财政收入主要来自于国企利润。财政体系一直在弱化税收的影响，主要运用各种非税手段来汲取各个部门的盈余：在土地国有的基础上，通过价格上限（尤其是工农业产品价格剪刀差）和国家收购政策来汲取农业部门的盈余；通过低利率和低工资政策来汲取城市家庭的盈余；通过行政手段命令国有企业向国家财政上缴利润。自产国家的建立形成了一种“社会依赖于国家”的政府与社会关系，政府的自主性达到了顶峰。政府对经济资源的垄断使得国家赖以生存的经济资源很少被控制在其他的个人和社会团体手中。广泛的国有或公有制使得几乎所有的个人和社会团体赖以生存的经济资源都被国家控制。无论是政府还是人民都容易形成一种自产国家独有的"财政幻觉"，即"政府养人民"。公众因此很难产生参与政治、影响财政收支政策的要求以及财政必须对社会公开、对公民负责的要求。从短期来看，自产收入是一种最佳的财政收入汲取模式，但从长远来看，这种模式存在巨大风险①。一方面，由于经济资源高度集中于国家，人民的福利乃至生存都高度依赖于财政支出，因此国家实际上是政府的支出责任极具刚性。另一方面，由于无法建立有效的激励机制和成本较低的监督机制，国营部门之所以能够盈利并为国家提供财政收入并不是因为它们的生产效率高，而是因为国家控制了产品与要素价格并垄断了各个工业行业的生产。从长期来看，以自产型财政收入为主的国家必然会出现经济总产出下滑进而财政收入锐减的风险。

三、全能型财政支出制度

1949—1978 年，新中国政府是一个全能主义的政府，一方面具有强烈的发展主义的现代化导向，另一方面又要实现社会公平的目标。国家实行高度统一的中央集权管理模式，政府无所不能，无所不包，无所不管。政府集中了社会各领域资源，在建立社会秩序，维护国家独立，促进重点建设等方面，发挥了"集中力量办大事"的优势。同时，在财政制度设计上，维持了"共同贫穷"的低标准社会公平。在急于摆脱落后面貌的赶超型发展战略下，实行工业优先、重工业是重中之重的政策，大量的资源被投放到经济建设领域。在财政支出制度上，呈现出高度重视生产建设的特征，且对个人收入分配维持较小的级差。

在这一时期的财政支出中，50% 以上用于经济建设，其中占大头的为基建支出（见表 9－2）。除国防费以外，其他支出比重都比较小。用于文教科卫和社会福利等支出一般占财政支出的 10% 左右。财政支出具有显著的国有制经济导向，经济建设支出，加上专门投向于国有制经济单位的增拨企业流动资金支出、挖潜改造资金和科技三项费用支出、弥补亏损支出，为国营企业提供属于集体福利的补贴支出（如职工住房、医疗服务、子弟学校、幼儿园等），用于国有制经济单位上的支出非常庞大。

---

① 马骏："中国财政国家转型：走向税收国家?"，《吉林大学社会科学学报》2011 年第 1 期，第 18—30 页。

表 9－2　　**1957—1978 年的财政支出结构**　　单位：%

年　份	1957	1960	1963	1966	1969	1972	1975	1978
基建支出	41.8	55.1	24.2	35.5	39.2	40.4	39.8	40.3
其他经济支出	14.1	15.5	20.3	17.1	9.8	11.4	12.2	15.0
支农支出	2.7	5.2	6.7	3.6	2.8	3.3	5.2	6.9
文教与福利支出	11.2	9.1	14.5	11.3	9.1	9.2	11.1	11.7
行政管理费	7.3	4.3	7.1	4.8	4.7	4.5	4.7	4.4
国防费	18.6	9.0	20.0	18.8	14.0	20.8	17.4	15.0

资料来源：《新中国 50 年财政统计》，经济科学出版社 2000 年版，第 128—130 页。

从全社会固定资产投资的资金来源构成来看，财政投资占全部投资的绝大部分，国家的经济增长高度依赖于的财政投资。政府是经济建设型政府，国营企业占主导地位，国营企业的固定资金、折旧基金及大部分流动资金都由财政支出安排。“一五”时期（1953—1957 年），国家投资在固定资产投资总额中的比重高达 88.9%；到“五五”时期（1976—1980 年），这一比重下降到 57.5%，但仍占主导地位（见表 9－3）。

表 9－3　　**“一五”到“五五”计划时期全社会固定资产投资资金结构**　　单位：%

时　期	国家投资	国内贷款	利用外资	自筹及其他投资
“一五”（1953—1957 年）	88.9	—	—	11.1
“二五”（1958—1962 年）	73.2	—	—	26.8
1963—1965 年	85.0	0.7	—	—
“三五”（1966—1970 年）	76.4	1.1	—	22.5
“四五”（1971—1975 年）	66.7	1.0	—	32.3
“五五”（1976—1980 年）	57.5	4.5	3.5	34.5

数据来源：国家统计局：《中国固定资产投资统计年鉴（1950—1995）》，中国统计出版社 1997 年版，第 25 页。

虽然从财政数据上看，财政支出在社会保障方面的资金安排很少，但从财政制度设计看，国家财政实际上承担了国有企业职工“从摇篮到坟墓”的社会保障体系。与统收统支、高就业、低工资制相适应，在国有企业向财政提供利税之前，就安排了基础教育、职工住房、医疗和离退休金等，实际上与财政拨款没有差别。行政事业单位的社会保障、职工福利由财政直接支出。农民也在集体组织中分享微薄的社会保障，从而在整个社会建立了城乡分治的、收入分配总体上差异较小的社会保障制度。

四、自求平衡的财政调控制度

鉴于清末以来各个政府由于财政入不敷出，靠借债度日导致财政危机日益加深，或靠发行货币导致通货膨胀、民不聊生的历史教训，新中国负责经济工作的领导人陈云总结出三大平衡理论，追求财政、货币与物资供求的全面平衡，后来又增加了外汇收支平衡，四大平衡理论成为新中国计划经济时期经济工作的指导原则。根据四大平衡的指导原则，在财政调控制度中追求财政收支平衡。

计划体制下经济稳定目标的实现，主要通过计划和生产资料公有制控制物价、就业、国际收支平衡，通过对价格、汇率、劳动力流动、资金的管制控制经济波动。国家计划委员会负责综合平衡，财政平衡是四大平衡的一个组成部分，从总体上看这时的财政调控政策、是非独立的。根据综合财政信贷计划，计划委员会定盘子，财政和银行拿钱，计划挤财政，财政挤银行，银行发票子，这样财政政策附属于计划，是计划的一个手段。财政在整个国家宏观调控体系中扮演的是一个会计或账房先生的角色①。

一方面，在全社会资本品由政府控制、实行低工资制度、居民收入被压低的政策下，社会财富可以由政府调节的部分主要来自新中国建立前的非生产性个人财产，可以由财政调控的社会资源在计划经济实施一段后趋于枯竭，自求平衡的财政调控制度既是一种维护财政安全的措施，也几乎相当于放弃了财政调控的功能。另一方面，新中国成立初期曾经为加快经济建设和支援战争，审慎地发行过部分内外公债。但由于外部环境恶化和大跃进造成经济倒退，偿还外债的过程对于中国来说是一段难堪的经历，对运用外债方式开展财政调控也不再抱有好感。于是，新中国建立后，在偿还完初期的内外债务之后，出现一段既无外债又无内债的历史，而且曾将此当做重大的财政成就。

从 1950 年到 1978 年的 29 年间，17 年出现结余，12 年出现赤字。结余最多的 1977 年，结余 30.9 亿元，占财政收入 874.5 亿元的 3.5%，赤字最大的年份 1961 年，赤字 37.8 亿元，占财政收入 356.1 亿元的 10.6%。

① 参阅杨志勇、杨之刚：《中国财政制度改革 30 年》，格致出版社、上海人民出版社 2008 年版，第 135—136 页；李茂生、柏冬秀：《中国财政政策研究》，中国社会科学出版社 1999 年版，第 52 页。

在出现赤字的情况下，通过发行货币来弥补也是常用的做法，但总体上出现财政赤字是被动的，在财政安排时是审慎的。1950—1958 年曾经发行内外公债，1959—1978 年不再发行，但即使新中国成立初期发行的公债，数量也保持很小的规模。发行公债最多的 1955 年，共发行公债 22. 8 亿元，仅占当年财政收入 249. 3 亿元的 9. 1%。

五、计划主导型财政管理制度

在公有制为主体的计划体制下，政企合一、政社合一、党政合一，政府统管一切社会事物。权力集中于政府，资金运用权力集中于财政部门，企业、合作社只是财政的基层预算单位，全国财政权力集中到中央政府，财政代表国家对全社会的绝大部分资金进行管理。在中央财政对全国财政的统一领导下，各级财政部门对全国财政资金和国有企业财务进行分级管理。财政法规的制订、收支政策调整最终由中央政府决定。尽管在政府管理中存在预算活动，但由于国家政治生活的不正常，预算活动也不正常。

（一）计划体制对财政管理的主导地位

统一财经为社会主义改造创造了经济基础与制度条件，通过社会主义改造建立起计划体制。1953 年开始发动社会主义改造，1955 年下半年全面提速，1956 年完成。在社会主义改造过程中财政调控手段得到充分运用：财政通过给予更集体化的农业合作社税收减免优待，建立起按社而不是按农户征收农业税的税收制度，减征甚至免征农村供销合作社、农村信用合作社的营业税或工商税；对生产合作社和其他合作社应纳的工商业税收进行税收减免，对其销售产品和购进原料也从轻征税；对接受改造的私营工商业，实行税收优惠，如降低税率、调节纳税基数、便利纳税手续等；鼓励私营企业走国有化道路，实行公私有别、繁简不同的税收政策；对国营工商业特别是重工业，实行轻税甚至免税，国营企业按调拨价格计税，不征批发环节营业税，免征国营工业企业之间相互调拨原料的营业税，而对私营企业按国营批发牌价计税、所有环节营业税一律不免等等。

社会主义改造完成后，建立了公有制经济的一统地位，其他经济主体不复存在，各种市场被取消，资源配置通过计划来实现，中国的经济发展就进入到以全民所有制为主体的计划经济时代。这种计划经济的管理模式，在原则上与此前形成的高度集中统一的财政管理体制相一致。1962 年，刘少奇指出："全民所有制就是财产属于全民，属于整个社会，产品归国家支配。马克思列宁主义历来反对所谓地方所有制，市所有制，企业所有制，小团体所有制。……全民所有制经济是统一的整体，同时，是分级管理的。各级都必须按照国家规定的统一的制度和计划实行管理。任何部门、地方或企业，如果违反了国家统一的制度和计划，自由地处理供、产、销的问题，就会使社会主义的计划经济受到损害，使社会主义的全民所有制受到损害。"① 在这种财政和经济管理体制下，国家实际上是政府代表了社会，中央代表了地方与部门，政府的计划代表企业进行经济决策。这种逐级代表使经济与社会的利益结构归于一元，管理体系归于一元，个体的独立性被从属于集体。

在计划体制下，政府通过计划安排配置资源，支配人们的生活资料，通过全覆盖的财政活动落实政府的计划。政府预算附属于计划，财政是计划在资金安排中的实施工具。实际上，计划委员会才是中国真正意义上的"预算决策机构"②。预算跟着计划走，编制简单粗放，没有法律性、权威性和严肃性。对预算来说，它必须依据国民经济计划安排，来测算自己所在计划年度内可能取得的收入，然后按计划来测算应当安排的年度支出数额（主要投向于经济建设），无论收入大于还是小于国民经济计划所需的年度建设资金，都表明国民经济计划所安排的经济建设规模不恰当，于是需要不断地调整计划，再进行预算的测算，如此反复直至两者协调。这一过程也被称为"计划框预算，预算框计划"③。由于计划是跨部门的，因此预算不是以部门为基础编制的，而是按支出功能进行编制的。

计划部门与财政部门共同决定整个国民经济的资源配置大方向。计划部门负责编制和执行计划，财政部门负责国民经济发展所需资金的筹措和运用，按照国家计划分配资金，并监督资金的使用。财政成为贯彻国家计划的账房，在整个社会的资金分配格局中，财政成了国家的会计工具，银行扮演了出纳的角色。投融资格局以财政为中心，形成国家预算、银行信贷和国营企业财务并存的社会生产性资金的分配和使用体系。国营企业的

---

① 《刘少奇选集》，人民出版社 1985 年版，第 362 页。

② 刘守刚：《国家成长的财政逻辑——近现代财政转型与政治发展》，天津人民出版社 2009 年版，第 314 页。

③ 张馨：《财政公共化改革》，中国财政经济出版社 2003 年版，第 110 页。

固定资产投资来源于财政直接拨款，大部分流动资金也是以“定额流动资金”形式由财政直接拨款。国营企业一部分流动资金由银行贷款解决，主要是生产经营中发生的短期流动资金需求，由中国人民银行和财政部下属的中国人民建设银行提供。与这种资金投入体制相对应，国家财政肩负管理和监督国营企业资金运用的职责。国营企业财务活动被纳入国家财政的范畴，成为国家财政的重要组成部分。国营企业资金来源主要是财政拨款，即使是银行信贷资金也主要依靠财政拨款，基本没有商业信用等其他筹集资金的渠道。国营企业盈利绝大部分上缴财政，工资福利等货币性成本开支完全由国家决定，国家财政直接掌握国营企业的经济核算。在财政和金融的关系上，形成了“大财政、小银行”的格局。金融体系高度简化，在很长的时间里，全国只有中国人民银行一家金融单位，在业务上仰赖财政部，1969年中国人民银行并入财政部，后来成立的建设银行也隶属财政部。金融体系在国民经济中只是计划体系的一个组成部分，辅助财政体系对国民经济进行资金筹措和配置，监督、调控资金运用。

（二）预算制度的演变

计划体制下，政府对财政资源的控制主要采取强力的行政手段，也曾采用预算管理手段，但当时预算只是被用作政府控制经济的技术工具。国家财政收入在国民生产总值收入中所占的比重较高但不稳定（参见图9-3）。1952—1978年，财政收入占国民生产总值的的比重最高的年份是1960年的39.3%，最低的年份是1968年的21%。

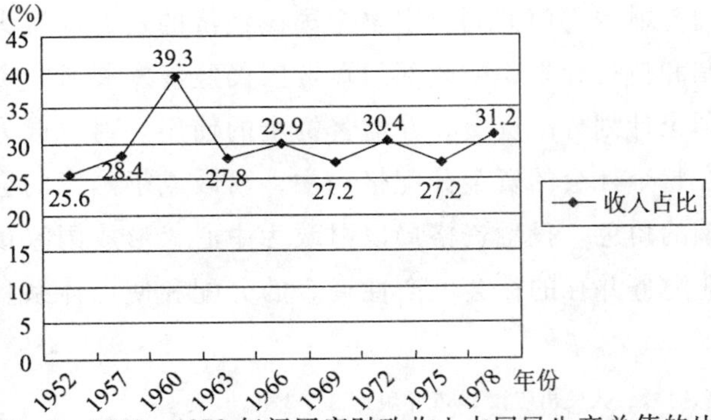

图9－3　1952—1978年间国家财政收入占国民生产总值的比重

资料来源：《新中国50年财政统计》，经济科学出版社2000年版，第59—60页。

1954年人民代表大会制度建立后，预算具备了行政机构向立法机构负责的形式特征。但在1978年前的财政制度中，预算编制简单粗放且没有权威性。这时的财政管理缺乏规范性和法治性，无论财政收入过程还是支出过程，都缺乏法律规范。在国家政治生活不正常的情况下，预算活动无法正常进行。1966—1977年期间，人民代表大会制度中断活动，没有了正式编制的国家预算和国家决算，作为财政管理工具的预算活动这一时期也几乎不存在。1961年、1962年和1978年没有正式编制的国家预算，但有国家决算。政府采取行政手段统一控制财政过程，依赖“大民主”的方式实施财政监督。当时的财政管理具有集权性而非专权性，解决了财政过程的“防腐”问题，但不能提高财政的效率，城乡财政制度的不公平在当时的体制下也无从解决。

对国营企业实行严格的经济核算制，财务管理直接纳入财政系统，由财政部门直接控制和操作。国营企业财务在国家财政体系中居于十分重要的地位。国营企业创造的全部利润归国家财政支配，只有在国家财政许可的范围内，国营企业及其主管部门才能支配少许利润。国营企业按规定计提折旧基金，上缴财政。整个国营经济提供了国家财政收入的绝大部分，国家财政支出长期有30%以上用于直接向国营企业提供资金。

这一时期的国营企业利润分配体制是吃“大锅饭”的“统收统支”体制，国营企业仅是财政部门的一个报账单位，实现的利润全部上交国家，所需的资金再由财政拨给。这样的分配体制，使得收益的形成独立于企业的投入，产出和投入被割裂开了；收益向资本的转化独立于企业之外，收益和资本又被割裂开了。在这种情况下，企业的经济权限很小，既没有独立的利益，也没有内在的自我激励机制和外在约束，责权利相互脱节，不利于发挥企业经营管理的主动性和广大职工的积极性。在财政管理过程中，整个预算过程由行政权力主导，预算内容主要是对国有企业利税收入的匡算和对投资于国有企业的进一步安排。在性质上，公共事务与企业事务不分。原国家经济贸易委员会副主任陈清泰2008年指出：

计划经济下，国有企业被叫做国家预算单位。……企业的生产计划国家统一下达；企业所需要的生产资料国家统一调拨；企业生产产品国家统购包销；企业的财务是国家统收统支。政企不分一个很重要的特征是国家层面政资不分，从企业财务的角度看，就是没有自己的资本金和资产负债表，有的只是固定资产和流动资产，没有资本金的概念。

原国家经济贸易委员会负责人蒋黔贵认为，国家拨给国营企业多少钱，就花多少钱，怎么花的最后给国家报账就完了，实际上国有企业财务只是一个收支账。[①]

尽管都是在计划体制下，但因各个时期历史发展情况以及政治环境的不同，国有企业利润分配的具体实现形式和集中程度也稍有差异（见图9－4）[②]。国营企业利润分配体制大体经历了四个阶段：1952—1957年，实行企业奖励基金和超计划利润分成制度；1958—1961年，废除企业奖励基金制度，实行利润留成制度；1962—1968年，取消利润留成制度，恢复企业奖励基金制度；1969—1977年，取消企业奖金制度，设立职工福利基金（见表9－4）。

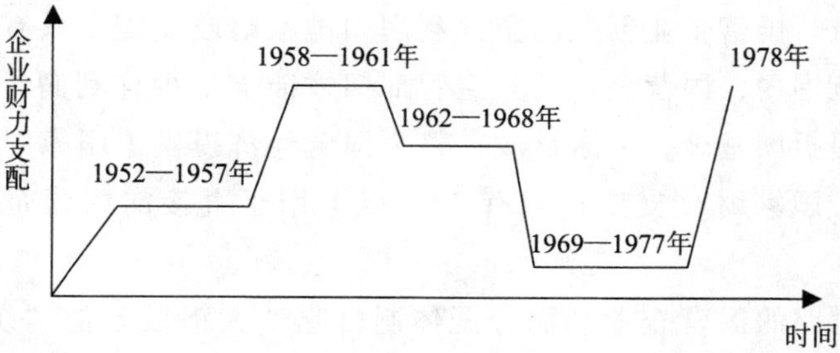

图9－4　1950—1978年国营企业利润分配制度变化示意图

（三）政府间财政体制的演变

由于全能主义政府替代社会职能，与社会间的财政权限缺乏明晰划分，财政管理似乎只是政府内部的事情。财政体制调整的仅仅是不同政府间的关系，在1950—1978年不到30年时间内，中央和地方政府在财政管理体制方面经历了多次大大小小的变革，对政府间财政关系进行了长期探

① 刘克崮、贾康：《中国财税改革三十年亲历与回顾》，经济科学出版社2008年版，第51页。

② 参见刘守刚：《国家成长的财政逻辑——近现代财政转型与政治发展》，天津人民出版社2009年版，第121页。

表 9－4　　1978 年以前实施的国营企业利润分配制度

主要制度	实施时期	出发点	主要内容	企业留利占比（%）
统收统支	1949—1952 年	恢复经济	利润全额上交	—
企业奖励基金、超计划利润分成	1952—1957 年	调动企业、职工和企业主管部门积极性	利润部分留存于企业	3.6
利润留成	1958—1961 年	进一步扩大企业财力	利润部分留存于企业	10.2
企业奖励基金	1962—1968 年	缓解“大跃进”给国民经济造成的困难	减少企业留利部分	3.8
职工福利基金	1969—1977 年	缓解国家财政困难	利润全额上交	0.17

资料来源：项怀诚：《中国财政体制改革》，中国财政经济出版社 1994 年版。

索[①]。

这种局限于政府内部的财政体制变化具有以下五个方面的特征：

一是中央和地方在财政管理权的集中和分散方面，具有不稳定性，经历了多个回合或循环，进入了后来被描述为“一放就乱、一收就死”的怪圈；

① 1950—1978 年，政府间财政体制的调整可归纳为 12 次，即：

一、1950 年，实行典型的“统收统支”财政管理体制；

二、1951—1952 年，实行初步的“划分收支，分级管理”体制；

三、1953—1957 年，实行取消大区建制后的“划分收支，分级管理”体制；

四、1958 年，实行大幅度放权，特别是下放中央企业的管理权下的“以收定支，五年不变”的体制；

五、1959—1960 年，实行适当收权的“收支下放、计划包干，地区调剂，总额分成，一年一变”的体制；

六、1961 年，实行重新强调财政管理的集中统一的“总额分成、一年一变”体制；

七、1962—1964 年，实行扩大地方固定收入的“总额分成、一年一变”体制；

八、1965—1967 年，实行进一步放权的“总额分成、一年一变”体制；

九、1968—1970 年，再度实行统收统支管理体制，少部分地区仍实行“总额分成，一年一变”体制；

十、1971—1973 年，再次下放财权，特别是下放中央企业管理权，实行“定收定支、收支包干、保证上缴（或差额补贴）、结余留用、一年一定”的体制；

十一、1974—1975 年，实行“收入按固定比例留成，超收另定分成比例，支出按指标包干”的体制；

十二、1976—1979 年，再次实行“收支挂钩，总额分成”的体制，部分地区试行“收支挂钩、增收分成”体制。

二是财政管理权的集中，一般都是出现在社会经济危机时刻（如 1950 年应对新中国成立初的种种危机、1961 年应对“大跃进”带来的大饥荒、1968 年应对“文革”最严重时候的“天下大乱”），在正常时期一般趋于分散管理权；

三是就财政收支管理权而言，总的趋势是分散度不断增加，中央政府要求地方政府在收支间建立联系，激发地方政府增收节支、发展地方经济的积极性，诱导地方政府担负起发展经济和完成地方事务的责任；

四是就中央向地方下放中央所属国营企业管理权而言，也趋于分散，并在 1958 年和 1971 年出现大幅下放的情况。

五是对地方政府在支出方面确定定额，在收入方面分成是主流。

1957—1978 年间，中央与地方财政管理体制虽然屡经变革，中央也曾经赋予地方政府较大的收支管理权，但所有这些只是中央政府在行政体制内部对财政管理方式的探索，地方并没有多大财政上的独立性和主动性，没有建立制度化、法制化的政府间分权制度。从上下级政府关系看，中央政府统一编制国家预算，地方政府负责执行统一的预算计划，本级政府的预算只是执行统一国家预算的细则。中央财政占全部财政收入中的比重不稳定。1953—1978 年，中央财政收入占全部财政收入中的比重最高的年份是 1953 年的 83%，最低的年份是 1975 年的 11.8%（参见图 9-5）。

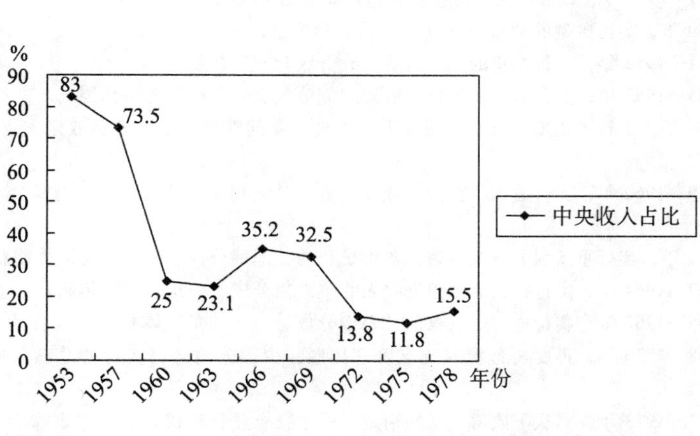

图 9-5　1953—1978 年间中央财政收入占全国财政收入的比重

资料来源：《新中国 50 年财政统计》，经济科学出版社 2000 年版，第 79—80 页。

六、潜在财政压力的积聚

1949—1978 年，中国社会发展最重要的成就，是创造了一个比近代以来任何一个时期都更为公平的社会。中国城市收入不平等的程度是极低的，城市里基本不存在极端贫困现象。农业集体化（人民公社）防止了赤贫无地的农民阶层的产生。国家保证最低限度的粮食需要；小学入学人数比例很高；绝大多数人都可享受基本医疗卫生服务和计划生育服务。中国作为一个低收入国家，平均预期寿命却较高（1980 年为 67 岁）。

新中国在建立强大政权的基础上，统一财经，对产权进行了重新界定。为建立理想中的公有制国家，通过财税等手段“化私为公”，建立了“一大二公”的生产与生活一体化组织，依靠计划经济体制的组织方式大力推进工业化，在资源配置上实行国家主导下的“重—轻—农”的顺序，实行工业化的单轮驱动，过度强调“自力更生”并滑向“闭关锁国”，潜在生产能力不能充分发挥，经济发展大起大落，人民生活不能持续改善，缺乏市场化的现代化发展方式不能持续下去。

张培刚指出，发展中国家的领导人普遍把工业化看作制造业（尤其是重工业部门）在国民经济中比重的增加，这样就不可避免地导致两种错误倾向：一是只注重于集中资源投资于制造业，而忽视了传统农业的改造和农村经济发展；二是只注重了先进技术和设备的改进使用，而忽视了社会经济结构的相应变革。① 农业发展十分落后是中国在工业化初期影响工业发展最重要的制约条件。由于没有农业的革命和发展，即使工业可以强制性地、大推进式地发展，也不能持续，还会激化工业与农业的矛盾。工业发展特别是重工业发展孤军突进，而农业发展极端缓慢甚至停滞不前，粮食增长赶不上人口增长，农业成为制约工业化发展的瓶颈环节。

人口与就业结构变动缓慢，大量人口滞留在农村，大量劳动力集中在农业领域，不能使农业社会向工业社会稳步转变。城市人均收入与农村人均收入之间存在较大差距。公有制和计划经济的制度基础是国营工业企业，政府财政的根基建立于国营工业企业上缴的收入，只有国营工业企业不断健康发

---

① 张培刚：《农业与工业化：农业国工业化问题初探（1949）》，华中工学院出版社 1984 年版，第 70—71 页。

展，才能维持财政的持续和发展。而国营工业企业不断提供财政收入的真正前提，是经济效率的提高。可是以国营工业企业为主的中国经济，经济效率处于较低的水平。如表9-5所示，1978年以前中国经济的全要素生产率的增长，不但远远低于发达国家，而且也低于发展中国家。

表9-5　　全要素生产率增长的国际比较　　单位：%

国名	时期	全要素生产率增长	全要素生产率增长占产值增长的比例	国名	时期	全要素生产率增长	全要素生产率增长占产值增长的比例
中国	1952—1981年	0.53(-0.1)	8(-17)	日本	1952—1971年	3.8	38
	1952—1975年	0.3(-1.1)	5(-18)	美国	1947—1960年	1.4	38
	1975—1981年	1.0(-0.3)	17(-5)		1960—1973年	1.3	30
巴西	1950—1960年	3.7	54	苏联	1950—1960年	1.9	32
	1955—1970年	2.1	34		1960—1970年	1.5	29
	1966—1974年	1.6	22		1970—1975年	0.1	3
韩国	1955—1960年	2.0	47	西班牙	1959—1965年	5.0	44
	1960—1973年	4.1	42				
12个市场经济国家平均数		2.7	49	19个发展中国家平均数		2.0	31
备　注	括号外按资本0.6、劳动0.4，括号内按资本0.4、劳动0.6计算。						

资料来源：The World Bank，*China：Economic Structure in International Perspective*，*Annex 5 to China：Long-term Issues and Options*（*A World Bank Country Study*），Washington D. C.，1985.

1978年以前中国的国营工业企业之所以能为国家提供财政收入，并不全是企业自身效率提高的结果。除了政府不断投入带来的"粗放型增长"外，国营工业企业的盈利还来源于工农产品价格剪刀差、低工资政策、工业垄断利润和部分折旧费和资源补偿费。根据冯海发等人的研究，农业分别以税收形式、剪刀差形式和储蓄形式为中国的工业化提供的资金积累，占1952—1990年国民收入积累额的三分之一，如果扣除掉以财政支出形式将一部分从农业中取得的资金又注入农业的部分，该比例为22.4%。其中剪刀差方式所提供的资金积累数量在总数量中占据绝对地位，从1952年至1990年约为70%以上[①]。由于农村人民公社制度在农业生产方面的效率越

① 冯海发等："我国农业为工业化提供资金积累的数量研究"，《经济研究》1993年第9期。

来越低，政府通过剪刀差和其他形式能够从农村取得的经济剩余越来越少，而为了控制农村所需要的支出却越来越大。周其仁研究指出，1978 年前后国家对农村的开支费用指数超过了从农村获得的收益指数[①]。随着“文革”的结束，低工资制度也难以维持。国营工业垄断企业生产效率十分低下，财政投入所能得到的利润回报越来越低。为了维持国有经济的增长率，国家不得不将越来越大的国民收入投入到国有经济中，但财政收入难以增长，无法维持高投入和高增长率的状态。国营工业企业不但要直接上缴折旧基金，其上缴的利润中也包含部分折旧费。部分资源耗竭性企业和城市，在当时只顾开采资源并将企业收入上缴财政，没有留下足够的资金用于资源耗竭后的企业和城市的后续发展。

1954 年到 1976 年，通过否定农民土地产权、限制农民的自由流动、取消农民自由经营权等措施，隔离城市与农村、农业与工业的联系，割裂农民收入与农业发展的关系，并通过否定工商业私有产权、大规模组建国有企业、否定市场价格形成机制、割裂工人收入与企业效益的关系、实行高投入的粗放式经济增长方式，造成农业的发展动力不足。农业自身再投入缺乏，农民收入增长缓慢，其消费能力赶不上工业发展速度，对工业品的购买力不强，加剧了工业企业经济效益下滑，工业亏损严重导致财政压力剧增。1976 年全国亏损企业亏损额达 164.8 亿元，工业企业亏损面达 37.2%。1976 年全民所有制独立核算工业企业每百元工业总产值实现利润 12.6 元，比 1966 年的 21.9 元减少 42.5%[②]。

从政府的角度来说，扩大其在收入汲取中讨价还价权力的一个非常有吸引力的方式，就是扩大国家对于社会资源的所有权和政府对社会资源的直接控制权，即依靠垄断暴力实行国有化，或通过强制性取消私有产权的方式来达到这一点。在争夺政权或对外战争中，由于对于未来的贴现率高，统治者会倾向于选择没收等强制手段。当国家能够通过建立大规模的国家所有权来获得财政收入时，国家就转变成为一个“自产国家”。在“自产国家”中，在“等级制”管理模式下，国家（通过政府）依靠对资产的所有权，使用行政命令要求使用或者管理着国家财产的代理人提供财政收入，这种收入主要表现为资源租金或企业利润。财政收入增长主要取决于政府能

① 周其仁：“中国农村改革：国家和所有权关系的变化”，《中国经济学 1994》，上海人民出版社 1995 年版。

② 国家统计局：《中国统计年鉴 1999》，中国统计出版社 1999 年版，第 265 页。

否有效地组织生产，使得国有的财产能保值和增值。但是，由于没有私有产权的激励，国家很难设计一种有效的激励合同来激励生产者和管理者供给“生产性努力”。管理大规模的国有财产需要建立多层次的委托—代理体制，国家面临着高昂的监督成本。因此，建立“自产国家”是短期实现收入最大化的最佳策略。但是从长期来看，却不可避免地陷入“经济效率低下→财政收入下降+管理成本上升→财政净收益下降甚至出现赤字”的窘境。第二次世界大战后大量社会主义国家在实现公有制后，都因高经济效率不可持续而无法实现其高社会公平的理想。从1978年前后中国的财政来看，虽然没有财政赤字，但国营工业企业的几个盈利来源都无法继续，财政收入也因此难以为继，财政面临巨大压力。“文化大革命”结束后，国家权力必须在新形势下重建其合法性基础。在此背景下，财政制度创新势在必行。

从1978年前后中国的财政来看，虽然没有财政赤字，但国营工业企业的几个盈利来源都无法继续，财政收入也因此难以为继，财政面临巨大压力。“文化大革命”结束后，国家权力必须在新形势下重建其合法性基础。在此背景下，财政制度创新势在必行。

第三节　改革开放以来财政制度的宪政化

新中国成立后包揽一切的全能主义政府体制束缚了个体的主动性和创造性，造成经济效率低下，并通过财政压力表现出来。改革开放后，隐性的财政压力转化为显性的财政压力①。在应对财政压力的腾挪中，中国现代化走上经济市场化、政治宪政化的道路，财政改革走向宪政化的方向。1994年以前，财政形态的变化表现为从全能财政中收缩范围，财政制度创新的重点集中在财政收入方面；从1994年开始，财政形态的变化表现为对宪政财政的积极构建，财政收入制度、财政体制出现重大创新；从1998年开始，财政制度创新的重心向财政支出制度、预算管理制度转移。

---

① 计划体制下长期实行低工资制，极少调升，农民也极度贫困。改革之初，为回应民众提高生活水平的诉求，提升政府合法性，中央政府的重要举措就是提高职工工资和农产品收购价格，造成1979年财政出现空前的财政缺口，赤字达到98亿元，占国内生产总值的比重达到2.4%。参见《新中国50年财政统计》，经济科学出版社2000年版，第29页。

一、财政收入制度“交易性”的成长

我国在公有化制度下，财政收入主要来自国有企业。来自国有企业的上缴利润与税收都具有国家“自产收入”的性质，作为利润上缴或纳税者的国有企业并不具有独立的经济主体身份，与政府之间不是一种平等交易的关系，而是管理与被管理的关系。改革开放后，财政收入制度的变迁逐步改革为以税收为主，而且税收越来越具有对不同经济主体的“一视同仁”性，纳税人与政府之间的平等交易色彩逐渐凸现。公债作为税收的替代方式和宏观财政调控的手段，反映了借债人与债权人之间的平等交易关系，在改革开放后也被频繁使用。

在民间经济得到发展私有产权受到保护的条件下，政府通过提供公共品与私人部门“交换”税收，对政府和私人双方均具有约束性和提高效率的激励，具有可持续性。在税收型财政制度下，其产权主体主要是私人(包括个人和私人性组织或企业)，并且由于税收要求的公平性、普遍性，因此，其产权的权能和受益从形式上表现出平等性。税收基于普遍性原则而设计和征收，私人成为产权的真正主体，其权能和利益受到宪法的明确保护，政府作为产权最高所有者代表的身份隐匿了，政府干预产权的权力受到极大限制。在经济生活中起作用的主要不应是政府，而应是市场上不同的私人性产权主体。没有了政府对交换的无端干预，也就堵塞了特权对社会交换的介入，阻止了社会交换中的强买强卖，使社会交换主体具有平等的议价地位，社会交换成为平等自愿的自由交换。

改革开放以来，财政收入汲取模式趋于规范化，税收收入成为预算收入的主体部分，中国从“自产国家”向“税收国家”过渡。经过1983年、1984年实行的两步“利改税”和工商税制改革，初步形成了多税种、多环节、多层次调节的复合税制，实现了财政收入的规范化，税收形式的财政收入占据主要地位。1985年，各项税收收入占财政总收入的比重高达101.8%，而企业收入的比重降低到2.2%①（参见表9－6）；1985—1993年间，税收收入占财政收入的比重高达98.0%。但此时的税收尚不符合现代税收的要求，不仅各经济主体因身份不同而面对不同的税制，而且国有

① 胡鞍钢：“中国政府转型与公共财政”，引自蔡昉：《中国经济转型30年（1978—2008）》，社会科学文献出版社2009年版，第151页。

企业的税制此时是一种“包税制”。外资企业所得税、个人所得税的建立与开放相对应；内资企业所得税的创立与国有企业改革相适应。1994 年的工商税制改革，基本统一了税收制度，但留下了内外资企业所得税的差别、增值税税制不完善等问题。2004 年开始的新一轮税改，统一了内外资企业所得税，促使增值税从生产型转向消费型，调整了个人所得税、消费税、营业税等多种税种。这些改革，基本建立了普遍、平等、直接和规范地征收于各种经济主体的现代税收，为市场经济下公平竞争创造了一视同仁的外部环境。

表 9-6　中国财政预算收入构成（1976—2005 年）　单位:%

时期	税收	企业收入	企业亏损补贴	能源交通建设基金	预算调节基金	其他
1976—1980 年	49.2	44.1	—	—	—	6.7
1981—1985 年	68.8	16.4	16.8	4.9	—	16.8
1986—1990 年	99.1	2.3	-18.9	7.4	1.8	8.3
1991—1995 年	96.7	0.8	-9.2	2.4	2.0	7.2
1996—2000 年	93.9	—	-3.2	—	—	9.3
2001—2005 年	92.0	—	-1.0	—	—	9.0

数据来源：中国财政年鉴编辑部：《中国财政年鉴 2007》，中国财政经济出版社 2007 年版；国家统计局：《中国统计年鉴 2008》，中国统计出版社 2008 年版。

（一）税收制度变迁

由于农户、乡镇企业、个体户和私营企业以及外商投资企业等多元经济主体的出现，单一工商税制度在改革开放后已不能保证财政收入的足额与及时，也使国家权力不能渗透到经济生活的各个环节。1981 年，我国在试点企业征收资源税、收入调节税、所得税、调节税、固定资金占用费和流动资金占用费，试行增值税。

1983 年至 1984 年，全面实行利改税和推行工商税制改革。

第一步“利改税”1983 年 4 月开始。其主要内容为：凡有盈利的国营大中型企业，都按照实现的利润缴纳 55% 的所得税，不再缴纳固定资金占用费和流动资金占用费。有盈利的国营小型企业，比照集体企业，按照八级超额累进税率缴纳所得税，并按规定缴纳固定资金占用费，不再缴纳流动资金占用费，缴税缴费后实行承包制，由企业自负盈亏。

第二步“利改税”1984年10月起实行。其核心内容是：改革工商税，将原来的工商税按纳税对象分为产品税、增值税、盐税和营业税，对某些采掘行业开征资源税，同时恢复和开征房产税、土地使用税、车船使用税、城市维护建设税等税种。将国有大中型企业征收所得税后的利润上缴形式，改革为征收调节税，按照一户一率的原则，分别核定税率。对国有小型盈利企业改按新的八级超额累进税率缴纳所得税，不征调节税，从而将第一步利改税后的税利并存向完全的以税代利过渡，以条例的形式确定国家与企业利润分配关系的基本准则，对于培育新的市场主体具有奠基性的重要意义。从1985年开始不断扩大增值税征收的产品范围，缩小产品税的适用范围。

1994年对税制进行四个方面重大改革：

一是统一并改革企业所得税制。对所有的内资企业实行统一的企业所得税制，相应取消“国营企业调节税”和向国营企业征收的国家能源交通重点建设基金和国家预算调节基金；取消过去的税前还贷等做法，规范企业所得税前列支项目和标准；在统一税基的前提下，统一实行33%的比例税率；统一实行由纳税人就地向主管税务机关缴纳的办法，国有企业不再执行承包上缴所得税的办法。对外商投资企业，统一征收外商投资企业和外国企业所得税，税率为33%（其中30%为中央税，3%为地方税）。

二是统一个人所得税。分不同所得项目分别采用超额累进税率和比例税率。新的个人所得税，规定了不同的扣除标准，扩大免税额、降低税率。对非法人的个体工商业户按国际规范征收个人所得税，不再征收企业所得税。

三是建立以增值税为主体的流转税制。彻底改变原来按产品分设税目、分税目制定差别税率的传统做法，确立了在生产和流通环节普遍征收增值税，并实行价外计税，从此增值税成为我国主要的流转税税种。增值税设两档基本税率（13%和17%），建立了凭专用发票注明税款扣税的制度。选择少数消费品再征收一道消费税，实行有差别的比例税率或定额税率，其征税范围仅限于在境内生产、委托加工和进口的有限消费品。对于有偿提供劳务（不征增值税的劳务）、转让无形资产和销售不动产的业务，征收营业税，针对不同税目设置3%、5%和5%—20%三档不同税率。

四是逐步进行其他税种的改革或调整。如扩大资源税征收范围，将盐税并入资源税，实行分产品从量定额计算征税的办法，改革城市维护建设税、调整城镇土地使用税等。

经过1994年的税制改革，基本形成了以流转税和所得税为主体、其他税种相互配合的多环节、多层次的复合税制，税种由原来的37个减少到23个，初步具备了现代税制的特征（见表9－7）。

表9－7　　改革开放以来税制改革一览表

税类	1978—1984年	1984—1993年	1994年至今
流转税	工商统一税	产品税、增值税（1980年）、营业税、工商统一税、关税（1980年）	增值税、消费税、营业税、关税、烟叶税（2006年）
所得税	—	国营企业所得税、集体企业所得税（1985年）、私营企业所得税（1988年）、城乡个体工商业户所得税（1986年）、个人收入调节税（1986年）、外商投资企业和外国企业所得税、个人所得税	企业所得税、外商投资企业和外国企业所得税、个人所得税
行为税	集市交易税、屠宰税、车船使用牌照税、契税	奖金税、工资调节税、固定资产投资方向调节税（1991年）、城市维护建设税（1985年）、烧油特别税（1982年）、耕地占用税（1987年）、筵席税（1988年）、车船使用税（1986年）、印花税（1988年）、车船使用牌照税、牲畜交易税（1983年）、集市交易税、屠宰税、契税、特别消费税（1988年）	固定资产投资方向调节税、城市维护建设税、耕地占用税、筵席税、车船使用税、印花税、车船使用牌照税、屠宰税（2002年取消）、车船使用税、契税
资源占用税		资源税、盐税、城镇土地使用税	资源税、城镇土地使用税
财产税	城市房地产税	房产税（1986年）、城市房地产税	房产税、城市房地产税
农业税	农业税、牧业税	农业税、牧业税、农林特产税（1983年）	农业（特产）税、牧业税（2006年取消）

注：括号内没注明“取消”的为开征年份。

从21世纪初开始，我国进行新一轮税收制度改革。与1984年和1994年的税改相比，这次税改采取了渐进的方法，奉行“减税为主，有增有减”的结构性减税政策，逐步把一些主体税种和重要税种的微观负担降低，同时辅以开征一些新税种和调高一些辅助性税种的负担。一是农村税费改革。2006年废止农业税，农业特产税、屠宰税也被废除。二是内外资企业所得税制统一。2007年3月，全国人大通过《中华人民共和国企业所得税法》，该法同等适用于内外资企业，对外资企业给予一定的过渡期，废止了原有的针对内外资企业不同的所得税制度，从2008年起企业所得税税率调整为25%。三是增值税转型。2009年，我国增值税从生产型转向消费型。四是其他税制改革。个人所得税纳税人工资、薪金所得费用扣除标准多次提高；对消费税的税目、税率及相关政策也进行了多次调整，突出了促进环境保护、节约资源、合理引导消费和间接调节收入分配的重点。自1994年以来出口退税率和退税政策一直处于调整之中。新一轮税改总的来说是向建立更规范、更平等、更普遍的税制方向努力，使中国成为真正的税收国家。

（二）非税收入制度的变迁

在税收之外，财政收入形式还有国有资产收益（国有企业上缴利润、国有股份红利）、各种收费（服务性收费、基金、罚款、集资、摊派）、公债等。改革开放后，中央政府向地方政府放权，政府向部门放权，出现了政府部门依靠行政权力开展经营活动，或筹集资金开展行政、事业甚至企业性业务活动的热潮，形成大量出自部门法规的预算外收入，或缺乏法定依据的制度外收入。企业和农民被无节制地增加各种负担，引起大量的社会矛盾。随后，中央三令五申取消乱罚款、乱集资、乱收费，并采取多种手段减少收费项目，清理预算外资金，并最终将大量的预算外收入归并到预算内。财政收入经历了一个走向分散又重新集中，从预算内、预算外、体制外并存，向统一为预算内收入方向转变的过程。

1. 预算外收入制度的变迁。改革开放初期，在政府投资仍是经济发展主要拉动要素的情况下，为了保证财政服务于经济建设这一核心目标，中国采用了包干财政体制，收入向地方大幅度分权，允许地方政府和部门开征预算外收入。这一时期预算内收入、预算外收入和体制外收入并存的现象十分突出，在一定程度上导致了政府行为的扭曲。预算外财政收入相对于预算内财政收入的比例由1980年的48.1%一直上升到1992年的110.7%。大部分预算外收入由地方财政控制，预算外收入形成一种不受监督、不受控制的第二预算。中央政府逐步开展向财政收入统一性方向的改革，将预算外和体制外收入纳入统一的预算管理。

1993年，国有企业折旧基金和税后留用资金由企业自主支配，不再作为预算外资金管理。预算外资金的范围相应缩小，只包括各级财政的预算外资金和行政事业单位的收费两部分。1996 年国务院《关于加强预算外资金管理的决定》将预算外资金定性为未纳入国家预算管理的“财政性资金”，“不是部门和单位自有资金，必须纳入财政管理”，对预算内拨款和预算外收入实行统一核算、统一管理。预算外收入相当于预算内收入的比重由 1996 年的 52.6% 下降到 1997 年的 32.7%。

1998 年开始实行“费改税”，对预算外收入项目进行清理和整顿，越来越多的非预算内财政收入项目被纳入预算管理，如以地方政府为主的专项收入、行政事业性收费和罚没收入等。2001 年，财政部对各预算单位进行“收支两条线”管理改革，主要内容是收支脱钩，收缴分离，逐步淡化和取消预算外资金；2002 年，财政部规定部门的预算外收入全部纳入预算管理或财政专户管理。在全国开展农村税费改革过程中，将农村的“三提五统”并入改革后的农业税，禁止搭车向农民收费。到 2007 年，预算外财政收入只有预算收入的 11.9%（见表 9－8）。

表 9－8　预算内和预算外财政收入及分配（1980—2007 年）

年份	预算内财政收入			预算外财政收入（%）		
	合计（亿元）	中央（%）	地方（%）	相对于预算内财政收入	中央	地方
1980	1160	24.5	75.5	48.1	—	—
1985	2005	38.4	61.6	76.3	41.6	58.4
1990	2937	33.8	66.2	92.2	39.6	60.4
1995	6242	52.2	47.8	38.6	13.2	86.8
2000	13395	52.2	47.8	28.6	6.5	93.5
2005	31649	52.3	47.7	17.5	7.3	92.7
2007	51304	54.1	45.9	11.9	7.2	92.6

数据来源：国家统计局：《新中国五十五年统计资料汇编》，中国统计出版社 2005 年版；国家统计局：《中国统计年鉴 2008》，中国统计出版社 2008 年版。

2. 国有产权收入制度变迁。1978 年前后，几乎所有的资产都控制在政府手中，财政收入主要来源于政府控制的资产收益，国有企业收入上缴占国家财政收入的一半左右，再加上国有企业、集体企业上缴的税收，几乎提供了全部的财政收入。1978 年年底，中国开始对国有企业试行企业基金、利润留成和盈亏包干办法。1983 年 4 月，“利改税”改革全面展开，将企业上缴国家的收入，改以税收的形式上缴，税利并存逐步发展为以税代利。1988 年，财政部进行了国营企业税利分流改革试点，即税利分离、税后还贷、税后承包。

1994年开始，国家全面推行国有企业税利分流、税后还贷、税后承包。国有企业不再向国家上缴利润收入，税后利润全部留给企业，与私有企业一样纳税。近年来，国有企业上缴的税收对于财政收入的贡献已远远不足三分之一。向国有企业征收的能源交通重点建设基金和预算调节基金在1996年相继退出历史舞台。2006年，国家明确对石油企业征收特别收益金。2007年，中央企业开始向国家上缴红利，国家依托国有产权取得国有资产收益，土地出让金纳入地方基金管理（见表9－9）。

表9－9　　1978年以来国有企业利润分配方式的演变

时　期	利润分配（分红）方式
1978—1983年	企业收入
1983—1984年	国营企业所得税和企业收入
1984—1986年	国营企业所得税、国营企业调节税
1987—1993年	利润承包（包括所得税承包），部分地区实行税利分流改革试点
1994—2006年	企业所得税，少数地方国有企业上缴一定比例的税后利润
2007年至今	企业所得税，企业分不同行业以不同比例向政府缴纳国有产权收益

在国家产权收入制度演变中，改革开放之初国营企业上缴利润和工商统一税，提供了绝大部分财政收入。1983—1984年"利改税"后以税代利，一部分国营企业所得税具有承包费性质（或称"包税"），并开始负担大量的政府集资、摊派。从1994年开始，由于当时国有企业经营困难，国企只缴税不缴利润。2007年，财政部会同国资委制定了《中央企业国有资本收益收取管理办法》，规定中央企业应向国家上缴的利润比例。2008年2月，中央政府正式启动国有资本经营预算的编制。2010年，中央政府又提高了央企的利润上缴比例，并将本级国有资本经营预算提交人大审批。尽管目前国企上缴的利润比例仍不高，国资预算的总规模也不大，但是，这一部分收入是国家可以随时方便调用的收入，是国家的"自留地"。中国仍保留着"自产国家"的痕迹。

3. 公债制度变迁。先发国家（如英国）利用公债筹集现代工商业资本和快速筹集战争经费的功能，加快了现代化进程。晚清及民国时期，公债成为获取财政收入、维持国家政权的重要工具。但由于税收制度的不健全和现代国家构建的不成功，这一时期公债在相当大程度上成为国外资本掠夺中国资源的有力手段以及国内资本进行高度投机的工具。新中国成立初期，为了克服财政困难，筹集建设资金，连续几次发行公债。1968 年全部还清了过去国内外公债的本息，以“既无内债也无外债”而自豪。改革开放后重新启用公债筹集建设资金和调控经济。1979 年恢复举借外债，1981 年开始恢复发行内债，1988 年进行国债流通转让试点，1991 年开始承购包销，1993 年建立一级自营商制度，1995 年进行招标发行试点，1996 年开始按月滚动发行，2006 年起实行国债余额管理。

公债的发行，起初是被迫弥补财政赤字。到 20 世纪 90 年代特别是 1998 年以后，发行公债成为政府的一种自觉行为，公债不再与邪恶联系在一起，公债规模越来越大，中国成为名副其实的公债国家。在发行公债的过程中，政府与民众处于平等的民事地位，公债买卖行为是一种完全民事的行为。只有在国家和社会分离的前提下，才会有健全和发达的公债市场。至今，公债成为政府在市场基础上开展宏观调控的重要手段。

经过 30 多年的税制改革，中国已建立起齐备的流转税制和所得税制，但存在重大欠缺的主要是财产税制。市场取向的经济改革使得中国的财政收入生产模式发生了根本性的转变，中国开始由自产国家向税收国家转型。税收收入尤其是来自私人部门（民营经济和家庭）的税收，在国家财政收入中的比重越来越大，政府对社会的依赖也随之增强。然而，从不同类型的经济部门征收税收，会形成不同的税收讨价还价模式，进而对国家与社会关系的调整产生不同的影响。中国实行市场经济改革以来，尽管国企在经济结构中的比重开始下降，但国企仍在经济中占有举足轻重的地位并向政府缴纳相当数量的税收。

目前的国有资本经营预算只是一个“小国资”预算，只涵盖了国务院国有资产监督管理委员会管辖范围的国企，不包括财政部管辖的金融类国有资产，也不包括资源类（例如矿产）国有资产以及国防资产。这些资产的总额及其形成的经营收益都非常庞大，是政府自主性最坚实的基础。除了国企的利润收入外，数额巨大的租金收入也进一步增强了政府的自主性。土地出让金，实质上是一种租金收入，是作为土地所有者的政府出让土地使用权若干年的地租的总和。1994 年分税制后，地方政府越来越依赖包括土地出让金在内的土地收入，2010 年国有土地使用权出让金收入达到 28197.70 亿元。除了土地出让金外，中国政府还有专营权等其他的租金收入。

相对于来自私人部门的税收来说，由于行政隶属关系的存在，政府能以比较低的讨价还价以及监督成本从国企征收税收，来自国企的税收并不会增加政府对社会的依赖。只有私人部门缴纳的税收在财政收入中的比重高了，中国向税收国家的转型才会更彻底，政府对社会的依赖才会更显著，民主化的社会要求就更强烈。其他收入，如利润与土地出让金的存在甚至在一定时期在地方财政中相当突出，使中国在一定程度上具有了自产与租金国家的特征。在财政收入中，利润与租金的比重越高，政府对社会的依赖越小，政府的自主性越高，民主化的社会要求就越弱。

二、财政支出制度“回应性”的成长

1978 年以前，在国营经济占绝对优势的情况下，财政支出结构大体上决定了投资与消费的比例关系。为追求国家强大的目标，在工业化赶超战略下，我国财政支出由政府按照“重—轻—农”的顺序安排，以牺牲民众消费扩大国家投资，对民生的回应性较弱。只是在出现经济结构严重失调时，才不得不实行“农—轻—重”的反向产业布局方式。由于经常“计划赶不上变化”，计划不得不频繁调整，经济运行大起大落。但在工业化取得巨大成就的同时，人民生活得不到多大改善。改革开放后，财政支出制度重视回应民众的要求，“以人为本”的导向越来越清晰，不仅体现在用于民生的财政支出比重不断提高上，也体现在用于公共资本、自主创新、节约环保等支持长期发展的财政支出越来越受到重视。财政支出制度的变迁更关注社会诉求，致力于满足公众的偏好。

（一）经济建设支出重要性下降，民生支出比重提高

在计划主导的体制下，经济建设支出占财政支出总额的 40% 以上，用于维持和扩大政府的资产，而对社会事业发展的投入则明显不足，特别是用于农村社会发展的财政支出很少，城乡“二元结构”对经济社会发展的制约日益突出。1978 年财政基本建设支出为 451.9 亿元，占财政支出总额的 40.3%，而文化、教育、科学、卫生支出为 112.7 亿元，社会保障支出为 18.9 亿元，分别占财政支出总额的 10.0% 和 1.7%。

1998 年，中国首次明确了深化财政改革的主导目标是逐步建立完善的公共财政体系，政府财政支出结构向民生财政方向调整，财政资金逐步退出一般性、竞争性领域，而着重保障政府履行经济调节、市场监管、社会

管理和公共服务等职能。财政支出转向提供公共产品以满足人民的需求，并逐步使之均等化，从“建设型财政”向“民生型财政”转变。致力于建立公共财政体系以来，明显增加了对教育、医疗、科技、社会保障以及环境保护等领域的公共支出。到2006年，文教科卫支出规模增加到7426亿元，占财政总支出的比重为18.4%，比1978年增加了8.4个百分点；社会保障支出达到4361.8亿元，占财政支出总额的10.8%，比1978年增加了9.1个百分点；而基本建设支出占财政支出总额的比重下降到10.9%，比1978年减少了29.4个百分点。如果将“基本建设支出”和“企业挖潜改造资金”作为“资本性支出”项目，将“文教科学卫生支出”、“社会保障支出”和“支农支出”作为“社会支出”项目，1978—2006年期间，“资本性支出”占财政支出总额的比重从45.9%下降到15.2%，而“社会支出”的比重则从18.6%增加到34.5%，这一比例远高于“资本性”支出（见表9－10）。

表9－10　　中国财政支出结构变化（1978—2006年）

项目	支出规模（亿元）				占总支出比重（%）			
	1978年	1990年	2000年	2006年	1978年	1990年	2000年	2006年
总支出	1122.1	3083.6	15886.5	40422.7	100	100	100	100
基本建设支出	451.9	547.4	2094.9	4090.4	40.3	17.8	13.2	10.9
增拨企业流动资金	—	10.9	71.1	16.6	—	0.4	0.4	0.0
挖潜改造资金和科技三项费用	63.2	153.9	865.2	1744.6	5.6	5.0	5.4	4.1
地质勘探费	820.2	36.2	88.1	141.8	1.8	1.2	0.6	0.4
工、交、流通部门事业费	17.8	46.9	150.1	581.3	1.6	1.5	0.9	1.4
支农支出	77.0	221.8	766.9	2161.4	6.9	7.2	4.8	5.3
文教科学卫生支出	112.7	617.3	2736.9	7426.0	10.0	20.0	17.2	18.4
社会保障支出	18.9	55.0	1517.6	4361.8	1.7	1.8	9.6	10.8
国防支出	167.8	290.3	1207.5	2979.4	15.0	9.4	7.6	7.4
行政管理费	49.1	303.1	1787.6	5639.1	4.4	9.8	11.3	14.0
政策性补贴支出	11.1	380.8	1042.3	1387.5	1.0	12.3	6.6	3.4

数据来源：国家统计局编：《中国统计年鉴2008》，中国统计出版社2008年版；财政部网站。

从财政投资在全社会固定资产投资中所占的比重来看，改革开放后，经济投资主要由社会完成，财政投资的比重持续下降（见表9－11）。进入21世纪前后，由于市场化进程中贫富分化加剧，城乡收入差距扩大，财政支出对社会保障与农村补贴的比重逐步扩大。建立了城市低保、医疗卫生保障制度、农村合作医疗制度，实行免费义务教育，回应了社会对于提高社会公平的呼声。

表9－11　全社会固定资产投资资金构成的变化（1976—2005年）　单位:%

时　期	国家投资	国内贷款	利用外资	自筹及其他投资
“五五”（1976—1980年）	57.5	4.5	3.5	34.5
“六五”（1981—1985年）	21.5	15.5	4.1	58.9
“七五”（1986—1990年）	10.5	20.3	5.7	63.5
“八五”（1991—1995年）	3.6	22.7	8.9	64.7
“九五”（1996—2000年）	4.6	19.5	8.4	67.5
“十五”（2001—2005年）	5.1	18.7	4.4	71.8

注：1980年以前数据是指国有经济固定资产投资的资金来源结构，引自国家统计局固定资产投资统计司：《中国固定资产投资统计年鉴（1950—1995）》，中国统计出版社1997年版，第25页；1980年以后数据是指全社会固定资产投资的资金来源构成，引自国家统计局：《中国统计年鉴2008》，中国统计出版社2008年版，第173页。

（二）运用财政补贴手段支持市场化改革，维护社会稳定

在改革过程中，对于利益受损的对象发放财政补贴，减少了改革对社会造成的震动，促进改革顺利进行。1979—1980年，配合价格调整和逐步放开，在大幅度提高农产品收购价，放开农村集贸市场的同时，财政加大了对农业生产资料和农产品收购的价格补贴，对当时的农村社队企业在税收、价格、补贴等方面给以政策优惠，还放松了对国有企业工资的管制，普遍实行了奖金制度和副食品价格补贴制度。1981—1990年期间，财政价格补贴支出占当年财政支出的比例都在10%以上。在财政补贴支出制度的支持下，在市场化推进的过程中，保持了社会的安定，城乡收入差距一度缩小，出现了广大公众普遍受益的大好局面。进入21世纪后，率先对农村学生实行“三免一补”，不断扩大涉农补贴，促进城乡收入差距的缩小（见表9－12）。

表 9－12　　**1980—2006 年政策性补贴支出**　　单位：亿元

年份	合计	粮面油价格补贴	平抑物价等补贴	肉食品价格补贴	其他价格补贴
1980	117.7	102.8	—	—	14.9
1985	261.8	198.7	—	33.5	29.6
1990	380.8	267.6	—	41.8	71.4
1995	364.9	228.9	50.2	24.2	61.6
2000	1042.3	758.7	17.7	19.4	246.4
2005	998.5	577.9	4.7	0.9	414.9
2006	1387.5	768.7	8.5	0.9	609.4

资料来源：中国财政杂志社：《中国财政年鉴 2007》。

三、财政宏观调控制度“功能性”的成长

现代化起步越晚，在现代化进程中就越需要在更强的组织手段下完成。中国作为后发外生现代化国家，在外来冲击下走向现代化，不得不强化国家在经济中的主导作用。虽然可以通过模仿先发国家的发展模式取得一部分后发优势，但也具有后发劣势。与发达国家相比，后发现代化国家面临着更加不利的实现现代化的条件，表现在：一方面发达国家出于自利动机会遏制后发国家的发展，另一方面后发国家对外转移现代化过程中积累矛盾的可能性更小，需要更强的内部消化能力①。19 世纪末至 20 世纪前期，在我国传统小农经济消解、引入市场经济和现代工业的过程中，曾引入了发达国家的经济调控理念。如清末新政倡导自由主义经济政策、民国初年争取关税自主等。20 世纪 30 年代，凯恩斯理论也影响了当时的国民政府和理论界。但由于当时中国经济的脆弱以及战时状态，宏观调控走向大量建立官办经济和政府强化微观控制的道路，直至在新中国成立后建立计划经济体制，对经济实行高度管制的政策。全能型调控政策，以强大的中央集权为前提，其有效性建立在政府能克服有限理性和道德风险的假设条件下。中国经过长时间战时供给制和计划经济运行模式，政府不仅控制宏观经济，更对微观经济进行严密的控制，并在实践中总结出建立在实物经济基础上的财政、货币、物资、外汇四大平衡理论。由于政府克服有限理性和道德风险的条件无法实现，资源运用高效率无法持续，计划经济在

① 张飞岸：“历史比较：现代化研究不可或缺的视野”，《中国人民大学学报》2010 年第 2 期。

实践中被迫向市场经济转型。宏观调控政策作为一种间接的政府干预经济运行的方式，从对微观经济的直接控制中分离出来。

改革开放后，我国不再坚持财政收支平衡，在理论上以功能财政①论为依据不再坚持预算平衡原则，但在实践中也没有实现财政收支的周期性平衡。在我国盛行的与宏观调控有关的观念与以凯恩斯理论为中心的西方宏观调控理论里，都以政府决策、执行过程均维护公共利益为前提，政府是“公共人”或“利他人”，这与西方主流经济学的个人主义分析方法和经济人（理性人）假设相矛盾。

1979 年以后，我国逐步建立起社会主义市场经济体制，但计划体制依然保持有巨大的惯性和影响力。党的十一届三中全会以来，我国改革实践在摸索中试验的同时，引进消化西方经济理论，在“干中学”过程中提高了宏观调控的理论认识，通过市场进行间接调控的逐步引入，通过 1993 年、1998 年、2005 年、2008 年四次财政调控由适度从紧、积极、稳健、积极财政政策的转换，促进了经济的稳定增长，丰富了经济调控的经验。

（一）财政调控采取需求管理与供给管理相结合的手段

我国传统经济思想中强调政府干预的理念与凯恩斯主义的政府干预倾向是一致的。根据凯恩斯主义的政策理念，在封闭体系的自由利率条件下，财政政策与货币政策通过有效配合可以促进总供求水平的均衡。在健全的市场经济国家，这样的政策选择是相对有效的。然而中国是一个向市场经济转轨的发展中经济体，运用宏观经济政策时，还必须关注结构调整性的供给管理、开放条件下的金融制度优化等层面。开展宏观调控的同时，还需培育微观的市场基础。改革开放之初，财政政策曾居于宏观调控的主导地位，支持提高农产品价格、安排价格与企业亏损补贴等，为培育市场创造了重要条件，货币政策曾经被动透支发行货币弥补财政赤字。1985 年之后，随着金融体系的发展，通过控制信贷规模而影响货币供应量，成为货币政策的核心运作方式。1993 年中国人民银行法出台后，货币

---

① 美国经济学家阿巴·勒纳（Abba Ptachyal Lerner）提出了“功能财政”（Functional Finance）的概念，他在 1941 年发表的“经济舵轮”（The Economic Steering Wheel）和 1943 年发表的“功能财政与政府债务”（Functional Finance And The Federal Debt）中认为，财政应从其对经济的功能上来着眼，在任何时候都应该保持合理的需求水平。通过政府调整财政收支控制失业或通货膨胀水平，通过影响利率以保证最佳的投资水平。参见平新乔：《财政原理与比较财政制度》，上海三联书店 1992 年版，第 530—532 页。

政策的独立性得到加强，发挥了更突出的作用。1998 年以后，扩张性财政政策走上前台，货币政策以稳定货币供应为主。随着 2001 年我国加入 WTO，加大开放条件下的宏观调控形势更加复杂，关税政策运用更加频繁。由于市场基础并不完善，我国实行相对稳定的汇率制度，这时财政政策相对有效，承担更多的经济结构优化任务以及培育市场的功能。一旦市场能发挥更大的结构调节作用，财政政策作用会相对淡化。

（二）改革开放后宏观财政调控制度的扩张性偏好

改革开放后，我国的宏观经济调控制度，逐步与微观经济政策分离，走向与西方市场经济国家操作方式一致的轨道上。通过对我国 1979 年以来所实行的财政货币政策组合宣示与相关指标的对比来看，政策宣示具有一定的模糊性。如果把财政政策、货币政策分别区分为松（扩张性）、中（中性）、紧（紧缩性）三种类型，可以看到财政政策与货币政策及其配合呈现以下特征：

从 1979 年到 2010 年的 32 年中，在政策宣示中要实行扩张性、中性、紧缩性财政政策的年份分别有 19 年、4 年与 9 年，分别占 59%、13% 与 28%；要实行扩张性、中性、紧缩性货币政策的年份分别有 13 年、10 年与 9 年，分别占 41%、31% 与 28%。实行扩张性财政政策是紧缩性财政政策的年份的 2.1 倍，实行扩张性货币政策是紧缩性货币政策的年份的 1.4 倍。如果将政策宣示与宏观经济指标进行对照可以发现，政策施行的结果与宣示存在一定的偏离。如根据政策宣示，1991 年、1994 年实行的是从紧的财政政策，1992 年、1993 年实行的是宽松的财政政策，但 1991 年、1994 年财政赤字占 GDP 的比例比 1992 年、1993 年都要高；根据政策宣示，1991 年、1994 年、1997 年实行从紧的货币政策，但 M_1 增长率超过 20%，实际超过了许多实行松货币政策的年份。

如果将松、中、紧财政政策、货币政策重新定义：财政赤字占 GDP 比重 >1% 为松财政政策，1% 至 -1% 为中性财政政策，< -1% 为紧财政政策，>2% 为超松财政政策；M_1 增长率 >20% 为松货币政策，20%—10% 为中性货币政策，<10% 为紧财政政策，>30% 为超松货币财政政策，则 1979 年到 2010 年 32 年中，实行松、中、紧财政政策的年份分别有 16 年、16 年、0 年，分别占 50%、50% 与 0%，实行超松财政政策的有 8 年；实行松、中、紧货币政策的年份分别有 12 年、17 年、3 年，分别占 38%、

53%与9%，实行超松货币政策的有4年。没有实行紧缩性财政政策的年份，实行扩张性货币政策是紧缩性货币政策的4.2倍（见表9－13）。

表9－13　　1979—2010年我国的宏观经济政策与主要指标　　单位:%

年份	财政政策（政策宣示）			货币政策（政策宣示）			赤字占GDP比重	M_1增长率	物价上涨率	GDP增长率	财政政策（调整后）			货币政策（调整后）		
	松	中	紧	松	中	紧					松	中	紧	松	中	紧
1979	●			●			3.3	24.1	1.9	7.6	※			●		
1980	●			●			1.5	22.6	7.5	7.8	●			●		
1981			■	●			-0.8	18.5	2.5	5.2		△			△	
1982	●			●			0.3	11.9	2.0	9.1		△			△	
1983	●			●			0.7	14.0	2.0	10.9		△			△	
1984	●			●			0.8	34.3	2.7	15.2		△		※		
1985			■			■	0.0	14.0	9.3	13.5		△			△	
1986	●			●			0.8	26.7	6.5	8.8		△		●		
1987	●			●			0.5	16.9	7.3	11.6		△			△	
1988	●			●			0.9	21.0	18.8	11.3		△		●		
1989			■			■	0.9	6.6	18.0	4.1		△				■
1990			■			■	0.8	8.9	3.1	3.8		△				■
1991			■			■	1.1	24.2	3.4	9.2	○			○		
1992	●			●			1.0	35.9	6.4	14.2	●			※		
1993	●			●			0.8	38.8	14.7	14.0		△		※		
1994			■			■	1.2	26.2	24.1	13.1	○			○		
1995			■			■	1.0	16.8	17.1	10.9	○				△	
1996			■			■	0.7	18.9	8.3	10.0		△			△	
1997			■			■	0.7	22.1	2.8	9.3		△		○		
1998	●				▲		1.1	11.9	-0.8	7.8	●				▲	
1999	●				▲		1.9	17.7	-1.4	7.6	●				▲	
2000	●				▲		2.5	15.9	0.4	8.4	※				▲	
2001	●				▲		2.3	12.7	0.7	8.3	※				▲	
2002	●				▲		2.6	18.4	-0.8	9.1	※				▲	
2003	●				▲		2.2	18.7	1.2	10.0	※				▲	
2004	●				▲		1.3	14.1	3.9	10.1	●				▲	

续表

年份	财政政策（政策宣示）			货币政策（政策宣示）			赤字占GDP比重	M_1增长率	物价上涨率	GDP增长率	财政政策（调整后）			货币政策（调整后）		
	松	中	紧	松	中	紧					松	中	紧	松	中	紧
2005		▲			▲		1.2	11.8	1.8	10.4	○				▲	
2006		▲			▲		0.8	17.5	1.5	10.7		▲			▲	
2007		▲			▲		-0.6	21.0	4.8	11.4		▲		○		
2008		▲				■	0.4	9.0	5.9	9.0		▲				■
2009	●			●			2.2	33.2	-0.7	8.7	※			※		
2010	●			●			2.8	11.7	4.0	10.0	※				△	
平均							1.2	19.3	5.6	9.7						

注：1. 数据来源：《中国统计年鉴2010》、《中国统计年鉴1983》；国家统计局数据发布；1983年以前GDP数据用国民收入替代。

2. 调整指标：财政赤字占GDP比重>1%为松财政政策，1%—-1%为中性财政政策，<-1%为紧财政政策，>2%为超松财政政策；M_1增长率>20%为松货币政策，20%—10%为中性货币政策，<10%为紧财政政策，>30%为超松货币财政政策。

3. ●、▲、■分别代表政策宣示的松、中、紧财政或货币政策，○、△、□分别代表调整后被划入的松、中、紧财政或货币政策，※代表超松的财政或货币政策。

4. 关于财政货币政策宣示的归纳，参阅刘克崮、贾康：《中国财税改革三十年亲历与回顾》，经济科学出版社2008年版。

四、财政管理制度“宪政性”的成长

改革开放后，作为我国民主制度基础形式的人民代表大会制度恢复后，对财政活动的立法、对预算、决算的审查和批准是人民代表大会及其常委会的重要工作任务。财政过程的民主决策走向制度化，民主决策与依法监督的内容越来越广泛和深入。公众在财政决策中的参与程度不断提高，采用了听证会、公开征求意见等方式，发挥民主参与、民主监督的功能。

（一）财政管理制度的民主化

1979年起，国务院正式恢复预算编制，履行向全国人民代表大会提交国家预算报告并由人民代表大会审议批准后予以执行的法定程序，在内容和程序上恢复了预算的本来面目。每年的各级人民代表大会和政治协商会议上，人民代表大会代表与政协委员对预算的审议成为履行职责的重要方式。从1980年开始，随着“分灶吃饭”财政体制改革的进行，中央和地方各自以收定支、自求平衡，并开始编制各级政府预算，再由各级地方预算层层汇总编成整个国家预算。各级地方政府的预算主动权越来越大，中央政府此时只起汇总各地预算为国家预算的作用，不具有决定和修改地方政府预算指标的权力或能力，从此实现了一级政权一级预算的原则。

1994年通过的《中华人民共和国预算法》不再像以前那样规定国家预算包括全民所有制企业单位的预算，将所涉及的企业界定为本级政府财政部门直接发生预算缴款、拨款关系的企业。《中华人民共和国预算法》摒弃了预算国家中心主义，将预算区分为中央政府预算和地方政府预算，规定中央与地方实行分税制。还规定了各级人民代表大会及人民代表大会常委会的预算管理职权，各级人民代表大会可以撤销本级政府和下一级人民代表大会及人民代表大会常委会关于预算、决算的不适当的决定、命令和决议。《中华人民共和国预算法》及实施条例为预算制度操作的民主化打下了法律基础。

由于税收是国家依法对公民财产权的否定，财政法定首先表现为税收法定。国家的主要任务是为纳税人提供安全与公正，建立起规范和保障纳税人的资源分配及权利义务关系的体系。改革开放之初，通过财政包干和企业承包等制度的变革，在国家与社会、中央与地方间初步形成了契约性的关系。通过这种契约关系，国家将原来集中于中央政府手中的权力，分出一部分给社会和地方政府，从而约束了自己权力活动的范围，给企业、个人和地方政府留下了自主活动的空间。社会和地方政府，能够在一定程度上制约国家和中央政府对其权益的侵蚀，对国家权力如何运行于财政领域有了相对稳定的预期，可以相对自主地安排自己的活动。在国家与社会、中央政府与地方政府之间，构建了一种具有相互制约性的、相对规范的权力关系。

改革开放以来，关于财政税收的正式法律，都经过全国人民代表大会及人民代表大会常委会审核通过。如个人所得税法、企业所得税法、税收征管法、预算法等，都经过全国人民代表大会这一民主程序进行严格的审核后通过。2005年9月，通过个人所得税扣除额调整立法听证会，确定了扣除额从原来每月800元的标准提高到1600元[①]。2011年4月，《中华人民共和国个人所得税法修正案（草案）》由国务院提请全国人民代表大会常委会审议，并向全社会征求意见，提交的个人所得税修正意见达到23.7万条，创人民代表大会单项立法征求意见数之最[②]。与此同时，在各大门户网站、论坛、微博上关于个人所得税修正案的讨论热度不减。对个人所得税的调整过程，反映了我国法律调整的民主化程度提高，更体现了民众对自身利益的关注、税收意识的觉醒。

预算管理的民主化，意味着预算信息的公开化和预算参与程度的提高。预算公开分三个层次：一是预算信息向财政部门公开，这是政府集中合理安排财政资源的需要；二是向人民代表大会公开，这是人民代表大会代表监督的需要；三是向全体社会公众公开，这是预算公开化的最终目标。我国近年来在上述三个方面都有进展。2008年深圳市公民吴君亮等人以公民的身份要求一些中央部委以及地方政府公开部门预算。2009年，广州市财政局对外公布114个部门预算，成为国内首个公开预算的地方政府；2010年，中央部委开始逐步公开部门预算，预算公开发展成一种全国性运动。一些地方开始试点公民参与预算，进而在财政领域发展出一种“社会问责”机制，包括浙江温岭的“预算民主恳谈”、哈尔滨和无锡的“参与式预算”。但整体上看，中国社会各阶层民主化的要求仍然比较弱，这主要是因为中国采取了国家主导的经济发展模式，在后工业化和全球化条件下私人企业需要国家提供的保护以及分割的社会难以形成共识等。

（二）财政管理制度的法治化

宪政下的财政管理制度，要求各项财政收支制度在民主基础上实现法治化运行，坚持自由平等、人权保障、社会发展等原则。在财政收入制度

---

① 个人所得税涉及千家万户，其改革也牵动着每个老百姓的神经。2005年9月27日，中国个人所得税“起征点”（即工薪所得减除费用标准）立法听证会在北京举行。此次听证会由全国人民代表大会法律委员会、财经委员会和全国人民代表大会常委会法工委共同作为听证人，包括13名听证人、28名听证陈述人和18名旁听人。这是立法法规定立法听政制度以来全国人民代表大会常委会立法中举行的第一次听证会，各位公众陈述人和地方财税部门的代表，踊跃发言，各抒己见。当时财政部提出的扣除标准是1500元，但是听证会上有专家提出较高标准；也有人觉得1500元高了。后来全国人民代表大会常委会综合各方面因素和建议，决定将扣除标准调整为1600元。参见刘克崮、贾康：《中国财税改革三十年亲历与回顾》，经济科学出版社2008年版，第500页。

② “个税方案共23.7万条意见　提高免征额呼声强烈”，《上海证券报》，2011年6月1日。

上实现公平均等纳税；在社会阶层间的财政关系方面，保障每一个群体同等的机遇；在财政支出标准方面，相同的情况相同处理，反对歧视及不公平的优待；在地区间财政关系方面，保证最低限度的财政均衡；保障每一个公民的生存权，为社会弱者提供与经济社会发展水平相适应的帮助。在财政制度的法治化方面，人民代表大会活动的规范化，财政相关法规逐步健全，为财政过程的规范运行创造了条件。

从1978年到1999年这一段时期，财政是碎片化和分散的，在政府内部缺乏有效的行政控制，预算权极其碎片化。除了财政部门外，其他部门如计划委员会（后为发展计划委员会）和科技部门也拥有对一定数量财政资源的分配权。随着预算外资金自20世纪80年代经济改革以来快速膨胀，几乎每个部门都可以随意地汲取和使用一定数量的预算外资金。由于没有部门预算，实质上，所有部门都拥有所谓的预算方面的“二次分配权”——财政资金是一揽子地拨付给各个部门，再由部门进一步将资金落实到具体的支出用途。在预算权碎片化的同时，由于缺乏国库单一账户，财政管理高度分散，公共资金分散在各个公共机构自己开设并被它们牢牢地控制的账户中，政府采购及其资金支付由各个部门自行负责而且缺乏外部监督。财政部门不可能在政府内部实施集中统一的财政控制。

尽管政府每年都要向人民代表大会提交预算，由人民代表大会审查、批准，但是政府预算通常编制得很粗略，只提供了一些大的总数，不能反映具体的政府活动和支出用途方面的细节。即使这个很粗略的预算，也只包括了预算内资金的信息，缺乏预算外资金的信息。此外，一旦人民代表大会批准该预算后，财政部门并不能马上将资金整体地批复到各个部门，而是在财政年度中不断地以一揽子的方式将资金再分配到各个部门，这个过程人民代表大会也是不能监督的。在预算过程中，人民代表大会被看做一个“橡皮图章”。由于缺乏有效的问责机制，财政一直充满各种各样随意甚至是掠夺性的收入汲取行为，而且常常与腐败纠缠在一起，最典型地体现在“三乱”泛滥成灾——乱收费、乱罚款、乱摊派，在20世纪90年代后半期发展成为一个全国性的财政问题。对财政资源的使用中，伴随着资金滥用、浪费、随意改变资金用途、不断的预算追加乃至腐败等等。尽管政府及其各个部门从社会中汲取了大量的资金，但是，由于这些资金是分散在各个部门手中的，国家并不能真正地使用这些资金来实现它的政策目标。此外，在这一时期，也没有一个完整的、内在一致的预算制度将国家的各个部分实质性地整合起来，使得它们能够像一个整体那样去行动，并对它们的行动进行控制。在一个碎片化的财政体制上只能建立起一个碎片化的国家①。

1991 年，国务院颁布《国家预算管理条例》，要求从 1992 年起按复式方式编制国家预算，部分省市也从 1992 年起编制复式预算。1995 年开始实施《中华人民共和国预算法》，全国人民代表大会及人民代表大会常委会通过了许多财税法律条文，为财税活动提供法律依据，对政府预算的编制、审核、批准、执行、调整和监督等环节和程序作了详细的规定，以法律来约束政府收支。分税制与《中华人民共和国预算法》的执行，使分级预算制度正式确立。各级政府提出预算草案及预算执行情况报告，交同级人民代表大会审批，各级人民代表大会常委会审批同级政府决算报告；国务院向全国人民代表大会提交的，只是中央和地方预算草案和执行情况的报告，不再提交统一的国家预算报告；全国人民代表大会尽管也审查中央和地方预算及执行情况，但只批准中央政府预算，不审议和批准地方预算及执行情况。在《中华人民共和国预算法》通过前，政府发行公债所获得的收入被直接列入财政收入，公债的还本付息额直接列入财政支出，若再有赤字则由中央政府向银行透支或借款。1995 年开始，公债收支额不再直接列入预算收支中，预算赤字全部由公债来平衡，政府不得直接向银行透支或借款。但此次公债方面的改革，把公债利息剔除出经常性预算支出，缩小了财政赤字规模。2000 年，预算中将公债利息支出列入经常性预算支出中。

改革开放初期，放权导致政府内部财权财力和利益的下移，未形成较强的制度性约束和制衡机制，政府乱收费等行为背离了法治轨道，偏离了公共服务的职能和目的，而财政秩序的紊乱对市场秩序的有序进行造成了重大冲击。1993 年后，我国加强了对预算外资金的改革，加强对乱收费的清理，完善法律法规，逐渐把财政活动建立在法治化的轨道上。从 1993 年开始，一些地方政府开始试验零基预算。1994 年，中国颁布了第一部预算法，围绕提高财政资金分配与使用的规范性、安全性和有效性这一主线，进行了大量改革。

1998 年，财政部将预算收支科目文件（《1998 年政府预算收支科目》）

① 马骏：《治国与理财——公共预算与国家建设》，三联书店 2011 年版，第 74—76 页。

中将预算名称改为政府预算[①]，这是财政部门正式开始使用政府预算的概念。1999年以来的预算改革，从编制部门预算开始，涉及与政府预算制度相关的诸多改革（如国库集中收付制度、政府采购制度、收支两条线管理制度、修订政府预算科目）等等，是要建立起一种“控制取向”的预算体系。一方面在政府内部建立集中的行政控制，通过部门预算改革将资金的分配权、执行监督权集中到财政部门，将财政部门转变为“核心预算机构”，对各个部门进行预算控制；另一方面，由于部门预算改革使得政府向人民代表大会提交的预算报告提供了更加详细的预算信息，将有助于人民代表大会对政府预算从外部进行政治控制，成为中国预算走向法治化的重要体现。

2000年，四个中央部门试点了部门预算。到2007年，所有中央职能部门都被纳入部门预算。为了编制部门预算，制定了标准化的预算格式和预算程序，要求各个部门把它们所有的收支都纳入部门预算，针对预算外资金实施收支两条线改革。2002年，财政部将5个部门的行政性收费纳入预算管理，对28个部门实行收支两条线管理。2007年，国务院批准的收费项目90%以上都已纳入预算管理，政府性基金则全部纳入预算管理。

在执行环节，加强对预算资金使用过程、使用情况的监控。2003年开始推行国库集中收付，2007年，所有中央部门以及省级政府都实行了国库集中支付。1999年开始推行政府采购制度，2002年6月通过了《中华人民共和国政府采购法》。在支出监督环节，对政府预算分配和执行结果进行监督。2005年开始推进绩效考评试点工作。预算管理体制成为内部监督和外部监督相结合，教育、制度、监督并重的惩治和预防腐败体系的重要组成部分。在基础环节，2007年开始采用政府收支新的分类体系办法。这些改革措施提高了财政分配的规范透明度。

---

① 国家预算与政府预算在概念上是有区别的。“国家预算”一词意味着，由国家（包括行政、立法等各部门）统一安排财政收支基本计划，并且由中央政府安排和约束地方政府财政活动，上级政府安排和约束下级政府的财政活动。从使用“国家预算”转向使用“政府预算”，至少包含着两方面的含义：政府指的是行政部门，使用政府预算可以表明该预算是由行政部门编制的，需要立法部门的批准，这就符合预算是对行政部门之约束的本义；政府又是分级的，使用政府预算就可以清晰显示出一级政府一级预算的原则。政府预算所蕴含的这两方面含义，使用国家预算概念无法表达。

（三）政府间财政关系的法治化

改革开放后，包干式的财政分权首先出现在中央与地方的分权上。财政分权刺激了地方的改革积极性，地方在这种分权中不断提高自身的财政能力，从而有相当的能力来化解改革带来的问题。在这种财政包干中，地方财政收入的增长大大快于中央财政收入的增长，以至于到了20世纪80年代后期，地方的财政坐大以及由此形成的地方经济割据严重威胁到了中央的能力与权威。中央财政收入占全国财政收入的比重，从1984年的40.51%急剧下降到1993年的22.02%。1994年以前，我国财政体制频繁变动，政府间财政关系没有一个统一的规则加以约束，“讨价还价”成为政府间处理财政分配的经常性难题。改革开放过程中，在原有资源配置方式打破后，财政制度被动适应经济形态的变化。财政管理体制的不稳定助长了地方政府的短期行为；政府间财政分配关系一对一谈判方式确定的财政包干体制，缺乏必要的公开性和控制监督手段；保护既得利益使得中央政府缺少促进横向公平的财力。[①]

1994年实行的分税制，实际上就是中央与地方之间财权划分的制度安排。通过分税制改革，地方有了自己的专门税种，意味着地方有了部分中央不能直接干预的税收权力。中央与地方之间的权力关系，不再是单向的命令——服从关系，也不再是通过几年一次甚至一年一次的谈判实现的契约性关系，而是按照事先规定的制度，来处理彼此间的关系。传统体制下的分权是管理权在中央与地方之间的划分，地方通过分权所获得的实际权力再大，本质上也是属于中央的，中央随时可以收回。但是在分税制下所形成的分权，虽然中央政府在这样的关系中仍处于强势地位，但是地方政府已经能够事先看到，什么样的活动可行，怎样才能合法地获得利益等等。这样，在中央与地方之间，形成了不能任意改变的宪政化的权力关系，政府权力运行在理性化的宪政轨道中。既是巩固中央对地方财政主导权的分权，也应保证地方拥有中央不能直接干预的、合法的属于地方的独立的财政资源。既保障了中央的权威，也在制度上肯定地方的利益与相对独立性。

分税制改革的一个重要原则是“根据事权与财权相结合的原则”，实

① 刘剑文：“宪政下的公共财政与预算”，《河南省政法管理干部学院学报》2007年第3期。

际上是事权划分先不动，中央与地方政府的事权基本上延续《中华人民共和国宪法》及其他法律之规定；中央与地方的收入划分遵循市场经济国家的一般做法，即维护国家权益、涉及全国性资源配置、实施宏观调控所必需的税种划归中央，中央收入占全国财政收入的大头。这样相对稳定的中央地方收入分配关系确定后，地方的自有财力与其支出责任之间的差距很大，采取“保基数”办法相应调整了政府间转移支付数量和形式，着重建立了中央对地方的税收返还制度。从2002年1月1日起，打破按隶属关系和税目划分所得税收入的办法，实施所得税收入分享改革，企业所得税和个人所得税变成了共享税。对2002年的所得税增量，中央和地方各分享50%；对2003年以后的增量，中央分享60%，地方分享40%。中央增收的收入主要用于对中西部地区的一般性转移支付，以缩小地区差距。

（四）财政监督的制度化

在市场经济体制完善过程中，人民代表大会必须直接代表创造税收的社会大众的公共利益。1994年，全国人民代表大会通过了《中华人民共和国预算法》和《中华人民共和国审计法》；1998年，全国人民代表大会通过了在人民代表大会常委会设立预算工作委员会的决定；1999年，全国人民代表大会常委会发布了关于加强中央预算审查监督的决定；2000年，全国人民代表大会常委会发布了关于加强经济工作监督的决定；2008年5月，中国开始实施《政府信息公开条例》，明确规定政府及部门的财政预算、决算报告是需要主动公开的“重点政府信息”。这些法律的制定与组织机构建设，使政府预算全面纳入人民代表大会监督范围有了法律保障。

人民代表大会预算监督功能的加强，还来自于地方在预算领域的主动改革，也来自于人民代表大会代表的自觉要求。2000年开始，浙江省开始了部门预算改革，在此基础上也进行了预算审批与监督制度的改革，对部分部门预算进行重点专题审查，经省人民代表大会财经工作委员会、专家评审组、人民代表大会代表审查组的三重关口层层把关、设立预算监督的非常设性机构，协助人民代表大会进行预算审查监督、提前介入项目审查、盯紧预算变更等方面进行了有益的探索。从2001年开始，广东省各级尤其深圳市的人民代表大会，也进行了预算审批监督体制的改革，其预算报告细化、部门预算审计、预算修正权、专项资金“绩效审计”、单项表决等一系列制度创造，在打造“阳光财政”方面走在全国前列。

五、对改革开放以来财政改革成就的评价

财政改革是主动的财政制度变迁，就是财政制度创新。改革开放以来，财政改革与利益再分配密切相连，不仅在平稳中“解锁”了高度集中的计划体制，成为中国市场化改革的重要突破口，而且为建立新的政府与社会关系搭建了一个新的利益分配的框架。

（一）适应并支持了向市场化的转型，提高了生产要素配置效率

改革的一个重要方向是市场化，利用价格竞争机制提高资源配置效率，加快工业化进程。在引入市场、培育市场主体、完善市场规则的过程中，财政制度创新在确立市场主体的地位时发挥了产权界定与保护功能，在价格机制形成中发挥了稳定作用。

如通过企业基金制度、利润留成、“拨改贷”、“利改税”、利税承包、“税后还贷”、“税利分流”等财政制度创新，将政府与国有企业的关系从原来的指令关系，逐渐转型为平等经济主体间的合约关系，为政企分开、国有企业成为独立的市场主体走向市场创造了条件。从计划体制下盛行的区别不同所有制征税，到对外资和个体户、私有企业采取鼓励性的低税率和减免政策，再到对一切经济主体采取一视同仁的税收制度，发挥了解构计划经济的作用，培育了具有竞争力的多元市场主体，为提高市场竞争效率创造了条件。为支持市场化发展，财政承担了原来的“企业办社会”职能，在财政制度中增加了社会保障职能。在形成新的价格体系向市场化转型过程中，运用临时性的财政补贴制度缓解了价格变动对社会利益结构的冲击，兼顾了不同收入阶层、不同区域、城乡之间的利益分配，缓解了社会矛盾，促进了渐进性改革的成功，为市场化创造了条件。财政改革规范了政府与社会通过市场建立起的关系，创造了公平竞争的市场环境，促进了市场体系形成，提高了生产要素的配置效率。

（二）促进了经济稳定快速增长

改革开放以来，财政货币政策逐渐向市场化调控转型。进入 21 世纪，财政政策从注重用政府投资性支出影响经济，逐渐过渡到税收、公债、转移性支出等多项工具的综合运用。1992 年以前，经济增长率的年度间变化剧烈，与当时市场经济基础薄弱、更多地依赖行政手段调节经济运行有关。1992—2007 年，我国经历了经济稳定增长的较长周期。1997 年以前，我国物价上涨率最高的年份是 1994 年，物价上涨 24.1%，其次是 1988 年，物价上涨 18.8%，物价上涨最低的是 1979 年，物价上涨 1.9%，相差悬殊。1997 年以后，经济在持续快速增长的情况下，经济增长及物价的变动幅度变小，大起大落的局面得到改观。1997—2006 年，物价上涨率最高的年份是 2004 年，物价上涨 3.9%，物价上涨最低的是 1999 年，物价上涨 -1.4%，物价变动很小（见图 9-6）。

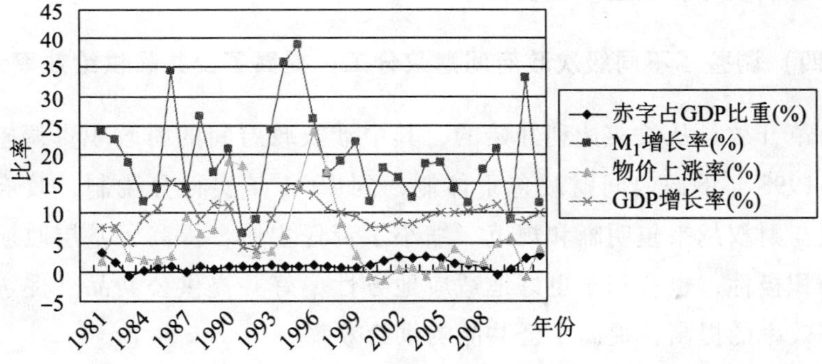

图 9-6　1979—2010 年宏观经济指标变化图

数据来源：统计局网站、历年统计年鉴。

1998 年以前，财政政策偏重于对经济的结构性调整，较少运用于经济总量调节。1998 年以后，财政政策不仅继续运用于对经济的结构性调整，而且运用于对经济的总量进行调节，明显体现出逆经济风向调节的特征。1981—1998 年，财政政策虽然偏重于扩张，但运用的力度很小，财政赤字占 GDP 的比重均不超过 1.2%，算术平均值仅为 0.7%。1999 年以后，财政政策运用的力度加大，2000—2003 年，2009—2010 年，财政赤字占 GDP 的比重均超过 2%。1998 年开始实行积极财政政策，保持较强的政策力度，促进了经济增长率从 8% 以下提高到 2003 年的 10%，此后为避免经济过热，逐步降低财政政策扩张力度，直至2007年实行中性偏紧的财政政策。2008年爆发全球金融危机以后，及时启动扩张性财政政策，避免了经济一下滑，刺激了经济复苏。

（三）促进了政府职能由全能主义向公共服务的转变

财政改革在促进市场化的过程中，政府与社会的关系得到重新界定和规范，促进了政府职能由全能主义向公共管理与公共服务的转变。原来政府包揽的经济建设职能大部分让渡给了企业或个人。财政范围也从承担绝大部分经济建设任务退出，在公共品的提供方面，除了维护国家独立和社会公共秩序外，更多地承担了社会公平和社会保障的职责，并进行了大量的公共资本投资。除退出大量的市场竞争性领域外，财政支持了自主创新、节能减排、水利建设和交通、通讯设施的建设，建立了失业、医疗、低保等制度，并不断扩大社会保障范围，建立了涉农补贴制度，对义务教育的支持制度等，促进了社会公平。

（四）调整了不同级次政府间财政分工，提高了公共品供给效率

改革开放是从放权让利开始的，其中涉及政府间的财政职责调整。从1980—1993年的政府间财政包干体制，到1994年实行分税制，政府之间的事权与财权越来越明晰和规范，缩小了责任主体，提高了基层政府发展经济的积极性，也有利于更好地适应地方性偏好并提供公共品，促进了全国经济效率的提高，提高了公共品的供给效率。

（五）建立了新的宏观调控体系，丰富了宏观调控经验

改革开放以来，为了适应资源配置机制向市场化的转型，原来隐含于计划调节中的以直接干预为主的财政宏观调控，逐渐被建立在市场基础上的以间接调节为主的财政宏观调控制度所代替。原来附属于计划的平衡型财政调控，逐渐转变为功能性财政调控方式，并经历了从紧、积极、稳健等财政调控的转换以及与货币政策的配合，确保了宏观经济的稳定发展，也逐步完善了财政宏观调控手段。

（六）使财政运行锁定在制度化、规范化的轨道上

改革开放后，制定了大量的财政法律法规，建立了一套财政制度体系，依法行政水平和公众的依法维权意识得到很大提高，财政运行具备了制度化、规范化基础。复合税制体系的建立规范了政府与社会的收入关系，人民代表大会制度的恢复与制度化提高了财政运行的透明度、民主化和法治化程度，分税制确立了稳定的政府间财政关系，预算管理改革增进了预算的完整性、规范性与公开性。政府预算行为受到更多的社会约束和监督，预算监督从行政控制走向立法控制。

第十章　中国财政现代化的特点与趋向

如果说真理是思想体系的首要价值，那么公平正义就是社会主义国家制度的首要价值①。

——温家宝

中国现代化是世界现代化的一部分，中国财政现代化也受到他国财政现代化的广泛影响。从与世界财政现代化脉络的比较中，可以更清楚地认识到，近代中国起初是一个不情愿的现代化后来者，不得不卷入现代化的洪流中，在外部冲击下传统经济与政治制度解体，帝国财政土崩瓦解。在西方现代化国家的军事入侵与市场冲击下，经济凋敝，兵连祸结，灾荒连绵，民不聊生，财政现代化的因素在悄悄生长。民国时期中国进入共和时代，市场化、工业化、民主化与法治化等有了新进展，财政现代化做了许多新探索。但因忽视社会公平和腐败而最终走向失败。新中国的成立为加速现代化建设提供了强大的主权保障，实现了低水平上的大多数公众的有限社会公平，但"一大而公"的中央集权型财政经济制度，对激发民间创造力形成制约，局限于在政权内部的财政体制创新，带来了"一放就乱、一收就死"的循环。财政现代化在追求社会公平的过程中，迷失了提升经济效率的方向。改革开放以来，我国社会活力迸发，重新走上富强之路，吸收了大量先发现代化国家的财政制度创新成果，财政改革不断深化，找到了与世界财政现代化合流的方向。

① 温家宝在第十一届全国人民代表大会第一次会议记者招待会上答记者问，2008 年 3 月 18 日。

第一节　中国财政现代化概述

中国现代化进程推动了财政制度的变迁，财政现代化也成为整个现代化进程的组成部分。财政制度的变迁，无论是被动的变化还是主动的创新，都是现代化进程中的一股重要力量。现代化是时代大背景，现代化的推进必然引起财政制度的变迁，促进财政制度中现代化因素渐渐成长，发展成为现代化的支持因素。

一、中国财政现代化的宏观背景

中国现代化是一种追赶型现代化，经历了一个从被动到主动的过程。学习和借鉴先行国家的经验非常重要，但由于先行者和后行者的国际环境以及自身条件差别非常大，完全重复先行者走过的路是不可能成功的。一百多年来，中国几乎对西方出现过的各种现代化模式都进行过快速的试验，这在各国现代化进程中创造了罕见的纪录，也是中国社会急剧动荡与危机步步深化的曲折反映。实验，失败，再实验，再失败，……由于长期积累了急于求成的失误，增加了进行优化选择的困难积累。西方封建领主制农业社会基础上变革的各种模式与东方帝国官僚制农业社会的转变形式，是不可能相同的。中华民族探索现代化道路经历坎坷曲折，现代化进程之初掀起的农民革命流于失败，到20世纪，却经由成功的农民革命而进入高潮①。

中国的现代化，是在应对外来冲击的反应下内生现代化因素发育成长的过程，具有后发性、外部压力下的反应性、跳跃性特征。中国古代社会中政权的影响力远远超过资产或资本的影响力。在经济权力与政治权力中，最基本、最终的决定性权力是政治权力。政治权力以军事实力为后盾，在暴力潜能垄断下掌控政权，取得经济利益；经济权力依赖于对稀缺经济要素的垄断地位，追求超额经济利益。政治权力支配经济权力，经济是政治控驭下的经济，等级控驭下的经济，因此政治等级体制就是其经济

① 巴林顿·摩尔：《民主和专制的社会起源》，华夏出版社1987年版，第368页。

等级体制，经济体制完全建立在其政治体制之上，且决定于政治体制。专制政治下的经济，是政治权力经济。

19世纪末，中国曾力图效法俄国和日本，走君主制的自上而下的保守现代化道路。由于最高层的愚昧、自私与腐朽，洋务运动的军事技术现代化与维新变法的制度现代化相继失败。20世纪初，走向自下而上的资产阶级革命道路，推翻帝制并效仿英美民主制。辛亥革命短暂胜利后又陷入失败。20世纪30年代，以城市为基础的仿效德国模式，与以农村为基础的仿效当时的苏联模式同样重视中央集权的形成，形成激烈的对立和竞争。20世纪50年代发生了计划体制与混合体制的配置资源模式的斗争，并最终采取了前苏联现代化模式。到20世纪80年代终于走上与世界现代化道路合流的方向。如果中国没有以市场关系取代传统关系，农业生产力不能大幅提高；没有强有力的现代化取向的国家权威的确立，要成功地实现向现代社会的转变是不可能的，转变了也难以巩固。中国现代化，只有在东西方多种模式的发展道路上，通过东西方文明的相互作用与对话，探索自己的现代发展形式，重新找到自己的世界地位①。

自秦汉以来形成高度统一的大一统国家，皇帝垄断政权和教权，作为天子统御一切，中央集权的帝国政府凌驾于万物之上，市场和社会均受到压抑与压制，这是一种以一元化权力为中心旋转的文明体系。在历史传统中帝王专权不断强化，政府对社会进行过度管制，抑商政策钳制了市场化的发展，压抑了社会进行技术创新的动力，导致了社会的长期停滞。国家的发展被单一地羁系于“圣上”的英明。但皇帝的有限理性与继承制度的缺乏竞争，无法保证皇帝的英明，使国家周期性地陷入王朝兴亡轮替之中。在帝国专制政权的压制下，产权没有保障，市场分工受到抑制，社会缺乏技术创新的激励，也缺乏引进现代工业技术的积极性。对文明成果的周期性建设与破坏，迟滞了中国进入现代化的脚步。在外来现代化力量的冲击下，由于晚清政府缺乏对时局的清醒认识，对外来冲击消极应付，被动参与世界市场化进程，造成国土破碎、经济崩溃与财政破产，加剧了内在矛盾，在内外夹击中走向灭亡。

鸦片战争以来的100多年里，我国经历了自然经济、半殖民地经济、战

---

①　罗荣渠：“跨世纪的沉思——对近代中国社会巨变的再思考”，《天津社会科学》1994年第1期。

时经济、计划经济、市场经济等多种经济发展阶段，社会变迁与转型频繁。在西方列强的冲击下，中国在鸦片战争后被迫开放通商口岸，进入市场化进程。工业化作为现代化中具有标志性的内容，清末经由地方政权推动而从军事工业领域艰难起步。清末民初，在政权崩解过程中，市场化与工业化在买办与绅商的参与下成长，南京国民政府时期在政府干预下建立了大量的国家工业资本，工业化得到扩张，又在随后的对日战争和国共战争中受挫。

新中国建立后，工业化在全能政府体制下强力推进，改革开放后得到极大发展。凡是政府推进与市场推进同时作用，工业化进展就快，效率就高；反之，工业化的成效就差。

与西欧现代化发源国不同，中国不是从封建领主制基础上走上现代化道路的，2000多年的帝王专制，是中国现代化进程中十分重要的制约因素。中国经济现代化经历了一个从市场化与工业化由时不时地分别推进到最终走向并行的发展过程，政治现代化经历了一个从推翻帝制到民主化再到宪政化的曲折过程，中国内部的现代化因素不断发育成长。

中国经济现代化的三个快速增长时期，是19世纪后期（1870—1895年）、20世纪早期（1912—1936年）和改革开放以来（1978年至今）。这三个时期都是中国实行开放经济政策的时期。1870—1895年的开放是列强炮舰压力下的局部开放，1912—1936年的开放是政府无力管理下的无序开放，最近的开放是政府有效管理下的有序开放。虽然中国处于世界经济体系的边缘，但三次开放都给中国经济现代化带来了活力（见图10－1、表10－1）。

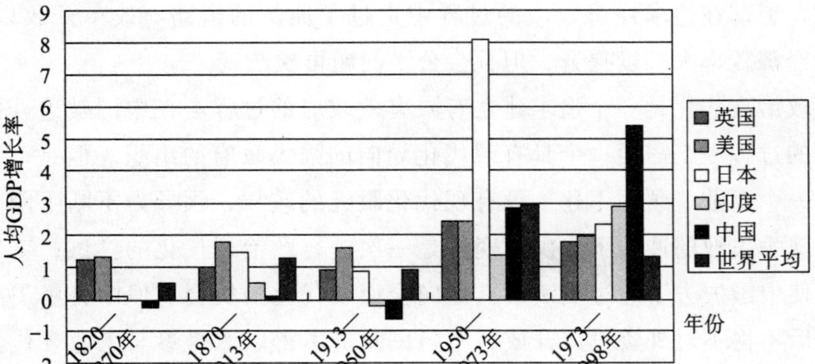

图10－1　1820—1998年5国人均GDP增长率的变化

资料来源：麦迪森著，伍晓鹰等译：《世界经济千年史》，北京大学出版社2003年版。

表 10－1　1820—1998 年中国 GDP 和人均 GDP 增长率的变化

（年均复合增长率）

国　家	GDP/人均 GDP 的增长率（%）				
	1820—1870 年	1870—1913 年	1913—1950 年	1950—1973 年	1973—1998 年
英　国	2.05/1.26	1.90/1.01	1.19/0.92	2.93/2.44	2.00/1.79
美　国	4.20/1.34	3.94/1.82	2.84/1.61	3.93/2.45	2.99/1.99
日　本	0.41/0.13	2.44/1.48	2.21/0.89	9.29/8.05	2.97/2.34
印　度	0.38/—	0.97/0.54	－0.23/－0.22	3.54/1.40	5.07/2.91
中　国	－0.37/－0.25	0.56/0.10	－0.02/－0.62	5.02/2.86	6.84/5.39
世界平均人均 GDP 增长率	0.53	1.3	0.91	2.93	1.33

资料来源：麦迪森著，伍晓鹰等译：《世界经济千年史》，北京大学出版社 2003 年版。

在现代化的挑战——应战中，中国的工业化从军事领域向民用领域扩展，市场化从沿海向内地扩展，发达国家经济周期转嫁来的危机与国内的政治经济危机产生叠加效应，在这个过程中底层民众承受了无尽的灾难。于是，中国人在对现代化道路探索中，对社会公平的追求与对经济效率的追求一样迫切，这反映在洪秀全——孙中山——毛泽东的主张中，并最终以激烈争夺政权的方式验证着不同现代化道路的可行性。国民政府没有秉承孙中山的社会公平理想，虽然曾经在经济建设与对外战争中取得巨大成就，但却在腐败与内战中失去了合法性。新中国在社会公平的旗帜下建立政权，但却在追求经济效率的过程中走过了曲折的道路。改革开放以来，中国经济效率大幅度提升，但社会公平问题再次凸现。

政治现代化是一个追求建立有限有效政府的过程。在中国被迫开始现代化的过程中，需要一个具有现代化导向的强大政府的组织。但是，清政权是一个腐败、顽固不化、没有现代化眼光的政权，领导力不断下降。在对外战争失败的冲击下，戊戌变法是一次进行政治现代化的尝试，变法的失败使中国失去了通过变法改良走向全面现代化的机会。但中日甲午战争失败后不得不对外资设厂开放，中国民间资本得以取得参与工业现代化的机会。缺乏关税主权下的市场化给中国带来了深重的社会苦难，同时也在客观上起到了瓦解传统自然经济的作用。清朝帝国专制下的对外丧权辱国加剧了合法性的流失，割地赔款和民间暴动瓦解了其经济基础。

在辛亥革命后，中华民国政权取得了宪政的外壳，承诺促进市场化，民间工业化一度得到发展。但是，军阀混战和缺乏有效的政府对产权的保障，在整体上恶化中国经济的同时，贫富分化等社会公平问题空前突出。

脆弱的北洋政府缺乏提供公共安全与公共生存等公共品的能力，也无力对经济社会进行更多干预，于是清末民初曾经出现一个民间力量在市场化过程中加速工业化的时期。在国民党试图争取国家独立和政权统一的过程中，运用行政力量建立国家资本但却无法解决在国家资本经营中的委托—代理难题，民主化法治化进程无法遏制到处弥漫的腐败加剧了社会不公平，在赢得抗日战争之后输掉了政权，在多重因素下延缓了现代化进程。南京国民政府时期，在争取民族独立方面取得了进展，取得关税自主，收回租界，实现了大部分国土名义上的统一，初步建立了社会上层（军阀、政客、地主、买办和民族资本家）的民主化框架；法制化方面取得了进步，画出了军政——训政——宪政的宪政化路线图；在政府干预下，现代工业资本和金融资本形成，在市场化、工业化方面取得了突出的进展。在抗日战争时期，国家资本比重进一步提高，经济现代化与政治现代化都出现退步。中国现代化进程中的民族独立、政权统一、资本形成与社会公平问题同时涌现。民国时期的政权凸显了“流寇式”政权的特征，军阀横行、充斥腐败、外强中干、不关心民众基本生存权利，在革命的洪流中瓦解。无论清政权、北洋政府，还是国民政府，都存在权力集中不足的问题，但更要命的问题在于其权力缺乏制约和严重腐败。

新中国建立后实现了政局的稳定与国家的独立，国家安全与社会秩序这样的重大公共品得到解决，也初步提供了生存保障与社会公平类公共品。在承接了国民党政府的国家资本遗存的基础上，通过社会主义改造集中了社会资源，在政府控制下加速工业化进程。在抛弃市场化的同时，民主化也失去了产权基础。在所谓大民主的运动中，法治化进程倒退，宪政被弃之不顾。在政府控制下的工业化进程效率低下、无以为继的情况下，只是在不同政府级次间的权限方面进行来回进行“收收放放”式调整，民间的创新活力不能通过市场化发掘出来。在外部现代化国家的示范下，改革开放后重新走上市场化和宪政化道路，但产生了社会公平的新问题。新中国建立强大的中央集权政府是必要的，其现代化导向是空前的，其反腐败力度也是有效的，但其存在缺乏组织化制衡的缺点，导致了指令经济的泛滥和经济运行的低效。

与欧美国家相比，中国政治现代化的原因、目标、方式、依靠力量与阻碍力量等方面都有着很大的不同。欧美国家是在资本主义经济大幅度发展的基础上，用了几百年时间才完成从君主专制向资产阶级民主政治的过渡；而中国是在经济落后的基础上只用了不到一百年的时间就完成了从封建专制到资产阶级政治再到新民主主义政治的跨越，呈现出政治与经济发展不对称、跳跃式的政治发展走势。欧美国家的革命与改良同时并行；而中国20世纪充斥着持续不断的革命斗争。欧美的政治现代化主要依赖资产阶级和工人阶级的力量；在中国，农民阶级成为政治发展中的重要力量。在中国近代政治现代化的进程中，民主政治的目标始终与独立、统一和富强的目标相伴随，民主政治的斗争往往与民族救亡运动相联系。

从现代化开始起，中国天灾人祸接二连三，19世纪中叶的农民革命损失了大量人口，对外割地赔款不堪重负，军阀混战与日寇的蚕食鲸吞令人不胜其扰。但外患内乱也激发了中华民族的凝聚力与走向富强的紧迫感，在艰难的处境下，中国有利于现代化的因素在顽强成长。从引进先进军事技术开始，中华文明与西方文明之间经历了由抗拒性的局部学习，向主动学习再到全面学习与创新的几个阶段："师夷长技"的从器物层次向西方学习（从洋务运动开始）——→引进宪政扩展到从制度层次向西方学习（戊戌变法开始）——→扩展到从文化层次向西方学习（新文化运动开始）——→建立"公有制+计划体制"的前苏联模式，选择性地向西方学习（新中国建立后开始）——→全面吸收西方文明成果并进行自主再创新（改革开放后开始）。

近代中国起初是一个不情愿的现代化后来者，在外部冲击下传统经济与政治制度解体，不得不卷入现代化的洪流中，财政制度被动变迁。在追求国家富强与社会公平的征途中，中国开展了大量的探索。无论是器物层次，还是制度层次以至于文化层次，100多年来都是中西文明融合最广泛的时期，也是冲突最剧烈的时期。财政是政治、经济、军事等各方面社会矛盾的集中点，是调节各种社会矛盾的总枢纽，反映着国家在社会产品分配中与各个方面发生的分配关系，在社会发展中有着特殊的地位。外来冲击会改变财政制度的潜在成本或受益，引起社会力量结构的变化，最终作用于财政制度的变迁。在我国帝制传统下，财政主要定位于提供社会秩序、公共安全、公共工程职能以及供奉皇族的特殊职能。在财政主体的横向结构中，体现为财政的立法、行政、司法权集皇帝于一身；纵向结构体现为皇帝对官僚赋予权力，地方政府层层向上负责，财政权很少受到辖区居民的制约。无论横向上政府与居民间的财政权博弈，还是纵向上中央与地方间的财政权博弈，博弈能力都呈严重不对称状态，缺乏宪政法治化传统。帝制时期，财政职能定位决定于权力中心的英明程度，财政职能执行状况关键在于吏治清明程度。

中国的现代化是从军事现代化起步的，但局限于政府对军事技术效率的追求而忽略了经济效率。财政资源运用效率的低下与对民间经济的过度管制，导致提高军事效率目标的落空。现代化过程中产生了更多的腐败机会，加上对外割地赔款与外来工业品冲击下传统产业的瓦解，又造成了严重的社会公平问题甚至是生存权危机。

作为一个后发外生型现代化国家，中国的现代化是中国在西方资本主义列强兵临城下，人为刀俎、我为鱼肉的形势下发生的，这使得中国的现代化是发愤图强、重振民族雄威的历史过程，从一开始就抹上了雪耻图强的色彩。中国的现代化在与西方现代文明的较量失败后启动，这使得中国的现代化从一开始就显示出了向西方学习的态势。中国的现代化过程，实际上是在学习过程中不断超越的历史过程。中国长期的专制帝制，与西方迥异的历史传统和价值取向，造就了巨大的政府干预力量，阻遏了现代化进程；但后发现代化国家要后来居上，又必须善用国家力量加快现代化进程，缩短与成熟市场经济国家的距离。因而，中国现代化进程中，既要瓦解专制体制，更要建设高效能的政府。现代化不仅体现在技术进步层面，更体现为经济、政治、文化等诸多方面的变化。财政制度现代化既是反映这些变化的载体，又是促进这些变化的因素。建立适应现代化进程的财政制度和运行方式，是一个长期的过程，至今仍在继续。

二、中国财政现代化的整体特征

作为后发现代化国家，中国的经济政治变迁引起财政主体结构和财政职能的变化，进而引起财政类型整体特征的变化。自清末以来，中国财政现代化经历了帝国财政瓦解——军阀（战时）财政——全能财政——财政宪政化的转型，现在正在向宪政财政的发展过程中，并确立了公共财政的目标。在各个历史时期，财政现代化均取得了不同程度的进展，即使是失败的探索，也成为下一时期的教训，对以后的财政现代化具有重要的影响。当前我国处于社会主义初级阶段，正推动财政基本公共服务均等化、财政管理民主化与法治化。具体而言，中国现代化启动以来，财政现代化经历了以下四个阶段（见表 10－2）。

表 10－2　　　　中国财政现代化的演变进程

<table>
<tr><th colspan="2">项　目</th><th>1911 年前</th><th colspan="2">1912—1949 年</th><th>1949—1978 年</th><th>1979 年至今</th></tr>
<tr><td colspan="2">产权制度</td><td>皇帝产权垄断性</td><td>产权不确定性</td><td>公共产权在先性</td><td>公共产权垄断性</td><td>产权平等性</td></tr>
<tr><td rowspan="5">财政制度特征</td><td>财政类型</td><td>帝国财政</td><td>军阀财政</td><td>战时财政</td><td>全能财政</td><td>财政宪政化</td></tr>
<tr><td>财政收入制度</td><td>掠夺性</td><td>诛求无度性</td><td>需求无度性</td><td>自产性</td><td>交易性</td></tr>
<tr><td>财政支出制度</td><td>消费性</td><td>破坏性</td><td>求生性</td><td>建设性</td><td>回应性</td></tr>
<tr><td>财政调控制度</td><td>量入为出</td><td>不确定性</td><td>应急性</td><td>自求平衡</td><td>功能性</td></tr>
<tr><td>财政管理制度</td><td>专权性</td><td>滥权性</td><td>专权性</td><td>集权性</td><td>宪政性</td></tr>
<tr><td rowspan="4">现代化特征</td><td>市场化</td><td>自然经济基础上的区域性商品化</td><td colspan="2">战时统制经济下的区域性市场化</td><td>计划经济下的去市场化</td><td>宏观调控＋市场化</td></tr>
<tr><td>工业化</td><td>工业化启动</td><td colspan="2">局部工业化</td><td>政府工业化</td><td>全面工业化</td></tr>
<tr><td>民主化</td><td>帝王专制</td><td colspan="2">军事专制＋宪政形式</td><td>民粹化</td><td rowspan="2">宪政化</td></tr>
<tr><td>法治化</td><td>刑法为主</td><td colspan="2">民商法地位提高</td><td>人治化</td></tr>
<tr><td colspan="2">标志性事件</td><td>鸦片战争
太平天国革命
甲午战争
辛亥革命</td><td colspan="2">中华民国成立
国共战争
抗日战争</td><td>新中国成立
“文化大革命”</td><td>改革开放</td></tr>
</table>

（一）帝国财政崩溃阶段（1842—1911 年）

自秦始皇时代建立郡县制和实行官僚统治以后，中国早早地进入了西方所谓的绝对主义国家时代。古代中国对外封闭内部相对开阔的自然环境为暴力潜能大规模垄断化提供了有利条件，历史上频繁出现农耕文明与游牧文明的冲突，加上水旱灾害多发，客观上产生了对中央集权政府的需求。华夏文明沿着军政财经教中央集权合一的路径不断强化，对暴力政权缺乏约束性力量，帝国专制不断加强。在社会权力向中央政府集中的同时，对权力的外部制衡没有得到发展。由于专制社会运行高度依赖的领袖的英明不具有持续性，因此在中国历史上出现了王朝治乱循环。这一时期，以皇权为中心的政府实行专制统治，财政权力集中于皇族、王室及官僚手中，相对应的是帝国财政类型。

受到西方现代化冲击的晚清政府，虽然容许技术层次的有限引进，在地方政府的推动下开展了洋务运动，但财政制度创新会重创满洲贵族的部族利益，以慈禧太后为代表的统治者出于短视和对既得利益的保护而极力阻止变革。待20世纪初国家千疮百孔不得不开展新政时，已经是日薄西山，回天乏术了。在财政制度创新中，清政府沿袭皇权掠夺性专制财政制度，在清末面临赔款、新政、战争引致的财政危机时，消极被动地进行财政制度变迁，实行"厘金"等权宜性饮鸩止渴式的财政制度调整，不仅成为清王朝灭亡的原因之一，也埋下了民国时期军阀混战的祸根。

在西方外力冲击下，这时的帝国财政依然建立在皇帝拥有一切财产最终所有权的基础上。虽然企图维系其财政收入制度的掠夺性、财政支出制度的消费性、财政管理制度的专权性，但却因应对的被动失措使财政权力"外移"与"下移"，财政收入制度的掠夺性恶性膨胀，财政支出制度的消费性更加无耻，量入为出的财政原则无法维系，财政管理制度的专权性逐渐散落，导致帝国财政制度与帝国一起走向灭亡。这一时期的财政制度变迁没有带来中国现代化效率的提高，反倒引起公平危机与生存危机，给社会带来的成本多于受益。

（二）军阀财政或战时财政阶段（1912—1949年）

中华民国时期，对现代财政制度建设进行了尝试，如实行议会制下的公共决策机制，国民政府"五权宪法"的制衡机制设计，健全财政体制，规范财政运行，更新税制，取缔厘金制度代之以新的统税制度，实行分税制改革、公私一律的税制体系的改革等。这些改革措施客观上促进了财政运行的有序化、税制近代化、财政管理法制化，有利于经济的良性发展，在很多方面都具有开创性意义。但在战乱的环境里，往往面临执行力不足的困境，现实中时时便宜行事，军阀势力主导政权导致财政汲取缺乏约束，政府饮鸩止渴式地征收通货膨胀税，官僚腐败导致社会矛盾激化，在追求公益的名义下养肥了官僚和军阀，在混乱中激化了公共生存危机，这时的财政类型可以称为军阀财政或战时财政。

军阀财政与战时财政可以归入一种财政形态，两个观察角度。它们从客观形态上说并无多少不同，但从是否具有合法性的角度，却可以做出差异颇大的解读。军阀财政下，"城头变换大王旗"，产权具有不确定性，财政收入制度表现为诛求无度性，财政支出制度具有对社会经济的破坏性，财政调控制度表现出应急性，财政管理制度体现为滥权性。具有合法性地位的财政主体，在战时财政下，在产权制度上体现为公共产权在先性，财政收入制度体现为需求无限性，财政支出制度表现为求生性，财政调控制度表现为量出为入的特征，财政管理制度以专权性为主要特征。从演进路径中可以看出，军阀财政是帝国财政散落下的残渣，比帝国财政更加阴暗冷酷，从中依稀可看到帝国财政的影子。在战时财政中，依托暴力基础的军事专制与帝国财政专权性异曲同工。即使如此，在现代化的大背景中，这一时期的财政制度也孕育着有利于现代化成长的种子。如公债手段的运用、工商税与所得税制度的建立、国库制度的建立，分级财政的尝试、关税保护制度的使用、工业化导向财政支出的安排、宪政及现代预算制度的引入等等，都具有现代化色彩，也成为随后财政制度变迁的基础。

（三）全能财政时期（1949—1978年）

新中国的建立，为现代化重新起步奠定了秩序基础。随后的财政制度创新，围绕“指令经济”[①] 建立“全能财政”，运用财政手段强力推进公有制，举全国之力，以工业化为中心推进现代化。由于决策者的有限理性和信息不对称等原因导致大跃进等挫折后，进行了局部的财政制度创新，如缩小核算单位，取消“一大二公”，实行“三级所有、队为基础”等，试图克服集体行动的障碍。财政体制的多次变化，体现了决策者试图通过政府内部的财权调整，提高经济运行效率的意愿。但由于没有通过产权激励手段激发个体的创造性，社会发展动力不足。

新中国在对民生的关照和公平价值理想的追求中赢得政权，强制对产权制度、财政制度进行激进变迁，在公平的基础上追求经济效率的提升，选择了与旧政权相异的现代化道路，并以财政制度作为其重要支柱。全能财政以公共产权的垄断地位为基础，财政收入制度具有“自产性”，财政

① 这里之所以不用惯用的“计划经济”一词，是因为“计划经济”寓意中暗含“计划”是提前订立的、符合实际的、精确的、可行的。但事实上，计划制订常常滞后，制定出来的“计划”又常常赶不上变化，“计划”实际上并没有得到严格执行，也无法严格执行。而相对而言，“指令经济”一词，更能反映“计划经济”时代经济运行的特征。

支出制度具有建设性，财政管理制度具有集权性与民粹性[①]特征。由于国家替代了社会，财政制度统配社会资源，个人的产权激励被权力激励所替代，无法实现经济的持续高效率。集权性保证了财政制度的执行效率，却无法实现其决策效率。大民主的运动式财政监督有利于保证社会的相对公平，但却无法实现财政制度的法治化、规范化运行。

（四）财政宪政化时期（1979 年以来）

发达国家的快速现代化成就的刺激，激发决策者对传统体制进行深入反思并进而推动制度创新。财政制度创新在改革开放前期肩负培养市场主体和承担改革成本的重担，并在经济改革取得一定成就后，加速财政制度宪政化的步伐，对市场经济发展和国家繁荣昌盛发挥了支撑和引导作用。我国现在处于走向公共财政的过程中，私人产权逐步获得与公共产权的平等地位。财政收入制度表现出更多的交易属性，财政支出制度表现出更多的面向公众的回应性，财政宏观调控具有更多的功能性，财政管理制度体现出宪政化的特征。中国财政现代化表现出与其他现代化国家趋同的方向，但转型仅取得初步的成就。财政制度与现代化的适应性、与其他制度的协同性、制度变迁路径的可预期性等，都需要持续的关注与维护。经济效率的提升伴生资源环境承载力问题，公平状况恶化伴生社会稳定问题，目前中国现代化面临的挑战依然严峻。

三、中国财政现代化的历史作用

中国财政现代化经历了一个由被动到主动的过程。被动的财政现代化，在财政收入无以为继的情况下，政府丧失其公共职能，成为社会的对立面，必然导致政权的更迭。只有在强大有效的政权组织下，通过财政制

---

① 民粹主义主张依靠平民大众对社会进行激进改革，并把普通群众当作政治改革的唯一决定性力量，而从根本上否定政治精英在社会政治变迁中的重要作用。它把平民群众的愿望、需要、情绪等当做考虑问题的出发点和归宿，强调对大众情绪和意愿的绝对顺从，常常通过大众的普遍动员而对全部群众实施高度集中的操纵和控制。在政治上，民粹主义表现为倡导直接民主，普遍的群众参政，广泛的政治动员；反对专家治国，反对政府权力的扩张。反对建立在间接民主基础上的代议民主，对于民粹主义政治家来说，必须超越代议民主机构以便重新确立统治者与被统治者之间的联系。参见俞可平：“现代化进程中的民粹主义”，http：//news. sina. com. cn/c/2007 - 01 - 11/144212011316. shtml。

度创新，寻找并确立政府与社会不同阶层均可获得共容利益的经济激励与社会稳定保障机制，财政现代化才能成功促进经济繁荣和社会的持续进步。清末的财政制度变迁是被动的，北洋政府时期的财政制度创新是无力的，南京国民政府前期的财政制度创新是大胆积极有成效的，战时财政制度创新是艰难的。新中国对财政制度创新的探索，经历了复杂的转型过程。

鸦片战争后，西方现代化国家以武力为后盾向我国扩张市场，清政府消极应对外部冲击，财政职能仍然局限于保障皇族特权和维持政权，丧失提供基本公共品的能力，导致经济每况愈下，也无力为劳工生存权提供保障，在内外压力下土崩瓦解。在中央政权财政基本职能弱化的过程中，地方财政发挥了扩展市场职能，促进了新兴工业的发展。但由于这时的工业化与市场化是在国家主权逐步丧失的情况下进行的，具有对外依附性特征，因此引发了更深重的经济危机和社会灾难。

民国时期，在重建现代化国家政权的过程中，战争频仍，呈现战时财政形态，提出了集中财政权的客观要求，财政职能体现为强化政权职能和统制经济职能。从财政现代化的角度看，北洋政府时期的议会制下的公共决策机制，国民政府“五权宪法”的制衡机制设计，取缔厘金制度代之以新的统税制度，公私一律的税制体系的改革，财政支出用于现代化公共设施建设和抵御外侮，都有进步的意义。从财政制度变迁史的角度看，中华民国时期对现代财政制度建设进行了尝试，规范财政运行，更新税制，实行分税制改革，力图建立完善的银行体系，恢复国家信用，客观上促进了财政运行的有序化、税制近代化、财政管理法制化，有利于经济的良性发展，在很多方面具有开创性意义。但是，军阀势力主导政权导致财政汲取缺乏约束，政府饮鸩止渴式地征收通货膨胀税，政权腐败养肥了官僚和军阀，导致社会矛盾激化，在造成民族灾难的同时埋葬了民国政权。

新中国建立后，以全能财政强力推动工业化，取得了中国历史上最突出的现代化成就与经济增长速度。伴随土地改革与公有化，财政职能无限膨胀，发挥强化政权和统制经济的职能。财政主体横向结构中行政主导、纵向结构中中央主导，曾经在巩固政权、发展经济、促进公平等方面发挥了积极作用。财政职能承接了此前战时财政的特点，并借鉴了前苏联的财政制度与理念。“大跃进”时期，在政府高度集权下实行纵向分权，导致财政职能履行过程中纵向监控不力、横向无力制衡，造成巨大的经济社会灾难，随后财政与经济均陷入“一放就死、一收就乱”的怪圈。

与发展更好的现代化国家或地区（如亚洲“四小龙”）相比，中国的现代化进步明显滞后，“国强”与“民穷”共存的局面无法持续，在此背景下走上了改革开放的现代化道路。改革开放之初的财政制度调整解构了我国实行的前苏联现代化模式，政府向社会放权与上级政府向下级政府放权，财政横向与纵向分权同时发生，促进了市场培育，财政发挥了扩展市场的职能，激发了经济活力，弱化了政权控制与福利保障职能。这时的财政职能定位具有被动性，随经济体制改革与对外开放而弱化。在财政的完整性遭到严重破坏，调节经济与保障福利职能无力履行的情况下，1994 年实行新税制和分税制，1995 年出台预算法，在一定程度上规范了政府与社会关系、政府间关系、财政体制、财政管理等，为财政职能的定位与履行提供了法治化架构，财政职能走向与先发现代化国家殊途同归的方向。但中国的特殊国情，使财政职能调整面临着复杂艰难的过程。

随着时间的持续，财政制度创新中吸收西方现代化国家的成果越来越多。从税利分流、公平税负、财政联邦制、现代预算制度到提高财政透明度，中国的财政改革主动汇入到了财政现代化的洪流中。1998 年，我国明确了建立社会主义公共财政的目标，强调财政的“公共性”特征，在优化财政支出结构方面，增加了民生财政的份额，把实现基本公共服务均等化作为财政支出安排的基本目标。通过财政制度主动创新，培育市场主体与市场体系，激发了现代化的根本动力。财政制度的变革作为政治现代化的一部分，在一定意义上促进了其他领域政治现代化的进步，如私人产权与公共产权受同等保护、保护人权等，中国的政府权力运行越来越被限定在法治化的轨道里，朝着提高效率和促进公平的方向努力，取得了巨大成就。

第二节　中国财政现代化的具体特点

中国财政现代化反映在财政主体结构、财政职能、财政运行以及对社会领域的影响范围等诸多方面。在财政主体结构方面，表现为政府、资产者、劳工相对地位与关系的变迁；在财政职能方面，表现为对公共安全、经济效率、社会公平及可持续发展中担负使命的变化；在财政收支、机构设置等方面的变迁，表现为提高财政制度效率的追求。

一、中国财政主体结构现代化进程

现代化进程必然引起公共需求的变化，进而引起财政职能变化的新需求，政府能否主动进行财政改革加快现代化进程，取决于财政主体结构的变化状态。在西方列强的冲击下，中国在鸦片战争后被迫跌跌撞撞地驶入现代化轨道。在外部冲击下，中国凸显的既有“落后”的问题，更有“不公”的问题，而“落后”与“不公”纠结在一起又产生严重的“生存”问题。这些问题都在现代化过程中恶化，因此“国家富强”与“社会公平”成为中国现代化进程中强烈的公共需求。外部冲击推动中国经济结构的演化，财政主体结构也随之发生变化。财政主体结构内部的合作或冲突将引起财政改革，或旧财政制度的崩溃与新财政制度的重建。

中国古代社会实行皇权专制，地方权力集中到中央，中央权力集中到皇帝。皇帝不仅是政治权力的中心，也是经济权力的中心，还是意识形态权力的中心，实行“政经教合一”。经济以自然经济为主，政治以皇权专制为特征，皇帝拥有一切资源的最终所有权。政府为强化对社会的控制，一般执行抑商政策，资源的流动受到严格管制，私人产权缺乏保障，依附于政府的商人成为“官商”，缺乏独立性。由于市场的自然扩展演化受到人为的限制，不能通过社会分工的深化提高生产效率，也不利于在市场竞争中扩大生产规模实现规模收益，社会缺乏促进技术进步的产权制度激励。权力分配制度以皇权为中心，委托官僚行使部分权力，于是形成当官激励，社会人力资本积累拥挤在科举应试的狭窄通道上，进一步强化了“按等定分”的等级制度，使市场化的主体平等性基础条件无法形成，经济效率提高成了无源之水。

与传统社会的经济结构与权力结构相适应，中国古代的财政主体结构首先突出地体现为“官＋民”结构，而“地主＋农民”是次级结构。皇帝是最大的“官”，皇权专制无比强大，成为统帅一切的力量，“官府”与“老百姓”组成财政主体的二元结构。“官民对峙”主导秦汉后两千多年的中国历史进程，“官等级”高高在上的法权地位、它对“民等级”的绝对统治和无处不在的经济压迫以及这种统治权力2000多年间的神圣不可触动，是几乎一切社会问题的根源所在。如果对中国历史事实有起码的尊重，就很容易看到：只有统治权力的专制性（而并非天生万恶的“老地主”），才是包括众多中产阶层在内的全体国民之公敌[①]。官府因其强大的组织力和对暴力的垄断力量无比强大，如同一个“拳头”；而分散的小农虽然人数众多，但由于形不成组织化力量，于是成了一个个弱小的“小拇指”。由于财政主体结构中，“官府”处于绝对优势，“老百姓”不能形成制衡性力量，于是在大部分时间，财政成了“为官府役使”的工具，“特权分配”成为其重要的职能[②]。由于官府的权力缺乏有效的制约，其权力的肆意扩张不仅成为管制社会经济的力量，更成为加害社会经济的掠夺性力量。于是，在经济效率缺乏增长动力的情况下，人口增长与资源约束的矛盾引起的周期性经济危机循环出现，掠夺性政治权力与无力负担的底层农民的矛盾引起的周期性政治危机也循环消长。一旦两大危机交汇在同一时空，“官逼民反”的社会大灾难必然爆发。

中国的现代化是在传统王朝由盛转衰之即在外部冲击下开始的。19世纪中叶的晚清，人口超过4亿人，经济效率低下，无法跳出人口与资源、环境承载力不足矛盾导致的马尔萨斯陷阱。鸦片战争后，在西方列强的坚船利炮下，中国的市场化进程被迫开始。一次一次的对外战争失败后，接着一次一次地扩大口岸开放。中国逐渐成为世界市场的一部分，由自然经济向依附型商品经济演变。封闭的国内市场被打破，初步形成了全国性的商业网，为全国性统一市场的形成创造了条件。市场化不断加大了现代化因素对中国传统社会的冲击，由于是在主权独立受到损害基础上的被迫市场化，缺乏民族产业保护机制，先发现代化国家将中国作为原材料产地和工业品消费市场。随着市场化程度越来越高，不仅带来了“洋货”和工业文明，更造成了中国传统农业和手工业的解体，以及民众的失业和极端贫困化。商品流通逐渐影响到农村，洋货冲击、传统的官民矛盾、人口与资源环境矛盾纠合在一起酿成危机大爆发，在太平天国运动等农民起义中损失了大量人口。而接二连三的对外割地赔款使经济更加不堪重负，政府的

---

① 王毓铨认为，中国皇权社会是由“官等级”和“民等级”这样的“两大等级构成的”。如果不认识皇权统治下的官民间的对峙，将无法了解中国古代的历史：它的生产关系、阶级结构以及经济生产、政治制度、法律、意识形态。对这个问题的正确理解是了解古代中国的一把钥匙。参见王毅：“官民对峙：贯穿中国经济社会史的基本矛盾”，《瞭望新东方周刊》2009年第34期。

② 魏光奇在《有法与无法——清代的州县制度及其运作》一书中指出，官府不是什么“地主阶级的代表”，而是一个自己代表自己、自己给自己谋利益的宗法性特殊利益集团、权力集团，与民众的关系是“盘剥、统治与镇压”。参见赵春水：“中国地方制度的官府本位”，《中华读书报》，2011年2月23日，第10版。

合法性也大量丧失。洋务运动是地方政府主导下的军事工业现代化运动，由于在官府控制下人为排斥市场化因素，充斥着腐败和效率低下，最终以失败而告终。在甲午战争后，清政府被迫开放外国在中国投资设厂，不得不放开民间开办现代工业的限制，从此中国民族工业得以发展起来，开始了市场化与工业化相互促进的过程。但清末和民国时期的工业化，以农矿产品初加工和轻工业为主，布局在东南沿海，是一种局部的和畸形的工业化。

在清末被动市场化与消极工业化过程中，中国的经济结构与社会力量悄悄地发生了变化。在经济结构中，产生了机器工业、银行等现代工商业经济成分，它们分别被控制在外资、买办、民族资本家和官僚手中。与此同时，原来的“官+民”二元结构中，官僚系统内部出现分化，中央对政治经济的控制力衰退，地方逐渐坐大——通过镇压农民起义和洋务运动在军事政治及财政经济上坐大。原来一向以皇权为中心，这时向“官府”极度倾斜的财政主体结构并没有改变，但地方政府势力的坐大为局部工业化提供了条件。于是，财政支出中出现了推进“洋务”的职能。民间分化出新兴资产者——买办阶级和民族资产阶级，劳工中出现了城市现代工人。经济结构的变化增加了现代化因素，但产生大量的破产和失业，造成整个经济状况的恶化。在经济效率提升有限的情况下，带来了更严重的分配不公甚至生存危机。甲午战争失败不仅昭显了早期现代化的效果不彰，更诱发了政治现代化的契机。但由于皇权及其代表的满清贵族既得利益极其巨大，在戊戌变法中将产生净损失，加上对未来可能的更大损失缺乏认知，于是选择了拒绝变法的自我毁灭道路。

一百多年来，许多人喜欢把戊戌变法与明治维新相提并论，指出了两者成败得失的诸多原因。但应当注意的是，日本明治维新经历的是一个由弱中央政府向强中央政府转变的过程，恰恰相反，中国的戊戌变法时期，经历的是一个强中央政府向弱中央政府转变的过程。在变法过程中，掌握中央政权的特殊利益集团——满清贵族的利益无法增进，这成为其阻碍变法的重要原因，是导致变法最终失败关键因素之一。在制度创新中，掌握公共权力的利益集团的预期净受益或净损失，是制度创新成败的关键因素。但满清贵族看到了戊戌变法可能带来的净损失，却没有看到不变法的动态净损失将更为巨大，从而使中国错过了加快现代化的机会，也使他们自己错过了保全部分利益的机会。

清政府的覆灭并没有改变中国经济现代化的既有态势，只是换上了一套政治现代化的新包装。原来的皇权专制在民国时期退化成军阀专制。在军阀争斗中专制力量的时紧时松、对经济的时而扶持、时而掠夺，使经济发展出现不稳定性。清末民初的现代工业一度获得空前发展，而这一时期一些地区的农业经济也遭到空前的破坏。在军阀混战中胜出的国民党政府开始结束弱政府的局面，做出了建立强大中央政府的尝试。现代化的成功需要一个有明确现代化导向的、强大执行力的强政府，但国民党没有实现这一使命。

在南京国民政府时期（1927—1936 年），国民党建立国家资本，发展现代工业，组建现代银行，推动国家工业化。这一时期市场化继续发展，在争取关税自主权，保护和扶持民族产业方面取得了明显进步，一度出现了工业化与市场化互相促进的局面，现代工业、现代银行等新兴工商业经济成分壮大。但更突出的变化是国家资本膨胀，在整个国家经济中的地位大幅度提高。中央政府对政治经济的控制力提升，但并没有取得暴力上的垄断地位，对国家经济的控制力偏于东南沿海现代经济发达的地区，买办与民族资产阶级成为国民政府的“金主”。在关税自主下的市场化促进了民族工业的发展，农村经济加速凋敝，不仅存在严重的社会不公与极度贫困化，而且在灾荒与军阀战乱中出现了严重的公共生存危机。这时的社会结构中，城市现代工人增加，赤贫农民大量出现，新政权的官僚（军阀）与现代工商业经济中的买办形成“政商”紧密结合的上层结构。于是，新的社会二元分离结构形成。国民党在南京国民政府时期，在宪政理念下建立了一个新的具有现代化特征的上层“官＋商”政治架构，在财政主体结构中处于垄断地位。社会底层极度贫困化，无法在财政制度下保护自己微薄的财产，更不可能依赖财政制度摆脱生存危机。于是，赤贫的农民在共产党的组织下，开展了争取生存权的革命斗争，以社会公平为主要诉求。

中日全面战争爆发后，中国经济遭受大破坏，工业化与市场化均出现了大倒退，民族公共生存危机暂时淡化了国内矛盾。这一时期的经济结构中，国民政府直接控制了更多的资源与现代工商业，财政主体结构呈现民族危机状态下的“官＋民”二元结构，国民党政府依恃武力把持财政权力。在民族矛盾突出的情况下，抗战成为中国当时最大的“共容利益”所在，但在争取战争胜利与民众的基本生存权之间，仍然出现了突出的矛盾。河南 1943 年发生大旱灾的情况下国民党政府不减赋税、消极赈灾，导致饿殍遍地便是典型事例之一[①]。

抗战结束后，国民党政府接收日伪财产，国家资本大肆膨胀。一些官员变"接收"为"劫收"，官僚资本疯长，生产力下降。国民党政府还大肆发行纸币掠夺社会财富，公众生活水平下降，爆发了严重的公共生存危机，"官""民"矛盾激化。这时，国民党政府可以有三种选择：一是让出部分政治权力，实行民主联合政府；二是和平赎买，用经济利益补偿换取民众支持；三是镇压。国民党官僚与军队特殊利益集团更愿垄断政治权力，享受专制特权下的红利，放弃了第一种选择；由于经济下滑，国民党政府手中没有经济资源可以用于赎买民众支持，即使想出卖国有资产也卖不出去，卖不上价钱[②]，因而第二种选择无法执行；于是，国民党政府选择了第三种方案，实行镇压政策。底层民众在共产党的组织下，"泥腿子"打败了"穿皮鞋的"，中华民族在这个时期同室操戈，失去了一次选择相对平和的快速实现现代化的机会。

历史的演进和路径的依赖，使新中国建立后，选择了在社会公平基础上快速赶超的现代化战略。国际环境的严峻、国内阶级矛盾的尖锐对立及长期的战争，使强化中央集权具有必要性和可能性。中国共产党在对世界现代化进程的审视中，对先发现代化国家曾经出现的贫富严重对立以及底层民众的生存苦难，在与中国现代化以来民众苦难的比较中，强化了对私有制危害的认识。同时，中国一穷而白的经济基础，使启动现代工业化的资本来源遭遇瓶颈，而前苏联工业化的成功与经济援助也使中国顺势选择了前苏联现代化模式，中国的经济结构随之发生巨变。经济中产生大量现代工业部门，重工业得到了资金倾斜，现代工业成为国民经济的主导，并被控制在政府手中。

在社会力量结构中，旧社会的上层社会结构被推倒，又及时防止可能出现新资产者的倾向，大量农民成为城市工人，实行全员就业，创造了一个比现代历史上任何时期都更为公平的社会，广大人民群众，特别是工

---

① 1942年到1943年，河南久旱与蝗灾导致了罕见的"中原大饥荒"，造成五百万人死亡，惨绝人寰，举世震惊。令人不愿相信的是：国民党政府野蛮收取公粮，军官贪污公粮高价出售，起初不承认发生灾情，后来消极赈灾。1944年，日军6万人进攻河南，打败国军30万人，其中有5万国军被中国农民缴械。日本人打开中国军队的粮仓，用中国政府与军队搜刮的粮食，赈济中国灾民。参见刘震云：《温故一九四二》，http://vip.book.sina.com.cn/book/chapter_38001_19831.htm；雷颐：《历史的裂缝》，广西师范大学出版社2007年4月版。

② 1948年9—10月，南京国民政府减持国有股份66.825万股，仅及计划减持数额的1.18%。参阅张忠民："略论战后南京政府国有企业的国有股份减持"，《学术季刊》2002年第4期。

人、农民获得了社会主人的地位①。整个社会保持了较高的公平程度，即使官员与工农之间差别也较小。在无产阶级专政的环境中，公众基本上都成了对公共资产运用有发言权的"无产阶级"，社会保持对"一小撮阶级敌人"的高度警惕。为了防止出现与公众严重对立的官僚阶层，经常开展政治运动对干部进行审查和斗争，官僚体系保持了清廉。但是，由于计划化（去市场化）和公有化（去私有化）弱化了产权激励功能，最终导致了共同贫穷，缺乏法治约束的大民主最终走向专制的轨道，专政工具的滥用造成社会预期的混乱。

新中国建立后的前30年，财政主体结构呈现一种不稳定的大民主式的扁平结构，上层是少量的权力不稳定的官员，下层是"地富反坏右"，中间是广大的可以行使监督权力的民众。这一结构下，切实保证了财政监督，但弱化了财政权力运用的经济效率。这一时期取得了显著的现代化成就，但与其他现代化国家比较，经济增长相对缓慢，特别是一些农村地区还出现极度贫穷，产生了巨大的隐性财政压力，这也成为走上改革开放道路的重要原因。

1979年以后，重新引入市场化，培育多元化的经济主体，私人产权越来越得到更安全稳定的法律保护。在市场竞争下，中国的工业化进程加快，社会分工得到充分发展，经济结构逐渐变化，民营经济地位上升，国有经济管理者的独立性增强，政府也取得了较大的相对自主性。坚持发展不动摇，充分发挥市场在资源配置中的基础性作用，有效应对各种巨大冲击，保持了经济平稳较快发展的良好态势，综合国力大幅提升，2010年GDP跃居世界第二位，人民生活明显改善，社会保障体系逐步健全，国际影响力显著提高。在现代工业、信息产业获得快速发展的同时，传统战略产业与前瞻性战略产业，如农业新兴高科技产业仍然薄弱；原来的单位制社会保障体系瓦解后，贫富差距成为突出的社会问题；资源与环境承载力成为制约经济发展越来越突出的问题。由于社会保障没能实现一视同仁，不同产业、政府与企业、城乡之间存在巨大的社会保障差距，并衍生出农民工等问题。在当前的财政主体结构中，呈现政府、资产者与民众的三角结构。政府是一个宪政下的中央集权制政府，具有坚强的领导力与执行

① 胡鞍钢：《中国政治经济史论》，清华大学出版社2008年版，第534页。

力，是“泛利性”政府①，代表社会公共利益。民营资本所有者与国有资本管理者成为具有强大影响力的资产者，地位相对上升。劳工民众的地位相对下降，但民众偏好的表达权利和能力均有提高。政府对资产者、劳工民众的财政诉求能够及时回应，但这种回应的法治化程度有待提高。

二、中国财政职能现代化进程

我国历史上长期实行帝国专制，是后发外生型现代化国家，在外部压力下走上现代化道路，经历了国家重建——取缔市场——重建市场的过程，财政职能定位面临一次次更复杂艰苦的挑战。现代化过程的快速转型，产生了更多的腐败机会，加上对外割地赔款与外来工业品冲击下传统产业的瓦解，造成了严重的社会不公与生存危机，于是对生存权与公平的追求成为财政职能调整的重要指向。共产党的胜利根植于财政制度创新的重要支持，新中国成立后工业化的推进也依赖财政制度的调整，改革开放更是伴随着财政职能的变化（表 10－3）。

表 10－3　　中国财政职能现代化进程

	清末	北洋政府时期	国民政府前期	国民政府后期	全能财政时期	改革开放以来
基本职能	维持政权	维持政权	强化政权，维护对外利益	强化政权，保卫国家独立	强化政权控制	维护政权运转，扩大对外利益
资源配置	地方财政发挥扩展市场职能	不作为	扩展市场加速工业化	扩大国家资本，供应战争物资	支持指令经济下的工业化	扩展市场，加速工业化
收入分配	保障皇族特权	保护军阀特权	不作为	保护官僚特权	保障社会基本公平	维护社会公平，完善社会保障

① 奥尔森认为，“泛利性”的统治集团的利益与整个社会利益重合较多，在追求自身利益的同时也会带来对社会利益的改进。在解释这30年来中国经济发展的脉络时，姚洋将奥尔森的概念衍生为“泛利性政府”，认为东亚各国的政府尤其是在其发展的早期多为泛利性政府，而中国政府的泛利性源流甚至可以从儒家传统以及屈辱的近代史谈起。泛利性政府的基本特点是：更关心国家的长远利益，能有效抵御来自利益集团的压力，以国家的整体利益为标准来制定政策，在改善人民生活水平方面，不受民粹主义的干扰，不追求给大众立竿见影的好处，而是力求能给国民提供可持续性的收入增长。参阅姚洋：《作为制度创新过程的经济改革》，格致出版社、上海人民出版社 2008 年版。

在我国帝制传统下，皇帝对全社会拥有生杀予夺的权力，“以一人之私为天下之公”，拥有对社会财富的最终所有权，虽然在一定时期存在一定程度的私有产权制度，但这种私有产权是不完全的。这时的财政职能主要定位于基本职能[①]，攫取特权租金成为其最重要的目的。财政立法行政司法权集于皇帝一身，皇帝对官僚委托管理权，地方政府层层向上负责，财政权受不到辖区居民的制约。无论横向上政府与居民间的财政权博弈，还是纵向上中央与地方间的财政权博弈，博弈能力都呈严重的不对称状态，缺乏宪政法治化传统。财政职能的改变决定于权力中心的英明程度，财政职能的实现程度关键在于吏治清明程度。鸦片战争后，西方现代化国家以武力为后盾向我国扩张市场，清政府消极应对外部冲击，财政职能仍然局限于保障皇族特权和维持政权，丧失提供基本公共品的能力，导致经济每况愈下，也无力为劳工生存权提供保障。在中央政权财政基本职能弱化的过程中，地方财政发挥了扩展市场的职能，洋务运动中现代工业有所发展。

1912—1926 年的北洋政府时期，开始于议会制的试验，终结于军阀政治，以“宪政”的新瓶装“帝制”的旧酒。1927—1949 年的国民政府时期，沿着“军政”、“训政”与“宪政”的三阶段政权建设方向，进行了“五权宪法”的试验。1912—1936 年，经济现代化取得一定的进展，为随后的抗战打下了一定的物质基础；在 1937 年后的战时状态，指令经济一步步强化。这一时期的财政职能，既有帝国财政的特权租金再分配职能，又出现全能财政的统制经济职能的特征。民国时期，在重建现代化国家政权的过程中，战争频仍的环境提出了集中财政权的客观要求，财政职能体现为强化政权职能和统制经济职能。抗战时期建立的战时财政制度，为抵抗日本帝国主义侵略提供了财力支持和物质保障，但也在很大程度上压制了私人资本主义经济的发展。由于长期无节制地实行赤字财政政策，通货膨胀愈演愈烈，使得大后方的社会经济趋于凋敝，国民政府财政崩溃。

新中国成立初，财政职能承袭了此前战时财政的特点，并借鉴了前苏联的财政制度与理念。伴随土地改革与公有化，财政的职能无限膨胀，发挥强化政权和统制经济的职能，在巩固政权、发展经济、促进公平中发挥

---

① 财政基本职能包括维持政权运行；提供基本公共资本品、公共消费品；进行特权租金分配和为底层提供生存保障。

了积极作用。“大跃进”时期，在政府对社会高度集权下实行上级政府向下级政府纵向分权，导致财政职能履行过程中政府内部纵向监控不力、社会对政府在横向上无力制衡，造成巨大的经济社会灾难。在全能财政制度下，财政职能无比宽泛。一旦实现不了预定财政目标，往往求助于在不同政府间进行财政职责划分的调整，由于缺乏法治化下的可预期性，财政与经济多次陷入“一放就乱、一收就死”的怪圈。

改革开放初期，政府向社会放权，上级政府向下级政府放权，财政横向与纵向分权同时进行，促进了市场培育，强化了地方政府间的竞争，财政发挥了扩展市场的职能，激发了经济活力，但弱化了政权控制与福利保障职能。这时的财政职能定位具有被动性，随经济体制改革与对外开放而调整。在财政的完整性遭到严重破坏，调节经济与保障福利职能无力履行的情况下，1994 年实行新税制和分税制，在一定程度上规范了政府与社会的关系、政府间的关系、加强了财政管理，为财政职能的定位提供了法治化架构。1998 年公共财政建设目标的提出，在中国财政职能演进中具有里程碑式的意义。财政职能在微调中不断完善，改善了政府与农民的关系（取消农业税费、增加补贴、完善保障体系等），优化了市场竞争环境（统一税制、政府采购无歧视原则等），调整关税拓展国际市场，保护国内产业，提升社会保障水平等。但是，我国财政职能定位还需要根据形势的变化相应地调整。如财政公平分配职能的缺位、实现财政职能的工具选择问题等依然存在。这些问题的存在，与传统财政制度的决策方式、计划经济遗留因素等有密切关系，需要结合我国国情开展制度创新，在平稳演进中推动财政职能的科学定位与调整，提升国家竞争力和社会福利。

三、中国财政现代化的具体进展

中国财政现代化与整个现代化进程基本上实现了同步共振，在某些时期呈现出滞后或超前的特点。晚清时期，财政现代化因素在被动中缓慢成长，在清末新政中正式拉开财政现代化的序幕。民国时期，对财政现代化进行了大量试验和推进。新中国成立后，对财政制度进行了片面现代化的探索。在改革开放初期，财政制度跟随现代化进程发生变革。20 世纪末开始，财政现代化加速（参见表 10-4）。

表 10－4　　　　中国财政现代化具体进展一览表

时期	财政收入制度	财政支出制度	财政调控制度	财政管理制度	
清末	厘金、关税制度反映了市场化的进展。	出现洋务支出标志政府参与了工业化进程。	管制型财政调控制度走向瓦解。	预算制度萌芽，试编预算。	
民国时期	关税、统税成为主要财政收入来源；出现印花税、累进所得税、遗产税等。	大量建立国家资本，政府大举参与工业化进程。	大量运用公债手段，实行积极财政政策。	建立上层宪政框架下的现代预算制度。中央国库制度。	实行分税制。
新中国成立初期	以国有企业利税为主。	安排大量工业化（经济建设）支出； 社会保障支出以计划制度安排方式在利税前列支。	计划管制下的财政平衡制度。	行政主导的集权管理制度，加以 政治运动式的公众监督。	集权制下的分级管理。
改革开放后	增值税、消费税、营业税、关税、企业所得税、个人所得税制度成型。	公共资本支出、社会保障支出等制度适应市场化转型。	功能财政调控制度。	宪政下的行政主导式预算制度。	分税制。
待完善领域	财产税、个人所得税、资源税、遗产税、社会保障税、国有资本收益制度。	社会保障支出、行政支出、创新研发支出制度。	警惕长期扩张性倾向。	宪政下的权力制衡式预算制度、绩效预算制度。	分税制法治化。

清末财政制度变迁在被动中出现了一些现代化的萌芽。在财政收入制度方面，厘金、关税逐渐成为主要收入形式，公债开始出现。虽然厘金是一种不利于商品流通的“恶税”，关税是在主权丧失情况下的收入形式，并成为赔款的抵押物，但它们从一个侧面反映了国内外贸易的发展，中国已经成为全球市场的一部分，市场化取得进展。在财政支出方面，出现了洋务支出，虽然数量不大，效果不彰，但也反映了工业化的起步。在财政管理制度方面，清末新政中试编预算，研究推进分税制，为以后继续推进财政现代化积累了经验，储备了人才。

民国时期，财政现代化在复杂多变的环境中进行了大量可贵的试验。

如在市场化环境中进行宪政框架下的预算制度建设，关、盐、统三种流转税成为主体税种，开征了印花税、累进所得税、遗产税等市场化下新的财政收入形式；大量建立国家资本，实施国家工业化战略。在抗战的严酷环境下，着力“抗战”、“建国”两手抓；实行分税制；大量运用公债手段，实行积极财政政策[①]。事实上，国民政府时期统制经济政策和发展国家资本的做法，不仅为新中国准备了国营企业的物资基础和管理方法，其失败之处也引起了解放后的高度警惕。如当时就“要以计划经济和社会立法，使每个国民的生活与生存，都有保障，务必做到‘资本国家化，享受大众化’之目的”[②]，而其统制经济与国家资本制度的失败，与其在急剧变动的时代军队及官僚体系迅速腐败有很大关系。毛泽东在共产党迅速取得胜利之即的党的七届二中全会上警示：全党必须“继续地保持谦虚、谨慎、不骄、不躁的作风，……继续地保持艰苦奋斗的作风”[③]，不能说没有汲取国民党失败的教训。解放后对干部的反复整风，对避免国营企业像国民党统治时期的“国家资本”那样滑入“官僚资本”的泥潭，也不能说没有积极意义。而国共决战时期国民党政府大肆发债的积极财政政策，导致通货膨胀进而政权崩溃的教训，实际上也对解放初期在财政艰难的处境中能够坚守“收支平衡”原则，并慎用公债手段起到了警示作用。

新中国成立初期的30年中，探索了在非市场化条件下加快实现现代化的方法，在财政现代化道路上进行了苏联式的探索。通过财政制度重新确立产权，将私有产权转化为公有产权或集体产权，推进国有化和集体化，利用财政手段“区别对待”，强行建立国营经济，削弱进而取缔民营经济；

---

① 孔祥熙：“我们的财政政策一贯地采用积极的财政政策……用财政的力量，推动金融的发展；用金融的力量，扶助经济建设；再基于经济的推进，充裕财源，奠定财政的基础。”转引自王军等：《中国财政制度变迁与思想演进》（第二卷），中国财政经济出版社 2009 年版，第 535 页。

② 蒋介石：《中国之命运》，正中书局 1943 年版，第 142 页。转引自邹进文：《民国财政思想史研究》，武汉大学出版社 2008 年版，316 页。

③ 毛泽东在党的七届二中全会上指出：“夺取全国胜利，这只是万里长征走完了第一步。如果这一步也值得骄傲，那是比较渺小的，更值得骄傲的还在后头。在过了几十年之后来看中国人民民主革命的胜利，就会使人们感觉那好像只是一出长剧的一个短小的序幕。剧是必须从序幕开始的，但序幕还不是高潮。中国的革命是伟大的，但革命以后的路程更长，工作更伟大，更艰苦。这一点现在就必须向党内讲明白，务必使同志们继续地保持谦虚、谨慎、不骄、不躁的作风，务必使同志们继续地保持艰苦奋斗的作风。”见《毛泽东选集》第四卷，人民出版社 1991 年版，第 1438—1439 页。

财政收入以国营企业的利税为主，财政支出承担了绝大部分社会投资任务；社会保障以计划手段在财政收入组织前安排。实行行政主导的财政决策与政治运动式的公众监督相结合的集权式财政管理制度；实行财权集中、分级管理的财政体制；坚持财政平衡原则。这一时期的财政制度探索，为新中国取得巨大的现代化成就作出了贡献，取得了政府干预的巨大规模效益，也带来了政府包揽一切和过度干预的教训。

改革开放以来，我国逐渐走进全球化的市场经济体系，在汲取大量先发现代化国家经验的基础上，财政现代化不断推进。在财政收入制度方面，适应市场化的增值税、消费税、营业税、关税、企业所得税、个人所得税制度成型，一视同仁式的原则得到推行，税收的交易属性得到更多体现；公共资本支出比原来的经济建设支出缩小了范围，退出了部分竞争性领域。民生支出得到重视；社会保障支出也从单位制中脱离出来，成为不断成长的财政支出项目；实行宪政下的行政主导式预算制度；财政调控更多采用间接的宏观调控方式，调控制度体现更多功能财政的特征。财政与国有企业的分配关系进行了适应市场化方向的调整。财政改革由鼓励民间经济主体发育，逐渐过渡到提供对不同市场主体的一视同仁服务。

第三节　中国财政现代化的趋向

进入21世纪以后，我国工业化、信息化、市场化、国际化深入发展，人均国民收入稳步增加，经济结构转型加快，市场需求潜力巨大，政府宏观调控和应对复杂局面的能力明显提高。但我国现代化发展依然面临强大的压力。世界多极化、经济全球化深入发展，科技创新孕育新突破，在国际金融危机影响下，世界经济增长速度减缓，围绕市场、资源、人才等的竞争更加激烈。为加快推进社会主义现代化，我国提出了科学发展观，实施全面协调可持续发展战略，促进现代化建设各个环节、各个方面相协调，走生产发展、生活富裕、生态良好的文明发展道路，增强发展协调性，努力构建社会主义和谐社会，实现经济社会永续发展。新形势对财政改革提出了新要求，财政现代化需要在现有基础上继续推进。

一、中国财政现代化进程中存在的问题

回顾我国的财政变迁史可以看到，由于我国长期强调“国家”的至高无上地位，将“国家”与“政府”混为一体，对政府干预的推崇根深蒂固，强化了代表国家行使权力的政府的至尊地位，没有把政府财政行为建立在个人产权保护的基础上，将国家实质上是政府领袖的理性神圣化，对政府理性过度信任，对政府道德风险疏于警惕，过分强调政府经济调控政策的有效性。简单地认为我国是社会主义国家，政府是代表人民的，而政府这个财政主体在财政决策和执行中，是能够得到充分信息、实现理性决策且没有道德风险的。这种大而化之、简而言之的认识造成在财政现代化进程中对财政主体结构的变化重视不足，过度依赖政府而不重视社会力量的作用，行政主导色彩浓厚，政府承担难以负担的过多责任，包揽不该干预的诸多事务，政府的自由裁量权过大，政府部门利益挤压公共利益问题突出。由于“全能政府”的财政观念根深蒂固，以财政的生产性的名义，彰显财政的“公益性”，相对忽视其他财政主体对政府的制度约束，强调纳税人义务而对公民的权利保护不足。近年来的财政改革重视技术环节的改革，从经济效率角度着眼较多，对财政主体的权利保障及财政制度的程序性建设相对滞后。由于纳税人权利没有得到充分体现，对财政过程参与度不足，财政改革难以从社会汲取更多的支持，可能导致改革失速甚至贻误改革时机。财政决策、执行过程一旦得不到有效的制衡，财政职能可能难以履行，决策失误与腐败可能使宏观调控的目标发生扭曲，政策效果大打折扣，甚至陷入“干的越多，错的越多”的怪圈。

具体而言，当前的财政现代化进程中，尚有以下问题有待解决。

（一）纳税人权利保障制度没有确立，财政收入税收化程度偏低

我国改革开放的成就，是在财政制度从片面保护公共产权转型为公私产权获得同样保护的过程中取得的。从现代化历史来看，公共产权运行中面临委托—代理的交易成本与规模效益的权衡问题，如果片面强调公共产权而压制私人产权，存在巨大的低效率风险。成功的可持续的现代化国家都建立在对私人产权充分尊重的前提下，一般采取私人产权优先原则，财政制度发挥着确认和保护私人产权的功能，公共产权建立在私人产权的基

础上，对公共产权高度警惕和严密监督。只有在公共产权带来的规模收益足以抵消其交易成本时才通过私人之间的公共选择，运用财政方式变私人产权为公共产权。

我国长期盛行公共产权优先原则。在长期的帝制时代，皇帝以“一己之私”为“天下之公”，将皇帝所有权当作所谓的“公共产权”，置于至高无上的地位。在皇权强大并对和资源严加管制的情况下，庞大的管理成本导致经济效率低下。一旦皇权弱化，更多的人可通过对社会资源的使用取得利益，但公地悲剧下资源将会被过度使用，导致资源被滥用与环境退化。而在皇权败落失去对社会资源（公共产权）的控制力时，社会呈现弱肉强食的“霍布斯森林”状态，贫富分化导致严重的公共生存危机。在清帝国衰落的情况下我国开始现代化进程，内忧外患充斥，战乱灾荒频繁。为克服严峻的公共生存危机利积聚现代工业资本，国民党政府时期开始逐步强化了公共产权优先的制度，但在缺乏对公共产权有效监督的情况下，公共产权为最接近它的人所寻租或攫取，从而国家资本变成了官僚资本，公共产权被强势利益集团私有化。

在新中国的计划经济年代，公共产权几乎一统天下，私人产权被“罪恶化”和“污名化”，公共产权则被披上了“政治正确”的外衣，罩上了“道德高尚”的光环。随着时间的推移，过度依赖公共产权的弊端凸显，我们不得不引入私人产权增强经济活力。但在对同有观念的路径依赖及依托公共产权壮大产生的利益集团活动下，经济一旦好转，就可能将过度强化公共产权的弊端抛之脑后，使大量资源在公共产权的名义下虚耗。

自改革开放以来，我国通过“利改税”、“费改税”，以政府名义取得的财政收入中，以税收形式征收的规范程度提高，税收所占的比重增加。但总体上看，当前我国财政收入法规的层次较低，仅有个人所得税、企业所得税等税法，大部分税种以条例、政府法规的方式存在。以税法形式规范征收财政收入的比重不高，财政收入和政府部门收入的社会约束力差。纳税人对财政活动的参与程度很低，人民代表大会代表的监督作用、代表性以及对行政机构的制衡作用都有很大的改善空间。社会公众对于财政收支的决定、规范、约束和监督的实施机制没有形成，财政公共性的法治化保障不力。政府对辖区内居民负责的制衡机制不健全，政府财政决策对社会公众的同应性不足。以政府名义组织财政收入的非税收机构大量存在，国土、公安、交通等部门有大量的收费项目，人民代表大会及社会对非税收入的征收决策与使用难以制衡，收支两条线制度约束力差，基金项目多，筹资数量大，土地出让金收入剧增无法持续，同时出现民众难以承担高房价等社会问题。

2010年，我国以政府名义取得的财政收入，至少分为五个部分：税收收入、非税收入、政府性基金收入、社会保险基金收入、国有资产收益。除国有资产收益外，政府收入总量为136957亿元，占GDP的34%。其中，税收收入73210.79亿元，非税收入9890.72亿元，按照财政部的统计口径，以上两项合称公共财政收入；政府性基金收入36785.02亿元，社会保险基金收入17070.66亿元。在财政收入结构中，税收收入占53%，非税收入占7%，基金收入占27%，社会保险基金收入占13%（见图10－2）。此外，政府还控制大量的国有企业和国有资源，如果加上这部分政府支配的收入，我国政府收入中税收所占的比重会更低。

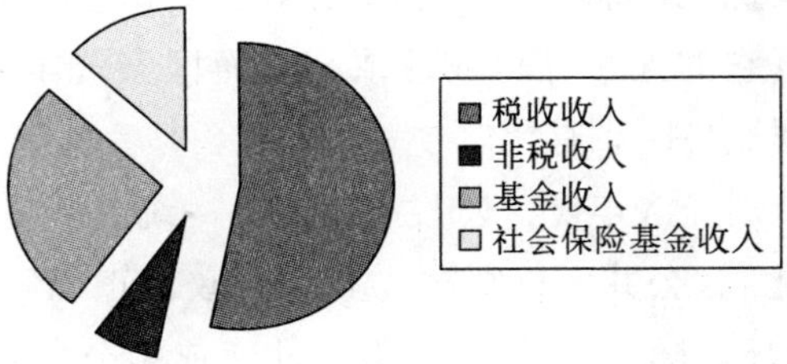

图10－2　2010年我国财政收入结构图

数据来源：财政部网站。

税收占财政收入的比例过小，收入规范度低，不利于社会公众监督。社会保险基金覆盖面主要局限于城市，不利于劳动力流动和城乡一体化。一些地方政府高度依赖土地收入，形成“土地财政”，引发复杂的社会问题。土地财政不可持续，蕴涵着巨大的财政风险。在税收收入中，以流转税为主，所得税偏小，财产税畸轻，不利于提高民众的公民意识，不利于对政府的监督和财政资金使用效益的提高，不利于现代民主法治社会的形成。

（二）维系社会公平的财政职能发挥不充分，城乡、地区间基本公共服务差异巨大

中国人在对现代化道路探索的过程中，对社会公平的追求与对经济效

率的追求一样迫切，公平正义是社会主义国家制度的首要价值。中国共产党高举社会公平的旗帜建立政权，但新中国成立初期在全能主义政府下的社会公平是在缺乏私人产权激励下的低标准的社会公平，结果走向“共同贫穷”，无法持续下去。改革开放以来，在允许一部分人先富起来的政策下，中国经济效率大幅度提升，经济总量增长很快，但同时山现了严重的贫富分化问题，要求财政制度充分发挥维系社会公平的职能，但我国的财政收支结构并未调整到位。

在我国2010年的税收收入中，国内增值税21093．48亿元，国内消费税6071．55亿元，营业税11157．91亿元，增值税、消费税、营业税、关税等流转税合计占税收的60%左右。企业所得税12843．54亿元，个人所得税4837．27亿元，所得税合计占税收收入的24%。流转税比重过大，不利于调节收入分配，不利于和谐社会建设，经济的可持续发展遭遇瓶颈。所得税比重过小，个人所得税占6．6%，财产税制度不完善，税额过少，与我国财产分布差异巨大的现状不相适应。流转税、所得税与财产税结构的不合理，不利于财政发挥公平分配的职能。

我国教育、卫生、文化、社会保障等民生支山与支持可持续发展的科技、环保、农业等支出不足，城乡二元财政制度结构依然存在，城乡与地区间的基本公共服务差距巨大，农民与城市居民实行二元的社会保障制度。城乡居民收入差距拉大的趋势没有改变，恩格尔系数等指标反映出的城乡消费差距巨大。

形象工程屡禁不绝，占用大量财政资金或政府担保的项目，成为财政运行的重要风险来源。对“三公消费”（公款大吃大喝、公车消费、公款出国旅游）及职务消费缺乏硬约束，相关支出居高不下引起社会强烈不满。公务人员合法收入与承担责任、社会贡献匹配程度低，低工资与不规范的津贴、福利制度并存。

由于改革开放以来财政支出安排长期采取循序渐进步骤，在基数法的支出原则下主要通过调整增量资金推进改革目标，随着时间推移，维系了大量既得利益的不合理、低效支出未能得到比较彻底的清理，相沿成习，成为合法支出，存在严重浪费。国有垄断企业在获取巨大利润，企业内部收入分配畸高的同时，却没有作出相应的财政贡献，财政对国有部门的收入分配调节不力。支配公共资源的部门从市场获取大量的利益，部门之间实际收入差异巨大。

（三）经济结构失衡问题依然严重，国有企业的公共性体现不足，财政宏观调控存在着扩张性倾向

结构失衡依然是我国宏观经济中存在的突出问题，尤其是城乡结构、地区结构、收入分配结构、投资与消费结构等，长期困扰着我国经济的发展，三大产业比例失调与产业内部失衡并存的特征突出。农业基础薄弱，现代农业发展滞后，工业大而不强，极度缺乏自主知识产权与创新产品，物流、金融等现代服务业发展缓慢。环境资源容量超限与“两高一资”项目大量增加的矛盾日益突出，低水平重复建设与高技术产业发展严重滞后长期并存①。

国有企业效率低下是改革开放启动的关键原因之一。改革开放后，国有企业的数量及在国民经济中的比重下降，大量退出传统竞争性产业。但是新成立的大量朝阳产业的国有企业，与垄断性国有企业一起，利用国家资源从市场上取得巨额利益，成为造成国民收入分配差距扩大的突出原因。政府扩张性财政政策的蛋糕大量流向垄断性国有企业，造成国进民退，不利于市场结构的优化。政府与国有企业的利益分配不规范，垄断性国有企业利用垄断地位，损害资源配置效率，降低国民福利。国有资本的公共资本属性在公共产权运行中得不到充分体现，对国有资本的公共监督不力，不排除有陷入内部人控制，或滑向“官僚资本”的危险。

改革开放以来，我国存在财政赤字与通货膨胀的年份所占比例较大，反映出政府在宏观调控中具有扩张性偏好的倾向。这种政策倾向，具有即时解决问题、方便快捷的特点，但会带来滞后成本。按照总量调控的经济学理论，在经济过热时，理应紧缩财政支出，增加财政收入。但我国除1981年和2007年外，均存在赤字，即使在宣称实施适度从紧财政政策的1989—1991年、1994—1997年也是如此，2011年，在通货膨胀严重的形势下，仍然施行积极财政政策，财政支出刚性增长特征突出。在1994年新税制施行后，财政收入增长连年高于GDP增长速度，但仍然不能满足财政支出的增长，导致公债余额的不断累积，产生大量的地方债务及隐性债务，潜伏着巨大的财政风险，这种局面具有不可持续性。

---

① 王保安：“中国经济结构失衡：基本特征、深层原因与对策建议”，《财贸经济》2010年第7期。

在我国的宏观调控中，决策过程中央主导的色彩浓厚，而执行过程则体现出通过行政体系实行多层级委托的特征。频频出现的低水平重复建设，近年来出现的“两高一资”项目的起死回生，房价调控难见效，廉租房建设迟滞，地方融资平台膨胀，引资不成添地方债务等现象，凸现了我国宏观调控中决策高效与执行低效的矛盾。

（四）现代政府预算制度制衡不力，政府间财政关系存在软约束

我国在建立行政控制和立法控制的过程中，在政府内部预算权力开始向财政部门集中，人民代表大会开始获得实质性的对政府财政进行监督的权力。但是，1994 年的《中华人民共和国预算法》没有赋予人民代表大会代表预算修正权，而预算修正权是人大加强预算监督最基本的程序性权力。由于没有这一法律权力，人民代表大会审批预算实际上只有两个极端的选择：整体通过或者否决政府预算，极大地制约了人民代表大会的预算监督。仍有数量巨大的资金没有纳入预算，如土地出让金、社保基金、变相借债形成的资金等，致使大量的财政活动仍然游离于人民代表大会监督之外。支出的细化不够，使得人民代表大会及其代表无法有效地进行监督。由于人民代表大会代表非专职化以及人民代表大会会期短等原因，目前各级各地人民代表大会主要依赖人民代表大会常委会的预算初审（通常在人民代表大会前一个月）来加强预算监督，难对政府预算进行详细和有效的审查。

预算立法滞后，预算程序中行政主导色彩浓厚。1999 年以来实行的预算改革主要局限于政府内部实行“行政控制导向”的改革，加强了预算执行中的政府内部监督，但人民代表大会从外部对预算施加的政治控制很弱。预算管理中重分配、轻管理等问题未得到根本解决。预算编制、审批时间仓促，难以实现有效监管。预算编制过程缺乏社会参与，科学论证不充分。人民代表大会会前存在一定时期的无预算审批、有财政支出的状态，预算审批时间错位，预算严肃性无法保障，对预算执行结果缺乏有效的绩效评估。预算决策透明度低，预算草案被否决的法律后果不明确。财政支出管理中年初预算到位率低，预算执行进度慢，存在项目支出管理不严等问题。脱离预算监督的预算外收支依然存在，预算全面性不足。不同级次政府预算、不同类型预算的衔接问题导致部分财政资金的预算外管理，存在大量尚未引起重视的税收优惠、政府担保等广义预算外活动，政

府融资平台等积聚了大量隐性债务风险。

1994年我国实行分税制主要限于中央与省级之间，地方各级之间的事权与财权划分依然不清。即使在中央与省级之间，目前各级政府间的职责也划分得不很清楚，缺乏严密的规范的法律规定。政府不同级次间因职权法律界定不清晰，在压力型体制下成为事权下移与财权上移的制度基础。转移支付制度透明度不高，专项支出比重过大等，影响了地方政府及时合理地运用财政资金，也不利于地方立法部门对财政资金流向的监督。由于权力集中于上级政府，导致政府间财政分配关系失调，财权、财力上移，事权下移，事权与财力不匹配，地方政府财政困难，基层政府债务负担沉重。转移支付制度项目众多，可预见性差，设置交叉重复，法律法规约束不力。一般性转移支付规模过小。来自转移支出的财政资金，公众和人民代表大会对其使用的参与度低，透明度差，监督手段少，容易滋生腐败。

二、中国财政现代化的趋向

将我国与欧美发达国家的现代化进程进行比较可以发现，我国历史经历了漫长的农业帝国时代，帝国财政在我国延续的时间特别长远，从而成为我国财政现代化进程中沉重的历史包袱。帝国财政的影响包括：财政主体结构失衡，财政收入的无限扩张缺乏制约，财政支出对权贵（或精英）意志甚至消费利益的倾斜，财政调控具有扩大政府对社会资源的支配能力的倾向，财政管理缺乏宪政制度约束下的公共选择机制。由于民间社会的组织化程度较低，市场主体难以成为与政府均衡博弈的力量。社会力量结构的权利配置中以均衡为目标的制度化建设严重滞后，财收过程民主化发展缓慢，财政制度效率难以提高，衍生出大量的经济政治社会问题。如公民享受公共服务与税负比较性价比不高、公共服务均等化问题难以解决、国进民退降低市场效率等等。要推进我国的财政现代化进程，必须推动财政过程的公开、透明，建立社会各阶层均衡参与财政决策的民主化、法治化机制，不仅重视财政运行操作技术上的制度创新，而且应该重视对财政运行程序的法治化建设。

结合中外财政制度现代化进程的经验教训，联系当前财政改革中存在的问题，可以对中国财政现代化作出一个趋向性的判断。

（一）财政收入制度走向税收化，建立具有政府与纳税人交易性特征的税收制度，尊重纳税人的产权，稳定产权制度对技术革新的激励

中国的劣势不是缺乏国家集中管理的经验和手段，而是缺少市场经济的充分发展，缺少社会分工自由交换以及遵从自主、自由、自愿性的传统与习惯。要加快现代化进程，需要建立适应现代化发展阶段的产权制度，而财政制度应发挥界定和保护产权的作用。为激发社会的创新激励，应倡导“无代表不纳税”的理念，限制政府的予取予夺，在我国是一项长期的任务。我国帝制时代政府索取不断加码和“合法化”的过程，被称为“黄宗羲定律”。基层政府随田赋（或称农业税）搭车收费的问题在历史上反复出现，在20世纪20—30年代也曾成为痼疾，试图根除而没有成功，在80—90年代又成为我国农村的突出问题。直到2006年，在中央政府的坚强决心与省级政府的巨大努力下才比较彻底地得到解决。之所以出现这样的历史性老问题，根源在于社会权力配置倾斜失衡，政府权力的界限模糊，私人产权得不到尊重，无法形成在尊重基本人权基础上的公共利益实现机制，分散的民众缺乏对政府的制衡能力。

建立交易性税收制度，需要完善我国的宪政制度，确保人民代表大会代表纳税人利益。没有人民代表大会的批准政府不能额外取得收入，应成为我国政治经济生活的基本准则。就目前而言，我国在行政主导下，已建立了具有现代化导向的流转税和所得税制度，但税收在政府筹集收入的方式中应进一步强化，提高税收在财政收入中所占的比重，完善财产税体系，提高财政收入在政府收入中的比重。税收制度的合法性有待于强化，以政府名义征集收入应经过严密的法律程序，向“人民代表大会审批程序在先、征集收入在后”过渡。在财政收入制度向税收化方向的发展中，树立起“私人产权在先原则”，继续培育私人产权主体，给予中小企业以优惠，对非必需消费品性质的私人产权的持有课以限制性税收。对公共产权纳入财政管理，征集财政收入，强化监督，增加运营透明度。当前房地产调控成为许多问题的集中点，在利益集团的绑架下几乎成了死结，应发动社会智慧，开门立法，广泛征求房产税立法建议，解决这一其他现代化国家早已遇到过的问题。逐步立法建立起完善的财产税、资源税、社会保障税、遗产税、国有资本收益制度，完善个人所得税制度，提高所得税与财产税比重，优化税制结构。

（二）财政支出制度走向公共化，提高财政支出的公益性

财政支出结构直接体现了政府的导向。现代化导向的支出安排，是一种能够促进生产发展的，促进私人收益与私人成本相一致进而促进效率的安排，是促进社会公平而不是加剧贫富分化的，是建设性财政而不是掠夺性财政。作为社会主义国家，社会公平目标在宪法中有清楚的表述。但如果在财政支出中不能很好体现，宪法目标只能成为一种宣言。国民政府时期的国家资本支出、新中国全能财政下的经济建设性支出，在我国现代化进程中都具有公益导向性质。但前者由于没能被有效地实施公共监督而异化为官僚资本和掠夺社会的工具，后者实施了有效监督但运营效率不高而无法保证公益的最终实现。改革开放后，我国虽然对国有资本方面的财政支出减少，但已经形成的国有资本的保值与收益的合理运用，也关系到原来财政支出的公益性。在财政现代化进程中调节国有资本的规模，优化结构，提高其运营效率、强化监督是长期的任务。

近期财政支出结构调整的重点是实现基本公共服务的均等化，加大民生支出比重等。之所以实现“公民享受基本公共品权利平等”的目标与公众的期望长期存在一定的距离，除了我国经济发展水平落后之外，一个关键的原因是不同财政主体对财政活动的影响力失衡。政府、城市、国有企业等一直具有比民间、乡村、劳工等更大的话语权和决策权，对财政支出导向有更大的影响力，因而长期政策宣示向民生、农村、社保等领域倾斜，但财政支出结构调整迟迟不能实现政策宣示的目标。要提高财政支出制度的公共化程度，落实财政支出的公益性，需要从根本上调整财政决策权、监督权的配置，建立预算的硬约束与责任追究机制，通过完善程序来保证政策目标的实现。

（三）财政调控制度走向功能化，克服财政宏观调控的扩张性偏好倾向

财政调控是政府运用财政手段应对环境变化的动态调节方式，并在这个过程中推动相关财政制度的变迁。我国改革开放以来，财政调控是政府运用财政手段应对环境变化的动态调节方式，并在这个过程中推动相关财政制度的变迁。我国改革开放以来，除了存在周期性赤字外，还长期存在结构性赤字，既与我国从计划经济体制向市场经济体制转型以及加速工业化进程的背景有关，也与在渐进式改革中为减轻社会震荡，倾向于维持既

得利益，长期坚持边际性调整的策略有关。在渐进性改革策略下，原来不合理的支出项目可以延续而“习惯成自然”。时间越长，支出刚性越强，不合理支出凝固化。在出现新增项目时，另外增加支出，导致财政规模不断膨胀，给财政收入带来的压力不断加大，抑制了企业与民众在国民收入分配中的空间。财政调控在推动经济高增长的同时，成为经济过热和通货膨胀的诱因之一，并在1994年前后和2011年前后通货膨胀中得到验证。这种局面持续下去，或者持续加大组织财政收入的压力，或者增大通货膨胀的压力，都不利于经济效率的提高和宏观经济的稳定运行。

审视一下社会上对于“三公”消费泛滥久拖不决的反感，以及通货膨胀对政府合法性的损害，对促进财政调控在解决结构问题上的功能化定位应有更深切的认识。在财政调控手段的运用上，应以法律的形式规定财政调控制度的功能着重于经济结构的调整，在正常状态下应维持周期性财政收支平衡。除非在战争等紧急状态下，不得长期实行赤字财政政策。克服财政宏观调控的扩张性偏好倾向，从社会公众中挖掘调整财政支出结构的动力，真正从公共需求出发重塑财政支出结构，抑制财政支出规模增长长期快于GDP增长速度的趋势。

还需优化不同宏观调控手段的分工协调，提高财政、货币及汇率政策搭配的水平，通过提高科学化、精细化管理水平，强化财政政策在结构调整与升级中的作用。提高公共品提供效率，倡导节支，杜绝浪费，创造减税条条件，为激发市场活力提供更大空间，减轻经济发展对政府作为的依赖程度。实际负利率常常作为刺激经济的货币政策工具被各国使用，但不利于产业升级和经济增长方式的转变。货币政策应将维持物价稳定作为最主要的政策目标，避免货币供给量的大幅度波动，完善市场供求形成利率的机制，为市场配置资源提供稳定的货币环境。调整汇率政策，保持适度的外汇储备水平。提高宏观调控的科学性和预见性，增强针对性和灵活性。

（四）财政管理制度走向宪政化，完善宪政下的预算制度与财政体制

中国共产党领导下的人民代表大会制度，是我国的宪政制度。在人民代表大会制度下的合作式博弈的预算制度，有利于强化收支挂钩，确保充足且高效的公共品的供应，建设更关心公共品效率的服务型政府。通过完善人民代表大会决策提供微观经济主体有效的公共产品偏好显示机制，提

高政府的财政决策执行能力，加上秉持公正的独立司法制度，有利于构建高效的财政运转机制。

结合我国当前的预算制度现状，应推动预算改革与政治改革同步推进，加快预算法的修订，进一步加强预算外收支管理，推动全口径预算，实现预算的完整性。以预算法修订为契机，理顺预算分配权在人民代表大会、政府、财政部门和其他部门的分配，将政府财政资源归于财政部门，构建由一般预算、社会保障预算、国有资本预算等组成的预算体系，建立社会有效监督下的公共资源筹集与运用制度。对国有资本的规模控制、运营控制、收益分配，引入社会监督，使其成为公共资本而不仅是政府资本，更不能退化为少数官员的资本。

改革开放以来，我国坚持财政改革的结果导向，对程序导向重视较少，这有利于财政决策的高效率，但对提高财政执行的公众合作有不利的影响，无法从根本上维护公共利益。要保证财政决策高效率和执行的高质量，应在预算法的修订中对国家与社会、中央与地方的关系作出明晰的法律规定，对它们的职责权限作出明确的界定和划分，在各级政府事权确定的情况下，落实各级财政的支出责任，并安排相应的财权。各级政府应安排相对稳定的便于其直接控制的主要财政收入来源，其中的主要形式是主体税种。地方政府的自有财源不足以满足支出需要，应有法律规定的转移支付资金弥补。

完善预算监督制约机制，提高财政行为透明度，使政府面向社会，受到辖区内公民社会的广泛监督，真正成为“责任政府”和“服务型政府”。加强政府能力建设，提高政府对各利益集团的协调能力，满足最大多数人的合法利益诉求，打击违法利益集团，保护合法利益集团，扶持公共利益集团；关怀社会弱势群体，提高其组织化程度；提升政府的广泛代表各利益群体的自主能力，防止政府自身成为特殊利益集团。

总之，我国财政现代化的发展趋向，应建立在尊重个体自由与私人产权的基础上，在追求实现公共财政目标的进程中，需要持续滤去长期专制帝国时代遗留的毒素，提高财政制度与现代化的适应性、与其他制度的协同性、制度变迁路径的可预期性，解决经济效率提升伴生的资源环境承载力不足问题、公平状况恶化伴生的社会稳定等问题。以公共选择方式提供公共品以持续提升社会福利，通过财政改革发挥政府的规模经济效应，在重视财政活动的绩效性价值的同时，更加重视其程序性价值。在财政现代化进程中，应逐步建立交易属性特征突出的以税收为主的财政收入制度，实现财政收入制度的税收化；通过严格的程序保障公民的偏好表达权、财政活动知情权、决策参与权与监督权，财政支出为实现公益目的服务，实现财政支出制度的公共化；财政政策应立足于调整经济结构，保持周期性财政收支平衡，克服财政调控的扩张性倾向，实现财政调控制度的功能化；建立完善的财政行为公共选择机制，推进财政预算的统一、完整与立法监督，完善预算程序控制，促进各级财政事权与财力相匹配，提高财政资金使用绩效，实现财政管理的宪政化。

参考文献

一、著作类

1. 《马克思恩格斯选集》，人民出版社 1972 年版。

2. 《马克思恩格斯全集》，人民出版社 1956 年版。

3. 《列宁选集》，人民出版社 1972 年版。

4. 《斯大林文选》，人民出版社 1979 年版。

5. 《孙文选集》，广东人民出版社 2006 年版。

6. 《毛泽东选集》，人民出版社 1991 年版。

7. 《邓小平文选》，人民出版社 1993—1994 年版。

8. 埃里克·弗鲁博顿、鲁道夫·芮切特：《新制度经济学——一个交易费用分析范式》，上海人民出版社 2006 年版。

9. 安格斯·麦迪森：《世界经济二百年回顾》，改革出版社 1997 年版。

10. 奥尔森：《集体行动的逻辑》，上海三联书店 1995 年版。

11. 奥尔森：《国家的兴衰——经济增长、滞胀和社会僵化》，上海人民出版社 2001 年版。

12. 奥尔森：《权力与繁荣》，上海人民出版社 2001 年版。

13. 奥尔森："独裁、民主与发展"，载于盛洪主编《现代制度经济学》，北京大学出版社 2003 年版。

13. 巴泽尔：《产权的经济分析》，上海三联书店、上海人民出版社 1997 年版。

14. 坂入长太郎：《欧美财政思想史》，中国财政经济出版社 1987 年版。

15. 保罗·肯尼迪，陈景彪等译：《大国的兴衰——1500—2000 年的经济变迁与军事冲突》，国际文化出版公司 2006 年版。

16. 卡尔·波兰尼：《大转型：我们时代的政治与经济起源》，浙江人民出版社 2007 年版。

17. 布赖克:《比较现代化》,上海译文出版社 1996 年版。

18. 杰佛瑞·布伦南、詹姆斯·M. 布坎南,冯克利等译:《宪政经济学》,中国社会科学出版社 2004 年版。

19. 布莱克:《比较现代化》,上海译文出版社 1996 年版。

20. 布莱克:《现代化的动力》,浙江人民出版社 1989 年版。

21. 蔡定剑:《论道宪法》,译林出版社 2011 年版。

22. 蔡定剑:《法制现代化与宪政》,知识产权出版社 2010 年版。

23. 蔡昉:《中国经济转型 30 年 1978—2008》,社会科学文献出版社 2009 年版。

24. 查尔斯·K. 罗利:《财产权与民主的限度》,商务印书馆 2007 年版。

25. 陈宝森:《西方财政理论研究》,经济科学出版社 2005 年版。

26. 陈登原:《中国田赋史》,商务印书馆 1998 年影印 1936 年版。

27. 陈峰:《清代财政政策与货币政策研究》,武汉大学出版社 2008 年版。

28. 陈雷:《经济与战争——抗日战争时期的统制经济》,合肥工业大学出版社 2008 年版。

29. 陈晓律等:《15 世纪以来世界主要发达国家发展历程》,重庆出版社 2004 年版。

30. 陈争平等:《中国近现代经济史教程》,清华大学出版社 2009 年版。

31. 程恩富等:《新制度经济学》,经济日报出版社 2007 年版。

32. 程虹:《制度变迁的周期——一个一般理论及其对中国改革的研究》,人民出版社 2000 年版。

33. 程念祺:《国家力量与中国经济的历史变迁》,新星出版社 2006 年版。

34. 崔联会:《中国财政制度研究》,经济科学出版社 2004 年版。

35. 戴维·S. 兰德斯:《国富国穷》,新华出版社 2007 年版。

36. 丹尼尔·贝尔,严蓓雯译:《资本主义文化矛盾》,江苏人民出版社 2007 年版。

37. 丹尼斯·缪勒,张军译:《公共选择》,上海三联书店 1997 年版。

38. 邓子基等：《财政学》，中国人民大学出版社2001年版。

39. 丁文锋：《经济现代化模式研究》，经济科学出版社2000年版。

40. 董正华：《世界现代化进程十五讲》，北京大学出版社2009年版。

41. 杜恂诚等：《中国近代国有经济思想、制度与演变》，上海人民出版社2007年版。

42. 杜艳华等：《中国特色社会主义现代化模式研究》，学林出版社2008年版。

43. 段治文等：《中国现代化进程》，浙江大学出版社2007年版。

44. 菲立浦·T. 霍夫曼等：《财政危机、自由和代议制政府（1450—1789）》，格致出版社、上海人民出版社2008年版。

45. 费正清，孙瑞芹等译：《美国与中国》，北京商务印书馆1971年版。

46. 费正清：《剑桥中华民国史1912—1949》，中国社会科学出版社1994年版。

47. 费正清：《剑桥中华人民共和国史1949—1965》，上海人民出版社1990年版。

48. 冯俏彬：《私人产权与公共财政》，中国财政经济出版社2005年版。

49. 高培勇等：《“十二五”时期的中国财税改革》，中国财政经济出版社2011年版。

50. 高培勇等：《为中国公共财政建设勾画“路线图”——重要战略机遇期的公共财政建设》，中国财政经济出版社2007年版。

51. 高培勇：《公共财政：经济学界如是说》，经济科学出版社2000年版。

52. 葛杨：《经济转型期公有产权制度的演化与解释》，人民出版社2009年版。

53. 郭庆旺、赵志耘：《财政理论与政策》（第二版），经济科学出版社2003年版。

54. 郭艳茹：《经济史中的国家组织结构变迁：以明清王朝为例》，中国财政经济出版社2008年版。

55. 哈维·S. 罗森：《财政学》，中国人民大学出版社2003年版。

56. 哈耶克：《通往奴役之路》，中国社会科学出版社1997年版。

57. 何帆：《为市场经济立宪——当代中国的财政问题》，今日中国出版社 1998 年版。

58. 贺水金：《1927—1952 年中国金融与财政问题研究》，上海社会科学院出版社 2009 年版。

59. 何子英：《杰索普国家理论研究》，浙江大学出版社 2010 年版。

60. 何正斌：《经济学 300 年》，湖南科学技术出版社 2010 年版。

61. 亨廷顿：《变化社会中的政治秩序》，上海人民出版社 2008 年版。

62. 胡鞍钢：《中国政治经济史论》，清华大学出版社 2008 年版。

63. 胡素珊：《中国的内战》，中国青年出版社 1997 年版。

64. 胡伟：《政府过程》，浙江人民出版社 1998 年版。

65. 黄仁宇：《万历十五年》，中华书局 1982 年版。

66. 黄仁宇：《中国大历史》，三联书店 1997 年版。

67. 黄仁宇：《放宽历史的视界》，中国社会科学出版社 1998 年版。

68. 黄仁宇：《十六世纪明代之财政与税收》，三联书店 2001 年版。

69. 黄仁宇：《赫逊河畔谈中国历史》，三联书店 1997 年版。

70. 吉登斯：《民族—国家与暴力》，胡宗泽等译，三联书店 1998 年版。

71. 贾康：《财政本质与财政调控》，经济科学出版社 1998 年版。

72. 贾康：《转轨时代的执著探索——贾康财经文萃》，中国财政经济出版社 2003 年版。

73. 贾康、赵全厚：《中国经济改革 30 年 · 财政税收卷》，重庆大学出版社 2008 年版。

74. 焦建国：《英国公共财政制度变迁分析》，经济科学出版社 2009 年版。

75. 杰弗里 · M. 霍奇逊：《经济学是如何忘记历史的：社会科学中的历史特性问题》，高伟等译，中国人民大学出版社 2008 年。

76. 柯武刚、史漫飞：《制度经济学：社会秩序与公共政策》，商务印书馆 2000 年版。

77. 劳伦 · 勃兰特等，方颖等译：《伟大的中国经济转型》，格致出版社、上海人民出版社 2009 年版。

78. 李明义等：《现代产权经济学》，知识产权出版社 2008 年版。

79. 李斯特，杨春学译：《政治经济学的自然体系》，商务印书馆 1997

年版。

80. 李炜光：《李炜光说财税》，河北大学出版社 2010 年版。

81. 李秀珍等：《中国政治现代化史论》，陕西人民出版社 2009 年版。

82. 琳达·维斯、约翰·M. 霍布森，黄兆辉等译：《国家与经济发展——一个比较及历史性的分析》，吉林出版集团有限责任公司 2009 年版。

83. 林毅夫：《经济发展与转型》，北京大学出版社 2008 年版。

84. 刘克崮、贾康：《中国财税改革三十年亲历与回顾》，经济科学出版社 2008 年版。

85. 刘守刚：《国家成长的财政逻辑——近现代财政转型与政治发展》，天津人民出版社 2009 年版。

86. 刘霞辉等：《改革年代的经济增长与结构变迁》，格致出版社、上海人民出版社 2009 年版。

87. 刘云龙：《民主机制与民主财政》，中国城市出版社 2001 年版。

88. 卢现祥：《新制度经济学》，武汉大学出版社 2004 年版。

89. 卢现祥：《有利于穷人的制度经济学》，社会科学文献出版社 2010 年版。

90. 路日亮：《现代化理论与中国现代化》，宁夏人民出版社 2007 年版。

91. 罗伯特·萨格登，方钦译：《权利、合作与福利的经济学》，上海财经大学出版社 2008 年版。

92. 洛克，叶启芳、瞿菊农译：《政府论（下篇）》，商务印书馆 1964 年版。

93. 罗荣渠：《现代化新论——世界与中国的现代化进程》，商务印书馆 2004 年版。

94. 罗荣渠等：《中国现代化历程的探索》，北京大学出版社 1992 年版。

95. 罗斯托：《经济发展阶段：非共产党宣言》，中国社会科学出版社 2001 年版。

96. 吉尔伯特·罗兹曼：《中国的现代化》，江苏人民出版社 2003 年版。

97. 玛格利特·利瓦伊，周军华译：《统治与岁入》，格致出版社、上海人民出版社 2010 年版。

98. 马金华:《外国财政史》,中国财政经济出版社2011年版。

99. 马金华:《民国财政研究:中国财政现代化的雏形》,经济科学出版社2009年版。

100. 马竣等:《国家治理与公共预算》,中国财政经济出版社2007年版。

101. 马寅初:《财政学与中国财政——理论与现实(上、下)》,商务印书馆2001(1948)年版。

102. 迈克尔·曼:《社会权力的来源》第1卷,上海人民出版社2002年版。

103. 莫里斯·梅斯纳:《毛泽东的中国及其发展》,社会科学文献出版社1992年版。

104. 讷克斯,谨斋译:《不发达国家的资本形成问题》,商务印书馆1966年版。

105. 诺斯,厉以平译:《经济史中的结构与变迁》,商务印书馆1992年版。

106. 诺斯,杭行译:《制度、制度变迁与经济绩效》,格致出版社等2008年版。

107. 诺斯、托马斯:《西方世界的兴起》,华夏出版社1999年版。

108. 帕特里克·邓立维等,欧阳景根等译:《国家理论:自由民主的政治学》,浙江人民出版社2007年版。

109. 平新乔:《财政原理与比较财政制度》,上海三联书店1992年版。

110. 钱穆:《中国历代政治得失》,北京三联书店2001年版。

111. 秋风:《政府的本分》,凤凰出版传媒集团、江苏文艺出版社2010年版。

112. 任建国等:《中国现代化进程的研究》,中国社会出版社2010年版。

113. 萨谬尔森、诺德豪斯,萧琛主译:《经济学》(第十七版),人民邮电出版社2004年版。

114. 塞缪尔·P. 亨廷顿:《变化社会中的政治秩序》,北京三联书店1989年版。

115. 约瑟夫·斯蒂格里茨:《政府经济学》,春秋出版社1988年版。

116. 申学锋:《晚清财政支出政策研究》,中国人民大学出版社2006

年版。

117. 施雪华：《政治现代化比较研究》，武汉大学出版社2006年版。

118. 孙健波：《财税改革的理想与现实——宪政视角》，经济科学出版社2008年版。

119. 孙文学等：《中国财政史》，东北财经大学出版社2008年版。

120. 孙翊刚等：《中国赋税史》，中国税务出版社2003年版。

121. 汤因比，曹未风等译：《历史研究》，上海人民出版社1964—1966年版。

122. 王保安：《转型经济与财政政策选择》，经济科学出版社2005年版。

123. 王保安：《中国经济增长与方式变革》，人民出版社1997年版。

124. 王建民等：《经济周期与宪政秩序》，浙江人民出版社2010年版。

125. 王军：《中国转型期公共财政》，人民出版社2006年版。

126. 王军主编：《中国财政制度变迁与思想演进》，中国财政经济出版社2009年版。

127. 王懋林、窦秀升：《政府力的转移》，经济科学出版社2008年版。

128. 王绍光：《美国进步时代的启示》，中国财政经济出版社2002年版。

129. 王绍光：《安邦之道——国家转型的目标与途径》，三联书店2007年版。

130. 王亚南：《中国官僚政治的前途》，载《王亚南文集》（第四卷），福建教育出版社1998年版。

131. 王怡：《宪政主义：观念与制度的转换》，山东人民出版社2006年版。

132. 王毅：《中国皇权制度研究——以16世纪前后中国制度形态及其法理为焦点（上、下）》，北京大学出版社2007年版。

133. 王云龙等：《福利国家——欧洲再现代化的经历与经验》，北京大学出版社2010年版。

134. 汪敬虞：《中国资本主义的发展与不发展》，经济管理出版社2007年版。

135. 魏凤春：《财政压力周期下的政府行为》，上海财经大学出版社2008年版。

136. 吴承明:《中国的现代化:市场与社会》,三联书店 2001 年版。

137. 吴承明:《中国资本主义与国内市场》,科学出版社 1995 年版。

138. 吴承明:《市场·近代化·经济史论》,云南大学出版社 1996 年版。

139. 吴敬琏等:《中国经济 50 人看三十年——回顾与分析》,中国经济出版社 2008 年版。

140. 武普照:《近现代财政思想史研究》,南开大学出版社 2010 年版。

141. 吴思: 《潜规则:中国历史中的真实游戏》,云南人民出版社 2001 年版。

142. 吴松等:《中国农商关系思想史纲》,云南大学出版社 2000 年版。

143. 希克斯:《经济史理论》,商务印书馆 1987 年版。

144. 项怀诚等:《中国财政通史》,中国财政经济出版社 2006 年版。

145. 肖德甫:《二十世纪的政治遗产》,中央文献出版社 2011 年版。

146. 萧功秦:《中国的大转型——从发展政治学看中国变革》,新星出版社 2008 年版。

147. 许涤新等:《中国资本主义发展史》(第 3 卷),人民出版社 2003 年版。

148. 许纪霖、陈达凯:《中国现代化史》(第 1 卷),三联书店,1995 年版。

149. 许田波,徐进译:《战争与国家形成:春秋战国与近代欧洲之比较》,上海人民出版社 2009 年版。

150. 徐中约:《中国近代史:1600—2000,中国的奋斗》(第六版),世界图书出版公司 2008 年版。

151. 亚当·斯密,郭大力、王亚南译:《国民财富的性质和原因的研究》,商务印书馆 1974 年版。

152. 阎坤:《中国县乡财政体制研究》,经济科学出版社 2006 年版。

153. 阎卫兵: 《外国财政理论与制度》,西北农林科技大学出版社 2007 年版。

154. 杨光斌:《中国经济转型中的国家权力》,当代世界出版社 2003 年版。

155. 杨小凯、黄有光:《专业化与经济组织:一种新兴古典微观经济学框架》,经济科学出版社 2000 年版。

156. 杨晓猛：《经济秩序的制度理性——以转型国家为例》，经济科学出版社2007年版。

157. 杨志勇、杨之刚：《中国财政制度改革30年》，格致出版社、上海人民出版社2008年版。

158. 虞和平：《中国现代化历程》，江苏人民出版社2001年版。

159. 郁建兴：《马克思国家理论与现时代》，东方出版中心2007年版。

160. 袁星侯：《政府预算：理论分析·改革述评·过程比较：兼以广州案例为主的实证考察》，广东经济出版社2008年版。

161. 张明军等：《当代中国政治社会分析》，中央编译出版社2008年版。

162. 张千帆等：《宪政、法治与经济发展》，北京大学出版社2004年版。

163. 张夏准：《富国陷阱——发达国家为何踢开梯子?》，社会科学文献出版社2007年版。

164. 张馨：《公共财政论纲》，经济科学出版社1999年版。

165. 张馨：《财政公共化改革》，中国财政经济出版社2003年版。

166. 张宇等：《高级政治经济学》，经济科学出版社2002年版。

167. 张宇燕：《经济发展与制度选择》，中国人民大学出版社1992年版。

168. 赵德馨：《中国近现代经济史》，河南人民出版社2003年版。

169. 赵津：《中国近代经济史》，南开大学出版社2006年版。

170. 赵文洪：《私人财产权利体系的发展——西方市场经济和资本主义的起源问题研究》，上海社会科学院出版社1998年版。

171. 中国财政学会财政史专业委员会等：《财政制度与经济发展历史问题研究》，中国财政经济出版社2005年版。

172. 中国现代化战略研究课题组等：《中国现代化报告2005——经济现代化研究》，北京大学出版社2005年版。

173. 中国现代化战略研究课题组等：《中国现代化报告2010——世界现代化研究》，北京大学出版社2010年版。

174. 周刚志：《论公共财政与宪政国家》，北京大学出版社2005年版。

175. 周光辉：《论公共权力的合法性》，吉林出版集团有限公司2007年版。

176. 周天勇：《替纳税人管住“钱袋子”——周天勇谈财税体制改革》，中国友谊出版公司 2010 年版。

177. 周天勇等：《攻坚——中国政治体制改革研究报告》，新疆生产建设兵团出版社 2008 年版。

178. 周叶中等：《在曲折中前进——中国社会主义立宪评论》，武汉大学出版社 2010 年版。

179. 周志初：《晚清财政经济研究》，齐鲁书社 2002 年版。

180. 邹进文：《民国财政思想史研究》，武汉大学出版社 2008 年版。

1. Arrow, Kenneth J., 1998, The Place of Institutions in the Economy: A Theorical Perspective, in *The Institutional Foundations of East Asia Economic Development* edited by Hayami, Yujiro and Masahiko Aoki, MaCMillan Press.

2. Bazel, Yoram, 2001, *A Theory of the States: Economic Rights, Legal Rights, and the Scope of the States*, New York: Cambridge University Press.

3. Bardhan, Pranab, 2001, Distributive Conflicts, Collective Action, and Institutional Economics, in *Frontiers of Development Economics* edited by Meier, Gerald M. and Joseph E. Stiglitz, Oxford U. P.

4. Barro, Robert J., 1996, *Determinants of Economic Growth: A Cross - Country Empirical Study*, NBER Working Paper 5698.

5. Bonney, Richard, 1995, Early Modern Thoeries of State Finance, in *Economic Systems and State Finance* edited by Richard Bonney, Oxford: Clarendon Press.

6. Cambel, J. L. (1993). The State and Fiscal Sociology. *Annual Review of Sociology*.

7. Crafts, Nicholas, 2001, Historical Perspectives on Development, in *Frontiers of Development Economics* edited by Meier, Gerald M. and Joseph E. Stiglitz, Oxford U. P.

8. Daunton, M. (2001). *Trusting Leviathan: The Politics of Taxation in Britain* 1799 - 1914. Cambridge: Cambridge University Press. pp. 4 - 5.

9. Easter, G. (2002). *The Politics of Revenue Extraction in Post - Communist States: Poland and Russia Compared. Politics and Society*, 30 (4).

10. Epstein, S. R., 2000, *Freedom and Growth: The Rise of States and*

Markets in Europe, 1300 – 1750, London, Routledge: London and New York.

11. Epstein, 2006, *The Rise of West*, *An Anatomy of Power*, Cambridge.

12. Goldscheid, R. (1994). *A Sociological Approach to Problems of Public Finance*, *in Classics in the Theory of Public Finance.* New York: Martin's Press.

13. Hayami, Yujiro, 1998, Toward an East Asian Model of Economic Development, in *The Institutional Foundations of East Asia Economic Development* edited by Hayami, Yujiro and Masahiko Aoki, MaCMillan Press.

14. Hirschman, Albert O. 1958, *The Strategy of Economic Development*, NY: Yale University Press.

15. Joseph Schumpeter, *The Crisis of the Tax State*, *in The Economic and Sociology of Capitalism*, edited by Richard Swedberg, Princeton University Press, 1991.

16. Mann, Michael, 1986, *The Sources of Social Power*, Vol. I, *A History of Power from the Beginning to A. D. 1760*, Cambridge University Press. pp. 396 – 399.

17. Meier, Gerald M. and Joseph E. Stiglitz, 2001, Foreword, in *Frontiers of Development Economics* edited by Meier, Gerald M. and Joseph E. Stiglitz, Oxford U. P.

18. Mokyr, Joel, 2002, Why Was the Industrial Revolution a European Phenomenon? *Supreme Court Economic Review*, Vol. 10, 2002, pp. 27 – 63.

19. Mokyr, Joel, 2001, The Industrial Revolution and the economic history of technology: Lesson from the British experience, 1760 – 1850, *The Quarterly Review of Economics and Finance*, Vol. 41, pp. 295 – 311.

20. Mokyr, Joel, 2000, The Industrial Revolution and The Netherlands: Why Did It Not Happen? *De Economist* 148, NO. 4, 2000, pp. 503 – 520.

21. Taylor, Lance, 1998, Growth and Development Theories, in Coricelli, Fabrizio, Massimo di Matteo and Frank Hahn eds *Theories in Growth and Development*, London: Ma Cmillan Press Ltd.

22. North, Douglas, C, 1981, *Structure and Change in Economic History.* New York and London : Norton.

23. North, Douglas, C, 1990, A transaction Cost Theory of Politics, *Jour-*

nal of Theoretical Politics, Vol. 2, No. 4, pp. 355 - 367.

24. North, D. C, and B. R. Weingast. 1989. "The Evolution of Institutions Governing Public Choice in 17th Century England." *Journal of Economic History* 49: p. 829.

25. Olson, Mamcur, 1982, *The Rise and Decline of Nations: Economic Growth, Stagflation, and Social Rigidities*, Yale University Press.

26. Olson, Mancur, 2000, *Power and Property: Outgrowing Communist and Capitalist Dictatorships*, Basie Book, New York.

27. Ostrom, E. 1990. *Governing the Commons. The Evolution of Institutions for Collective Action.* Cambridge: Cambridge University Press.

28. Pomeranz, Kenneth, 2000, *The Great Divergence: China, Europe, and the Making of the Modern World Economy*, NJ: Princeton U. P.

29. Schumpeter, J. (1991 [1918]). The Crisis of the Tax State, in Swedberg, R. Ed. *The Economics and Sociology of Capitalism.* Princeton: Princeton University Press.

30. Shiue, Carol H. and Wolfgang Keller, 2004, *Markets in China and Europe on the Eve of the Industrial Revolution*, NBER Working Paper Series, No. 10778.

31. Tilly, C. (1975). *The Formation of National States in Western Europe.* New Jersey: Princeton University Press. Chapterl, Chapter3.

32. Tilly, C. (1992). *Coercion, Capital, and European States*, AD990 - 1990. Malden: Blackwell Publishers. 207 - 208, 223.

33. Winch, Donald, 2002, Introduction, in *The Political Economy of British Historical Experience*, 1688 - 1914, edited by Winch, Donald and Patrick Karl O'Brien, New York: Oxford University Press.

34. Wittman, Donald, 1989, Why Democracies Produce Efficient Results, *Journal of Political Economy*, Vol. 97, No6, Dec. 1989, pp. 1395 - 1424.

二、期刊类

1. 陈国富："国家与产权：一个悖论?"，《南开学报》（哲学社会科学版）2004 年第 6 期。

2. 程虹、窦梅："制度变迁阶段的周期理论"，《武汉大学学报》1999

年第 1 期。

3. 崔潮："论财政的公共性及其演进"，《西安财经学院学报》2009 年第 3 期。

4. 崔潮："论财政主体演进与中国财政学的发展"，《改革与战略》2009 年第 9 期。

5. 崔潮："李约瑟之谜的财政制度角度解读"，《财政研究》2010 年第 8 期。

6. 崔潮："我国宏观调控的演化特征与政策建议"，《现代经济探讨》2011 年第 10 期。

7. 傅永军："哈贝马斯合法性危机评析"，《马克思主义研究》1999 年第 4 期。

8. 傅志华等："一个世纪以来俄罗斯社会大变革中的财政因素"，《经济研究参考》2009 年第 40 期。

9. 郭艳茹等："经济学家和史学家应该互相学习什么——论新经济史学与中国传统经济史学的范式冲突与协调"，《学术月刊》2008 年第 3 期。

10. 李春成："论后发现代化国家的理性决策"，《复旦学报（社会科学版）》2001 年第 2 期。

11. 李新宽："制税权·财政危机·赋税结构——中、俄、英封建晚期财税体制比较"，《东北亚论坛》2005 年第 3 期。

12. 林岗、刘元春："制度整体主义与制度个体主义——马克思与新制度经济学的制度分析方法比较"，《中国人民大学学报》2001 年第 2 期。

13. 林毅夫："后发优势与后发劣势——与杨小凯教授商榷"，《经济学》（季刊）第二卷 2003 年第 4 期。

14. 林毅夫："李约瑟之谜、韦伯疑问和中国的奇迹——自宋以来的长期经济发展"，《北京大学学报》（哲学社会科学版）2007 年第 4 期。

15. 林彰云："苏联的公有制经济模式及其演变"，《消费导刊》2007 年第 1 期。

16. 刘军宁："善恶：两种政治观和国家能力"，《读书》1994 年第 5 期。

17. 刘守刚："略论西欧财政演进中公共性的成长与形成"，《现代财经》2010 年第 3 期。

18. 刘守刚："财政类型与现代国家构建——一项基于文献的研究"，

《公共行政评论》2008年第1期。

19. 刘守刚：“传统中国帝国制度的财政基础探究”，《浙江学刊》2008年第3期。

20. 刘守刚：“近代英法立宪主义之分野与融合”，《上海财经大学学报》2006年第2期。

21. 刘守刚：“晚清财政转型与我国公共生产制度的兴起”，《上海财经大学学报》2003年第2期。

22. 刘守刚：“西方财政立宪主义理论及其对中国的启示”，《财经研究》2003年第7期。

23. 刘守刚：“西方宪政发展的税收动因研究”，《华东政法学院学报》2003年第6期。

24. 刘守刚、刘雪梅：“从政府管理工具到管理政府工具——1978年后现代预算在中国的成长”，《江苏教育学院学报》（社会科学版）2008年第3期。

25. 刘天旭：“财政国家理论研究述评”，《上海行政学院学报》2008年第3期。

26. 刘雪梅、张歌：“1666—1799年英国财政革命所带来的划时代变化”，《现代财经》2010年第7期。

27. 刘志广：“财政制度、分工与经济增长——兼论中国财政制度变迁与经济绩效”，复旦大学2006年博士学位论文。

28. 娄峥嵘：“财政不完全契约下我国财政支出优先次序的选择——兼论我国公共服务型财政的构建”，《理论探讨》2010年第1期。

29. 罗荣渠：“国情国际环境与中国现代化道路的探索”，《天津社会科学》1994年第1期。

30. 马竣：“收入生产、交易费用与宪政体制”，《开放时代》2003年第4期。

31. 任宝玉：“财政合法性：一个尝试性的政治分析概念”，《社会主义研究》2007年第4期。

32. 沈湘平：“马克思对方法论个人主义与整体主义的超越”，《浙江社会科学》2008年第1期。

33. 宋丙涛：“财政制度变迁与现代经济发展——英国之谜的财政效率解释”，河南大学2007年博士学位论文。

34. 宋丙涛："市场革命与产业革命演变路径探析"，《现代财经》2006 年第 3 期。

35. 宋丙涛："论公共财政体系在中国经济体制改革中的基础性地位"，《现代财经》2009 年第 10 期。

36. 王保安："中国经济结构失衡：基本特征、深层原因与对策建议"，《财贸经济》2010 年第 7 期。

37. 王毓铨："纳粮也是当差"，《史学史研究》1989 年第 1 期。

38. 王毅："官民对峙：贯穿中国经济社会史的基本矛盾"，《瞭望新东方周刊》2009 年第 34 期。

39. 杨灿明："公共利益、国家与财政"，《财政研究》2003 年第 2 期。

40. 杨小凯等："经济改革和宪政转轨"，《经济学》（季刊）第二卷 2003 年第 4 期。

41. 尹朝安："现代化赶超中的制度创新——历史考察与理论分析"，中国社会科学院 2002 年博士论文。

42. 袁国良："体制转轨过程中财政选择的主体分析"，《财经问题研究》1996 年第 8 期。

43. 张飞岸："历史比较：现代化研究不可或缺的视野"，《中国人民大学学报》2010 年第 2 期。

44. 张勇、杨光斌："国家自主性理论的发展脉络"，《教学与研究》2010 年第 5 期。

45. 张志超等："中国财政现代化模式的历程——民国时期（1912—1937）财税改革问题对话"，《华北水利水电学院学报》2007 年第 3 期。

46. 张忠民："略论战后南京政府国有企业的国有股份减持"，《学术季刊》2002 年第 4 期。

1. Acemoglu, Daron and James Robinson, 2001, A Theory of Political Transitions, *American Economic Review*, Vol. 91, No. 4, Sep. 2001, pp. 938 - 963.

2. Acemoglu, Daron and Simon Johnson, 2005, Unbundling Institutions, *Journal of Political Economy*, 2005, Vol. 113, No. 5, pp. 949 - 994.

3. Crafts, N. F. R., 1996, The First Industrial Revolution: A Guided Tour for Growth Economists, *AEA Papers and Proceedings*, May, Vol. 86,

No. 2, pp. 197 - 201.

4. Crafts, N. F. R., 1995, Exogenous or Endogenous Growth? The Industry Revolution Reconsidered, *The Journal of Economic History*, Vol. 55, Dec, No. 4, pp. 745 - 772.

5. Crafts, N. F. R., 1977, Industrial Revolution in England and France: Some Thoughts on the Question, "Why was England First?", *Economic History Review*, New Series, Vol. 30, No. 3, pp. 429 - 441.

6. Lago - Penas, Santiago and Bruno Ventelou, 2006, The effects of regional sizing on growth, *Public Choice*, (Spring 2006) Vol. 127, pp. 415 - 435.

7. Mokyr, Joel, 1999, Industrial Revolution and the Netherlands: Why did it not happen? The 150th Anniversary Conference Organized by the Royal Dutch Economic Association, Amsterdam, Dec. 10 - 11, 1999.

8. Moore, M. (2004). Revenues, State Formation, and the Quality of Governance in Developing Countries. *International Political Science Review*, 25 (3).

三、网站类

1. http://finance.ifeng.com/news/people/20090927/1288491.shtml 马国川："项怀诚：改革是共和国财政 60 年主线"，2009 年 9 月 27 日 23：12，经济观察网，转引自凤凰网。

2. http://www.chinavalue.net/Article/Archive/2005/12/29/17289.html 顾自安："制度变迁的动力与主体：个人决策的自发演化与群体决策的理性设计"。

3. http://vip.book.sina.com.cn/book/chapter_38001_19831.htm 刘震云：《温故一九四二》。

4. 刘俊："舟曲：天人之战"，《南方周末》2010 年 8 月 11 日，http://www.infzm.com/content/48856。

后 记

本书是在我的博士学位论文《中国现代化进程中的财政制度变迁》的基础上修改而成的。

本书的写作缘于2007年准备攻读博士学位的选题。2008年在财政部财政科学研究所学习期间，对中外财政形态演化进行比较研究，以探讨有关财政理论问题并应用于解读财政现实，力求对财政改革方向有更清晰的认识。2011年6月，我通过了博士学位论文答辩，随后又进行了修改和资料补充，并对题目进行了调整。从准备到成书，前后约经历了五个年头。本书最终能够出版，得益于许许多多老师、领导、朋友与同事的指导、支持、鼓励和帮助，在此致以深挚的谢意！

首先感谢王保安老师给我提供了读博深造的机会。他渊博的学识，宏阔的视野，敏锐的洞察，强烈的责任感与使命感，严格的要求，使学生受益颇多，时时不敢懈怠，努力研读经典，分析财经时事，掌握第一手资料，提高人生修养。王老师多次解除我学习中的疑问，披阅我浅陋的论文，并使我取得一个在财政部实习的机会，不仅促使我提高理论素养，而且让我对财政实务工作有了更直接的了解。从选题、开题、资料收集到写作，博士论文取得进展的每一步都包含着王老师的心血。在论文修改出版的过程中，王老师又拨冗作序，勉励之意、师生之情令我十分感动。

著名财经专家、全国财政学会副会长、财政部财政科学研究所所长贾康研究员多次指导我的写作，他针砭要害的批评指正使我受益良多。他在百忙中主持了我的博士论文的答辩会。全国财政学会副会长、中国人民大学财政金融学院院长郭庆旺教授、中央财经大学财政学院院长马海涛教授，财政部财政科学研究所副所长白景明研究员、吕旺实、赵全厚、张学诞研究员提出的意见切中肯綮，明确了我修改的方向。

感谢我读硕士时的导师、中国社会科学院阎坤研究员。她长期关心我的成长与进步，及时帮助我解决学习与写作中的各类问题，给予我许多教诲与关怀。在写作的过程中，财政部财政科学研究所陈穗红研究员和王敏研究员、国家旅游局廖奎博士、河南大学徐全红博士、国家税务总局陈文东博士提供的建议与支持弥足珍贵。崔志坤、沈瑞刚、李厚喜、崔运政、赵璧、初立辉、秦锐、于红、李殳川等博士给予了大量协助。

感谢给我提供了巨大支持的河南财政税务高等专科学校的领导和同事们。没有他们的鼓励与帮助，本书不可能顺利面世。

中国财政经济出版社的刘五书博士鼎力支持本书的出版，提出了修改建议，提供了宝贵的资料支持！

崔　潮

2011年12月